EUROPA-FACHBUCHREIHE
für wirtschaftliche Bildung

PRÜFUNGSVORBEREITUNG AKTUELL

Für

Steuerfachangestellte

Zwischen- und Abschlussprüfung

GESAMTPAKET

11. Auflage

Verlag EUROPA-LEHRMITTEL
Nourney, Vollmer GmbH & Co. KG
Düsselberger Straße 23
42781 Haan-Gruiten

EUROPA-Nr.: 75557

Verfasser:
Gerhard Colbus, Martina Becker-Lenz, Karl Harbers, Ilona Hochmuth, Peter Huber-Jilg, Karl Lutz

Leitung des Arbeitskreises und Lektorat: Karl Lutz

11. Auflage 2016

Druck 5 4 3 2 1

ISBN 978-3-8085-2756-6

Alle Rechte vorbehalten.
Das Werk ist urheberrechtlich geschützt. Jede Verwertung außerhalb der gesetzlich geregelten Fälle muss vom Verlag schriftlich genehmigt werden.

© 2016 by Verlag Europa-Lehrmittel, Nourney, Vollmer GmbH & Co. KG, 42781 Haan-Gruiten
http://www.europa-lehrmittel.de

Umschlag: tiff.any GmbH, 10999 Berlin
Satz: Reemers Publishing Services GmbH, 47799 Krefeld
Druck: CPI books GmbH, 25917 Leck

Vorwort

Eine gute Vorbereitung ist die beste Voraussetzung, um eine Prüfung erfolgreich zu bestehen. Das Prüfungsvorbereitungsbuch für Steuerfachangestellte unterstützt Sie dabei mit zahlreichen Übungsaufgaben in kammerüblicher Frageform sowie mit Prüfungsaufgaben, die dem Rahmenlehrplan für die Berufsausbildung zur/zum Steuerfachangestellten entsprechen.

Das gesamte Übungsprogramm enthält **über 2300 Aufgaben** aus den Bereichen

- **Wirtschafts- und Sozialkunde**
- **Steuerwesen**
- **Rechnungswesen**

sowie Aufgaben aus der **schriftlichen Abschlussprüfung für Steuerfachangestellte im Rahmen des Klausurenverbundes.**

Die Teile 1 bis 4 enthalten Aufgaben zur Zwischen- und Abschlussprüfung. Teil 5 enthält Aufgaben zur Vorbereitung auf die schriftliche Ablussprüfung, wie sie im Rahmen des Klausurenverbundes gestellt werden.

Nach dem Aufgabenteil folgt ein Lösungsteil, mit dessen Hilfe Sie Ihr Wissen überprüfen und mögliche Wissenslücken schließen können.

Hier noch einige Tipps, wie Sie sich optimal auf die Prüfungen einstellen können:

Sehen Sie die Prüfungsvorbereitung positiv!
- Je besser ich mich vorbereite, desto erfolgreicher bin ich in der Prüfung.

Setzen Sie sich Ziele!
- Ich will eine sehr gute Prüfung ablegen.

Arbeiten Sie zur rechten Zeit und machen Sie dazwischen kurze Pausen!
- Ich arbeite am liebsten von ... bis ...

Schaffen Sie sich einen ständigen Arbeitsplatz, frei von Störfaktoren!
- Ich suche mir einen ruhigen Arbeitsplatz, sorge für ausreichende Lichtverähältnisse und schaffe ein gesundes, angenehmes Raumklima.

Lernen Sie mit allen Sinnen!
- Ich konzentriere mich ganz auf den zu lernenden Prüfungsstoff.

Wir wünschen Ihnen alles Gute und viel Erfolg bei der Prüfung!

Ihr Autorenteam   Im September 2016

Inhaltsübersicht

Teil 1 Wirtschafts- und Sozialkunde — Seiten
- Wiso 1 Rechtliche Rahmenbedingungen — 6 - 32
- Wiso 2 Menschliche Arbeit im Betrieb — 33 - 75
- Wiso 3 Handels- und Gesellschaftsrecht — 76 - 87
- Wiso 4 Investition und Finanzierung — 88 - 93
- Wiso 5 Markt/Preis/Wirtschaftsordnung — 94 - 105
- Wiso 6 Grundzüge der Wirtschaftspolitik — 106 - 121

Teil 2 Steuerwesen
- Steuer 1 Grundlagen des Allgemeinen Steuerrechts — 123 - 125
- Steuer 2 Umsatzsteuer — 126 - 157
- Steuer 3 Einkommensteuer — 158 - 200
- Steuer 4 Lohnsteuer — 201 - 205
- Steuer 5 Körperschaftsteuer — 206 - 212
- Steuer 6 Gewerbesteuer — 213 - 221
- Steuer 7 Abgabenordnung — 222 - 230

Teil 3 Rechnungswesen
- Rewe 1 Buchführungs- und Aufzeichnungspflichten — 232 - 265
- Rewe 2 Grundlagen der Finanzbuchhaltung — 266 - 274
- Rewe 3 Beschaffungs- und Absatzwirtschaft — 275 - 282
- Rewe 4 Personalwirtschaft — 283 - 289
- Rewe 5 Finanzwirtschaft — 290 - 296
- Rewe 6 Anlagenwirtschaft — 297 - 305
- Rewe 7 Buchungen im Steuerbereich — 306 - 313
- Rewe 8 Abschlüsse nach Handels- und Steuerrecht — 314 - 337
- Rewe 9 Betriebswirtschaftliche Auswertungen — 338 - 349

Teil 4 Lösungen — 350 - 443

Teil 5 Aufgaben zur schriftlichen Abschlussprüfung — 444 - 500

Teil 6 Lösungen zur schriftlichen Abschussprüfung — 501 - 555

Prüfungskontenrahmen SKR 03 — 556 - 557

Prüfungskontenrahmen SKR 04 — 558 - 559

Teil 1

WIRTSCHAFTS – UND SOZIALKUNDE

Inhaltsübersicht

Wiso 1 Rechtliche Rahmenbedingungen   Seiten   6 bis 32

Wiso 2 Menschliche Arbeit im Betrieb   Seiten   33 bis 75

Wiso 3 Handels- und Gesellschaftsrecht   Seiten   76 bis 87

Wiso 4 Investition und Finanzierung   Seiten   88 bis 93

Wiso 5 Markt/Preis/Wirtschaftsordnung   Seiten   94 bis 105

Wiso 6 Grundzüge der Wirtschaftspolitik   Seiten   106 bis 121

WISO 1 — RECHTLICHE RAHMENBEDINGUNGEN

BEI DEN NACHSTEHENDEN AUFGABEN SIND DIE RICHTIGEN ERGEBNISSE ANZUKREUZEN BZW. ZUZUORDNEN!

1. **Welche Aussage über das öffentliche Recht ist richtig?**
   a) Es regelt die Rechtsverhältnisse zwischen allen Rechtspersonen nach dem Grundsatz der Gleichordnung.
   b) Es regelt die Rechtsverhältnisse zwischen Arbeitnehmern des öffentlichen Dienstes.
   c) Es regelt die Rechtsverhältnisse zwischen Privatpersonen und dem Staat als Hoheitsträger nach dem Grundsatz der Über-/Unterordnung.
   d) Es kann durch private Vereinbarungen jederzeit abgeändert werden.
   e) Es enthält als Rechtsgebiete das Strafrecht und das Handelsrecht.

2. **Welcher Fall ist dem öffentlichen Recht zuzuordnen?**
   a) Eine Gemeinde verkauft einem Bauunternehmer Sand aus der gemeindeeigenen Sandgrube.
   b) Ein Bauunternehmer zahlt für seinen Buchhalter eine vermögenswirksame Leistung.
   c) Eine Gemeinde stellt einem Bauherrn einen Abwassergebührenbescheid zu.
   d) Ein Bauunternehmer eröffnet bei einer Bank ein Kontokorrentkonto.
   e) Ein Bauunternehmer stellt für erbrachte Leistungen einem Bauherrn eine Rechnung aus.

3. **Ein Lehrer hat sich bei einem Möbelhaus einen Schreibtisch gekauft. Bei der Lieferung stellt er Mängel fest. Er erteilt eine Mängelrüge und fordert einen Preisnachlass. Auf welches Rechtsgebiet stützt sich die Geltendmachung dieses Anspruchs?**
   a) Privates Recht
   b) Öffentliches Recht
   c) Strafrecht
   d) Verfassungsrecht
   e) Verwaltungsrecht

4. **Welche Aussage über das Privatrecht ist richtig?**
   a) Das Privatrecht regelt die Rechtsverhältnisse zwischen Privatpersonen und dem Staat als Hoheitsträger.
   b) Für das Privatrecht gilt das Prinzip der Gleichordnung der Beteiligten.
   c) Das Privatrecht umfasst ausschließlich geschriebenes Recht.
   d) Das Privatrecht regelt die Beziehungen des Einzelnen zu den Körperschaften des öffentlichen Rechts nach den Grundsätzen der Über- und Unterordnung.
   e) Ein Teil des Privatrechts ist das Strafrecht.

5. **Welche Organisation zählt zu den juristischen Personen des privaten Rechts?**
   a) Die Industrie- und Handelskammer
   b) Die Bundesanstalt für Arbeit
   c) Die Deutsche Rentenversicherung DRV
   d) Die Gesellschaft mit beschränkter Haftung
   e) Die Kommanditgesellschaft
   f) Die Berufsgenossenschaft

6. **Wer ist eine juristische Person des privaten Rechts?**
   a) Die Volkswagen AG
   b) Die Stadt Saarbrücken
   c) Die Deutsche Bundesbank
   d) Der Norddeutsche Rundfunk
   e) Die Industrie- und Handelskammer Passau

7. **Welche Aussage trifft für eine juristische Person zu?**
   a) Ihr können durch Gerichtsbeschluss die bürgerlichen Ehrenrechte aberkannt werden.
   b) Sie kann vor Gericht klagen und verklagt werden.
   c) Sie wird vom Finanzamt zur Einkommensteuer veranlagt.
   d) Sie besitzt entweder die beschränkte oder die volle Geschäftsfähigkeit.
   e) Sie hat nach dem Grundgesetz das aktive und passive Wahlrecht.

RECHTLICHE RAHMENBEDINGUNGEN — WISO 1

8. **Welche Aussage über eine juristische Person trifft nicht zu?**
   a) Sie kann beschränkt geschäftsfähig sein.
   b) Sie kann Eigentum erwerben.
   c) Sie kann verklagt werden.
   d) Sie kann Antrag auf Eröffnung des Insolvenzverfahrens stellen.
   e) Sie kann Klage erheben.

9. **Die Stadt, in der eine Großhandels GmbH ihren Firmensitz hat, möchte von ihr ein Grundstück kaufen, um den Freizeitpark ausdehnen zu können. Der notwendige notariell beurkundete Kaufvertrag wurde zwischen den beiden Parteien bereits geschlossen. Wie ist die Rechtsstellung der beiden Vertragspartner zu beurteilen?**
   a) Zwischen der Stadt und der Großhandels GmbH herrscht eine Über- bzw. Unterordnung; die Stadt kann deshalb ihren Willen notfalls mit Zwang gegenüber der Großhandels GmbH durchsetzen.
   b) Die Stadt und die Großhandels GmbH sind gleichberechtigte Vertragspartner; keiner kann deshalb gegen den Willen des jeweils anderen seinen eigenen Willen durchsetzen.
   c) Die Stadt handelt hoheitlich, also in öffentlich-rechtlicher Form; deshalb ist nur ihre Willenserklärung erforderlich, damit der Kaufvertrag zu Stande kommt.
   d) Die Stadt handelt zum Gemeinwohl ihrer Bürger; deshalb besteht zwischen ihr und der Großhandels GmbH ein Über- bzw. Unterordnungsverhältnis.
   e) Die Stadt handelt in privatrechtlicher Form; deshalb ist es ihr möglich, ihren Willen notfalls mit Zwang gegenüber der Großhandels GmbH durchzusetzen.

10. **Welches Rechtsgeschäft kann eine 17-Jährige ohne Zustimmung ihres gesetzlichen Vertreters rechtswirksam vornehmen?**
    a) Ratenkauf einer Stereoanlage
    b) Abschluss eines Mietvertrages
    c) Abschluss eines Berufsausbildungsvertrages
    d) Annahme eines Fahrrades als Geschenk
    e) Aufnahme eines Darlehens

11. **Eine GmbH will ein Grundstück kaufen und sich als Eigentümerin in das Grundbuch eintragen lassen. Ist dies rechtlich möglich?**
    a) Dies ist möglich, weil die Eintragung in das Grundbuch grundsätzlich möglich ist, unabhängig davon, ob Rechts- oder Geschäftsfähigkeit gegeben ist.
    b) Dies ist nicht möglich, weil sie eine juristische Person des öffentlichen Rechts ist und in diesem Fall der Staat als Eigentümer eingetragen wird.
    c) Dies ist nicht möglich, weil eine GmbH nach außen durch ihren Geschäftsführer vertreten wird und nur dieser in das Grundbuch eingetragen werden kann.
    d) Dies ist nicht möglich, weil sie eine juristische Person ist und in das Grundbuch nur natürliche Personen, die Träger von Rechten und Pflichten sind, eingetragen werden können.
    e) Dies ist möglich, da sie eine juristische Person des Privatrechts ist und somit auch Träger von Rechten und Pflichten ist.

12. **Ein 17-jähriger Auszubildender kauft ohne Einwilligung seines gesetzlichen Vertreters einen Personal-Computer zum Preis von 450,00 € gegen Rechnung. Das Geld will er von dem Sparbuch, das seine verstorbene Tante für ihn angelegt hat, abheben. Welche Aussage ist richtig?**
    a) Der Vertrag ist wirksam, weil der Auszubildende die Zahlung von seinen Ersparnissen leisten kann.
    b) Der Vertrag ist schwebend unwirksam, da dem Auszubildenden das Geld nicht zur freien Verfügung überlassen wurde.
    c) Der Vertrag ist wirksam, weil er dem Auszubildenden lediglich einen rechtlichen Vorteil bringt.
    d) Der Vertrag ist unwirksam, weil Rechtsgeschäfte beschränkt Geschäftsfähiger anfechtbar sind.
    e) Der Vertrag ist nichtig, weil alle Rechtsgeschäfte beschränkt Geschäftsfähiger der Zustimmung des gesetzlichen Vertreters bedürfen.

13. **Bei welcher Handlung muss eine notarielle Beurkundung erfolgen, damit das Rechtsgeschäft gültig wird?**
    a) Ein Kaufmann übernimmt eine Kreditbürgschaft für einen Geschäftsfreund.
    b) Ein Kaufmann mietet eine Lagerhalle für gewerbliche Lagerhaltung.
    c) Ein Kaufmann kauft ein Grundstück.
    d) Ein Kaufmann beantragt eine Eintragung in das Handelsregister.
    e) Ein Kaufmann least für seine Buchhaltung eine PC-Anlage.

14. Rechtsobjekte lassen sich entsprechend der Abbildung unterteilen. Was gehört zu den unbeweglichen Sachen?
a) Ein Patent für ein Herstellungsverfahren
b) Ware, die unter Eigentumsvorbehalt geliefert wurde
c) Ein Betriebsgebäude
d) Der Gehaltsanspruch eines Mitarbeiters
e) Wertpapiere, die im Depot einer Bank aufbewahrt werden

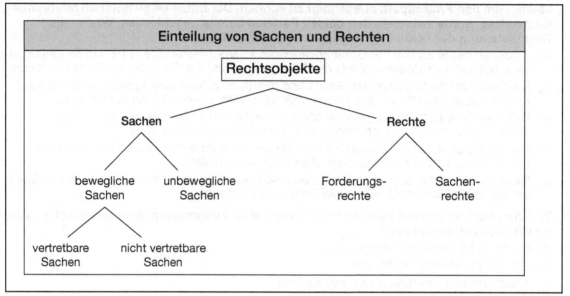

15. Der Auszubildende Klaus ist 17 Jahre alt. Er möchte ein Fernsehgerät für 850,00 € kaufen. In welchem Fall wird der Kaufvertrag sofort rechtswirksam?
a) Er schließt den Kaufvertrag schriftlich ab.
b) Er bezahlt den Kaufpreis sofort bar.
c) Er vereinbart mit dem Verkäufer eine monatliche Abzahlung von 50 €.
d) Er unterschreibt den Kaufvertrag und leistet eine Anzahlung.
e) Er weist vor Abschluss des Kaufvertrages die Einwilligung seiner Eltern nach.

16. Welche Aussage zu den Möglichkeiten und Grenzen der rechtlichen Handlungsfähigkeit ist richtig?
a) Die Willenserklärung eines Geschäftsunfähigen ist anfechtbar.
b) Ein beschränkt Geschäftsfähiger kann ohne Einwilligung des gesetzlichen Vertreters nur einseitige Rechtsgeschäfte vornehmen.
c) Natürliche Personen werden mit Vollendung des 16. Lebensjahres voll geschäftsfähig.
d) Volljährigen Personen kann die volle Geschäftsfähigkeit bei dauernder Geisteskrankheit abgesprochen werden.
e) Geschäftsunfähige Personen können z. B. im Rahmen der Taschengeldparagrafen bestimmte Geschäfte rechtswirksam abschließen.

17. Welche Aussage über die Rechtswirksamkeit der Willenserklärungen eines 15-Jährigen ist richtig?
a) Er kann ohne Zustimmung des gesetzlichen Vertreters einen Ratenkauf abschließen.
b) Er kann ohne Zustimmung des gesetzlichen Vertreters ein Ausbildungsverhältnis eingehen.
c) Er kann gegen den Willen des gesetzlichen Vertreters die ihm geschenkte Stereoanlage veräußern, weil sie sein Eigentum ist.
d) Er kann gegen den Willen des gesetzlichen Vertreters einen Taschenrechner kaufen, wenn er den Kaufpreis mit seinem Taschengeld bar bezahlt.
e) Er kann gegen den Willen des gesetzlichen Vertreters eine Urlaubsreise buchen, wenn er sie zur Hälfte mit geschenktem Geld finanziert.

18. Welche Aussage zur Rechtsfähigkeit ist richtig?
a) Die Rechtsfähigkeit einer natürlichen Person beginnt mit der Volljährigkeit.
b) Die Rechtsfähigkeit einer natürlichen Person kann durch Gerichtsurteil eingeschränkt werden.
c) Die Rechtsfähigkeit einer natürlichen Person endet mit der angeordneten Betreuung.
d) Die Rechtsfähigkeit einer juristischen Person beginnt mit ihrer Geschäftsfähigkeit.
e) Die Rechtsfähigkeit einer Kapitalgesellschaft endet mit der Löschung im Register.

RECHTLICHE RAHMENBEDINGUNGEN — WISO 1

19. **Ab welchem Zeitpunkt ist eine Maschinenbau-AG rechtsfähig?**
    a) Gründungsbeschluss der Gesellschafter
    b) Annahme der Satzung durch die Gesellschafter
    c) Schluss der Kapitalzeichnungsfrist
    d) Aufnahme der Geschäfte durch den Vorstand
    e) Eintragung im zuständigen Handelsregister

20. **Wann endet die Rechtsfähigkeit einer natürlichen Person?**
    a) Mit der Aberkennung der bürgerlichen Ehrenrechte
    b) Mit einer vom Gericht verfügten Betreuung
    c) Mit der Einweisung in eine Justizvollzugsanstalt
    d) Mit dem Verlassen der Bundesrepublik Deutschland
    e) Mit dem Eintritt des Todes

21. **Welche Personen sind nach dem BGB beschränkt geschäftsfähig?**
    a) Personen bis zum vollendeten 7. Lebensjahr
    b) Personen, die das 18. Lebensjahr vollendet haben
    c) Personen, die dauernd geisteskrank sind
    d) Personen, die wegen Geisteskrankheit entmündigt sind
    e) Personen, die wegen Rauschgiftsucht unter einer vom Gericht verfügten Betreuung stehen

22. **Was ist unter „Geschäftsfähigkeit" zu verstehen?**
    a) Träger von Rechten und Pflichten zu sein
    b) Für einen durch eine unerlaubte Handlung zugefügten Schaden einzustehen
    c) Vor Gericht zu klagen oder verklagt zu werden
    d) Zulässige Rechtsgeschäfte selbständig und rechtswirksam vorzunehmen
    e) Ein Handelsgeschäft zu betreiben

23. **Welcher Lebensabschnitt umfasst die gesamte Zeit, in der man grundsätzlich beschränkt geschäftsfähig ist?**
    a) Bis 7 Jahre
    b) Bis 14 Jahre
    c) 7 bis 14 Jahre
    d) 7 bis 18 Jahre
    e) 14 bis 18 Jahre

24. **Welcher Personenkreis ist geschäftsunfähig?**
    a) Personen zwischen dem 7. und dem 18. Lebensjahr
    b) Personen im 8. Lebensjahr
    c) Personen, die wegen Verschwendungs- oder Trunksucht betreut werden
    d) Personen, die wegen Geistesschwäche betreut werden
    e) Personen, die dauernd geisteskrank sind

25. **Welche Aussage über Besitz und Eigentum ist richtig?**
    a) Eigentum ist die tatsächliche Herrschaft über eine Sache, Besitz die rechtliche Herrschaft über eine Sache.
    b) Eigentum ist die rechtliche Herrschaft über eine Sache, Besitz die tatsächliche Herrschaft über eine Sache.
    c) Zwischen Besitz und Eigentum besteht rechtlich kein Unterschied.
    d) Eigentum und Besitz können nicht in einer Hand liegen.
    e) Der Eigentümer einer Sache muss auch ihr Besitzer sein.

26. **In welchem Fall wird Eigentum rechtswirksam übertragen?**
    a) Erwerb einer gestohlenen Maschine
    b) Verpfändung einer Briefmarkensammlung
    c) Notariell beglaubigter Immobilienkauf mit Auflassung
    d) Von einem Gerichtsvollzieher beurkundeter Immobilienkauf mit Auflassung
    e) Notariell beurkundeter Immobilienkauf mit Auflassung und Eintragung ins Grundbuch

WISO 1 — RECHTLICHE RAHMENBEDINGUNGEN

27. Was bedeutet nach Artikel 14 des Grundgesetzes die Sozialbindung des Eigentums?
a) Die Eigentumsrechte des Staates an seinen Betrieben werden gewährleistet.
b) Das Eigentum verpflichtet. Sein Gebrauch soll zugleich dem Wohle der Allgemeinheit dienen.
c) Die Überführung von Grund und Boden in Gemeineigentum ist als eine Möglichkeit zur Gestaltung der Wirtschaftsordnung verfassungsmäßig verankert.
d) Die sozialen Einrichtungen dürfen ihr Eigentum nur veräußern, wenn dies einem gemeinnützigen Ziel dient.
e) Der Eigentümer kann im öffentlichen Interesse ohne Entschädigung enteignet werden.

28. Welche Aussage über die Gegenstände des Rechtsverkehrs ist richtig?
a) Immobilien sind vertretbare Sachen, Mobilien (bewegliche Sachen) sind nicht vertretbare Sachen.
b) Eigentum ist das Recht an Immobilien, Besitz das Recht an beweglichen Sachen.
c) Forderungen zählen zu den vertretbaren Sachen, Patente und Lizenzen zu den nicht vertretbaren Sachen.
d) Das Besitzrecht an vertretbaren Sachen ist übertragbar, das Eigentumsrecht an nicht vertretbaren Sachen ist nicht übertragbar.
e) Bei den Rechten an Sachen unterscheidet man zwischen Eigentum und Besitz.

29. Was ist nach dem BGB eine vertretbare Sache?
a) Das Manuskript eines Autors
b) Ein Ölgemälde
c) Eine 100-€-Banknote
d) Ein bebautes Grundstück
e) Ein Patent

30. Welche Aussage über Besitz bzw. Eigentum ist richtig?
a) Eigentum ist die tatsächliche, Besitz die rechtliche Gewalt über eine Sache.
b) Der Eigentumsvorbehalt ist eine Vereinbarung, durch die der Erwerber zunächst nur die rechtliche Gewalt über eine Sache erhält.
c) Der Käufer erwirbt immer das Eigentumsrecht an gestohlener Ware.
d) Die Eigentumsübertragung an beweglichen Sachen erfolgt in der Regel durch Einigung und Übergabe.
e) Bei der Eigentumsübertragung an unbeweglichen Sachen sind in der Regel keine Formvorschriften zu beachten.

31. Besitzer und Eigentümer eines Grundstücks sind zwei unterschiedliche Personen. Welche Aussage ist richtig?
a) Der Besitzer darf das Grundstück verkaufen.
b) Der Besitzer hat die rechtliche Herrschaft über das Grundstück.
c) Der Besitzer darf das Grundstück verpfänden.
d) Der Eigentümer darf das Grundstück durch Aufnahme von Hypotheken belasten.
e) Der Eigentümer hat die tatsächliche Herrschaft über das Grundstück.

32. Welcher Vertrag verpflichtet zur Übertragung des Eigentums und des Besitzes an der Sache?
a) Der Pfandvertrag
b) Der Mietvertrag
c) Der Leihvertrag
d) Der Kaufvertrag
e) Der Pachtvertrag

33. Wie kann eine Willenserklärung rechtsgültig nicht zustande kommen?
a) Durch mündliche Äußerung des Willens
b) Durch bloße Handlung
c) Durch Schweigen
d) Durch Anforderung eines Prospektes
e) Durch schriftliche Äußerung des Willens

RECHTLICHE RAHMENBEDINGUNGEN — WISO 1

34. In welchem Fall kommt ein Rechtsgeschäft durch eine einseitige, nicht empfangsbedürftige Willenserklärung zustande?
a) Die EFA GmbH erhält eine Sendung verschiedener Ersatzteile von einem Lieferer, zu dem sie regelmäßig Geschäftsbeziehungen unterhält, unaufgefordert zugeschickt. Da diese Ersatzteile zufällig benötigt werden, behält die EFA GmbH die Lieferung und bezahlt per Banküberweisung.
b) Die EFA GmbH mietet zusätzlich Büroräume für die erweiterte Vertriebsabteilung und unterzeichnet den ihr zugeschickten Mietvertrag.
c) Auf Grund eines Wartungsvertrages mit dem Hersteller von Kopiergeräten wird eine Inspektion durchgeführt.
d) Wegen säumiger Zahlung schickt die EFA GmbH einem Kunden eine Mahnung mit Nachfristsetzung.
e) Der Gesellschafter Bernhard Kudlich setzt in seinem Testament seine Ehefrau Maria als Erbin ein.

35. In welchem Fall kann eine Willenserklärung angefochten werden?
a) Die Willenserklärung wurde nicht in der vom Gesetz vorgeschriebenen Form abgegeben.
b) Die Willenserklärung verstößt gegen die guten Sitten.
c) Die Willenserklärung verstößt gegen ein Gesetz.
d) Die Willenserklärung wurde im Zustand einer vorübergehenden Störung der Geistestätigkeit abgegeben.
e) Die Willenserklärung wurde durch widerrechtliche Drohung erzwungen.

36. In welchem Fall handelt es sich um einen zweiseitigen Handelskauf?
a) Ein Auszubildender kauft in einem Fachgeschäft einen Anzug.
b) Ein Lebensmittelfilialunternehmen kauft bei einer Winzergenossenschaft Wein.
c) Ein Angestellter verkauft einem Kollegen einen gebrauchten Fotoapparat.
d) Die Stadtverwaltung beschafft für die Berufsschule Speichermedien.
e) Ein Fabrikant kauft für den privaten Weinkeller bei einem Winzer 50 Flaschen Wein.

37. In welchem Fall liegt ein einseitiger Handelskauf vor?
a) Ein Einzelhändler bestellt Südfrüchte bei einem Importeur in Hamburg.
b) Ein Einzelhändler bestellt nach einer Weinprobe Wein für sein Feinkostgeschäft.
c) Frau Meier, die Angestellte des Einzelhändlers, verkauft ihrem Nachbarn Äpfel aus dem eigenen Garten.
d) Ein Einzelhändler bezieht Dekorationsmaterial bei einem Großhändler am gleichen Ort.
e) Ein Einzelhändler verkauft Früchte an eine Kundin.

38. Welche Aussage über die Vertragsfreiheit ist richtig?
a) Jeder abgeschlossene Vertrag ist wirksam.
b) Der Grundsatz der Vertragsfreiheit ist nur für Vollgeschäftsfähige anwendbar.
c) Verträge können im Rahmen der Rechtsordnung nach dem freien Willen der Vertragspartner gestaltet werden, soweit nicht gesetzliche Vorschriften entgegenstehen.
d) Jeder Vertrag kann formfrei abgeschlossen werden.
e) Alle Menschen können rechtswirksam Verträge abschließen.

39. In der Tageszeitung ist folgende Anzeige zu lesen: „Kaufen Sie Ihren Blue-ray-Player jetzt bei MEDIA-SHOP. Sonderangebot: Statt 79,90 € jetzt nur noch 49,00 €. Gültig bis Donnerstag, den 08.08.20... Solange Vorrat reicht!" Wie ist die Rechtswirksamkeit dieser Anzeige zu beurteilen?
a) Die Anzeige bindet den Anbieter ab dem 8.8.20.. für einen Monat.
b) Die Anzeige ist im rechtlichen Sinne kein Angebot.
c) Die Anzeige gilt rechtlich nur für die jeweiligen Zeitungsabonnenten.
d) Die Anzeige gilt rechtlich als Antrag zum Abschluss eines Kaufvertrages.
e) Die Anzeige bindet den Anbieter, auf Bestellung den Blue-ray-Player zum Preis von 49,00 EUR zu liefern.

WISO 1 — RECHTLICHE RAHMENBEDINGUNGEN

40. Eine Großhandels GmbH bestellt aufgrund eines erhaltenen Kataloges einen Artikel aus diesem Katalog. Nach drei Tagen wird der Großhandels GmbH mitgeteilt, dass der bestellte Artikel vergriffen sei. Wie ist die Rechtslage?
   a) Die Bestellung stellt die Annahme eines im Katalog gemachten Angebots dar.
   b) Die Großhandels GmbH kann auf Lieferung bestehen, da ein zweiseitiges Rechtsgeschäft entstanden ist.
   c) Die Großhandels GmbH hat eine rechtswirksame Willenserklärung abgegeben, es fehlt jedoch eine übereinstimmende Willenserklärung, sodass kein Kaufvertrag zustande gekommen ist.
   d) Durch die Bestellung der Großhandels GmbH ist ein einseitiges Rechtsgeschäft entstanden, das den Empfänger der Bestellung zur Lieferung verpflichtet.
   e) Es ist ein anfechtbares Rechtsgeschäft zustande gekommen, da das Angebot nicht unmittelbar nach der Bestellung seitens der Großhandels GmbH widerrufen wurde.

41. In welchem Fall ist ein Kaufvertrag zustande gekommen?
   a) Verkäufer macht freibleibendes Angebot, Kunde bestellt rechtzeitig und ohne Abänderung
   b) Verkäufer macht befristetes Angebot mit neuen Preisen, Kunde bestellt rechtzeitig zum bisherigen Preis
   c) Kunde fragt nach einer bestimmten Ware an, Verkäufer gibt postwendend ein verbindliches Angebot ab
   d) Kunde bestellt wie gehabt, Verkäufer sendet Auftragsbestätigung
   e) Kunde bestellt ohne Angebot, Verkäufer lehnt ab und macht Gegenangebot

42. In welchem Fall ist ein Kaufvertrag zustande gekommen?
   a) Der Käufer bestellt nach Ablauf der im Angebot gesetzten Frist.
   b) Der Käufer nimmt das Angebot eines Lieferers mit Änderungen an.
   c) Der Verkäufer liefert sofort ohne Auftragsbestätigung die vom Käufer bestellte Ware.
   d) Der Käufer bestellt aufgrund eines freibleibenden Angebotes.
   e) Der Käufer erteilt eine Bestellung aufgrund einer Zeitungsanzeige.

43. Welche beiden Willenserklärungen führen zum Abschluss eines Kaufvertrags?
   a) 1. Willenserklärung: Anfrage; 2. Willenserklärung: Bestellung
   b) 1. Willenserklärung: Bestellung; 2. Willenserklärung: Angebot
   c) 1. Willenserklärung: unverlangte Lieferung; 2. Willenserklärung: Bezahlung
   d) 1. Willenserklärung: verbindliches Angebot; 2. Willenserklärung: Lieferung
   e) 1. Willenserklärung: freibleibendes Angebot; 2. Willenserklärung: Bestellung
   f) 1. Willenserklärung: Angebot ohne Freizeichnungsklausel; 2. Willenserklärung: Auftragsbestätigung

44. Welche Aussage über den Kaufvertrag ist richtig?
   a) Die Einigung der Vertragspartner wird als Erfüllungsgeschäft bezeichnet.
   b) Die Übergabe einer beweglichen Sache wird als Verpflichtungsgeschäft bezeichnet.
   c) Für Kaufverträge über unbewegliche Sachen gibt es keine Formvorschriften.
   d) Ein Kaufvertrag, der gegen ein Gesetz verstößt, ist anfechtbar.
   e) Ein Kaufvertrag über eine bewegliche Sache ist auf Grund eines Erklärungsirrtums eines Vertragspartners anfechtbar.

Bitte beachten Sie bei den nächsten 2 Aufgaben die nachstehenden Rechtsvorschriften!

§ 433 BGB Vertragstypische Pflichten beim Kaufvertrag

(1) Durch den Kaufvertrag wird der Verkäufer einer Sache verpflichtet, dem Käufer die Sache zu übergeben und das Eigentum an der Sache zu verschaffen. Der Verkäufer hat dem Käufer die Sache frei von Sach- und Rechtsmängeln zu verschaffen.

(2) Der Käufer ist verpflichtet, dem Verkäufer den vereinbarten Kaufpreis zu zahlen und die gekaufte Sache abzunehmen.

45. Aus dem Kaufvertrag erwachsen verschiedene Pflichten. Welche Pflicht obliegt <u>nicht</u> dem Verkäufer?
   a) Das Eigentum an der Kaufsache muss übertragen werden.
   b) Die Kaufsache muss übergeben werden.
   c) Die Kaufsache muss frei von Sachmängeln übergeben werden.
   d) Die Kaufsache muss frei von Rechtsmängeln übergeben werden.
   e) Die Kaufsache muss angenommen und bezahlt werden.

RECHTLICHE RAHMENBEDINGUNGEN — WISO 1

46. Bei der Erfüllung des Kaufvertrages entstehen den Vertragspartnern verschiedene Pflichten. Welche Pflicht hat der Verkäufer zu erfüllen?
    a) Er muss die Ware bezahlen.
    b) Er muss die Ware annehmen.
    c) Er muss die Ware sofort überprüfen.
    d) Er hat dem Käufer die Ware frei von Mängeln zu übergeben.
    e) Er hat die Ware sorgsam zu behandeln.

Zu den nächsten drei Aufgaben siehe folgende verkürzt abgebildete Belege.

Elektrofachhandel EFA GmbH

*
*
*
                                22. Februar 20..

Elektromarkt Emslander GmbH
Ulmenstr. 8
84107 Weihmichl

> Eingegangen am 24.02.20..
> Elektromarkt Emslander

Bestellung

... gemäß Ihrem Angebot vom 21.02.20.. bestellen wir 200 Rührgeräte des Typs RG 245 zum Preis von 24,90 € pro Stück.
Lieferung erwünscht im April 20...
Zahlung erfolgt 30 Tage nach Lieferung.
Ansonsten gelten die gesetzlichen Bestimmungen.

Freundliche Grüße

Richter

Elektrofachhandel EFA GmbH

*
*
*
                                15. April 20..

Elektromarkt Emslander GmbH
Ulmenstr. 8
84107 Weihmichl

> Eingegangen am 16.04.20..
> Elektromarkt Emslander

Mängelrüge

... haben wir bei unverzüglicher Prüfung festgestellt, dass 5 Geräte durch Verschulden des Frachtführers total zerstört sind.

Wir bitten daher, uns innerhalb der nächsten 8 Tage 5 neue Geräte zu liefern.

Freundliche Grüße

Richter

---

47. Herr Richter, der Geschäftsführer der EFA GmbH ist, hat die beiden Geschäftsbriefe unterschrieben. Ist er überhaupt berechtigt, für die EFA rechtsgültige Geschäfte abzuschließen?
    a) Wenn Herr Richter Gesellschafter der EFA GmbH ist, kann er rechtsgültige Geschäfte abschließen.
    b) Nein, er benötigt mindestens die Zustimmung eines anderen Gesellschafters.
    c) Ja, da Herr Richter Geschäftsführer der GmbH ist, kann er rechtsverbindlich Geschäfte für die GmbH abschließen.
    d) Nein, da Herr Richter gemäß HGB Gesamtvollmacht hat, ist bei einem Auftrag eine zweite Unterschrift nötig.
    e) Nur wenn Herr Richter gleichzeitig Geschäftsführer und Gesellschafter der GmbH ist, darf er alleine rechtsverbindlich handeln.

48. Die 200 Rührgeräte werden am 5. April im Warenausgang der Emslander GmbH verpackt und auf Paletten versandfertig hergerichtet. Am 8. April holt eine von der Emslander GmbH beauftragte Spedition die Paletten ab und übergibt diese noch am selben Tag der EFA GmbH. Die Zahlung durch die EFA GmbH erfolgt vereinbarungsgemäß am 8. Mai. Wann wurde die EFA GmbH Eigentümerin der Rührgeräte? Tragen Sie das Ergebnis in das Kästchen ein.

49. Am 16.04. erhält die Emslander GmbH die oben abgebildete Mängelrüge. Ist die von der EFA GmbH in dem Schreiben angeführte Forderung berechtigt?
    a) Ja, das Risiko von Transportschäden trägt stets der Versender.
    b) Nein, da der gesetzliche Erfüllungsort gilt, trägt der Käufer das volle Transportrisiko ab der Übergabe an den Spediteur oder Frachtführer.
    c) Ja, da der gesetzliche Erfüllungsort der Wohnsitz bzw. die Niederlassung des Käufers ist.
    d) Nein, da ein Verschulden des Spediteurs vorliegt. Dieser muss demnach eine Neulieferung der Ware veranlassen.
    e) Ja, nach dem Produkthaftungsgesetz trägt der Verkäufer alle Risiken, die mit der Ware und dem Transport verbunden sind.

WISO 1 — RECHTLICHE RAHMENBEDINGUNGEN

50. **Eine Achtzehnjährige widerruft einen Ratenkaufvertrag innerhalb von zwei Wochen. Welches Gesetz regelt dieses Widerrufsrecht?**
    a) Handelsgesetzbuch (HGB)
    b) Bürgerliches Gesetzbuch (BGB)
    c) Gewerbesteuergesetz (GewStG)
    d) Gesetz gegen Wettbewerbsbeschränkungen (GWB)
    e) Gesetz gegen den unlauteren Wettbewerb (UWG)

51. **Welches Rechtsgeschäft ist weder anfechtbar noch nichtig?**
    a) Bei einem Versandhaus wird eine vergoldete Uhr bestellt. Versehentlich wird zum gleichen Preis eine goldene Uhr geliefert und vom Besteller angenommen.
    b) Ein Gebrauchtwagenhändler verkauft wissentlich einen als unfallfrei bezeichneten Unfallwagen.
    c) Ein Bankkunde kauft 20 X-Aktien in der Erwartung, dass der Kurs steigt. Der Kurs fällt jedoch.
    d) Ein Hauseigentümer verkauft sein Haus. Der Kaufvertrag wird von einem Makler beurkundet.
    e) Ein kaufmännischer Angestellter erhält eine wertvolle Briefmarkensammlung geschenkt. Zur Umgehung der Schenkungssteuer wird ein Kaufvertrag abgeschlossen.

52. **In welchem Fall ist das Rechtsgeschäft anfechtbar?**
    a) Ein 17-Jähriger verfasst ein handschriftliches Testament gegen den Willen der Eltern.
    b) Ein Autokäufer unterschreibt einen Kaufvertrag, in dem irrtümlich ein Kaufpreis von 32.000 € anstatt 23.000 € angegeben ist.
    c) Ein Wertpapierkäufer kauft Aktien in irrtümlicher Erwartung eines steigenden Kurses.
    d) Ein Schüler kauft sich eine Stereoanlage im Wert von 2.000 €. Die Genehmigung der Eltern steht noch aus.
    e) Ein Mietvertrag für eine Wohnung mit einer Laufzeit von drei Jahren wird mündlich abgeschlossen.

53. **Bestimmte Rechtsgeschäfte erfordern die Einhaltung gewisser vom Gesetzgeber festgelegten Formvorschriften. Sollten diese nicht eingehalten werden, führt dies zur Unwirksamkeit des betreffenden Rechtsgeschäftes. Bei welchem Rechtsgeschäft sind keine Formvorschriften zu beachten?**
    a) Ein Grundstück soll erworben werden, da der Bau eines Einfamilienhauses geplant ist.
    b) Um Erbstreitigkeiten vorzubeugen, wird ein Testament erstellt.
    c) Der derzeitige Arbeitsvertrag wird gekündigt, da eine berufliche Veränderung angestrebt wird.
    d) Ein Verwandter bittet Sie, für ihn zur Aufnahme eines Kredites bei der Bank als Bürge aufzutreten.
    e) Ein neuer PKW soll angeschafft werden.

54. **Ordnen Sie zu!**

    Rechtshandlungen
    a) Ein Kunde bestellt auf Grund eines unverbindlichen Angebotes und erhält eine Auftragsbestätigung.
    b) Ein Kunde bestellt einen Artikel auf Grund einer Zeitungsanzeige.
    c) Ein Händler verkauft einem 17-Jährigen eine Stereoanlage. Die Genehmigung der Eltern steht noch aus.
    d) Ein Kunde hat in einem Kaufvertrag die Bestellnummer 081 mit der Stückzahl 123 verwechselt.
    e) Ein Fünfjähriger kauft sich ein Spielzeug.
    f) Ein Kunde sendet eine vom Angebot abweichende Bestellung.

    Rechtliche Auswirkungen
    [ ] Vertrag ist anfechtbar.
    [ ] Vertrag ist nichtig.
    [ ] Vertrag ist rechtswirksam.

55. **Welches Rechtsgeschäft ist anfechtbar?**
    a) Ein Münzsammler kauft eine Münze in der irrtümlichen Erwartung, dass die Preise steigen.
    b) Ein 16-jähriger Schüler kauft einen Roller, obwohl die Zustimmung des gesetzlichen Vertreters verweigert wird.
    c) Ein Kleingewerbetreibender verbürgt sich mündlich für einen Geschäftsfreund.
    d) Beim Kauf eines Gebrauchtwagens wird trotz Nachfrage vom Verkäufer absichtlich verschwiegen, dass es sich um einen Unfallwagen handelt.
    e) In einem Mietvertrag mit einem Studenten ist ein Mietpreis vereinbart, der die ortsübliche Miete um das Dreifache übersteigt.

RECHTLICHE RAHMENBEDINGUNGEN — WISO 1

56. Herr Krause will bei einem Winzer 50 Flaschen Wein bestellen. Durch einen Tippfehler lautet die Bestellung über 500 Flaschen. Die 500 Flaschen werden geliefert. Wie ist die Rechtslage?
   a) Der Vertrag ist nicht zustande gekommen.
   b) Herr Krause kann den Vertrag anfechten.
   c) Es liegt ein Mangel vor, den Herr Krause entsprechend den Vorschriften über die Mängelrüge beanstanden kann.
   d) Herr Krause muss die 500 Flaschen in jedem Fall abnehmen.
   e) Es liegt ein Formfehler vor, der zum Rücktritt vom Vertrag berechtigt.

57. Ordnen Sie zu!

Vertragssituationen
   a) Ein Student unterschreibt bei einem Zeitschriftenwerber eine Bestellung für eine Zeitschrift, ohne die Bezugsbedingungen zu lesen. Er meint, er könne die Zeitschrift jederzeit abbestellen. Später stellt er fest, dass er die Zeitschrift mindestens für ein Jahr abnehmen muss.
   b) Ein Lieferer bietet eine Ware schriftlich für 15 € statt für 51 € (Schreibfehler) an. Der Kunde bestellt 10 Stück zu 15 €. Daraufhin bemerkt die Sachbearbeiterin den Fehler und ruft bei dem Kunden an.
   c) Der Eigentümer eines Wochenendhauses verkauft das Haus an einen Interessenten für 30.000 €. Der Vertrag wird von beiden schriftlich abgeschlossen und unterschrieben. Der Käufer zahlt 20.000 € an, den Rest verweigert er wegen nachträglich festgestellter Baumängel.
   d) Ein Autohändler veranlasst einen Kunden, einen Kaufvertrag für ein neues Auto zu unterschreiben. Andernfalls will er die Versicherung informieren, dass der Kunde für die Reparatur des Unfallschadens eine überhöhte Rechnung eingereicht hat.
   e) Ein Gemüsehändler bestellt bei seinem Großhändler zum Wochenende wesentlich mehr Obst und Gemüse als sonst, weil er mit erheblich größerer Nachfrage rechnet. Er irrt sich. Einen großen Teil der verderblichen Waren hat er bis Samstagnachmittag noch nicht verkauft.
   f) Ein Gebrauchtwagenhändler verkauft ein Auto als unfallfrei, obwohl er wusste, dass der vorherige Halter einen Unfall hatte.
   g) Ein Rechtsanwalt kauft bei seiner Bank Gold, weil er annimmt, dass der Goldpreis in nächster Zeit erheblich steigen wird. Er hofft, dadurch ein gutes Geschäft zu machen. Leider hat er sich geirrt; der Goldpreis geht sogar zurück.

Gründe der Anfechtbarkeit

[ ] Irrtum in der Erklärung

[ ] Arglistige Täuschung

[ ] Widerrechtliche Drohung

58. Welche Aussage über anfechtbare Rechtsgeschäfte bzw. Willenserklärungen ist richtig?
   a) Die Willenserklärung eines Geschäftsfähigen ist anfechtbar.
   b) Anfechtbare Rechtsgeschäfte sind bis zur Anfechtung zunächst gültig.
   c) Willenserklärungen, die zum Schein abgegeben werden, sind anfechtbar.
   d) Rechtsgeschäfte, die gegen ein gesetzliches Verbot verstoßen, sind anfechtbar.
   e) Anfechtbare Rechtsgeschäfte sind von vornherein nichtig.

59. Welches Rechtsgeschäft ist von Anfang an nichtig?
   a) Bei einem Angebot wird als Preis statt 50 € je Stück durch Verschreiben 5 € je Stück angegeben.
   b) Ein Käufer wird widerrechtlich durch Drohung zur Unterzeichnung eines Kaufvertrages gezwungen.
   c) Ein Käufer schließt einen Kaufvertrag ab, wird dabei aber arglistig getäuscht.
   d) Ein 17-jähriger Auszubildender schließt einen Ratenkauf über 5.000 € ab. Die Eltern versagen die Genehmigung.
   e) Durch falsche Übermittlung (Telefax) werden einem kleinen Industriebetrieb für den Eigenbedarf statt 10 Elektromotoren 100 Elektromotoren geliefert.

60. Welche Aussage zum Eigentumsvorbehalt ist richtig?
   a) Durch einen Eigentumsvorbehalt bleibt der Verkäufer Besitzer einer Ware, bis der Kaufpreis vollständig bezahlt wird. Der Käufer wird Eigentümer.
   b) Durch einen Eigentumsvorbehalt bleibt der Verkäufer Eigentümer einer Ware, bis der Kaufpreis vollständig bezahlt wird. Der Käufer wird Besitzer.
   c) Der Eigentumsvorbehalt kann nur im Falle eines Insolvenzverfahrens geltend gemacht werden.
   d) Der Eigentumsvorbehalt kann nur dann geltend gemacht werden, wenn der zur Bezahlung einer Ware ausgestellte Scheck nicht eingelöst wird.
   e) Der Eigentumsvorbehalt wird ins Handelsregister eingetragen.

WISO 1 — RECHTLICHE RAHMENBEDINGUNGEN

61. A liefert B unter Eigentumsvorbehalt eine Ware. B verkauft diese Ware an K gegen Rechnung. K hat die ihm übergebene Ware noch nicht bezahlt. Wer ist Eigentümer der Ware?
  a) A, weil er unter Eigentumsvorbehalt geliefert hat
  b) B, weil K noch nicht bezahlt hat
  c) A und B gemeinschaftlich, weil jeder noch einen Anspruch hat
  d) K, weil er die Ware von B gutgläubig gekauft und übernommen hat
  e) A, weil B diese Ware nicht hätte weiterverkaufen dürfen

62. Welche Aussage über den Widerruf bei Abzahlungsgeschäften ist richtig?
  a) Ein Abzahlungsgeschäft kann grundsätzlich nicht widerrufen werden.
  b) Der Widerruf kann nur sofort nach Vertragsabschluss vorgenommen werden.
  c) Der Widerruf kann mündlich innerhalb vierzehn Tagen erfolgen.
  d) Für den Widerruf ist im Gesetz keine Frist genannt, eine Begründung ist jedoch erforderlich.
  e) Das Geschäft kann nur schriftlich innerhalb von zwei Wochen widerrufen werden.

63. Nach einem Kfz-Unfall beauftragt Herr Schulz eine Reparaturwerkstatt, den Kotflügel seines Pkw auszubeulen. Welchen Vertrag schließt Herr Schulz in diesem Falle ab?
  a) Kaufvertrag
  b) Dienstvertrag
  c) Arbeitsvertrag
  d) Werkvertrag
  e) Leasingvertrag

64. Der Zimmereibetrieb A erstellt gegen Bezahlung für B auf dessen Grundstück ein Blockhaus; die erforderlichen Baumstämme stellt B zur Verfügung. B überlässt das fertige Blockhaus der Familie C für 14 Tage gegen Bezahlung als Unterkunft für einen Urlaubsaufenthalt. Die Familie C stellt einen Raum dieses Blockhauses dem befreundeten D für einen Tag kostenlos zur Verfügung. Welche Aufzählung enthält die abgeschlossenen Verträge in der richtigen Reihenfolge?
  a) Arbeitsvertrag – Mietvertrag – Leihvertrag
  b) Werkvertrag – Pachtvertrag – Mietvertrag
  c) Werkvertrag – Mietvertrag – Leihvertrag
  d) Dienstvertrag – Pachtvertrag – Mietvertrag
  e) Arbeitsvertrag – Mietvertrag – Schenkungsvertrag

65. Ordnen Sie zu!

Vertragsarten
  a) Kaufvertrag
  b) Arbeitsvertrag
  c) Mietvertrag
  d) Pachtvertrag
  e) Leihvertrag
  f) Darlehensvertrag
  g) Werkvertrag

Beispiele für Verträge

[ ] Eine Brauerei übergibt einem Gastwirt einen schönen Holztisch mit Stühlen. Der Gastwirt verpflichtet sich, den vereinbarten Preis in 12 Monatsraten zu bezahlen.

[ ] Ein Gastwirt beauftragt einen Schreiner, eine Theke anzufertigen und diese in seinem Lokal einzubauen. Er verpflichtet sich, den vereinbarten Preis zu zahlen.

[ ] Ein Arbeitnehmer überlässt einem Kollegen zinslos 2.000 €. Der Kollege verpflichtet sich, den Betrag nach zwei Wochen zurückzuzahlen.

[ ] Eine Brauerei überlässt einem Gastwirt eine eingerichtete Gaststätte. Der Gastwirt verpflichtet sich, dafür monatliche 1.500 € zu bezahlen.

66. Ordnen Sie zu!

Sachverhalte
  a) Ein Unternehmer schließt einen Leasingvertrag über eine EDV-Anlage ab.
  b) Die Nutzung leerer Wohnungen wird vereinbart.
  c) Ein Ehepaar nutzt einen Kirschgarten gegen Zahlung einer jährlichen Summe; die Kirschen darf das Ehepaar behalten.
  d) Eine Bank beauftragt eine Druckerei 10.000 Formulare zu drucken.
  e) Eine Hausfrau leiht sich von der Nachbarin 4 Eier aus, da sie wegen unangesagtem Besuch einen Kuchen backen möchte.
  f) Ein Angestellter verpflichtet sich zur Arbeitsleistung in einem Unternehmen.
  g) Eine Behörde bestellt bei einem Autohaus einen Satz neuer Reifen für seinen Dienstwagen.

Vertragsarten

[ ] Pachtvertrag

[ ] Dienstvertrag

[ ] Werkvertrag

RECHTLICHE RAHMENBEDINGUNGEN — WISO 1

67. Ordnen Sie zu!

Vertragsinhalte
- a) A übereignet B eine Sache ohne Gegenleistung.
- b) A übereignet B eine Sache gegen Entgelt.
- c) A überlässt B eine Geldsumme gegen spätere Rückzahlung.
- d) A überlässt B eine eingerichtete Gaststätte für eine bestimmte Zeit gegen Entgelt, wobei der erwirtschaftete Gewinn B zufließt.
- e) Die Nutzung einer leeren Wohnung gegen Entgelt wird vereinbart.
- f) A überlässt B unentgeltlich für eine bestimmte Zeit eine Sache zum Gebrauch.
- g) A verpflichtet sich, gegen Entgelt für B einen Gegenstand herzustellen.

Vertragsarten
- [ ] Mietvertrag
- [ ] Pachtvertrag
- [ ] Schenkungsvertrag

68. Herr M. erhält am Samstagabend überraschend Besuch. Wegen fehlender Getränke bittet er seinen Nachbarn um fünf Flaschen Orangensaft gegen das Versprechen, ihm am nächsten Tag fünf Flaschen derselben Marke zurückzugeben. Welchen Vertrag schließt Herr M. in diesem Fall ab?
- a) Kaufvertrag
- b) Mietvertrag
- c) Pachtvertrag
- d) Darlehensvertrag
- e) Schenkungsvertrag

69. Die Warenannahme der Großhandels GmbH stellt fest, dass eine gelieferte Ware Mängel aufweist. Wann sind Mängel nach den gesetzlichen Vorschriften zu rügen, damit eventuelle Ansprüche auch durchgesetzt werden können?
- a) Bei einem offenen Mangel muss innerhalb von 8 Tagen nach Eingang der Lieferung gerügt werden.
- b) Bei einem offenen Mangel muss unverzüglich nach Eingang der Lieferung gerügt werden.
- c) Bei einem offenen Mangel muss innerhalb von 24 Monaten nach Eingang der Lieferung gerügt werden.
- d) Bei einem versteckten Mangel muss innerhalb von 6 Monaten nach Eingang der Lieferung gerügt werden.
- e) Bei einem versteckten Mangel muss innerhalb von 12 Monaten unverzüglich nach Entdecken des Mangels der Lieferung gerügt werden.

70. Eine Bauunternehmung bestellt bei einer Baustoffgroßhandlung 100 Sack Fertigputz. Geliefert werden aber nur 90 Säcke. Drei Wochen nach Lieferung reklamiert die Bauunternehmung. Die Baustoffgroßhandlung weist die Mängelrüge zurück mit der Begründung, dass diese verspätet eingegangen sei. Wie ist die Rechtslage?
- a) Die Bauunternehmung hat die Lieferung anerkannt, weil sie nicht unverzüglich gerügt hat.
- b) Es handelt sich um einen versteckten Mangel. Die Bauunternehmung hat den Mangel rechtzeitig gerügt.
- c) Die Bauunternehmung hat das Recht, innerhalb der gesetzlichen Gewährleistungspflicht von 24 Monaten den Mangel anzuzeigen.
- d) Da es sich um einen zweiseitigen Handelskauf handelt, hat die Bauunternehmung das Recht, innerhalb von zwölf Monaten den Mangel anzuzeigen. Die Frist wurde also gewahrt.
- e) Die Baustoffgroßhandlung ist verpflichtet, die noch fehlenden 10 Säcke Fertigputz nachzuliefern.

71. Laut Bestellung wurden der Großhandels GmbH statt 10 Dielenspiegel „Norwegen" 15 Stück geliefert. Wie verhält sich der zuständige Sachbearbeiter richtig?
- a) Er unternimmt nichts und wartet bis der Lieferer den Mangel selbst feststellt.
- b) Er verkauft diese Ware umgehend und überweist den Erlös an den Lieferer.
- c) Er informiert den Versand, damit dieser die Ware unverzüglich an den Lieferer zurückschickt.
- d) Er lagert die Ware bei sich ein und erklärt gegenüber dem Lieferer, dass er die nicht bestellten 5 Dielenspiegel nicht übernimmt.
- e) Er stellt die Ware auf einen Freiplatz ein, weil diese innerhalb von 10 Tagen abgeholt werden muss.

72. Statt der bestellten dreitürigen Kleiderschränke „Sierra" wurden zweitürige Schränke mit der Artikelnummer 789 geliefert. Welcher Mangel liegt vor?
- a) Es ist ein Mangel in der Beschaffenheit.
- b) Es ist ein Mangel in der Qualität.
- c) Es ist ein versteckter Mangel.
- d) Es ist kein Mangel im rechtlichen Sinne.
- e) Es ist ein Sachmangel im rechtlichen Sinne.

WISO 1 — RECHTLICHE RAHMENBEDINGUNGEN

73. **Als Mitarbeiter der Warenannahme stellen Sie bei Anlieferung einer dringend benötigten Ware fest, dass die Verpackung beschädigt ist. Wie verhalten Sie sich richtig?**
    a) Sie lehnen die Annahme der Sendung ab, da Sie andernfalls keine Rechte wegen mangelhafter Lieferung mehr geltend machen können.
    b) Sie setzen den Lieferer in Verzug, damit Sie rechtzeitig unbeschädigte Waren erhalten.
    c) Sie nehmen die Lieferung an und kürzen den Rechnungsbetrag pauschal um 20 %.
    d) Da Sie erst in 5 Tagen Zeit zum Auspacken der Pakete haben, unternehmen Sie vorerst nichts.
    e) Sie lassen sich die schadhafte Verpackung auf den Lieferpapieren bestätigen und überprüfen unverzüglich den Inhalt der Sendung.

74. **In welcher Rechtsvorschrift sind die Rügefristen beim Verbrauchsgüterkauf geregelt?**
    a) Im BGB (Bürgerliches Gesetzbuch)
    b) In der VerkVO (Verkaufsverordnung)
    c) Im HGB (Handelsgesetzbuch)
    d) Im EStG (Einkommensteuergesetz)
    e) Im GWB (Gesetz gegen Wettbewerbsbeschränkungen)

75. **Eine Hausfrau stellt an einer gekauften Ware erst bei deren Gebrauch einen Mangel fest. Innerhalb welcher gesetzlichen Frist muss sie rügen?**
    a) Je nach Vereinbarung
    b) Innerhalb von 2 Tagen
    c) Innerhalb von 6 Wochen
    d) Innerhalb von 24 Monaten
    e) Unverzüglich

76. **Aus dem Gesetz ergeben sich Rügefristen beim zweiseitigen Handelskauf. Innerhalb welcher Frist sind versteckte Mängel zu rügen?**
    a) Die Mängel müssen unverzüglich nach der Entdeckung, spätestens innerhalb von 24 Monaten gerügt werden.
    b) Die Mängel müssen innerhalb von 6 Wochen gerügt werden.
    c) Die Mängel müssen unverzüglich nach Erhalt der Ware gerügt werden.
    d) Die Mängel können jederzeit innerhalb von 6 Monaten gerügt werden.
    e) Die Mängel müssen unverzüglich nach der Entdeckung, spätestens nach einem Jahr gerügt werden.

77. **Eine Warenlieferung (zweiseitiger Handelskauf) wird ausgepackt. Dabei stellen sich erhebliche Mängel an der Ware heraus. Was ist zu tun?**
    a) Unverzüglich die Mängel rügen und die Ware zur Verfügung des Lieferers halten
    b) Ware sofort an den Lieferer zurücksenden
    c) Unverzüglich die Mängel rügen und die Ware gleichzeitig an den Lieferer zurückschicken
    d) Mangelhafte Ware innerhalb von 24 Monaten zurücksenden
    e) Mangelhafte Ware 24 Monate aufbewahren

78. **Einem Unternehmer fällt erst 8 Monate nach Lieferung auf, dass die Ware einen versteckten Mangel aufweist. Er rügt unverzüglich beim Lieferer. Ist er den Vorschriften des HGB gerecht geworden?**
    a) Ja, denn die Verjährungsfrist unter Kaufleuten beträgt 4 Jahre.
    b) Nein, denn er hätte innerhalb von 6 Monaten rügen müssen.
    c) Nein, denn er hätte die Ware sofort bei Lieferung überprüfen müssen.
    d) Nein, denn er hätte innerhalb von 12 Monaten rügen müssen.
    e) Ja, denn er hat unverzüglich nach Feststellung des Mangels innerhalb von 24 Monaten zu rügen.

79. **Eine Sendung mit Gemüsekonserven (Erbsen) ist am 5. Januar bei Ihrem Unternehmen eingetroffen. 2 Wochen nach der Lieferung stellen Sie fest, dass die Dosen falsch etikettiert sind und Bohnen enthalten. Wann müssen Sie diesen Mangel beanstanden?**
    a) Unverzüglich nach Entdecken des Mangels
    b) Spätestens nach Eingang der Sendung
    c) Spätestens nach Eingang der Rechnung
    d) Innerhalb von 24 Monaten ab dem Zeitpunkt des Entdeckens
    e) Innerhalb von 24 Wochen nach der Lieferung

RECHTLICHE RAHMENBEDINGUNGEN — WISO 1

80. **Welchen Zeitraum schreibt das BGB als gesetzliche Gewährleistungsfrist für Warenlieferungen vor?**
    a) 12 Monate
    b) 24 Monate
    c) 3 Monate
    d) 2 Monate
    e) 6 Wochen

81. **Welcher Fall rechtfertigt eine Mängelrüge?**
    a) Der Verkäufer liefert zu früh.
    b) Der Verkäufer liefert zu einem niedrigeren Preis.
    c) Der Verkäufer liefert zu einem höheren Preis.
    d) Der Verkäufer liefert eine zu große Menge.
    e) Der Verkäufer liefert an eine falsche Adresse.

82. **Ordnen Sie zu!**

    Rügefristen nach der gesetzlichen Regelung
    a) Unverzüglich nach Lieferung
    b) Innerhalb von 6 Wochen nach Lieferung
    c) Innerhalb von 3 Monaten nach Lieferung
    d) Innerhalb von 24 Monaten nach Lieferung
    e) Unverzüglich nach Entdeckung, jedoch innerhalb von 24 Monaten nach Lieferung
    f) Innerhalb von 12 Monaten nach Lieferung
    g) Unverzüglich nach Entdeckung, jedoch innerhalb von 6 Wochen nach Lieferung

    Mängel
    [ ] Versteckter Mangel bei zweiseitigem Handelskauf
    [ ] Offener Mangel bei zweiseitigem Handelskauf
    [ ] Versteckter Mangel bei Verbrauchsgüterkauf

83. **Im BGB sind die Garantieerklärungen geregelt. Danach richtet sich der Umfang der Garantie aus der Garantieerklärung, die einfach und verständlich abgefasst werden muss. Welcher Hinweis bzw. welche Angabe ist nicht Inhalt einer Garantieerklärung?**
    a) Hinweis auf gesetzliche Rechte des Verbrauchers
    b) Hinweis, dass gesetzliche Rechte durch die Garantie nicht eingeschränkt werden
    c) Hinweis, dass gesetzliche Rechte durch die Garantie eingeschränkt werden
    d) Inhalt der Garantie
    e) Angaben, die für die Geltendmachung der Garantie erforderlich sind, z.B. Dauer, räumlicher Geltungsbereich, Name und Anschrift des Garantiegebers

WISO 1 — RECHTLICHE RAHMENBEDINGUNGEN

Zu den nächsten acht Aufgaben beachten Sie bitte nachfolgende Rechtsvorschriften!

§ 434 Sachmangel
(1) Die Sache ist frei von Sachmängeln, wenn sie bei Gefahrübergang die vereinbarte Beschaffenheit hat. Soweit die Beschaffenheit nicht vereinbart ist, ist die Sache frei von Sachmängeln
1. wenn sie sich für die nach dem Vertrag vorausgesetzte Verwendung eignet, sonst
2. wenn sie sich für die gewöhnliche Verwendung eignet und eine Beschaffenheit aufweist, die bei Sachen der gleichen Art üblich ist und die der Käufer nach der Art der Sache erwarten kann.

Zu der Beschaffenheit nach Satz 2 Nr. 2 gehören auch Eigenschaften, die der Käufer nach den öffentlichen Äußerungen des Verkäufers, des Herstellers (§ 4 Abs.1 und 2 des Produkthaftungsgesetzes) oder seines Gehilfen insbesondere in der Werbung oder bei der Kennzeichnung über bestimmte Eigenschaften der Sache erwarten kann, es ei denn, dass der Verkäufer die Äußerung nicht kannte und auch nicht kennen musste, dass sie im Zeitpunkt des Vertragsschlusses in gleichwertiger Weise berichtigt war oder dass sie die Kaufentscheidung nicht beeinflussen konnte.

(2) Ein Sachmangel ist auch dann gegeben, wenn die vereinbarte Montage durch den Verkäufer oder dessen Erfüllungsgehilfen unsachgemäß durchgeführt worden ist. Ein Sachmangel liegt bei einer zur Montage bestimmten Sache ferner vor, wenn die Montageanleitung mangelhaft ist, es sei denn, die Sache ist fehlerfrei montiert worden.

(3) Einem Sachmangel steht es gleich, wenn der Verkäufer eine andere Sache oder eine zu geringe Menge liefert.

§ 437 Ansprüche des Käufers bei Mängeln
Ist die Sache mangelhaft, kann der Käufer, wenn die Voraussetzungen der folgenden Vorschriften vorliegen und soweit nicht ein anderes bestimmt ist,
1. nach § 439 Nacherfüllung verlangen
2. nach den §§ 440, 323, und 326 Abs. 5 von dem Vertrag zurücktreten oder nach § 441 den Kaufpreis mindern und
3. nach den §§ 440, 280, 281, 283 und 311 a Schadensersatz oder nach § 284 Ersatz vergeblicher Aufwendungen verlangen.

§ 439 Nacherfüllung
(1) Der Käufer kann als Nacherfüllung nach seiner Wahl die Beseitigung des Mangels oder die Lieferung einer mangelfreien Sache verlangen.

(2) Der Verkäufer hat die zum Zweck der Nacherfüllung erforderlichen Aufwendungen, insbesondere Transport-, Wege-, Arbeits- und Materialkosten zu tragen.

(3) Der Verkäufer kann die vom Käufer gewählte Art der Nacherfüllung unbeschadet des § 275 Abs. 2 und 3 verweigern, wenn sie nur mit unverhältnismäßigen Kosten möglich ist. Dabei sind insbesondere der Wert der Sache in mangelfreiem Zustand, die Bedeutung des Mangels und die Frage zu berücksichtigen, ob auf die andere Art der Nacherfüllung ohne erhebliche Nachteile für den Käufer zurückgegriffen werden könnte. Der Anspruch des Käufers beschränkt sich in diesem Fall auf die andere Art der Nacherfüllung; das Recht des Verkäufers, auch diese unter den Voraussetzungen des Satzes 1 zu verweigern, bleibt unberührt.

(4) Liefert der Verkäufer zum Zwecke der Nacherfüllung eine mangelfreie Sache, so kann er vom Käufer Rückgewähr der mangelhaften Sache nach Maßgabe der §§ 346 bis 348 verlangen.

§ 440 Besondere Bestimmungen für Rücktritt und Schadensersatz
Außer in den Fällen des § 281 Abs. 2 und des § 323 Abs. 2 bedarf es der Fristsetzung auch dann nicht, wenn der Verkäufer beide Arten der Nacherfüllung gemäß 439 Abs. 3 verweigert oder wenn die dem Käufer zustehende Art der Nacherfüllung fehlgeschlagen oder ihm unzumutbar ist. Eine Nachbesserung gilt nach dem erfolglosen zweiten Versuch als fehlgeschlagen, wenn sich nicht insbesondere aus der Art der Sache oder des Mangels oder den sonstigen Umständen etwas anderes ergibt.

§ 441 Minderung
(1) Statt zurückzutreten, kann der Käufer den Kaufpreis durch Erklärung gegenüber dem Verkäufer mindern. Der Ausschlussgrund des § 323 Abs. 5 Satz 2 findet keine Anwendung.

(2) Sind auf der ....

(3) Bei der Minderung ist der Kaufpreis in dem Verhältnis herabzusetzen, in welchem zur Zeit des Vertragsschlusses der Wert der Sache in mangelfreiem Zustand zu dem wirklichen Wert gestanden haben würden. Die Minderung ist, soweit erforderlich, durch Schätzung zu ermitteln.

(4) Hat der Käufer mehr als den geminderten Kaufpreis gezahlt, so ist der Mehrbetrag vom Verkäufer zu erstatten. ......

84. Wann spricht der Gesetzgeber (§ 434 BGB) bei einer Kaufsache von einem Sachmangel?
- a) Die Kaufsache ist zu einer vertraglich vereinbarten Verwendung geeignet.
- b) Die Kaufsache hat die vertraglich vereinbarte Beschaffenheit.
- c) Die Kaufsache ist zur gewöhnlichen Verwendung geeignet, so wie dies bei Sachen der gleichen Art üblich ist.
- d) Die Kaufsache weist die Beschaffenheit auf, die der Käufer erwarten kann, weil dies bei Sachen der gleichen Art so üblich ist.
- e) Die Kaufsache weist nicht die Beschaffenheit auf, die aus Aussagen des Herstellers, insbesondere in der Werbung, zu erwarten war.

RECHTLICHE RAHMENBEDINGUNGEN — WISO 1

85. **Eine Warenlieferung, die vereinbarungsgemäß zum 07.01. eingetroffen war, wies Sachmängel auf. Welche Aussage zu den Rechten des Käufers ist zutreffend?**
    a) Der Käufer kann zwischen Minderung des Kaufpreises und Nacherfüllung wählen.
    b) Der Käufer kann sofort das Recht des Rücktritts wählen.
    c) Der Käufer kann wählen zwischen der Beseitigung des Mangels oder der Lieferung einer mangelfreien Ware.
    d) Der Käufer kann auf Schadensersatz bestehen, auch wenn er dem Lieferer keine Nachfrist zur Nachbesserung gesetzt hat.
    e) Der Käufer kann in jedem Fall vom Vertrag zurücktreten, auch wenn eine Beseitigung des Mangels problemlos erfolgen kann.

86. **Die Warenlieferung weist kleinere Schäden auf. Diese sind ohne Probleme vom Lieferer zu beseitigen. Welche Aussage zu den Rechtsansprüchen des Käufers ist zutreffend?**
    a) Der Käufer kann in diesem Fall zunächst das Recht der Minderung für sich beanspruchen.
    b) Der Käufer muss dem Lieferer die Möglichkeit der Mangelbeseitigung einräumen.
    c) Der Käufer kann vom Vertrag zurücktreten.
    d) Der Käufer kann auf Lieferung mangelfreier Ware (= Ersatzlieferung) bestehen.
    e) Der Käufer kann auch in diesem Fall auf Schadensersatz bestehen.

87. **Der Gesetzgeber hat die Ansprüche des Käufers bei Lieferung mangelhafter Ware geregelt. In welcher Zeile sind die Rechte genannt, die nur „nachrangig" vom Kunden durchsetzbar sind?**
    a) Beseitigung des Mangels – Lieferung mangelfreier Ware
    b) Minderung – Rücktritt – Schadensersatz
    c) Minderung – Nachlieferung einer mangelfreien Sache
    d) Mangelbeseitigung – Rücktritt
    e) Schadensersatz – Mangelbeseitigung – Minderung

88. **Der Gesetzgeber räumt dem Lieferer, dessen Lieferung Sachmängel aufweist, unter Umständen ein Verweigerungsrecht wegen Unverhältnismäßigkeit ein. Bei welchem vom Kunden beanspruchten Recht kann vom Lieferer die Einrede der Unverhältnismäßigkeit geltend gemacht werden?**
    a) Recht auf Minderung
    b) Recht auf Schadensersatz
    c) Recht auf Mangelbeseitigung
    d) Recht auf Rücktritt
    e) Recht auf Schadensersatz und Rücktritt

89. **In welchem Fall liegt ein Verbrauchsgüterkauf vor?**
    a) Kauf einer beweglichen Sache eines Verbrauchers von einem Verbraucher
    b) Kauf einer beweglichen Sache eines Unternehmers von einem Unternehmer
    c) Kauf einer beweglichen Sache eines Unternehmers von einem Verbraucher
    d) Kauf einer beweglichen Sache eines Verbrauchers von einem Unternehmer
    e) Kauf einer beweglichen Sache bei einer öffentlichen Versteigerung

90. **Was versteht man unter Rücktritt?**
    a) Den Anspruch auf nachträgliche Änderung der bestellten Stoffe
    b) Den Anspruch auf Rückgängigmachung des Kaufvertrages
    c) Den Anspruch auf Schadenersatz wegen Nichterfüllung
    d) Den Anspruch auf Ersatzlieferung für fehlerhafte Stoffe
    e) Den Anspruch auf Minderung des Kaufpreises

91. **Beim Verbrauchsgüterkauf gelten nach BGB besondere Vorschriften, die den Verbraucher schützen sollen. Welche Aussage zu der Verjährung von Ansprüchen aufgrund von Sachmängeln ist zutreffend?**
    a) Die Verjährungsfrist für Sachmängel kann auch beim Verbrauchsgüterkauf vertraglich unter die Frist von 2 Jahren festgelegt werden.
    b) Bei Ansprüchen aus Sachmängeln hat der Verkäufer grundsätzlich während der Gewährleistungsfrist die Beweislast, dass die Kaufsache bei Übergabe frei von Mängeln war.
    c) Bei Ansprüchen aus Sachmängeln hat der Verkäufer die Beweislast nur während der ersten sechs Monate.
    d) Die Beweislast liegt immer beim Käufer.
    e) Bei Auftreten von Sachmängeln während des ersten Jahres nach Übergabe der Ware liegt die Beweislast beim Verkäufer, während des zweiten Jahres liegt diese beim Käufer.

92. **Der Unternehmer A (= Lieferer) schuldet dem Unternehmer B (= Kunde) eine Warenlieferung laut Kaufvertrag. Unternehmer A hat aber inzwischen einem anderen Kunden (C) die Ware geliefert, da dieser sofort bar zahlte. Folglich kann Unternehmer A nicht mehr rechtzeitig an Unternehmer B liefern. Welche Aussage ist zutreffend?**
    a) A wird von seiner Leistungspflicht befreit, da er nicht mehr liefern kann (§ 275 Abs. 1)
    b) A wird von seiner Leistungspflicht befreit, da das Eigentum der Ware bereits an den Kunden C übertragen hat.
    c) A wird von seiner Leistungspflicht befreit, da es für ihn mit sehr hohen Kosten verbunden ist, die Ware noch mal am Markt zu beschaffen, um sie dem Kunden B zu liefern. (§ 275 Abs. 2)
    d) A wird von seiner Leistungspflicht nicht befreit, weil Nichterfüllung seiner Leistungspflicht auf sein eigenes Verschulden zurückzuführen ist, da er der Erfüllung eines anderen Vertrages (mit Kunden C) den Vorrang gab. (§ 276)
    e) A ist allein aus dem Grund von seiner Leistungspflicht befreit, da die Regelungen der Vertragsfreiheit ihm die Entscheidung überlassen, wem er seine Ware verkaufen will.

93. **Der Unternehmer A ist wegen höherer Gewalt (Blitzschlag in sein Lager) nicht in der Lage, die Verpflichtung aus dem Kaufvertrag mit Unternehmer B zu erfüllen. Welche Aussage ist zutreffend?**
    a) Der Unternehmer A hat die nötige Sorgfalt nicht walten lassen, denn dann hätte das Einschlagen des Blitzes vermieden werden können.
    b) Der Unternehmer A hat es nicht zu vertreten, dass er nicht liefern kann. Somit ist er von seiner Leistungspflicht entbunden.
    c) Vertragliche Abmachungen müssen immer eingehalten werden, auch wenn der Unternehmer A seine Lieferunfähigkeit nicht zu vertreten hat.
    d) Der Unternehmer A ist zwar von seiner Leistungspflicht entbunden, muss aber den Schaden, den sein Kunde auf Grund der ausgebliebenen Warensendung erlitten hat, bezahlen.
    e) Der Unternehmer A ist gezwungen, sich auf dem Markt anderweitig, wenn auch zu höheren Kosten, die Waren zu beschaffen, um seine Pflichten aus dem Kaufvertrag erfüllen zu können.

94. **Unternehmer A ist aufgrund eines Kaufvertrages zur Lieferung einer Warensendung verpflichtet. Er gerät jedoch in Lieferschwierigkeiten, die er auch zu vertreten hat. Er teilt dies seinem Kunden, dem Unternehmer B, mit und bittet diesen, den Liefertermin ca. 6 bis 8 Wochen zu verschieben, damit er die Waren nochmals anderweitig beschaffen kann. Welche Aussage ist richtig?**
    a) Der Kunde B hat keine andere Möglichkeit, als der Bitte des Unternehmers A zu entsprechen.
    b) Der Kunde B kann auf jeden Fall auf der Lieferung zum rechtzeitigen Termin bestehen.
    c) Der Kunde B muss dem Unternehmer A eine angemessene Frist zur Nachlieferung setzen, die diesen 6 bis 8 Wochen entspricht.
    d) Er Kunde B kann nur vom Vertrag zurücktreten, er hat aber nicht das Recht, den ihm aufgrund der ausgebliebenen Warenlieferung entstandenen Schaden einzufordern.
    e) Der Kunde B kann sowohl vom Vertrag zurücktreten als auch Schadensersatz wegen nicht vertragsgemäß erbrachter Leistung verlangen.

95. **In einem Kaufvertrag wurde vereinbart: „Lieferung ab Mitte Januar". Am 24.01. ging beim Verkäufer ein Schreiben ein, in dem die Lieferung angemahnt und bis zum 01.02. erbeten wurde. Am 10.02. war die Ware noch nicht eingegangen, weil beim Lieferer eine Spezialmaschine wegen Wartungsmängeln ausgefallen war. Welche Aussage ist richtig?**
    a) Für den Eintritt des Lieferungsverzuges war eine Nachfristsetzung mit der Mahnung nicht erforderlich, weil der Liefertermin kalendermäßig genau festgelegt war.
    b) Dem Verkäufer wurde eine angemessene Nachfrist bis zum 01.02. gesetzt, danach kann der Käufer nur Schadenersatz statt der Leistung verlangen, aber nicht vom Vertrag zurücktreten.
    c) Es liegt kein Lieferungsverzug vor, weil der Verkäufer den Lieferungsverzug nicht verschuldet hat.
    d) Der Verkäufer befindet sich ab dem 02.02. in Lieferungsverzug; danach kann der Käufer vom Vertrag zurücktreten und Schadensersatz verlangen.
    e) Der Verkäufer befindet sich ab dem 02.02. in Lieferungsverzug; danach kann der Käufer bei einer weiteren erfolglosen Nachfristsetzung Schadenersatz statt der Leistung verlangen.

RECHTLICHE RAHMENBEDINGUNGEN — WISO 1

96. Ordnen Sie zu!

Begriffserläuterungen

a) Der Käufer verlangt Herabsetzung des Kaufpreises.
b) Der Käufer verlangt Ersatzlieferung mangelfreier Ware.
c) Der Käufer verlangt Rückgängigmachung des Vertrages.
d) Der Käufer verweigert Zahlung des vereinbarten Kaufpreises.
e) Der Käufer verlangt Ausbesserung der mangelhaften Ware.
f) Der Käufer verlangt Geldentschädigung, da trotz Nachfristsetzung keine Ersatzlieferung und keine Nachbesserung erfolgte.

Rechte des Käufers bei mangelhafter Lieferung

[ ] Rücktritt

[ ] Minderung

[ ] Schadensersatz statt der Leistung

97. Bringen Sie die folgenden Arbeiten beim Durchsetzen eines Schadenersatzanspruchs in die richtige Reihenfolge!

[ ] Schadenshöhe ermitteln und Schadensersatz statt der Leistung geltend machen
[ ] Liefertermin gemäß Bestellung überwachen, Lieferung muss fällig sein
[ ] Nach Ablauf der Nachfrist Deckungskauf vornehmen
[ ] Wegen Schadenersatzanspruch Klage erheben
[ ] Lieferer eine Nachfrist zur Nacherfüllung setzen
[ ] Nachfrist erfolglos abgelaufen

98. Bringen Sie die Anspruchsvoraussetzungen für „Schadensersatz statt der Leistung" in eine logisch richtige Reihenfolge!

[ ] Fristsetzung zur Leistung der Nacherfüllung
[ ] Pflichtverletzung (in Form von Verzug oder Schlechterfüllung)
[ ] Wirksamer Vertrag
[ ] Erfolgloser Fristablauf (Nichterbringung der gesamten Leistung oder Schlechterfüllung)
[ ] Vertretenmüssen des Schuldners
[ ] Schadensanspruch
[ ] Leistungspflicht des Schuldners aus wirksamem Vertragsschluss

99. Die Elektro-Großhandlungs-GmbH gerät gegenüber ihrem Kunden, Hans Maier e. K., Elektrogeräte, mit der Lieferung von 20 Kühlschränken in Lieferungsverzug, den er auch zu vertreten hat. Der Kunde, der die Kühlschränke dringend benötigt, hat sich diese daraufhin nach einer Mahnung, mit der er der Großhandlung eine angemessenen Nachfrist zur Nachlieferung gesetzt hatte und diese erfolglos verstrichen war, bei einem anderen Lieferer besorgt. Er verlangt daraufhin von der Elektro-Großhandlung-GmbH die Preisdifferenz. Welches Recht aus dem Lieferungsverzug macht der Kunde geltend?

a) Rücktritt vom Vertrag und Schadenersatz statt der Leistung
b) Schadenersatz wegen verspäteter Lieferung
c) Rücktritt vom Vertrag
d) Erfüllung des Vertrages und Schadenersatz
e) Erfüllung des Vertrages
f) Nachbesserung

100. Ein Großhändler erfüllt seine Verpflichtungen aus dem Kaufvertrag mit einem Einzelhändler nicht wie vereinbart. Welche Voraussetzungen müssen gegeben sein, bevor der Einzelhändler Schadensersatz statt der Leistung verlangen kann?

a) Die nicht rechtzeitig erfolgte Lieferung berechtigt den Einzelhändler dazu, Schadensersatz zu verlangen.
b) Wenn der Einzelhändler erfolglos eine Frist zur Nacherfüllung gesetzt hat, ist er berechtigt, Schadensersatz zu verlangen.
c) Wenn der Großhändler die Nichtleistung zu vertreten hat und der Einzelhändler erfolglos eine Nachfrist gesetzt hat, dann ist die Schadensersatzforderung berechtigt.
d) Wenn der Großhändler fahrlässig seine Pflichten nicht erfüllt hat, ist der Einzelhändler in jedem Fall berechtigt, Schadensersatz zu verlangen, auch ohne Setzen einer Nachfrist.
e) Auch bei einem Geschäft, das kalendermäßig bestimmt war (Termin der Lieferung war fest vereinbart), kann der Einzelhändler nur bei erfolgloser Nachfristsetzung Schadensersatz verlangen.

WISO 1 — RECHTLICHE RAHMENBEDINGUNGEN

101. Welche Aussage zum Lieferungsverzug ist zutreffend?
a) Bei Nichterfüllung seiner vertraglichen Leistungen (Pflichtverletzung) hat der Lieferer Schadensersatz zu leisten, auch wenn er die Pflichtverletzung nicht zu vertreten hat.
b) Bei einer Pflichtverletzung seitens des Lieferers muss ihm nachgewiesen werden, dass er dies zu vertreten hat (= Beweislastumkehr zu Lasten des Lieferers).
c) Der Lieferer selbst muss den Beweis erbringen, dass er die Pflichtverletzung nicht zu vertreten hat.
d) Nur ein Gericht kann darüber entscheiden, ob der Lieferer die Pflichtverletzung zu verantworten hat.
e) Ist die Pflichtverletzung auf fahrlässiges Handeln eines Angestellten des Lieferers zurückzuführen, so ist der Lieferer dafür nicht verantwortlich zu machen.

102. In einem zweiseitigen Handelskauf (beide Geschäftspartner sind Kaufleute) ist der säumige Lieferer durch den Gläubiger erfolgreich in Lieferungsverzug gesetzt worden. Welche Aussage zu den Folgen ist zutreffend?
a) Der Lieferer muss in keinem Fall mit einer Schadensersatzforderung durch den Gläubiger rechnen.
b) Der Lieferer kann bei nachträglicher Erfüllung seiner Pflichten die Forderung nach Schadensersatz erfolgreich abwehren.
c) Der Lieferer muss damit rechnen, dass er neben der Erfüllung seiner Leistung auch noch Schadensersatz und Verzugszinsen in Höhe von 5 % über dem Basissatz zu bezahlen hat.
d) Der Lieferer muss damit rechnen, dass er neben der Erfüllung seiner Leistung auch noch Schadensersatz und Verzugszinsen in Höhe von 8 % über dem Basissatz zu bezahlen hat.
e) Verzugszinsen braucht der Lieferer nur dann zu bezahlen, wenn er in der Forderungsaufstellung auf die Folgen des Verzuges hingewiesen wurde und bereits 30 Tage nach Erhalt der Forderungsaufstellung vergangen sind.

103. In welchem Fall handelt es sich um einen Deckungskauf?
a) Rohstoffe müssen sofort gekauft werden, da der Lagerbestand den Mindestbestand erreicht hat.
b) Eine Unternehmung deckt sich mit preiswerten Hilfsstoffen aus einem Insolvenzverfahren ein.
c) Wegen zu erwartenden Materialengpässen durch einen bevorstehenden Streik müssen vorsorglich die eigenen Lagerbestände aufgestockt werden.
d) Da der Lieferer in Verzug ist, müssen Rohstoffe anderweitig beschafft werden.
e) Ein Lieferer liefert mangelhafte Rohstoffe, und der Käufer kauft daher mangelfreie Rohstoffe bei einem anderen Lieferer.

104. Im Kaufvertrag zwischen einem Großhändler und einem Einzelhändler ist nichts über den Liefertermin enthalten. Die Lieferung ist nach 4 Wochen immer noch nicht beim Einzelhändler eingetroffen. Welche Aussage ist zutreffend?
a) Der Großhändler kann vom Einzelhändler in Verzug der Lieferung gesetzt werden, indem er ihm mit einer Mahnung eine angemessene Nachfrist setzt, auch dann, wenn der Großhändler die Lieferverzögerung nicht zu vertreten hat.
b) Der Einzelhändler kann nach erfolglosem Ablauf einer angemessenen Frist, die er dem Großhändler mit einer Mahnung gesetzt hat, vom Vertrag zurücktreten und Schadensersatz verlangen, auch wenn der Großhändler die Lieferverzögerung nicht zu vertreten hat.
c) Der Einzelhändler kann nach erfolglosem Ablauf einer angemessenen Frist, die er dem Großhändler mit einer Mahnung gesetzt hat, vom Vertrag zurücktreten und nur dann Schadensersatz verlangen, wenn der Großhändler die Lieferverzögerung zu vertreten hat.
d) Der Großhändler kann auch ohne Anmahnung der Lieferer in Verzug gesetzt werden.
e) Wenn die entsprechenden gesetzlichen Voraussetzungen (Pflichtverletzung durch Großhändler, Nachfristsetzung durch Mahnung und Verschulden des Großhändlers) gegeben sind, kann der Einzelhändler entweder nur vom Vertrag zurücktreten oder nur Schadensersatz verlangen. Beide Rechte schließen sich gegenseitig aus.

105. Eine Unternehmung beauftragt einen Tischler, einen Verkaufsstand nach Planskizze bis Ende Mai anzufertigen. Der Tischler bestätigt den Auftrag. Am 31. Mai teilt er dann mit, dass sein Geselle eine Woche krank war und er den Verkaufsstand erst Anfang Juni liefern kann. Daraufhin tritt das Unternehmen vom Vertrag zurück. Beurteilen Sie die Rechtslage!
a) Der Rücktritt vom Vertrag ist rechtswirksam, da der vereinbarte Termin nicht eingehalten wurde.
b) Der Rücktritt vom Vertrag ist rechtswirksam, da bei vereinbarten Terminen eine angemessene Fristsetzung und Rücktrittsandrohung nicht erforderlich ist.
c) Der Rücktritt vom Vertrag ist rechtswirksam, da ein Verschulden des Tischlers vorliegt.
d) Der Rücktritt vom Vertrag ist nicht rechtswirksam, da eine angemessene Fristsetzung zur Nacherfüllung nicht eingeräumt wurde.
e) Der Rücktritt vom Vertrag ist nicht rechtswirksam, da kein Verschulden des Tischlers vorliegt.

RECHTLICHE RAHMENBEDINGUNGEN — WISO 1

106. Welche Aussage zu Störungen bei der Erfüllung des Kaufvertrages ist richtig?
a) Beim kalendermäßig bestimmten Kauf (Fixkauf) kann der Käufer im Falle eines Lieferungsverzuges ohne Nachfristsetzung vom Vertrag zurücktreten.
b) Im Falle des Annahmeverzuges darf der Verkäufer beim Selbsthilfeverkauf nicht mitbieten.
c) Bei versteckten Mängeln braucht der Käufer keine Rügefrist einzuhalten.
d) Aufgrund einer berechtigten Mängelrüge hat der Käufer nur das Recht auf eine Preisminderung.
e) Beim Lieferungsverzug kann der Käufer in jedem Fall sofort Schadenersatz statt der Leistung verlangen.

107. In welchem Fall kann die Annahme einer Sendung ohne nachteilige Rechtswirkung verweigert werden?
a) Wenn nur ein Teil der bestellten Menge geliefert wird
b) Wenn anzunehmen ist, dass die gelieferte Ware Qualitätsmängel aufweist
c) Wenn der Lieferer bei einem kalendermäßig bestimmten Kauf (Fixkauf) ohne eigenes Verschulden verspätet liefert
d) Wenn die Außenverpackung beschädigt ist und der Frachtführer dies schriftlich bestätigt
e) Wenn der Lieferer, ohne dass ein kalendermäßig bestimmtes Geschäft oder Zweckkauf vorliegt, ohne eigenes Verschulden einen Tag zu spät liefert

108. Eine Kundin bestellt bei einem Versandhaus am 15.05. Ware gegen Nachnahme, Eingangsstempel des Versandhauses: 16.05. Am 17.05. schickt die Kundin ein Telefax, dass sie die Bestellung zurückziehe. Am 18.05. sendet das Versandhaus die Ware ab; die Kundin verweigert die Annahme. Welche Aussage ist richtig?
a) Das Versandhaus muss die Ware zurücknehmen, weil der Vertrag am 17.05. noch nicht zustande gekommen war.
b) Das Versandhaus muss die Ware zurücknehmen, weil die Bestellung ordnungsgemäß widerrufen wurde.
c) Die Kundin befindet sich im Annahmeverzug.
d) Die Kundin muss die Ware annehmen, ordnungsgemäß aufbewahren und die Weisungen des Versandhauses abwarten; zur Zahlung ist sie nicht verpflichtet.
e) Das Versandhaus muss die Ware zurücknehmen, weil immer ein Widerrufsrecht von 14 Tagen gilt.

109. Wann kommt der Lieferer als Schuldner der Ware in Verzug, wenn als Tag der Lieferung der 24. November fest vereinbart wurde?
a) Mit Ablauf des 24. November
b) Mit Ablauf einer Nachfrist
c) Mit Zugang eines Mahnbescheides
d) Sobald ihm die erste Mahnung zugegangen ist
e) Am Ende des darauffolgenden Monats
f) Spätestens vier Wochen nach dem 24. November

WISO 1 — RECHTLICHE RAHMENBEDINGUNGEN

Siehe zu den nächsten fünf Aufgaben die §§ 247, 286 (3) und § 288 BGB!

§ 247 Basiszinssatz
(1) Der Basiszinssatz beträgt -0,88 Prozent (Stand 1. Juli 2016). Er verändert sich zum 1. Januar und 1. Juli eines Jahres um die Prozentpunkte, um welche die Bezugsgröße seit der letzten Veränderung des Basiszinssatzes gestiegen oder gefallen ist. Bezugsgröße ist der Zinssatz für die jüngste Hauptrefinanzierungsoperation der Europäischen Zentralbank vor dem ersten Kalendertag des betreffenden Halbjahres.
(2) Die Deutsche Bundesbank gibt den geltenden Basiszinssatz unverzüglich nach den in Absatz 1 Satz 2 genannten Zeitpunkten im Bundesanzeiger bekannt.

§ 286 Verzug des Schuldners
(1)...
(2)...
(3) Der Schuldner einer Entgeltforderung kommt spätestens in Verzug, wenn er nicht innerhalb von 30 Tagen nach Fälligkeit und Zugang einer Rechnung oder gleichwertigen Zahlungsaufstellung leistet; dies gilt gegenüber einem Schuldner, der Verbraucher ist, nur, wenn auf diese Folgen in der Rechnung oder Zahlungsaufstellung besonders hingewiesen worden ist. Wenn der Zeitpunkt des Zugangs der Rechnung oder Zahlungsaufstellung unsicher ist, kommt der Schuldner, der nicht Verbraucher ist, spätestens 30 Tage nach Fälligkeit und Empfang der Gegenleistung in Verzug.
(4).....

§ 288 Verzugszinsen
(1) Eine Geldschuld ist während des Verzugs zu verzinsen. Der Verzugszinssatz beträgt für das Jahr fünf Prozentpunkte über dem Basiszinssatz.
(2) Bei Rechtsgeschäften, an denen ein Verbraucher nicht beteiligt ist, beträgt der Zinssatz für Entgeltforderungen acht Prozentpunkte über dem Basiszinssatz.
(3) Der Gläubiger kann aus einem anderen Rechtsgrund höhere Zinsen verlangen.
(4) Die Geltendmachung eines weiteren Schadens ist nicht ausgeschlossen.

110. **Ein Einzelhändler verlangt von seinem Kunden, der 30 Tage nach Rechnungserhalt noch nicht bezahlt hat und der in der Rechnung auf den Zahlungsverzug hingewiesen wurde, Verzugszinsen. Welche Aussage ist richtig?**
   a) Er kann Verzugszinsen verlangen, und zwar 5 % über dem aktuellen Basiszinssatz.
   b) Er kann Verzugszinsen verlangen, und zwar 9 % über dem aktuellen Basiszinssatz.
   c) Zinsen können grundsätzlich nur verlangt werden, wenn sie vorher vertraglich vereinbart worden sind.
   d) Da keine vertraglichen Vereinbarungen über Verzugszinsen getroffen worden sind, darf der Kaufmann Verzugszinsen in beliebiger Höhe verlangen.
   e) Der Kaufmann muss den säumigen Käufer erst durch Mahnung in Verzug setzen; dann kann er nach 30 Tagen Verzugszinsen verlangen.

111. **Ein Kaufmann ist in Zahlungsverzug geraten. Sein Lieferant berechnet ihm Verzugszinsen. Welchen Zinssatz darf er verlangen, wenn im Kaufvertrag nichts darüber vereinbart worden ist und die Vorschriften des BGB zugrunde gelegt werden?**
   a) 5 %
   b) den Basiszinssatz
   c) 8 %
   d) 5 % über dem Basiszinssatz
   e) 9 % über dem Basiszinssatz

112. **Eine Großhandels GmbH verlangt von ihrem Kunden, der Firma Müller e. K., der 30 Tage nach Rechnungserhalt noch nicht bezahlt hat, Verzugszinsen. Welche Aussage ist richtig?**
   a) Sie kann Verzugszinsen verlangen und zwar 8,12 %, wenn der aktuelle Basiszinssatz -0,88 % beträgt.
   b) Zinsen können grundsätzlich nur verlangt werden, wenn sie vorher vereinbart wurden.
   c) Da keine Vereinbarung über Verzugszinsen getroffen wurde, darf die Großhandels GmbH Verzugszinsen in beliebiger Höhe verlangen.
   d) Die Großhandels GmbH muss den säumigen Kunden erst in Verzug setzen. Dann kann sie nach 30 Tagen Verzugszinsen verlangen.
   e) Die Großhandels GmbH kann höchstens den von der EZB vorgegebenen Basissatz verlangen.

RECHTLICHE RAHMENBEDINGUNGEN — WISO 1

113. Die Müller-GmbH verkaufte Anfang Januar verschiedene Waren an die Tischlerei Göbel GmbH in Dresden. Es wurde vereinbart, dass die Zahlung des Kaufpreises bei Lieferung fällig wird. Am 10. Januar um 9.00 Uhr erhielt die Tischlerei die Waren und die Rechnung. Da sie am 20. Februar noch nicht gezahlt hat, will die Müller-GmbH Zinsen fordern. Prüfen Sie, ob und in welcher Höhe nach der gesetzlichen Regelung Zinsen verlangt werden können?
   a) Zinsen können grundsätzlich nur verlangt werden, wenn sie vereinbart wurden.
   b) Da keine Vereinbarung über Verzugszinsen getroffen wurde, kann die Müller-GmbH ab dem 11. Januar Verzugszinsen in beliebiger Höhe verlangen.
   c) Da am 10. Januar die Zahlung aufgrund der Lieferung fällig war und an diesem Tag auch die Rechnung zuging, kann die Müller-GmbH ab dem 11. Februar Verzugszinsen von 9 % + aktueller Basiszinssatz verlangen.
   d) Zinsen können nicht verlangt werden, da die Voraussetzungen für den Zahlungsverzug nicht erfüllt sind. Grundsätzlich muss die Tischlerei erst gemahnt und eine 30-tägige Nachfrist gesetzt werden.
   e) Die Müller-GmbH kann frühestens ab dem 11. März Verzugszinsen von insgesamt 9 % + aktueller Basiszinssatz verlangen.

114. Ein Privatkunde hat von einem Großhändler Waren im Wert von 260,00 € erhalten. Welche Voraussetzung muss gegeben sein, dass der Privatkunde in Zahlungsverzug gerät?
   a) Er gerät 30 Tage nach Rechnungserhalt in Zahlungsverzug, auch wenn die Rechnung keinen Hinweis auf die rechtliche Regelung des Zahlungsverzuges enthält.
   b) Er gerät nur in Zahlungsverzug, wenn dies vertraglich festgelegt wurde.
   c) Er gerät 30 Tage nach Fälligkeit und Zugang der Rechnung in Verzug, wenn in der Rechnung auf den Zahlungsverzug hingewiesen wurde.
   d) Er gerät 30 Tage nach Zugang einer Mahnung in Verzug.
   e) Für Privatkunden gelten keine gesetzlichen Regelungen.

Zu den nächsten vier Aufgaben siehe folgende Situation:

> Eine Eingangsrechnung der Großhandels GmbH für 30 gelieferte Spülmaschinen enthält folgende Datumsangaben:
> „Ihre Nachricht vom 12.05.20..";
> „Lieferungsdatum: 18.05.20..";
> „Rechnungsdatum: 16.05.20..";
> „Datum des Eingangsstempels: 19.05.20..".
> Die Zahlungsbedingung lautet: Zahlbar sofort ohne Abzug. Eine Mahnung ist nicht erfolgt.

115. Mit Ablauf welchen Datums gerät die Großhandels GmbH in Zahlungsverzug? Tragen Sie das Ergebnis in das Kästchen ein (TT.MM.)!

116. Welches Recht kann der Gläubiger bei einem Zahlungsverzug geltend machen, auch wenn er noch keine Nachfrist gesetzt hat?
   a) Er kann sofort vom Vertrag zurücktreten.
   b) Er kann auf Zahlung des Kaufpreises bestehen und Verzugszinsen verlangen.
   c) Er kann sofort vom Vertrag zurücktreten und Verzugszinsen verlangen.
   d) Er kann sofort Schadenersatz statt der Lieferung verlangen.
   e) Er kann sofort vom Vertrag zurücktreten und Schadenersatz statt der Leistung verlangen.

117. Wie viel Jahre beträgt die gesetzliche Gewährleistungsfrist für die gelieferten Spülmaschinen? Tragen Sie die Lösung in das Kästchen ein!

118. Drei der gelieferten Spülmaschinen weisen Mängel auf. Welches Recht steht der Großhandels GmbH <u>vorrangig</u> zu?
   a) Rücktritt vom Vertrag
   b) Schadensersatz und Minderung des Kaufpreises
   c) Nacherfüllung
   d) Minderung des Kaufpreises
   e) Rücktritt vom Vertrag und Schadensersatz

WISO 1 — RECHTLICHE RAHMENBEDINGUNGEN

119. In welchem Fall hat der Gläubiger das Recht, vom Schuldner im Mahnverfahren eine „Eidesstattliche Versicherung" zu verlangen?
a) Wenn sich der Schuldner berechtigt weigert zu zahlen
b) Wenn der Gläubiger dies nach Ablauf des Zahlungsziels beantragt
c) Wenn der Schuldner nicht zu einem gerichtlich anberaumten Verhandlungstermin erscheint
d) Wenn beim Schuldner erfolglos gepfändet wurde
e) Wenn der Schuldner unbegründet Einspruch gegen einen Vollstreckungsbescheid erhebt

120. Gegenüber einem Kunden aus Düsseldorf besteht aufgrund einer Warenlieferung eine seit dem 17.10. fällige Forderung über 12.360 €. Unser Firmensitz ist Oldenburg. Wo muss der Antrag auf Erlass eines Mahnbescheides gestellt werden?
a) Die örtliche Zuständigkeit liegt beim zentralen Mahngericht des Bundeslandes, in dem der Antragsteller seinen Geschäftssitz hat, also beim zentralen Mahngericht des Bundeslandes Niedersachsen (Uelzen).
b) Die örtliche Zuständigkeit liegt beim zentralen Mahngericht des Bundeslandes, in dem der Schuldner seinen Geschäftssitz hat, also beim zentralen Mahngericht des Bundeslandes Bayern (Coburg).
c) Der Antragsteller kann zwischen dem zentralen Mahngericht von Niedersachsen und dem von Bayern wählen.
d) Beim Landgericht Landshut, weil bei einem Streitwert von mehr als 6.000 € ausschließlich das Landgericht zuständig ist, in dessen Bezirk der Schuldner seinen Geschäftssitz hat.
e) Beim Landgericht Oldenburg, weil bei einem Streitwert von mehr als 6.000 € ausschließlich das Landgericht zuständig ist, in dessen Bezirk der Gläubiger seinen Geschäftssitz hat.

121. Bringen Sie folgende Schritte des gerichtlichen Mahnverfahrens, die gegen einen säumigen Schuldner durchzuführen sind, in die richtige Reihenfolge!
[ ] Der Antragsgegner (Schuldner) zahlt nicht und erhebt auch keinen Widerspruch gegen den Mahnbescheid.
[ ] Der Antragsteller (Gläubiger) stellt Antrag auf Erlass eines Mahnbescheides beim zuständigen Mahngericht.
[ ] Das zuständige Mahngericht erlässt den Mahnbescheid und stellt ihn dem Antragsgegner (Schuldner) zu.
[ ] Der Antragsteller (Gläubiger) veranlasst die Zwangsvollstreckung.
[ ] Der Antragsteller (Gläubiger) zwingt mit Hilfe des Gerichtes den Antragsgegner (Schuldner) zur Abgabe einer eidesstattlichen Versicherung.
[ ] Der Gerichtsvollzieher stellt dem Antragsteller (Gläubiger) nach fruchtloser Pfändung eine Unpfändbarkeitserklärung zu.
[ ] Der Antragsteller (Gläubiger) erwirkt einen Vollstreckungsbescheid.
[ ] Der Antragsgegner (Schuldner) zahlt nicht und erhebt auch gegen den Vollstreckungsbescheid keinen Einspruch.

122. Ein säumiger Käufer wurde von der GmbH bereits mehrfach erfolglos gemahnt. Es soll nun ein gerichtliches Mahnverfahren eingeleitet werden. Was ist dazu der erste Arbeitsschritt?
a) Vorlage der unbezahlten Rechnung beim Landgericht
b) Formloses Schreiben an das Landgericht
c) Verständigung des Amtsgerichtes durch ein Einschreiben
d) Verständigung des Zentralen Mahngerichts (Amtsgericht) per Fax mit der Bitte, das Verfahren einzuleiten
e) Ausfüllen eines amtlichen Vordrucks. Dieser ist dann beim Zentralen Mahngericht (Amtsgericht) einzureichen.

123. Ein Schuldner reagiert auf die Zustellung eines Mahnbescheides nicht. Welche Aussage ist richtig?
a) Das Amtsgericht erlässt auf Antrag einen Vollstreckungsbescheid.
b) Der Gläubiger kann jetzt die Pfändung vornehmen lassen.
c) Der Schuldner muss unverzüglich eine eidesstattliche Versicherung über seine Vermögensverhältnisse abgeben.
d) Das Amtsgericht stellt das Verfahren mangels Masse ein.
e) Das Amtsgericht setzt eine mündliche Gerichtsverhandlung an.

RECHTLICHE RAHMENBEDINGUNGEN — WISO 1

124. Welche Aussage über die Durchführung des gerichtlichen Mahnverfahrens ist richtig?
a) Vor einer Zwangsvollstreckung muss stets das kaufmännische (außergerichtliche) Mahnverfahren durchgeführt werden.
b) Zweck des gerichtlichen Mahnverfahrens ist es, den Forderungseinzug zu beschleunigen.
c) Der Gerichtsvollzieher kann eine Vollstreckung wegen Geldforderungen nicht durchführen.
d) Bei der Pfändung werden Geld, Schmuck und Wertpapiere durch Pfandsiegel als gepfändet gekennzeichnet.
e) Eine Pfändung von Forderungen ist im Rahmen eines gerichtlichen Mahnverfahrens nicht möglich.

125. Nach mehrmaligen erfolglosen Mahnschreiben sendet ein Unternehmer einem Kunden eine Postnachnahme zu. Welche rechtliche Wirkung hat dies für den Unternehmer?
a) Die Postnachnahme ist ohne jede rechtliche Wirkung.
b) Die Postnachnahme gehört noch zum außergerichtlichen Mahnverfahren, bewirkt aber trotzdem einem Verjährungsneubeginn.
c) Erst wenn der Unternehmer seinem Kunden eine Postnachnahme zugesandt hat und diese nicht eingelöst wird, kann er einen Mahnbescheid beantragen.
d) Er hat damit das gerichtliche Mahnverfahren eingeleitet, und damit wird die Verjährung gehemmt.
e) Er hat damit das gerichtliche Mahnverfahren eingeleitet, und damit beginnt die Verjährung von Neuem zu laufen.

126. Welche Aussage über den Antrag auf Erlass eines Mahnbescheids ist richtig?
a) Das Landgericht am Sitz des Antragstellers ist erst ab einem Streitwert von € 5.000 zuständig.
b) Das Landgericht am Sitz des Antragsgegners ist erst ab einem Streitwert von € 5.000 zuständig.
c) Das Amtsgericht am Sitz des Antragstellers ist nur bis zu einem Streitwert von € 5.000 zuständig.
d) Das Amtsgericht am Sitz des Antragsgegners ist nur bis zu einem Streitwert von € 5.000 zuständig.
e) Das Amtsgericht am Sitz des Antragstellers ist unabhängig von der Höhe des Streitwerts zuständig.

127. Welche Aussage über das gerichtliche Mahnverfahren ist richtig?
a) Das gerichtliche Mahnverfahren beginnt mit der letzten Mahnung unter Androhung gerichtlicher Maßnahmen.
b) Der Vollstreckungsbescheid leitet das gerichtliche Mahnverfahren ein.
c) Der Mahnbescheid leitet das gerichtliche Mahnverfahren ein.
d) Der Vollstreckungsbescheid kann nur bis zu einer Höhe von € 5.000 beim zuständigen Amtsgericht beantragt werden.
e) Der Mahnbescheid kann nur bis zu einer Höhe von € 50.000 beim zuständigen Amtsgericht beantragt werden.

128. In welchem Fall kann vom Schuldner im Mahnverfahren eine „Eidesstattliche Versicherung" verlangt werden?
a) Wenn der Schuldner unbegründet Einspruch gegen einen Vollstreckungsbescheid erhebt
b) Wenn der Gläubiger dies nach Ablauf des Zahlungsziels beantragt
c) Wenn beim Schuldner erfolglos gepfändet wurde und der Gläubiger dies beantragt
d) Wenn der Schuldner nicht zu einem gerichtlich anberaumten Verhandlungstermin erscheint
e) Wenn sich der Schuldner berechtigt weigert, zu zahlen

129. Welche Verjährungsfrist gilt für Forderungen beim zweiseitigen Handelskauf?
a) 1 Jahr
b) 2 Jahre
c) 3 Jahre
d) 6 Jahre
e) 10 Jahre
f) 30 Jahre

130. Welche Verjährungsfrist besteht für einen Vollstreckungsbescheid?
a) 6 Wochen
b) 6 Monate
c) 2 Jahre
d) 4 Jahre
e) 30 Jahre

WISO 1 — RECHTLICHE RAHMENBEDINGUNGEN

131. Die Firma Computec reagiert auf den Mahnbescheid und leistet eine Teilzahlung in Höhe von 4.500 € am 15. Januar des folgenden Jahres. Wie wirkt sich dies auf die Verjährung der Forderung aus?
 a) Es handelt sich um ein Schuldanerkenntnis, deshalb beginnt die Verjährung neu zu laufen.
 b) Die Teilzahlung ist ohne Einfluss auf die Verjährung, da sie vor dem Verjährungsbeginn erfolgte.
 c) Der Zeitraum zwischen dem Eintritt des Zahlungsverzugs und dem Eingang der Teilzahlung wird der Verjährungsfrist hinzugerechnet.
 d) Es muss ein neuer Mahnbescheid beantragt werden
 e) Die Forderung kann gerichtlich nicht mehr eingeklagt werden.

132. Wie viel Jahre dauert nach dem Verjährungsrecht die Regelverjährung?
 a) 2 Jahre
 b) 3 Jahre
 c) 5 Jahre
 d) 10 Jahre
 e) 30 Jahre

133. Wann verjähren Ansprüche auf Zinsen?
 a) Nach 2 Jahren
 b) Nach 3 Jahren
 c) Nach 5 Jahren
 d) Nach 10 Jahren
 e) Nach 30 Jahren

134. Ein Großhändler lieferte am 04.01.2016 Waren an einen Einzelhändler. Die Forderung aufgrund dieser Warenlieferung beträgt 2.300,00 €. Wann ist diese Forderung verjährt?
 a) Am 31.12.16
 b) Am 05.01.17
 c) Am 01.01.18
 d) Am 05.01.19
 e) Am 01.01.20

135. Wann beginnt die regelmäßige Verjährungsfrist?
 a) Am Tag der Entstehung des Anspruchs
 b) Mit dem Schluss des Jahres, in dem der Anspruch entstanden ist, ohne Kenntnisnahme seitens des Gläubigers
 c) Mit dem Schluss des Jahres, in dem der Anspruch entstanden ist und Kenntnisnahme seitens des Gläubigers
 d) Mit dem Schluss des Jahres, in dem der Anspruch entstanden ist und Kenntnisnahme seitens des Schuldners
 e) Am Tag der Entstehung des Anspruchs und Kenntnisnahme seitens des Gläubigers

136. Ordnen Sie zu!

 Jahre, bis die Forderung verjährt ist   **Forderungen**
 a) 2 Jahre
 b) 3 Jahre   [ ] Ansprüche aus mangelhafter Lieferung
 c) 4 Jahre
 d) 5 Jahre   [ ] Leistungen, die durch ein Gerichtsurteil festgelegt wurden
 e) 10 Jahre
 f) 30 Jahre   [ ] Forderungen eines Einzelhändlers an einen Privatkunden

137. Welche Aussage zu den Verjährungsfristen ist zutreffend?
 a) Die grundsätzlich auf 2 Jahre festgelegte Verjährungsfrist bei Mängelansprüchen kann vertraglich auch im Verbrauchsgüterkauf verkürzt werden.
 b) Die grundsätzlich auf 3 Jahre festgelegte Verjährungsfrist bei Mängelansprüchen kann vertraglich nie verkürzt werden.
 c) Die grundsätzlich auf 2 Jahre festgelegte Verjährungsfrist bei Mängelansprüchen kann außerhalb eines Verbrauchsgüterkaufs vertraglich auf 1 Jahr verkürzt werden.
 d) Die Verjährungsfrist für Mängelansprüche fällt auch unter die Regelverjährung von 3 Jahren.
 e) Für Mängelansprüche gelten immer nur die Vorschriften des HGB.

RECHTLICHE RAHMENBEDINGUNGEN — WISO 1

Zu den nächsten fünf Aufgaben siehe nachstehende Auszüge aus dem BGB!

§ 209 BGB Wirkung der Hemmung
Der Zeitraum, während dessen die Verjährung gehemmt ist, wird in die Verjährungsfrist nicht eingerechnet.

§ 212 BGB Neubeginn der Verjährung
(1) Die Verjährung beginnt erneut, wenn
1. der Schuldner dem Gläubiger gegenüber den Anspruch durch Abschlagzahlung, Zinszahlung, Sicherheitsleistung oder in anderer Weise anerkennt, oder
2. eine gerichtliche oder behördliche Vollstreckungshandlung vorgenommen oder beantragt wird.

(2) ....

(3).....

138. Welche Wirkung hat der Neubeginn der Verjährung?
a) Die Verjährungsfrist verlängert sich um den bislang abgelaufenen Zeitraum.
b) Die Verjährungsrist wird um ein weiteres Jahr verlängert.
c) Der Gläubiger kann nicht mehr auf Erfüllung seines Anspruchs klagen.
d) Die Verjährungsfrist verlängert sich automatisch auf die Höchstverjährung.
e) Die Verjährungsfrist beginnt von neuem zu laufen.

139. Welche Wirkung hat die Hemmung der Verjährung?
a) Die Verjährungsfrist beginnt von dem Tag an, an dem der Hemmungsgrund eingetreten ist, von neuem zu laufen.
b) Durch die Hemmung der Verjährung hat der Schuldner das Recht, die Leistung zu verweigern.
c) Ist der Tatbestand der Hemmung eingetreten, kann der Schuldner auf eine Verkürzung der Verjährungsfrist bestehen.
d) Der Tatbestand der Hemmung bewirkt, dass die Verjährungsfrist um die Zeit, in der die Verjährung gehemmt war, verlängert wird.
e) Die bis zum Eintreten des Tatbestands der Hemmung abgelaufene Verjährungsfrist wird an die Regelverjährung angehängt.

140. Ein Großhandelsunternehmen schickte am 05.01.2015 eine Rechnung an die Einzelhandels OHG. Am 10.02.2015 wurde eine erste Mahnung geschickt. Welche Aussage ist richtig, wenn die Großhandlung am 15.03.2015 feststellen musste, dass die Rechnung noch nicht ausgeglichen ist?
a) Die Forderung verjährt am 31.12.2017, da sie der Regelverjährung unterliegt.
b) Die Mahnung vom 10.02.2015 hemmte die Verjährung.
c) Die Mahnung vom 10.02.2015 unterbrach die Verjährung.
d) Erst eine zweite Mahnung hätte die Verjährung gehemmt.
e) Erst eine zweite Mahnung hätte die Verjährung unterbrochen.

141. Wodurch wird der Tatbestand des Neubeginns der Verjährungsfrist erfüllt?
a) Durch Verhandlungen zwischen Gläubiger und Schuldner
b) Durch Zustellen eines Mahnbescheids
c) Durch Klageerhebung
d) Durch die Anerkennung des Anspruchs in Form einer Abschlagszahlung
e) Durch den Tod des Gläubigers

142. In welchem Fall tritt eine Hemmung der Verjährung ein?
a) Der Schuldner erkennt durch eine Abschlagszahlung seine Schuld an.
b) Der Schuldner erklärt sich bereit, dem Gläubiger eine Sicherheitsleitung zu erbringen.
c) Der Schuldner leistet eine Zinszahlung.
d) Der Schuldner erhält im Rahmen des Mahnverfahrens seinen Mahnbescheid zugestellt.
e) Der Gläubiger beantragt eine gerichtliche Vollstreckung, der auch stattgegeben wird.

WISO 1 — RECHTLICHE RAHMENBEDINGUNGEN

143. Im Vertrag ist die Klausel „Es gelten die Allgemeinen Geschäftsbedingungen" zu finden. Welche Bedeutung hat diese Vertragsklausel?
- a) Es handelt sich um besondere Bedingungen, die für diesen Vertragsabschluss ausgehandelt worden sind.
- b) Es handelt sich um standardisierte Vertragsbedingungen, die durch den Gesetzgeber im HGB verankert sind.
- c) Es handelt sich um allgemeine Vertragsbedingungen, für die ohne Einschränkung der Grundsatz der Vertragsfreiheit gilt.
- d) Es handelt sich um vorformulierte Vertragsbestandteile, die Vorrang vor allen Regelungen des BGB haben.
- e) Es handelt sich um vorformulierte Vertragsbedingungen, die Vertragsbestandteil werden, sofern keine Regelungen des BGB entgegenstehen.

144. Die Verwendung von Allgemeinen Geschäftsbedingungen (AGB) hat Vor- und Nachteile für die Geschäftspartner. Welche Aussage ist richtig?
- a) Da bei der Verwendung der AGB zusätzliche individuelle Regelungen ausgeschlossen sind, können im Einzelfall die besonderen Wünsche der Vertragspartner nicht mehr berücksichtigt werden.
- b) Da die AGB bei jedem Vertrag schriftlich neu formuliert werden müssen, entsteht für die Vertragspartner ein erheblicher Zusatzaufwand.
- c) Da die Vertragsinhalte nicht mehr bei jedem einzelnen Vertrag ausgehandelt werden müssen, ist für den Verwender mit dem Einsatz der AGB ein erheblicher Rationalisierungseffekt verbunden.
- d) Das durch die Bestimmungen des BGB zu den Allgemeinen Geschäftsbedingungen Kaufleute besonders geschützt werden, brauchen sich diese nicht mehr mit dem Inhalt der AGB befassen.
- e) Da durch die AGB die Grenzen der Vertragsfreiheit aufgehoben werden, haben die Vertragsparteien die Möglichkeit, sich über gesetzliche Mindestanforderungen hinwegzusetzen.

145. Welche Aussage zu den im BGB geregelten Allgemeinen Geschäftsbedingungen (AGB) ist richtig?
- a) Die Bestimmungen der AGB haben Vorrang vor schriftlich fixierten individuellen Vertragsabreden.
- b) AGB finden nur bei Verträgen zwischen Kaufleuten Anwendung.
- c) Zweifel bei der Auslegung der AGB gehen nach Vertragsabschluss zu Lasten des Kunden.
- d) Liegen AGB vor, dann steht oder fällt der gesamte Vertragsabschluss mit ihrer Anerkennung durch den Kunden.
- e) Bestimmungen in den AGB sind unwirksam, wenn sie den Kunden, entgegen den Geboten von Treu und Glauben, unangemessen benachteiligen.

146. Ein Kunde beschwert sich zu Recht über unzulässige Einschränkungen in den allgemeinen Geschäftsbedingungen Ihres Unternehmens. Welche Regelung widerspricht den Vorschriften des BGB?
- a) Gerichtsstand und Erfüllungsort für beide Teile ist der Geschäftssitz des Lieferers.
- b) Sämtliche Ansprüche aus mangelhafter Lieferung werden ausgeschlossen.
- c) Nachträgliche Vertragsänderungen bedürfen der Schriftform.
- d) Im Falle des Zahlungsverzuges werden ab Fälligkeit der Rechnung Verzugszinsen berechnet.
- e) Individuelle Vertragsabreden haben Vorrang vor den Allgemeinen Geschäftsbedingungen.

147. Welche Vorschrift ist aus dem BGB zu den Allgemeinen Geschäftsbedingungen entnommen?
- a) Ist über den Zeitpunkt der Lieferung im Kaufvertrag nichts vereinbart, so kann der Käufer sofortige Lieferung verlangen.
- b) Eine Lieferung muss unverzüglich geprüft werden.
- c) Individuelle Vertragsabreden haben Vorrang vor Allgemeinen Geschäftsbedingungen.
- d) Wird durch die Allgemeinen Geschäftsbedingungen nichts anderes festgelegt, so trägt der Käufer die Verpackungskosten.
- e) Wenn im Kaufvertrag nichts Anderes vereinbart wurde, so hat der Schuldner die Kosten für die Zahlung der Kaufsumme zu tragen.

MENSCHLICHE ARBEIT IM BETRIEB — WISO 2

BEI DEN NACHSTEHENDEN AUFGABEN SIND DIE RICHTIGEN ERGEBNISSE ANZUKREUZEN BZW. ZUZUORDNEN!

1. Ein kaufmännischer Angestellter in einem Unternehmen besitzt allgemeine Handlungsvollmacht im Sinne des HGB. Welche Rechtshandlung darf er für sein Unternehmen vornehmen, ohne dafür eine besondere Befugnis erhalten zu haben?
   a) Darlehen aufnehmen
   b) Mitarbeiter einstellen
   c) Bilanz unterschreiben
   d) Grundstücke verkaufen
   e) Wechselverbindlichkeiten eingehen
   f) Prozesse führen

2. Der Ausbilder im Verkauf weist den Auszubildenden im 2. Ausbildungsjahr in die Kontrolle von Rechnungen ein. Welche betriebliche Vollmacht ermächtigt den Ausbilder dazu?
   a) Einzelvollmacht
   b) Sondervollmacht
   c) Artvollmacht
   d) Generalvollmacht
   e) Gesamtvollmacht
   f) Gesamtprokura

3. In welchem Fall liegt eine Artvollmacht vor?
   a) Eine Mitarbeiterin erhält Inkassovollmacht.
   b) Ein Auszubildender wird beauftragt, für seinen Ausbildungsbetrieb bei einer Bank einen Rechnungsbetrag einzubezahlen.
   c) Ein Angestellter hat Vollmacht für den Abschluss aller Rechtsgeschäfte, die der Betrieb eines bestimmten Handelsgewerbes mit sich bringt.
   d) Ein Mitarbeiter erhält eine Vollmacht, die in das Handelsregister einzutragen ist.
   e) Ein Vollkaufmann beauftragt einen Rechtsanwalt mit der Führung eines Prozesses.

4. Welche Aussage trifft nach dem HGB auf die Handlungsvollmacht zu?
   a) Ein Handlungsbevollmächtigter darf Grundstücke ohne besondere Vollmachten veräußern und belasten.
   b) Die Erteilung einer Handlungsvollmacht muss notariell beglaubigt werden.
   c) Ein Handlungsbevollmächtigter kann für den Geschäftsinhaber alle Rechtsgeschäfte vornehmen mit Ausnahme der Bilanzunterzeichnung und der Betriebsveräußerung.
   d) Die Handlungsvollmacht kann mündlich, schriftlich oder stillschweigend durch Duldung bestimmter Handlungen erteilt werden.
   e) Der Name eines Handlungsbevollmächtigten muss im Handelsregister eingetragen sein.

5. Ein Mitarbeiter wurde am 04.10. zum Prokuristen ernannt. Dies wurde den Geschäftspartnern der Unternehmung noch am gleichen Tag per Fax mitgeteilt. Am 06.10. wurde die Eintragung der Ernennung zum Prokuristen ins Handelsregister beantragt und am 31.10. erfolgte die Veröffentlichung der Eintragung. Ab wann kann der neu ernannte Prokurist für das Unternehmen rechtswirksam Geschäfte vornehmen? Tragen Sie das exakte Datum in das Kästchen ein!

6. Welche Rechtshandlung darf der Prokurist nicht vornehmen?
   a) Veränderungen des angebotenen Sortiments
   b) Kauf eines preiswerten Grundstücks für die Großhandels GmbH
   c) Vertretung der Großhandels GmbH vor Gericht
   d) Aufnahme eines neuen Gesellschafters
   e) Kündigung des bisherigen Lagerleiters und Einstellen eines neuen

WISO 2 — MENSCHLICHE ARBEIT IM BETRIEB

Zu den nächsten zwei Aufgaben siehe nachstehende Situation!

Ein Sachbearbeiter der Verkaufsabteilung gibt ein schriftliches Angebot ab.

Die Führungsgrundsätze eines Unternehmens lauten:
„Eine überzeugende Führungsleistung weist folgende Merkmale auf:

- *Für eine gute, erfolgreiche Verkaufspolitik übernehmen die Führungskräfte jeweils die entscheidende Verantwortung.*

- *Für die guten, erfolgreichen Verkaufsgespräche übernehmen die Sachbearbeiter im Verkauf jeweils die entscheidende Verantwortung.*

- *Ein Eingriff eines Vorgesetzten in die Kompetenz der Mitarbeiter ist auch im Ausnahmefall nicht vorgesehen."*

7. Durch welche Führungstechnik wurde der Mitarbeiter mit der Kompetenz zur Abgabe des Angebotes ermächtigt?
   a) Führen durch Übertragen von Verantwortung
   b) Führen nach dem Ausnahmeprinzip
   c) Management by exceptions
   d) Management by crisis
   e) Management by results

8. Welche Vollmacht berechtigt den Sachbearbeiter zur Abgabe des Angebotes?
   a) Spezialvollmacht
   b) Allgemeine Vollmacht
   c) Artvollmacht
   d) Generalvollmacht
   e) Einzelprokura
   f) Einzelvollmacht

9. Eine Jugendliche mit mittlerem Bildungsabschluss will sich zur Ausbildung als Steuerfachangestellte bewerben. Bringen Sie ihre Vorgehensweise in die richtige Reihenfolge!
   [ ] Abschluss des Berufsausbildungsvertrages
   [ ] Formulieren des Bewerbungsschreibens mit Hinweis, warum sie sich gerade für diesen Beruf interessiert und auch geeignet hält
   [ ] Erkundigungen über das Ausbildungsunternehmen einholen
   [ ] Erkundigungen über Ausbildungsberuf, Ausbildungsinhalte und Perspektiven in diesem Beruf einholen
   [ ] Absenden des Bewerbungsschreibens unter Beifügung von Lebenslauf, Passfoto und Referenzen
   [ ] Wahrnehmung des Termins zum Vorstellungsgespräch

10. Welches Gesetz bestimmt im Wesentlichen den Inhalt des Berufsausbildungsvertrages?
    a) Handelsgesetzbuch
    b) Betriebsverfassungsgesetz
    c) Jugendarbeitsschutzgesetz
    d) Berufsausbildungsförderungsgesetz
    e) Berufsbildungsgesetz

11. Im Ausbildungsvertrag eines 17-Jährigen ist die Dauer des Urlaubs genau festgelegt. Welches Gesetz schreibt diese Eintragung vor?
    a) Jugendarbeitsschutzgesetz
    b) Bundesurlaubsgesetz
    c) Berufsbildungsgesetz
    d) Jugendschutzgesetz
    e) Arbeitsplatzschutzgesetz
    f) Betriebsverfassungsgesetz

MENSCHLICHE ARBEIT IM BETRIEB — WISO 2

12. **Welche Aussage über die Dauer der Probezeit für den Auszubildenden ist richtig?**
    a) Sie beträgt 4 Monate.
    b) Sie beträgt höchstens 14 Tage.
    c) Sie beträgt mindestens 3 Monate und höchstens 4 Monate.
    d) Sie beträgt mindestens 2 Monate und höchstens 3 Monate.
    e) Sie beträgt mindestens 1 Monat und höchstens 4 Monate.

13. **Welche Aussage zur Probezeit ist zutreffend?**
    a) Sie dient der Feststellung, ob der Jugendliche für den gewählten Beruf geeignet ist.
    b) Sie dient vor allem der Verrichtung leicht zu bewältigender Aufgaben.
    c) Sie kann bei beiderseitigem Einverständnis auch 4 Monate überschreiten.
    d) Sie ist wie bei normalen Arbeitsverhältnissen nicht vorgeschrieben, sollte daher ausdrücklich vereinbart werden.
    e) Sie dauert maximal 6 Monate.

14. **Welches Gesetz regelt die Beendigung des Ausbildungsverhältnisses durch Kündigung?**
    a) Bundesausbildungsförderungsgesetz
    b) Bürgerliches Gesetzbuch
    c) Berufsbildungsgesetz
    d) Handelsgesetzbuch
    e) Kündigungsschutzgesetz

15. **Ein Auszubildender der Steuerberatungs-GmbH, der Anfang Mai seine schriftliche Abschlussprüfung abgelegt hat, hat sich bei der Autoreifen AG um die Stelle eines Sachbearbeiters beworben. Nach einem Vorstellungsgespräch erhält er am 30. März ein Einstellungsangebot. Daraufhin kündigt er, ohne Angabe eines Grundes, zum 30. April. Zu welchem Termin endet das Ausbildungsverhältnis?**
    a) Am 30. April
    b) Sofort nach der Kündigung, da das Stillschweigen über die Betriebsgeheimnisse nicht mehr gewährleistet ist
    c) Mit dem Bestehen der Abschlussprüfung
    d) Zu dem Termin, der im Berufsausbildungsvertrag vereinbart wurde
    e) Wenn noch Anspruch auf Resturlaub besteht, an dem Tag vor dem 30. April, der sich nach Abzug des Urlaubs ergibt

16. **In welchem Gesetz heißt es: „Der Auszubildende hat sich zu bemühen, die Fertigkeiten und Kenntnisse zu erwerben, die erforderlich sind, um das Ausbildungsziel zu erreichen!"?**
    a) Jugendarbeitsschutzgesetz
    b) Berufsbildungsgesetz
    c) Arbeitsförderungsgesetz
    d) Bundesausbildungsförderungsgesetz
    e) Betriebsverfassungsgesetz

17. **Ein Steuerfachangestellter will die Abschlussprüfung vorzeitig ein halbes Jahr vor Beendigung der vertraglich vereinbarten Ausbildung ablegen. Wer entscheidet über die Zulassung zur Abschlussprüfung laut Berufsbildungsgesetz?**
    a) Die zuständige Steuerberaterkammer
    b) Der Klassenlehrer der Berufsschule
    c) Der Ausbildungsleiter
    d) Die Geschäftsführung
    e) Die Schulleitung der Berufsschule

18. **Welche Angabe muss der Berufsausbildungsvertrag enthalten?**
    a) Beginn und Dauer der täglichen Mittagspause
    b) Höhe der Vergütung
    c) Form der Kündigung während der Probezeit
    d) Zeitraum des Betriebsurlaubs
    e) Möglichkeiten der Wiederholung von Abschlussprüfungen
    f) Auflösung des Arbeitsverhältnisses nach der Ausbildungszeit

WISO 2 — MENSCHLICHE ARBEIT IM BETRIEB

19. Der Personalleiter einer Steuerberatungs-GmbH vereinbart mit einem minderjährigen Bewerber und dessen Eltern in einem Vorstellungsgespräch am 10.03., dass der Bewerber ab dem 01. 09. bei der GmbH eine Berufsausbildung zum Steuerfachangestellten beginnt. Der Bewerber wird am 02.02. volljährig. Wann ist der schriftliche Berufsausbildungsvertrag auszustellen?
  a) Unverzüglich nach dem 10.03., spätestens vor dem 01.09.
  b) Unverzüglich nach dem 01.03., wenn sicher ist, dass der Bewerber die Ausbildung bei der Steuerberatungs-GmbH beginnt
  c) Innerhalb der vereinbarten dreimonatigen Probezeit, also spätestens bis zum 30.11.
  d) Unverzüglich nach der Volljährigkeit des Bewerbers
  e) Unverzüglich nach Ablegen der Zwischenprüfung, wenn sicher ist, dass der Bewerber das Ausbildungsziel erreichen kann

20. Woraus stammt folgende Vorschrift: „Das Berichtsheft ist in Form eines Ausbildungsnachweises zu führen; dem Auszubildenden ist Gelegenheit zu geben, das Berichtsheft während der Ausbildungszeit zu führen."?
  a) Im Rahmenlehrplan
  b) In der Ausbildungsordnung
  c) Im Bundesausbildungsförderungsgesetz
  d) Im Betriebsverfassungsgesetz
  e) Im Arbeitsförderungsgesetz

21. Auszubildende haben das Recht auf Ausbildungsvergütung. Welche Aussage hierzu ist zutreffend?
  a) Die Vergütung wird grundsätzlich leistungsbezogen berechnet.
  b) Ausbildungsvergütungen sind wie Gehaltsansprüche teilweise pfändbar.
  c) Überstundenvergütungen sind bei Auszubildenden nicht vorgesehen.
  d) Vergütungen sind nicht zu zahlen für Zeiten der Freistellung (z.B. Berufsschulunterricht).
  e) Die Ausbildungsvergütung ist entsprechend der Lohnfortzahlung bei Krankheit bis zur Dauer von 6 Wochen weiter zu bezahlen.

22. Welche zwei Vereinbarungen in einem Berufsausbildungsvertrag sind nichtig?
  a) Der Tarifvertrag ist gültig für die Ausbildungsvergütung.
  b) Die Probezeit wird auf zwei Monate festgelegt.
  c) Alle Änderungen des Berufsausbildungsvertrages bedürfen der Schriftform.
  d) Der Auszubildende ist verpflichtet, nach Ausbildungsende zwei Jahre im Ausbildungsbetrieb zu bleiben.
  e) Der Auszubildende ist verpflichtet, außer der Berufsschule auch eine überbetriebliche Bildungseinrichtung zu besuchen.
  f) Zahlung einer Vertragsstrafe bei Verstößen gegen die Arbeitsordnung

23. Eine 15-Jährige schließt mit einer Großhandels-GmbH einen Berufsausbildungsvertrag ab. In welchem Fall liegt ein Verstoß gegen das Berufsbildungsgesetz vor?
  a) Im Berufsausbildungsvertrag wird vereinbart, dass die Großhandels-GmbH die Auslagen für Unterkunft und Verpflegung in einem Wohnheim nur zu 70 % übernimmt.
  b) Mit der Niederschrift des Berufsausbildungsvertrages wird bis zum Ablauf der viermonatigen Probezeit gewartet.
  c) Die Großhandels-GmbH kann keine Ausbildung im Rechnungswesen durchführen. Im Berufsausbildungsvertrag wird deshalb eine mehrmonatige Ausbildung bei dem Steuerberater des Betriebes vereinbart.
  d) Im Berufsausbildungsvertrag wird der Jahresurlaub gemäß Jugendarbeitsschutzgesetz eingesetzt.
  e) Im Berufsausbildungsvertrag wird eine über dem Tarifvertrag liegende Ausbildungsvergütung vereinbart.

24. Wer schließt den Berufsausbildungsvertrag ab, wenn der Auszubildende noch nicht volljährig ist?
  a) Auszubildender, gesetzlicher Vertreter und Steuerberaterkammer
  b) Auszubildender, gesetzlicher Vertreter, Ausbildungsbetrieb und Ausbilder
  c) Auszubildender, gesetzlicher Vertreter und Ausbildungsbetrieb
  d) Auszubildender, gesetzlicher Vertreter, Ausbildungsbetrieb und Berufsschule
  e) Auszubildender, gesetzlicher Vertreter, Ausbildungsbetrieb und Steuerberaterkammer

MENSCHLICHE ARBEIT IM BETRIEB — WISO 2

25. **Die verantwortliche Ausbilderin einer Steuerberatungs-GmbH wird beauftragt, die Ausbildungszeugnisse für die Auszubildenden zu erstellen, die ihre Ausbildung beendet haben. Welche Angaben sind nur auf Verlangen der Auszubildenden in das Zeugnis aufzunehmen?**
   a) Die Angabe, dass der/die Auszubildende an Maßnahmen außerhalb der Ausbildungsstätte teilgenommen hat
   b) Die genaue Datumsangabe des Beginns und des Endes der Ausbildungszeit
   c) Die genaue Bezeichnung des erlernten Ausbildungsberufes
   d) Eine Aussage zu den erworbenen Kenntnissen und Fertigkeiten sowie zu den erworbenen Berufserfahrungen
   e) Eine Aussage zu Führung und Leistung sowie zu besonderen fachlichen Fähigkeiten (qualifiziertes Zeugnis)

26. **Die verantwortliche Ausbilderin einer Steuerberatungs-GmbH wird beauftragt, den Ausbildungsplan für die Auszubildenden des zweiten Ausbildungsjahres zu erstellen. Wo kann sie sich informieren, welche Kenntnisse und Fertigkeiten im dritten Ausbildungsjahr zu vermitteln sind?**
   a) Im Lehrplan der Berufsschule
   b) Im Berufsbildungsgesetz
   c) Im Ausbildungsrahmenplan und in der Ausbildungsordnung
   d) In der mit dem Betriebsrat vereinbarten Arbeits- und Betriebsordnung
   e) In dem geltenden Tarifvertrag

27. **Einer Auszubildenden wird nach Abschluss ihres Ausbildungsvertrages der Ausbildungsrahmenlehrplan ausgehändigt. Wer ist dafür verantwortlich, dass der Inhalt dieses Ausbildungsrahmenlehrplans vermittelt wird?**
   a) Die Berufsschule vermittelt diese Unterrichtsthemen.
   b) Eine überbetriebliche Ausbildungsstätte, die keine praktische Tätigkeit vermitteln kann
   c) Die Ausbildungsstätten, die ein ergänzendes Angebot zur betrieblichen Ausbildung anbieten
   d) Der Ausbildungsbetrieb, dieser erstellt daraus den Ausbildungsplan in sachlicher und zeitlicher Gliederung
   e) Die IHK im Rahmen einer Vorbereitung zur Prüfung zum Kaufmann/zur Kauffrau im Groß- und Außenhandel

28. **Wo ist die Durchführung von Zwischen- und Abschlussprüfungen im Ausbildungsberuf „Steuerfachangestellte(r) geregelt"?**
   a) In der Verordnung über die Berufsausbildung zum/zur Steuerfachangestellten.
   b) Im Jugendarbeitsschutzgesetz
   c) Im Manteltarifvertrag für die Betriebe des Groß- und Außenhandels
   d) Im Bundesausbildungsförderungsgesetz
   e) Im Rahmenlehrplan für die Berufsschule

29. **Wo ist geregelt, dass der Auszubildende für den Berufschulunterricht freizustellen ist?**
   a) Im Rahmenlehrplan
   b) Im Berufsbildungsgesetz
   c) Im Bundesausbildungsförderungsgesetz
   d) Im Betriebsverfassungsgesetz
   e) Im Arbeitsförderungsgesetz

30. **Neben der betrieblichen Ausbildung bestimmt das Berufsbildungsgesetz, dass die Berufsausbildung dual durchzuführen ist. An welchem Lernort muss der Auszubildende außerdem ausgebildet werden?**
   a) In den anderen Abteilungen der Kanzlei, da das Berufsbildungsgesetz dieses unter dem weiteren Lernort versteht
   b) Der Auszubildende muss zur Erlangung von Fachkenntnissen auch bei den Mandanten eingesetzt werden.
   c) In dem überregionalen Lernzentrum des Unternehmens
   d) Unter dem weiteren Lernort versteht das Berufsbildungsgesetz die Berufsschule.
   e) In den Schulungsräumen der Steuerberaterkammer

WISO 2 — MENSCHLICHE ARBEIT IM BETRIEB

31. **Ein Auszubildender aus dem 1. Ausbildungsjahr fragt, nach welchen Vorschriften und wo die Ausbildungsvergütung geregelt ist. Welche Antwort ist die richtige?**
    a) Das Berufsbildungsgesetz fordert die Regelung der Ausbildungsvergütung im Berufsausbildungsvertrag.
    b) Das Jugendarbeitsschutzgesetz regelt die Vergütung der jugendlichen Auszubildenden in einer gesonderten Vereinbarung.
    c) Die Ausbildungsvergütung wird für die einzelnen Ausbildungsjahre vom Bundesministerium für Arbeit und Sozialordnung festgelegt und ist im Berufsbildungsgesetz geregelt.
    d) Die Ausbildungsvergütung ist Bestandteil der Ausbildungsordnung und ist im Ausbildungsrahmenplan geregelt.
    e) Die Ausbildungsvergütung ist im Bewertungsgesetz geregelt und kann mit jedem Ausbildungsbetrieb frei vereinbart werden.

32. **Ihnen wird ein Berufsausbildungsvertrag vorgelegt. Sie sollen ihn auf überflüssige Inhalte überprüfen. Welche zwei Angaben müssen darin nicht enthalten sein?**
    a) Beginn und Dauer der Berufsausbildung
    b) Dauer der Probezeit
    c) Kündigungsgründe während der Probezeit
    d) Zahlung und Höhe der Vergütung
    e) Ort der Ausbildung
    f) Dauer des Berufsschulunterrichts

33. **Fünf Auszubildende der Steuerberatungs-GmbH wollen aus unterschiedlichen Gründen ihre Ausbildung beenden. Prüfen Sie die Rechtswirksamkeit nachstehender Kündigungsschreiben anhand des abgebildeten Gesetzestextes (Ausschnitt aus dem Berufsbildungsgesetz). Welches Kündigungsschreiben hat keine Aussicht auf Erfolg?**
    a) Am 14. März kündigt eine Auszubildende im 2. Ausbildungsjahr ihren Ausbildungsvertrag. Sie beabsichtigt, am 15. April eine andere Ausbildung zu beginnen.
    b) Die Auszubildende, die vor 3 Wochen ihre Ausbildung begonnen hat, kündigt ohne Angabe von Gründen.
    c) Die Auszubildende, die ihre Abschlussprüfung nicht bestanden hat, wünscht keine Verlängerung der Ausbildungszeit.
    d) Ein Abiturient, der sich im ersten Ausbildungsjahr befindet, hat einen Studienplatz erhalten und hat deswegen gekündigt.
    e) Eine Auszubildende im zweiten Ausbildungsjahr kündigt, da sie ihre Ausbildung zur Steuerfachangestellten in einem anderen Unternehmen fortsetzen möchte.

Berufsbildungsgesetz (Auszug)

§ 20 Probezeit
Das Berufsausbildungsverhältnis beginnt mit der Probezeit. Sie muss mindestens einen Monat und darf höchstens vier Monate betragen.

§ 21 Beendigung
(1) Das Berufsausbildungsverhältnis endet mit Ablauf der Ausbildungszeit.
(2) Besteht der Auszubildende vor Ablauf der Ausbildungszeit die Abschlussprüfung, so endet das Berufsausbildungsverhältnis mit Bestehen der Abschlussprüfung.
(3) Besteht der Auszubildende die Abschlussprüfung nicht, so verlängert sich das Berufsausbildungsverhältnis auf sein Verlangen bis zur nächstmöglichen Wiederholungsprüfung, höchstens ein Jahr.

§ 22 Kündigung
(1) Während der Probezeit kann das Berufsausbildungsverhältnis jederzeit ohne Einhaltung einer Kündigungsfrist gekündigt werden.
(2) Nach der Probezeit kann das Berufsausbildungsverhältnis nur gekündigt werden
   1. aus einem wichtigen Grund ohne Einhaltung einer Kündigungsfrist,
   2. vom Auszubildenden mit einer Kündigungsfrist von vier Wochen, wenn er die Berufsausbildung aufgeben oder sich für eine andere Berufstätigkeit ausbilden lassen will.
(3) Die Kündigung muss schriftlich und in den Fällen des Absatzes 2 unter Angabe der Kündigungsgründe erfolgen.
(4) Eine Kündigung aus einem wichtigen Grund ist unwirksam, wenn die ihr zugrunde liegenden Tatsachen dem zur Kündigung Berechtigten länger als zwei Wochen bekannt sind. Ist ein vorgesehenes Güteverfahren vor einer außergerichtlichen Stelle eingeleitet, so wird bis zu dessen Beendigung der Lauf dieser Frist gehemmt.

MENSCHLICHE ARBEIT IM BETRIEB — WISO 2

34. **Ein Auszubildender beabsichtigt, das Ausbildungsverhältnis aus wichtigem Grund nach der Probezeit fristlos zu kündigen. Unter welcher Voraussetzung kann die Kündigung wirksam werden?**
    a) Wenn er ohne Angabe von Gründen eine Kündigungsfrist von vier Wochen einhält
    b) Wenn er ohne Angabe von Gründen eine Kündigungsfrist von zwei Wochen einhält
    c) Wenn zum Ablauf der Probezeit kein Gespräch über die Fortführung des Ausbildungsvertrages zwischen dem Ausbildenden und dem Auszubildenden geführt wird
    d) Wenn die Kündigung schriftlich unter Angabe des Kündigungsgrundes erfolgt
    e) Wenn er zu einer Schadenersatzleistung bereit ist
    f) Wenn die Kündigung über ein Schlichtungsverfahren eingeleitet wird

35. **Wie muss sich ein Auszubildender nach der gesetzlichen Regelung verhalten, wenn er aus Krankheitsgründen im Betrieb fehlt?**
    a) Er muss den Betrieb sofort benachrichtigen und in jedem Fall bei Wiedererscheinen ein Attest mitbringen.
    b) Er muss den Betrieb spätestens nach 3 Tagen benachrichtigen.
    c) Sollte der Auszubildende beim Unterricht in der Berufsschule fehlen, ist er nur verpflichtet, sich dort zu entschuldigen.
    d) Er muss sich sofort in ärztliche Behandlung begeben.
    e) Er muss den Betrieb sofort benachrichtigen und bei mehr als zwei Krankheitstagen vor Ablauf des dritten Krankheitstages eine ärztliche Arbeitsunfähigkeitsbescheinigung einreichen.

36. **Kann eine Auszubildende laut Berufsbildungsgesetz ihren Ausbildungsvertrag kündigen, obwohl die Probezeit bereits abgelaufen ist?**
    a) Ja, der Vertrag kann nach der Probezeit aufgelöst werden, allerdings nur im beiderseitigen Einverständnis.
    b) Ja, wenn sie sich für einen anderen Beruf ausbilden lassen möchte, kann sie den Vertag mit einer Frist von 4 Wochen kündigen.
    c) Nein, der Vertrag kann nur während der vereinbarten Probezeit gekündigt werden.
    d) Ja, der Vertrag kann auch nach der Probezeit stets von beiden Seiten ohne Einhaltung einer Kündigungsfrist gekündigt werden.
    e) Nein, der Vertrag kann nach der Probezeit nur von dem Ausbildungsbetrieb gekündigt werden.

Zu den nächsten drei Aufgaben siehe folgende Situation!

> Eine 16-Jährige schließt nach ihrem Realschulabschluss mit einer Steuerberatungs-GmbH einen Berufsausbildungsvertrag ab.

37. **Welches Recht hat die Auszubildende aufgrund ihres Ausbildungsvertrages?**
    a) Anspruch auf die Vermittlung der erforderlichen Fertigkeiten und Kenntnisse
    b) Anspruch auf eine während der Ausbildungszeit gleichbleibende Ausbildungsvergütung
    c) Freistellung von der Arbeit, an einem Berufsschultag mit mindestens drei Unterrichtsstunden
    d) Nach Ablauf der vereinbarten Probezeit erfolgt die Niederschrift des Berufsausbildungsvertrages.
    e) Übernahme in ein Beschäftigungsverhältnis nach Bestehen der Abschlussprüfung

38. **An wen stellt die Steuerberatungs-GmbH den „Antrag auf Eintragung in das Verzeichnis der Ausbildungsverhältnisse"?**
    a) An das Arbeitsamt
    b) An die Handwerkskammer
    c) An das Amt für Arbeitsschutz
    d) An die Berufsgenossenschaft
    e) An die Steuerberaterkammer

39. **Die minderjährige Auszubildende möchte die in ihrem Berufsausbildungsvertrag enthaltenen Urlaubstage mit der gesetzlichen Regelung vergleichen. Wo findet sie die erforderlichen Paragraphen?**
    a) Im Berufsbildungsgesetz
    b) Im Berufsausbildungsförderungsgesetz
    c) In der Ausbildungsordnung
    d) Im Arbeitszeitgesetz
    e) Im Jugendarbeitsschutzgesetz

WISO 2 — MENSCHLICHE ARBEIT IM BETRIEB

40. Ein 16-jähriger Mitarbeiter wird zum 1. Januar 17 Jahre alt. Für dieses Kalenderjahr hat er einen Urlaubsanspruch von 27 Werktagen. Da sein Kollege, der zu Beginn des Kalenderjahres noch keine 16 Jahre alt war, 30 Werktage Urlaubsanspruch hat, möchte er sich über die unterschiedliche Behandlung informieren. Aus welcher Rechtsgrundlage kann er die gewünschte Information erhalten?
 a) Aus dem Arbeitszeitrechtsgesetz
 b) Aus dem Jugendarbeitsschutzgesetz
 c) Aus dem Jugendschutzgesetz
 d) Aus dem Berufsbildungsgesetz
 e) Aus der Ausbildungsordnung

41. In welchem Fall ist eine Kündigung sozial <u>nicht</u> gerechtfertigt?
 a) Bei mangelnder Eignung des Arbeitnehmers
 b) Bei unzureichender Qualifikation des Arbeitnehmers
 c) Bei Störung des Betriebsfriedens durch den Arbeitnehmer
 d) Bei Erkrankung des Arbeitnehmers
 e) Bei Vertragsverletzung durch den Arbeitnehmer

42. Welcher Personenkreis genießt einen besonderen gesetzlichen Kündigungsschutz (drei Antworten)?
 a) Leitende Angestellte
 b) Mitglieder des Betriebsrates
 c) Sicherheitsbeauftragte für die Unfallverhütung
 d) Betriebliche Ausbilder
 e) Werdende Mütter
 f) Alle Auszubildenden nach Ablauf der Probezeit
 g) Auszubildende in der Probezeit

43. Welche Aufgabe hat das Jugendarbeitsschutzgesetz?
 a) Es beinhaltet die Rechte der Jugendvertretung.
 b) Es soll Jugendliche vor fristloser Kündigung schützen.
 c) Es regelt die Berufsausbildung für Jugendliche.
 d) Es soll den beschränkt Geschäftsfähigen beim Vertragsabschluss schützen.
 e) Es soll Jugendliche vor gesundheitlichen Schäden bewahren.

44. Wie viel Stunden dürfen Jugendliche ununterbrochen (ohne Ruhepause) längstens beschäftigt werden?
 a) 3 Stunden
 b) 3 1/2 Stunden
 c) 4 Stunden
 d) 4 1/2 Stunden
 e) 5 Stunden

45. Welche Aussage entspricht den Bestimmungen des Jugendarbeitsschutzgesetzes?
 a) Zwischen dem Feierabend und dem Arbeitsbeginn am nächsten Tag muss eine ununterbrochene Ruhepause von mindestens 15 Stunden liegen.
 b) Jugendliche dürfen nicht länger als 8 Stunden ununterbrochen ohne Ruhepause beschäftigt werden.
 c) Das Jugendarbeitsschutzgesetz soll alle jungen Menschen unter 25 Jahren vor einer Gefährdung ihrer Gesundheit oder einer Störung ihrer Entwicklung bewahren.
 d) Jugendliche dürfen grundsätzlich nicht mit Akkordarbeiten beschäftigt werden oder andere tempoabhängigen Arbeiten ausführen, mit denen ein höheres Entgelt erzielt werden kann.
 e) Jugendliche müssen im Rahmen der Abschlussprüfung 2 Arbeitstage vor der Prüfung freigestellt werden.

46. Welche Aussage trifft nach dem Mutterschutzgesetz zu?
 a) Das Mutterschaftsgeld wird je zur Hälfte vom Staat und von der Krankenkasse gezahlt.
 b) Der Mutterschaftsurlaub beträgt auf Verlangen höchstens acht Monate.
 c) Ein Kündigungsschutz besteht nur bis zu acht Wochen nach der Entbindung.
 d) Acht Wochen vor und sechs Wochen nach der Entbindung besteht grundsätzlich ein Beschäftigungsverbot.
 e) Sechs Wochen vor und acht Wochen nach der Entbindung besteht grundsätzlich ein Beschäftigungsverbot.

MENSCHLICHE ARBEIT IM BETRIEB — WISO 2

47. Welche Stelle hat den gesetzlichen Auftrag, die Einhaltung der Arbeitssicherheitsvorschriften (Unfallverhütung) in den Betrieben zu überwachen?
  a) Die zuständige Industrie- und Handelskammer
  b) Der Technische Überwachungsverein
  c) Die Ortspolizeibehörde
  d) Das Gewerbeaufsichtsamt
  e) Die zuständige Krankenkasse

48. Wer ist in der Steuerberatungs-GmbH dafür verantwortlich, dass die Unfallverhütungsvorschriften bzw. die Vorschriften des Arbeitssicherheitsgesetzes eingehalten werden?
  a) Der Betriebsrat
  b) Die Gesellschafter
  c) Das Ordnungsamt
  d) Die Geschäftsleitung
  e) Der Schwerbehindertenvertreter

49. Die Mitarbeiter einer Steuerberatungs-GmbH müssen durch den Arbeitgeber über die Unfallverhütungsvorschriften informiert werden. In welcher Form hat diese Information zu erfolgen?
  a) Die Information erfolgt über die Betriebsordnung.
  b) Die Unfallverhütungsvorschriften müssen an geeigneter Stelle, z.B. am Schwarzen Brett, ausgehängt werden.
  c) Es muss alle drei Jahre ein Auffrischungsseminar erfolgen; für die Teilnahme muss jedem Mitarbeiter Bildungsurlaub gewährt werden.
  d) Die Unfallverhütungsvorschriften müssen jedem Mitarbeiter mit dem Arbeitsvertrag ausgehändigt werden.
  e) Es ist eine wiederholte mündliche Belehrung innerhalb eines Jahres erforderlich.
  f) Der Sicherheitsbeauftragte ist verpflichtet, jeden Mitarbeiter zu informieren.

50. Eine Mitarbeiterin der Steuerberatungs-GmbH stürzt auf dem Weg zur Registratur und bricht sich den Unterarm. An welche Stelle sendet das Unternehmen die Unfallmeldung?
  a) Die Unfallmeldung muss an den Betriebsrat mit der Bitte um Kennzeichnung der Gefahrenstelle gesendet werden.
  b) Die Unfallmeldung muss an das Amt für Arbeitsschutz gesendet werden.
  c) Die Unfallmeldung muss ausschließlich an die Krankenkasse gesendet werden.
  d) Die Unfallmeldung muss an die Berufsgenossenschaft gesendet werden.
  e) Die Unfallmeldung muss an die Privatadresse der Mitarbeiterin gesendet werden, wenn diese privat versichert ist.

51. Welche Beschreibung trifft auf den Sicherheitsbeauftragten eines gewerblichen Unternehmens zu?
  a) Er gehört grundsätzlich dem Betriebsrat an.
  b) Er hat den Unternehmer bei der Durchführung des Unfallschutzes zu unterstützen.
  c) Er wird von den Mitarbeitern gewählt.
  d) Er wird von der Berufsgenossenschaft ernannt.
  e) Er muss monatlich eine Meldung über den Sicherheitszustand des Betriebes an die Gewerbeaufsichtsbehörde übermitteln.

52. Als Grundlage für den Abschluss der einzelnen Arbeitsverhältnisse sieht das Tarifrecht den Tarifvertrag vor. Er kann von den Vertragsparteien für die ganze Branche eines Bundeslandes abgeschlossen werden. Wie wird dieser Tarifabschluss bezeichnet?
  a) Rahmentarifvertrag
  b) Flächentarifvertrag
  c) Manteltarifvertrag
  d) Einzeltarifvertrag
  e) Betriebsvereinbarung

WISO 2 — MENSCHLICHE ARBEIT IM BETRIEB

53. Welche Aussage über Manteltarifverträge ist richtig?
a) Die in Manteltarifverträgen vereinbarten Bedingungen können vom Arbeitgeber bei Vorliegen wichtiger Gründe vorübergehend aufgehoben werden.
b) Manteltarifverträge regeln z.B. die Arbeitszeit, Schichtzuschläge, Überstundenzuschläge, Urlaub, Kündigungsfristen.
c) Manteltarifverträge werden zwischen Betriebsräten und einzelnen Arbeitgebern abgeschlossen.
d) Die Gewerkschaften können einen Manteltarifvertrag für allgemeinverbindlich erklären.
e) Der Bundesminister des Innern kann einen Manteltarifvertrag für allgemeinverbindlich erklären.

54. Im Rahmen der Tarifverhandlungen wird zwischen Lohn- und Gehaltstarif und dem normalerweise längerfristig geltenden Manteltarifvertrag unterschieden. Was wird im Lohn- und Gehaltstarif geregelt (zwei Antworten)?
a) Kündigungsfristen
b) Tägliche und wöchentliche Arbeitszeit
c) Urlaubstage
d) Gehaltssätze für die einzelnen Gehaltsgruppen
e) Sonderleistungen wie z. B. Weihnachts- und Urlaubsgeld
f) Die Vergütung der Auszubildenden

55. Welche Aussage über Manteltarifverträge ist richtig?
a) Manteltarifverträge bedürfen der Zustimmung des Staates.
b) Der Bundesminister des Innern kann einen Manteltarifvertrag für allgemeinverbindlich erklären.
c) Die Gewerkschaften können einen Manteltarifvertrag für allgemeinverbindlich erklären.
d) Manteltarifverträge enthalten Rechtsnormen, die z.B. den Inhalt, den Abschluss und die Beendigung von Arbeitsverhältnissen regeln.
e) Die Arbeitgeber sind verpflichtet, die für ihren Betrieb maßgebenden Manteltarifverträge jedem Arbeitnehmer auszuhändigen.

56. Welche Aussage über Tarifverträge ist richtig?
a) Tarifverträge können zwischen einzelnen Arbeitgebern und Betriebsräten geschlossen werden.
b) Während der Laufzeit von Tarifverträgen sind Arbeitskämpfe erlaubt, wenn sie vier Wochen vorher angekündigt worden sind.
c) Tarifverträge können zwischen der Geschäftsleitung und den Arbeitnehmern eines Betriebes geschlossen werden.
d) Tarifverträge sind rechtlich als Empfehlung an die Tarifparteien zu verstehen.
e) Tarifverträge kommen durch freie Vereinbarungen der Tarifpartner (Arbeitgeberverband und Gewerkschaften) zustande.

57. Was regelt der Lohn- und Gehaltstarifvertrag unter anderem?
a) Kündigungsfristen für Arbeitnehmer
b) Arbeitszeit
c) Urlaub
d) Ausbildungsvergütung
e) Überstunden

58. Was versteht man unter einem Tarifvertrag?
a) Einen Vertrag zwischen Arbeitgeber und einem Arbeitnehmer
b) Einen Vertrag zwischen Arbeitgeberverband und Gewerkschaften
c) Eine Betriebsordnung
d) Eine Vereinbarung zwischen dem Arbeitgeber und seinen Arbeitnehmern
e) Die tarifvertraglichen Leistungen der Krankenkassen

59. Wann ist eine fristlose Kündigung gerechtfertigt?
a) Bei lang anhaltender Krankheit des Arbeitnehmers
b) Bei anhaltendem Auftragsmangel der Firma
c) Wenn der Arbeitnehmer die vertragsmäßig vereinbarte Arbeit beharrlich verweigert
d) Bei Rationalisierungsmaßnahmen des Betriebes
e) Wenn der Arbeitnehmer keine Überstunden machen will

MENSCHLICHE ARBEIT IM BETRIEB — WISO 2

60. Was ist im Betriebsverfassungsgesetz unter anderem geregelt?
a) Die Wahl des Betriebsrates
b) Die Mitwirkung bei der Auswahl des Sicherheitsbeauftragten
c) Die Mitwirkung bei der Auswahl des Datenschutzbeauftragten
d) Die tarifvertragsrechtlichen Bestimmungen
e) Die Mitwirkung bei der Ausbildung Jugendlicher

61. Eine Unternehmung hat zur Zeit 90 Mitarbeiter beschäftigt. Obwohl die Geschäftsleitung der Meinung ist, dass die Wahl eines Betriebsrates nicht erforderlich ist, kann die Belegschaft auf die Wahl eines Betriebsrates bestehen. In welchem Fall?
a) Nur wenn die Geschäftsleitung zustimmt
b) Wenn genügend wahlberechtigte Belegschaftsmitglieder die Wahl eines Betriebsrats fordern
c) Wenn die Veranstaltung zur Wahl des Betriebsrats in den Feierabend gelegt wird
d) Wenn die Einrichtung eines Betriebsrats von der Gewerkschaft gefordert wird
e) Wenn die Einrichtung eines Betriebsrats vom Arbeitgeberverband empfohlen wird

62. Der Betriebsrat ist neu zu wählen. Der Wahlausschuss lehnt die Kandidatur der Mitarbeiterin Anna Huber mit dem Hinweis auf die Bestimmungen des Betriebsverfassungsgesetzes ab. Frau Huber ist 24 Jahre alt, seit einem Monat im Betrieb als Teilzeitkraft mit 20 Wochenstunden beschäftigt, schwerbehindert und kein Gewerkschaftsmitglied. Warum kann Frau Huber laut Betriebsverfassungsgesetz nicht kandidieren?
a) Sie ist schwerbehindert.
b) Sie ist noch nicht 25 Jahre alt.
c) Sie ist Teilzeitkraft.
d) Sie ist kein Gewerkschaftsmitglied.
e) Sie ist noch keine sechs Monate im Unternehmen beschäftigt.

63. Welche Regelung sieht das Betriebsverfassungsgesetz vor?
a) Der Arbeitnehmer hat das Recht, in die über ihn geführten Personalakten Einsicht zu nehmen.
b) Die Beschäftigung Jugendlicher unter 15 Jahren ist verboten.
c) Der Aufsichtsrat eines Unternehmens mit in der Regel mehr als 10 000 Arbeitnehmern setzt sich zusammen aus je sechs Aufsichtsratsmitgliedern der Anteilseigner und der Arbeitnehmer.
d) Während der Probezeit kann das Berufsausbildungsverhältnis jederzeit ohne Einhaltung einer Kündigungsfrist gekündigt werden.
e) Die regelmäßige werktägliche Arbeitszeit darf die Dauer von acht Stunden nicht überschreiten.

64. Wozu ist der Arbeitgeber nach dem Betriebsverfassungsgesetz verpflichtet?
a) Mit den Wirtschaftsverbänden seiner Branche vertrauensvoll zusammenzuarbeiten
b) Gemeinsam mit dem Betriebsrat und den im Betrieb vertretenen Gewerkschaften und Arbeitgeberverbänden zum Wohle der Arbeitnehmer und des Betriebes zusammenzuwirken
c) Die Arbeitnehmer zu regelmäßigen Betriebsversammlungen einzuladen
d) Vertrauensvoll mit der Industrie- und Handelskammer zur Förderung der betrieblichen Ausbildung zusammenzuarbeiten
e) Bei Personengesellschaften einen Aufsichtsrat zu bilden
f) Den Betriebsrat in allen personellen Angelegenheiten mitbestimmen zu lassen

65. Das Betriebsverfassungsgesetz regelt die Wirksamkeit betrieblicher Maßnahmen. Welche Maßnahme wird erst nach Zustimmung durch den Betriebsrat wirksam?
a) Die Einstellung von leitenden Angestellten
b) Die Renovierung des Verkaufsbüros
c) Die Festlegung der Betriebsferien
d) Die Erhöhung des Eigenkapitals des Unternehmens
e) Die Zahlung eines zusätzlichen Altersruhegeldes

WISO 2 — MENSCHLICHE ARBEIT IM BETRIEB

66. **Das Betriebsverfassungsgesetz sieht vor, dass in jedem Kalendervierteljahr eine Betriebsversammlung einzuberufen ist. Diese findet während der Arbeitszeit statt. Welcher Personenkreis wird zur Betriebsversammlung eingeladen?**
    a) Die Geschäftsführung (Arbeitgeber) und alle Arbeitnehmer des Betriebes
    b) Die Gesellschafter und die Geschäftsführer der einzelnen Filialen
    c) Die Betriebsräte der einzelnen Filialen
    d) Der Betriebsrat und die Jugendvertretung der Auszubildendenvertretung
    e) Geschäftsführung, Gesellschafter, Betriebsrat, sowie Jugend- und Auszubildendenvertretung

67. **Welche Aussage zu Betriebsversammlungen ist zutreffend?**
    a) Bei einer Mitarbeiterzahl von 150 Personen ist einmal pro Jahr eine Betriebsversammlung abzuhalten, zu der auch der Arbeitgeber einzuladen ist.
    b) Die Betriebsversammlungen finden einmal in jedem Kalendervierteljahr im Anschluss an die regelmäßige Arbeitszeit statt.
    c) Allen Arbeitnehmern ist die Zeit der Teilnahme an den vierteljährlich stattfindenden Betriebsversammlungen zu vergüten.
    d) Bei Kapitalgesellschaften müssen Betriebsversammlungen alle 4 Monate vom Betriebsrat einberufen werden.
    e) Zu den alle 3 Monate stattfindenden Betriebsversammlungen haben der Arbeitgeber sowie die Prokuristen nur dann Zutritt, wenn die Versammlung dies auf Antrag eines Mitarbeiters mit Mehrheit beschließt.

68. **In einer Sitzung des Betriebsrates wurde die Jugend- und Auszubildendenvertretung über die Neueinstellung eines Ausbildungsplatzbewerbers informiert. Inwiefern kann die Jugend- und Auszubildendenvertretung bei der Neueinstellung mitwirken?**
    a) Die Jugend- und Auszubildendenvertretung kann ihre Interessen nur über den Betriebsrat vertreten lassen.
    b) Die Jugend- und Auszubildendenvertretung kann sich mit ihren Interessen direkt an die Geschäftsleitung wenden und muss sich nicht über den Betriebsrat vertreten lassen.
    c) Die Jugend- und Auszubildendenvertretung kann auf Anhörung bei der Einstellung des Bewerbers bestehen.
    d) Die Jugend- und Auszubildendenvertretung kann auf Einsichtnahme in die Bewerbungsunterlagen bestehen.
    e) Ein Mitglied der Jugend- und Auszubildendenvertretung muss bei Auswahlgesprächen dabei sein.

69. **Einem Arbeitnehmer wurde ohne Anhörung des Betriebsrates gekündigt. Wie ist nach dem Betriebsverfassungsgesetz die Rechtslage?**
    a) Die Kündigung ist wirksam, weil weder eine Anhörung noch eine Zustimmung des Betriebsrates vorgeschrieben ist.
    b) Die Kündigung ist wirksam, weil eine Anhörung des Betriebsrates nicht vorgeschrieben ist.
    c) Die Kündigung wird durch nachträgliche Anhörung des Betriebsrates wirksam.
    d) Die Kündigung ist wirksam, weil jede Kündigung der Zustimmung des Betriebsrates bedarf.
    e) Die Kündigung ist unwirksam, weil eine Anhörung des Betriebsrates zwingend vorgeschrieben ist.

70. **Welche Definition trifft auf den Betriebsrat zu?**
    a) Ein Rat aus Arbeitgebern und Arbeitnehmern zur Klärung betrieblicher Unstimmigkeiten
    b) Die gewählte Vertretung der Arbeitnehmer zur Mitwirkung und Mitbestimmung im Betrieb
    c) Eine Gruppe leitender Angestellter, die im Aufsichtsrat die Anliegen der Arbeitnehmer vertritt
    d) Vorgeschriebenes Organ einer Aktiengesellschaft, das die Geschäftsführung überwacht
    e) Sorgt in einem Betrieb für Sicherheit und Ordnung und bestellt den Sicherheitsbeauftragten

71. **Welche Aussage trifft auf die Mitbestimmung des Betriebsrates zu?**
    a) Bei der Festlegung der Pausenzeiten hat der Betriebsrat nur ein Beratungsrecht.
    b) Die Neubesetzung der Stelle eines Geschäftsführers einer GmbH kann nur mit Zustimmung des Betriebsrates erfolgen.
    c) Über die Dauer der täglichen Arbeitszeit muss der Arbeitgeber den Betriebsrat nur informieren.
    d) Alle betrieblichen Entscheidungen, die Arbeitnehmer betreffen, bedürfen der Zustimmung des Betriebsrates.
    e) In bestimmten sozialen Angelegenheiten werden betriebliche Maßnahmen nur mit Zustimmung des Betriebsrates wirksam.

MENSCHLICHE ARBEIT IM BETRIEB — WISO 2

72. **Welche zwei Aussagen über die nach dem Betriebsverfassungsgesetz regelmäßig durchzuführende Betriebsversammlung treffen zu?**
    a) Der Arbeitgeber hat einmal in jedem Kalenderhalbjahr eine Betriebsversammlung einzuberufen und in ihr einen Tätigkeitsbericht zu erstatten.
    b) Der Betriebsrat hat einmal im Kalendervierteljahr eine Betriebsversammlung einzuberufen und in dieser einen Tätigkeitsbericht zu erstatten.
    c) Die Arbeitnehmervertreter in den Aufsichtsräten der Großunternehmen haben mindestens einmal jährlich in einer Betriebsversammlung über ihre Aufsichtsratstätigkeit zu berichten.
    d) Aktionäre des Betriebes sind berechtigt, gegen ordnungsgemäße Hinterlegung ihrer Aktien an Betriebsversammlungen teilzunehmen.
    e) Gewerkschaftsvertreter dürfen an der Betriebsversammlung nur teilnehmen, wenn diese außerhalb des Betriebes durchgeführt wird.
    f) Der Arbeitgeber hat mindestens einmal in jedem Kalenderjahr in einer Betriebsversammlung über das Personal- und Sozialwesen des Betriebs und über die wirtschaftliche Lage und Entwicklung zu berichten.

73. **In welchem Fall hat der Betriebsrat nur ein Unterrichtungs- und Beratungsrecht, aber kein Mitbestimmungsrecht?**
    a) Bei Festlegung der Grundsätze über das betriebliche Vorschlagswesen
    b) Bei Einführung und Anwendung von technischen Einrichtungen, die dazu bestimmt sind, das Verhalten oder die Leistung der Arbeitnehmer zu überwachen
    c) Bei Fragen der Ordnung des Betriebs und des Verhaltens der Arbeitnehmer im Betrieb
    d) Bei Planung des Personalbedarfs für die Erweiterung der Produktion sowie bei der Planung von Arbeitsverfahren und -abläufen
    e) Bei Aufstellung von Entlohnungsgrundsätzen und der Einführung und Anwendung von neuen Entlohnungsformen

74. **Das Betriebsverfassungsgesetz sieht eine Beteiligung des Betriebsrates bei betrieblichen Veränderungen vor. Jede Änderung ist zunächst zwischen Arbeitgeber und Betriebsrat mit dem Ziel einer Einigung zu beraten. In bestimmten Fällen ist die Aufstellung eines Sozialplanes erforderlich. In welchem Fall kommt ein Sozialplan nicht in Frage?**
    a) Bei Stilllegung des ganzen Betriebes
    b) Bei Verlegung von wesentliche Betriebsstellen
    c) Bei Erweiterung des Betriebes um eine zusätzliche Abteilung
    d) Wenn grundlegende Änderungen der Betriebsorganisation erforderlich sind
    e) Wenn grundlegend neue Arbeitsmethoden und Fertigungsverfahren eingeführt werden sollen

75. **Was ist das Ergebnis der Einigung zwischen Unternehmer und Betriebsrat über den Ausgleich oder die Milderung der wirtschaftlichen Nachteile, die den Arbeitnehmern infolge einer geplanten Betriebsänderung entstehen?**
    a) Tarifvertrag
    b) Sozialplan
    c) Sozialgericht
    d) Sozialeinrichtung
    e) Schlichtung

76. **Welche Aussage über den Betriebsrat ist richtig?**
    a) Das aktive Wahlrecht zum Betriebsrat beginnt mit Vollendung des 16. Lebensjahres.
    b) Betriebsräte sind von ihrer Arbeit freizustellen, soweit es die Betriebsratstätigkeit erfordert.
    c) Der Betriebsrat ist Tarifvertragspartner des Arbeitgebers.
    d) Die Amtszeit des Betriebsrates beträgt normalerweise zwei Jahre.
    e) Betriebsräte erhalten für ihre umfangreiche Tätigkeit eine Betriebsratszulage.

77. **Am „Schwarzen Brett" einer Unternehmung hängt folgender Hinweis: „Mitarbeiter sind verpflichtet, vom Arbeitgeber bei triftigen und wichtigen Gründen angeordnete Überstunden zu leisten. Eine Weigerung kann mit einer Kündigung geahndet werden!" In welchem Fall müssen die Mitarbeiter dieser Bestimmung Folge leisten?**
    a) Wegen längerer Krankheit eines Kollegen muss die Vertretung über einen Zeitraum von 6 Monaten täglich 12 Stunden arbeiten.
    b) Wegen der Urlaubsvertretungen muss jeder Mitarbeiter über einen Zeitraum von 2 Monaten täglich 12 Stunden arbeiten.
    c) Wegen der Neueröffnung einer Filiale müssen die dort beschäftigten Mitarbeiter über einen Zeitraum von 6 Monaten täglich 12,5 Stunden arbeiten.
    d) Wegen der hohen Lohnnebenkosten möchte die Großhandels GmbH mit weniger Festangestellten arbeiten und somit muss jeder Mitarbeiter täglich Überstunden leisten.
    e) Ein Mitarbeiterteam wird angewiesen, freitags noch einige Stunden länger zu arbeiten, um einen wichtigen Auftrag abzuschließen.

WISO 2 — MENSCHLICHE ARBEIT IM BETRIEB

78. Bei welchen zwei Angelegenheiten hat der Betriebsrat ein volles Mitbestimmungsrecht?
a) Errichtung von Zweigbetrieben
b) Aufstellung allgemeiner Lohngrundsätze und Einführung neuer Entlohnungsmethoden
c) Feststellung der wirtschaftlichen und finanziellen Lage des Unternehmens
d) Beschluss über die Zusammenarbeit von Unternehmen
e) Aufstellung des Produktions- und Investitionsprogramms
f) Einführung neuer Kontrollgeräte, um die Arbeitsleistung der Mitarbeiter zu überwachen

79. Wer kann die Jugend- und Auszubildendenvertretung wählen?
a) Nur Arbeitnehmer unter 18 Jahren
b) Alle Arbeitnehmer des Betriebes
c) Alle Auszubildenden
d) Nur gewerkschaftlich organisierte Jugendliche und Auszubildende
e) Alle Arbeitnehmer unter 18 Jahren und alle Auszubildenden unter 25 Jahren

80. Für welchen Zeitraum wird die Jugend- und Auszubildendenvertretung im Regelfall gewählt?
a) 1 Jahr
b) 2 Jahre
c) 3 Jahre
d) 4 Jahre
e) 5 Jahre

81. Die 40 jugendlichen Arbeitnehmer einer Unternehmung wollen eine Jugend- und Auszubildendenvertretung wählen. Ein Kandidat ist der 23-jährige Günther Kohl. Kann er für 2 Jahre zum Jugend- und Auszubildendenvertreter gewählt werden?
a) Ja, wenn er das Amt vorher schon inne hatte, da deshalb das Lebensalter keine Rolle spielt
b) Ja, wenn er das Vertrauen der Jugendlichen genießt und gleichzeitig in den Betriebsrat gewählt wird
c) Ja, denn er hat das 25. Lebensjahr noch nicht vollendet
d) Nein, denn er ist bereits volljährig
e) Nein, denn er würde während seiner Amtszeit das 25. Lebensjahr überschreiten.

82. Welche Aussage über die Jugendvertretung trifft nach dem Betriebsverfassungsgesetz zu?
a) Die Jugendvertretung vertritt nur die gewerkschaftlich organisierten Jugendlichen im Betrieb.
b) Bei der Wahl zur Jugendvertretung sind alle Arbeitnehmer wahlberechtigt, die das 24. Lebensjahr noch nicht vollendet haben.
c) Die Jugendvertretung hat die Aufgabe, Maßnahmen, die den jugendlichen Arbeitnehmern dienen, beim Betriebsrat zu beantragen.
d) Die Jugendvertretung kann nur dann einen Vertreter zu Betriebsratssitzungen entsenden, wenn Angelegenheiten behandelt werden, die besonders jugendliche Arbeitnehmer betreffen.
e) Die Jugendvertretung vertritt selbständig die Interessen der jugendlichen Arbeitnehmer durch Verhandlungen mit der Geschäftsleitung.

83. Ab wie viel Arbeitnehmern ist nach dem Betriebsverfassungsgesetz eine Jugendvertretung zu wählen?
a) Der Betrieb beschäftigt ständig mindestens 3 Arbeitnehmer unter 18 Jahren.
b) Der Betrieb beschäftigt in der Regel mindestens 5 Arbeitnehmer über 18 Jahren.
c) Der Betrieb beschäftigt ständig mindestens 20 Arbeitnehmer unter 18 Jahren.
d) Der Betrieb beschäftigt ständig mindestens 3 Auszubildende unter 18 Jahren.
e) Der Betrieb beschäftigt in der Regel 5 Arbeitnehmer unter 18 Jahre oder Auszubildende, die das 25. Lebensjahr noch nicht vollendet haben.

84. Welche Aussage zur Jugendvertretung ist richtig?
a) Der Betriebsrat hat die Jugendvertretung zu allen Besprechungen zwischen Arbeitgeber und Betriebsrat hinzuzuziehen.
b) Bei Angelegenheiten jugendlicher Arbeitnehmer kann die Jugendvertretung von sich aus die Tagesordnung der nächsten Betriebsratssitzung erweitern.
c) Der Arbeitgeber ist nicht verpflichtet, die Aufwendungen für die Jugendvertretung zu tragen.
d) Die Jugendvertretung muss vor und nach jeder Betriebsratssitzung eine Jugendversammlung einberufen.
e) Jugendvertreter genießen während der Amtszeit einen erweiterten Kündigungsschutz.

MENSCHLICHE ARBEIT IM BETRIEB — WISO 2

85. Die Geschäftsleitung einer Unternehmung führt aufgrund der Kundenwünsche eine Samstagsdienstbereitschaft der Mitarbeiter ein. Die neue Arbeitszeit wurde unter Mitwirkung des Betriebsrates festgelegt. Wie wird die neue Arbeitszeit den Mitarbeitern bekannt gegeben?
    a) Durch Aushändigung eines neuen Tarifvertrages
    b) Durch neue Einzelarbeitsverträge
    c) Durch einen Nachtrag zum Arbeitsvertrag
    d) Durch Bekanntmachung der neuen Geschäftszeiten an die Kundschaft
    e) Durch die Neufassung der Betriebsordnung und Bekanntgabe am Schwarzen Brett

86. In welchem Fall ist eine Änderung der tariflich festgelegten Arbeitsbedingungen zulässig?
    a) Wenn ihr der Betriebsrat zustimmt
    b) Wenn ihr die Berufsgenossenschaft zustimmt
    c) Wenn sie zu Gunsten der Arbeitnehmer erfolgt
    d) Wenn sie vom Arbeitgeber begründet wird
    e) Wenn sie von der Bundesagentur für Arbeit genehmigt wird

87. Auf Grund veränderter Geschäftszeiten, die um die Samstage erweitert wurden, muss an den anderen Wochentagen die Arbeitszeit der Mitarbeiter so gestaltet werden, dass die bisherige wöchentliche Arbeitszeit eingehalten wird. Weitere Mitarbeiter können nicht eingestellt werden, da keine Umsatzsteigerungen zu erwarten sind. Welche Arbeitszeitregelung bietet sich an?
    a) Flexible Arbeitszeit
    b) Starre Arbeitszeit
    c) Teilzeitarbeit
    d) Kurzarbeit
    e) Stundenlohn mit Überstundenpauschale

88. Ab welchem Zeitpunkt gilt der gesetzliche Unfallversicherungsschutz?
    a) Nach der Sicherheitsbelehrung durch den Vorgesetzten im Sachgebiet
    b) Sobald für den Mitarbeiter die ersten Sozialversicherungsbeiträge abgeführt werden
    c) Mit Eintritt und Aufnahme der Tätigkeit im Unternehmen
    d) Nach der Anmeldung zur zuständigen Krankenkasse
    e) Nach Zahlung des ersten Beitrags an die Berufsgenossenschaft

89. Eine Unternehmung einem neuen Mitarbeit einen Arbeitsvertrag mit folgenden Arbeitszeiten an: täglich von 7.00 Uhr bis 16.00 Uhr, bei einer wöchentlichen Arbeitszeit von 40 Stunden. Es gilt die 5-Tage-Woche. Die täglichen Pausenzeiten betragen 60 Minuten. Welche Arbeitszeitregelung liegt diesem Arbeitsvertrag zugrunde?
    a) Starre Arbeitszeit
    b) Flexible Arbeitszeit
    c) Schichtarbeit
    d) Teilzeitarbeit
    e) Kurzarbeit

90. Welche Aussage kennzeichnet die „gleitende Arbeitszeit"?
    a) Der Arbeitnehmer kann seine tägliche Arbeitszeit nach freiem Ermessen gestalten.
    b) Der Arbeitnehmer kann Beginn und Ende seiner Arbeitszeit variabel gestalten, er muss jedoch zur sogenannten Kernarbeitszeit anwesend sein.
    c) Der Arbeitgeber setzt die tägliche Arbeitszeit entsprechend den jeweiligen betrieblichen Gegebenheiten fest.
    d) Arbeitnehmer, die sich einen Arbeitsplatz teilen, können den Zeitpunkt ihrer gegenseitigen „Ablösung" selbständig festlegen.
    e) Konjunkturell bedingte Kurzarbeit wird bei besserer Auftragslage durch die Leistung von Überstunden ausgeglichen.

91. Wer darf Änderungen bezüglich der Steuerklasse vornehmen?
    a) Der Personalleiter
    b) Die zuständigen Sachbearbeiter in der Personalabteilung
    c) Die Finanzbehörde
    d) Die zuständige Gemeinde
    e) Der Steuerpflichtige

WISO 2 — MENSCHLICHE ARBEIT IM BETRIEB

92. Welche Angabe bei den Lohnsteuerabzugsmerkmalen ist für die Berechnung der Lohnsteuer im Unternehmen von Bedeutung?
    a) Ausstellende Behörde
    b) Geburtsdatum des Steuerpflichtigen
    c) Konfession des Steuerpflichtigen
    d) Zuständiges Finanzamt
    e) Steuerfreie Beträge
    f) Name des Steuerpflichtigen

93. Bei einem Angestellten, dessen Bruttogehalt auf 2.800,00 € kommt, ist als Lohnsteuerabzugsmerkmal ein Freibetrag von 100,00 € je Monat eingetragen. Was bedeutet dies?
    a) Zum Jahresende werden ohne Antrag 2.700,00 € vom Finanzamt erstattet.
    b) Das lohnsteuerpflichtige Entgelt vermindert sich um 100,00 € monatlich.
    c) Das Bruttogehalt erhöht sich um 100,00 € je Monat.
    d) Die Lohnsteuer ermäßigt sich um 100 € je Monat.
    e) Dieser Freibetrag wirkt sich auf das sozialversicherungspflichtige Einkommen aus.

94. Welche Angabe wird vom Arbeitgeber in die Lohnsteuerbescheinigung eingetragen?
    a) Nettoarbeitslohn
    b) Steuerklasse
    c) Familienstand
    d) Name und Anschrift des Beschäftigten
    e) Einbehaltene Lohnsteuer

95. Was muss der Arbeitgeber u. a. auf der Lohnsteuerbescheinigung eintragen?
    a) Den Betrag der vermögenswirksamen Leistungen
    b) Die steuerfreien Geldgeschenke bei Arbeitsjubiläen
    c) Die Steuerfreibeträge
    d) Die Änderung des Familienstandes
    e) Die Änderung des Wohnsitzes
    f) Die Änderung der Steuerklasse

96. Wozu ist der Arbeitgeber nach dem Starttermin von ElsterLohn II bezüglich der ELStAM (Elektronische Lohnsteuerabzugsmerkmale) nicht verpflichtet?
    a) Für die Anmeldung und den Abruf der elektronischen Lohnsteuerabzugsmerkmale (ELStAM) hat sich der Arbeitgeber mit seiner Steuernummer zu authentifizieren.
    b) Von der zuständigen Gemeinde die persönlichen Daten des Arbeitnehmers anzufordern.
    c) Anmeldung der bei ihm beschäftigten Arbeitnehmer für den Abruf der ELStAM.
    d) Er hat die ELStAM in der ersten Lohn- u. Gehaltsabrechnung deutlich auszuweisen und dem Arbeitnehmer auszuhändigen.
    e) Er ist verpflichtet, die elektronisch bereitgestellten Änderungen zu ELStAM abzurufen.

97. Ein neuer Mitarbeiter wurde eingestellt. Welche Informationen werden benötigt, um dessen Gehaltsabrechnung vornehmen zu können?
    a) Wohnort und Straße
    b) Steuerklasse
    c) Geburtsdatum
    d) Abteilungs-Nummer
    e) Vorheriger Arbeitgeber

98. Die Rentenversicherung basiert u.a. auf dem grundlegenden Prinzip des „Generationenvertrages". Was ist darunter zu verstehen?
    a) Einer muss für den Anderen in der Familie einstehen.
    b) Vorrangig hat der Staat für die Absicherung aller Generationen zu sorgen.
    c) Der Staat übernimmt nur solche Aufgaben, die nachgeordnete Institutionen, wie z. B. Familie, nicht erfüllen können.
    d) Die jüngere Generation sichert zum Teil die Altersversorgung für die ältere Generation.
    e) In einer sozialen Marktwirtschaft hat der Staat grundsätzlich alle Wechselfälle seiner Bürger abzusichern.

MENSCHLICHE ARBEIT IM BETRIEB — WISO 2

99. **Ordnen Sie zu!**

    Zuständigkeiten
    a) Herausgabe von Unfallverhütungsvorschriften
    b) Vertretung der Mitglieder bei Tarifverhandlungen
    c) Finanzielle Unterstützung bei Umschulungsmaßnahmen
    d) Zuständigkeit bei Rechtsstreitigkeiten
    e) Vertretung der Mitglieder und Förderung der gewerblichen Wirtschaft
    f) Zahlung der Berufsunfähigkeitsrente

    Institutionen
    [ ] Industrie- u. Handelskammer
    [ ] Arbeitgeberverband
    [ ] Agentur für Arbeit

100. **Der nachstehende Vordruck ist nach einem Arbeitsunfall auszufüllen und zu verschicken. An welchen Empfänger ist er zu versenden?**
    a) An die Bundesanstalt für Arbeit
    b) An die im Betrieb vertretene Gewerkschaft
    c) An den Arbeitgeberverband, dem der Betrieb angehört
    d) An die Berufsgenossenschaft
    e) An die Krankenkasse des verletzten Mitarbeiters

WISO 2 — MENSCHLICHE ARBEIT IM BETRIEB

101. Mit unten stehenden Arbeitsvertrag erhält Frau Maier für die Ausübung der aufgeführten Tätigkeit Vollmacht. Welche betriebliche Vollmacht wurde ihr erteilt?
- a) Gesamtprokura
- b) Einzelprokura
- c) Gesamtvollmacht
- d) Artvollmacht
- e) Einzelvollmacht
- f) Sondervollmacht

Arbeitsvertrag

für sozialversicherungspflichtige Arbeitsverhältnisse oberhalb der Geringverdienergrenze (Zu den einzelnen Arbeitsbedingungen sind teilweise mehrere Alternativen genannt, das Nichtzutreffende ist zu streichen)

Zwischen Großhandels GmbH, Luitpoldstr. 87, 84032 Landshut
(Name und Anschrift, im Folgenden Arbeitgeber genannt)

und

Frau/Herrn Petra Maier, Flurstr. 13, 84107 Weihmichl, geb. am 20.09.1990
(im Folgenden Arbeitnehmer genannt)

wird folgender Arbeitsvertrag geschlossen.

1. Tätigkeit
Der Arbeitnehmer wird vom 1. Nov. 2010 an als Sachbearbeiterin in der Kostenrechnung unbefristet bis zum -- eingestellt.

2. Arbeitszeit
Die regelmäßige Arbeitszeit beträgt wöchentlich/monatlich 40 Stunden.
Als Kernarbeitszeit werden festgelegt:
Mo-Fr 9.00 – 16.00 Uhr

Leistet der Arbeitnehmer auf Anordnung des Arbeitgebers Überstunden, werden diese mit einem zusätzlichen Zuschlag von 25 % vergütet.

3. Probezeit und Kündigung
a) Die ersten 3 Wochen/Monate gelten als Probezeit, in der das Arbeitsverhältnis von beiden Seiten mit einer Frist von zwei Wochen (kürzeste gesetzliche Frist) gekündigt werden kann.
b) Nach Ablauf der Probezeit kann das Arbeitsverhältnis von beiden Parteien mit einer Frist von (normale gesetzliche Frist: vier Wochen zum 15. des Monats oder zum Monatsende) gekündigt werden. Im Übrigen gelten die gesetzlichen Bestimmungen.
c) Bei einer ordentlichen Kündigung ist der Arbeitgeber berechtigt, den Arbeitnehmer während der Kündigungsfrist ganz oder teilweise von der Arbeit freizustellen.

4. Allgemeine Pflichten
a) Der Arbeitnehmer verpflichtet sich, ihm übertragene Arbeiten sorgfältig auszuführen, nach Bedarf auch andere Arbeiten zu übernehmen.
b) Der Arbeitnehmer verpflichtet sich, Verschwiegenheit über die ihm bekannt werdenden Angelegenheiten des Arbeitgebers zu wahren.

102. Siehe nochmals den abgebildeten Arbeitsvertrag. Unter Ziffer 2 wurde die Arbeitszeit vereinbart. Um welche Art der betrieblichen Arbeitszeit handelt es sich?
- a) Starre Arbeitszeit
- b) Flexible Arbeitszeit
- c) Schichtarbeit
- d) Teilzeitarbeit
- e) Kurzarbeit

103. In jedem Betrieb ist die Frage der Unterschriftserteilung geregelt. Welche Aussage ist richtig?
- a) Die Unterschriftenregelung wird zwischen Betriebsrat und Unternehmensleitung vereinbart.
- b) Die Unterschriftenregelung hängt überwiegend von den Anweisungen der Unternehmensleitung ab; nur die Unterzeichnung des Prokuristen ist gesetzlich geregelt.
- c) Die Unterschriftenregelung ist in jedem Fall zwingend durch den Gesetzgeber vorgeschrieben.
- d) Die Unterschriftenregelung muss in das Handelsregister eingetragen werden.
- e) Jeder Arbeitnehmer hat das Recht, die von ihm verfassten Geschäftsbriefe selbst zu unterzeichnen.

104. Was ist einem Prokuristen im Rahmen seiner Geschäftstätigkeit gestattet?
- a) Eidesstattliche Erklärungen für den Unternehmer abgeben
- b) Bilanzen unterschreiben
- c) Grundstücke verkaufen
- d) Grundstücke kaufen
- e) Steuererklärungen unterschreiben

105. Welche Aussage über die Prokura ist richtig?
- a) Eine Beschränkung der Prokura ist Dritten gegenüber wirksam.
- b) Prokura berechtigt nicht zum Kauf von Grundstücken.
- c) Ein Handwerker kann grundsätzlich nur Einzelprokura erteilen.
- d) Nur der Kaufmann lt. HGB kann Prokura erteilen.
- e) Ein Kleingewerbetreibender kann Prokura erteilen.

MENSCHLICHE ARBEIT IM BETRIEB — WISO 2

106. Am 15.05. wurde die Prokura des P mündlich widerrufen. Sie war im Innenverhältnis auf Rechtsgeschäfte bis 10.000 € beschränkt. Am 30.05. wird die Prokura im Handelsregister gelöscht, die Löschung anschließend veröffentlicht. P schließt für das Unternehmen am 20.05. einen Vertrag über 40.000 €. Der Vertragspartner war über den Widerruf nicht informiert. Welche Aussage über diesen Vertrag ist zutreffend?
   a) Er verpflichtet das Unternehmen nicht, weil die Prokura am 15.05. erloschen ist.
   b) Er verpflichtet das Unternehmen, weil der Widerruf der Prokura notariell beglaubigt werden muss.
   c) Er verpflichtet das Unternehmen nur bis zu einem Betrag von 10.000 €, weil die Prokura im Innenverhältnis auf 10.000 € begrenzt war.
   d) Er verpflichtet das Unternehmen in Höhe von 40.000 €, weil der Widerruf beim Vertragsabschluss noch nicht im Handelsregister eingetragen und veröffentlicht war.
   e) Er verpflichtet das Unternehmen nicht, weil die Beschränkung der Prokura im Innen- und Außenverhältnis gilt.

107. Welche Rechtshandlungen sind einem Prokuristen erlaubt?
   a) – Aufnahme eines weiteren Gesellschafters in eine OHG – Erteilung einer Handlungsvollmacht
   b) – Aufnahme eines Darlehens über 250.000,00 EUR
      – Antrag auf Eröffnung des Insolvenzverfahrens
   c) – Aufnahme eines Darlehens unter 250.000,00 EUR – Unterzeichnung der Bilanz
   d) – Erteilung einer Artvollmacht – Einstellung einer Sachbearbeiterin für die Personalabteilung
   e) – Kauf von 500 CD-ROM – Unterschreiben der Steuererklärung

108. Zu welchen Geschäften bzw. Rechtshandlungen ist der Prokurist ermächtigt?
   a) Veräußerung von Grundstücken – Leistung eines Eides für die Gesellschaft
   b) Erteilung einer Artvollmacht – Aufnahme eines Gesellschafters
   c) Einstellen von Mitarbeitern – Unterzeichnung der Bilanz
   d) Aufnahme von Darlehen – Erteilung von Prokura
   e) Erteilung einer Handlungsvollmacht – Aufnahme von Darlehen

109. Welche Aussagen über Handlungsvollmacht und Prokura sind richtig?
   a) Die Prokura muss ausdrücklich, die Handlungsvollmacht kann stillschweigend erteilt werden.
   b) Der Umfang der Prokura kann im Außenverhältnis beliebig geregelt werden, der Umfang der Handlungsvollmacht ist gesetzlich vorgeschrieben.
   c) Die Handlungsvollmacht berechtigt zu außergewöhnlichen Rechtsgeschäften, der Umfang der Prokura ist gesetzlich vorgeschrieben.
   d) Die Prokura wird nur vom Kaufmann lt. HGB erteilt, die im Umfang geringere Handlungsvollmacht nur vom Kleingewerbetreibenden.
   e) Die Handlungsvollmacht umfasst auch den Kauf von Grundstücken, die Prokura nur den Verkauf.

110. Frau Dr. Petra Schumm und Herr Simon Kostler besitzen Gesamtprokura. Welche Rechtshandlung(en) dürfen sie nach dem Gesetz vornehmen?
   a) Sie sind bevollmächtigt, gemeinsam sämtliche Rechtsgeschäfte inklusive Verkauf und Belastung von Grundstücken im Namen des Unternehmens eigenverantwortlich abzuschließen.
   b) Sie haben bei gewöhnlichen Rechtsgeschäften Einzelvertretungsbefugnis, bei außergewöhnlichen Rechtsgeschäften, wie z.B. Aufnahme eines Darlehens, muss ein Einverständnis der Geschäftsleitung vorliegen.
   c) Sie dürfen als Einzelperson mit dieser Vollmacht Grundstücke des Unternehmens verkaufen.
   d) Sie können das Unternehmen in allen Vertragsverhandlungen einzeln und in unbeschränkter Höhe vertreten.
   e) Sie sind bevollmächtigt, das Unternehmen gemeinsam in allen gerichtlichen und außergerichtlichen Geschäften und Rechtshandlungen im Rahmen des Geschäftsbetriebes zu vertreten.

111. Welche Vollmacht liegt vor, wenn ein Brief folgende Unterschriften tragen muss: „Buchhandlung Braun & Co., ppa. Lenz; ppa Günther"?
   a) Handlungsvollmacht
   b) Einzelprokura
   c) Filialprokura
   d) Gesamtprokura
   e) Artvollmacht

WISO 2 — MENSCHLICHE ARBEIT IM BETRIEB

112. Karl Otto und Fritz Klein besitzen Gesamtprokura in einer Unternehmung. Es wurde vereinbart, dass sie keine Grundstücke für das Unternehmen erwerben dürfen. Da sich eine besonders günstige Gelegenheit bietet, im Nachbarort ein Grundstück zu kaufen, um dort eine neue Lagerhalle zu errichten, kaufen sie kurz entschlossen im Namen ihrer Firma dieses Grundstück. Der Geschäftsführer ist empört und besteht auf eine sofortige Rückgängigmachung des Vertrages. Der Verkäufer, der von der Einschränkung der Prokura nichts wusste, ist damit nicht einverstanden. Wie ist die Rechtslage?
    a) Der Verkäufer ist verpflichtet, den Vertrag rückgängig zu machen, da die Prokuristen Otto und Klein nicht zum Kauf berechtigt waren.
    b) Der Vertrag ist wegen Irrtums anfechtbar.
    c) Der Vertrag ist nichtig.
    d) Der Verkäufer muss zwar der Rückgängigmachung zustimmen, kann jedoch von den Prokuristen Schadenersatz verlangen.
    e) Der Verkäufer kann in jedem Fall auf die Erfüllung des Vertrags bestehen, da die Einschränkung der Prokura nur im Innenverhältnis wirksam ist.

113. Die Steuerberatungs-GmbH stellt einen ehemaligen Auszubildenden nach dessen Beendigung der Ausbildung unaufgefordert ein einfaches Zeugnis aus. Was muss laut Berufsbildungsgesetz mindestens in diesem Zeugnis enthalten sein?
    a) Die fachlichen Fähigkeiten und Eignungen des Auszubildenden.
    b) Die Höhe der vom Auszubildenden in Anspruch genommenen Sozialleistungen.
    c) Die Auflistung über die erbrachten Leistungen im Ausbildungsbetrieb.
    d) Angaben über die Führung des Auszubildenden während der Ausbildungszeit.
    e) Art, Dauer und Ziel der Berufsausbildung sowie die erworbenen Kenntnisse und Fertigkeiten.

114. Welche Folgen hat eine Lohn- und Gehaltserhöhung um einen Festbetrag (z.B. Löhne und Gehälter steigen in der Metallindustrie für alle gleichmäßig um 135 €)?
    a) Die Lohn- und Gehaltserhöhungen sind für jeden Arbeitnehmer prozentual gleich.
    b) Die Lohn- und Gehaltserhöhungen bringen den Arbeitnehmern mit höherem Lohn und Gehalt größere Vorteile als den Arbeitnehmern mit niedrigerem Lohn und Gehalt.
    c) Die Lohn- und Gehaltserhöhungen bewirken, dass der Unterschied zwischen den Löhnen und Gehältern der einzelnen Arbeitnehmer absolut geringer wird.
    d) Die Lohn- und Gehaltserhöhungen bewirken, dass der Unterschied zwischen den Löhnen und Gehältern der einzelnen Arbeitnehmer absolut größer wird.
    e) Die Lohn- und Gehaltserhöhungen wirken sich bei Arbeitnehmern mit niedrigerem Lohn und Gehalt prozentual stärker aus als bei denen mit höherem Lohn und Gehalt.

115. Welche Aussage über Tarifverträge ist richtig?
    a) Die Tarifverträge sind rechtlich nicht bindend, sondern sind als Empfehlung an die Mitglieder der Tarifparteien zu verstehen.
    b) Für allgemeinverbindlich erklärte Tarifverträge gelten für alle unter ihren Geltungsbereich fallende Arbeitsverhältnisse ohne Rücksicht auf Verbands- bzw. Gewerkschaftszugehörigkeit.
    c) Während der Laufzeit von Tarifverträgen sind Streiks und Aussperrungen nur dann erlaubt, wenn sie 4 Wochen vorher angekündigt wurden.
    d) Die Bestimmungen eines Tarifvertrags gelten gleichzeitig als Mindest- und Höchstbedingungen; sie können weder unter- noch überschritten werden.
    e) Was in den Tarifverträgen vereinbart wird, ist erst dann für die Tarifparteien als rechtsverbindlich anzusehen, wenn der Bundesarbeitsminister seine Zustimmung erteilt hat.

116. Ein Unternehmen ist nicht Mitglied des Arbeitgeberverbandes. Welche Aussage zur Gültigkeit tarifvertraglicher Vereinbarungen ist richtig?
    a) Der Tarifvertrag gilt für die Arbeitnehmer des Unternehmens unabhängig von dessen Mitgliedschaft im Arbeitgeberverband.
    b) Der Tarifvertrag gilt für die Arbeitnehmer, wenn der Betriebsrat den Tarifvertrag für das Unternehmen als verbindlich erklärt hat.
    c) Der Tarifvertrag gilt für alle Mitarbeiter des Unternehmens, die Mitglied der Gewerkschaft sind.
    d) Der Tarifvertrag gilt nur dann für alle Arbeitnehmer des Unternehmens, wenn er für allgemeinverbindlich erklärt wurde.
    e) Der Tarifvertrag gilt für alle Arbeitnehmer, wenn der Arbeitgeber für die Mehrheit der Arbeitnehmer die tariflichen Vereinbarungen einzelvertraglich gewährt.

117. Wer kann einen Tarifvertrag für allgemeinverbindlich erklären?
    a) Der Bundesminister für Arbeit und Sozialordnung
    b) Der Bundesminister für Wirtschaft
    c) Die Arbeitgeberverbände
    d) Die Gewerkschaften
    e) Die Tarifpartner auf Antrag des Bundesministers für Arbeit und Sozialordnung

MENSCHLICHE ARBEIT IM BETRIEB — WISO 2

118. Bringen Sie folgende Schritte beim Zustandekommen eines neuen Tarifvertrags in die richtige Reihenfolge!
- [ ] Fristgemäße Kündigung des Gehaltstarifvertrages
- [ ] Abschluss eines neuen Tarifvertrages
- [ ] Urabstimmung über einen Arbeitskampf mit nachfolgendem Streik und Aussperrung
- [ ] Aufnahme der Tarifverhandlungen durch die Tarifpartner
- [ ] Ausrufung des Streiks aufgrund der Urabstimmung und neue Verhandlungen
- [ ] Erklärung des Scheiterns der Tarifverhandlungen durch eine Partei
- [ ] Urabstimmung über das Ergebnis der neuen Tarifrunde mit zustimmendem Ergebnis

119. Welcher Teilschritt ist in dem beispielhaft aufgezeigten zeitlichen Ablauf beim Zustandekommen eines neuen Lohn- und Gehaltstarifvertrages <u>falsch</u> eingeordnet?
- a) 1. Schritt: Fristgemäße Kündigung des Tarifvertrages
- b) 2. Schritt: Aufnahme der Verhandlungen durch die Tarifpartner
- c) 3. Schritt: Erklärung des Scheiterns der Tarifverhandlungen durch die zuständige Gewerkschaft
- d) 4. Schritt: Von Arbeitgeberseite erfolgen Aussperrungen der Arbeitnehmer.
- e) 5. Schritt: Die zuständige Gewerkschaft führt eine Urabstimmung durch.
- f) 6. Schritt: Mehr als 75 % der abstimmungsberechtigten Gewerkschaftsmitglieder stimmen für einen Streik; dieser wird beschlossen und durchgeführt.
- g) 7. Schritt: Es finden neue Tarifverhandlungen statt, die zu einer Einigung führen.
- h) 8. Schritt: Die Gewerkschaftsmitglieder stimmen in einer Urabstimmung über den Einigungsvorschlag ab.

120. Bringen Sie die folgenden Phasen einer Tarifauseinandersetzung in die richtige Reihenfolge.
- [ ] Scheitern der Schlichtung
- [ ] Urabstimmung über das Ergebnis der neuen Tarifverhandlungen mit positivem Ergebnis
- [ ] Abschluss eines neuen Tarifvertrages
- [ ] Kündigung des Tarifvertrages und Aufnahme von Verhandlungen
- [ ] Ausruf des Streiks auf Grund des Ergebnisses der Urabstimmung und erneute Tarifverhandlungen
- [ ] Verhandlungen werden für gescheitert erklärt und das Schlichtungsverfahren eingeleitet
- [ ] Urabstimmung der organisierten Arbeitnehmer über eine Arbeitskampfmaßnahme

121. Aus welchem Gesetz ist die Tarifautonomie abzuleiten?
- a) Bürgerliches Gesetzbuch
- b) Handelsgesetzbuch
- c) Grundgesetz
- d) Mitbestimmungsgesetz
- e) Betriebsverfassungsgesetz

122. Welche Aussage trifft auf Aussperrung zu?
- a) Aussperrung bedeutet die Betriebsbesetzung durch Streikende, die der Betriebsleitung den Zutritt verwehren.
- b) Aussperrung bedeutet eine außerordentliche Kündigung der gewerkschaftlich organisierten Arbeitnehmer.
- c) Aussperrung ist die gemeinsame und planmäßige Arbeitsniederlegung aller Arbeitnehmer.
- d) Aussperrung bedeutet die vorübergehende Aufhebung der Arbeitsverhältnisse in den betroffenen Betrieben.
- e) Aussperrung bedeutet die ordentliche Kündigung von Arbeitnehmern für den Zeitraum eines Arbeitskampfes.

123. Einige Mitarbeiter einer Unternehmung sind gewerkschaftlich organisiert. Das Unternehmen ist Mitglied des Arbeitgeberverbandes. Die laufenden Tarifverhandlungen drohen zu scheitern. Für den Fall eines Streiks liegt ein Vorstandsbeschluss des Arbeitgeberverbandes vor, Aussperrungsmaßnahmen zu befürworten. Welche Aussage ist für diese Situation zutreffend?
- a) An einem Streik dürfen sich nur die Gewerkschaftsmitglieder beteiligen.
- b) Bei einem Streik kann die Unternehmung nicht einbezogen werden, da die Gewerkschaftsmitglieder in der Minderheit sind.
- c) Bei einer Abstimmung in der Unternehmung über die Durchführung eines Streiks können die Gewerkschaftsmitglieder in keinem Fall von den anderen Angestellten überstimmt werden.
- d) Der Geschäftsführer der Unternehmung kann bei einem Streik in Absprache mit dem Arbeitgeberverband eine Aussperrung in angemessenem Rahmen vornehmen.
- e) Eine Aussperrung darf sich nur auf die streikenden Mitarbeiter beziehen.

WISO 2 — MENSCHLICHE ARBEIT IM BETRIEB

124. Welche Aussage über die Schlichtung in einem Tarifkonflikt trifft zu?
a) Der Schlichter unterbreitet einen Kompromissvorschlag, den die Tarifpartner annehmen müssen.
b) Der Vorschlag des Schlichters wird rechtswirksam, wenn ihm die Mehrheit der Arbeitnehmer zustimmt.
c) Das Schlichtungsverfahren setzt erst dann ein, wenn der durch Streik und Aussperrung verursachte volkswirtschaftliche Schaden nicht mehr vertretbar ist.
d) Das Schlichtungsverfahren kann erst dann eingeleitet werden, wenn sich mindestens 75 % der gewerkschaftlich organisierten Arbeitnehmer dafür aussprechen.
e) Der Vorschlag des Schlichters führt nur zum Ende der Tarifauseinandersetzung, wenn er von beiden Tarifpartnern angenommen wird.

125. Welche Behauptung trifft für Warnstreiks zu?
a) Warnstreiks dürfen nur nach einer Urabstimmung durchgeführt werden.
b) Warnstreiks machen ein Schlichtungsverfahren überflüssig.
c) Warnstreiks sind nur dann rechtlich zulässig, wenn sie zeitlich begrenzt durchgeführt werden.
d) Warnstreiks sind nur nach der Aussperrung durch die Arbeitgeber rechtlich zulässig.
e) Warnstreiks sind nur dann rechtlich zulässig, wenn ein gesamtes Tarifgebiet von der Arbeitsniederlegung betroffen ist.

126. Was versteht man unter Friedenspflicht im Tarifrecht?
a) Bei Beginn der Tarifverhandlungen dürfen die Arbeitnehmer zur Untermauerung ihrer Forderungen den Streik ausrufen.
b) Die Tarifparteien können nach dem Gesetz erst zwei Monate nach dem Scheitern der Verhandlungen Kampfmaßnahmen ergreifen.
c) Während der Laufzeit des Tarifvertrages dürfen keine Kampfmaßnahmen gegen die bestehenden Vereinbarungen durchgeführt werden.
d) Bei Tarifverhandlungen versuchen die Tarifpartner unter Vorsitz eines Regierungsmitgliedes zu einem Kompromiss zu kommen.
e) Beim Scheitern von Tarifverhandlungen bemüht sich ein Schlichter um das Zustandekommen eines Tarifvertrages.

127. Welche Behauptung zu Streik und/oder Aussperrung trifft zu?
a) Eine Aussperrung wirkt sich nur deswegen negativ auf den Staat aus, weil alle ausgesperrten Arbeitnehmer vom Arbeitsamt Ausgleichszahlungen erhalten.
b) Durch die Aussperrung schützen sich die bestreikten Betriebe wirksam vor Umsatzeinbußen.
c) Um die volkswirtschaftlichen Schäden in Grenzen zu halten, ist die Dauer der Durchführung von Streiks und Aussperrung auf 6 Wochen begrenzt.
d) Sowohl Streik als auch Aussperrung haben während ihrer Durchführung u.a. negative wirtschaftliche Folgen für die betroffenen Betriebe und Arbeitnehmer sowie für den Staat.
e) Wenn in größerem Umfang volkswirtschaftliche Schäden drohen, kann der Wirtschaftsminister sowohl Streik wie auch Aussperrung durch Erlass beenden.

128. Welche Feststellung kennzeichnet die Tarifautonomie?
a) In den Mitgliedsstaaten der EU können die Löhne ohne Absprache mit den anderen Mitgliedsstaaten festgelegt werden.
b) Die Wirtschaftsminister der einzelnen Bundesländer setzen die Gehälter und Löhne der im öffentlichen Dienst Beschäftigten fest.
c) Die Arbeitgeber handeln mit den Bewerbern bei der Einstellung die jeweilige Lohngruppe aus, in der die Bewerber beschäftigt werden sollen.
d) Die Gewerkschaften setzen die Löhne und Gehälter fest.
e) Arbeitgeberverbände und Gewerkschaften handeln unabhängig von staatlichen Eingriffen die Löhne, Gehälter und sonstigen Arbeitsbedingungen aus.

129. Welche Aussage über die Gewerkschaften ist richtig?
a) Die Gewerkschaften sollen Auseinandersetzungen zwischen Arbeitgebern und Arbeitnehmern verhindern.
b) Die Gewerkschaften beschließen mit den Arbeitgeberverbänden, um wie viel Prozent die Preise im kommenden Jahr höchstens steigen dürfen.
c) Bei Arbeitsstreitigkeiten zwischen Arbeitgebern und Arbeitnehmern dürfen die Gewerkschaften nur in bestimmten Ausnahmefällen Rechtsschutz und Rechtshilfe gewähren.
d) Die Gewerkschaften treten bei Tarifverhandlungen dafür ein, dass die Arbeitnehmer mit ihren Einkommen am Wirtschaftswachstum beteiligt werden.
e) Die Gewerkschaften haben die Aufgabe, die Betriebsratswahlen ordnungsgemäß durchzuführen.

MENSCHLICHE ARBEIT IM BETRIEB — WISO 2

130. Was versteht man unter „Betriebsvereinbarung"?
   a) Die zwischen der Betriebsleitung und dem Betriebsrat ausgehandelte Betriebsvereinbarung regelt die Rechte und Pflichten der Tarifvertragsparteien und enthält Rechtsnormen, die den Inhalt, den Abschluss und die Beendigung von Arbeitsverhältnissen ordnen.
   b) Die Betriebsvereinbarung ist ein Vertrag zwischen dem Arbeitgeberverband und dem Betriebsrat über die betriebliche Anpassung der durch Tarifvertrag geregelten Arbeitsbedingungen.
   c) Die Betriebsvereinbarung ist ihrem Inhalt und Sinn nach ein Vertrag, in dem Arbeitgeber und Betriebsrat die betriebliche Ordnung und die Rechtsverhältnisse des Arbeitgebers zu den Arbeitnehmern ihres Betriebes gestalten.
   d) Die Betriebsvereinbarung ist ein Vertrag zwischen der Gewerkschaft und dem Arbeitgeberverband über die Arbeitsbedingungen in allen gleichartigen Betrieben.
   e) Eine Betriebsvereinbarung regelt nur Fragen der Arbeitsordnung, die üblicherweise in einem Tarifvertrag enthalten sind. Sie gilt nur für Tarifangestellte.

131. In welchem Fall liegt eine Betriebsvereinbarung vor?
   a) Die Tarifpartner vereinbaren für ihre Mitglieder eine Lohnerhöhung.
   b) Die Volkswagen-Aktiengesellschaft vereinbart mit der IG Metall die Herabsetzung der Wochenarbeitszeit.
   c) Die Deutsche Bahn AG vereinbart mit einem Stahlwerk die Lieferung von Eisenbahnschienen.
   d) Die Automobilwerke VW und TOYOTA vereinbaren die gemeinsame Produktion eines Kleintransporters.
   e) Arbeitgeber und Betriebsrat einigen sich über die Einführung der Gleitzeit und legen die Absprache schriftlich nieder.

132. Welche zwei Inhalte werden in der Betriebsvereinbarung und nicht im Tarifvertrag geregelt?
   a) Höhe des Urlaubsgeldes
   b) Wochenarbeitszeit
   c) Rauchen im Betrieb
   d) Anzahl der Urlaubstage
   e) Arbeitsentgelt nach Lohn- bzw. Gehaltsgruppen
   f) Beginn und Ende der täglichen Arbeitszeit

133. Was bezeichnet man als Individualarbeitsrecht?
   a) Das im Verhältnis zwischen einzelnen Arbeitgebern und einzelnen Arbeitnehmern geltende Recht
   b) Das im Verhältnis zwischen einzelnen Arbeitgebern und dem Betriebsrat geltende Recht
   c) Das im Verhältnis zwischen einzelnen Arbeitgebern und einzelnen Gewerkschaften geltende Recht
   d) Das im Verhältnis zwischen einzelnen Tarifvertragsparteien geltende Recht
   e) Das im Verhältnis zwischen Betriebsrat und den im Betrieb vertretenen Gewerkschaften geltende Recht

134. Ordnen Sie zu!

Erklärungen von Arbeitsrechtsbegriffen

   a) Kommt durch Vereinbarung zwischen Arbeitgeberverband und Gewerkschaften zustande
   b) Kommt durch Verordnung eines Ministers auf Grund eines bestehenden Gesetzes zustande
   c) Kommt durch Erklärung des Bundesministers für Arbeit auf Antrag einer Tarifpartei zustande
   d) Gilt für Arbeitnehmer eines Betriebes und wird zwischen Betriebsrat und Arbeitgeber abgeschlossen
   e) Kommt durch Antrag des Arbeitgebers und Annahme des Arbeitnehmers zustande
   f) Kommt auf Antrag von Arbeitgeber und Betriebsrat zustande und ersetzt die Einigung zwischen Arbeitgeber und Betriebsrat durch einen Spruch
   g) Wird im Streitfall von einer Einigungsstelle erlassen.

Vereinbarungen

[ ] Einzelarbeitsvertrag
[ ] Betriebsvereinbarung
[ ] Tarifvertrag

135. Welches Gericht ist Berufungsinstanz bei Streitigkeiten aus dem Beschäftigungsverhältnis?
   a) Arbeitsgericht
   b) Bundesverfassungsgericht
   c) Bundesarbeitsgericht
   d) Bundesgerichtshof
   e) Landesarbeitsgericht

WISO 2 — MENSCHLICHE ARBEIT IM BETRIEB

136. In welchem Streitfall ist das Arbeitsgericht zuständig?
a) Der Anspruch eines Arbeitslosen auf Arbeitslosengeld wird vom Finanzamt abgelehnt.
b) Arbeitgeber und Betriebsrat können sich über die betriebliche Pausenregelung nicht einigen.
c) Ein kaufmännscher Angestellter ist nach einem Arbeitsunfall mit dem festgesetzten Erwerbsminderungssatz von 40 % nicht einverstanden.
d) Ein Auszubildender ist der Ansicht, dass bei der Abnahme der Abschlussprüfung Verfahrensfehler begangen wurden, er möchte deshalb Widerspruch einlegen.
e) Ein Angestellter ist mit der Höhe des von der AOK gewährten Kurkostenzuschusses nicht einverstanden.

137. In welcher Zeile ist die Zuständigkeit der Arbeitsgerichte richtig dargestellt?

Arbeitsgerichte sind zuständig bei Streitigkeiten zwischen:

	Arbeitgeber und Arbeitnehmer (Einzelarbeitsvertrag)	Arbeitgeber und Betriebsrat (Betriebsvereinbarung)	Gewerkschaft und Arbeitgeberverbände (Tarifvertrag)
a)	nein	nein	nein
b)	nein	nein	ja
c)	nein	ja	ja
d)	ja	ja	ja
e)	ja	ja	nein
f)	ja	nein	nein

138. Für welche Rechtsstreitigkeit sind die Arbeitsgerichte zuständig?
a) Für die Entscheidung über die Gewerbeuntersagung wegen Unzuverlässigkeit des Gewerbetreibenden
b) Für die Entscheidung über die Tariffähigkeit einer Vereinigung
c) Für die Entscheidung über die Eignung einer Ausbildungsstätte für die Berufsausbildung
d) Für die Entscheidung über die persönliche und fachliche Eignung des Ausbildenden
e) Für die Entscheidung über die vorzeitige Zulassung zur Abschlussprüfung

139. Ein Angestellter will seinen Arbeitgeber verklagen, weil sein Gehalt unter Hinweis auf seine Tätigkeit nicht den Bestimmungen des Tarifvertrages entspricht. Welches Gericht ist zuständig?
a) Das Amtsgericht
b) Das Sozialgericht
c) Das Finanzgericht
d) Das Arbeitsgericht
e) Das Verwaltungsgericht
f) Das Landgericht

140. Welches Gericht ist für einen Angestellten zuständig, der sich gegen eine sozial ungerechtfertigte Kündigung wehren will?
a) Verwaltungsgericht
b) Landgericht
c) Amtsgericht
d) Sozialgericht
e) Arbeitsgericht

141. Auf dem direkten Nachhauseweg vom Betrieb stürzt ein Mitarbeiter und bricht sich einen Arm. Welches Gericht wäre bei eventuellen späteren Rechtsstreitigkeiten mit der betrieblichen Versicherung zuständig?
a) Amtsgericht
b) Landgericht
c) Arbeitsgericht
d) Verwaltungsgericht
e) Sozialgericht

MENSCHLICHE ARBEIT IM BETRIEB — WISO 2

142. Ordnen Sie zu!

Streitfälle

a) Streitigkeiten zwischen Arbeitgeber und Betriebsrat wegen Einführung der gleitenden Arbeitszeit
b) Streitigkeiten aus dem Verkauf eines alten Dienstfahrzeuges an einen Mitarbeiter
c) Streitigkeiten wegen eines Anspruchs auf Arbeitslosengeld
d) Streitigkeiten aus einem Einkommensteuerbescheid
e) Streitigkeiten aus einer Kaufmannsgehilfenprüfung wegen eines Verfahrensfehlers
f) Streitigkeiten aus der Kündigung einer Sozialwohnung

Gerichte

[ ] Finanzgericht
[ ] Verwaltungsgericht
[ ] Sozialgericht

143. Welche Formvorschrift ist hinsichtlich einer Kündigung zu beachten?

a) Die Kündigung bedarf keiner besonderen Formvorschrift.
b) Die Kündigung kann mündlich erfolgen.
c) Die Kündigung muss schriftlich erfolgen.
d) Die Kündigung muss nur dann schriftlich erfolgen, wenn es so vereinbart wurde.
e) Die Kündigung muss nur dann schriftlich erfolgen, wenn es tarifvertraglich so vereinbart worden ist.

144. Eine 20-Jährige will zum 01.08. des Jahres eine neue Stelle antreten. Wann muss ihre Kündigung nach der gesetzlichen Vorschrift dem Arbeitgeber spätestens zugegangen sein?

a) Am 19.05.
b) Am 03.07.
c) Am 30.06.
d) Am 15.06.
e) Am 15.07.

145. Einem Angestellten mit 3-jähriger Betriebszugehörigkeit soll nach gesetzlicher Kündigungsfrist gekündigt werden. Zu welchem Termin muss die Kündigung spätestens zugestellt sein, wenn das Arbeitsverhältnis zum 30.06. aufgelöst werden soll?

a) 15.05.
b) 31.05.
c) 02.06.
d) 30.04.
e) 15.06.

146. Welche Kündigungsfrist gilt nach dem BGB für Angestellte und Arbeiter?

a) Zwei Wochen (14 Tage) zum Monatsende
b) Vier Wochen (28 Tage) nur zum Monatsende
c) Sechs Wochen (42 Tage) zum Monatsende
d) Während einer vereinbarten Probezeit zwei Wochen
e) Vier Wochen (28 Tage) nur zum 15. eines Monats

__Zu den nächsten zwei Aufgaben siehe die abgebildeten Vorschriften zu den Kündigungsfristen!__

---

§ 622 [Kündigungsfrist bei Arbeitsverhältnissen]

(1) Das Arbeitsverhältnis eines Arbeiters oder eines Angestellten (Arbeitnehmers) kann mit einer Frist von vier Wochen zum Fünfzehnten oder zum Ende eines Kalendermonats gekündigt werden.

(2) Für eine Kündigung durch den Arbeitgeber beträgt die Kündigungsfrist, wenn das Arbeitsverhältnis in dem Betrieb oder Unternehmen
1. zwei Jahre bestanden hat, einen Monat zum Ende eines Kalendermonats,
2. fünf Jahre bestanden hat, zwei Monate zum Ende eines Kalendermonats,
3. acht Jahre bestanden hat, drei Monate zum Ende eines Kalendermonats,
4. zehn Jahre bestanden hat, vier Monate zum Ende eines Kalendermonats,
5. zwölf Jahre bestanden hat, fünf Monate zum Ende eines Kalendermonats,
6. fünfzehn Jahre bestanden hat, sechs Monate zum Ende eines Kalendermonats,
7. zwanzig Jahre bestanden hat, sieben Monate zum Ende eines Kalendermonats.

WISO 2 — MENSCHLICHE ARBEIT IM BETRIEB

Der Mitarbeiterin Petra Martin wurde aus zwingenden betrieblichen Gründen gekündigt. Die sozial gerechtfertigte Kündigung erfolgte mit Zustimmung des Betriebsrates und ging ihr am 7. April d. J. zu. Einzelvertragliche und tarifvertragliche Kündigungsfristen wurden nicht vereinbart.
Folgende Daten sind bekannt:

Name	Alter	Betriebszugehörigkeit
Martin, Petra	42 Jahre	8 Jahre

147. Ermitteln Sie für Frau Martin mit Hilfe der abgebildeten gesetzlichen Bestimmungen das Datum des Ausscheidens aus dem Betrieb! Tragen Sie das Datum (Monat, Tag) unmittelbar in die Kästchen ein!

148. Eine weitere Mitarbeiterin, 29 Jahre alt, seit 6 Jahren beschäftigt, will zum 31.12. kündigen. Wann muss ihre Kündigung spätestens beim Unternehmen eingehen? Tragen Sie das Datum (Monat, Tag) in das Kästchen ein!

149. Welche Aussage entspricht den Rechtsvorschriften zur Kündigung von Arbeitsverhältnissen?
a) Die ordentliche Kündigung ist immer eine fristlose Kündigung.
b) Ein Arbeitnehmer, dem eine bessere Stelle angeboten wurde, kann fristlos kündigen.
c) Eine ordentliche Kündigung, die mit dem Verhalten des Arbeitnehmers begründet wird, ist an keine Fristen gebunden.
d) Wegen mehrmaliger verspäteter Lohnzahlung kann ein Arbeitnehmer fristlos kündigen.
e) Ein Arbeitnehmer, der in eine 50 km weit entfernte Filiale versetzt wird, kann fristlos kündigen.

150. Eine schwangere Bankangestellte will bis wenige Tage vor der Entbindung arbeiten. Ist das gemäß Mutterschutzgesetz zulässig?
a) Ja, wenn dringende betriebliche Erfordernisse vorliegen
b) Ja, wenn die Schwangere auf Erziehungsgeld verzichtet
c) Ja, sie darf auf ihren ausdrücklichen Wunsch bis zur Entbindung weiter beschäftigt werden.
d) Nein, es gilt laut Mutterschutzgesetz absolutes Arbeitsverbot sechs Wochen vor der Entbindung.
e) Nein, es gelten in jedem Fall die Schutzfristen acht Wochen vor und sechs Wochen nach der Entbindung.

151. Ermitteln Sie aufgrund der nachstehenden Personalstatistik die Gesamtzahl der Personen, die bei einer Betriebsverschlankung nicht entlassen werden dürfen, da sie einen besonderen gesetzlichen Kündigungsschutz genießen. Tragen Sie das Ergebnis in das Kästchen ein!

PERSONALSTATISTIK (Auszug)		männlich	weiblich
Kfm. Verwaltung	Vollzeit	370	195
	Teilzeit	10	50
Produktion	Vollzeit	406	99
	Teilzeit	101	167
Außendienstmitarbeiter		42	6
Schwerbehinderte		40	31
Aushilfen/Praktikanten		2	4
Mitarbeiter der Hausverwaltung		13	25
Mitarbeiter der Kantinenverwaltung		2	5
Wehrdienst-/Ersatzdienstleistende		2	0
Arbeitnehmerinnen im Mutterschutz		0	15

MENSCHLICHE ARBEIT IM BETRIEB — WISO 2

152. Welches Gesetz zählt zu den Rechtsgrundlagen der Arbeitsschutzvorschriften?
a) Mutterschutzgesetz
b) Jugendschutzgesetz
c) Arbeitsordnung
d) Betriebsverfassungsgesetz
e) Lohnfortzahlungsgesetz

153. Was ist die Aufgabe der Berufsgenossenschaft?
a) Die Krankmeldungen der Arbeitnehmer zu überprüfen
b) Den Aufsichtsbeamten des Technischen Überwachungsvereins zu überprüfen
c) Die Entschädigungsansprüche bei Arbeitsunfällen prüfen und bewilligen
d) Den Arbeitgeber in Fragen des Arbeitsplatzwechsels sowie der Eingliederung von Behinderten in den Arbeitsprozess beraten
e) Den Sicherheitsbeauftragten bestellen

154. Ein Unternehmen hat zur Verhütung von Arbeitsunfällen Einrichtungen, Anordnungen und Maßnahmen zu treffen, die den Bestimmungen der Unfallverhütungsvorschriften entsprechen. Welche Aussage über Inhalte der Unfallverhütungsvorschriften ist nicht richtig?
a) Erforderliche Geldmittel für Arbeitsschutzeinrichtungen sind vom Arbeitgeber bereitzustellen.
b) Regelungen und Anweisungen zur Durchführung von Arbeitsschutzmaßnahmen sind zu treffen.
c) Eventuell notwendige Betriebsvereinbarungen mit dem Betriebsrat über Regelungen im Arbeitsschutzbereich sind abzuschließen.
d) Gegebene Anweisungen zum Arbeitsschutz sind zu überwachen oder überwachen zu lassen.
e) Außer der Unfallversicherung sind zusätzliche Versicherungen zur Abgeltung von Gesundheitsschäden bei Mitarbeitern durch Betriebsunfälle abzuschließen.

155. Welche Aussage zum Arbeitszeitgesetz ist nicht zutreffend?
a) Das Arbeitszeitgesetz stellt Frauen und Männer grundsätzlich gleich.
b) Das Arbeitszeitgesetz geht von einer starren Arbeitszeitgestaltung aus.
c) Das Arbeitszeitgesetz erlaubt in gewissen Fällen auch die Sonn- und Feiertagsarbeit.
d) Das Arbeitszeitgesetz erlaubt eine flexible Gestaltung der täglichen Arbeitszeit.
e) Das Arbeitszeitgesetz verbietet Frauenarbeit unter Tage im Bergbau.

156. Ein Arbeitnehmer wechselt zum 1. Oktober seinen Arbeitsplatz. Den ihm zustehenden Jahresurlaub hat er bereits in Anspruch genommen. Muss der neue Arbeitgeber ihm in dem laufenden Kalenderjahr noch einen Urlaub gewähren?
a) Nein
b) Ja, pro verbleibenden Kalendermonat 1 Werktag
c) Ja, drei Zwölftel des Mindesturlaubs
d) Ja, aber nur unbezahlten Urlaub
e) Ja, vier Werktage

Zu den nächsten zwei Aufgaben beachten Sie bitte die folgenden Ausschnitte aus dem Urlaubsgesetz!

157. Wie viel Werktage Urlaub stehen einer Angestellten für das laufende Jahr zu, wenn sie am 1. Januar ihre Tätigkeit begonnen und nach siebenmonatiger Beschäftigung bereits 14 Werktage genommen hat? Im Arbeitsvertrag ist die gesetzliche Urlaubsregelung vereinbart worden. Tragen Sie die Lösung in das Kästchen ein!

158. Während des Urlaubs erkrankt eine Angestellte. Sie muss für zwei Tage das Bett hüten. Dann besucht sie einen Arzt. Dieser schreibt sie für 4 Tage krank. Die Angestellte verlangt daraufhin, ihren Urlaubsanspruch um 6 Tage zu verlängern. Um wie viel Tage ist der Urlaubsanspruch der Angestellten laut Bundesurlaubsgesetz zu verlängern. Tragen Sie das Ergebnis in das Kästchen ein!

WISO 2 — MENSCHLICHE ARBEIT IM BETRIEB

§ 1 Urlaubsanspruch. Jeder Arbeitnehmer hat in jedem Kalenderjahr Anspruch auf bezahlten Erholungsurlaub.

§ 2 Geltungsbereich. Arbeitnehmer im Sinne des Gesetzes sind Arbeiter und Angestellte sowie die zu ihrer Berufsausbildung Beschäftigten. Als Arbeitnehmer gelten auch Personen, die wegen ihrer wirtschaftlichen Unselbständigkeit als arbeitnehmerähnliche Personen anzusehen sind; ....

§ 3 Dauer des Urlaubs. (1) Der Urlaub beträgt jährlich mindestens 24 Werktage.
(2) Als Werktage gelten alle Kalendertage, die nicht Sonn- oder gesetzliche Feiertage sind.

§ 4 Wartezeit. Der volle Urlaubsanspruch wird erstmalig nach sechsmonatigem Bestehen des Arbeitsverhältnisses erworben.

§ 5 Teilurlaub. (1) Anspruch auf ein Zwölftel des Jahresurlaubs für jeden vollen Monat des Bestehens des Arbeitsverhältnisses hat der Arbeitnehmer
a) für Zeiten eines Kalenderjahres, für die er wegen Nichterfüllung der Wartezeit in diesem Kalenderjahr keinen vollen Urlaubsanspruch erwirbt;
b) wenn er vor erfüllter Wartezeit in der ersten Hälfte eines Kalenderjahres aus dem Arbeitsverhältnis ausscheidet;
c) wenn er nach erfüllter Wartezeit in der ersten Hälfte eines Kalenderjahres ausscheidet.
(2) Bruchteile von Urlaubstagen, die mindestens einen halben Tag ergeben, sind auf volle Urlaubstage aufzurunden.
(3) Hat der Arbeitnehmer im Falle des Absatzes 1 Buchstabe c bereits Urlaub über den ihm zustehenden Umfang hinaus erhalten, so kann das dafür gezahlte Urlaubsentgelt nicht zurückgefordert werden.

§ 8 Erwerbstätigkeit während des Urlaubs. Während des Urlaubs darf der Arbeitnehmer keine dem Urlaubszweck widersprechende Erwerbstätigkeit leisten.

§ 9 Erkrankung während des Urlaubs. Erkrankt ein Arbeitnehmer während des Urlaubs, so werden die durch ärztliches Zeugnis nachgewiesenen Tage der Arbeitsunfähigkeit auf den Jahresurlaub nicht angerechnet.

159. Der Mindesturlaub eines Steuerfachangestellten ist im Bundesurlaubsgesetz geregelt. Welche Aussage widerspricht den gesetzlichen Bestimmungen?
    a) Der Arbeitgeber ist verpflichtet, bei Beendigung des Arbeitsverhältnisses dem Arbeitnehmer eine Bescheinigung über dem im laufenden Jahr gewährten Urlaub auszustellen.
    b) Der im Gesetz festgelegte Mindesturlaub darf tariflich zu Gunsten des Arbeitnehmers überschritten werden.
    c) Der volle Urlaubsanspruch wird erstmals nach 6-monatigem Bestehen des Arbeitsverhältnisses erworben.
    d) Kann der Urlaub wegen Beendigung des Arbeitsverhältnisses ganz oder teilweise nicht mehr gewährt werden, so verfällt er. Eine Entschädigung dafür gibt es nicht.
    e) Jeder Arbeitnehmer hat in jedem Kalenderjahr Anspruch auf bezahlten Urlaub.

160. Welcher Punkt des abgebildeten Vordrucks eines Arbeitsvertrags entspricht nicht den gesetzlichen Bestimmungen? Tragen Sie den zutreffenden Buchstaben in das Kästchen ein.

ARBEITSVERTRAG

Zwischen ....
(im folgenden Arbeitgeber genannt)

und ....
(im folgenden Arbeitnehmer genannt)

wird folgender Arbeitsvertrag geschlossen:

A. **Art und Dauer der Tätigkeit:**
Der Arbeitnehmer wird ab .... als .... unbefristet eingestellt.

B. **Entgelt:**
Als Vergütung wird ein Gehalt von .... EUR brutto pro Monat vereinbart.

C. **Arbeitszeit:**
Als regelmäßige wöchentliche Arbeitszeit ausschließlich der Pausen werden laut Tarifvertrag 40 Stunden vereinbart.

D. **Probezeit:**
Die ersten drei Monate des Arbeitsverhältnisses gelten als Probezeit.

E. **Beendigung des Arbeitsverhältnisses:**
Das Arbeitsverhältnis kann nach Ablauf der Probezeit vom Arbeitnehmer mit einer Frist von vier Wochen zum Fünfzehnten oder zum Ende eines Kalendermonats gekündigt werden.

F. **Urlaub:**
Der Arbeitnehmer hat Anspruch auf 20 Werktage (pro Kalenderjahr) Erholungsurlaub unter Fortzahlung der Bezüge.

G. **Verschwiegenheitspflicht:**
Der Arbeitnehmer verpflichtet sich, während und auch nach eventueller Beendigung des Arbeitsverhältnisses über alle ihm während seiner Tätigkeit bekannt gewordenen Geschäfts- und Betriebsgeheimnisse Stillschweigen zu bewahren.

*
*
*

MENSCHLICHE ARBEIT IM BETRIEB — WISO 2

161. Welche Leistung erbringt die Rentenversicherung?
- a) Krankengeld
- b) Verletztenrente
- c) Sterbegeld
- d) Berufsunfähigkeitsrente
- e) Mutterschaftsgeld
- f) Kurzarbeitergeld

162. Ordnen Sie zu!

Aussagen
- a) Die Beiträge zu dieser Versicherung sind in allen Fällen allein vom Arbeitgeber aufzubringen.
- b) Angestellte sind in dieser Versicherung nur dann pflichtversichert, wenn ihr regelmäßiger Jahresarbeitsverdienst eine bestimmte Grenze nicht überschreitet.
- c) Die Versicherungsjahre setzen sich aus Beitragszeiten, Ersatz- u. Ausfallzeiten und der Zurechnungszeit zusammen.
- d) Träger dieser Versicherung ist die Bundesagentur für Arbeit.
- e) Träger dieser Versicherung ist die Deutsche Rentenversicherung DRV.
- f) Der Träger dieser Versicherung zahlt Altersruhegeld.

Zweige der Sozialversicherung
- [ ] Krankenversicherung
- [ ] Unfallversicherung
- [ ] Arbeitslosenversicherung

163. Ordnen Sie zu!

Versicherungsträger
- a) Deutsche Rentenversicherung Bund
- b) Deutsche Rentenversicherung Regional
- c) Bundesagentur für Arbeit
- d) Private Krankenkassen
- e) Pflicht- und Ersatzkassen
- f) Berufsgenossenschaften

Sozialversicherungszweige
- [ ] Gesetzliche Krankenversicherung
- [ ] Arbeitslosenversicherung
- [ ] Gesetzliche Unfallversicherung

164. Welche Aussage zur gesetzlichen Rentenversicherung ist richtig?
- a) Die Höhe der Leistungen wird durch den Versicherungsvertrag vereinbart.
- b) Der freiwillige Beitritt ist nicht möglich.
- c) Der Träger ist eine juristische Person des privaten Rechts.
- d) Der Beitrag richtet sich nach dem Bruttoarbeitsverdienst.
- e) Der Beitrag wird allein vom Arbeitgeber getragen.

165. Welche Aussage zur Berechnung der Beiträge zur gesetzlichen Sozialversicherung ist zutreffend?
- a) Die Berechnung der Beiträge zu den Sozialversicherungen erfolgt vom Nettolohn.
- b) Jeder Arbeitnehmer, dessen monatliches Einkommen 500 € nicht übersteigt, trägt die Sozialversicherungsbeiträge alleine.
- c) Übersteigen die von der Krankenkasse jährlich in Anspruch genommenen Leistungen die Beitragsbemessungsgrenze, so ist der Beitrag zur Krankenversicherung vom Arbeitnehmer alleine zu bezahlen.
- d) Die Beiträge zur gesetzlichen Krankenversicherung sind einheitlich geregelt.
- e) Ein Arbeitnehmer, dessen Jahresverdienst über der Versicherungspflichtgrenze der Krankenversicherung (=75 % der Beitragsbemessungsgrenze der gesetzlichen Rentenversicherung) hinausgeht, kann aus der gesetzlichen Krankenkasse austreten.

166. Was versteht man in der gesetzlichen Rentenversicherung unter Beitragsbemessungsgrenze?
- a) Den Prozentsatz für die Beitragsbemessung, der nicht überschritten werden darf
- b) Den Betrag, mit dem die Versicherungspflicht endet
- c) Den jeweils geltenden Prozentsatz für die Beitragsberechnung
- d) Das Alter, von dem ab keine Beiträge mehr zu entrichten sind
- e) Den Betrag, von dem höchstens der Versicherungsbeitrag berechnet wird

167. Ordnen Sie zu!

Leistungen der gesetzlichen Sozialversicherung
- a) Kurzarbeitergeld
- b) Übernahme der Krankheitskosten bei Freizeitunfall
- c) Altersruhegeld
- d) Vorsorgeuntersuchung für Kinder von Angestellten
- e) Aufwendungen zur Unfallverhütung
- f) Mutterschaftshilfe

Versicherungsträger
- [ ] Berufsgenossenschaft
- [ ] Deutsche Rentenversicherung (DRV)
- [ ] Bundesagentur für Arbeit

WISO 2 — MENSCHLICHE ARBEIT IM BETRIEB

168. Aus der Lohnbuchhaltung liegen Ihnen folgende Zahlen vor:

Bruttoeinkommen	2.100,00 €
Lohnsteuer	241,00 €
SoliZuschlag	13,25 €
Kirchensteuer	19,28 €
Krankenversicherung	?
Pflegeversicherung	?
Rentenversicherung	?
Arbeitslosenversicherung	?
Summe gesetzl. Abzüge	?
Auszahlung	?

Ergänzen Sie die Aufstellung und ermitteln Sie den Auszahlungsbetrag unter Berücksichtigung folgender Beitragssätze: KV 14,6 %, Zusatzbeitrag AN 0,8 %; PV 2,35 %; RV 18,7 %; AV 3 %. Tragen Sie die Lösung in das Kästchen ein.

169. Welche Aussage zur Beitragsbemessungsgrenze in der Sozialversicherung ist zutreffend?

a) Bei der Rentenversicherung ist keine Beitragsbemessungsgrenze zu berücksichtigen.
b) Für die Unfallversicherung gelten nur 75 % der Beitragsbemessungsgrenze der Rentenversicherung.
c) Bei der Pflegeversicherung gelten die gleichen Sätze der Beitragsbemessungsgrenze (Versicherungspflichtgrenze) wie bei der Krankenversicherung.
d) Bei der Arbeitslosenversicherung gilt keine Beitragsbemessungsgrenze.
e) Bei der Arbeitslosenversicherung wird höchstens ein Satz von 75 % der Beitragsbemessungsgrenze der Rentenversicherung zugrunde gelegt.

170. Das deutsche Rentensystem ist (noch) umlagefinanziert. Welche Problematik ergibt sich für die Rente aus der abgebildeten Darstellung zur Bevölkerungsentwicklung?

a) Der Vergleich des Altersaufbaus zeigt, dass die Renten in jedem Fall gesichert sind.
b) Da 1999 der Anteil der Erwerbstätigen im Alter von 30 bis 40 Jahren sehr groß war, ist die Rente auch bis 2050 gesichert.
c) Die zunehmende Alterung in der deutschen Gesellschaft führt zu einer wachsende Belastung für die Beitragszahler im gesetzlichen Rentenversicherungssystem.
d) Der für 2050 prognostizierte Bevölkerungsaufbau für Deutschland kann für die Entwicklung der Renten nicht herangezogen werden.
e) Die Leistungen der Rentenversicherung werden in 2050 so sicher sein wie im Jahre 1999, weil die Bevölkerungszahl insgesamt im Jahr 2050 etwa gleich groß ist wie in 1999.

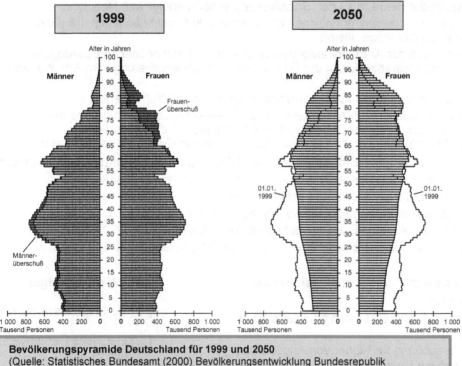

Bevölkerungspyramide Deutschland für 1999 und 2050
(Quelle: Statistisches Bundesamt (2000) Bevölkerungsentwicklung Bundesrepublik Deutschland bis zum Jahr 2050. Wiesbaden)

MENSCHLICHE ARBEIT IM BETRIEB — WISO 2

171. Welche Leistung wird von der Deutschen Rentenversicherung DRV erbracht?
a) Darlehensgewährung an Betriebe für die Schaffung von Dauerarbeitsplätzen
b) Zahlung von Kurzarbeitergeld
c) Zahlung von Arbeitslosenhilfe
d) Zahlung von Erwerbsunfähigkeitsrente
e) Zahlung von Verletztenrente

172. Die ehemalige Auszubildende Müller der Steuerberatungs-GmbH wird nach Abschluss ihrer Prüfung ins Arbeitsverhältnis per Arbeitsvertrag übernommen. Vereinbart ist eine Probezeit von einem halben Jahr. Welche Aussage zur sozialen Absicherung von Frau Müller ist zutreffend?
a) Sie hat bereits Anspruch auf Arbeitslosengeld, da durch die Ausbildung die Anwartschaft erfüllt ist.
b) Sie hat nur dann Anspruch auf Arbeitslosengeld, wenn ihr Jahreseinkommen unter der Beitragsbemessungsgrenze liegt.
c) Sie bekommt bei einer Unterbrechung ihrer Tätigkeit ein Übergangsgeld von der Bundesagentur für Arbeit.
d) Kündigt sie ihr Arbeitsverhältnis, bekommt sie ab dem Folgemonat für ein Jahr Arbeitslosengeld.
e) Sie hat nur dann Anspruch auf Arbeitslosengeld, wenn die Deutsche Rentenversicherung (DRV) einen entsprechenden Bescheid erlässt.

173. Zwei Auszubildende sollen nach Ablegung ihrer Abschlussprüfung in ein unbefristetes Arbeitsverhältnis übernommen werden. Wo sind bei den abzuschließenden Arbeitsverträgen Unterschiede in den rechtlichen Vorschriften bezüglich einer Probezeit im Vergleich zu ihren Ausbildungsverträgen festzustellen?
a) Während beim Berufsausbildungsverhältnis eine Probezeit von mindesten einem Monat vorgeschrieben ist, ist für ein Arbeitsverhältnis keine Probezeit vorgeschrieben.
b) Während der Probezeit eines Berufsausbildungsverhältnisses kann von beiden Vertragspartnern jederzeit gekündigt werden. Während der Probezeit eines Arbeitsverhältnisses ist vom Arbeitgeber und vom Arbeitnehmer eine Kündigungsfrist von vier Wochen zum 15. oder zum Ende des Monats einzuhalten.
c) Die Probezeit während der Berufsausbildung darf höchstens 4 Monate dauern. Für ein Arbeitsverhältnis gilt eine Maximaldauer von 12 Monaten.
d) Die Angabe eines Kündigungsgrundes während der Probezeit eines Berufsausbildungs-verhältnisses kann entfallen, währenddessen bei einem Arbeitsverhältnis die Angabe zwingend vorgeschrieben ist.
e) Die arbeitsrechtlichen Regelungen zur Probezeit sind bei einem Berufsausbildungsverhältnis und einem Arbeitsverhältnis identisch.

174. Welche Leistung gewährt die gesetzliche Krankenversicherung?
a) Schmerzensgeld
b) Umschulungsbeihilfe
c) Unfallrente
d) Hinterbliebenenrente
e) Altersruhegeld
f) Vorsorgeuntersuchung

175. Welche Aussage über die gesetzliche Krankenversicherung ist richtig?
a) Jeder Angestellte ist unabhängig von der Höhe seines Bruttogehaltes bei der gesetzlichen Krankenversicherung versicherungspflichtig.
b) Für die gesetzliche Krankenversicherung gibt es als einheitlichen Versicherungsträger die Allgemeinen Ortskrankenkassen, denen die Ersatz- und Betriebskrankenkassen unterstellt sind.
c) Kaufmännische Angestellte erhalten im Krankheitsfall vier Wochen ihr Gehalt weiter; danach beziehen sie Krankengeld.
d) Jedes versicherungspflichtige Belegschaftsmitglied kann sich statt bei einer Pflicht- bzw. Ersatzkasse auch bei einer Privat-Krankenkasse versichern.
e) Der Arbeitgeber muss grundsätzlich die versicherungspflichtigen Belegschaftsmitglieder zur Krankenversicherung anmelden.
f) Das Krankengeld ist für jeden Arbeitnehmer gleich hoch und unabhängig vom Verdienst.

WISO 2 — MENSCHLICHE ARBEIT IM BETRIEB

176. Wonach richtet sich die Höhe des Beitrags zu den gesetzlichen Sozialversicherungen bei pflichtversicherten Arbeitnehmern?
- a) Nach der Anzahl der Familienangehörigen
- b) Nach dem Bruttogehalt
- c) Nach der Krankheitshäufigkeit und dem Verdienst
- d) Nach der Höhe der gewünschten Leistungen
- e) Nach dem Alter

177. Welche Leistung erbringt die Bundesagentur für Arbeit?
- a) Mutterschaftshilfe
- b) Berufshilfe nach einem Arbeitsunfall
- c) Kurzarbeitergeld
- d) Sozialhilfe
- e) Rente wegen Erwerbsunfähigkeit
- f) Rente wegen Berufsunfähigkeit

178. Welche Stelle gewährt Berufsausbildungsbeihilfen für eine berufliche Ausbildung in Betrieben?
- a) Das Amt für Ausbildungsförderung
- b) Die Berufsgenossenschaft
- c) Das Arbeitsamt
- d) Das Gewerbeaufsichtsamt
- e) Die Industrie- und Handelskammer

179. Ein zurzeit arbeitsunfähiger Arbeitnehmer erhält sein Krankengeld nicht von der Krankenkasse, sondern von der Berufsgenossenschaft. Welche Aussage ist richtig?
- a) Der Arbeitnehmer war arbeitslos, als er krank wurde.
- b) Der Arbeitnehmer ist während seiner Krankheit 65 Jahre alt geworden (Ruhestand).
- c) Es handelt sich um einen Angestellten, der mit seinem Verdienst über der Versicherungspflichtgrenze liegt und daher nicht krankenversicherungspflichtig ist.
- d) Der Arbeitnehmer wurde durch einen Freizeitunfall erwerbsunfähig.
- e) Der Arbeitnehmer ist wegen einer Berufskrankheit oder eines Arbeitsunfalls vorübergehend arbeitsunfähig.

180. Welche Leistung, die eine Steuerberatungs-GmbH für ihre Mitarbeiter zahlt, gehört zu den freiwilligen Sozialleistungen?
- a) Beiträge zur betrieblichen Altersversorgung
- b) Beiträge zur Rentenversicherung
- c) Beiträge zur Unfallversicherung
- d) Lohnfortzahlungen im Krankheitsfall
- e) Beiträge zur Pflegeversicherung

181. Eine Angestellte wird auf dem Wege zu ihrem Arbeitsplatz, den sie mit ihrem Wagen zurücklegt, durch eigene Unachtsamkeit schwer verletzt. Welche Aussage ist richtig?
- a) Dieser Wegeunfall ist durch die gesetzliche Unfallversicherung nicht abgedeckt.
- b) Es liegt ein Wegeunfall vor. Das Unternehmen muss den Unfall der Berufsgenossenschaft melden.
- c) Ein meldepflichtiger Wegeunfall läge nur vor, wenn die Angestellte eine Fahrt auf Grund einer dienstlichen Anweisung unternommen hätte.
- d) Die Angestellte genießt nicht den Schutz der Unfallversicherung, da sie den Unfall selbst verschuldet hat.
- e) Unfälle im eigenen Auto sind im Gegensatz zu Unfällen mit öffentlichen Verkehrsmitteln nicht als Wegeunfälle meldepflichtig.

182. Wer übernimmt die Aufgaben der Pflegekassen bei der gesetzlichen Pflegeversicherung?
- a) Deutsche Rentenversicherung Bund
- b) Deutsche Rentenversicherung Regional
- c) Berufsgenossenschaften
- d) gesetzliche Krankenkassen
- e) Bundesagentur für Arbeit

MENSCHLICHE ARBEIT IM BETRIEB — WISO 2

183. **Welche Leistung wird durch die gesetzliche Unfallversicherung erbracht?**
    a) Übernahme der Kosten aus Krankenhaus- und Haushaltspflege nach einem Skiunfall während des Urlaubs
    b) Übernahme der Zahlung von Verletztenrente nach einem Betriebsunfall, der zur Erwerbsunfähigkeit führte
    c) Übernahme der Kosten von Vorsorgeuntersuchungen zur Früherkennung von Krankheiten
    d) Übernahme der Kosten für einen ergonomisch ausgelegten Bürostuhl zur Vorbeugung von Bandscheibenschäden
    e) Übernahme der Kosten für Krankenpflege nach einem Unfall bei der Teilnahme an einer privaten Weiterbildungsmaßnahme

184. **Wovon sind die Höchstbeträge, die von der Pflegeversicherung im Falle einer Pflege zu leisten sind, abhängig?**
    a) Von der Dauer der Beitragszahlungen
    b) Von der Dauer eines Arbeitsverhältnisses
    c) Nur von der Dauer der Pflegebedürftigkeit
    d) Von der Pflegestufe, in die der Pflegebedürftige eingestuft wird
    e) Vom Alter des Pflegebedürftigen

185. **Zahlreiche Risiken sind für den Arbeitnehmer durch die Sozialversicherungen abgedeckt. Für welchen Fall wäre es ratsam, zusätzlich eine Individualversicherung abzuschließen, da durch die Träger der Sozialversicherungen keine Leistung erfolgt?**
    a) Ein Arbeitnehmer verbringt seinen Sommerurlaub auf der Insel Rügen und erkrankt an einer Lungenentzündung. Ein Arztbesuch ist erforderlich.
    b) Für den Besuch einer Fortbildungsveranstaltung wird ein Arbeitnehmer freigestellt. Auf dem Weg dorthin verunglückt er und zieht sich bleibende Schäden zu.
    c) Nach 20-jähriger Betriebszugehörigkeit wird ein Arbeitnehmer erwerbsunfähig.
    d) Wegen Insolvenz seines Arbeitgebers wird ein Arbeitnehmer arbeitslos.
    e) Auf dem Weg zur Arbeit rammt ein Arbeitnehmer mit seinem Neuwagen beim Ausparken einen Laternenpfahl. Am Pkw entsteht ein hoher Sachschaden.

186. **In einer Unternehmung, in der ein Betriebsrat besteht, sind u.a. zwei Mitarbeiter unter 16 Jahren, zwei Auszubildende, die das 18. Lebensjahr gerade vollendet haben, und drei 24-jährige Auszubildende beschäftigt. Es soll eine Jugend- und Auszubildendenvertretung gewählt werden. Welche Aussage ist richtig?**
    a) Die drei 24-jährigen Auszubildenden sind zwar wählbar, aber nicht wahlberechtigt zur Jugend- und Auszubildendenvertretung.
    b) Wenn in diesem Betrieb keine weiteren Jugendlichen und Auszubildenden, aber noch andere Arbeitnehmer zwischen 18 und 25 Jahren beschäftigt werden, so sind insgesamt sieben Personen wählbar.
    c) Bei den Wahlen zur Jugend- und Auszubildendenvertretung sind - anders als bei der Betriebsratswahl - aktives und passives Wahlrecht vom Gesetzgeber in gleicher Weise geregelt.
    d) In diesem Betrieb kann eine Jugend- und Auszubildendenvertretung gewählt werden, weil mindestens fünf Wahlberechtigte beschäftigt werden.
    e) In diesem Betrieb sind vier Personen wahlberechtigt und sieben Personen wählbar zur Jugend- und Auszubildendenvertretung, soweit sich diese nicht bereits an der Betriebsratswahl beteiligt haben.

187. **In welchen zwei Fällen übt der Betriebsrat sein Mitbestimmungsrecht in sozialen Angelegenheiten gemäß Betriebsverfassungsgesetz aus?**
    a) Der Betriebsrat verhandelt mit der Unternehmung über Rationalisierungsmaßnahmen.
    b) Der Betriebsrat nimmt Stellung zu einer vom Arbeitgeber ausgesprochenen Kündigung eines Arbeitnehmers, die er für sozial ungerechtfertigt hält.
    c) Der Betriebsrat vereinbart mit dem Arbeitgeber, dass zu besetzende Stellen im Betrieb auszuschreiben sind.
    d) Arbeitgeber und Betriebsrat vereinbaren, dass Beginn und Ende der täglichen Arbeitszeit um eine halbe Stunde vorverlegt werden.
    e) Der Betriebsrat verlangt vom Arbeitgeber, über die wirtschaftliche und finanzielle Lage des Unternehmens informiert zu werden.
    f) Die Geschäftsführung ordnet für die Mitarbeiter im Lager künftig Schichtbetrieb an, nachdem der Betriebsrat zugestimmt hat.

WISO 2 — MENSCHLICHE ARBEIT IM BETRIEB

188. **Welche Maßnahme des Arbeitgebers fällt unter das Mitbestimmungsrecht des Betriebsrates in personellen Angelegenheiten?**
    a) Einführung von Beurteilungsgrundsätzen
    b) Aufstellen einer Betriebs- und Hausordnung
    c) Festlegen von Zeit, Ort und Art der Auszahlung des Arbeitsentgelts
    d) Zusammenschluss von Betrieben
    e) Vorübergehende Kurzarbeit

189. **In welchem Fall entscheidet die gemäß Betriebsverfassungsgesetz einzurichtende Einigungsstelle auf Antrag einer Seite?**
    a) Bei Meinungsverschiedenheiten zwischen Arbeitgeber und Arbeitnehmern
    b) Bei Meinungsverschiedenheiten zwischen Arbeitgeber und Betriebsrat
    c) Bei Arbeitskampfmaßnahmen zwischen Arbeitgeber und Betriebsrat
    d) Bei Meinungsverschiedenheiten zwischen Arbeitgeber und dem im Betrieb vertretenen Gewerkschaften
    e) Bei betrieblichen Konflikten zwischen Betriebsrat und Jugendvertretung

190. **Ein Sachbearbeiter der Personalabteilung erhält dort Einblick in die Vermögensverhältnisse eines Mitarbeiters. Dabei stellt er fest, dass dieser hoch verschuldet ist. Am Abend erzählt er dies seinem Bekanntenkreis weiter. Der Mitarbeiter erfährt davon und beschwert sich bei der Geschäftsleitung. Eine Woche nach der Beschwerde kündigt der Arbeitgeber dem Sachbearbeiter nach Anhörung des Betriebsrates das Angestelltenverhältnis schriftlich und fristlos. Welche Aussage ist richtig?**
    a) Die Kündigung ist unwirksam, weil die Zustimmung des Betriebsrates nicht vorliegt.
    b) Die Kündigung ist unwirksam, weil sie nicht fristgerecht erfolgte.
    c) Die Kündigung ist wirksam, weil gegen die Schweigepflicht verstoßen wurde und alle rechtlichen Voraussetzungen beachtet wurden.
    d) Die Kündigung ist wirksam, weil ein Angestelltenverhältnis jederzeit fristlos gekündigt werden kann.
    e) Die Kündigung ist unwirksam, weil die Verletzung der Schweigepflicht lediglich eine zivilrechtliche Angelegenheit ist und sich nicht auf das Arbeitsverhältnis auswirken kann.

191. **Wer darf nach Betriebsverfassungsgesetz in den Betriebsrat gewählt werden?**
    a) Alle die Wahlberechtigten, die dem Betrieb mindestens sechs Monate angehören
    b) Alle Betriebsangehörigen, die wahlberechtigt sind
    c) Alle Betriebsangehörigen, die das 21. Lebensjahr vollendet haben
    d) Alle die Wahlberechtigten, die über 24 Jahre alt sind
    e) Alle Betriebsangehörigen, die dem Betrieb mindestens sechs Wochen angehören

192. **Ordnen Sie zu!**

    Gesetze
    a) Betriebsverfassungsgesetz
    b) Tarifvertragsgesetz
    c) Mitbestimmungsgesetz
    d) Jugendarbeitsschutzgesetz
    e) Schwerbehindertengesetz
    f) Kündigungsschutzgesetz
    g) Berufsbildungsgesetz

    Bestimmungen
    [ ] Arbeitgeber und Betriebsrat arbeiten unter Beachtung der geltenden Tarifverträge vertrauensvoll zusammen.
    [ ] Die Probezeit muss mindestens einen Monat und darf höchstens vier Monate betragen.
    [ ] Bei Stimmengleichheit hat der Aufsichtsratsvorsitzende bei einer erneuten Abstimmung zwei Stimmen.

193. **Ein 24-jähriger Angestellter, Betriebsratsmitglied, seit 14 Monaten im Unternehmen beschäftigt, möchte sich zum Jugend- und Auszubildendenvertreter wählen lassen. In dem Unternehmen sind 3 Jugendliche und 5 Auszubildende beschäftigt. Aus welchem Grund kann der Angestellte nicht zum Jugend- und Auszubildendenvertreter gewählt werden?**
    a) Weil er bereits Betriebsratsmitglied ist
    b) Weil er das Höchstalter für die Wahl überschritten hat
    c) Weil er mindestens 18 Monate im Unternehmen beschäftigt sein müsste
    d) Weil bei 8 Jugendlichen bzw. Auszubildenden keine Jugend- und Auszubildendenvertretung gewählt wird
    e) Weil nur Auszubildende zum Jugend- und Auszubildendenvertreter gewählt werden können

MENSCHLICHE ARBEIT IM BETRIEB — WISO 2

194. Ordnen Sie zu!

Gesetze und Verträge
a) Bundesurlaubsgesetz
b) Jugendarbeitsschutzgesetz
c) Lohn- und Gehaltstarifvertrag
d) Betriebsverfassungsgesetz
e) Kündigungsschutzgesetz
f) Arbeitszeitgesetz
g) Berufsbildungsgesetz

Sachverhalten

[ ] Fünf Auszubildende wollen eine Jugend- und Auszubildendenvertretung gründen.

[ ] Ein Auszubildender beabsichtigt, bereits vor Ablauf seiner Ausbildungszeit die Abschlussprüfung abzulegen.

[ ] Eine noch jugendliche Auszubildende arbeitet an einem Wochentag bis 22.00 Uhr. Nächsten Tag soll sie bereits wieder um 9.00 Uhr zur Arbeit erscheinen.

Zu den nächsten zwei Aufgaben siehe nachstehenden Gesetzesauszug!

Auszug aus Betriebsverfassungsgesetz (BetrVG) – Teil 3
Erster Abschnitt
Betriebliche Jugend- und Auszubildendenvertretung

§ 60 Errichtung und Aufgabe

(1) In Betrieben mit in der Regel mindestens fünf Arbeitnehmern, die das 18. Lebensjahr noch nicht vollendet haben (jugendliche Arbeitnehmer) oder die zu ihrer Berufsausbildung beschäftigt sind und das 25. Lebensjahr noch nicht vollendet haben, werden Jugend- und Auszubildendenvertretungen gewählt.

(2) Die Jugend- und Auszubildendenvertretung nimmt nach Maßgabe der folgenden Vorschriften die besonderen Belange der in Absatz 1 genannten Arbeitnehmer wahr.

§ 61 Wahlberechtigung und Wählbarkeit

(1) Wahlberechtigt sind alle in § 60 Abs. 1 genannten Arbeitnehmer des Betriebes.
(2) Wählbar sind alle Arbeitnehmer des Betriebes, die das 25. Lebensjahr noch nicht vollendet haben; [......] Mitglieder des Betriebsrats können nicht zu Jugend- und Auszubildendenvertretern gewählt werden.

---

195. In der Großhandels GmbH steht die Wahl der Jugend- und Auszubildendenvertretung (JAV) an. Ihnen liegt der unten abgebildete EDV-Ausdruck vor. Prüfen Sie, wie viel Personen wählen dürfen! Tragen Sie das Ergebnis in das Kästchen ein!

Auszubildende der Großhandels GmbH im Alter bis zu 26 Jahren	
Alter	**Anzahl der Auszubildenden**
16	-
17	-
18	50
19	-
20	-
21	30
22	-
23	15
24	-
25	-
26	5

196.
Die Wahl einer Jugend- und Auszubildendenvertretung, die alle zwei Jahre stattfindet, wird vorbereitet. Wie viel Personen der nachfolgenden Aufstellung sind wahlberechtigt? Tragen Sie das Ergebnis in das Kästchen ein!

Mitarbeiter ohne Auszubildende	Auszubildende	Alter/Jahre
4	1	16
8	-	17
7	1	18
1	2	19
5	-	20
2	1	21
1	1	22
4	-	23
1	1	24
2	-	25
7	1	26

197.
Betriebsratswahlen stehen an. Die Belegschaft der Großhandels GmbH besteht aus 157 Arbeitnehmern, die sich wie folgt zusammensetzen:

- 15 AN unter 18 Jahre
- 34 AN 18 bis 25 Jahre
- 108 AN 25 Jahre und älter

davon weniger als 6 Monate im Betrieb beschäftigt:

- 6 AN unter 18 Jahre
- 7 AN 18 bis 25 Jahre
- 8 AN 25 Jahre und älter.

Wie viel Personen besitzen das aktive Wahlrecht? Wie viel Personen besitzen das passive Wahlrecht? Siehe dazu den abgebildeten Gesetzesausschnitt! Tragen Sie die Ergebnisse in das Kästchen ein!

Dürfen wählen:
Dürfen gewählt werden:

BetrVG § 7 Wahlberechtigung

Wahlberechtigt sind alle Arbeitnehmer des Betriebs, die das 18. Lebensjahr vollendet haben. Werden Arbeitnehmer eines anderen Arbeitgebers zur Arbeitsleistung überlassen, so sind diese wahlberechtigt, wenn sie länger als drei Monate im Betrieb eingesetzt werden.

BetrVG § 8 Wählbarkeit

(1) Wählbar sind alle Wahlberechtigten, die sechs Monate dem Betrieb angehören oder als in Heimarbeit Beschäftigte in der Hauptsache für den Betrieb gearbeitet haben. Auf diese sechsmonatige Betriebszugehörigkeit werden Zeiten angerechnet, in denen der Arbeitnehmer unmittelbar vorher einem anderen Betrieb desselben Unternehmens oder Konzerns (§ 18 Abs. 1 des Aktiengesetzes) angehört hat. Nicht wählbar ist, wer infolge strafgerichtlicher Verurteilung die Fähigkeit, Rechte aus öffentlichen Wahlen zu erlangen, nicht besitzt.

(2) Besteht der Betrieb weniger als sechs Monate, so sind abweichend von der Vorschrift in Absatz 1 über die sechsmonatige Betriebszugehörigkeit diejenigen Arbeitnehmer wählbar, die bei der Einleitung der Betriebsratswahl im Betrieb beschäftigt sind und die übrigen Voraussetzungen für die Wählbarkeit erfüllen.

MENSCHLICHE ARBEIT IM BETRIEB — WISO 2

Zu den nächsten sechs Aufgaben!

> Nach Abschluss ihrer Ausbildung beginnt Frau Erna Müller am 01.08. bei einem neuen Arbeitgeber als Angestellte. Bei der Feier ihres 19. Geburtstages wird sie von Arbeitskollegen gebeten, bei den Betriebsratswahlen am 02.05. nächsten Jahres zu kandidieren.

198. Ist Frau Erna Müller bei den Betriebsratswahlen wählbar (passives Wahlrecht)?
   a) Ja, weil sie bereits volljährig ist und bis zur Wahl dem Betrieb mehr als 6 Monate angehört
   b) Ja, weil alle Arbeitnehmer wählbar sind
   c) Nur wenn sie von einer Gewerkschaft vorgeschlagen wird
   d) Nur wenn sie sich verpflichtet, während der Betriebsratsamtszeit nicht zu kündigen
   e) Nein, weil sie dem Betrieb während der letzten 4-jährigen Betriebsratsperiode nicht angehört hat

199. Welche Wirkung hat eine Wahl zum Betriebsrat für Erna Müller?
   a) Ihr kann nicht gekündigt werden.
   b) Ihr könnte nur aus einem wichtigen Grund gekündigt werden.
   c) Sie hätte einen gesetzlichen Anspruch auf sechs zusätzliche Urlaubstage.
   d) Sie würde automatisch von ihrer bisherigen Tätigkeit hauptamtlich freigestellt.
   e) Sie würde für ihre Betriebsratstätigkeit eine tarifvertraglich geregelte Gehaltszulage erhalten.

200. Die Betriebsleitung der Firma, in der Frau Erna Müller jetzt arbeitet, plant in nächster Zeit mehrere Maßnahmen. Welche Maßnahme betrifft eine soziale Angelegenheit, bei der laut BetrVG der Betriebsrat Mitbestimmungsrecht hat?
   a) Durchführung von Rationalisierungsmaßnahmen
   b) Änderung der Pausenregelung
   c) Eröffnung eines Zweigwerkes
   d) Verlegung eines Betriebsteiles
   e) Einführung eines neuen Fertigungsverfahrens

201. Frau Erna Müller wurde in den Betriebsrat gewählt. Eine Auszubildende erkundigt sich bei ihr nach einem qualifizierten Zeugnis. Welche Antwort ist richtig?
   a) Ein qualifiziertes Zeugnis darf nur in Absprache mit dem Betriebsrat erstellt werden.
   b) Ein Auszubildender hat keinen Anspruch auf ein qualifiziertes Zeugnis.
   c) Ein qualifiziertes Zeugnis enthält nur Angaben über Art, Dauer und Ziele der Berufsausbildung sowie über die erworbenen Kenntnisse und Fertigkeiten eines Auszubildenden.
   d) Der Ausbildende muss jedem Auszubildenden auf Verlangen ein qualifiziertes Zeugnis ausstellen.
   e) Der Ausbildende hat jedem Auszubildenden ohne Aufforderung ein qualifiziertes Zeugnis auszustellen.

202. Als Betriebsrätin interessiert sich Frau Erna Müller natürlich auch über Führungsstile. Welche Zeile enthält die richtige Zuordnung zu Führungsstil, Entscheidungsfindung und Kommunikationsweg?

	Führungsstil	Entscheidungsfindung	Kommunikationsweg
a)	kooperativ	gemeinsam	mehrseitig
b)	kooperativ	Vorgesetzter allein	einseitig
c)	kooperativ	Vorgesetzter allein	mehrseitig
d)	dirigistisch	gemeinsam	mehrseitig
e)	dirigistisch	gemeinsam	einseitig

203. Frau Erna Müller stellt fest, dass ihr Gehalt nach einer Gehaltserhöhung über der Beitragsbemessungsgrenze der gesetzlichen Rentenversicherung liegt. Was versteht man unter der Beitragsbemessungsgrenze?
   a) Den Betrag, mit dem die Versicherungspflicht beginnt
   b) Den Betrag, von dem höchstens der Versicherungsbeitrag berechnet wird
   c) Den jeweils geltenden Prozentsatz für die Beitragsberechnung
   d) Den Betrag, mit dem die Versicherungspflicht endet
   e) Den Prozentsatz für die Beitragsberechnung, der nicht überschritten werden darf

WISO 2 — MENSCHLICHE ARBEIT IM BETRIEB

204. Welche Aufgabe gehört in den Bereich der Personalplanung?
  a) Ausarbeitung des Ausbildungsplanes für einen neu geschaffenen Ausbildungsplatz
  b) Ermittlung von Vor- und Nachteilen bei Einführung von Gleitzeit
  c) Feststellung des Bedarfs an Fachkräften
  d) Kostenvergleich zwischen Hand- und Maschinenarbeit zur Lösung einer betrieblichen Aufgabe
  e) Ausarbeitung von Stellenangeboten

205. Welches organisatorische Hilfsmittel wird bei der Personalplanung eingesetzt?
  a) Die Stellenbeschreibung
  b) Die Stellenausschreibung
  c) Das Stellenangebot
  d) Das Bewerbungsschreiben
  e) Das Kreisdiagramm

206. Welcher Vorgang kann bei sonst gleichbleibenden Bedingungen zu einem Neubedarf im Rahmen der Personalplanung führen?
  a) Das Ausscheiden von Arbeitnehmern aus dem Betrieb
  b) Das Versetzen von Arbeitnehmern in eine andere Betriebsabteilung
  c) Das Stilllegen eines Betriebsteiles
  d) Das Erreichen der Altersgrenze von Arbeitnehmern
  e) Die tarifliche Verkürzung der Wochenarbeitszeit

207. Welchen Grund kann eine betriebsbedingte Kündigung eines Mitarbeiters haben?
  a) Zeitablauf des befristeten Arbeitsvertrages
  b) Trunkenheit am Arbeitsplatz
  c) Wegfall des Arbeitsplatzes durch Produktionseinschränkungen
  d) Mangelndes Fachwissen
  e) Grobe Beleidigung eines Vorgesetzten

208. Welche Aussage über die Führung und Verwaltung von Personalakten ist richtig?
  a) Jedes Betriebsratsmitglied kann jederzeit die Personalakten einsehen.
  b) Bei Rechtsstreitigkeiten zwischen Arbeitgeber und Arbeitnehmer kann der Betriebsratsvorsitzende die Personalakten jederzeit einsehen.
  c) Der Arbeitnehmer darf nur bei Vorliegen eines wichtigen Grundes seine Personalakte einsehen.
  d) Der Arbeitnehmer darf ohne Nachweis eines besonderen Grundes seine Personalakte einsehen.
  e) Nach Auflösung des Beschäftigungsverhältnisses muss die gesamte Personalakte dem Arbeitnehmer herausgegeben werden.

209. In einem Bewerbungsgespräch muss der Bewerber wahrheitsgemäß Auskunft geben über seine berufliche Qualifikation sowie über alle anderen sein künftiges Arbeitsverhältnis betreffenden Angelegenheiten. Wozu muss er <u>keine</u> Auskunft geben?
  a) Über eine eventuell vorliegende Schwerbehinderung
  b) Über seinen exakten beruflichen Werdegang
  c) Über seinen Familienstand
  d) Über eine eventuelle Gewerkschaftszugehörigkeit
  e) Über seine Krankenkassenzugehörigkeit
  f) Über sein Alter

210. Welche Daten sind bei der Einrichtung eines Lohnkontos als Stammdaten zu vermerken?
  a) Der Tag der Lohnzahlung
  b) Der Bruttoarbeitslohn
  c) Die Steuer-Identifikationsnummer
  d) Die einbehaltene Lohn- und Kirchensteuer
  e) Der monatliche Arbeitgeberanteil zur Sozialversicherung

211. Welche Angabe steht <u>nicht</u> auf dem Lohnkonto eines Mitarbeiters?
  a) Zuständiges Finanzamt für das Unternehmen
  b) Vor- und Familienname
  c) Höhe des gezahlten Arbeitsentgelts
  d) Höhe des gezahlten Kurzarbeitergeldes
  e) Höhe der einbehaltenen Lohnsteuer

MENSCHLICHE ARBEIT IM BETRIEB — WISO 2

212. Ein Arbeiter scheidet am 20.05. bei der X-Unternehmung aus. Was muss die Personalabteilung unternehmen?
a) Sie muss dem Finanzamt den Arbeitnehmer als nicht mehr lohnsteuerpflichtig melden.
b) Sie muss den Arbeitnehmer bei der zuständigen Krankenkasse abmelden.
c) Sie muss der Berufsgenossenschaft das Ausscheiden des Arbeitnehmers namentlich mitteilen.
d) Sie muss die Deutsche Rentenversicherung Regional vom Ausscheiden des Arbeitnehmers unterrichten.
e) Sie muss dem Arbeitsamt die offene Stelle melden.

213. Welche Bewerbungsunterlagen sollen die Bewerber vorlegen?
a) Bewerbungsschreiben, Lebenslauf mit Passbild
b) Bewerbungsschreiben, Gesundheitspass, Lebenslauf mit Passbild
c) Bewerbungsschreiben, Lebenslauf mit Passbild, Zeugnisse
d) Bewerbungsschreiben, Zeugnisse, Sozialversicherungsausweis
e) Bewerbungsschreiben, Lebenslauf mit Passbild, Urlaubsbescheinigung

214. Die X-Unternehmung will ihr Personal nach Funktionen organisieren. Welche Aufgabe wird der Abteilung Aus- und Weiterbildung zugeordnet?
a) Ermittlung des quantitativen Personalbedarfs
b) Einstellung neuer Mitarbeiter für den Personalbereich
c) Führen der Personalakten der Mitarbeiter, die an einer Weiterbildungsmaßnahme teilgenommen haben
d) Entwicklung und Durchführung von Maßnahmen zur Mitarbeiterqualifizierung
e) Ermittlung des monatlichen Bruttogehalts der Mitarbeiter
f) Entscheidung über den Einsatz der ausgebildeten Mitarbeiter

215. Welche Angaben trägt der Arbeitgeber in die Meldung zur Sozialversicherung ein?
a) Versicherungsnummer
b) Beiträge zur Krankenversicherung
c) Beiträge zur Rentenversicherung
d) Beiträge zur Arbeitslosenversicherung
e) Beitragspflichtiges Bruttoarbeitsentgelt
f) Beitragspflichtiges Nettoarbeitsentgelt

216. Wer stellt für Angestellte den Sozialversicherungsausweis aus?
a) Die Gemeindeverwaltung
b) Die Deutsche Rentenversicherung DRV
c) Das Personalbüro
d) Das Finanzamt
e) Die Krankenversicherung

217. Welches Gesetz sichert dem Arbeitnehmer das Recht zur Einsicht in seine Personalakte zu?
a) Das Arbeitsförderungsgesetz
b) Das Jugendarbeitsschutzgesetz
c) Das Berufsbildungsgesetz
d) Das Betriebsverfassungsgesetz
e) Das Bundesausbildungsförderungsgesetz

218. Müssen die Unternehmen bei ihren Mitarbeitern zwischen Arbeitern und Angestellten unterscheiden?
a) Ja, weil nur für Arbeiter Beiträge zur Unfallversicherung zu zahlen sind
b) Ja, weil Angestellte, deren Gehalt über der Beitragsbemessungsgrundlage liegt, nicht mehr rentenversicherungspflichtig sind
c) Nein, weil eine Unterscheidung bezüglich der Rentenversicherung nicht mehr erforderlich ist, da sowohl für Arbeiter als auch Angestellte die Deutsche Rentenversicherung der Träger ist.
d) Ja, weil unterschiedliche Bestimmungen über die Lohnsteuerberechnung bestehen
e) Ja, weil Arbeiter grundsätzlich keine Lohnfortzahlung im Krankheitsfall erhalten

WISO 2 — MENSCHLICHE ARBEIT IM BETRIEB

219. Siehe den abgebildeten Ausbildungsvertrag. Welcher Fehler liegt im vorliegenden Berufsausbildungsvertrag vor? Kreuzen Sie die Position an, die den Bestimmungen des Berufsbildungsgesetzes <u>nicht</u> entspricht.

a) Position A   b) Position B   c) Position E   d) Position F   e) Position G   f) Position H

MENSCHLICHE ARBEIT IM BETRIEB — WISO 2

220. Wie lange muss einer Angestellten im Falle ihrer Erkrankung das Gehalt weitergezahlt werden?
a) Sie hat keinen Anspruch auf Weiterzahlung.
b) 14 Tage
c) 6 Wochen
d) 8 Wochen
e) 78 Wochen

221. Welche Aussage über die Arbeitsplatzbeschreibung ist <u>falsch</u>?
a) Sie legt nur den Ort im Bürogebäude fest, an dem der Schreibtisch des Arbeitnehmers steht.
b) Sie erlaubt dem Arbeitgeber die Kontrolle über die Leistung des Arbeitnehmers.
c) Sie bildet eine Grundlage für die Gehaltsfindung.
d) Sie bezeichnet die Einfügung des Arbeitsplatzes in die Organisationsstruktur der Unternehmung.
e) Sie gibt dem Arbeitnehmer die Möglichkeit, die ihm übertragenen Tätigkeiten mit den im Arbeitsvertrag vereinbarten zu vergleichen.

222. Ab wann gilt ein Arbeitnehmer als eingestellt?
a) Mit dem Bestehen des Eignungstests
b) Mit der Vorlage der Arbeitspapiere
c) Mit dem Abschluss des Arbeitsvertrages
d) Mit der Zustimmung des Arbeitsamtes
e) Mit der ersten Gehaltszahlung

223. Welches Gesetz ist Grundlage für den Abschluss von Ausbildungsverträgen in kaufmännischen Ausbildungsberufen?
a) Grundgesetz
b) Handelsgesetzbuch
c) Jugendschutzgesetz
d) Berufsbildungsgesetz
e) Betriebsverfassungsgesetz

224. Welche Unterlage muss dem Personalbüro bei Antritt einer neuen Stelle von einem kaufmännischen Angestellten in jedem Fall vorgelegt werden?
a) Ein handgeschriebener Lebenslauf
b) Ein ausführliches Bewerbungsschreiben
c) Beglaubigte Zeugnisabschriften
d) Der Sozialversicherungsausweis
e) Ein polizeiliches Führungszeugnis

225. Welche Vergütung beteiligt Mitarbeiter des Betriebes am Unternehmenserfolg?
a) Provision
b) Akkordlohn
c) Gewinnbeteiligung
d) Leistungslohn
e) Zeitlohn

226. Ordnen Sie zu!

Entlohnungsformen
a) Akkordlohn
b) Prämienlohn
c) Zeitlohn
d) Gehalt
e) Gewinnbeteiligung
f) Kapitalbeteiligung

Aussagen über Entlohnungsformen

[ ] Freiwillig oder vertraglich vereinbarte Zahlungen für besonders qualifizierte oder höhere zusätzliche Arbeitsleistungen

[ ] Je größer die Arbeitsleistung, umso höher der Bruttolohn. Gefahr der Gesundheitsschädigung der betroffenen Arbeitnehmer

[ ] Beteiligung des Arbeitnehmers am Betriebsergebnis, welches durch Zusammenwirken von Kapital und Arbeit erzielt wird

WISO 2 — MENSCHLICHE ARBEIT IM BETRIEB

227. Welche Aussage trifft auf den Zeitlohn zu?
a) Für eine bestimmte Arbeitsmenge wird ein fester Geldbetrag gezahlt, ohne die Dauer der Arbeit zu berücksichtigen.
b) Für eine bestimmte Arbeitsmenge wird eine Zeit vorgegeben, welche mit einem vereinbarten Satz vergütet wird.
c) Für eine bestimmte Anwesenheitszeit erhält der Arbeitnehmer eine Vergütung, ohne dass das Arbeitsergebnis berücksichtigt wird.
d) Der Arbeitnehmer erhält eine zusätzliche Vergütung, welche sich auf innerbetriebliche Arbeitsergebnisse oder Erfolge bezieht.
e) Der Arbeitnehmer erhält eine zusätzliche Vergütung, welche sich nach dem von ihm erzielten Umsatz richtet.
f) Der Arbeitnehmer erhält eine Vergütung, welche auf das Gesamtergebnis des Betriebes bezogen wird.

228. Nach welchem Merkmal darf in einem Personalfragebogen nicht gefragt werden?
a) Familienstand
b) Zugehörigkeit zu einer politischen Partei
c) Zugehörigkeit zu einer Religionsgemeinschaft
d) Erlernter Beruf
e) Frühester Eintrittstermin

229. Welche Aussage über die Arbeitnehmersparzulage ist richtig?
a) Sie ist ein Zuschuss der Bank zur Förderung des Sparens.
b) Sie steht jedem Arbeitnehmer zu, unabhängig von der Höhe seines Einkommens.
c) Sie ist eine freiwillige soziale Leistung des Arbeitgebers an seine Mitarbeiter.
d) Sie wird dem Arbeitnehmer mit seinem Gehalt monatlich ausgezahlt, wenn er nach dem 5. Vermögensbildungsgesetz spart.
e) Sie wird dem Arbeitnehmer vom Finanzamt bar ausbezahlt.
f) Sie wird nach Ablauf des jeweiligen Jahres im Rahmen eines Lohnsteuerjahresausgleiches oder einer Veranlagung zur Einkommensteuer vom Finanzamt ausgezahlt.

230. Welche Zeile in der folgenden Aufstellung zur Lohnabrechnung ist <u>falsch</u>? Tragen Sie den entsprechenden Buchstaben in das Kästchen ein!
a)   Grundgehalt
b) + Zuschlag für Überstunden
c) − <u>Arbeitgeberzuschuss zu den vermögenswirksamen Leistungen</u>
d) = Bruttogehalt
e) − Lohnsteuer
f) − Solidaritätszuschlag
g) − Kirchensteuer
h) − <u>Arbeitnehmeranteil zur Sozialversicherung</u>
i) = Nettogehalt
j) − <u>(gesamte) vermögenswirksame Leistungen</u>
k) = Auszahlung

MENSCHLICHE ARBEIT IM BETRIEB — WISO 2

Zu den nächsten zwei Aufgaben siehe nachstehende Situation!

Die E. Marten OHG, Kfz-Zubehör, beschäftigt zur Zeit 65 Mitarbeiter. Im Handelsregister ist für Herrn Hielscher Einzelprokura eingetragen. Frau Fiedler wurde die allgemeine Handlungsvollmacht erteilt; über den normalen Umfang hinausgehende Befugnisse wurden ihr nicht erteilt. Während des Urlaubs der beiden Gesellschafter wurden folgende Handlungen vorgenommen:
(1) Akzeptierung eines Wechsels über 12.000,00 €
(2) Betriebsbedingte Kündigung des Lagerverwalters
(3) Unterzeichnung der Bilanz
(4) Aufnahme eines Darlehens
(5) Erteilung der allgemeinen Handlungsvollmacht an den Mitarbeiter Schmidt

231. Welche Handlung durfte Herr Hielscher <u>nicht</u> vornehmen?
 Tragen Sie die entsprechende Ziffer in das Kästchen ein!

232. Welche Handlung durfte Frau Fiedler vornehmen?
 Tragen Sie die entsprechende Ziffer in das Kästchen ein!

Zu den nächsten zwei Aufgaben siehe nachstehende Situation!

Eine Erbschaft versetzt Heinz Dusel in die Lage, sich einen lang gehegten Wunsch zu erfüllen. Er kauft die alt eingesessene, sehr renommierte Weinhandlung „Tom Winzer" als Alleininhaber und setzt seinen Schwager Peter Wachter als Prokurist ein. Dusel vereinbart dabei mit Wachter, dass dieser als Prokurist keine Grundstücke erwerben darf. Die Firma bleibt als solche bestehen.

233. Heinz Dusel liegt daran, dass der Inhaberwechsel und die Prokuraerteilung nach außen hin zunächst möglichst wenig bekannt werden. Welche Vorgehensweise des Heinz Dusel entspricht den gesetzlichen Bestimmungen?
 a) Er unterlässt beim zuständigen Amtsgericht jeglichen Antrag auf Änderung der Eintragung(en) im Handelsregister und unterschreibt die Geschäftspost vom Zeitpunkt der Übernahme mit „Heinz Dusel".
 b) Er stellt beim zuständigen Amtsgericht den Antrag auf Änderung bezüglich des Eigentümerwechsels, nicht aber auf Eintragung der Prokuraerteilung.
 c) Er stellt beim zuständigen Amtsgericht den Antrag auf Änderung bezüglich des Eigentümerwechsels sowie auf Eintragung der Prokuraerteilung und unterschreibt die Geschäftspost zum Zeitpunkt der Übernahme an mit „Heinz Dusel".
 d) Er stellt beim zuständigen Amtsgericht den Antrag auf Änderung bezüglich des Eigentümerwechsels sowie auf Eintragung der Prokuraerteilung und weist seinen Prokuristen an, die Geschäftspost mit „Heinz Dusel" zu unterschreiben, da er selbst häufig auf Geschäftsreise ist.
 e) Er unterlässt beim zuständigen Amtsgericht jeglichen Antrag auf Änderung der Eintragungen im Handelsregister und weist seinen Prokuristen an, die Geschäftspost mit „Heinz Dusel" zu unterschreiben, da er selbst häufig auf Geschäftsreise ist.

234. Heinz Dusel befindet sich auf einer längeren Geschäftsreise. Während seiner Abwesenheit wird Peter Wachter ein Nachbargrundstück angeboten, welches Dusel für die Erweiterung der Weinhandlung bisher vergeblich erwerben wollte. Da der Grundstücksverkäufer auf schnellen Abschluss drängt, der Kaufpreis äußerst günstig ist und der Grundstückskauf im Unternehmerinteresse liegt, schließt Peter Wachter für das Unternehmen den Grundstücksvertrag ab. Ist die Weinhandlung an diesen Kaufvertrag gebunden?
 a) Ja, da die Berechtigung zum Grundstückserwerb ein Bestandteil der Prokura darstellt und eine diesbezügliche Einschränkung im Innenverhältnis Dritten gegenüber unwirksam ist.
 b) Ja, da ein Prokurist im Unternehmensinteresse handelte und das Unternehmen aus dem Grundstückskauf nur Vorteile zieht.
 c) Ja, da ein Prokurist während der Abwesenheit des Unternehmers diesen für alle Rechtshandlungen im unternehmerischen Bereich vertreten darf.
 d) Nein, da Grundstückskäufe und Grundstücksverkäufe zu den Tätigkeiten gehören, die vom Unternehmer im Rahmen des Unternehmens nicht delegiert werden dürfen.
 e) Nein, da der Prokurist die vereinbarte Einschränkung nicht beachtet hat und somit den Kaufvertrag nicht abschließen durfte.

WISO 3 — HANDELS- UND GESELLSCHAFTSRECHT

1. **Wer ist kein Kaufmann im Sinne des HGB?**
   a) Forschungsgesellschaft mbH
   b) Zwei Landwirte, die gemeinsam eine Hühnerfarm betreiben und 10 Mitarbeiter beschäftigen
   c) Vorstandsmitglied einer Aktiengesellschaft
   d) Autovermietung Maier OHG
   e) Bankhaus Schmidt AG

2. **Was versteht man unter der Firma eines Kaufmanns?**
   a) Seine Geschäftstätigkeit
   b) Seinen bürgerlichen Namen, unter dem er Verträge abschließt
   c) Seinen Namen, unter dem er Handelsgeschäfte betreibt
   d) Seinen Betrieb
   e) Die Produktionsstätte eines Unternehmens, z.B. die Lagerräume

3. **Ein Unternehmer, der Autositze industriell herstellt, lässt sich mit „Ernst Schmalbach, KG" ins Handelsregister eintragen. Welcher Begriff trifft auf diese Eintragung zu?**
   a) Kapitalgesellschaft
   b) Fabrik
   c) Unternehmung
   d) Betrieb
   e) Firma

4. **Franz Amsel und Otto Drossel gründen in Nürnberg ein Möbel-Einrichtungshaus in der Rechtsform einer KG. Nur Otto Drossel ist Vollhafter. Welche Firmenbezeichnung entspricht den gesetzlichen Bestimmungen?**
   a) Einrichtungshaus Amsel & Drossel
   b) Otto Drossel, KG
   c) AmDro-Einrichtungen
   d) Nürnberger Möbel-Einrichtungshaus
   e) Franz Amsel und Otto Drossel

5. **Klaus Neumann hat die Buchhandlung „Friedrich Müller, e.K." erworben. Er möchte das Geschäft unter der bisherigen Firma fortführen. Welche Aussage zu diesem Sachverhalt entspricht der gesetzlichen Regelung?**
   a) Bei Fortführung des Geschäftes unter der alten Firma entfällt für Herrn Neumann jegliche Haftung für Schulden aus der Zeit vor der Geschäftsübernahme.
   b) Herr Neumann kann das Geschäft nur mit Einwilligung des bisherigen Inhabers unter der alten Firma fortführen.
   c) Herr Neumann kann das Geschäft ohne Einwilligung des bisherigen Inhabers unter der alten Firma fortführen.
   d) Eine Fortführung des Geschäftes unter der alten Firma ist nur dann möglich, wenn die zuständige Industrie- und Handelskammer zustimmt.
   e) Eine Fortführung des Geschäftes unter der alten Firma ist generell nicht zulässig.

6. **Nach dem Tod seines Onkels erhält Herr Franz Karl Meier als Alleinerbe ein Lebensmittelgeschäft, die Firma Fritz Müller, Lebensmittel, e.K. Er will das Geschäft durch eine große Frischobstabteilung ergänzen. Welche Firma darf er nach dem HGB nicht führen?**
   a) Karl Meier, e.K.
   b) Lebensmittel Meier, e. Kfm.
   c) Franz Meier, e.K., Lebensmittel
   d) Fritz Müller, Lebensmittel
   e) Fritz Müller, e.K., Lebensmittel, Lebensmittel und Frischobst
   f) Karl Meier, e. Kfm., Lebensmittel und Frischobst

7. **Einem Unternehmen wird die MOI ComputerTec GmbH zum Kauf angeboten. Die Großhandels GmbH entschließt sich zum Kauf dieser Firma, will aber den Namen dieses Unternehmens beibehalten. Welchem Firmengrundsatz wird in diesem Fall entsprochen?**
   a) Firmenöffentlichkeit
   b) Firmenbeständigkeit
   c) Firmenwahrheit
   d) Firmenklarheit
   e) Firmenausschließlichkeit

HANDELS- UND GESELLSCHAFTSRECHT — WISO 3

8. Welche Aussage über die Firma entspricht den Vorschriften des HGB?
a) Die Firma einer KG muss aus dem Namen eines persönlich haftenden Gesellschafters und dem Namen eines Kommanditisten bestehen.
b) Die Firma eines Einzelhandelsunternehmens muss den Rechtszusatz „eingetragener Kaufmann" bzw. eine allgemein verständliche Abkürzung enthalten.
c) Werden in die Firma einer OHG die Namen von zwei Gesellschaftern aufgenommen, muss der Vorname eines der beiden Gesellschafter enthalten sein.
d) Bei einer Aktiengesellschaft als Sachfirma kann der Zusatz „Aktiengesellschaft" weggelassen werden.
e) Der Einzelkaufmann muss seine Firma mit einem Zusatz versehen, aus dem der Gegenstand des Unternehmens hervorgeht.

9. Welche Aussage über Firmengrundsätze ist richtig?
a) Firmenwahrheit bedeutet, dass jede Unternehmung ihren Jahresabschluss veröffentlichen muss.
b) Firmenausschließlichkeit bedeutet, dass an einem Ort die gleiche Firma nicht von mehreren Unternehmen geführt werden kann.
c) Firmenklarheit bedeutet, dass jede Firma den vollen Vornamen des Inhabers enthalten muss.
d) Firmenbeständigkeit bedeutet, dass eine Firma nicht geändert werden kann.
e) Firmenwahrheit bedeutet, dass beim Wechsel in der Person des Inhabers die Firma mit dem Zusatz "Nachfolger" zu versehen ist.

10. In welchem Fall liegt ein Verstoß gegen den Grundsatz der Firmenwahrheit vor?
a) Der Gründer einer Einzelunternehmung beantragt, als Firma der Unternehmung seinen vollen bürgerlichen Namen ins Handelsregister einzutragen.
b) Die Gründer einer KG beantragen, als Firma nur den Namen eines persönlich haftenden Gesellschafters mit dem Zusatz einzutragen, der auf das Gesellschaftsverhältnis hindeutet.
c) Die Gründer einer KG beantragen, neben dem Namen des persönlich haftenden Gesellschafters auch den des nicht persönlich haftenden Gesellschafters in die Firma mit aufzunehmen.
d) Die Gründer einer OHG beantragen, nur den Namen eines der Gesellschafter mit einem das Gesellschaftsverhältnis andeutenden Zusatz als Firma einzutragen.
e) Der Gründer einer KG will im Firmennamen zum Ausdruck bringen, dass er mit Computerprogrammen handelt, z. B. Software KG.

11. Peter Schmidt will in Stuttgart ein Einzelunternehmen gründen. Im Handelsregister existiert bereits eine Firma Peter Schmidt. Deshalb nennt er seine Firma „Feinkost Peter Schmidt, e.K.". Welcher Firmengrundsatz wird dadurch beachtet?
a) Der Grundsatz der Firmenöffentlichkeit
b) Der Grundsatz der Firmenbeständigkeit
c) Der Grundsatz der Firmenklarheit
d) Der Grundsatz der Firmenausschließlichkeit
e) Der Grundsatz der Firmenwahrheit

12. Welche Bedeutung haben rot unterstrichene Eintragungen im Handelsregister?
a) Sie dürfen nicht veröffentlicht werden.
b) Sie gelten als gelöscht.
c) Sie sind wichtiger als andere Eintragungen.
d) Sie sind nur mit Einwilligung des Amtsgerichts einzusehen.
e) Sie gelten wie andere Eintragungen auch.

13. Welche Einteilung des Handelsregisters ist richtig?
a) Abteilung A: Einzelunternehmen
   Abteilung B: Personen- u. Kapitalgesellschaften
b) Abteilung A: Einzelunternehmen, Personengesellschaften
   Abteilung B: Kapitalgesellschaften, Genossenschaften
c) Abteilung A: Einzelunternehmen, Personengesellschaften
   Abteilung B: Kapitalgesellschaften
   Abteilung C: Genossenschaften
d) Abteilung A: Einzelunternehmen, Personenunternehmen
   Abteilung B: Kapitalgesellschaften
e) Abteilung A: Einzelunternehmen, Personengesellschaften, Kapitalgesellschaften
   Abteilung B: Genossenschaften
   Abteilung C: Vereine

WISO 3 — HANDELS- UND GESELLSCHAFTSRECHT

14. Welcher Rechtsvorgang in einem Unternehmen muss ins Handelsregister eingetragen werden?
a) Der Vorstand einer Genossenschaft ist neu gewählt worden.
b) In einer OHG ist ein anderer Gesellschafter mit der Führung der Geschäfte beauftragt worden.
c) Ein Einzelunternehmen hat einen stillen Gesellschafter aufgenommen.
d) Dem Leiter des Rechnungswesens einer GmbH wurde die Artvollmacht entzogen.
e) In einer GmbH wurde von den Gesellschaftern ein neuer Geschäftsführer eingesetzt.

15. In der Filiale einer GmbH hat Herr Krause Prokura zusammen mit einem Geschäftsführer oder einem anderen Prokuristen. Wo muss diese Information in jedem Fall eingetragen sein?
a) In der Datei des Datenschutzbeauftragten
b) Im Organisationsplan als Stabsstelle des Unternehmens
c) In der Gewerbeanmeldung des Unternehmens
d) Beim Finanzamt für die Unterschriftskontrolle bei eingereichten Steuererklärungen
e) Im Handelsregister

Zu den nächsten drei Aufgaben siehe folgenden Zeitungsartikel!

> **AMTSGERICHT**
> Handelsregister
>
> Veränderungen:
>
> HRA 3458 – 1.3.2014 – **BEMATEC Computer Systeme Becker & Müllenbach, oHG**
>
> Als persönlich haftender Gesellschafter ist ausgeschieden: Mathias Müllenbach. Nils Becker ist jetzt Alleininhaber. Die Firma ist geändert in: **BEMATEC Computer Systeme Nils Becker e.K.**

16. Welches wäre die kürzeste zulässige Firmenbezeichnung für die neue Firma?
a) BEMATEC COMPUTERSYSTEME e.K.
b) BEMATEC COMPUTERSYSTEME OHG
c) Nils Becker e.K.
d) Nils Becker & Mathias Müllenbach
e) Nils Becker & Co.
f) Nils Becker KG

17. Wird die Firma weiterhin im Handelsregister geführt?
a) Ja, als Einzelunternehmung
b) Ja, als OHG
c) Ja, als stille Gesellschaft
d) Nein, sie wird eine Einzelunternehmung und gehört nicht mehr ins Handelsregister
e) Nein, im Handelsregister befinden sich nur Gesellschaften.

18. Welche rechtliche Veränderung ergibt sich daraus?
a) Herr Müllenbach haftet nicht mehr, auch für die bisher entstandenen Verbindlichkeiten ist er nicht mehr zur Haftung verpflichtet.
b) Herr Müllenbach tritt mit seiner bisherigen Einlage als Darlehensgeber auf.
c) An dem Firmenzusatz ist zu erkennen, dass Herr Müllenbach ein Kommanditist geworden ist.
d) An dem Firmenzusatz ist zu erkennen, dass Herr Nils Becker allein mit seinem Privat- und Geschäftsvermögen haftet.
e) An dem Firmenzusatz ist zu erkennen, dass Herr Nils Becker einen neuen Kommanditisten aufgenommen hat.

19. Welche Aussage über das Handelsregister ist richtig?
a) In Abteilung B wird die Einlagehöhe der Gesellschafter einer Personengesellschaft eingetragen.
b) Die Anmeldung zur Eintragung muss in öffentlich beglaubigter Form eingereicht werden.
c) Um Einsicht in das Handelsregister nehmen zu können, muss ein berechtigtes Interesse nachgewiesen werden.
d) Die Erteilung einer Handlungsvollmacht ist im Handelsregister einzutragen.
e) Es ist ein Verzeichnis aller Unternehmen eines Amtsgerichtsbezirkes, gleich welcher Rechtsform.
f) Die deklaratorische Wirkung der Handelsregistereintragung besagt, dass eine Tatsache erst durch die Eintragung rechtswirksam wird.

HANDELS- UND GESELLSCHAFTSRECHT — WISO 3

20. Die Gesellschafterversammlung einer GmbH beschließt eine Heraufsetzung des Stammkapitals von derzeit 100.000,00 € auf 200.000,00 €. Wem ist dieser Beschluss zur Eintragung mitzuteilen?
   a) Dem Handelsregister beim zuständigen Amtsgericht
   b) Dem Bundesverband des Groß- und Außenhandels
   c) Der zuständigen IHK
   d) Den im Betrieb vertretenen Gewerkschaften HBV und DAG
   e) Dem zuständigen Arbeitsamt

21. Welche Tatsache über eine Gesellschaft mit beschränkter Haftung (GmbH) ist nicht im Handelsregister eingetragen?
   a) Ort der Niederlassung: Kassel
   b) Gegenstand des Unternehmens: Veranstaltung und Vermittlung von Reisen
   c) Stammkapital: 25.000 €
   d) Geschäftsführer: Robert Marschall
   e) Einzelprokura: Gustav Schulze
   f) Handlungsbevollmächtigte: Hans Gerlach und Emil Schulze

22. Welche Aussage über das Handelsregister ist richtig?
   a) Das Handelsregister ist ein Verzeichnis aller Unternehmen eines Amtsgerichtsbezirks.
   b) Durch die Eintragung in das Handelsregister wird ein Kaufmann zum Kaufmann lt. HGB.
   c) Auch ohne Nachweis eines berechtigten Interesses kann jeder das Handelsregister einsehen.
   d) Eine Artvollmacht wird erst durch die Eintragung in das Handelsregister rechtsgültig.
   e) Alle zeichnungsberechtigten Personen eines Unternehmens sind im Handelsregister eingetragen.

23. Welche Aussage über das Handelsregister ist richtig?
   a) Es erfasst den Umsatz der Handelsbetriebe in einem Amtsgerichtsbezirk.
   b) Es ist das amtliche Verzeichnis aller Gewerbetreibenden eines Amtsgerichtsbezirkes.
   c) Es unterrichtet die Öffentlichkeit über die Kapitalanteile der eingetragenen Aktionäre.
   d) Es ist ein amtliches Verzeichnis von Kaufleuten nach HGB und von allen freiwilligen Eintragungen eines Amtsgerichtsbezirkes.
   e) Alle Eintragungen im Handelsregister werden von der IHK im Auftrag des Amtsgerichts öffentlich bekannt gemacht.

24. Was wird nicht in das Handelsregister eingetragen?
   a) Der Widerruf einer Prokura
   b) Die Firma einer OHG
   c) Der Ausschluss eines Gesellschafters einer OHG von der Vertretung der Gesellschaft
   d) Die Vereinbarung der Gesamtvertretung durch die Gesellschafter einer OHG
   e) Die Einlagen der Gesellschafter einer OHG

25. Welche Aussage über die Einzelunternehmung ist richtig?
   a) Die Einzelunternehmung kommt nur noch selten vor.
   b) Der Inhaber haftet nur mit seinem Geschäftsvermögen.
   c) Der Inhaber haftet mit seinem Geschäfts- und Privatvermögen.
   d) Da der Einzelunternehmer das Risiko nicht alleine trägt, muss er auch den Jahresgewinn teilen.
   e) Die Einzelunternehmung ist besonders kapitalkräftig.

26. Welcher unternehmerischer Vorteil spricht für die Gründung einer Einzelunternehmung?
   a) Der Einzelunternehmer haftet nur mit seinem Geschäftsvermögen.
   b) Der Einzelunternehmer hat immer steuerrechtliche Vorteile im Vergleich zu den Gesellschaftsunternehmen.
   c) Der Einzelunternehmer ist in seiner Entscheidung über die Gewinnverwendung völlig frei.
   d) Der Einzelunternehmer kann seine Haftung auf bestimmte Vermögensteile beschränken.
   e) Der Einzelunternehmer hat immer eine höhere Kreditwürdigkeit als die Gesellschaftsunternehmen.

WISO 3 — HANDELS- UND GESELLSCHAFTSRECHT

27. Eine Unternehmung wird unter dem Namen „Schuhmann Software KG" gegründet. Welche Aussage ist richtig?
a) Es handelt sich um eine Personengesellschaft.
b) Es handelt sich um eine Kapitalgesellschaft.
c) Es handelt sich um eine juristische Person.
d) Kalb & Schuhmann sind Kommanditisten.
e) Kalb & Schuhmann sind Aktionäre.

28. Eine neu gegründete Unternehmung firmiert unter „Software KG". Um welche Unternehmensform handelt es sich dabei?
a) Einzelunternehmung
b) Genossenschaft
c) Aktiengesellschaft
d) GmbH
e) Kommanditgesellschaft

29. Eine Unternehmung firmiert: „Hans Krause und Max Schulze, OHG, Im Grase 6, 84032 Landshut". Was ist diesem Text zu entnehmen?
a) Es kann sich nur um eine Einzelunternehmung handeln.
b) Es kann sich nur um eine KG handeln.
c) Es handelt sich um eine Kapitalgesellschaft.
d) Es handelt sich um eine nicht erlaubte Firmenbezeichnung.
e) Es handelt sich um eine Personengesellschaft, bei der Hans Krause und Max Schulze Vollhafter sind.

30. Zur Erweiterung der Kapitalbasis gründet der Einzelunternehmer König, zusammen mit Herrn Bauer als Kommanditist, eine KG. Welche Aussage entspricht der gesetzlichen Regelung?
a) Herr Bauer haftet für die Verbindlichkeiten der KG bis zur Höhe seiner Kapitalanlage.
b) Herr Bauer erhält als neuer Gesellschafter Geschäftsführungs- und Vertretungsbefugnis.
c) Herr Bauer erhält für seine Kapitaleinlage eine feste Verzinsung, weitere Ansprüche bestehen nicht.
d) Beide Gesellschafter haften für die Verbindlichkeiten der Kommanditgesellschaft mit ihrem Gesamtvermögen.
e) Das Unternehmen soll unter der Firma König & Bauer, KG, in das HR eingetragen werden.

31. Welche Aussage trifft auf die Kommanditgesellschaft zu?
a) Zur Gründung sind mindestens drei Personen erforderlich.
b) Das vorgeschriebene Mindestkapital beträgt 50.000 €.
c) Die Firma muss den Namen eines Vollhafters und Teilhafters enthalten.
d) Die Haftung der Gesellschafter beschränkt sich auf die geleistete Einlage.
e) Der Komplementär haftet wie der Gesellschafter der OHG.

32. Wer hat nach dem HGB in einer Kommanditgesellschaft die Geschäftsführung und Vertretung, wenn im Gesellschaftsvertrag keine andere Vereinbarung getroffen wurde?
a) Der Aufsichtsrat
b) Die Kommanditisten und Komplementäre gemeinsam
c) Die Komplementäre
d) Die Kommanditisten
e) Alle Gesellschafter gemeinsam

33. Müller, Schmidt und Schulze wollen gemeinsam ein Unternehmen gründen. Müller kann 100.000 €, Schmidt 50.000 € und Schulze 90.000 € aufbringen. Sie wollen nur mit ihrer Einlage haften. Welche Rechtsform kann gewählt werden?
a) OHG
b) KG
c) GmbH
d) AG
e) eG

HANDELS- UND GESELLSCHAFTSRECHT — WISO 3

34. Welche Rechtsform eines Unternehmens wird in die Abteilung A des Handelsregisters eingetragen?
   a) eG
   b) GmbH
   c) GmbH & Co. KG
   d) AG
   e) KGaA

35. Wer ist der Vollhafter bei der Firma „Ganzer & Körner GmbH & Co. KG"?
   a) Ganzer, da er der erste der genannten Gesellschafter ist
   b) Ganzer, da Körner nur Teilhafter ist
   c) Ganzer & Körner, da beide zu gleichen Teilen haften
   d) Die „Ganzer & Körner GmbH"
   e) Bei einer GmbH & Co. KG gibt es keinen Vollhafter.

36. Welche Aussage zu den Unternehmensformen ist richtig?
   a) Zu den Personengesellschaften zählen OHG und KG.
   b) Zu den Personengesellschaften zählen OHG und GmbH
   c) Bei den Personengesellschaften haften die Gesellschafter nur mit dem eingezahlten Kapital.
   d) Zu den Kapitalgesellschaften zählen OHG und GmbH.
   e) Bei den Kapitalgesellschaften haften die Gesellschafter mit dem eingezahlten Kapital und mit dem Privatvermögen.

37. Wie heißt das beschließende Organ einer GmbH?
   a) Gesellschafterversammlung
   b) Aufsichtsrat
   c) Generalversammlung
   d) Mitgliederversammlung
   e) Hauptversammlung
   f) Vertreterversammlung

38. Welcher Gesellschafter haftet unbeschränkt, solidarisch und unmittelbar?
   a) OHG-Gesellschafter
   b) Mitglied einer Genossenschaft
   c) Kommanditist der Kommanditgesellschaft
   d) GmbH-Gesellschafter
   e) Aktionär

39. An einer GmbH sind bisher die Gesellschafter Meier und Huber mit je 75.000,00 €, der Gesellschafter Schmitt mit 50.000,00 € beteiligt. Als Geschäftsführer ist seit dem 01.01. Herr Groß tätig. Wer vertritt die Großhandels GmbH gerichtlich und außergerichtlich?
   a) Jeder der drei Gesellschafter alleine
   b) Die drei Gesellschafter gemeinschaftlich
   c) Herr Groß als Geschäftsführer alleine
   d) Herr Groß mit je einem Gesellschafter
   e) Herr Groß zusammen mit den drei Gesellschaftern

40. In welchem Fall treffen alle Merkmale für eine GmbH zu?
   a) Vorstand – Mindeststammkapital 25.000 € – ein oder mehrere Gründer – keine persönliche Haftung
   b) Geschäftsführer – Mindeststammkapital 25.000 € – ein oder mehrere Gründer – keine persönliche Haftung
   c) Geschäftsführer – Mindeststammkapital 50.000 € – mindestens 5 Gründer – keine persönliche Haftung
   d) Vorstand – Mindeststammkapital 50.000 € – mindestens 5 Gründer – persönliche Haftung
   e) Geschäftsführer – kein Mindeststammkapital – mindestens sieben Gründer – persönliche Haftung
   f) Vorstand – kein Mindeststammkapital – mindestens sieben Günde – persönliche Haftung

WISO 3 — HANDELS- UND GESELLSCHAFTSRECHT

41. Bei einer GmbH handelt es sich um eine juristische Person. In welchem Fall handelt es sich auch um eine juristische Person?
  a) Singkreis Siersburg e.V.
  b) Polizeibeamter
  c) Richter
  d) Gerichtsvollzieher
  e) Geschäftsführer der GmbH

42. Zu einer KG gehören zwei Vollhafter und fünf Teilhafter. Einer der Vollhafter will künftig nur noch mit seiner Einlage haften. Welches Recht steht ihm nach Vollzug dieser Änderung dennoch zu?
  a) Das Recht auf Privatentnahmen
  b) Das Recht auf Änderung der Firma in eine GmbH
  c) Das Recht auf Geschäftsführung und Vertretung der Gesellschaft
  d) Das Recht auf Auszahlung seines Gewinnanteils
  e) Das Recht auf Widerspruch gegen alle Handlungen des verbliebenen Vollhafters

43. Welche Eintragung ins Handelsregister hat rechtserzeugende Wirkung?
  a) Eintragung eines Speditionsunternehmens
  b) Eintragung eines neuen Gesellschafters
  c) Eintragung eines Handelsvertreters
  d) Eintragung einer Gesellschaft mit beschränkter Haftung
  e) Eintragung einer Änderung des Geschäftssitzes

44. Welche Eintragung ins Handelsregister ist rechtserklärend (deklaratorisch)?
  a) Die beschränkte Haftung des Kommanditisten
  b) Die Rechtsform der Kapitalgesellschaft
  c) Die Eintragung eines Kleingewerbetreibenden
  d) Die Eintragung eines land- und forstwirtschaftlichen Betriebes
  e) Die Eintragung eines kaufmännischen Geschäftsbetriebes

45. Unter „Amtlichen Bekanntmachungen" in der Tageszeitung wird unter Nr. HRA 13 456 die Neueintragung der „Bauunternehmung Heinz Müller, e.K., Brühlstraße 7, 30169 Hannover" bekannt gegeben. Welche Aussage über diese Veröffentlichung ist richtig?
  a) Heinz Müller betreibt ein Gewerbe mit kaufmännischer Organisation.
  b) Die Bauunternehmung Heinz Müller ist eine Personengesellschaft, die in Abteilung A des Handelsregisters eingetragen ist.
  c) Die Bauunternehmung Heinz Müller wird mit der Eintragung Formkaufmann.
  d) Die Bauunternehmung Heinz Müller ist als Kapitalgesellschaft in Abteilung B des Handelsregisters eingetragen.
  e) Die Eintragung ins Handelsregister hatte deklaratorische Wirkung.

46. Welche Unternehmensform wird in der Abteilung B des Handelsregisters geführt?
  a) Einzelunternehmung
  b) eG
  c) GmbH
  d) KG
  e) OHG

47. Bei welcher Unternehmensform besteht für alle Gesellschafter folgende gesetzliche Gewinnverteilung: „4% vom Kapitalanteil, Rest nach Köpfen"?
  a) Bei der Offenen Handelsgesellschaft
  b) Bei der Kommanditgesellschaft
  c) Bei der Gesellschaft mit beschränkter Haftung
  d) Bei der Aktiengesellschaft
  e) Bei der Genossenschaft

HANDELS- UND GESELLSCHAFTSRECHT — WISO 3

48. Wie ist die Haftung beim Ausscheiden eines Gesellschafters aus einer Offenen Handelsgesellschaft gesetzlich geregelt?
a) Der ausscheidende Gesellschafter haftet nach seinem Austritt unbefristet für die bestehenden Verbindlichkeiten der Gesellschaft.
b) Der ausscheidende Gesellschafter haftet noch 5 Jahre lang für die bis zu seinem Austritt begründeten Verbindlichkeiten der Gesellschaft.
c) Die Haftung erlischt grundsätzlich beim Austritt des Gesellschafters.
d) Der ausscheidende Gesellschafter haftet für die bis zu seinem Austritt begründeten Verbindlichkeiten nur bis zur Höhe seiner Kapitaleinlage.
e) Das zuständige Amtsgericht entscheidet über die Haftungshöhe nach Prüfung der Schuldenlage.

49. Welche Aussage über die Gewinnverteilung ist richtig?
a) Nach dem Aktiengesetz erhalten die Mitarbeiter einer AG gemäß ihrer Betriebszugehörigkeit Dividende.
b) Nach dem Aktiengesetz erhalten die Aktionäre entsprechend dem Kurswert ihrer Aktien Dividende.
c) Die Gesellschafter einer OHG können eine vom HGB abweichende Regelung über die Gewinnverteilung treffen.
d) Die Gesellschafter einer OHG erhalten nach dem HGB 4% auf das eingesetzte Kapital, der Rest des Gewinns wird im angemessenen Verhältnis verteilt.
e) Die Gesellschafter einer KG erhalten nach dem HGB 4% auf das eingesetzte Kapital, der Rest des Gewinns wird nach Köpfen verteilt.

50. Ordnen Sie zu!

Rechtsformen der Unternehmung
a) Einzelunternehmung
b) Offene Handelsgesellschaft
c) Kommanditgesellschaft
d) Stille Gesellschaft
e) Aktiengesellschaft
f) GmbH
g) Eingetragene Genossenschaft

Gesetzliche Gewinnverteilung
[ ] Vom ausgeschütteten Gewinn erhält jeder Berechtigte anteilmäßige Dividende.
[ ] Vom Gewinn erhält jeder Berechtigte 4 % der Kapitaleinlage, der Rest wird im angemessenen Verhältnis verteilt.
[ ] Vom Gewinn erhält jeder Berechtigte 4 % der Kapitaleinlage, der Rest wird nach Köpfen verteilt.

51. Welche Aussage zur Rechtsform der KG ist zutreffend?
a) Die Gesellschafter der KG müssen eine Vermögenseinlage von mindestens 25.000,00 € leisten.
b) Kommanditisten der KG haften auch mit ihrem Privatvermögen.
c) Komplementäre der KG sind nicht am Verlust beteiligt.
d) Kommanditisten sind zur persönlichen Mitarbeit in der KG verpflichtet.
e) Komplementäre haben nach dem HGB die Pflicht, die Geschäfte der KG zu führen.

52. Um welche Gesellschaftsform handelt es sich bei folgendem Eintrag (gekürzt) ins Handelsregister? Gesellschafter: Emil Weiß, 66113 Saarbrücken, Edenstraße 3, Haftung unbeschränkt; Helmut Blau, 60487 Frankfurt, Am Weingarten 19, Einlage und Haftungssumme 100.000 €.
a) Aktiengesellschaft
b) Gesellschaft mit beschränkter Haftung
c) Offene Handelsgesellschaft
d) Kommanditgesellschaft
e) Genossenschaft

53. Sie wollen ein Unternehmen gründen, bei dem Sie ohne weitere vertragliche Vereinbarungen allein die Geschäfte führen können. Zur besseren Kapitalbeschaffung möchten Sie Teilhaber mit ins Unternehmen aufnehmen. Welche Unternehmensform wählen Sie?
a) Die AG (Aktiengesellschaft)
b) Die GmbH (Gesellschaft mit beschränkter Haftung)
c) Die OHG (offene Handelsgesellschaft)
d) Die KG (Kommanditgesellschaft)
e) Die eG (Genossenschaft)

WISO 3 — HANDELS- UND GESELLSCHAFTSRECHT

54. Eine GmbH besteht aus zwei Gesellschaftern sowie einem Geschäftsführer. Ein Gesellschafter scheidet aus. Die Gesellschaft soll aber weitergeführt werden. Welche Beurteilung der Rechtslage trifft zu?
  a) Die Gesellschaft kann als Ein-Mann-GmbH weitergeführt werden.
  b) Die Gesellschaft kann nur dann als GmbH weitergeführt werden, wenn sich für den ausscheidenden Gesellschafter ein Nachfolger findet, der in all seine Rechte und Pflichten eintritt.
  c) Die Firma muss in ein Einzelunternehmen umgewandelt werden.
  d) Ein Gesellschafter kann nur ausscheiden, wenn der andere hierzu seine Einwilligung erteilt.
  e) Der Gesellschafter kann nur ausscheiden, wenn der Geschäftsführer sein Einverständnis erteilt.

55. Welche beiden Aussagen treffen auf die GmbH zu?
  a) Der Gesellschafter einer GmbH kann nicht zugleich auch Geschäftsführer der GmbH sein.
  b) Die GmbH wird in das Handelsregister, Abteilung A, eingetragen.
  c) Eine GmbH muss bei über 50 ständig beschäftigten Mitarbeitern einen Aufsichtsrat bilden.
  d) Das Mindesthaftungskapital einer GmbH bezeichnet man als Stammkapital.
  e) Eine GmbH kann nur durch 5 Personen mit einem Mindestkapital von 50.000 € gegründet werden.
  f) Jeder Gesellschafter der GmbH muss eine Stammeinlage von mindestens 1 € leisten.

56. Ordnen Sie zu!

Aussagen
  a) Das Kapital wird von Vollhaftern und Teilhaftern aufgebracht.
  b) Jeder Gesellschafter ist nach dem Gesetz zur Geschäftsführung und Vertretung berechtigt.
  c) An der Gründung müssen sich mindestens 5 Personen mit einem Mindestkapital von 50.000 € beteiligen.
  d) Kommanditisten sind nach HGB zur Vertretung der Gesellschaft berechtigt.
  e) Alle Gesellschafter leisten ihre Einlage, in deren Höhe sie haften; die Gesellschaft wird durch Geschäftsführer geleitet und vertreten.
  f) Das Stammkapital muss mindestens 20.000 € betragen; die Mindesteinzahlung beträgt 25% der Stammeinlage.
  g) Die Gesellschafter können einen oder mehrere Geschäftsführer bestellen; ein Geschäftsführer muss nach dem Gesetz Gesellschafter sein.
  h) Laut HGB bekommt jeder Gesellschafter eine 5%ige Verzinsung seiner Einlage.

Unternehmensformen
  [ ] OHG
  [ ] GmbH
  [ ] KG

57. Ordnen Sie zu!

Unternehmungsformen
  a) Einzelunternehmung
  b) OHG
  c) KG
  d) GmbH
  e) AG
  f) EG

Merkmale
  [ ] Laut Gesetz müssen mindestens 7 Gründer einen Gesellschaftsvertrag (Statut) aufstellen.
  [ ] Es ist eine Personengesellschaft mit mindestens einem Voll- und einem Teilhafter.
  [ ] Die Organe sind Vorstand, Aufsichtsrat und Hauptversammlung.

58. Wie erfolgt in der GmbH die Ergebnisverteilung (nach GmbH-Gesetz)?
  a) Im Verhältnis der Geschäftsanteile der Gesellschafter
  b) Nach Köpfen, ohne Berücksichtigung der Geschäftsanteile
  c) Die Gesellschafter erhalten zunächst eine Verzinsung ihres Kapitals in Höhe von 4 %, der Rest wird in angemessenem Verhältnis verteilt.
  d) Die Gesellschafter erhalten zunächst eine Verzinsung ihres Kapitals in Höhe von 4 %, der Rest wird nach Köpfen verteilt.
  e) Die Gesellschafter erhalten eine Dividende.

HANDELS- UND GESELLSCHAFTSRECHT   WISO 3

59. **Ordnen Sie zu!**

    Merkmale einzelner Unternehmensformen

    a) Alle Gesellschafter sind nach gesetzlicher Regelung zur Geschäftsführung berechtigt und verpflichtet.
    b) Mindestens ein Gesellschafter haftet unbeschränkt, unmittelbar und solidarisch.
    c) Zur Gründung reicht ein Gründer.
    d) Die Organe sind: Generalversammlung, Aufsichtsrat, Vorstand.
    e) Komplementär ist eine GmbH.
    f) Am Abschluss des Gesellschaftsvertrages müssen sich mindestens 8 Personen beteiligen.

    Zugehörige Gesellschaften

    [ ] Aktiengesellschaft
    [ ] OHG
    [ ] Eingetr. Genossenschaft
    [ ] GmbH & Co. KG
    [ ] KG

60. **Ordnen Sie zu!**

    Geschäftsführungsbefugnisse

    a) Die Gesellschafter übernehmen die Geschäftsführung.
    b) Der Unternehmer übernimmt die Geschäftsführung.
    c) Der Aufsichtsrat übernimmt die Geschäftsführung.
    d) Der Vorstand übernimmt die Geschäftsführung.
    e) Die Komplementäre übernehmen die Geschäftsführung.
    f) Der Prokurist übernimmt die Geschäftsführung.
    g) Der Geschäftsführer übernimmt die Geschäftsführung.

    Unternehmensformen

    [ ] KG
    [ ] Einzelunternehmung
    [ ] AG
    [ ] OHG
    [ ] GmbH

Zu den nächsten fünf Aufgaben siehe nachstehende Situation!

Erwin und Renate Müller wollen ein Serviceunternehmen für Computer eröffnen. Sie haben 25.000 € Eigenkapital zur Verfügung und sind Eigentümer eines Einfamilienhauses. Ihr Bekannter, Herr Huber, verfügt über ein Eigenkapital von 100.000 € und erwägt, sich an dem Unternehmen finanziell zu beteiligen.

61. Welche Gesellschaftsform würden Herr und Frau Müller wählen, wenn sie ausschließen wollen, dass sie auch mit ihrem Einfamilienhaus haften?
    a) Einzelunternehmung
    b) Offene Handelsgesellschaft
    c) Kommanditgesellschaft
    d) Gesellschaft mit beschränkter Haftung
    e) Personengesellschaft

62. Herr und Frau Müller entschließen sich letztlich, eine KG zu gründen und Herrn Huber als Kommanditisten zu beteiligen. Zuvor soll jedoch noch die Frage der Gewinnverteilung geklärt werden. Wie ist die gesetzliche Regelung?
    a) Jeder Gesellschafter erhält vier Prozent auf seinen Kapitalanteil, der Rest des Jahresgewinnes wird nach Köpfen verteilt.
    b) Jeder Gesellschafter erhält vier Prozent auf seinen Kapitalanteil, der Rest des Jahresgewinnes wird in angemessenem Verhältnis verteilt.
    c) Die Hälfte des Jahresgewinns wird nach Höhe des Kapitalanteils der Gesellschafter, der Rest des Jahresgewinns nach Köpfen verteilt.
    d) Der Anteil des Jahresgewinns richtet sich ausschließlich nach der Höhe des Kapitalanteils der Gesellschafter.
    e) Der Jahresgewinn wird unter den Gesellschaftern nach Köpfen verteilt.

63. Das Ehepaar Müller und Herr Huber schließen einen Gesellschaftervertrag zur Gründung der KG ab und wollen ihre Firma in das Handelsregister eintragen lassen. Bei welcher Stelle wird das Handelsregister geführt?
    a) Beim Amtsgericht
    b) Beim Landgericht
    c) Beim Finanzamt
    d) Bei der IHK
    e) Bei der Gemeindeverwaltung
    f) Beim Gewerbeaufsichtsamt

WISO 3 — HANDELS- UND GESELLSCHAFTSRECHT

64. Unter welchem Namen darf die KG nicht eingetragen werden?
- a) Müller KG
- b) Software KG
- c) Erwin Müller KG
- d) Müller & Huber
- e) Erwin Müller, Renate Müller, KG

65. Welches Recht bzw. welche Pflicht hat Herr Huber als Kommanditist?
- a) Das Recht zur Geschäftsführung
- b) Die Pflicht zur Geschäftsführung
- c) Das Recht auf Prüfung des Jahresabschlusses
- d) Die Pflicht zur Prüfung des Jahresabschlusses
- e) Das Recht, weitere Gesellschafter aufzunehmen

Zu den nächsten vier Aufgaben siehe nachstehende Situation!

> Die Elektro GmbH ist ein Großhandelsunternehmen in Hannover. Die Stammeinlagen der fünf Gesellschafter stellen sich wie folgt dar:
>
> | Gesellschafter | Stammeinlage in € |
> | --- | --- |
> | Herr Rülle | 7.500 |
> | Herr Bott | 5.000 |
> | Herr Kohl | 5.000 |
> | Herr Kühn | 5.000 |
> | Frau Kampen | 2.500 |
>
> Der Gesellschaftsvertrag sieht für die Gewinn- und Verlustverteilung keine besondere Regelung vor. Eine Nachschusspflicht ist nicht festgelegt.
>
> Frau Kampen wurde von der Gesellschafterversammlung zur alleinigen Geschäftsführerin gewählt.

66. In welchem Fall kommt mit der Elektro GmbH ein Kaufvertrag zustande?
- a) Die Geschäftsführerin bestellt auf ein freibleibendes Angebot.
- b) Die Geschäftsführerin bestellt auf ein verbindliches Angebot und ändert nur die Angabe „unfrei" in „frei dort".
- c) Die Geschäftsführerin erhält ein telefonisches Angebot und nimmt am nächsten Tag eine schriftliche Bestellung vor.
- d) Ein Hersteller sendet unbestellte Ware zu. Die Geschäftsführerin bewahrt die Ware auf ohne sie zu bezahlen.
- e) Ein Hersteller sendet unbestellte Ware zu. Die Geschäftsführerin begleicht die beigefügte Rechnung.

67. Welches von Frau Kampen für die Elektro GmbH getätigte Rechtsgeschäft muss notariell beurkundet werden?
- a) Sie übernimmt für einen guten Kunden eine Kreditbürgschaft.
- b) Sie schließt einen Kaufvertrag mit erweitertem Eigentumsvorbehalt ab.
- c) Sie beantragt schriftlich eine Änderung der Handelsregistereintragung.
- d) Sie kauft ein Grundstück mit einer Lagerhalle.
- e) Sie mietet eine Lagerhalle für ein Jahr.

68. Im abgelaufenen Geschäftsjahr wurde von der Elektro GmbH ein Gewinn von 100.000 € erwirtschaftet. Wie viel T€ vom Gewinn erhält der Gesellschafter Rülle? Tragen Sie das Ergebnis in das Kästchen ein!

HANDELS- UND GESELLSCHAFTSRECHT — WISO 3

69. Frau Kampen scheidet am 1. Mai als Gesellschafterin aus der Elektro GmbH aus. An diesem Tag endet auch ihre Tätigkeit als Geschäftsführerin. Der Gesellschafter Rülle hat die Stammeinlage der Gesellschafterin Kampen übernommen. Was hat dies zur Folge?
a) Mit der Übernahme der Stammeinlage von Frau Kampen fällt Herrn Rülle die Tätigkeit als Geschäftsführer automatisch zu.
b) Als Gesellschafter mit der größten Stammeinlage steht Herrn Rülle allein die Bestellung eines neuen Geschäftsführers zu.
c) Durch die Übernahme der Stammeinlage von Frau Kampen erhöht sich der Stimmrechtsanteil von Herrn Rülle in der Gesellschaftsversammlung von bisher 150 auf 200 der insgesamt 500 Stimmen.
d) Bis zur Wahl eines neuen Geschäftsführers übt Herr Rülle nach dem GmbH-Gesetz kommissarisch die Tätigkeit des Geschäftsführers aus.
e) Herr Rülle muss sich nach dem GmbH-Gesetz die Übernahme der Stammeinlage auf der nächsten Gesellschafterversammlung noch genehmigen lassen.

Zu den nächsten zwei Aufgaben siehe nachstehende Situation!

> Der kaufmännische Angestellte Werner Schick hat in England einen guten Anzugstoff gekauft und will sich von der Schneiderei Böck GmbH einen Maßanzug fertigen lassen. Die Schneiderei Böck GmbH erstellt für Herrn Schick ein entsprechendes Angebot und fügt die Allgemeinen Geschäftsbedingungen der Schneiderei Böck GmbH bei, die unter anderem den Passus enthalten, dass bei Anfertigung eines Maßanzuges dazu die passenden Schuhe von dem Schuhhaus Erwin Probst gekauft werden müssen.
>
> Die Schneiderei Böck GmbH verpflichtet sich, für Herrn Schick einen Maßanzug zum Preis von 600 € anzufertigen und diesen kalendermäßig bestimmt (fix) am 15. Juli frei Haus zu liefern. Herr Schick verpflichtet sich, den Anzugstoff zur Verfügung zu stellen und den Preis am vereinbarten Tag der Lieferung zu bezahlen.
>
> Herr Schick erklärt sich mit der Geltung der AGB einverstanden, obwohl er sie nicht gelesen hat. Anschließend wird noch mündlich vereinbart, dass bei der Anfertigung des Anzugs die von Herrn Schick ausgewählten Knöpfe verwendet werden.

70. Wie stellt sich die Rechtslage für Herrn Schick dar, wenn die Schneiderei Böck GmbH ihre Verpflichtungen nicht einhält?
a) Wenn die Schneiderei Böck GmbH den Liefertermin 15. Juli schuldhaft überschreitet, kann Herr Schick ohne Nachfristsetzung Schadenersatz wegen Nichterfüllung verlangen.
b) Wenn die Schneiderei Böck GmbH den Liefertermin 15. Juli schuldhaft überschreitet, muss Herr Schick erst eine angemessene Nachfrist setzen, bevor er weitere Schritte unternehmen kann.
c) Wenn der gelieferte Anzug einen offenen Mangel aufweist, braucht Herr Schick keine Rügefristen zu beachten.
d) Wenn der gelieferte Anzug einen offenen Mangel aufweist, hat Herr Schick nur die Möglichkeit des Vertragsrücktritts.
e) Wenn der gelieferte Anzug einen versteckten Mangel aufweist, kann Herr Schick nur eine Minderung des Kaufpreises verlangen.

71. Herr Schick und die Schneiderei Böck GmbH vertreten unterschiedliche Auffassungen über die Gültigkeit der dem Angebot beigefügten AGB. Welche der vertretenden Meinungen trifft entsprechend dem abgebildeten Auszug aus dem AGB-Gesetz zu?
a) Die AGB sind kein Vertragsbestandteil geworden, da Herr Schick sie nicht gelesen hat.
b) Die mündlich getroffenen Vertragsvereinbarungen sind rechtlich unwirksam, da die AGB Vorrang vor individuellen Abreden haben.
c) Wenn die AGB auch nur einen Punkt beinhalten, der gegen die Bestimmungen zu den AGBs verstößt, ist der gesamte Vertrag nichtig.
d) Die Bedingung in den AGB, dass bei Anfertigung eines Maßanzuges dazu passende Schuhe bei dem Schuhhaus Erwin Probst gekauft werden müssen, ist so ungewöhnlich, dass Herr Schick nicht damit zu rechnen braucht. Die Bedingung wird folglich nicht Vertragsbestandteil.
e) Zweifel bei der Auslegung der AGB gehen zu Lasten des Kunden Schick.

72. Welche zwei Aussagen treffen nicht auf die GmbH zu?
a) Die Unternehmergesellschaft (UG) ist strukturell eine Variante der GmbH.
b) Die Unternehmergesellschaft (UG) kann bereits ab einem Euro Mindesteinlage gegründet werden.
c) Der Gründer einer Unternehmergesellschaft (UG) ist verpflichtet, mindestens 25 % des Jahresgewinns als Rücklage anzusammeln.
d) Eine Ein-Euro-GmbH ist identisch mit der Ein-Mann-GmbH.
e) Die Unternehmergesellschaft (UG) muss im Firmennamen den ungekürzten Zusatz „haftungsbeschränkt" enthalten.
f) Der Zusatz „haftungsbeschränkt" muss auch dann im Firmennamen enthalten bleiben, wenn die Rücklage die gesetzlich vorgeschriebene Höhe von 25.000,00 € erreicht hat.

WISO 4 — INVESTITION UND FINANZIERUNG

1. **Ein Unternehmer aus Frankfurt möchte eine Auskunft über die Bonität einer ihm bisher unbekannten Einzelfirma in München einholen. Welche Aussage dazu ist richtig?**
   a) Die SCHUFA (Schutzgemeinschaft für allgemeine Kreditsicherung) gibt dem Großhändler ohne Vorbehalte Auskunft über die Bonität.
   b) Das Amtsgericht Frankfurt gibt dem Großhändler Auskunft über die Vermögensverhältnisse.
   c) Das Amtsgericht München gibt dem Großhändler Auskunft über den Schuldenstand und die Rechtsform des Unternehmens.
   d) Die IHK Frankfurt gibt dem Großhändler Auskunft über die Zahlungsmoral.
   e) Gewerbsmäßige Auskunfteien geben unter Vorbehalt dem Großhändler Auskünfte.

2. **Die GmbH holt bei Neukunden zunächst eine schriftliche Auskunft über die Bonität des Kunden ein. Welche Angabe ist in der Antwort der Auskunftei _nicht_ enthalten?**
   a) Höhe des Warenumsatzes, z.B. 480.000,00 €
   b) Anzahl der Artikel am Lager, z.B. 20.000 Artikel
   c) Eigentumsverhältnisse, z.B. eigenes Geschäftshaus
   d) Unternehmungsform, z.B. OHG
   e) Reingewinn im letzten Geschäftsjahr, z.B. 70.000,00 €

3. **Der Sachbearbeiter einer GmbH prüft am 17. Mai die von ihren Kunden erhaltenen Schecks auf ihre formale Gültigkeit. Welcher Scheck ist auszusondern und dem Absender zurückzugeben?**
   a) Der Scheck des Kunden Reiter, da dieser auf den 17. Juni vordatiert ist.
   b) Der Scheck des Kunden Heilmeier, da auf diesem die Überbringerklausel gestrichen ist.
   c) Der Scheck des Kunden Ballermann, da sich auf diesem nur der Firmenstempel, aber keine Unterschrift befindet.
   d) Der Scheck des Kunden H & D, da auf diesem kein Empfänger eingesetzt ist.
   e) Der Scheck des Kunden Lambert & Hofer, da auf diesem der Scheckbetrag in Ziffern mit 168, in Buchstaben aber mit einhundertsechsundachtzig angegeben ist.

4. **Eine GmbH deckt ihren Finanzbedarf auch auf dem Wege der Kreditaufnahme. In welchem Fall nimmt das Unternehmen einen Lieferantenkredit in Anspruch?**
   a) Die GmbH übergibt zur Absicherung eines Kredites für den Kauf eines neuen Zustellfahrzeuges den Kfz-Brief der Hausbank.
   b) Die GmbH reicht den von dem Kunden U. Spanger erhaltenen Scheck bei der Hausbank ein.
   c) Die Hausbank der GmbH übernimmt für die Großhandels GmbH eine Ausfallbürgschaft beim Erwerb eines Grundstückes im Bundesland Sachsen.
   d) Die GmbH zahlt eine Rechnung erst am Ende des eingeräumten Zahlungsziels von 60 Tagen.
   e) Die Herstellerfirma Technophon gewährt der GmbH einen Sonderrabatt für einen Großauftrag.

5. **Die GmbH steht vor der Entscheidung, auf Lieferantenkredite zu Gunsten von Bankkrediten zu verzichten. Wie ist dieses Vorhaben zu beurteilen?**
   a) Eine Entscheidung braucht nicht getroffen zu werden, weil Lieferantenkredite und Bankkredite ohnehin nicht vergleichbar sind.
   b) Dem Vorhaben ist zuzustimmen, weil die Jahreszinsen für einen Lieferantenkredit in der Regel wesentlich höher sind als für Bankkredite.
   c) Dem Vorhaben ist nicht zuzustimmen, weil beim Lieferantenkredit kein Skonto mehr in Abzug gebracht werden könnte.
   d) Dem Vorhaben ist zuzustimmen, weil durch den Lieferantenkredit die Geschäftsbeziehungen zu den Lieferern verbessert werden.
   e) Dem Vorhaben ist nicht zuzustimmen, weil durch die Inanspruchnahme von Bankkrediten immer nur unnötige Kosten entstehen.

6. **Die GmbH hat die Absicht, einen Dienstleister mit dem Forderungseinzug zu beauftragen, der auch die damit verbundenen Risiken trägt. Wie wird diese Dienstleitung bezeichnet?**
   a) Als Beteiligungsfinanzierung
   b) Als Finanz-Leasing
   c) Als Factoring
   d) Als Lieferantenkredite
   e) Als Operate-Leasing

INVESTITION UND FINANZIERUNG

7. Was ist im Zusammenhang mit Factoring unter der Delkrederefunktion zu verstehen?
   a) Die Forderung wird vor der Fälligkeit an den Factor verkauft.
   b) Der Factor übernimmt alle Arbeiten, die mit der Eintreibung der Forderung zusammenhängen.
   c) Der Factor kauft nur Forderungen mit guter Bonität auf.
   d) Der Factor übernimmt das Risiko des Forderungsausfalls.
   e) Der Factor verbessert die Liquidität seines Kunden.

8. Welche Aussage über Factoring ist richtig?
   a) Es handelt sich um einen Kreditvertrag zwischen einem Großhändler und einem Finanzierungsinstitut, an das Forderungen sicherungsweise abgetreten werden.
   b) Es handelt sich um eine Eigenfinanzierung im Einzelhandel, die durch Großhändler angeboten und finanziert werden.
   c) Es handelt sich um den Ankauf von Forderungen aus Warenlieferungen oder Dienstleistungen durch ein Finanzierungsinstitut.
   d) Es handelt sich um die Vermietung oder Verpachtung von Waren oder Dienstleistungen durch ein Finanzierungsinstitut.
   e) Es handelt sich um die Vermietung oder Verpachtung von beweglichen oder unbeweglichen Gütern durch Finanzierungsinstitute.

9. Ordnen Sie die folgenden Schritte zum Factoring in die richtige Reihenfolge!
   [ ] Ein Factoring-Institut kauft die Forderungen der GmbH.
   [ ] Die GmbH schließt einen Factoring-Vertrag mit dem Factoring-Institut.
   [ ] Die GmbH liefert Waren auf Ziel an das Einzelhandelsunternehmen Müller zum Netto-Warenwert von 1.500,00 €.
   [ ] Einzelhändler Müller überweist dem Factoring-Institut nach Ablauf des Zahlungsziels 1.500,00 € zuzüglich Umsatzsteuer.
   [ ] Die GmbH erhält unverzüglich von dem Factoring-Institut den Forderungsbetrag abzüglich Provision und Zinsen und schickt dem Einzelhändler Müller eine Rechnung über 1.500,00 € zuzüglich Umsatzsteuer.

10. Ordnen Sie zu!

Beispiele
   a) Mieten einer Datenverarbeitungsanlage
   b) Abtretung von Forderungen
   c) Verkauf von Forderungen an eine Bank
   d) Aufnahme eines neuen Gesellschafters
   e) Finanzierung aus Abschreibungsgegenwerten
   f) Aufnahme eines Darlehens

Finanzierungsarten
   [ ] Selbstfinanzierung
   [ ] Kreditfinanzierung
   [ ] Factoring
   [ ] Eigenfinanzierung

11. Ein Unternehmer verkauft einer Bank seine offenen Buchforderungen. Er erhält dafür von der Bank als Gegenwert 90% der Forderungen abzüglich Zinsen und Provision. Um welche Finanzierungsart handelt es sich?
   a) Leasing
   b) Factoring
   c) Wechseldiskontkredit
   d) Sicherungsübereignungskredit
   e) Lombardkredit

12. Eine neue DV-Anlage soll geleast werden. Welcher Vorteil ergibt sich daraus für das Unternehmen?
   a) Das Unternehmen ist sofort Eigentümer der Anlage.
   b) Die DV-Anlage wird von Bankinstituten als Sicherheit für weitere Kredite akzeptiert.
   c) Das Unternehmen muss keinen Kredit aufnehmen, um die DV-Anlage zu finanzieren.
   d) Dem Unternehmen fallen keine regelmäßigen Kosten für die Anlage an, da Abschreibungen entfallen.
   e) Leasing ist in jedem Fall kostengünstiger als eine Anschaffung der Anlage durch eigene Mittel.

13. Ordnen Sie zu!

Möglichkeiten (Vorgänge)
   a) Der Gewinn wird nicht ausgeschüttet.
   b) Ein neuer Gesellschafter wird aufgenommen.
   c) Eine EDV-Anlage wird gemietet.
   d) Verkauf von Forderungen an ein Kreditinstitut
   e) Abtretung von Forderungen zur Kreditsicherung
   f) Zur Erweiterung der EDV-Anlage wird ein Darlehen aufgenommen.

Finanzierungsarten
   [ ] Leasing
   [ ] Factoring
   [ ] Selbstfinanzierung

WISO 4 — INVESTITION UND FINANZIERUNG

14. Welche Aussage zu einem Leasinggeschäft ist zutreffend?
a) Die Leasingausgaben können nicht als Betriebsausgaben geltend gemacht werden.
b) Bei Leasinggebühren fällt immer der reduzierte Steuersatz an.
c) Durch Leasing wird der Leasingnehmer nach Ablauf der Leasingdauer stets Eigentümer des Leasingobjektes.
d) Bei Leasing ist das Risiko der Veralterung des Leasingobjektes für den Leasingnehmer durch entsprechend kurze Leasinglaufzeiten eingrenzbar.
e) Ein Leasingvertrag kann grundsätzlich nur über unbewegliche Vermögensgegenstände geschlossen werden.
f) Ein Leasingvertrag kann grundsätzlich nur über bewegliche Vermögensgegenstände geschlossen werden.

15. Welche zwei Aussagen zu Darlehen bzw. Kontokorrentkredit sind zutreffend?
a) Im Darlehensvertrag muss die Höhe der Tilgung des Darlehens festgelegt sein.
b) Nimmt man einen Kontokorrentkredit in Anspruch, fallen Habenzinsen an.
c) Ein Darlehen kann auch nur teilweise beansprucht werden. Der nicht abgerufene Teil verursacht in keinem Fall Kosten.
d) Der Kreditnehmer kann selbst entscheiden, wann er den Kontokorrentkredit in Anspruch nimmt.
e) Kontokorrent kann immer nur in gleichbleibender Höhe in Anspruch genommen werden.
f) Beim Darlehen ist der Zinssatz in der Regel höher als beim Kontokorrentkredit.

16. Welche Aussage zu Krediten ist richtig?
a) Ein Kreditvertrag kommt durch die Überprüfung der Kreditwürdigkeit des Kreditnehmers zustande.
b) Beim Kreditvertrag ist der Schuldner der Kreditgeber.
c) Wird eine Bürgschaft als Kreditsicherheit vereinbart, so handelt es sich um einen Realkredit.
d) Bei einem Warenkredit kann als Kreditsicherheit die Lieferung der Ware unter Eigentumsvorbehalt dienen.
e) Eine Grundschuld kann nur als Sicherheit für einen Kredit gewählt werden, wenn auch eine Forderung besteht.

17. Finanzierungsvorgänge sollen zugeordnet werden. In welchem Fall liegt eine Finanzierung von Investitionen in das Umlaufvermögen vor?
a) Bereitstellung von Finanzmitteln für die Erhöhung der Beteiligung an einer Tochtergesellschaft.
b) Bereitstellung von Finanzmitteln für den 1. Bauabschnitt zur Erweiterung des Geschäftsgebäudes
c) Bereitstellung von Finanzmitteln für die Beschaffung.
d) Bereitstellung von Finanzmitteln zur Ersatzbeschaffung von Lieferfahrzeugen
e) Bereitstellung von Finanzmitteln für die vorzeitige Tilgung von Krediten

18. Folgender Investitionsplan liegt vor. Wie hoch ist der geplante Kapitalbedarf für das Umlaufvermögen? Tragen Sie das Ergebnis in das Kästchen ein!

Investitionsvorhaben	Kapitalbedarf
Kauf eines LKW	70.000,00 €
Kauf einer neuen Ladenausstattung	30.000,00 €
Aufstockung des Warenbestandes	120.000,00 €
Neubau einer Garage	20.000,00 €
Installationskosten für Vernetzung der PC-Anlage	8.000,00 €

19. Auf Grund eines Kreditvertrages ist ein Großhändler verpflichtet, Kopien seiner Ausgangsrechnungen an seine Hausbank zu geben. Welche Art der Kreditsicherung ist mit der Bank vereinbart?
a) Grundschuld
b) Sicherungsübereignung
c) Hypothek
d) Zession
e) Bürgschaftskredit

INVESTITION UND FINANZIERUNG — WISO 4

20. **Zur Sicherung eines Bankkredites tritt ein Großhändler Kundenforderungen ohne Benachrichtigung seiner Kunden an die Bank ab. Wie nennt man diese Finanzierungsart?**
    a) Stille Zession
    b) Offene Zession
    c) Sicherungsübereignung
    d) Factoring
    e) Leasing

Die nächsten zwei Aufgaben gehören zusammen!

> Die Hausbank einer GmbH ist bereit, den Kontokorrentrahmen von derzeit 800.000,00 € auf 950.000,00 € zu erhöhen.

21. **Die GmbH tendiert dazu, das Angebot der Hausbank zur Erhöhung des Kontokorrentrahmens anzunehmen. Welchen Vorteil hat die GmbH von einem Kontokorrentkredit?**
    a) Durch einen Kontokorrentkredit kann die GmbH finanzielle Engpässe ohne Formalitäten und Rückfragen bei der Hausbank im vereinbarten Rahmen überbrücken.
    b) Ein Kontokorrentkredit ist in betragsmäßig und zeitlich festgelegten Rückzahlungen zu tilgen.
    c) Die Zinsen für einen Kontokorrentkredit liegen in der Regel unter dem Leitzinssatz der EZB.
    d) Bei einem Kontokorrentkredit werden die Zinsen bei Vertragsschluss berechnet und der Kreditsumme zugeschlagen.
    e) Der Kontokorrentkredit wird in der Regel durch eine Hypothek abgesichert.

22. **Das Angebot der Hausbank wird von der GmbH angenommen. Welches Recht erlangt die Hausbank mit Abschluss des Vertrages?**
    a) Sie erlangt Rechte, die denen der Mitarbeiter der GmbH entsprechen.
    b) Sie erlangt das Recht auf Verzinsung des Sollsaldos auf dem Kontokorrentkonto der GmbH.
    c) Sie erlangt das Recht auf Gewinnbeteiligung.
    d) Sie erlangt das Recht, am künftigen Vermögenswachstum der GmbH beteiligt zu sein.
    e) Sie erlangt das Recht, bei der Erstellung der künftigen Finanzplanung der GmbH mitzubestimmen.

23. **Was versteht man unter Sicherungsübereignung?**
    a) Der Gläubiger übernimmt entbehrliche Sachen in Verwahrung, nach Bezahlung der Schuld händigt er sie wieder dem Schuldner aus.
    b) Der Gläubiger behält sich zu seiner Sicherheit solange das Eigentum an einem gekauften Gegenstand vor, bis der Gegenstand vollständig bezahlt ist.
    c) Der Schuldner überlässt dem Gläubiger einen Teil des Betriebsgrundstückes zur Sicherheit; ein entsprechender Vermerk wird in das Grundbuch eingetragen.
    d) Der Besitz einer Sache wird auf den Gläubiger übertragen; Eigentümer bleibt der Schuldner.
    e) Das Eigentum an einem Gegenstand wird auf den Gläubiger übertragen; dieser überlässt aber den Gegenstand dem Schuldner zur Nutzung.

24. **Zur Absicherung eines Kredits für den Kauf eines neuen Lkw übergibt eine GmbH der Bank den Kfz-Brief. Wie wird diese Finanzierungsart bezeichnet?**
    a) Delkredere
    b) Kontokorrent
    c) Factoring
    d) Leasing
    e) Sicherungsübereignung

25. **Welche Aussage über Kreditsicherheiten ist richtig?**
    a) Bei der selbstschuldnerischen Bürgschaft kann sich der Gläubiger gleich an den Bürgen wenden, ohne die Forderung vorher bei dem Schuldner einzuklagen.
    b) Eine Grundschuld ist an die Forderung gebunden und damit die ideale Sicherheit für einen Kontokorrentkredit.
    c) Bei der Verpfändung wird der Gläubiger Eigentümer, der Schuldner bleibt Besitzer des verpfändeten Gegenstandes.
    d) Bei der Ausfallbürgschaft haftet der Bürge wie der Schuldner. Der Gläubiger kann sich aussuchen, wen er in Anspruch nimmt.
    e) Bei der Sicherungsübereignung wird der Gläubiger Besitzer, der Schuldner bleibt Eigentümer des Sicherungsgegenstandes.

WISO 4 — INVESTITION UND FINANZIERUNG

26. **Ordnen Sie zu!**

    Kreditarten
    a) Hypothekarkredit
    b) Zessionskredit
    c) Blankokredit
    d) Bürgschaftskredit
    e) Diskontkredit
    f) Akzeptkredit
    g) Sicherungsübereignungskredit

    Kreditsicherungsmittel

    [ ] Forderungen aus Warenlieferungen und Leistungen

    [ ] Kraftfahrzeuge

    [ ] Grundstücke

27. **Für eine Kreditaufnahme zum Bau einer Lagerhalle wird ein bebautes Grundstück als Sicherheit angeboten. Welche Kreditsicherungsart kommt hierfür in Frage?**
    a) Bürgschaft
    b) Grundschuld
    c) Lombard
    d) Zession
    e) Sicherungsübereignung

28. **Ein Unternehmer nimmt bei seiner Bank einen kurzfristigen Kredit auf und hinterlegt (verpfändet) als Sicherheit Wertpapiere. Wie bezeichnet man diese Kreditart?**
    a) Bürgschaftskredit
    b) Lombardkredit
    c) Diskontkredit
    d) Zessionskredit
    e) Hypothekarkredit

29. **Bei welcher Finanzierungsart handelt es sich um Selbstfinanzierung?**
    a) Finanzierung über Einlagen
    b) Finanzierung aus Gewinnen
    c) Finanzierung über Darlehen
    d) Factoring
    e) Leasing

30. **Eine GmbH beschließt, eine neue Lagerhalle zu bauen, die sie mit eigenen Mitteln finanzieren möchte. Welchen Vorteil hat diese Eigenfinanzierung?**
    a) Es fallen nur Kapitalbeschaffungskosten an.
    b) Die GmbH kann die Rückzahlungsraten an die Hausbank selbst bestimmen.
    c) Es ist keine Tilgung erforderlich.
    d) Durch die Eigenfinanzierung können steuerliche Vorteile geltend gemacht werden.
    e) Die Zinsen mindern die Steuerlast.

31. **Ordnen Sie zu!**

    Aussagen zu Kreditsicherheiten

    a) Eine Person verpflichtet sich, für die Erfüllung der Verbindlichkeiten des Schuldners einzustehen.
    b) Ein Anlagegut geht in das Eigentum des Gläubigers über, der Schuldner bleibt Besitzer.
    c) Die Ware geht erst mit vollständiger Bezahlung in das Eigentum des Käufers über.
    d) Es erfolgt eine Eintragung im Grundbuch.
    e) Der Käufer leistet ein Akzept.
    f) Es werden Effekten verpfändet.
    g) Es werden Forderungen aus Kaufverträgen abgetreten.

    Kreditsicherheiten

    [ ] Bürgschaft

    [ ] Zession

    [ ] Hypothek

32. **Eine GmbH finanziert sich aus verschiedenen Quellen. Welche Finanzierungsart gehört zur Fremdfinanzierung?**
    a) Finanzierung aus Abschreibungen
    b) Finanzierung aus Beteiligungen
    c) Finanzierung durch Verzicht auf Gewinnentnahme
    d) Finanzierung durch Lieferkredite
    e) Finanzierung aus der Auflösung von Rücklagen

INVESTITION UND FINANZIERUNG

WISO 4

33. Welche Finanzierungsart zählt zur Außenfinanzierung?
    a) Finanzierung aus Abschreibungen
    b) Finanzierung aus Gewinnen
    c) Finanzierung aus Beteiligungen
    d) Finanzierung aus Rückstellungen
    e) Finanzierung durch Auflösung von Rücklagen

34. Die Gesellschafter einer KG beschließen, selbst neues Kapital in die Gesellschaft einzubringen, um eine fällige größere Investition finanzieren zu können. Welche Arten der Finanzierung liegen in diesem Fall vor?
    a) Innen- und Fremdfinanzierung
    b) Innen- und Eigenfinanzierung
    c) Innen- und Selbstfinanzierung
    d) Außen- und Fremdfinanzierung
    e) Außen- und Eigenfinanzierung
    f) Außen- und Selbstfinanzierung

35. Bei welchem der folgenden Geldgeschäfte einer Großhandels KG handelt es sich um Eigenfinanzierung?
    a) Die KG nimmt bei der Kreissparkasse ein größeres Darlehen auf und lässt als Sicherung eine Grundschuld auf das Geschäftsgrundstück eintragen.
    b) Die KG überzieht ihr Konto bei der Kreissparkasse im Rahmen der geduldeten Überziehung.
    c) Die KG bietet einem Lieferer die Zahlung einer fälligen Rechnung mit einem vordatierten Scheck an.
    d) Die KG vereinbart mit einem Kunden, dass dieser für einen Großauftrag eine Anzahlung leistet.
    e) Ein Kommanditist der KG erhöht seine Kapitaleinlage, damit eine größere Investition getätigt werden kann.

36. In einem Kreditvertrag zwischen einer GmbH und ihrer Hausbank liegt folgende Vereinbarung vor: „Die Bank wird die Abtretung der Forderungen vorläufig nicht an den Drittschuldner der abgetretenen Forderungen anzeigen, ist jedoch nach ihrem Ermessen jederzeit dazu berechtigt." Um welche Kreditsicherung handelt es sich, wenn die Bank tatsächlich von diesem Recht Gebrauch macht?
    a) Um Factoring
    b) Um eine offene Zession
    c) Um Forfaitierung
    d) Um eine Sicherungsübereignung
    e) Um einen Lombardkredit

37. Welche Aussage trifft auf die Selbstfinanzierung zu?
    a) Es entstehen hohe Kapitalbeschaffungskosten.
    b) Es müssen laufend Tilgungszahlungen geleistet werden.
    c) Die Kreditwürdigkeit des Unternehmens vermindert sich.
    d) Sie vollzieht sich außerhalb des Kapitalmarkts.
    e) Es sinken die Schulden real, wenn Inflation besteht.
    f) Dadurch werden Fehlinvestitionen vermieden.

38. Welche Maßnahme führt zur Erhöhung des Eigenkapitals und ist über eigene Mittel finanziert?
    a) Ein benachbartes Grundstück wird für 10 Jahre geleast.
    b) Der Komplementär bringt einen neuen PKW in das Geschäftsvermögen ein.
    c) Für den Neubau einer Lagerhalle wird eine zinsgünstige Hypothek aufgenommen.
    d) Für die Lagerung von Autolacken wird eine neuwertige Lagerhalle gepachtet.
    e) Die neue Verpackungsanlage wird uns vom Lieferanten nach Vereinbarung einer Sicherungsübereignung zur Verfügung gestellt.

39. Bei welcher Finanzierungsart handelt es sich um Innenfinanzierung?
    a) Leasing
    b) Factoring
    c) Finanzierung über Wechsel
    d) Finanzierung aus Gewinnen
    e) Finanzierung über Einlagen

WISO 5 — MARKT UND PREIS/WIRTSCHAFTSORDNUNG

1. **Welche Situation kennzeichnet ein Marktgleichgewicht?**
   a) Bei einem Preis von 125 € werden 250 Stück nachgefragt.
   b) Bei einem Preis von 90 € wird eine Menge von 180 Stück angeboten und nachgefragt.
   c) Bei einem Preis von 40 € werden 310 Stück angeboten.
   d) Bei einem Preis von 40 € werden 80 Stück nachgefragt.
   e) Bei einem Preis von 125 € werden 80 Stück angeboten.

2. **Welche Aussage zum Preis P der graphischen Darstellung ist richtig?**
   a) Zum Preis P entspricht die angebotene Menge der nachgefragten.
   b) Zum Preis P ist die angebotene Menge größer als die nachgefragte.
   c) Zum Preis P findet kein Umsatz statt.
   d) Zum Preis P wird die Menge m1 abgesetzt.
   e) Zum Preis P wird die Menge m2 abgesetzt.

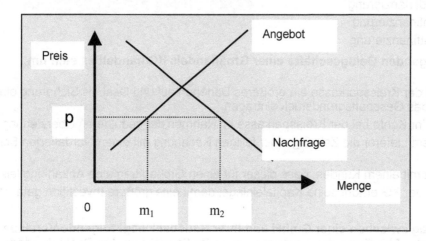

3. **Welche Abbildung zeigt, dass bei einer deutlichen Erhöhung des Preises die Gesamtnachfrage nur gering zurückgegangen ist?**

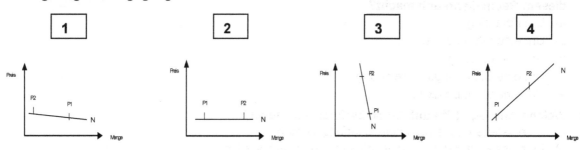

   a) Abbildung 1
   b) Abbildung 2
   c) Abbildung 3
   d) Abbildung 4
   e) Keine davon

4. **Welcher Vorgang führt im Modell der freien Marktwirtschaft zu einer Preissenkung?**
   a) Die Nachfrage geht bei gleichbleibendem Angebot zurück.
   b) Die Nachfrage steigt stärker als das Angebot.
   c) Die Nachfrage steigt bei gleichbleibendem Angebot.
   d) Die Nachfrage und das Angebot bleiben gleich.
   e) Die Nachfrage steigt bei sinkendem Angebot.

5. **Dem Marktpreis werden im System der Marktwirtschaft verschiedene Aufgaben (Funktionen) zugeschrieben. Welche Aufzählung ist richtig?**
   a) Finanzierungsfunktion – Ausgleichsfunktion – Signalfunktion
   b) Finanzierungsfunktion – Zielfunktion – Ausgleichsfunktion
   c) Lenkungsfunktion – Ausgleichsfunktion – Signalfunktion
   d) Lenkungsfunktion – Zielfunktion – Risikofunktion

MARKT UND PREIS/WIRTSCHAFTSORDNUNG — WISO 5

    e) Investitionsfunktion – Zielfunktion – Ausgleichsfunktion
    f) Investitionsfunktion – Finanzierungsfunktion – Signalfunktion

6. **Welche Aussage beschreibt ein Merkmal des vollkommenen Marktes?**
    a) Die auf dem Markt gehandelten Güter weisen Qualitätsunterschiede auf.
    b) Es wird Werbung für die angebotenen Güter betrieben.
    c) Alle Marktteilnehmer reagieren sofort auf Veränderungen.
    d) Die Kaufentscheidung wird durch Gefühle der Käufer beeinflusst.
    e) Die Anbieter besitzen geringe Kenntnisse über die Nachfrage.

7. **Was sind Voraussetzungen für einen vollkommenen Markt?**
    a) Vollkommene Markttransparenz, homogene Güter, gleiches verfügbares Einkommen der Haushalte
    b) Vollkommene Markttransparenz, keine Präferenzen der Nachfrager, homogene Güter, gleiche Faktorkosten der Anbieter
    c) Vollkommene Markttransparenz, keine Präferenzen, homogene Güter
    d) Vollkommene Markttransparenz, übereinstimmende Bedürfnisstruktur der Nachfrage, homogene Güter, gleiche Faktorkosten der Anbieter
    e) Vollkommene Markttransparenz, keine Präferenzen der Nachfrager, homogene Güter, gleiches verfügbares Einkommen der Haushalte

8. **Welche drei Merkmale treffen für den unvollkommenen Markt zu?**
    a) Jeder Marktteilnehmer ist vollständig über das Marktgeschehen informiert.
    b) Die angebotenen Güter unterscheiden sich in Art und Qualität.
    c) Der Markt ist transparent, also durchsichtig.
    d) Der Anbieter kann für seine Produkte regional unterschiedliche Preise verlangen.
    e) Sachliche Präferenzen bestehen nicht.
    f) Räumliche Bevorzugungen bestehen nicht.
    g) Die Nachfrager lassen sich in ihren Kaufentscheidungen durch Werbemaßnahmen beeinflussen.

9. **Auf einem Gütermarkt stehen drei Anbieter vielen Nachfragern gegenüber. Um welche Marktform handelt es sich?**
    a) Angebotsmonopol
    b) Angebotsoligopol
    c) Nachfragemonopol
    d) Nachfrageoligopol
    e) Angebotspolypol

10. **Ordnen Sie zu!**

    Beispiele
    a) Ein Anbieter, ein Nachfrager
    b) Ein Anbieter, viele Nachfrager
    c) Wenige Anbieter, ein Nachfrager
    d) Wenige Anbieter, wenige Nachfrager
    e) Wenige Anbieter, viele Nachfrager
    f) Viele Anbieter, ein Nachfrager
    g) Viele Anbieter, viele Nachfrager

    Marktformen
    [ ] Zweiseitiges Monopol
    [ ] Nachfragepolypol bei Angebotsmonopol
    [ ] Zweiseitiges Oligopol

11. **Welche Ziffer in der Matrix stellt die Marktform des Polypols dar?**

Marktformen	Viele Nachfrager	Wenige Nachfrager	Ein Nachfrager
Viele Anbieter	1	2	3
Wenige Anbieter	4	5	6
Ein Anbieter	7	8	8

12. **Welche Ziffer in der Matrix stellt die Marktform des Angebotsoligopols dar?**

Marktformen	Viele Nachfrager	Wenige Nachfrager	Ein Nachfrager
Viele Anbieter	1	4	7
Wenige Anbieter	2	5	8
Ein Anbieter	3	6	9

MARKT UND PREIS/WIRTSCHAFTSORDNUNG

13. Welche Aussage zur Preispolitik des Angebotsmonopolisten ist richtig?
 a) Der Monopolist kann ohne Wirkung auf die Absatzmenge den Preis beliebig festsetzen.
 b) Der Monopolist kann ohne Veränderung des Preises die Absatzmenge beliebig festsetzen.
 c) Der Gesamtgewinn des Monopolisten wächst proportional zur Erhöhung des Monopolpreises.
 d) Der Monopolist kann entweder den Preis oder die Absatzmenge festlegen.
 e) Der Monopolist braucht bei seiner Preispolitik das Nachfrageverhalten nicht zu berücksichtigen.

14. Welche Aussage trifft für das Modell der Preisbildung des Oligopols zu?
 a) Der Oligopolist muss bei seiner Preisfestsetzung sowohl die Reaktionen der Nachfrager als auch die seiner Konkurrenten berücksichtigen.
 b) Der Oligopolist muss bei seiner Preisfestsetzung nur die Reaktionen seiner Konkurrenten berücksichtigen.
 c) Der Oligopolist braucht bei seiner Preisgestaltung keine Rücksicht auf andere Marktteilnehmer zu nehmen.
 d) Der Oligopolist muss bei seiner Preisfestsetzung nur die Reaktion der Nachfrager berücksichtigen.
 e) Der Oligopolist lässt sich bei seiner Preisgestaltung von seinen Produktionskosten leiten.

15. In letzter Zeit haben einige große Hersteller von Elektronik-Chips fusioniert, sodass nur wenige Chip-Hersteller weltweit Steuerungs-Chips an Elektrogeräteproduzenten anbieten. Welche Marktform auf dem Markt für Steuerungs-Chips trifft zu?
 a) Angebots-Monopol
 b) Nachfrage-Oligopol
 c) Polypol
 d) Angebots-Oligopol
 e) Nachfrage-Monopol

Zu den nächsten zwei Aufgaben!

Auf einem Markt mit vollkommener Konkurrenz haben Verkäufer und Käufer folgende Preis/Mengen-Vorstellungen:

Verkäufer		Käufer	
Menge	Preis	Menge	Preis
2 kg	für 10 €	2 kg	für 2 €
1,5 kg	für 8 €	1,5 kg	für 4 €
1 kg	für 6 €	1 kg	für 6 €
0,5 kg	für 4 €	0,75 kg	für 8 €
		0,5 kg	für 10 €

16. Wie nennt man den Preis, der sich an diesem Markt bildet?
 a) Höchstpreis
 b) Mindestpreis
 c) Monopolpreis
 d) Gleichgewichtspreis
 e) Festpreis
 f) Richtpreis

17. Wie viel € beträgt der Preis pro kg, der sich an diesem Markt bildet?
 a) 2 €
 b) 4 €
 c) 6 €
 d) 8 €
 e) 10 €

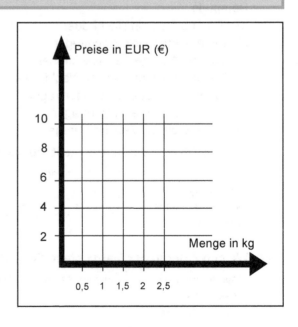

MARKT UND PREIS/WIRTSCHAFTSORDNUNG — WISO 5

18. Obwohl die Preise einer GmbH gleich geblieben sind, ist ein Nachfragerückgang bei Produkt X festzustellen. Was könnten die Ursache dafür sein, wenn alle anderen Bedingungen unverändert geblieben sind (2 Antworten)?
    a) Senkung der Preise seitens der Konkurrenz
    b) Senkung der Produktion seitens der Konkurrenz
    c) Senkung des Imports ähnlicher ausländischer Produkte
    d) Senkung der Einkommensteuer
    e) Senkung der Umsatzsteuer
    f) Vertrauensverlust der Verbraucher in das Produkt X

Zu den nächsten drei Aufgaben siehe folgende Situation!

In der Nachfragekurve hat auf dem Markt für Schweinefleisch eine Verschiebung nach links stattgefunden.

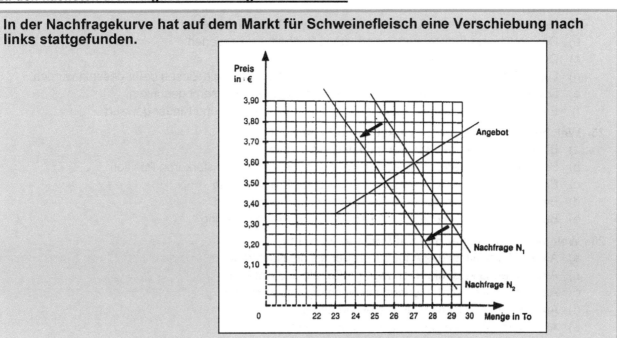

19. Worauf ist diese Nachfrageverschiebung zurückzuführen, unter der Annahme, dass alle anderen Einflussfaktoren unverändert geblieben sind?
    a) Die verfügbaren Einkommen der Konsumenten sind gesunken.
    b) Der Preis für das Komplementärgut Bratfett ist gesunken.
    c) Der Preis für das Substitutionsgut Putenfleisch ist gestiegen.
    d) Die Sparquote der privaten Haushalte ist zurückgegangen.
    e) Die Einfuhr von Schweinefleisch aus den europäischen Nachbarländern ist gesunken.

20. Ermitteln Sie anhand der Graphik, bei welchem Angebotspreis die ursprüngliche Menge wieder abgesetzt werden könnte!

21. Welche Maßnahme der Schweinefleischerzeuger könnte dazu beitragen, die Nachfrageverschiebung kurzfristig wieder rückgängig zu machen, wenn alle anderen Einflussfaktoren unverändert bleiben?
    a) Einlagerung von preisgünstig importiertem Schweinefleisch
    b) Verknappung des Angebotes durch verstärkten Export des Schweinefleisches
    c) Erweiterung der Produktionskapazitäten und Zusammenschluss zu Großbetrieben
    d) Zusammenschluss zu Einkaufsgenossenschaften zur Senkung der Ausgaben für Futtermittelpreise
    e) Durchführung gemeinschaftlicher Werbemaßnahmen für Schweinefleisch

22. Wodurch erhöht sich in der Regel die Nachfrage der privaten Haushalte nach Konsumgütern, wenn alle anderen Einflussfaktoren unverändert bleiben?
    a) Erhöhung der Preise
    b) Erhöhung des Sparzinses
    c) Anhebung der Beitragsbemessungsgrenze
    d) Senkung der Sozialversicherungsgrenze
    e) Senkung der Sozialleistungen

WISO 5 — MARKT UND PREIS/WIRTSCHAFTSORDNUNG

23. **Beim Marktpreis wird der Markt geräumt, d.h. alle Nachfrager, die den Gleichgewichtspreis zahlen wollen und alle Anbieter, die zum Gleichgewichtspreis verkaufen wollen, kommen zum Zuge. Welche Funktion hat in diesem Zusammenhang der Gleichgewichtspreis?**
    a) Ausgleichsfunktion
    b) Lenkungsfunktion
    c) Ausschaltungsfunktion
    d) Signalfunktion
    e) Abräumungsfunktion

24. **Die Nachfrage nach einem Konsumprodukt sinkt, obwohl die Geschäftsleitung eine positive Entwicklung erwartet hat. Welches der folgenden Ereignisse kann dafür ursächlich in Frage kommen?**
    a) Mehrere Konkurrenten haben das Insolvenzverfahren angemeldet.
    b) Das verfügbare Einkommen der privaten Haushalte ist gestiegen.
    c) Der Mehrwertsteuersatz wurde stark erhöht.
    d) Die Aufnahme von Konsumentenkrediten ist gestiegen, da die Zinsen dafür gesenkt wurden.
    e) Das Preisniveau für Konsum- und Gebrauchsgüter ist insgesamt gesunken.
    f) Es wurden zusätzliche Steuervergünstigungen für Familien und Kinder gewährt.

25. **Welche Aussage zu einem Verkäufermarkt ist richtig?**
    a) Beim Verkäufermarkt ist ein Angebotsüberhang vorhanden.
    b) Beim Verkäufermarkt befindet sich der Nachfragende in der stärkeren Position.
    c) Beim Verkäufermarkt besteht die Tendenz zur Preissenkung.
    d) Beim Verkäufermarkt besteht die Tendenz zur Preisstabilität.
    e) Beim Verkäufermarkt besteht die Tendenz zur Preissteigerung

26. **Welche Aussage über den Käufermarkt ist richtig?**
    a) Am Käufermarkt ist das Angebot größer als die Nachfrage.
    b) Am Käufermarkt ist die Nachfrage größer als das Angebot.
    c) Am Käufermarkt sind Angebot und Nachfrage ausgewogen.
    d) Am Käufermarkt ist nur Nachfrage vorhanden.
    e) Am Käufermarkt steigen die Preise besonders stark.

27. **Die Überschrift eines Zeitungsartikels lautete: „Der Spirituosenhersteller Underberg schluckt Asbach." Im Text dieses Zeitungsartikels war zu lesen, dass die Getränkegruppe Underberg die restlichen 50 % Anteile am Weinbrandhersteller Asbach von einem französischen Spirituosen-Konzern übernommen hat. Welche Aussage ist für diesen Sachverhalt zutreffend?**
    a) Es handelte sich um einen vertikalen Unternehmenszusammenschluss.
    b) Der Vorgang förderte die Konzentration auf dem deutschen Spirituosenmarkt.
    c) Es entstand ein Kartell.
    d) Es handelte sich um eine Unternehmensverschmelzung (Trust).
    e) Es entstand eine Holding.

28. **Welche Aussage trifft auf den Konzern zu?**
    a) Der Vertrieb der Erzeugnisse geschieht über eine gemeinsame Verkaufsstelle mit eigener Rechtsform.
    b) Durch vertraglich vereinbarte Rabattgewährung wird der Wettbewerb innerhalb einer Wirtschaftsbranche eingeschränkt.
    c) Rechtlich und wirtschaftlich voneinander unabhängige Unternehmen vereinbaren eine langfristige Zusammenarbeit im Bereich des Kundendienstes.
    d) Rechtlich selbständige Betriebe werden zu wirtschaftlichen Zwecken unter einheitlicher Leitung verbunden.
    e) Der Verband einer Versicherungssparte empfiehlt seinen Mitgliedern einheitliche Versicherungsbedingungen.

29. **Welche Aussage bezieht sich auf ein Kartell?**
    a) Dieser Unternehmenszusammenschluss führt zu einer rechtlichen und finanziellen Verschmelzung der Unternehmungen.
    b) Diesen Unternehmenszusammenschluss erkennt man daran, dass mehrere rechtlich selbständige Betriebe eine einheitliche Leitung haben.
    c) Dieser Unternehmenszusammenschluss erfolgt durch eine gegenseitige Kapitalbeteiligung.
    d) Dieser Unternehmenszusammenschluss entsteht durch einen Vertrag, der zum Ziel hat, die Marktmacht der Vertragspartner zu vergrößern.
    e) Dieser Unternehmenszusammenschluss kommt durch ein Gesetz zustande.

MARKT UND PREIS/WIRTSCHAFTSORDNUNG — WISO 5

30. Welche Aussage über die rechtliche und wirtschaftliche Selbständigkeit von Unternehmen, die sich zu einem Kartell zusammenschließen, ist richtig?

    Rechtliche Selbständigkeit — **Wirtschaftliche Selbständigkeit**
    a) bleibt erhalten — wird teilweise aufgegeben
    b) bleibt erhalten — wird vollständig aufgegeben
    c) wird aufgegeben — bleibt vollständig erhalten
    d) wird aufgegeben — wird teilweise aufgegeben
    e) wird aufgegeben — wird vollständig aufgegeben

31. Ordnen Sie zu!

    Aussage zu Unternehmungszusammenschlüssen

    a) Beteiligungsgesellschaft, deren Aufgabe in der Verwaltung von Kapitalanteilen verschiedener Unternehmen besteht
    b) Rechtliche und wirtschaftliche Verschmelzung von Unternehmen
    c) Zusammenschluss von Unternehmen, der deren rechtliche und wirtschaftliche Selbständigkeit zugunsten einer gemeinsamen Leitung aufhebt
    d) Zusammenschluss rechtlich selbständig bleibender Unternehmen unter einheitlicher wirtschaftlicher Leitung
    e) Vertraglicher Zusammenschluss rechtlich selbständiger Unternehmen zur Regelung bestimmter Wettbewerbselemente

    Unternehmungszusammenschlüsse

    [ ] Trust
    [ ] Kartell
    [ ] Fusion
    [ ] Konzern
    [ ] Holding-Gesellschaft

32. Welche Aussage über wirtschaftliche Konzentration ist richtig?
    a) Durch wirtschaftliche Konzentration steigt die Zahl der Unternehmen.
    b) Durch wirtschaftliche Konzentration wird vollständige Konkurrenz erreicht.
    c) Durch wirtschaftliche Konzentration kann die Marktposition einiger Unternehmen gegenüber anderen Unternehmen und den Verbrauchern gestärkt werden.
    d) Mit dem Gesetz gegen Wettbewerbsbeschränkungen soll wirtschaftliche Konzentration gefördert werden.
    e) Durch das Gesetz gegen Wettbewerbsbeschränkungen wird wirtschaftliche Konzentration ausgeschlossen.

33. Unter einWelche Aussage trifft für den Konzern zu?
    a) Ein Konzern ist eine Konzentrationsform, bei der nur gleichgeartete Unternehmen einen Zusammenschluss zum Zwecke der Kostensenkung anstreben.
    b) Unter einem Konzern versteht man einen Zusammenschluss von Unternehmen, bei dem die einzelnen Unternehmen ihre rechtliche Selbständigkeit behalten, ihre wirtschaftlich-finanzielle aber verlieren.
    c) Von einem Konzern spricht man dann, wenn mehrere Unternehmen gleichartiger Produktionsstufen vereinbaren, durch gemeinsame Marktstrategie den Wettbewerb/Markt zu beeinflussen.
    d) Konzerne haben grundsätzlich keinen Einfluss auf den Wettbewerb.
    e) Wenn mindestens 2 Unternehmen ihre rechtliche wie auch wirtschaftlich-finanzielle Selbständigkeit verlieren und in einem neu zu gründenden Großunternehmen aufgehen, spricht man von einem Konzern.

34. In welchem Fall kann die Kartellbehörde das Instrument der Fusionskontrolle einsetzen?
    a) Bei Kartellabsprachen zwischen Unternehmungen
    b) Wenn marktbeherrschende Unternehmen ihre Marktmacht zum Nachteil der Nachfrager missbrauchen
    c) Wenn ein Monopolbetrieb Abnehmer diskriminiert
    d) Wenn Unternehmenszusammenschlüsse ab einer bestimmten Größenordnung durchgeführt werden
    e) Wenn ein großer Hersteller eine 10 %ige Beteiligung an einem anderen Unternehmen erwirbt

35. In welchem Fall liegt eine Preisdifferenzierung vor?
    a) Ein Unternehmen verkauft Produkte unterschiedlicher Qualität zu unterschiedlichen Preisen.
    b) Ein Unternehmen übernimmt jeweils die Preisvorstellungen der Konkurrenz.
    c) Ein Unternehmen passt die Preise jeweils der Preisentwicklung der Rohstoffe an.
    d) Ein Unternehmen verkauft ein Erzeugnis an verschiedene Abnehmer zu unterschiedlichen Preisen.
    e) Ein Unternehmen verkauft seine Produkte an alle Abnehmer mit 5 % Nachlass auf die vom Hersteller angegebenen Richtpreise.

WISO 5 — MARKT UND PREIS/WIRTSCHAFTSORDNUNG

36. Ordnen Sie zu!

Aussage zu Unternehmenszusammenschlüssen
a) Unternehmen A übernimmt B. Unternehmen B erlischt.
b) Unternehmen A vereinbart mit Unternehmen B einheitliche Konditionen.
c) Unternehmen A beteiligt sich zu 51 % an Unternehmen B und übernimmt die Leitung.
d) Unternehmen A verpflichtet sich vertraglich mit Unternehmen B die Preise gleichmäßig zu erhöhen.
e) Unternehmen A und Unternehmen B eröffnen ein gemeinsames Verkaufsbüro.
f) Unternehmen A und Unternehmen B verpflichten sich vertraglich, eine gemeinsame Forschungs- und Entwicklungsabteilung zu gründen.

Formen des Zusammenschlusses
[ ] Konzern
[ ] Trust (Fusion)

37. Welche Aussage trifft auf das Modell der freien Marktwirtschaft zu?
a) Die Produktionsmittel sind Kollektiveigentum.
b) Art und Menge der zu produzierenden Güter werden von einer Planungsbehörde festgesetzt.
c) Der Konsum der Haushalte wird durch staatliche Bedarfspläne ermittelt.
d) Der Staat hat eine Lenkungsfunktion im Rahmen der Wirtschaftsordnung.
e) Beruf und Arbeitsplatz können frei gewählt werden.

38. Was kennzeichnet das Modell der freien Marktwirtschaft (3 Antworten)?
a) Planvorgaben für alle Betriebe
b) Kollektiveigentum an den Produktionsmitteln
c) Zentral gelenkter Verbrauch
d) Alle Märkte sind offen
e) Direkte staatliche Investitionslenkung
f) Erwerbswirtschaftliches Prinzip
g) Privateigentum an den Produktionsmitteln
h) Erhebung von Einfuhrzöllen

39. Was widerspricht den Grundsätzen der sozialen Marktwirtschaft (3 Antworten)?
a) Privateigentum an den Produktionsmitteln
b) Staatliche Lenkung aller Investitionen
c) Staatliche Prämien für Sparleistungen
d) Entscheidungsfreiheit aller Konsumenten
e) Freier Außenhandel
f) Das Ausüben bestimmter Gewerbe ist an Genehmigungen gebunden.
g) Staatlich verordneter Preis- und Lohnstopp

40. Wodurch werden die Preise in einer freien Marktwirtschaft nach oben begrenzt?
a) Durch sehr hohe Steuern für hohe Unternehmergewinne
b) Durch den Wettbewerb der Anbieter
c) Durch eine staatliche Preisaufsichtsbehörde
d) Durch die Festlegung von Richtpreisen der Produzenten
e) Durch die „Konzertierte Aktion"

41. Welche Wirtschaftsordnung wird in dem folgenden Text angesprochen?
„Eines der markantesten Merkmale dieser Wirtschaftsordnung ist die wechselseitige Abhängigkeit von Produktion und Konsumtion. Die Verwirklichung dieser Ordnung ist u.a. freie Konsumwahl, die gleichzeitig Kampf um den Konsumenten bedeutet. Diese Zielsetzung erfordert die Ausschaltung der übrigen Marktteilnehmer, wenn nötig auch durch ruinöse Konkurrenz."
a) Die soziale Marktwirtschaft der Bundesrepublik Deutschland
b) Die Planwirtschaft
c) Die Zentralverwaltungswirtschaft
d) Die freie Marktwirtschaft
e) Die sozialistische Planwirtschaft

MARKT UND PREIS/WIRTSCHAFTSORDNUNG — WISO 5

42. Welche Merkmale treffen für die soziale Marktwirtschaft zu?
a) Zentralplanung und Vorgabe der Daten für die Leistungserstellung
b) Kollektives Eigentum an Produktionsmitteln und Privateigentum an Konsumgütern
c) Staatliche Preisfestsetzung und Vollbeschäftigungsgarantie
d) Privateigentum an den Produktionsmitteln und Sozialbindung des Eigentums
e) Keine Allgemeinverbindlichkeitserklärung der Tarifverträge, aber Garantie der Arbeitsplätze

43. Welche Aussage kennzeichnet entweder den Idealtyp der freien Marktwirtschaft oder den Realtyp der sozialen Marktwirtschaft?
a) In der sozialen Marktwirtschaft ist die Tarifautonomie durch den Staat gesetzlich eingeschränkt.
b) In der sozialen Marktwirtschaft ist die vollkommene Konkurrenz realisiert.
c) In der freien Marktwirtschaft ist der Markt die oberste Lenkungsinstanz.
d) In der freien Marktwirtschaft sind die Vorteile der sozialen Marktwirtschaft und der Zentralverwaltungswirtschaft vereint.
e) In der sozialen Marktwirtschaft befinden sich alle Produktionsmittel in privater Hand.

44. Welche Aussage über Wirtschaftsordnungen ist richtig?
a) Ein wesentliches Merkmal des Modells der freien Marktwirtschaft ist die staatliche Einkommensumverteilung.
b) Ein wesentliches Merkmal des Wirtschaftssystems der Planwirtschaft ist die Entscheidungsfreiheit der Unternehmen.
c) Ein wesentliches Merkmal der sozialen Marktwirtschaft in der Bundesrepublik Deutschland ist die Tarifautonomie der Sozialpartner.
d) Ein wesentliches Merkmal der sozialen Marktwirtschaft in der Bundesrepublik Deutschland ist die staatliche Preisfestsetzung.
e) Ein wesentliches Merkmal des Modells der Zentralverwaltungswirtschaft ist das erwerbswirtschaftliche Prinzip.

45. Welcher Wirtschaftsordnung ist folgende Zielsetzung zuzuordnen: „Sicherung eines möglichst freien Wettbewerbs auf dem Markt bei staatlichem Ausgleich sozialer Ungerechtigkeiten"?
a) Soziale Marktwirtschaft
b) Freie Marktwirtschaft
c) Planwirtschaft
d) Zentralverwaltungswirtschaft
e) Soziale Planwirtschaft

46. Welche zwei Aussagen kennzeichnen das Wirtschaftssystem der Bundesrepublik Deutschland?
a) Die Produktions- und Verbrauchslenkung erfolgt durch den Staat.
b) Mehrjahrespläne legen das Produktionssoll für alle Investitionsgüter fest.
c) Durch Kollektivierung der Landwirtschaft wird Überproduktion vermieden.
d) Der Staat greift im Rahmen seiner sozialen Verpflichtung unterstützend in das Wirtschaftsgeschehen ein.
e) Die Unternehmen haben Investitionsfreiheit.
f) Der Jahresvolkswirtschaftsplan stellt das verbindliche wirtschaftliche Programm für ein Jahr dar.

47. Welche zwei Aussagen widersprechen den Grundsätzen der sozialen Marktwirtschaft?
a) Grundsätzlich besteht Gewerbefreiheit.
b) Grundsätzlich besteht freie Berufswahl, Freizügigkeit und die Möglichkeit, den Arbeitsplatz zu wechseln.
c) Es besteht eine Vertragsfreiheit, die durch Gesetz zum Schutz des jeweiligen schwächeren Marktteilnehmers eingeschränkt wird.
d) Es besteht eine aktive staatliche Wettbewerbspolitik zur Erhaltung eines funktionsfähigen Wettbewerbs.
e) Zur gerechteren Einkommensverteilung werden vom Staat alle Löhne und Gehälter festgelegt.
f) Zur gerechten Einkommensverteilung werden vom Staat höhere Einkommen prozentual höher besteuert.
g) Durch Festlegung der Verbrauchsmengen an Heizöl je Haushalt sichert der Staat eine langfristige Nutzung dieser Energiequelle.

WISO 5 — MARKT UND PREIS/WIRTSCHAFTSORDNUNG

48. Welche Aussage über das Marktgeschehen in der Bundesrepublik Deutschland ist richtig?
a) Ein Preisvergleich durch die Verbraucher ist ratsam, da die Preise durch Angebot und Nachfrage bestimmt werden.
b) Ein Unternehmen muss seine Preise um 7 % erhöhen, wenn die Löhne um 7 % steigen, da sich die Lohnkosten direkt auf den kalkulierten Verkaufspreis auswirken.
c) Das Bundeskartellamt überwacht, dass gleiche Artikel in Art und Menge zu den festgelegten Richtpreisen verkauft werden.
d) Die Verbraucher können in manchen Fällen durch ihr Verhalten die Preise nicht beeinflussen.
e) Die Preise werden durch vollständige Konkurrenz bestimmt.

49. Welche Situation bedeutet eine Wettbewerbsstörung im System der sozialen Marktwirtschaft?
a) Die führenden Mineralölgesellschaften erhöhen zur gleichen Zeit die Preise für Benzin um 2 %.
b) Eine Landesregierung verwendet Steuermittel zur Förderung von Behindertenwerkstätten.
c) Ein Hersteller bietet seine Produkte durch Verringerung seiner Gewinnspanne zu wesentlich niedrigeren Preisen als die Konkurrenz an.
d) Um die Staatsausgaben zu finanzieren, wird die Umsatzsteuer erhöht.
e) Für Kinder bis sechs Jahren ist in öffentlichen Verkehrsmitteln kein Fahrpreis zu zahlen.

50. Kreuzen Sie den Buchstaben an, bei dem alle drei Merkmale der Wirtschaftsordnung der Bundesrepublik Deutschland entsprechen?
a) Kollektiveigentum – Tarifautonomie – Dezentrale Planung und Lenkung
b) Privateigentum – Koalitionsfreiheit – Zentrale Planung und Lenkung
c) Tarifautonomie – Sozialbindung des Eigentums – Dezentrale Planung und Lenkung
d) Staatliche Korrektur der ursprünglichen Einkommens- und Vermögensverteilung – Staatliche Preisfestsetzung – Freizügigkeit
e) Privateigentum – Tarifautonomie – Zentrale Planung und Lenkung

51. Welche Aussage über das Marktgeschehen in der Bundesrepublik Deutschland ist richtig?
a) Ein Preisvergleich durch die Verbraucher ist nicht notwendig, da die Preise durch Angebot und Nachfrage bestimmt werden.
b) Gleichartige Artikel haben die gleichen Preise, weil das Bundeskartellamt die Preise überwacht.
c) Der Unternehmer muss seine Preise um 6 % erhöhen, wenn die Löhne um 6 % steigen, da sich die Lohnkosten direkt auf den kalkulierten Verkaufspreis auswirken.
d) Alle Kreditinstitute müssen für Spareinlagen mit gesetzlicher Kündigungsfrist den gleichen Zinssatz vergüten.
e) Die Marktmacht eines Anbieters ist eine wesentliche Voraussetzung für die Durchsetzung von Preiserhöhungen.

52. In welchem Fall herrscht Wettbewerb?
a) 12 Bauunternehmer einer Stadt beschließen, dass abwechselnd immer einer von ihnen bei städtischen Ausschreibungen den Auftrag bekommen soll.
b) Ein Einzelhändler senkt die Preise einiger Waren, weil das Konkurrenzunternehmen mit mehreren Sonderangeboten wirbt.
c) Die Hersteller von Transformatoren sprechen miteinander und legen dabei fest, dass jeder einen bestimmten Absatzbezirk erhält, in dem die anderen nicht als Konkurrenten auftreten.
d) Die ölproduzierenden Länder beschließen, gemeinsam den Preis für Rohöl um 10 % zu erhöhen.
e) Der Richtpreis für den Markenartikel „Star Reiniger" wird von keinem Einzelhändler unterboten.

53. Zur Sicherung des Einkommensniveaus in der Landwirtschaft haben die Staaten der EU für die meisten landwirtschaftlichen Erzeugnisse Mindestpreise festgesetzt. Welche Aussage über den staatlichen Mindestpreis trifft zu?
a) Beim staatlichen Mindestpreis stimmen Angebot und Nachfrage überein.
b) Beim staatlichen Mindestpreis ist das Angebot größer als die Nachfrage.
c) Beim staatlichen Mindestpreis werden die Anbieter benachteiligt.
d) Beim staatlichen Mindestpreis ist die Nachfrage größer als das Angebot.
e) Beim staatlichen Mindestpreis entsteht eine Angebotslücke.

MARKT UND PREIS/WIRTSCHAFTSORDNUNG — WISO 5

54. Welche Aussage zum Abzahlungsgesetz ist richtig?
a) Für Klagen aus Abzahlungsgeschäften ist grundsätzlich das Gericht am Wohnsitz des Käufers zuständig.
b) Abzahlungskäufe zwischen Kaufleuten sollen geregelt werden.
c) Die Menge der Kreditkäufe soll verringert werden.
d) Den Geschäftsbanken wird die Gewährung von Ratenkrediten untersagt.
e) Im Abzahlungsgesetz wird ein Höchstzins festgelegt, der Verbraucher vor Wucher schützen soll.

55. Das „Gesetz betreffend die Abzahlungsgeschäfte" sieht bei einem einseitigen Handelskauf einen schriftlichen Kaufvertrag vor. Welcher Bestandteil muss nicht schriftlich niedergelegt sein?
a) Teilzahlungspreis
b) Barzahlungspreis
c) Liefertermin
d) Effektiver Jahreszins
e) Höhe der einzelnen Raten

56. In welchem Fall liegt ein Verstoß gegen die Preisauszeichnungspflicht vor?
a) Ein Einzelhandelsgeschäft versieht während einer Aktionswoche seine Waren im Schaufenster mit den herabgesetzten Preisen.
b) Ein Großhandelsbetrieb verfügt über einen Verkaufsraum für Wiederverkäufer. An den ausgestellten Waren befinden sich keine Preise.
c) Ein Handwerksbetrieb hängt seine Stundenverrechnungssätze inklusive Umsatzsteuer in seinen Geschäftsräumen aus.
d) Der Filialleiter einer Bank gibt nur auf Anfrage die Zinssätze für Sparguthaben und Ratenkredite bekannt.
e) Ein Antiquitätengeschäft stellt in seinem Schaufenster einen wertvollen Barockschrank aus. Eine Preisangabe fehlt.

57. Ein volljähriger Auszubildender schließt in einem Phono-Fachgeschäft einen Ratenkauf über 900 € für eine Stereo-Anlage ab. 5 Tage später sieht er die gleiche Stereo-Anlage in einem anderen Fachgeschäft für 800 €. Er will deshalb den Kauf rückgängig machen. Auf welches Gesetz kann er sich berufen?
a) Auf das Gesetz gegen unlauteren Wettbewerb
b) Auf die im BGB enthaltenen Bestimmungen zu den Allgemeinen Geschäftsbedingungen
c) Auf das Bürgerliche Gesetzbuch
d) Auf das Gesetz gegen Wettbewerbsbeschränkungen
e) Auf das Gesetz betreffend die Abzahlungsgeschäfte
f) Auf das Handelsgesetzbuch

58. Was dient unmittelbar dem Verbraucherschutz?
a) Die Festlegung von Mindestpreisen für landwirtschaftliche Erzeugnisse
b) Die staatliche Förderung wirtschaftlicher Konzentrationen
c) Die Verpflichtung, alle zum Verkauf ausgestellten Waren mit Preisschildern zu versehen
d) Die Erhebung von Einfuhrzöllen für ausländische Waren
e) Die Subventionierung ertragsschwacher Betriebe

59. Welche Aufgabe hat der Verbraucherschutz?
a) Bedürfnisse zu wecken
b) Anbietern Preise zu diktieren
c) Markt transparenter zu gestalten
d) Einheitspreise durchzusetzen
e) Geschäftslokale auf Unfallsicherheit zu überprüfen

WISO 5 — MARKT UND PREIS/WIRTSCHAFTSORDNUNG

60. Welcher staatliche Eingriff setzt den Preismechanismus außer Kraft?
a) Der Staat verbietet Preisabsprachen zur Sicherung eines funktionsfähigen Wettbewerbs.
b) Zur Steigerung der Investitionsbereitschaft ermöglicht der Staat den Unternehmen Sonderabschreibungen auf Anlagegüter.
c) Zur Einschränkung des Ölverbrauchs reglementiert der Staat den Kauf von Heizöl durch Bezugsscheine.
d) Durch Vergabe bedeutender öffentlicher Aufträge erwartet der Staat eine Ankurbelung der Wirtschaft.
e) Durch höhere Besteuerung der Einkünfte beabsichtigt der Staat, einen inflationären Preisanstieg zu bekämpfen.

61. Was dient dem Verbraucherschutz?
a) Die Hersteller müssen in der Bundesrepublik Deutschland ihre Waren mit Preisempfehlungen auszeichnen.
b) Die zunehmende wirtschaftliche Konzentration stärkt die Marktmacht der Anbieter.
c) Die Unternehmen treffen Preisabsprachen.
d) Die Verbraucherzentralen veröffentlichen vergleichende Preisinformationen.
e) Die Bundesregierung setzt für landwirtschaftliche Produkte Mindestpreise fest.

62. Welche Aussage zu den im BGB geregelten Allgemeinen Geschäftsbedingungen (AGB) ist richtig?
a) Die AGB unterliegen der Zustimmung der Verbraucherschutzverbände.
b) Zweifel bei der Auslegung der ABG gehen nach Vertragsabschluss zu Lasten des Kunden.
c) Bestimmungen in den AGB sind unwirksam, wenn sie den Kunden, entgegen den Geboten von Treu und Glauben, unangemessen benachteiligen.
d) Die Bestimmungen der AGB haben Vorrang vor schriftlich fixierten individuellen Vertragsabreden.
e) AGB finden nur bei Verträgen zwischen Kaufleuten Anwendung.

63. Die Vertreter der größten Unternehmen der Zementbranche in der Bundesrepublik treffen sich zu einem Gedankenaustausch über die zukünftige Marktentwicklung. Dabei erachten alle Gesprächspartner eine Preisanhebung um 10 % für dringend erforderlich. Ohne eine vertragliche Vereinbarung zu unterschreiben werden nach und nach von allen Unternehmen im vorgesehenen Umfang die Preise angehoben. Welche Aussage ist richtig?
a) Die vorgesehene Preiserhöhung ist zulässig, wenn alle beteiligten Unternehmen zuvor das Bundeskartellamt über ihre Absicht unterrichten.
b) Die vorgesehene Preisanhebung ist nach dem Kartellgesetz zulässig, wenn dadurch bei allen Unternehmen kostendeckende Preise erzielt werden.
c) Preisabsprachen der Unternehmervertreter sind ohne Einschränkung erlaubt, weil das Wirtschaftsgeschehen in unserem Land auf einer marktwirtschaftlichen Grundordnung beruht.
d) Die beabsichtigte Preisanhebung stellt ein zwischen den Unternehmen abgestimmtes Verhalten dar und ist nach dem Kartellgesetz verboten.
e) Die gemeinsame Preisanhebung der Unternehmen muss vom Bundeskartellamt erlaubt werden, wenn die entstehende Wettbewerbsbeschränkung dem Nutzen der Gesamtwirtschaft dient.

Zu den nächsten vier Aufgaben siehe folgende Situation!

> Die Marktanalyse eines Wirtschaftsmagazins beschäftigt sich mit dem Neuwagenmarkt. Insbesondere das Nachfrage- und Anbieterverhalten in der gesamten Bundesrepublik, bezogen auf Kleinwagen in der Preisklasse 7.500 EUR bis 9.000 EUR steht im Mittelpunkt der Untersuchung.

64. Welche Feststellung stellt eine Voraussetzung für einen vollkommenen Markt dar?
a) Die angebotenen Autos unterscheiden sich sowohl in der Ausstattung als auch in der Motorleistung.
b) Die Nachfrager ziehen es beim Kauf eines neuen Autos vor, sich wieder die gleiche „Marke" zu kaufen.
c) Die Nachfrager treffen ihre Kaufentscheidungen nicht nur nach wirtschaftlichen Gesichtspunkten, sondern sie betrachten auch ihr Auto als Prestigeobjekt.
d) Die Nachfrager nutzen die Möglichkeit, sich über entsprechende Fachzeitschriften umfassend über die angebotenen Autos zu informieren.
e) Durch lange Lieferfristen der Anbieter werden die Kaufentscheidungen der Nachfrager über einen längeren Zeitraum festgelegt.

MARKT UND PREIS/WIRTSCHAFTSORDNUNG — WISO 5

65. **Die Analyse zeigt, dass in der untersuchten Größen- und Preisklasse nur wenige Hersteller Neuwagen anbieten. Die angebotenen Modelle werden von einer Vielzahl von Personen aus den unterschiedlichsten Gesellschaftsschichten nachgefragt. Welche Marktform liegt in diesem Falle vor?**
   a) Polypol
   b) Angebotsoligopol
   c) Nachfrageoligopol
   d) Angebotsmonopol
   e) Nachfragemonopol

66. **In der Analyse werden auch die im letzten Jahr aufgetretenen Veränderungen der Rahmenbedingungen des untersuchten Marktbereiches dargestellt. Welche Veränderung lässt eine Nachfragesteigerung für die untersuchten Neuwagen erwarten?**
   a) Aufgrund der starken Konkurrenz in der oberen Größen- und Preisklasse wurden von den Herstellern in diesem Bereich deutliche Preisreduzierungen vorgenommen.
   b) Ein Hersteller hat sich bei seiner Produktpalette auf die Mittel- und Luxusklasse beschränkt und keine Kleinwagen mehr angeboten.
   c) Die Bundesregierung kündigte an, als Bemessungsgrundlage für die Kraftfahrzeugsteuer ausschließlich die gefahrenen Kilometer einzuführen.
   d) Aufgrund der starken Konkurrenz haben fast alle Hersteller bei gleichbleibenden Preisen durch technische Neuerungen den Benzinverbrauch dieser Modelle gesenkt.
   e) Die Kraftfahrzeugversicherer kündigen wegen der Zunahme der Schadenfälle Erhöhungen der Versicherungsprämien an.

67. **Die zwei führenden Hersteller wollen fusionieren. Muss das Kartellamt im Rahmen der sozialen Marktwirtschaft in der Bundesrepublik Deutschland die Zulässigkeit dieses Zusammenschlusses prüfen?**
   a) Nein, weil die unternehmerische Freiheit gewährleistet ist
   b) Nein, weil es sich um eine marktkonforme Maßnahme handelt
   c) Nein, weil dies die Wettbewerbstätigkeit der zusammengeschlossenen Unternehmen erhöht
   d) Ja, weil alle Unternehmenszusammenschlüsse genehmigungspflichtig sind
   e) Ja, weil die Entstehung oder Verstärkung einer marktbeherrschenden Stellung zu erwarten ist

68. **Welche zwei Aussagen zur Preiselastizität der Nachfrage sind zutreffend?**
   a) Eine hohe Elastizität liegt vor, wenn die Änderung der nachgefragten Menge geringer ausfällt als die Preisänderung.
   b) Eine niedrige Elastizität liegt vor, wenn die Änderung der nachgefragten Menge geringer ausfällt als die Preisänderung.
   c) Eine völlig unelastische Nachfrage liegt vor, wenn die Preisänderung eine nur sehr geringe Änderung der nachgefragten Menge bewirkt.
   d) Eine normale Elastizität liegt vor, wenn die Preisänderung eine geringe Änderung der nachgefragten Meine bewirkt.
   e) Ein Nachfrageverlauf, bei dem es bei steigenden Preisen zu steigender Nachfrage kommt, ist nicht möglich.
   f) Erhöht sich der Preis eines Gutes um 1 % und sinkt die Nachfrage um 1 %, so beträgt die Elastizität 1.

WISO 6 — GRUNDZÜGE DER WIRTSCHAFTSPOLITIK

BEI DEN NACHSTEHENDEN AUFGABEN SIND DIE RICHTIGEN ERGEBNISSE ANZUKREUZEN BZW. ZUZUORDNEN!

1. **Ordnen Sie zu!**

   Tätigkeiten der Wirtschaftssubjekte

   a) Einkommen sparen, Steuern erheben
   b) Einkommen für Konsum verwenden, Sachgüter und Dienstleistungen für den Markt produzieren
   c) Einkommen zum Konsum und/oder Sparen verwenden
   d) Einkommen sparen, Sachgüter und Dienstleistungen für den Markt produzieren
   e) Sachgüter und Dienstleistungen für den Markt produzieren, Gewinn erzielen
   f) Steuern erheben, Einkommen zum privaten Konsum verwenden
   g) Steuern erheben, Einkommen umverteilen

   Sektoren des Wirtschaftskreislaufs

   [ ] Unternehmen
   [ ] Private Haushalte
   [ ] Staat

2. **Durch welche Skizze wird der Wirtschaftskreislauf zwischen Unternehmen und Haushalten richtig dargestellt?**

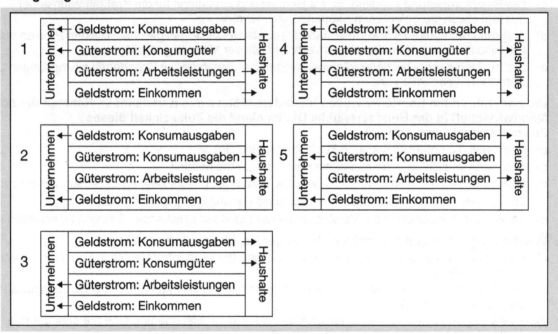

3. **Welche Aussage über den Wirtschaftskreislauf ist richtig?**
   a) Geld- und Güterströme fließen im Wirtschaftskreislauf in der gleichen Richtung.
   b) Der Gewinn aus dem Verkauf von Erzeugnissen fließt den Unternehmen über den Warenkreislauf zu.
   c) Der Staat beeinflusst weder den Waren- noch den Geldkreislauf.
   d) Der Produktionsfaktor Arbeit ist Bestandteil des Wirtschaftskreislaufes.
   e) Die Leistungen der Versicherungsunternehmen werden im Wirtschaftskreislauf nicht berücksichtigt.

GRUNDZÜGE DER WIRTSCHAFTSPOLITIK — WISO 6

4. Ergänzen Sie in dem unten stehenden Kreislaufschema den fehlenden Begriff auf der gestrichelten Linie und kreuzen Sie dessen Kennbuchstaben an!
   a) Import
   b) Private Ersparnisse
   c) Subventionen
   d) Einkommen
   e) Private Investitionen
   f) Außenbeitrag

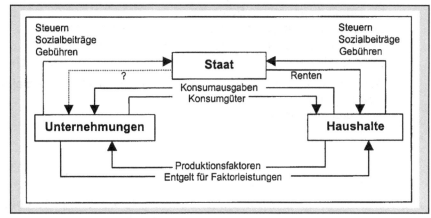

5. Was versteht man unter Bruttoinlandsprodukt?
   a) Die Summe aller Einkünfte der staatlichen sozialen Einrichtungen in einem Jahr
   b) Die Summe aller bewerteten Güter und Dienstleistungen, die von der Volkswirtschaft eines Landes in einem Jahr geschaffen wurden
   c) Die in Geld ausgedrückte gesamtwirtschaftliche Leistung eines Staates für seine sozialen Einrichtungen in einem Jahr
   d) Die Summe aller Einkommen aus unselbständiger Arbeit und Unternehmertätigkeit, die von der Volkswirtschaft eines Landes in einem Jahr geschaffen wurde
   e) Der Teil der Produktion, der sozialen Zwecken dient

6. In welchem Fall sind die Bestandteile der Verwendungsrechnung des Inlandsprodukts durchgehend richtig dargestellt?
   a) Einkommen des Staates und sonstige Empfänger, Investitionen
   b) Produzierendes Gewerbe, Dienstleistungen, Handel und Verkehr
   c) Privater Verbrauch, Investitionen, Staatsverbrauch, Außenbeitrag
   d) Einkommen aus Unternehmertätigkeit und Vermögen, Investitionen, privater Verbrauch
   e) Staatsverbrauch, Einkommen aus unselbständiger Arbeit, Einkommen aus Unternehmertätigkeit

7. Das Wirtschaftswachstum einer Volkswirtschaft beträgt gegenüber dem Vorjahr real und nominal 5 %. Welche Feststellung trifft zu?
   a) Nur das Nettonationaleinkommen ist gestiegen.
   b) Das Bruttonationaleinkommen ist unverändert geblieben.
   c) Das Preisniveau ist gesunken.
   d) Das Preisniveau ist gestiegen.
   e) Das Preisniveau ist unverändert geblieben.

8. Welche Größe wird bei der Verwendungsrechnung des Inlandsprodukts berücksichtigt?
   a) Die Abschreibungen
   b) Die indirekten Steuern
   c) Das Arbeitnehmereinkommen
   d) Die Bruttoinvestitionen
   e) Die Subventionen

9. Die Verwendungsrechnung des Bruttoinlandsproduktes weist folgende Zahlen auf.
   Private Konsumausgaben   390 Mrd. €
   Staatliche Konsumausgaben   110 Mrd. €
   Bruttoinvestitionen   230 Mrd. €
   Export   420 Mrd. €
   Import   350 Mrd. €.
   Wie viel Milliarden EUR beträgt demnach das Bruttoinlandsprodukt? Tragen Sie das Ergebnis in das Kästchen ein!

WISO 6 — GRUNDZÜGE DER WIRTSCHAFTSPOLITIK

10. Wodurch unterscheidet sich das Bruttoinlandsprodukt vom Bruttonationaleinkommen?
a) Durch die Abschreibungen
b) Durch die indirekten Steuern
c) Nur durch das Einkommen von Inländern im Ausland
d) Nur durch das Einkommen von Ausländern im Inland
e) Zuzüglich Einkommen der Inländer im Ausland und abzüglich Einkommen der Ausländer im Inland

11. Durch welche Größe unterscheidet sich das Bruttonationaleinkommen vom Nettonationaleinkommen?
a) Durch die Umsatzsteuer
b) Durch die direkten Steuern
c) Durch die indirekten Steuern
d) Durch direkte und indirekte Steuern
e) Durch die Abschreibungen

12. Welche Größe gibt Aufschluss über die Verwendung des Volkseinkommens?
a) Die Wertschöpfung aller Wirtschaftsbereiche
b) Das Einkommen aus selbständiger und unselbständiger Tätigkeit
c) Die Ausgaben für Konsum und Investitionsgüter
d) Die Kosten der eingesetzten Produktionsfaktoren
e) Die produzierten Güter und angebotenen Dienstleistungen

13. Welche Aussage über den Haushaltsplan der Bundesrepublik Deutschland ist richtig?
a) Einzige Finanzierungsquelle des Bundeshaushaltes sind die Steuern.
b) Die Umsatzsteuer ist auf der Einnahmenseite die größte Einzelsteuer.
c) Die Subventionen belasten den Haushaltsplan nicht.
d) Die Ausgaben für soziale Sicherung stellen den größten Anteil auf der Ausgabenseite.
e) Zum Ausgleich eines Einnahmedefizits kann die Bundesregierung Steuererhöhungen ohne Gesetzesgrundlage durchsetzen.

14. Welche Größe wird benötigt, um das Volkseinkommen in Einkommen aus unselbständiger Tätigkeit und in Einkommen aus Unternehmertätigkeit und Vermögen aufzuteilen?
a) Das nominale Wirtschaftswachstum
b) Die Kaufkraft des Euro
c) Der Beschäftigungsgrad
d) Die Sparquote
e) Die Lohnquote

15. Wie nennt man den Anteil der Bruttoeinkommen aus unselbständiger Arbeit am Volkseinkommen?
a) Nettonationaleinkommen
b) Lohnquote
c) Bruttolohn- und Gehaltssumme
d) Bruttonationaleinkommen
e) Reallohn

16. Ordnen Sie zu!

Volkswirtschaftliche Begriffe	Aussagen
a) Sparquote	
b) Volkseinkommen	[ ] Prozentualer Anteil der Bruttoeinkommen aus unselbständiger Arbeit am Volkseinkommen
c) Zahlungsbilanz	
d) Lohnquote	[ ] Bruttonationaleinkommen abzüglich der volkswirtschaftlichen Abschreibungen einer Rechnungsperiode
e) Bruttolohn- und Gehaltssumme	
f) Nettonationaleinkommen	[ ] Gegenüberstellung aller wirtschaftlichen Leistungen zwischen In- und Ausland
g) Ersparnis	

GRUNDZÜGE DER WIRTSCHAFTSPOLITIK

17. Welche Aussage zum Nominal- bzw. Realeinkommen ist (volkswirtschaftlich betrachtet) richtig?
   a) Preiserhöhungen führen bei unverändertem Nominaleinkommen zur Erhöhung des Realeinkommens.
   b) Das Realeinkommen verändert sich nicht, wenn Preise und Nominaleinkommen in gleichem Maße steigen.
   c) Bei unverändertem Nominaleinkommen bedeuten sinkende Preise ein gleichzeitiges Absinken des Realeinkommens.
   d) Bei der Ermittlung des Realeinkommens werden Preisänderungen grundsätzlich nicht berücksichtigt.
   e) Nominaleinkommen drückt die Kaufkraft des Geldbetrages aus, den der Arbeitnehmer für seine Arbeitsleistung erhält.

18. Was bedeutet die Aussage: „Das durchschnittliche Realeinkommen der Arbeitnehmer in der Bundesrepublik Deutschland ist im letzten Jahr um 1 % gefallen"?
   a) Der durchschnittliche Kaufkraftverlust entsprach der durchschnittlichen Lohnerhöhung.
   b) Der Kaufkraftverlust war durchschnittlich 1 % geringer als die Lohnerhöhung.
   c) Der Kaufkraftverlust war durchschnittlich 1 % höher als die Lohnerhöhung.
   d) Der Lohnanstieg war durchschnittlich 1 % höher als der Preisverfall.
   e) Die Preise sind durchschnittlich 1 % weniger gestiegen als der Lohn.

19. Ordnen Sie zu!

Definitionen und Erläuterungen

   a) Auf und Ab der Volkswirtschaft innerhalb eines Zeitraumes
   b) Wert aller Güter und Dienstleistungen, die in einer Volkswirtschaft während einer bestimmten Periode produziert werden
   c) Sinkende Preise für Güter und Dienstleistungen, weil zu wenig Geld in Umlauf ist
   d) Wird durch eine Erweiterung und Verbesserung des Produktionsapparates bewirkt und bezeichnet die mengenmäßige Zunahme des Bruttoinlandsproduktes
   e) Von der Bundesbank zusammengefasste Übersicht über den Wert aller wirtschaftlichen Beziehungen mit dem Ausland
   f) Das Angebot an Gütern und Dienstleistungen kann mit der Gesamtnachfrage nicht Schritt halten. Dies führt bei zu großer Geldmenge und zu hoher Umschlagsgeschwindigkeit zu einem fortlaufenden Preisanstieg.

Volkswirtschaftliche Begriffe

[ ] Inflation
[ ] Inlandsprodukt
[ ] Zahlungsbilanz

20. In welchem Fall liegt ein wirtschaftspolitischer Zielkonflikt vor?
   a) Bei steigender Beschäftigung erhöht sich das Preisniveau.
   b) Bei steigender Beschäftigung erhöht sich das Wirtschaftswachstum.
   c) Bei sinkenden Gehältern sinkt das Preisniveau.
   d) Bei rückläufiger Arbeitslosigkeit bleiben die Gehälter stabil.
   e) Bei stabilen Preisen steigt die Kaufkraft des Geldes.
   f) Die Produktivität erhöht sich im Ausmaß der besseren Kapazitätsauslastung.

21. Eine Inflation wirkt sich unter anderem auf die Preise, die Geldmenge und die Kaufkraft aus. In welcher Zeile sind alle Auswirkungen richtig dargestellt?

	Preise	Geldmenge	Kaufkraft
a)	bleiben unverändert	bleibt unverändert	sinkt
b)	sinken	sinkt	steigt
c)	steigen	steigt	sinkt
d)	steigen	steigt	steigt
e)	sinken	steigt	sinkt
f)	steigen	sinkt	sinkt

22. Ordnen Sie zu!

Wirtschaftliche Maßgrößen

   a) Leistungsbilanz
   b) Das reale Bruttoinlandsprodukt
   c) Die Zahl der offenen Stellen
   d) Die Kaufkraft des Geldes
   e) Die Lohnquote
   f) Die Arbeitslosigkeit

Globalziele des Stabilitätsgesetzes

[ ] Preisniveau
[ ] Außenwirtschaftliches Gleichgewicht
[ ] Stetiges und angemessenes Wirtschaftswachstum

WISO 6 — GRUNDZÜGE DER WIRTSCHAFTSPOLITIK

23. Welche Aussage über das Wirtschaftswachstum trifft zu?
a) Das Wirtschaftswachstum lässt sich an der Steigerung des Reallohns messen.
b) Steigende Importüberschüsse fördern in gleichem Maße das Wirtschaftswachstum.
c) Das Wirtschaftswachstum lässt sich an der Veränderung des realen Bruttoinlandsproduktes messen.
d) Bei der Berechnung des realen Wirtschaftswachstums wird das nominelle Bruttoinlandsprodukt um die Lohnquote bereinigt.
e) Nettoinvestitionen bremsen das Wirtschaftswachstum.

24. Welche Aussage zu einer deflatorischen Entwicklung ist richtig?
a) Es ist ein Stillstand der ökonomischen Aktivitäten bei steigenden Preisen zu beobachten.
b) Es sind anhaltendes Sinken des Preisniveaus und zunehmende Arbeitslosigkeit zu beobachten.
c) Es ist ein langsames, aber anhaltendes Steigen der Preise zu beobachten.
d) Es ist eine Zunahme der ökonomischen Aktivitäten in der Volkswirtschaft zu beobachten.
e) Die nachfragewirksame Geldmenge wächst stärker als das Güterangebot.

25. In der Abbildung sind vier angestrebte wirtschaftspolitische Ziele symbolisch dargestellt. Welches wirtschaftspolitische Ziel entspricht dem in der Abb. eingekreisten (unteren) Feld?
a) Preisstabilität
b) Angemessenes Wirtschaftswachstum
c) Außenwirtschaftliches Gleichgewicht
d) Vollbeschäftigung
e) Soziale Gerechtigkeit

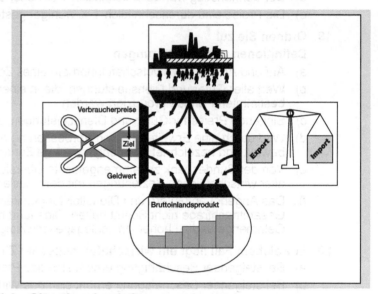

26. Die Bundesregierung hat die wirtschaftliche Situation durch Steuersenkungen, Investitionszulagen und Gewährung von Abschreibungsmöglichkeiten so angekurbelt, dass die Nachfrage schneller als das Angebot steigt. Die Produktionskapazitäten der Industrie nähern sich allmählich der vollen Auslastung. Für welches im Rahmen des Gesetzes zur Förderung der Stabilität und des Wachstums der Wirtschaft (Stabilitätsgesetz) anzustrebende Ziel sind als Folge der beschriebenen Situation negative Auswirkungen zu erwarten?
a) Außenwirtschaftliches Gleichgewicht
b) Gerechte Einkommensverteilung
c) Hoher Beschäftigungsgrad
d) Umweltschutz
e) Stabilität des Preisniveaus

27. Es wird festgestellt, dass das Ziel Preisstabilität nicht erreicht ist. Welche Maßnahme kann zur Dämpfung einer Inflation ergriffen werden?
a) Erhöhte staatliche Investitionen
b) Senkung von Steuern
c) Exportförderung
d) Senkung staatlicher Ausgaben
e) Erhöhung der staatlichen Kreditaufnahme

GRUNDZÜGE DER WIRTSCHAFTSPOLITIK

28. Als Inflation bezeichnet man einen Prozess anhaltender und erheblicher Steigerung des Preisniveaus und damit sinkenden Geldwertes. Wodurch kann eine Inflation entstehen?
   a) Durch Lohnerhöhungen, die unter dem Produktivitätszuwachs liegen
   b) Durch den Verkauf von Wertpapieren durch die Deutsche Bundesbank im Auftrag des Systems der Europäischen Zentralbanken (ESZB)
   c) Durch starke Erhöhung der staatlichen Nachfrage bei gleichbleibendem Angebot
   d) Durch das Sinken der Nachfrage nach Investitionsgütern bei gleichbleibendem Angebot
   e) Durch Rückgang der Konsumgüternachfrage bei gleichbleibendem Angebot

29. Die Bundesregierung will durch ihre Ausgaben- und Einnahmenpolitik eine inflationäre Entwicklung bekämpfen, die durch eine Übernachfrage entstanden ist. In welcher Zeile zielen alle Maßnahmen in die gewünschte Richtung?

	Einkommensteuersätze	Konjunkturausgleichsrücklage	Investitionsaufträge
a)	senken	erhöhen	erhöhen
b)	erhöhen	verringern	verringern
c)	erhöhen	erhöhen	erhöhen
d)	senken	verringern	verringern
e)	erhöhen	erhöhen	verringern
f)	erhöhen	verringern	erhöhen

30. Welche Aussage zum Wirtschaftswachstum ist richtig?
   a) Zwischen dem nominalen und realen Bruttoinlandsprodukt besteht hinsichtlich der Aussagekraft über das Wirtschaftswachstum kein Unterschied.
   b) Die Erschließung und Verarbeitung der in einem Lande vorhandenen Rohstoffe hat keinen Einfluss auf das Wirtschaftswachstum.
   c) Technischer Fortschritt und Produktionsstruktur eines Landes haben wesentlichen Einfluss auf das Wirtschaftswachstum.
   d) Die Bevölkerungsstruktur hat keinen Einfluss auf das Wirtschaftswachstum.
   e) Die Realisierung eines angemessenen Wirtschaftswachstums bewirkt automatisch Preisniveaustabilität und Vollbeschäftigung.

31. Welcher Vorgang kann bei sonst gleichbleibenden Einflussfaktoren eine inflationäre Entwicklung auslösen?
   a) Einfuhrsperren ausländischer Handelspartner führen zu einer Senkung des Exportes.
   b) Die zunehmende Sparneigung führt zu einem Nachfrageausfall am Konsumgütermarkt.
   c) Die Regierung schränkt ihre Ausgaben ein, um die Staatsverschuldung zu verringern.
   d) Die Löhne steigen im gleichen Maß wie die Produktivität.
   e) Trotz ausgelasteter Kapazitäten besteht ein Nachfrageüberhang.

32. Welche Aussage über die Kaufkraft des Geldes ist richtig?
   a) Die Kaufkraft ist gleichbedeutend mit dem Eigenwert des Geldes.
   b) Mit Hilfe der Kaufkraft werden Güter verschiedener Art messbar.
   c) Kaufkraft wird durch die Gütermenge festgelegt, die man mit einer Geldeinheit erwerben kann.
   d) Steigende Güternachfrage bei gleichbleibendem Angebot erhöht die Kaufkraft.
   e) Die Kaufkraft ist unabhängig von der Geldmenge.

33. Ordnen Sie zu!

Wirtschaftliche Kennzahlen	Volkswirtschaftliche Begriffe
a) Lebenshaltungskostenindex	
b) Reales Volkseinkommen	[ ] Einkommensverteilung
c) Arbeitslosenquote	
d) Lohnquote	[ ] Kaufkraft des Geldes
e) Rentabilität	
f) Wirtschaftlichkeit	[ ] Wirtschaftswachstum
g) Nachfrageelastizität	

WISO 6 — GRUNDZÜGE DER WIRTSCHAFTSPOLITIK

34. Welche Zielkombination kennzeichnet die vier Hauptziele der staatlichen Wirtschaftspolitik nach dem Stabilitätsgesetz?
a) Erhaltung der Kaufkraft des Geldes, hoher Beschäftigungstand, außenwirtschaftliches Gleichgewicht, Nullwachstum.
b) Größtmögliches Wirtschaftswachstum, absolut gleiche Besteuerung der Wirtschafssubjekte, hohe Devisenbestände der Deutschen Bundesbank, Stabilität des Preisniveaus
c) Gerechte Einkommensverteilung, hoher Beschäftigungsstand, stetiges und angemessenes Wirtschaftswachstum, Stabilität des Preisniveaus
d) Stabilität des Preisniveaus, keine Verschuldung der öffentlichen Haushalte, außenwirtschaftliches Gleichgewicht, Vollbeschäftigung.
e) Stabilität des Preisniveaus, hoher Beschäftigungsstand, außenwirtschaftliches Gleichgewicht, stetiges und angemessenes Wirtschaftswachstum

35. Welche staatliche Maßnahme soll Unterbeschäftigung abbauen?
a) Generelle Erhöhung der Einkommensteuersätze
b) Einnahmestilllegung
c) Einschränkung der steuerlichen Abschreibungsmöglichkeiten
d) Bildung von Haushaltsüberschüssen
e) Gewährung von Investitionszulagen

36. Welcher Vorgang trägt zur Stabilisierung des Preisniveaus bei einer inflationären Entwicklung bei?
a) Lohnerhöhung um 10 % bei Steigerung des Bruttoinlandsproduktes um 5 %.
b) Verkürzung der wöchentlichen Arbeitszeit bei vollem Lohnausgleich
c) Verstärkung des Exportes
d) Verstärkung der Spartätigkeit
e) Erhöhung der Staatsausgaben

37. In welchem Fall liegt ein reales wirtschaftliches Wachstum vor?
a) Die nominelle Zunahme des Volkseinkommens ist niedriger als der Kaufkraftverlust des Geldes.
b) Das Volkseinkommen verringert sich gegenüber dem Vorjahr.
c) Das Volkseinkommen bleibt bei unveränderter Kaufkraft gleich hoch.
d) Das Volkseinkommen steigt stärker als die Preissteigerungsrate.
e) Die nominelle Zunahme des Volkseinkommens wird durch Kaufkraftschwund aufgezehrt.

38. Was trägt vor allem dazu bei, die Stabilität des Preisniveaus zu sichern?
a) Eine ständig aktive Zahlungsbilanz
b) Ein ausgewogenes Verhältnis von Papier- und Münzgeld
c) Ein ausgewogenes Verhältnis von Güter- und Geldmenge
d) Die Abhängigkeit der Organe der Bundesbank von Weisungen der Bundesregierung
e) Hohe Haushaltsdefizite

39. Im Wirtschaftsteil einer Zeitung steht: „Die Verbraucherpreise werden im Jahr x voraussichtlich um 5 % steigen." Welche Aussage ist richtig?
a) Die Entwicklung der Verbraucherpreise beeinflusst die Entwicklung des Reallohnes.
b) Aus dieser Zahl lässt sich unmittelbar eine Angabe über die Entwicklung des Nominallohnes gewinnen.
c) Aus dieser Zahl kann man unmittelbar die durchschnittliche Erhöhung des Reallohnes ableiten.
d) Dieser Preisanstieg wurde ausschließlich durch die Lohn- und Gehaltserhöhungen des letzten Jahres bewirkt.
e) Wenn die Löhne und Gehälter gleichbleiben, steigt die Kaufkraft um 5 %.
f) Wenn die Löhne und Gehälter um 6 % steigen, fällt die Kaufkraft um 1 %.

40. Welche im Stabilitätsgesetz vorgesehene Maßnahme wirkt nachfrageerhöhend?
a) Heraufsetzung der Einkommensteuer um höchstens 10 % für längstens 1 Jahr
b) Aussetzung der Sonderabschreibungen
c) Beschränkung der Möglichkeiten der Kreditaufnahme durch die öffentliche Hand
d) Beschleunigung der Planung und Vergabe von Investitionsvorhaben des Staates
e) Bildung einer Konjunkturausgleichsrücklage bei der Deutschen Bundesbank

GRUNDZÜGE DER WIRTSCHAFTSPOLITIK

41. Welche zwei Ziele werden neben außenwirtschaftlichem Gleichgewicht und Stabilität des Preisniveaus im "Gesetz zur Förderung der Stabilität des Wachstums der Wirtschaft" (Stabilitätsgesetz) genannt?
a) Importdrosselung und Vollbeschäftigung
b) Vollbeschäftigung und hohe Produktivität
c) Einkommensgarantie für jedermann und gerechte Einkommensverteilung
d) Hoher Beschäftigungsgrad und stetiges, angemessenes Wirtschaftswachstum
e) Angemessenes Wirtschaftswachstum und Steuergerechtigkeit
f) Investitions- und Sparförderung sowie Exporterweiterung

42. Wie kann man die Stabilität einer Währung feststellen (messen)?
a) Die Arbeitsproduktivität ist ein geeigneter Maßstab, um die Stabilität einer Währung festzustellen.
b) Die Veränderungen des nominalen Bruttoinlandproduktes geben Aufschluss über die Stabilität einer Währung.
c) Die durchschnittliche Entwicklung der Kosten für die Lebenshaltung geben Aufschluss über die Stabilität einer Währung.
d) Der Überschuss der Handelsbilanz ist ein geeigneter Maßstab, um die Stabilität einer Währung festzustellen.
e) Die Höhe des Geldumlaufs zeigt die Kaufkraft und damit die Stabilität einer Währung an.
f) Die Zahl der Arbeitslosen gibt unmittelbaren Aufschluss über die Stabilität einer Währung.

43. Welche Maßnahme ist geeignet, einer Zunahme der Arbeitslosigkeit entgegenzuwirken?
a) Der Staat mindert die Abschreibungsmöglichkeiten der Betriebe.
b) Der Staat verkürzt die allgemeine Schulzeit.
c) Der Staat erhöht das Rentenalter.
d) Der Staat erhöht das Volumen der öffentlichen Investitionen.
e) Die Tarifvertragsparteien schließen einen Manteltarifvertrag, welcher eine Erhöhung der wöchentlichen Arbeitszeit vorsieht.

44. Welche Maßnahme der Bundesregierung, die hohe Arbeitslosigkeit in Deutschland zu bekämpfen, ist mit der Wirtschaftsordnung der Bundesrepublik Deutschland nicht vereinbar?
a) Die Bundesregierung will durch bessere Ausstattung der Arbeitsagenturen mit Personal und Sachmitteln die Zahl der Arbeitsvermittlungen erhöhen.
b) Die Bundesregierung will durch ein verbessertes Qualifizierungsangebot für Arbeitslose deren Chancen auf dem Arbeitsmarkt erhöhen.
c) Die Bundesregierung versucht in Gesprächen mit den Sozialpartnern, diese zu Vereinbarungen zu bewegen, die Neueinstellungen zur Folge haben.
d) Die Bundesregierung schreibt den Tarifpartnern vor, dass Löhne und Gehälter für Vollzeitbeschäftigte mindestens um 25 % über dem Arbeitslosengeld II (Hartz IV) liegen müssen.
e) Die Bundesregierung senkt bei der Einkommensteuer den Eingangssteuersatz um einen Prozentpunkt und verringert die Steuerprogression.

45. Ordnen Sie zu!

Begriffserläuterungen
a) Beeinflussung der gesamtwirtschaftlichen Nachfrage mit finanzpolitischen Mitteln und geldpolitischen Instrumenten mit dem Ziel, ein gesamtwirtschaftliches Gleichgewicht zu erreichen
b) Gleichzeitiges aufeinander abgestimmtes Verhalten der Gebietskörperschaften, Gewerkschaften und Unternehmerverbände zur Erreichung der gesamtpolitischen Ziele
c) Wert aller Güter und Dienstleistungen, die in einer Volkswirtschaft in einem Jahr konsumiert, investiert oder exportiert (vermindert um die Importe) werden
d) Langfristige Anlage von Kapital zur Erhaltung, Verbesserung und Vermehrung der Produktionsmittel
e) Prozess anhaltender Geldwertverschlechterung infolge von Preissteigerungen
f) Gesamtnachfrage nach Gütern und Dienstleistungen kann mit dem Gesamtangebot nicht Schritt halten, weil zu wenig Geld im Umlauf ist.

Grundbegriffe

[ ] Investitionen

[ ] Inflation

[ ] Konjunkturpolitik

GRUNDZÜGE DER WIRTSCHAFTSPOLITIK

46. Welcher Sachverhalt führt direkt zu einer Erhöhung des Bruttoinlandsproduktes in der Bundesrepublik Deutschland, wenn alle anderen Einflussfaktoren unverändert bleiben?
   a) Ein inländischer Autohersteller produziert 10.000 Autos mehr als im Vorjahr.
   b) Die Zahl der Deutschen, die ihren Urlaub im Ausland verbringen, ist gegenüber dem Vorjahr gestiegen.
   c) Die Zahl der Arbeitslosen im Inland ist gegenüber dem Vorjahr stark gestiegen.
   d) Die Arbeitsproduktivität der ausschließlich im Privathaushalt tätigen Hausfrauen und Hausmänner ist gegenüber dem Vorjahr gestiegen.
   e) Die Erstellung von Wohnungen in Eigenleistung ist gegenüber dem Vorjahr stark gestiegen.

47. Sowohl Inflation als auch Deflation stellen mögliche gesamtwirtschaftliche Ungleichgewichte dar. Welcher Vorgang kann bei sonst unveränderten Einflussgrößen eine deflationäre Wirkung auslösen.
   a) Die Tarifpartner vereinbaren Lohnsteigerungen über dem Produktivitätszuwachs.
   b) Die Preise sinken, gleichzeitig geht die Nachfrage der privaten Haushalte zurück.
   c) Die privaten Einkommen steigen und lösen einen Nachfrageüberhang aus.
   d) Die Regierung erhöht ihre Ausgaben durch zusätzliche Staatsverschuldung.
   e) Die Bundesbank senkt die Kreditleitzinsen und löst eine Steigerung der Investitionen aus.

48. Welche Maßnahme dient unmittelbar der Deckung des staatlichen Finanzbedarfs?
   a) Senkung des Einkommensteuertarifs
   b) Erhöhung der Abschreibungsmöglichkeiten für Unternehmen
   c) Erhöhung staatlicher Subventionen
   d) Erhöhung des Umsatzsteuersatzes
   e) Erhöhung der Schuldentilgung des Staates

49. Als problematisch wird unter dem Schlagwort „Zielkonflikte" herausgestellt, dass bei der Bekämpfung der Arbeitslosigkeit andere anzustrebenden Ziele nicht außer Acht gelassen werden dürfen. Prüfen Sie, welche Behauptung falsch ist!
   a) Maßnahmen zur Erhöhung der Nachfrage können zwar zur Schaffung neuer Arbeitsplätze beitragen, sie wirken jedoch auch inflationsfördernd.
   b) Maßvolle Tarifabschlüsse können zwar zur Schaffung neuer Arbeitsplätze beitragen, sie dienen jedoch nicht unbedingt dem Ziel einer gerechten Einkommensverteilung.
   c) Maßnahmen zur Erhöhung der Nachfrage führen regelmäßig zum Abbau von Arbeitsplätzen, sie gefährden gleichzeitig das Wirtschaftswachstum.
   d) Maßnahmen zur Verbesserung der Umweltbedingungen können zwar zur Schaffung neuer Arbeitsplätze im Bereich neuer Umwelttechnologien beitragen. Andererseits können jedoch strenge Umweltauflagen Betriebsverlagerungen in Länder mit weniger strengen Umweltauflagen führen.
   e) Hohe Exportüberschüsse können zwar zur Konjunkturbelebung und damit zu einer Arbeitsplatzbeschaffung beitragen, sie dienen jedoch nicht unbedingt dem Ziel eines außenwirtschaftlichen Gleichgewichts.

50. Die Handelsbilanz der Zahlungsbilanz kann aktiv, ausgeglichen oder passiv sein. In welchem Fall sind Ursache und Auswirkung auf die Handelsbilanz richtig dargestellt?
   a) Einfuhrüberschüsse führen zwingend zu einer passiven Handelsbilanz.
   b) Einfuhrüberschüsse führen zwingend zu einer aktiven Handelsbilanz.
   c) Devisenabschlüsse führen zwingend zu einer aktiven Handelsbilanz.
   d) Außenwirtschaftliches Gleichgewicht führt zwingend zu einer ausgeglichenen Handelsbilanz.
   e) Ein negativer Außenbeitrag führt zwingend zu einer aktiven Handelsbilanz.

51. Ordnen Sie zu!

Vorgänge
   a) Veränderungen des Goldbestandes der Deutschen Bundesbank
   b) Kauf von ausländischen Aktien
   c) Überweisungen von Ersparnissen der Gastarbeiter in ihre Heimatländer
   d) Wareneinfuhren
   e) Veränderungen der Devisenforderungen und Devisenverbindlichkeiten
   f) Reisen ins Ausland

Teilbilanzen der Zahlungsbilanz

[ ] Handelsbilanz

[ ] Übertragungsbilanz

[ ] Dienstleistungsbilanz

GRUNDZÜGE DER WIRTSCHAFTSPOLITIK

52. Was versteht man in der Volkswirtschaftslehre unter der Zahlungsbilanz?
    a) Die Summe aller ein- und zweiseitigen Zahlungen zwischen In- und Ausland zu einem bestimmten Zeitpunkt
    b) Die Gegenüberstellung der Einnahmen aus Warenexporten und Ausgaben für Warenimporte
    c) Die systematische Aufzeichnung wirtschaftlicher Transaktionen eines bestimmten Zeitraums zwischen Inland und Ausland
    d) Die Summe aller Transaktionen im Rahmen des Kapitalverkehrs
    e) Die Summe aller Zahlungen zwischen In- und Ausland

53. Ein deutscher Unternehmer kauft Schweizer Franken bei seiner Hausbank und reist zu Geschäftsverhandlungen nach Zürich. Welche Teilbilanzen der Zahlungsbilanz werden durch seine Ausgaben für Unterkunft und Verpflegung berührt?
    a) Kapitalbilanz und Handelsbilanz
    b) Übertragungsbilanz und Dienstleistungsbilanz
    c) Handelsbilanz und Devisenbilanz
    d) Dienstleistungsbilanz und Devisenbilanz
    e) Handelsbilanz und Dienstleistungsbilanz

54. Welche Wirkung hat eine Euro-Aufwertung in Bezug auf außereuropäische Länder?

	Z.B. deutsche Exporte werden	Reisen z.B. Deutscher werden
a)	erschwert	teurer
b)	erschwert	billiger
c)	erschwert	weder teurer noch billiger
d)	begünstigt	teurer
e)	begünstigt	billiger

55. Was trägt zur Erhöhung eines „Zahlungsbilanzüberschusses" der BR Deutschland bei?
    a) Reisen von Deutschen ins Ausland
    b) Zunahme des Imports
    c) Überweisungen, die ausländische Arbeitskräfte in ihr Heimatland vornehmen
    d) Zahlung von Beiträgen der Bundesrepublik Deutschland an internationale Organisationen
    e) Zunahme der Warentransporte durch deutsche Transportunternehmen für im Ausland ansässige Unternehmen
    f) Inanspruchnahme ausländischer Patente und Lizenzen durch deutsche Unternehmer

56. Ordnen Sie zu

    Definitionen

    a) Abgaben, die als Entgelt für eine spezielle Gegenleistung einer Behörde oder öffentlichen Anstalt erhoben werden
    b) Öffentliche Zwangsabgaben, die ein Gemeinwesen ohne Gewährung einer speziellen Gegenleistung erhebt
    c) Abgaben, die bei der Einfuhr oder Ausfuhr bestimmter Waren erhoben werden
    d) Staatlich festgelegte Importquoten zur direkten Beschränkung der Einfuhr
    e) Festlegung der Exportpreise unter Herstellungskosten mit dem Ziel, Marktanteile im Ausland zu erringen
    f) Gesetzlich oder vertraglich festgelegte wiederkehrende oder einmalige Leistungen zur Erzielung von Einkünften öffentlich-rechtlicher Körperschaften
    g) Zweckgebundene, vom Staat gewährte Vergünstigungen an Unternehmer (z.B. Steuervorteile) zur Förderung des Exports bzw. Erschwerung des Imports

    Preispolitische Mittel zur Beeinflussung der Außenwirtschaft

    [ ] Zölle
    [ ] Subventionen
    [ ] Dumping

57. Welche Aussage über Zölle ist richtig?
    a) Einfuhrzölle werden erhoben, um die inländischen Produzenten zu schützen.
    b) Einfuhrzölle werden erhoben, um den Import zu fördern.
    c) Einfuhrzölle werden erhoben, um die Inlandspreise herabzudrücken.
    d) Ausfuhrzölle werden erhoben, um den Export anzuregen.
    e) Ausfuhrzölle werden erhoben, um die inländischen Waren im Ausland zu verbilligen.

WISO 6 — GRUNDZÜGE DER WIRTSCHAFTSPOLITIK

58. **Wie würde sich eine Aufwertung des Euro im Vergleich zum außereuropäischen Ausland z.B. in der Bundesrepublik Deutschland auswirken?**
    a) Die Importe werden teurer, die Einfuhren gebremst.
    b) Die Importe werden billiger, die Einfuhren gefördert
    c) Die Exporte werden billiger, die Ausfuhren gefördert.
    d) Die Preise für Währungen der Nicht-Euroländer steigen, dadurch werden Auslandsreisen z.B. nach Übersee, teurer.
    e) Die Preise für Währungen der Nicht-Euroländer steigen, Arbeitsplätze im Inland werden sicherer.

59. **Welche Aussage zum Außenwert der Währung eines Landes ist richtig?**
    a) Der Außenwert der Währung sinkt durch eine Aufwertung.
    b) Der Außenwert der Währung verändert sich nicht, wenn diese Währung „floatet".
    c) Der sinkende Außenwert einer Währung kann sich günstig auf den Export dieses Landes auswirken.
    d) Der Außenwert der Währung ist langfristig unabhängig von der wirtschaftlichen Lage des Landes.
    e) Der Außenwert der Währung steigt durch die Aufwertung einer anderen Währung.
    f) Der Außenwert der Währung ist langfristig unabhängig vom Umfang der Währungsreserven des Landes.

60. **Welche Aussage über die Handelsbilanz ist richtig?**
    a) Die Handelsbilanz erfasst die Warenlieferungen an das Ausland und die Warenbezüge aus dem Ausland.
    b) Die Handelsbilanz erfasst u.a. die Überweisungen ausländischer Arbeitnehmer in ihre Heimatländer.
    c) Bei einer aktiven Handelsbilanz überwiegt der Import.
    d) Die Handelsbilanz erfasst die Veränderungen der Devisenbestände der Deutschen Bundesbank.
    e) Die Handelsbilanz erfasst u.a. die Ausgaben der deutschen Urlauber im Ausland.

61. **Welcher Vorgang wird in der Handelsbilanz erfasst?**
    a) Ein deutsches Ingenieurbüro plant einen Staudamm in Ägypten und überwacht die Bauausführung.
    b) Ein türkischer Arbeitnehmer, der in Deutschland lebt und arbeitet, überweist einen Teil seines Gehalts an seine Familie in der Türkei.
    c) Ein italienischer Lebensmittelkonzern erwirbt die Aktienmehrheit an einem deutschen Backwarenhersteller.
    d) Ein deutscher Automobilhersteller verkauft 25 % seiner Fahrzeugproduktion in die USA.
    e) Eine japanische Reisegruppe verbringt ihren Urlaub in Heidelberg.

62. **Ein Großhändler importiert Blumen. Welche Teilbilanz der Zahlungsbilanz erfasst die Wareneinfuhr?**
    a) Dienstleistungsbilanz
    b) Übertragungsbilanz
    c) Kapitalbilanz
    d) Devisenbilanz
    e) Handelsbilanz

63. **Ein deutscher Spediteur befördert auch Güter für ausländische Unternehmen. In welcher Teilbilanz der Deutschen Zahlungsbilanz wird diese Leistung erfasst?**
    a) Handelsbilanz
    b) Bilanz laufender Übertragungen (Übertragungsbilanz)
    c) Dienstleistungsbilanz
    d) Kapitalbilanz
    e) Veränderungen der Auslandsaktiva (Devisenbilanz)

64. **In welchem Fall handelt es sich um Transferzahlungen?**
    a) Der Staat leistet aus sozialen Gründen Unterstützungszahlungen an wirtschaftlich schwache Haushalte.
    b) Der Staat zahlt zuviel erhaltene Lohnsteuer zurück.
    c) Der Staat zahlt Zinsen für Bundesanleihen.
    d) Der Staat zahlt seinen Bediensteten Löhne und Gehälter.
    e) Der Staat kauft zur Erfüllung seiner Aufgaben Güter und Dienstleistungen zu Marktpreisen ein.

GRUNDZÜGE DER WIRTSCHAFTSPOLITIK — WISO 6

65. Welche der folgenden Maßnahmen der Bundesregierung dient der Absicherung sozial schwacher Mitbürger?
a) Einführung eines Höchstlohns für Nachtarbeiter
b) Erhöhung des Kindergelds bis zu einer bestimmten Einkommensgrenze
c) Preisstopp für Benzin für Berufspendler
d) Erhöhung des Mehrwertsteuersatzes auf 20 %
e) Abschaffung des Kinderfreibetrages bei der Einkommensteuer

66. Welche Aussage über den Lebenshaltungskostenindex ist richtig?
a) Er gibt an, um welchen Prozentsatz sich der Preis jeder Ware des Warenkorbes innerhalb eines Zeitraumes verändert hat.
b) Er misst die Veränderungen des Außenwertes einer Währung.
c) Er gibt jeweils die Obergrenze für Tariflohnänderungen an.
d) Preiserhöhungen aufgrund von Qualitätsverbesserungen schränken die Aussagefähigkeit des Indexes ein.
e) Steigt dieser Index von 120 auf 132, dann ist das Preisniveau um 32 % gestiegen.

67. In welcher Situation lässt sich eine verstärkte Kreditaufnahme der öffentlichen Haushalte konjunkturpolitisch rechtfertigen?
a) Rezession
b) Nachfrageinflation
c) Vollbeschäftigung
d) Überbeschäftigung
e) Hochkonjunktur

68. Wie kann das ESZB einer herrschenden Rezession entgegenwirken?
a) Durch den Verkauf von Wertpapieren im Rahmen der Offenmarktpolitik
b) Durch Erhöhung der Mindestreservesätze für die Geschäftsbanken
c) Durch Senkung des Hauptrefinanzierungssatzes im Rahmen der Offenmarktpolitik
d) Durch Verringerung der Geldmenge durch Änderung der Spitzenrefinanzierungsfazilität
e) Durch Verringerung der Kreditschöpfungsmöglichkeiten von Geschäftsbanken

69. Welches Merkmal kennzeichnet den Beginn eines konjunkturellen Aufschwunges?
a) Sinkende Gewinnerwartung
b) Rasch steigende Lagerbestände wegen sinkender Nachfrage
c) Steigende Nachfrage nach Investitionsgütern
d) Anstieg der Arbeitslosenquote
e) Sinkende Preise und Löhne

70. Welche zwei Maßnahmen der Bundesregierung sind zur Konjunkturbelebung geeignet?
a) Erhöhung der Ausfuhrzölle
b) Aufwertung des €
c) Gewährung von Sonderabschreibungen
d) Verminderung der Ausgaben des Bundes
e) Senkung der Einkommensteuersätze
f) Erhöhung der gewinnabhängigen Steuern

71. In welchem Fall liegt eine antizyklische fiskalische Maßnahme vor?
a) In der Rezession werden Rücklagen für den Aufschwung gebildet.
b) In der Rezession werden zur Schonung des Inlandmarktes Staatsaufträge möglichst in das Ausland vergeben.
c) In der Hochkonjunktur wird eine gleichmäßige Auslastung aller Betriebe durch zusätzliche Staatsaufträge angestrebt.
d) In der Hochkonjunktur werden bisher vom Staat zugestandene Steuervergünstigungen rückgängig gemacht.
e) In der Hochkonjunktur werden zusätzliche Staatsaufträge vergeben.

GRUNDZÜGE DER WIRTSCHAFTSPOLITIK

72. Welche Maßnahme führt in der Regel zu einer Erhöhung der Nachfrage der privaten Haushalte nach wirtschaftlichen Gütern?
- a) Erhöhung der Mehrwertsteuer
- b) Erhöhung des Spareckzinses
- c) Erhöhung der Preise
- d) Senkung der Sozialleistungen
- e) Senkung der Einkommensteuer

73. In der Grafik sind die Phasen des Konjunkturverlaufes dargestellt. Welche Aussage trifft auf die schraffiert Phase zu?
- a) Die Produktionskapazitäten werden durch die wachsende Nachfrage nach Investitions- und Konsumgütern zunehmend ausgelastet.
- b) Die Produktionskapazitäten sind voll ausgelastet und zum Teil überlastet. Auf den Konsumgütermärkten herrscht ein starker Nachfrageüberhang.
- c) Die Einkommen der privaten Haushalte gehen zurück. Die Konsumgüternachfrage sinkt.
- d) Die Gewinne schrumpfen. Die Preissteigerungsrate nimmt ab. Die Arbeitslosenquote steigt stark an.
- e) Die Produktionskapazitäten sind zunehmend unausgelastet. Die Banken haben hohe Liquiditätsreserven.
- f) Die Nachfrage der Unternehmer nach Investitionsgütern sinkt stark. Die Zukunftserwartungen der Unternehmer sind pessimistisch.

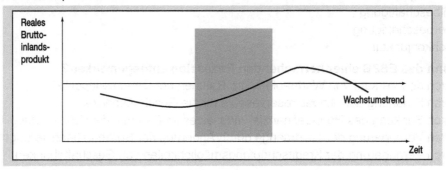

74. Die Bundesregierung versucht, mit konjunkturpolitischen Maßnahmen bestimmte Ziele zu erreichen.

Ziele:	Maßnahmen:
1. Preisstabilisierung bei einer inflationären Entwicklung	1. Abbau der Sparförderung
2. Überwindung einer Rezession	2. Gewährung von Steuervergünstigungen und Subventionen
3. Konjunkturdämpfung	3. Gewährung von Sonderabschreibungen
4. Geringere Arbeitslosigkeit	4. Besteuerung der Investitionen

Welches Ziel kann mit welcher Maßnahme erreicht werden?
- a) Ziel 1 durch Maßnahme 1
- b) Ziel 2 durch Maßnahme 2
- c) Ziel 3 durch Maßnahme 3
- d) Ziel 4 durch Maßnahme 4

75. Welches der nachfolgenden Beispiele erläutert den Begriff „konjunkturelle Arbeitslosigkeit"?
- a) Ein Zimmermädchen eines Nordseehotels wird jedes Jahr zu Winterbeginn arbeitslos.
- b) Durch die umweltgerechte Umstellung der Heizungsanlagen von Kohle auf Erdgas wurden in der Kohleindustrie Arbeitsplätze frei.
- c) Eine Angestellte einer Möbelfirma zieht zu ihrem Freund nach Berlin und will dort Arbeit suchen.
- d) Die bisherigen Gütermengen lassen sich durch den wissenschaftlich-technischen Fortschritt mit wenigen Arbeitskräften herstellen.
- e) Aufgrund der schlechten Wirtschaftslage kommt es zu sinkender Investitionsbereitschaft und zu sinkender Produktion in den Unternehmen, Arbeitskräfte werden entlassen.

GRUNDZÜGE DER WIRTSCHAFTSPOLITIK — WISO 6

76. Welche zwei Maßnahmen im Rahmen der staatlichen Wirtschaftspolitik sind geeignet, in einer Phase der Hochkonjunktur (Boom) die Konjunkturentwicklung zu dämpfen?
    a) Erhöhung der Lohn- und Einkommensteuersätze
    b) Senkung der staatlichen Ausgaben
    c) Erhöhung der degressiven Abschreibungsmöglichkeiten
    d) Gewährung von Investitionszulagen
    e) Aufnahme zusätzlicher staatlicher Kredite
    f) Verminderung der Körperschaftsteuersätze

77. Zur Dämpfung des Preisanstiegs erhöht die Europäische Zentralbank die Mindestreservesätze. Welche Auswirkung trifft nicht zu, wenn alle übrigen Einflussfaktoren unverändert bleiben?
    a) Die Nachfrage nach Gütern und Leistungen sinkt.
    b) Die Liquidität der Banken steigt.
    c) Das Kreditangebot verringert sich.
    d) Die Investitionen nehmen ab.
    e) Die Beschäftigung geht zurück.

78. Welche Wirkung hat die Erhöhung der Leitzinssätze durch die Europäische Zentralbank (EZB)?
    a) Erhöhung der Kreditaufnahme der privaten Haushalte
    b) Erhöhung der nachfragewirksamen Geldmenge
    c) Abwertung des Euros zur Belebung des Exportgeschäftes
    d) Stabilisierung des Preisniveaus
    e) Vermeidung von Kursschwankungen am Aktienmarkt

79. Die EZB hat „Offenmarktgeschäfte" getätigt. Was ist darunter zu verstehen?
    a) Vergabe von Krediten gegen Verpfändung von Wertpapieren
    b) Senkung der Mindestreserven der Kreditinstitute
    c) Veränderung der ständigen Fazilitäten
    d) Festlegung des Basiszinssatzes
    e) Erhöhung der Mindestreserven der Kreditinstitute

80. Sie lesen im Wirtschaftsteil Ihrer Tageszeitung folgende Nachricht: „Die EZB hat den Hauptrefinanzierungssatz (Leitzins) gesenkt." Was bedeutet dies für die Großhandels GmbH, die den von ihrer Hausbank eingeräumten Kontokorrentkredit in regelmäßigen Abständen bis zum Kreditlimit in Anspruch nimmt und die Hausbank die Zinskonditionen entsprechend anpasst?
    a) Die Zinssenkung bleibt für die Großhandels GmbH ohne Auswirkungen, da die Zinssenkung nur die Refinanzierung der Hausbank verbilligt.
    b) Die Senkung des Leitzinses durch die Zentralbank führt zu einer Einschränkung der Geldmenge und bringt damit die Gefahr einer Preissteigerung mit sich.
    c) Durch die Senkung des Leitzinses wird die Kreditfinanzierung der Großhandels GmbH im kurzfristigen Bereich verbilligt.
    d) Die Senkung des Hauptrefinanzierungssatzes wirkt sich auf dem europäischen Markt konjunkturdämpfend aus und senkt die gesamtwirtschaftliche Nachfrage.
    e) Durch die Senkung des Leitzinses wird die Inflation bekämpft. Dadurch erhöhen sich die Absatzchancen der Großhandels GmbH.

81. Das Statistische Bundesamt gibt bekannt: „Der Anstieg der Verbraucherpreise beträgt im laufenden Jahr voraussichtlich 2,1 %. Welche Bedeutung hat diese Aussage?
    a) Bei Tarifverhandlungen für das nächste Jahr wird diese Zahl eines von mehreren Orientierungsdaten sein.
    b) Diese Zahl wurde alleine durch die Lohnerhöhungen des Vorjahres beeinflusst.
    c) Aus dieser Zahl kann man unmittelbar die durchschnittliche Erhöhung des Reallohns ableiten.
    d) Aus dieser Zahl lässt sich unmittelbar eine Angabe über die prozentuale Erhöhung des Nominallohnes gewinnen.
    e) Diese Zahl hat keinen Einfluss auf die Entwicklung des Reallohns.

WISO 6 — GRUNDZÜGE DER WIRTSCHAFTSPOLITIK

82. **Welche grundlegenden Aufgaben hat die Europäische Zentralbank (EZB) als Teil des Europäischen Systems der Zentralbanken (ESZB)?**
    a) Die EZB regelt die Konjunktur durch eine einheitliche Gestaltung der Bank-Gesetze.
    b) Die EZB garantiert die Stabilität des Preisniveaus in ganz Europa.
    c) Die EZB legt fest, zu welchem Kurs Euro und Dollar gehandelt werden.
    d) Die EZB legt die Richtlinien der Geldpolitik des Euro-Währungsgebietes fest.
    e) Die EZB regelt die Handelsbeziehungen des Euro-Währungsgebietes zum außereuropäischen Wirtschaftsraum.

83. **Welche Maßnahme der EZB ist geeignet, die volkswirtschaftliche Nachfrage zu erhöhen?**
    a) Die Kreditinstitute müssen künftig im Rahmen ihrer Hauptrefinanzierungsgeschäfte höhere Zinsen zahlen.
    b) Den Kreditinstituten wird eine geringere Geldmenge im Rahmen ihrer längerfristigen Refinanzierung zugeteilt.
    c) Die Kreditinstitute müssen künftig im Rahmen ihrer Spitzenrefinanzierungsfazilitäten mehr Zinsen zahlen.
    d) Die Kreditinstitute müssen künftig im Rahmen ihrer Einlagenfazilitäten mehr Zinsen zahlen.
    e) Die Kreditinstitute müssen künftig weniger Mindestreserven bei der EZB hinterlegen.

Nachstehend ist § 1 des Gesetzes zur Förderung der Stabilität und des Wachstums der Wirtschaft abgedruckt. Die vier wirtschaftspolitischen Ziele werden auch als magisches Viereck bezeichnet.

Gesetz zur Förderung der Stabilität und des Wachstums der Wirtschaft

§ 1 Bund und Länder haben bei ihren wirtschafts- und finanzpolitischen Maßnahmen die Erfordernisse des gesamtwirtschaftlichen Gleichgewichtes zu beachten. Diese Maßnahmen sind so zu treffen, dass sie im Rahmen der marktwirtschaftlichen Ordnung gleichzeitig zur Stabilität des Preisniveaus, zu einem hohen Beschäftigungsstand und außenwirtschaftlichem Gleichgewicht bei stetigem und angemessenem Wirtschaftswachstum beitragen.

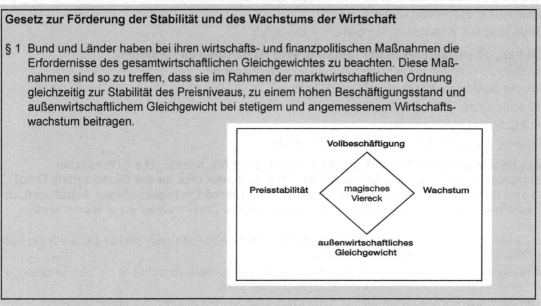

84. **Das magische Viereck wird durch zwei weitere anzustrebende Ziele zum „magischen Sechseck" erweitert. In welcher Zeile sind weitere anzustrebende Ziele genannt?**
    a) Subventionen des Außenhandels — Flexible Wechselkurse
    b) Gerechte Einkommens- u. Vermögensverteilung — Verbesserung der Umweltbedingungen
    c) Angemessene Tarifabschlüsse — Einführung von Schutzzöllen
    d) Gerechte Einkommens- u. Vermögensverteilung — Flexible Wechselkurse
    e) Subventionierung des Außenhandels — Angemessene Tarifabschlüsse

85. **Über welches wirtschaftspolitische Instrument verfügen Bund und Länder?**
    a) Mindestreservepolitik
    b) Offenmarktpolitik
    c) Einnahmen- und Ausgabenpolitik
    d) Diskontpolitik
    e) Lombardpolitik

GRUNDZÜGE DER WIRTSCHAFTSPOLITIK — WISO 6

86. Zur Prüfung, ob die wirtschaftspolitischen Ziele realisiert wurden, werden entsprechende Maßgrößen verwendet. In welchem Fall ist dem wirtschaftspolitischen Ziel die richtige Maßgröße zugeordnet?

	Wirtschaftspolitisches Ziel	Maßgröße
a)	Preisstabilität	Lebenshaltungskostenindex
b)	Preisstabilität	Mindestreservesatz
c)	Vollbeschäftigung	Bruttoinlandsprodukt
d)	Wachstum	Umsatzsteueraufkommen
e)	Außenwirtschaftliches Gleichgewicht	Mindestreservesatz

87. Durch welche Mittel der Fiskal- und Haushaltspolitik kann der Staat dazu beitragen, die Nachfrage zu beleben?
a) Wegfall von Sonderabschreibungen für Unternehmen
b) Schuldentilgung durch Bilden einer Konjunkturausgleichsrücklage
c) Strenge Sparpolitik in allen öffentlichen Verwaltungen
d) Einführung einer Ergänzungsabgabe zur Einkommensteuer und Festlegung der Beträge bei der Bundesbank
e) Abschaffung des Solidaritätszuschlages

88. In welcher Zeile sind die folgenden Aussagen über Umwelt bzw. Umweltschutz richtig beurteilt?

(1) Belastungen der Umwelt, knapp werdende Rohstoffvorräte und vorübergehende Engpässe in der Energieversorgung müssen das Umdenken der „Wegwerf-Gesellschaft" zu einem allgemeinen Umweltbewusstsein bewirken.

(2) Umweltschutz steht im Gegensatz zum qualitativen Wachstum. Die Kosten sind von der Allgemeinheit zu tragen. Durch Umweltschutz können grundsätzlich keine neuen Arbeitsplätze geschaffen werden.

(3) Umweltschutzmaßnahmen (z.B. Abfallvermeidung durch neue Technologien oder Abfallverwertung = Recycling) schaffen neue Wirtschaftszweige, neue Arbeitsplätze und bessere Lebensqualität.

a) Nur Aussage (1) ist richtig.
b) Die Aussagen (1) und (2) sind richtig.
c) Die Aussagen (1) und (3) sind richtig.
d) Die Aussagen (2) und (3) sind richtig.
e) Alle Aussagen sind richtig.

Teil 2

Steuerwesen

Steuer 1 Grundlagen des Allgemeinen Steuerrechts	Seiten	123 - 125
Steuer 2 Umsatzsteuer	Seiten	126 - 157
Steuer 3 Einkommensteuer	Seiten	158 - 200
Steuer 4 Lohnsteuer	Seiten	201 - 205
Steuer 5 Körperschaftsteuer	Seiten	206 - 212
Steuer 6 Gewerbesteuer	Seiten	213 - 221
Steuer 7 Abgabenordnung	Seiten	222 - 230

GRUNDLAGEN DES ALLGEMEINEN STEUERRECHTS — STEUER 1

BEI DEN NACHSTEHENDEN AUFGABEN SIND DIE RICHTIGEN ERGEBNISSE ANZUKREUZEN BZW. ZUZUORDNEN!

1. **Zu den öffentlich-rechtlichen Abgaben gehören:**
   a) Einkommensteuern
   b) Säumniszuschläge
   c) Mitgliedsbeiträge eines Sportvereins
   d) Gebühren für die Ausstellung eines Führerscheins
   e) Zölle

2. **Was versteht man unter Steuern?**
   a) Steuern sind Geld und Sachleistungen, die von allen Bürgern eines Staates erhoben werden.
   b) Steuern sind einmalige oder laufende Geldleistungen, die von einem öffentlich-rechtlichen Gemeinwesen von allen erhoben werden, die den Tatbestand erfüllen, an den das Gesetz die Steuerpflicht knüpft.
   c) Steuern sind zweckgebundene Abgaben, die von natürlichen Personen zu leisten sind, damit der Staat seine Aufgaben erfüllen kann.
   d) Steuern sind Geldleistungen, die von allen natürlichen und juristischen Personen eines Gemeinwesens zur Erzielung von Einnahmen erhoben werden.
   e) Steuern sind Geldleistungen, die von allen steuerpflichtigen Personen erhoben werden, um die Ausgaben des Staates zu decken.

3. **Zu den steuerlichen Nebenleistungen gehören nicht:**
   a) Zinsen
   b) Verspätungszuschläge
   c) Gebühren
   d) Säumniszuschläge
   e) Zwangsgelder

4. **Welche Steuer gehört zu den Besitzsteuern?**
   a) Umsatzsteuer
   b) Grunderwerbsteuer
   c) Grundsteuer
   d) Kraftfahrzeugsteuer
   e) Kaffeesteuer

5. **Welche Steuer ist eine Verbrauchsteuer?**
   a) Lohnsteuer
   b) Versicherungsteuer
   c) Energiesteuer
   d) Umsatzsteuer
   e) Gewerbesteuer

6. **Welche Aufzählung enthält nur Besitzsteuern?**
   a) Lohnsteuer – Erbschaftsteuer – Biersteuer
   b) Kfz-Steuer – Grundsteuer – Einkommensteuer
   c) Tabaksteuer – Umsatzsteuer – Gewerbesteuer
   d) Energiesteuer – Versicherungsteuer – Grunderwerbsteuer
   e) Gewerbesteuer – Lohnsteuer – Körperschaftsteuer

7. **Bei welcher Steuer wird die Höhe von der Gemeinde beeinflusst?**
   a) Grunderwerbsteuer
   b) Einkommensteuer
   c) Kraftfahrzeugsteuer
   d) Grundsteuer
   e) Biersteuer

STEUER 1 — GRUNDLAGEN DES ALLGEMEINEN STEUERRECHTS

8. Ordnen Sie richtig zu!

Steuerart		Steuerempfänger
a) Körperschaftsteuer	[ ]	1 Gemeinden
b) Tabaksteuer	[ ]	2 Länder
c) Kraftfahrzeugsteuer	[ ]	3 Bund
d) Grundsteuer	[ ]	4 Bund und Länder
e) Umsatzsteuer	[ ]	5 Bund, Länder und Gemeinden

9. Welche Steuer ist eine Verkehrsteuer?
    a) Einkommensteuer
    b) Stromsteuer
    c) Schaumweinsteuer
    d) Grunderwerbsteuer
    e) Einfuhrumsatzsteuer

10. Welche der folgenden Steuerarten sind [1] direkte Steuern [2] indirekte Steuern?
    a) Umsatzsteuer
    b) Körperschaftsteuer
    c) Energiesteuer
    d) Erbschaftsteuer
    e) Versicherungsteuer

11. Prüfen Sie, welche Aussage für indirekte Steuern zutrifft?
    a) Indirekte Steuern werden vom Einkommen erhoben.
    b) Steuerträger und Steuerschuldner sind identisch.
    c) Steuerschuldner und Steuerträger sind nicht identisch.
    d) Indirekte Steuern zahlen nur Unternehmen.
    e) Das Steueraufkommen aus den indirekten Steuern ist niedriger als das Aufkommen aus den direkten Steuern.

12. Stellen Sie fest, welche Steuer bzw. steuerliche Nebenleistung nicht als Betriebsausgabe abgesetzt werden kann.
    a) Kraftfahrzeugsteuer auf Betriebsfahrzeuge
    b) Grundsteuer für Betriebsgrundstücke
    c) Gewerbesteuer-Vorauszahlung
    d) Körperschaftsteuer
    e) Säumniszuschlag auf die Umsatzsteuer

13. Wozu gehören Zölle?
    a) Steuerliche Nebenleistungen
    b) Direkte Steuern
    c) Beiträge
    d) Gebühren
    e) Indirekte Steuern

14. Ordnen Sie richtig zu!

a) Autobahn-Maut	[ ]	1 steuerliche Nebenleistung
b) Kurtaxe	[ ]	2 Benutzungsgebühr
c) Eintritt ins städtische Hallenbad	[ ]	3 Verwaltungsgebühr
d) Kosten für Kfz-Zulassung	[ ]	4 Beitrag
e) Verspätungszuschlag		

15. Welche der folgenden Vorschriften gehört nicht zu den steuerlichen Rechtsnormen?
    a) Umsatzsteuergesetz
    b) Einkommensteuer-Durchführungsverordnung
    c) Handelsgesetz
    d) Abgabenordnung
    e) Bewertungsgesetz

GRUNDLAGEN DES ALLGEMEINEN STEUERRECHTS — STEUER 1

16. Durchführungsverordnungen
a) sind Rechtsnormen
b) werden von der Exekutive erlassen
c) dienen der Ergänzung und Erläuterung der Gesetze
d) binden nur die Verwaltung
e) sind bindend wie Gesetze

17. Richtlinien
a) sind Verwaltungsanweisungen
b) dienen der Gleichbehandlung der Steuerpflichtigen
c) geben nachgeordneten Behörden Entscheidungshilfen
d) binden Bürger, Verwaltung und Gerichte
e) binden nur die Verwaltung

18. Bei welcher Steuerart liegt die Gesetzgebungshoheit ausschließlich beim Bund?
a) Hundesteuer
b) Biersteuer
c) Versicherungsteuer
d) Getränkesteuer
e) Vergnügungsteuer

19. Welche Aufgabe fällt in den Zuständigkeitsbereich der Gemeindefinanzbehörden?
a) Erstellung eines Gewerbesteuermessbescheids
b) Vergabe einer Umsatzsteuer-Identifikationsnummer
c) Festsetzung der Grunderwerbsteuer
d) Stundung der Gewerbesteuer
e) Mitwirkung bei Betriebsprüfungen

20. Die Grunderwerbsteuer ist eine
a) Steuer, die nur beim Kauf eines unbebauten Grundstücks anfällt
b) Steuer, die nur Unternehmen entrichten müssen
c) Steuer, die von der Gemeinde erhoben wird, in der das Grundstück liegt
d) Gemeinschaftsteuer
e) Steuer, die beim Kauf eines unbebauten/bebauten Grundstücks zu entrichten ist

21. Die Befugnis zur unbeschränkten Hilfeleistung in Steuersachen haben
a) Steuerberater
b) Wirtschaftsprüfer
c) Steuerberatergesellschaften
d) Lohnsteuerhilfevereine
e) Fachanwälte für Steuerrecht

22. Welcher Vorgang fällt nicht unter die Beschränkung der geschäftsmäßigen Hilfeleistung in Steuersachen?
a) Die Erstellung der ESt-Erklärung durch einen Steuerfachangestellten für seinen Nachbarn.
b) Die Erstellung einer Gewerbesteuer-Erklärung durch den Bilanzbuchhalter des Betriebs.
c) Die unentgeltliche Erstellung einer ESt-Erklärung für die Tante durch ihren Enkel.
d) Die Aufstellung einer Handelsbilanz und GuV-Rechnung durch den Bilanzbuchhalter des Unternehmens.
e) Die Fertigung einer Umsatzsteuererklärung durch einen Lohnsteuerhilfeverein.

23. Mit dem Beruf eines Steuerberaters ist nicht vereinbar
a) eine Vortrags- und Lehrtätigkeit
b) die Erstellung wissenschaftlicher Gutachten
c) eine gewerbliche Tätigkeit
d) eine schriftstellerische Tätigkeit
e) die Tätigkeit als Wirtschaftsprüfer

STEUER 2 — UMSATZSTEUER

BEI DEN NACHSTEHENDEN AUFGABEN SIND DIE RICHTIGEN ERGEBNISSE ANZUKREUZEN BZW. ZUZUORDNEN!

1. **Zu welcher Steuerart gehört die Umsatzsteuer, wenn die Einteilung nach der Ertragskompetenz erfolgt?**
   a) Gemeinschaftsteuer
   b) Bundessteuer
   c) Ländersteuer
   d) Gemeindesteuer
   e) Verkehrsteuer

2. **Welche Aussage zum Umsatzsteuer-Anwendungserlass ist richtig?**
   a) Es handelt sich um eine Rechtsnorm, die für Bürger, Gerichte und Verwaltung verbindlich ist
   b) Er behandelt Zweifels- und Auslegungsfragen von allgemeiner Bedeutung und stellt eine einheitliche Rechtsanwendung durch die Finanzbehörden sicher
   c) Er wird von der Judikative aufgrund einer ausdrücklichen gesetzlichen Ermächtigung erlassen
   d) Es handelt sich um die verbindliche Auslegung des Umsatzsteuergesetzes für die Finanzbehörden und Finanzgerichte eines Bundeslandes
   e) Sie enthalten die Umsatzsteuersätze für jedes Bundesland

3. **Wie hoch ist der aktuelle Regelsteuersatz der Umsatzsteuer in Deutschland?**
   a) 5,5 %
   b) 7 %
   c) 16 %
   d) 19 %
   e) 20 %

4. **Eine Lieferung eines deutschen Unternehmers unterliegt dem ermäßigten Steuersatz. Wie hoch ist der aktuelle ermäßigte Steuersatz?**
   a) 5,5 %
   b) 7 %
   c) 14 %
   d) 16 %
   e) 19 %

5. **Wobei handelt es sich um kein Tatbestandsmerkmal für einen steuerbaren Umsatz i.S.d. § 1 (1) Nr. 1 UStG?**
   a) Unternehmer
   b) Inland
   c) Lieferung
   d) Entgelt
   e) Einfuhr

6. **Wer ist wirtschaftlich durch die Umsatzsteuer belastet (Steuerträger)?**
   a) Unternehmer
   b) Finanzamt
   c) Staat
   d) Endverbraucher
   e) Niemand

7. **Ein Elektronik-Fachmarkt bezieht 220 Monitore von einem Großhändler. Die Rechnung lautet auf 55.000,00 € + USt. Wie hoch ist die Umsatzsteuer, die auf einen Monitor entfällt?**
   a) 47,50 €
   b) 35,20 €
   c) 7.586,21 €
   d) 8.800,00 €
   e) 63.800,00 €

UMSATZSTEUER — STEUER 2

8. Der Ladenverkaufspreis eines Einzelhändlers für ein Fernsehgerät beträgt zur Zeit noch 999,00 €. Wie hoch ist die im Preis enthaltene Umsatzsteuer?
   a) 63,36 €
   b) 69,93 €
   c) 137,79 €
   d) 159,50 €
   e) 179,82 €

9. Eine Metzgerei aus München verkauft Fleisch und Wurstwaren. Die Einnahmen im Juli betragen 36.480 €. Wie hoch ist die vereinnahmte Umsatzsteuer?
   a) 2.386,54 €
   b) 2.553,60 €
   c) 5.031,72 €
   d) 5.836,80 €
   e) 6.566,40 €

10. Ihr Mandant Hausmann hat im Vorjahr ein Modegeschäft eröffnet. Er tätigte nur Umsätze mit 19 % USt. Für dieses Geschäftsjahr liegen folgende Zahlen vor:
    Umsatzerlöse netto   186.000,00 €
    Abziehbare Vorsteuer   17.200,00 €
    Wie hoch ist die Zahllast?
    a) 186.000 €
    b) 17.200 €
    c) 203.200 €
    d) 168.800 €
    e) 18.140 €

11. Ein Buchhändler verkauft einen Roman für 9,80 €. Wie hoch ist die im Kaufpreis enthaltene Umsatzsteuer?
    a) 0,64 €
    b) 0,69 €
    c) 0,80 €
    d) 1,35 €
    e) 1,57 €

12. Welches der folgenden Gebiete ist Ausland i.S.d. UStG?
    a) Helgoland
    b) Hamburg
    c) Konstanz
    d) Berlin
    e) Sylt

13. Welches der folgenden Gebiete ist umsatzsteuerlich kein Gemeinschaftsgebiet?
    a) Monaco
    b) Gran Canaria
    c) Lettland
    d) Schweden
    e) Dänemark

14. Bei welchem der folgenden Staaten handelt es sich umsatzsteuerlich um Drittland?
    a) Irland
    b) Belgien
    c) Ungarn
    d) Norwegen
    e) Slowakei
    f) Estland

STEUER 2 — UMSATZSTEUER

15. Handelt es sich bei den folgenden Beispielen jeweils um eine „Lieferung" oder um eine „sonstige Leistung"

Beispiel	Lieferung	Sonstige Leistung
Ein Taxiunternehmer befördert einen Fahrgast		
Ein Bauunternehmer einigt sich mit einem Konkurrenten darauf, sich an einer Ausschreibung nicht zu beteiligen		
Die Buchhandlung Hugendubel verkauft ein Buch „Steuerlehre" des Verlages „Europa-Lehrmittel" an einen Auszubildenden		
Ein Steuerberater berät einen Mandanten in Fragen der Einkommensteuer		
Ein Auszubildender geht regelmäßig mit dem Hund seines Chefs „Gassi"		
Der Besitzer eines Campingplatzes vermietet Stellplätze an Dauercamper		
Ein Handelsvertreter vermittelt für ein Maschinenbauunternehmen einen Auftrag		
Ein Kunde kauft in einem Schnellimbiss eine Pizza zum Mitnehmen		
Ein Restaurantbesitzer isst in seinem eigenen Lokal zu Mittag		
Ein Imker verkauft auf dem Wochenmarkt Honig		
Claudia Schwarz kauft für 7 € eine Kinokarte		

16. Marko Maler betreibt mehrere Lebensmittelgeschäfte in Bremen. Entscheiden Sie ob die folgenden Umsätze „steuerbar" oder „nicht steuerbar" sind!

Umsatz	Steuerbar	Nicht steuerbar
Bei einer Demonstration wurde eine Fensterscheibe zerschlagen. Die Versicherung erstattete 1.280 €		
Herr Maler schenkt seinem Sohn eine Kiste Wein, die für 98 € eingekauft wurde		
Eine Verkäuferin erhält zum Geburtstag eine Schachtel Pralinen für 19,98 €		
Joghurt dessen Verfallsdatum fast erreicht ist wird statt für 0,49 € für 0,19 € verkauft		
Ein guter Kunde erhält ein Geschenk aus dem Warenbestand im Wert von 78 €		
Ein weiterer Kunde erhält ein Geschenk aus dem Warenbestand. Der Einkaufspreis betrug 29,80 €		
Herr Maler kauft Käse bei einem Lieferanten in Frankreich		
Ein Tourist aus Spanien kauft für 89 € ein und bezahlt bar		
Nicht verkaufte verderbliche Ware wird an eine andere Filiale geliefert		
Herr Maler entnimmt den Firmenwagen aus seinem Unternehmen um ihn künftig nur noch „Privat" zu fahren. Der Wagen wurde von einem Werksangehörigen des Herstellers als Jahreswagen gekauft		
Herr Maler kauft Waren von einem Unternehmer aus der Schweiz		
Eine der Filialen wird im Erdgeschoss eines vierstöckigen Hauses betrieben, dass Herrn Maler gehört.		
Unternehmer Maler fährt mit dem Firmenwagen auch von seiner Wohnung in den Betrieb		

17. Damit eine Lieferung oder sonstige Leistung steuerbar ist müssen bestimmte Voraussetzungen erfüllt sein. Welche der folgenden Voraussetzungen gehört nicht dazu?

a) Lieferung oder sonstige Leistung eines Unternehmers
b) Gegen Entgelt
c) An einen Unternehmer
d) Im Inland
e) Im Rahmen des Unternehmens

UMSATZSTEUER — STEUER 2

18. Tragen Sie ein ob die folgenden Vorgänge nicht steuerbar sind und falls Steuerbarkeit gegeben ist, welche Art eines steuerbaren Umsatzes vorliegt (UStIdNr liegt vor).

Vorgang	Nicht steuerbar	Steuerbare Lieferung	Steuerbare Einfuhr	Steuerbarer Innergem. Erwerb
Ein Großhändler verkauft Düngemittel an einen Einzelhändler in Darmstadt				
Ein Einzelhändler verkauft Düngemittel an einen Privatmann				
Steuerberater Peters verkauft seine Golfschläger für 500 € an einen befreundeten Rechtsanwalt				
Verkauf von Ersatzteilen an einen Unternehmer in Frankreich				
Ein Industriebetrieb kauft Maschinen in Irland				
Ein Angestellter aus Berlin kauft in Italien ein neues Auto				
Ein Großhändler beliefert ein Unternehmen in Tschechien				
Ein Kaufhaus in München kauft Textilien in China				
Ein Lehrer verkauft seinen gebrauchten Wohnwagen				
Ein Einzelhändler erhält von der Versicherung für eine von einem Unbekannten zerstörte Scheibe 1.500 €				
Geschäftsveräußerung an einen anderen Unternehmer				

19. Wann gilt ein Fahrzeug als neu im Sinne des § 1b (3) UStG?
    a) Wenn es nicht mehr als 6000 km zurückgelegt hat oder wenn seine erste Inbetriebnahme im Zeitpunkt des Erwerbs nicht mehr als sechs Monate zurückliegt
    b) Wenn es nicht mehr als 1000 km zurückgelegt hat oder wenn seine erste Inbetriebnahme im Zeitpunkt des Erwerbs nicht mehr als einen Monat zurückliegt
    c) Wenn es nicht mehr als 12000 km zurückgelegt hat oder wenn seine erste Inbetriebnahme im Zeitpunkt des Erwerbs nicht mehr als zwölf Monate zurückliegt
    d) Wenn es nicht älter als zwei Jahre ist
    e) Wenn es nicht älter als ein Jahr ist

20. Tragen Sie ein, ob es sich bei den folgenden Beispielen jeweils um Unternehmer i.S.d. UStG handelt.

Beispiele	Unternehmer i.S.d. UStG	
	Ja	Nein
Martin Schmidt, Oberarzt im Krankenhaus München-Schwabing		
Peter Huber-Jilg, Buchautor		
BMW AG		
Werksangehöriger eines Automobilherstellers, der nach mehr als einem Jahr den zu einem Vorzugspreis erworbenen Pkw wieder verkauft		
Bürofachmarkt Maler KG		
Gaststättenbesitzer Oskar Graf		
Gerd Bubis, selbständiger Steuerberater		
Hiltrud Grau, Augenärztin mit eigener Praxis		
Rentner Gebert sammelt privat seit 45 Jahren Briefmarken		

21. Welcher der folgenden Paragrafen erklärt den Begriff „Unternehmer"?
    a) § 1 UStG
    b) § 2 UStG
    c) § 3 UStG
    d) § 4 UStG
    e) § 5 UStG

STEUER 2 — UMSATZSTEUER

22. Welches der folgenden Tatbestandsmerkmale ist für die Prüfung der Unternehmereigenschaft i.S.d. UStG nicht notwendig?
 a) Ausüben einer gewerblichen oder beruflichen Tätigkeit
 b) Selbständigkeit
 c) Einnahmeerzielungsabsicht
 d) Gewinnerzielungsabsicht
 e) Nachhaltigkeit

23. Welcher der folgenden Umsätze ist nicht steuerfrei?
 a) Vermietung von Grundstücken
 b) Einfuhr
 c) Vermittlung von Krediten
 d) Verkauf von Grundstücken
 e) Leistungen auf Grund eines Versicherungsverhältnisses

24. In welchem Paragrafen des Umsatzsteuergesetzes sind steuerfreie Umsätze geregelt?
 a) § 1 UStG
 b) § 2 UStG
 c) § 3 UStG
 d) § 4 UStG
 e) § 12 UStG

25. Steuerfreie Umsätze werden in zwei große Gruppen unterteilt. Um welche Gruppen handelt es sich dabei?
 a) Inlands- und Auslandsumsätze
 b) Inlands- und Drittlandsumsätze
 c) Direkte und indirekte Umsätze
 d) Unternehmensumsätze und Umsätze von Privatpersonen
 e) Abzugsumsätze und Ausschlussumsätze

26. Welcher dieser Unternehmer erbringt steuerpflichtige Leistungen?
 a) Zahnarzt
 b) Bausparkassenvertreter
 c) Versicherungsvertreter
 d) Orthopäde
 e) Tierarzt

27. Sind die folgenden Leistungen steuerpflichtig oder steuerfrei?

Leistung	Steuerpflichtig	Steuerfrei
Ein Münchner Zahnarzt fertigt in seinem Labor eine Zahnspange für einen Privatpatienten, der dafür 520 € bezahlt		
Ein Tierarzt berechnet für die Impfung eines Labradors 65 €		
Ein Unternehmer aus Köln verkauft Waren an einen Händler in der Schweiz		
Ein Hausbesitzer vermietet ein Appartement an einen Studenten		
Ein Hotel in München berechnet einem Unternehmer für den Aufenthalt während einer Messe 298 €		
Ein Ulmer Großhändler verkauft einen nicht mehr benötigten Kleintransporter an einen Unternehmer in Salzburg		
Der Rentner Alfred Danner vermietet einen nicht mehr benötigten Tiefgaragenstellplatz für 50 €/Monat an einen Bekannten		

UMSATZSTEUER — STEUER 2

28. Unterliegen die folgenden Umsätze dem Regelsteuersatz oder dem ermäßigten Steuersatz?

Umsatzart	19 %	7 %
Verkauf eines Pkw an einen Privatmann		
Ein Würzburger Gastwirt verabreicht in seiner Gaststätte Mittagessen gegen Entgelt. Die Speisen sind in der Anlage zum UStG aufgeführt.		
Verkauf von Zeitschriften durch einen Einzelhändler		
Ein Supermarkt verkauft Kartoffeln an Restaurants		
Ein Buchhändler verkauft ein EStG an einen Steuerberater		
Eine Videothek verleiht Videofilme gegen Entgelt an Privatpersonen		
Ein Kiosk verkauft die Frankfurter Allgemeine Zeitung		
Ein Taxi befördert einen Fahrgast vom Hauptbahnhof in München zu einem Kunden im Stadtteil Sendling		
Peter Huber-Jilg übergibt dem Verlag sein Buchmanuskript „Rechnungswesen für Steuerfachangestellte". Für jedes verkaufte Buch erhält er 0,90 €		

29. Welche Aussage zur Einfuhrumsatzsteuer ist richtig?
    a) Es handelt sich um eine Verkehrsteuer, die von der Zollverwaltung erhoben und verwaltet wird
    b) Es handelt sich um eine Verbrauchsteuer, die von der Zollverwaltung erhoben und verwaltet wird
    c) Es handelt sich um eine Verkehrsteuer, die von den Finanzämtern erhoben und verwaltet wird
    d) Es handelt sich um eine Verbrauchsteuer, die von den Finanzämtern erhoben und verwaltet wird
    e) Die Einfuhrumsatzsteuer ist eine Personensteuer, die von den Finanzämtern erhoben und verwaltet wird

30. Wer ist 2016 für die Erteilung einer Umsatzsteueridentifikationsnummer zuständig?
    a) Bundeszentralamt für Steuern
    b) Bundesfinanzministerium
    c) Wohnsitzfinanzamt
    d) Betriebsfinanzamt
    e) Gemeinde

31. Ein Möbelhaus aus München liefert Waren an einen Privatmann in Augsburg. Welche Aussage zum Ort der Leistung ist richtig?
    a) München gemäß § 3 (1) UStG
    b) Augsburg gemäß § 3 (1) UStG
    c) München gemäß § 3 (6) UStG
    d) Augsburg gemäß § 3 (6) UStG
    e) Augsburg gemäß § 3 (4) UStG i.V.m. § 3 (3) UStG

32. Ein Rechtsanwalt aus Ulm berät einen Mandanten (Privatperson) aus Memmingen in einer Erbschaftsangelegenheit. Welche Aussage zum Ort der Leistung ist richtig?
    a) Ort der Lieferung ist gemäß § 3 (6) UStG Ulm
    b) Ort der Lieferung ist gemäß § 3 (6) UStG Memmingen
    c) Ort der sonstigen Leistung ist gemäß § 3a (1) UStG Ulm
    d) Ort der sonstigen Leistung ist gemäß § 3a (1) UStG Memmingen
    e) Ort der sonstigen Leistung ist gemäß § 3a (4) UStG Ulm

33. Ein Steuerberater aus Frankfurt berät einen Unternehmer aus New York in einem Hotel in München in Fragen des deutschen Umsatzsteuerrechts. Welche Feststellung zum Ort der Leistung ist richtig?
    a) Der Ort der Leistung ist gemäß § 3a Abs. 4 Nr. 3 UStG in Deutschland
    b) Der Ort der Leistung ist gemäß § 3a Abs. 2 UStG in den USA
    c) Der Ort der Leistung ist gemäß § 3a Abs. 1 UStG in Deutschland
    d) Der Ort der Leistung ist gemäß § 3a Abs. 1 UStG in den USA
    e) Der Ort der Leistung ist gemäß § 3 Abs. 6 UStG in Deutschland

34. Ein Autovermieter aus München vermietet an einen in Hamburg ansässigen Unternehmer für fünf Tage einen Pkw, den dieser während seines Aufenthalts in Bayern zur Einhaltung geschäftlicher Termine nutzt. Wo ist der Ort der sonstigen Leistung?
    a) In München gem. § 3a Abs. 3 Nr. 2 UStG
    b) In Hamburg gem. § 3a Abs. 3 Nr. 2 UStG
    c) In München gem. § 3b Abs. 1 UStG
    d) In Hamburg gem. § 3b Abs. 1 UStG
    e) In München gem. § 3a Abs. 1 UStG

35. Ein Autovermieter aus Bremen vermietet an einen Touristen aus Landshut für 14 Tage einen Pkw, den dieser während seines Urlaubsaufenthalts in Norddeutschland nutzt. Wo ist der Ort der sonstigen Leistung?
    a) In Bremen gem. § 3a Abs. 3 Nr. 2 UStG
    b) In Landshut gem. § 3a Abs. 3 Nr. 2 UStG
    c) In Bremen gem. § 3b Abs. 1 UStG
    d) In Landshut gem. § 3b Abs. 1 UStG
    e) In Bremen gem. § 3a Abs. 1 UStG

36. Ein Autovermieter aus Frankfurt vermietet an einen in Düsseldorf ansässigen Unternehmer für vier Monate ein Fahrzeug das dieser geschäftlich nutzt. Wo ist der Ort der sonstigen Leistung?
    a) In Frankfurt gem. § 3a Abs. 3 Nr. 2 UStG
    b) In Düsseldorf gem. § 3a Abs. 3 Nr. 2 UStG
    c) In Frankfurt gem. § 3b Abs. 1 UStG
    d) In Düsseldorf gem. § 3b Abs. 1 UStG
    e) In Düsseldorf gem. § 3a Abs. 2 UStG

37. Ein Spediteur aus Freising (Bayern) befördert für einen Unternehmer aus Salzburg (Österreich) Waren zu dessen Kunden nach Palermo (Italien). Der Unternehmer aus Salzburg verwendet seine österreichische UStIDNr. Wo liegt der Ort der Beförderungsleistung?
    a) In Deutschland
    b) In Österreich
    c) In Italien
    d) Strecke Österreich Italien
    e) Strecke Deutschland Italien

38. Ein Spediteur aus Bad Tölz (Deutschland) befördert für einen Privatmann aus Salzburg (Österreich) Möbel von Salzburg zu dessen neuer Wohnung in Zürich (Schweiz). Wo liegt der Ort der Beförderungsleistung?
    a) In Deutschland
    b) In Österreich
    c) In der Schweiz
    d) Strecke Österreich Schweiz
    e) Strecke Deutschland Schweiz

39. Ein Spediteur aus Bad Tölz (Deutschland) befördert für einen Privatmann aus Salzburg (Österreich) Möbel von Salzburg zu dessen neuer Wohnung in Schwerin. Wo liegt der Ort der Beförderungsleistung?
    a) In Deutschland gem. § 3b (1) UStG
    b) In Österreich gem. § 3b Abs. 3 UStG
    c) In Deutschland gem. § 3b Abs. 3 UStG
    d) Strecke Österreich Deutschland gem. § 3b (1) UStG
    e) In Österreich gem. § 3a Abs. 1 UStG

UMSATZSTEUER — STEUER 2

40. Ein Rechtsanwalt mit Sitz in München vertritt eine Privatperson mit Wohnsitz in Wien (Österreich) gegen Entgelt vor einem Gericht in Nürnberg. Wo ist der Ort der Leistung?
    a) Der Ort der Leistung ist gemäß § 3a Abs. 4 Nr. 3 UStG in Deutschland
    b) Der Ort der Leistung ist gemäß § 3a Abs. 4 Nr. 3 UStG in Österreich
    c) Der Ort der Leistung ist gemäß § 3a Abs. 1 in Deutschland
    d) Der Ort der Leistung ist gemäß § 3a Abs. 1 in den Österreich
    e) Der Ort der Leistung ist gemäß § 3 Abs. 6 in Deutschland

41. Ein Unternehmer aus Mannheim entnimmt einen PC und schenkt ihn seiner Tochter, die in Wien studiert.
    a) Es handelt sich um eine unentgeltliche Lieferung, die einer Lieferung gegen Entgelt gleichgestellt wird
    b) Es handelt sich um eine unentgeltliche sonstige Leistung, die einer sonstigen Leistung gegen Entgelt gleichgestellt wird
    c) Es handelt sich um einen nichtsteuerbaren Innenumsatz
    d) Es liegt eine steuerfreie Entnahme vor
    e) Der Vorgang ist in Deutschland nicht steuerbar

42. Ein Spediteur aus Bremen befördert für ein Unternehmen mit Sitz in Hamburg Waren von Kiel nach München. Welche Antwort bezeichnet den Ort der Beförderungsleistung zutreffend?
    a) Bremen
    b) Hamburg
    c) Kiel
    d) München
    e) Strecke Kiel – München

43. Der Unternehmer Bernd Altinger betreibt ein Einzelhandelsgeschäft in Stuttgart. Er entnimmt dem Unternehmen einen Laptop, der mit Vorsteuerabzug angeschafft wurde und schenkt ihn seinem Sohn, der ein Internat in der Schweiz besucht. Welcher § bezeichnet den Ort der Entnahme?
    a) § 3a (1) UStG
    b) § 3 (9) UStG
    c) § 3 (6) UStG
    d) § 3a (4) UStG
    e) § 3f UStG

44. Ein deutscher Unternehmer beliefert Privatpersonen in Österreich mit Kinderbüchern und überschreitet die österreichische Lieferschwelle. Welche Aussage zur Gestaltung der Rechnung ist zutreffend?
    a) Sie enthält keine Umsatzsteuer
    b) Sie enthält deutsche Umsatzsteuer
    c) Sie enthält österreichische Umsatzsteuer
    d) Sie enthält sowohl deutsche als auch österreichische Umsatzsteuer
    e) Sie enthält einen Hinweis auf die Steuerschuldnerschaft des Leistungsempfängers

45. Diana Braun betreibt in München eine Weingroßhandlung. Einem guten Kunden schenkt sie zum 50. Geburtstag einen Bildband über München, den sie extra für 78 € eingekauft und mit Geld aus der Unternehmenskasse bezahlt hat. Welche Aussage zur Übergabe des Geschenks ist richtig?
    a) Geschenke an Geschäftsfreunde sind steuerbar und steuerpflichtig
    b) Geschenke an Geschäftsfreunde sind steuerbar und steuerfrei
    c) Geschenke an Geschäftsfreunde sind nicht steuerbar aber steuerpflichtig
    d) Geschenke an Geschäftsfreunde sind nicht steuerbar aber steuerfrei
    e) Geschenke an Geschäftsfreunde sind nie steuerbar

STEUER 2 — UMSATZSTEUER

46. Ein Nürnberger Gastwirt verabreicht in seiner Gaststätte ein Mittagessen gegen Entgelt an einen Privatmann aus Erlangen. Die Speisen sind in der Anlage zum UStG aufgeführt. Welche Aussage zum Ort der Leistung ist richtig?
    a) Der Ort der Lieferung ist Nürnberg gem. § 3 (6) UStG
    b) Der Ort der Lieferung ist Erlangen gem. § 3 (6) UStG
    c) Der Ort der sonstigen Leistung ist Nürnberg gem. § 3a (3) Nr. 3b UStG
    d) Der Ort der sonstigen Leistung ist Erlangen gem. § 3a (1) UStG
    e) Der Ort der Entnahme ist Nürnberg gem. § 3f UStG

47. Ein Münchner Gastwirt entnimmt Speisen aus seiner Gaststätte für den privaten Bedarf. Die Speisen werden in der Wohnung des Gastwirtes eingenommen. Wo ist der Ort der Leistung?
    a) Der Ort der Lieferung ist München gem. § 3 (6) UStG
    b) Der Ort der Lieferung ist München gem. § 3a (1) UStG
    c) Der Ort der sonstigen Leistung ist München gem. § 3 (6) UStG
    d) Der Ort der sonstigen Leistung ist München gem. § 3a (1) UStG
    e) Der Ort der Lieferung ist München gem. § 3f UStG

48. Die Unternehmerin Clara Brau wohnt in Ulm und betreibt in Neu-Ulm ein Einzelhandelsgeschäft. Sie schenkt ihrer Tochter Monika, die in Salzburg studiert einen Laptop, den sie im letzten Jahr für ihr Geschäft erworben hatte. Wo ist der Ort des Umsatzes?
    a) Der Ort der Lieferung ist Ulm gem. § 3 (6) UStG
    b) Der Ort der Lieferung ist Neu-Ulm gem. § 3a (1) UStG
    c) Der Ort der Lieferung ist Neu-Ulm gem. § 3 (6) UStG
    d) Der Ort der sonstigen Leistung ist Neu-Ulm gem. § 3 (6) UStG
    e) Der Ort der Lieferung ist Neu-Ulm gem. § 3f UStG

49. In welchem der folgenden Fälle handelt es sich nicht um eine „ruhende Lieferung", deren Ortsbestimmung nach § 3 (7) UStG erfolgt?
    a) Werklieferungen
    b) Grundstücksübertragungen
    c) Lieferung per Lagerschein
    d) Lieferung des Verkaufskommittenten an den Kommissionär
    e) Vermietung

50. Wie hoch ist die deutsche Lieferschwelle?
    a) 25.000 €
    b) 50.000 €
    c) 100.000 €
    d) 200.000 €
    e) 250.000 €

51. Welcher der folgenden Erwerber ist kein sogenannter „Halbunternehmer" (Schwellenerwerber, Exot)?
    a) Unternehmer, der nur steuerfreie Umsätze ausführt
    b) Kleinunternehmer gemäß § 19 UStG
    c) Unternehmer mit Besteuerung gemäß § 24 UStG (Land- und Forstwirte)
    d) Juristische Personen als Nichtunternehmer bzw. Gegenstandserwerb nicht für ihr Unternehmen
    e) Privatpersonen

52. Der österreichische Einzelhändler Bauer liefert mit eigenem Lkw einen PC an einen Privatmann in Bad Reichenhall. Wo ist der Vorgang steuerbar, wenn der Lieferant die deutsche Lieferschwelle nicht überschritten hat?
    a) In Österreich
    b) In Deutschland
    c) In Österreich und in Deutschland
    d) Der Vorgang ist nicht steuerbar
    e) Alle Antworten sind falsch

UMSATZSTEUER — STEUER 2

53. **Ein französischer Einzelhändler beliefert auch Privatkunden im deutschen Grenzgebiet. Welche Umsatzsteuer enthält die Rechnung des Einzelhändlers, wenn er die deutsche Lieferschwelle nicht überschreitet?**
    a) Französische Umsatzsteuer
    b) Deutsche Umsatzsteuer
    c) Beide Umsatzsteuern
    d) Keine Umsatzsteuer
    e) Alle Antworten sind falsch

54. **Ein Buchhändler aus München verschickt per Post Kinderbücher an Privatpersonen in Dublin (Irland). Der Buchhändler hat die irische Lieferschwelle nicht überschritten, jedoch optiert. Wo ist der Ort der Lieferung?**
    a) München gem. § 3 (6) UStG
    b) Dublin gem. § 3 (6) UStG
    c) Dublin gem. § 3c (1) UStG i.V.m. § 3c (4) UStG
    d) München gem. § 3c (1) UStG i.V.m. § 3c (4) UStG
    e) Keine der angegebenen Lösungen ist richtig

55. **Ein deutscher Wohnungsvermieter (Halbunternehmer) bezieht in großem Umfang Einrichtungsgegenstände von einem Hersteller aus Italien mit italienischer UStIdNr. und hat die Erwerbsschwelle überschritten. Welche umsatzsteuerlichen Konsequenzen ergeben sich daraus?**
    a) Der Wohnungsvermieter darf nicht mehr in Italien einkaufen
    b) Der Ort des Erwerbs bei weiteren Einkäufen ist in Italien, die Lieferungen sind in Italien steuerbar
    c) Der Ort des Erwerbs bei weiteren Einkäufen ist in Italien, die Lieferungen sind in Deutschland steuerbar
    d) Der Ort des Erwerbs bei weiteren Einkäufen ist in Deutschland, die Lieferungen sind in Deutschland steuerbar
    e) Der Ort der Lieferung bei weiteren Einkäufen ist in Deutschland, die Lieferungen sind in Italien steuerbar

56. **Hans Müller aus Erding bezieht den Strom für seine Eigentumswohnung von einem Elektrizitätsunternehmen mit Sitz in München. Welche Aussage zum Ort der Lieferung ist richtig?**
    a) Der Ort der Lieferung ist gemäß § 3 (6) UStG München
    b) Der Ort der Lieferung ist gemäß § 3 (6) UStG Erding
    c) Der Ort der Lieferung ist gemäß § 3f UStG München
    d) Der Ort der Lieferung ist gemäß § 3 (1) UStG München
    e) Der Ort der Lieferung ist gemäß § 3g UStG Erding

57. **Die Franz Schmidt OHG ist Großhändler für Lebensmittel. Das Unternehmen kauft von einer Firma in Südtirol (Italien) Äpfel im Wert von 20.000 €. Beide Unternehmen verwenden ihre jeweilige UStIdNr. Welche Aussage zur Rechnung des italienischen Verkäufers ist richtig?**
    a) Sie enthält italienische Umsatzsteuer
    b) Sie enthält 1.400 € deutsche Umsatzsteuer
    c) Sie enthält 3.800 € deutsche Umsatzsteuer
    d) Sie enthält die jeweilige deutsche und die italienische Umsatzsteuer
    e) Sie enthält keine Umsatzsteuer

58. **Ein Unternehmer aus Mainz kauft von einem Hersteller aus Portugal Kühlschränke. Beide Unternehmen verwenden ihre jeweilige UStIdNr. Die Kühlschränke werden per Bahn nach Deutschland geliefert. Wo liegt der Ort des innergemeinschaftlichen Erwerbs?**
    a) Der Ort des Erwerbs ist gemäß § 3 (6) UStG in Deutschland
    b) Der Ort des Erwerbs ist gemäß § 3 (6) UStG in Portugal
    c) Der Ort des Erwerbs ist gemäß § 3 f UStG in Deutschland
    d) Der Ort des Erwerbs ist gemäß § 3 d UStG in Deutschland
    e) Der Ort des Erwerbs ist gemäß § 3 c UStG in Deutschland

STEUER 2 — UMSATZSTEUER

59. Ein deutscher Großhändler kauft Waren von einem Hersteller in Spanien. Beide Unternehmen verwenden ihre jeweilige UStIdNr. Welche Aussage zur Steuerbarkeit des Umsatzes ist richtig?
   a) Der Umsatz ist nur in Spanien steuerbar
   b) Der Umsatz ist nur in Deutschland steuerbar
   c) Der Umsatz ist in Spanien und in Deutschland steuerbar
   d) Der Umsatz ist weder in Spanien noch in Deutschland steuerbar
   e) Keine der angegebenen Antworten ist richtig

60. Der deutsche Unternehmer Baumann mit deutscher UStIdNr., Bochum, versendet mit der Bahn eine Fertigungsmaschine an einen französischen Unternehmer (franz. UStIdNr), der die Maschine in seiner Fabrik in Paris verwendet. Welche Aussage beschreibt den Sachverhalt richtig?
   a) Die Lieferung ist für den deutschen Unternehmer steuerbar und steuerpflichtig
   b) Die Lieferung ist für den deutschen Unternehmer steuerbar und steuerfrei
   c) Die Lieferung ist für den deutschen Unternehmer nicht steuerbar
   d) Die Lieferung ist für den deutschen Unternehmer nicht steuerbar aber steuerpflichtig
   e) Keine der angegebenen Antworten ist richtig

61. Der griechische Unternehmer A versendet Waren an den deutschen Unternehmer B. Die beiden Unternehmer verwenden ihre jeweilige UStIdNr. Welche Aussage beschreibt den Sachverhalt für den deutschen Unternehmer zutreffend?
   a) Der Erwerb ist für den deutschen Unternehmer steuerbar und steuerpflichtig
   b) Der Erwerb ist für den deutschen Unternehmer steuerbar und steuerfrei
   c) Der Erwerb ist für den deutschen Unternehmer nicht steuerbar
   d) Der Erwerb ist für den deutschen Unternehmer nicht steuerbar aber steuerpflichtig
   e) Keine der angegebenen Antworten ist richtig

62. Ein deutscher Unternehmer kauft Erzeugnisse von einem Hersteller in Portugal (portugiesische UStIdNr.). Da der deutsche Käufer auch eine Niederlassung in Österreich hat verwendet er gegenüber dem Verkäufer seine österreichische UStIdNr. Welche Aussage zu diesem Sachverhalt ist richtig?
   a) Der deutsche Unternehmer darf keine andere UStIdNr. verwenden
   b) Der Vorgang gilt als in Portugal bewirkt und unterliegt dort der Umsatzsteuer
   c) Der Vorgang gilt als in Deutschland bewirkt und unterliegt dort der Umsatzsteuer
   d) Der Vorgang gilt als in Österreich bewirkt und unterliegt dort der Umsatzsteuer
   e) Der Vorgang unterliegt an keinem Ort der Umsatzsteuer, er ist steuerfrei

63. Der italienische Unternehmer A mit italienischer UStIdNr. verkauft Handelswaren an einen Abnehmer in Deutschland (deutsche UStIdNr.). Der italienische Verkäufer transportiert die Ware mit eigenem Lkw von Italien über Österreich nach Deutschland. Wo ist der Vorgang steuerbar?
   a) Der Vorgang ist nur in Italien steuerbar
   b) Der Vorgang ist nur in Österreich steuerbar
   c) Der Vorgang ist nur in Deutschland steuerbar
   d) Der Vorgang ist in Italien und in Deutschland steuerbar
   e) Der Vorgang ist in Italien, Österreich und in Deutschland steuerbar

64. Von einem französischen Modeschöpfer (franz. USt-IdNr.) bezieht eine Boutiquenbesitzerin aus Konstanz (deutsche USt-IdNr) im März 2016 Sommerkleider. Der Lieferant stellte ihr dafür 22.610,00 € in Rechnung. Wie hoch ist die Bemessungsgrundlage für die Umsatzsteuer, wenn die Rechnung ordnungsgemäß ist?
   a) 0,00 €
   b) 18.677,97 €
   c) 19.000,00 €
   d) 20.698,13 €
   e) 22.610,00 €

UMSATZSTEUER — STEUER 2

65. In welchem der folgenden Fälle handelt es sich nicht um einen durchlaufenden Posten i.S.d. § 10 Abs. 1 S. 6 UStG?
    a) Inkasso bei Handelsvertretern
    b) Gerichtsgebühren, die ein Anwalt im Namen und für Rechnung seines Klienten abführt
    c) Kurtaxe, die ein Pensionsinhaber Gästen berechnet
    d) Steuerbeträge, die ein Steuerberater im Auftrag seines Mandanten an das Finanzamt bezahlt
    e) Vereinnahmte Praxisgebühr eines Arztes

66. Bis zu welchem Rechnungsbetrag spricht man 2016 von einer Kleinbetragsrechnung i.S.d. § 33 UStDV?
    a) 50 € netto
    b) 100 € brutto
    c) 100 € netto
    d) 150 € netto
    e) 150 € brutto

67. Welche der folgenden Angaben ist bei einer Kleinbetragsrechnung nicht erforderlich?
    a) Der vollständige Name und die vollständige Anschrift des leistenden Unternehmers
    b) Der vollständige Name und die vollständige Anschrift des Leistungsempfängers
    c) Das Ausstellungsdatum
    d) Die Menge und die Art des gelieferten Gegenstandes
    e) Der anzuwendende Steuersatz

68. Die Einzelunternehmerin Dagmar Lang hat am 15.07.2016 eine Rechnung für eine Warenlieferung erhalten. Wie lange muss sie diese Rechnung aufbewahren?
    a) bis zum 15.07.2018
    b) bis zum 31.07.2018
    c) bis zum 15.07.2024
    d) bis zum 15.07.2026
    e) bis zum 31.12.2026

69. Marlene Berger ist Kleinunternehmerin. Sie möchte zur Regelbesteuerung optieren. Wie lange ist sie an diese Erklärung gebunden?
    a) 1 Jahr
    b) 2 Jahre
    c) 4 Jahre
    d) 5 Jahre
    e) 10 Jahre

70. Otto Bauer ist Kleinunternehmer i.S.d. § 19 UStG. Wie oft muss er eine Umsatzsteuervoranmeldung abgeben?
    a) Er gibt keine Umsatzsteuervoranmeldung ab
    b) Er gibt keine Umsatzsteuervoranmeldung ab, muss jedoch eine Jahreserklärung abgeben
    c) Er muss monatlich eine Umsatzsteuererklärung abgeben
    d) Er muss vierteljährlich eine Umsatzsteuererklärung abgeben
    e) Er muss alle zwei Jahre eine Umsatzsteuererklärung abgeben

71. Ein Unternehmer nutzt seit 2016 ein Firmenfahrzeug auch privat. Welche Aussage zu den Fahrten zwischen Wohnung und Arbeitsstätte ist richtig?
    a) Es handelt sich um eine steuerbare und steuerpflichtige Lieferung
    b) Es handelt sich um eine steuerbare und steuerpflichtige sonstige Leistung
    c) Es handelt sich um eine steuerbare und steuerfreie Lieferung
    d) Es handelt sich um eine steuerbare und steuerfreie sonstige Leistung
    e) Es handelt sich um keine steuerbare Leistung

STEUER 2 — UMSATZSTEUER

72. Wann entsteht für den Kieler Großhändler Jäger (deutsche UStIdNr) die Umsatzsteuer in den folgenden Fällen? Geben Sie den entsprechenden Voranmeldungszeitraum an! Jäger versteuert nach vereinbarten Entgelten und ist Monatszahler (keine Dauerfristverlängerung).

Beispiel	Monat
Zielverkauf an einen Einzelhändler. Die Bestellung erfolgte im August, Lieferung und Zahlung im September	
Zielverkauf an einen Einzelhändler. Die Bestellung erfolgte im August, die Lieferung im September, die Zahlung im Oktober	
Im August geht eine Anzahlung eines Kunden ein. Die Lieferung und Rechnungsstellung erfolgen im November	
Jäger bestellte im Mai bei einem Unternehmer in Dänemark (dänische USt-IdNr.) Waren für 15.000,00 € netto. Die Waren werden im Juli geliefert. Die Rechnung des dänischen Unternehmers wird erst Mitte September erstellt	

73. Andreas Lichterberg, Beamter, kauft am 19.08.2016 in Italien ein neues Auto und bringt es sofort nach Deutschland. Wann entsteht in diesem Fall die Umsatzsteuer?
    a) 19.08.2016
    b) 31.08.2016
    c) 10.09.2016
    d) 15.09.2016
    e) 31.12.2016

74. Die Efeses GmbH erwirbt am 18.08.2016 in Frankreich ein neues Firmenfahrzeug. Ein Angestellter bringt das Fahrzeug am 18.08.2016 in die Unternehmenszentrale nach München. Wann entsteht die Umsatzsteuer, wenn die Efeses GmbH Monatszahler ist und keine Dauerfristverlängerung besitzt?
    a) 18.08.2016
    b) 31.08.2016
    c) 10.09.2016
    d) 15.09.2016
    e) 31.12.2016

75. Auf dem Bankkonto der Schäufele KG geht am 19.08.2016 vertragsgemäß die Anzahlung eines Kunden ein. Die Anzahlungsrechnung verschickt die Schäufele KG am 12.09.2016. Wann entsteht die Umsatzsteuer für die Anzahlung, wenn die Schäufele KG Monatszahler ist, keine Dauerfristverlängerung besitzt und die Besteuerung nach vereinbarten Entgelten erfolgt?
    a) 31.08.2016
    b) 10.09.2016
    c) 15.09.2016
    d) 30.09.2016
    e) 31.12.2016

76. Ein Großhändler (deutsche UStIdNr.) aus Düsseldorf bestellt am 17.08.2016 bei einem Hersteller in Italien (ital. UStIdNr.) Waren. Die Waren werden am 12.09.2016 geliefert, die Rechnung des Lieferanten geht am 04.11.2016 ein, die Zahlung erfolgt am 11.11.2016 durch Banküberweisung. Der Großhändler versteuert nach vereinbarten Entgelten und ist Monatszahler. Wann entsteht die Umsatzsteuer?
    a) 31.08.2016
    b) 10.09.2016
    c) 31.10.2016
    d) 30.09.2016
    e) 31.12.2016

77. Der Unternehmer Klaus Behnke ist Sollversteuerer und Vierteljahreszahler. Er hat im März 2016 für seine Firma 20 Lederjacken zum Nettopreis von insgesamt 4.000 € eingekauft. Die Lieferung wurde im April bezahlt. Im Juli 2016 entnimmt Behnke eine dieser Lederjacken und schenkt sie seiner Schwester zum Geburtstag. Wann entsteht die Umsatzsteuer für die Entnahme?
    a) März 2016
    b) April 2016
    c) Juni 2016
    d) Juli 2016
    e) September 2016

UMSATZSTEUER — STEUER 2

78. Einzelhändler Braun entnimmt im August 2016 eine Vase und schenkt sie einem guten Kunden zum Geburtstag. Die Vase wurde im Februar 2016 für 220 € eingekauft, die Rechnung im März bezahlt. Herr Braun versteuert nach vereinbarten Entgelten und ist Vierteljahreszahler. Wann entsteht die Umsatzsteuer für das Geschenk?
    a) Februar 2016
    b) März 2016
    c) August 2016
    d) September 2016
    e) Es entsteht keine Umsatzsteuer

79. Wann ist es für den liefernden Unternehmer, der an Privatpersonen im EU-Ausland versendet, sinnvoll zu optieren, wenn er die jeweilige Lieferschwelle nicht überschreitet?
    a) Wenn der deutsche Umsatzsteuersatz höher ist als der Umsatzsteuersatz im Bestimmungsland
    b) Wenn der deutsche Umsatzsteuersatz niedriger ist als der Umsatzsteuersatz im Bestimmungsland
    c) Wenn der ausländische Umsatzsteuersatz höher ist als der deutsche Umsatzsteuersatz
    d) Wenn er den Käufer nicht persönlich kennt
    e) Eine Option beim Versandhandel gegenüber Privatpersonen ist nicht möglich

80. Der pensionierte Beamte Paul Bartels lässt am 24.08.2016 von einem Handwerker die defekte Heizungsanlage seines Einfamilienhauses reparieren und erhält sofort eine Rechnung. Wie lange muss Herr Bartels die erhaltene Rechnung aufbewahren?
    a) Für Privatleute gibt es keine Aufbewahrungspflicht
    b) Bis zum 31.08.2016
    c) Bis zum 31.12.2016
    d) Bis zum 24.08.2018
    e) Bis zum 31.12.2018

81. Gerhard Meier lässt im November 2016 von einem Unternehmen den Haushalt seiner verstorbenen Mutter auflösen. Bis wann muss der Unternehmer (spätestens) eine Rechnung für seine Leistung ausstellen?
    a) Bis zum Jahresende 2016
    b) 6 Monate nach Ausführung der Leistung
    c) 1 Jahr nach Ausführung der Leistung
    d) 2 Jahre nach Ausführung der Leistung
    e) 5 Jahre nach Ausführung der Leistung

82. Welche der folgenden Angaben muss eine ordnungsgemäße Rechnung im Sinne des § 14 UStG nicht enthalten?
    a) Name des leistenden Unternehmers
    b) Name des Leistungsempfängers
    c) Ausstellungsdatum
    d) Datum des Kaufvertrages
    e) Steuernummer oder Umsatzsteueridentifikationsnummer

83. Ein zum Vorsteuerabzug berechtigter Unternehmer erwirbt Anfang Dezember 2016 für 30.000 € + USt einen neuen Firmenwagen, den er wie das bisherige Fahrzeug zu 30 % für Privatfahrten nutzt. Wie hoch ist die beim Einkauf des Fahrzeugs abziehbare Vorsteuer?
    a) 5.700 €
    b) 2.850 €
    c) 1.710 €
    d) 3.780 €
    e) 480 €

STEUER 2 — UMSATZSTEUER

84. Ein Unternehmer (Existenzgründer), lässt sich von einem Bekannten, der Informatik studiert, bei einem Computerproblem helfen. Der Bekannte berechnet dafür einen „Freundschaftspreis" von 100 €. Auf Bitten des Unternehmers stellt er eine Rechnung mit Umsatzsteuer aus. Welche Aussage bezeichnet die Konsequenzen hieraus richtig?
    a) Der Bekannte schuldet die ausgewiesene Umsatzsteuer, ein Vorsteuerabzug für den Unternehmer ist nicht möglich
    b) Der Bekannte schuldet die ausgewiesene Umsatzsteuer, ein Vorsteuerabzug für den Unternehmer ist möglich, wenn das Steueraufkommen nicht gefährdet ist
    c) Da ein Privatmann unberechtigter Weise Umsatzsteuer ausgewiesen hat ist die Rechnung nichtig
    d) Der Bekannte hat als Privatmann unberechtigt Umsatzsteuer ausgewiesen, er wird dadurch zum Unternehmer (Option).
    e) Der Steuerausweis für den Bekannten (Privatmann) ist unbedenklich, da das UStG nur Unternehmer betrifft

85. Ein Unternehmer aus Frankfurt erstattet seinem Arbeitnehmer die Fahrtkosten für einen Messebesuch im Auftrag der Firma. Es handelt sich um eine Fahrkarte der Deutsche Bahn AG vom Dezember 2016, die 78,80 € kostete. Auf der Fahrkarte sind der Steuersatz, das Entgelt und der Steuerbetrag ausgewiesen. Wie hoch ist die abziehbare Vorsteuer?
    a) 0 €
    b) 5,16 €
    c) 5,52 €
    d) 12,58 €
    e) 14,97 €

86. Günther Schwab, 66 Jahre, pensionierter Beamter, ist Eigentümer eines Mehrfamilienhauses, das ausschließlich zu Wohnzwecken vermietet ist. An dem Gebäude wurden verschiedene Reparaturen durchgeführt. Der Handwerker stellte 4.760 € in Rechnung. Wie hoch ist die abziehbare Vorsteuer, wenn die erhaltene Rechnung ordnungsgemäß ist?
    a) 0 €
    b) 303,55 €
    c) 324,80 €
    d) 760,00 €
    e) 904,40 €

87. Für die Bewirtung von Kunden entstehen einem Unternehmen Ausgaben in Höhe von 238,00 €. Die Ausgaben sind angemessen und durch ordnungsgemäße Belege nachgewiesen. Wie hoch ist der Vorsteuerabzug, den das Unternehmen in diesem Fall geltend machen kann?
    a) 0 €
    b) 32,83 €
    c) 38,00 €
    d) 45,22 €
    e) 200,00 €

88. Die Anton Graves KG ist Monatszahler (keine Dauerfristverlängerung). Am 13.09.2016 schließt sie einen Kaufvertrag für eine neue Fertigungsmaschine. Am 25.10.2016 geht eine Rechnung über die vereinbarte Anzahlung in Höhe von 5.800,00 € ein. Dieser Betrag wird am 03.11.2016 überwiesen. Die Maschine wird Anfang Dezember geliefert, die Schlussrechnung geht Mitte Januar 2017 ein und wird im Februar beglichen. In welchem Voranmeldungszeitraum kann erstmals ein Vorsteuerabzug beansprucht werden?
    a) September 2016
    b) Oktober 2016
    c) November 2016
    d) Dezember 2016
    e) Januar 2017

UMSATZSTEUER — STEUER 2

89. Ein Gewebetreibender erwirbt am 13.09.2016 ein Buch für 30,00 € brutto und bezahlt es bar. Eine ordnungsgemäße Kleinbetragsrechnung liegt vor. Dieses Buch wird am nächsten Tag einem Geschäftsfreund als Geschenk überreicht. Wie hoch ist die Vorsteuer, die abgezogen werden kann?
   a) 0 €
   b) 2,10 €
   c) 5,70 €
   d) 1,96 €
   e) 4,79 €

90. Franz Maier besucht im Auftrag der Elmex KG die CEBIT 2016 in Hannover. Für drei Übernachtungen entstehen Kosten in Höhe von 750,00 € + USt. Herr Maier erhält eine ordnungsgemäße, auf ihn ausgestellte Rechnung. Sein Arbeitgeber erstattet ihm den verauslagten Betrag. In welcher Höhe kann die Elmex KG einen Vorsteuerabzug geltend machen?
   a) 0 €
   b) 52,50 €
   c) 142,50 €
   d) 49,07 €
   e) 119,75 €

91. Während einer Geschäftsreise bezahlt ein Unternehmer für eine innerstädtische Taxifahrt vom Bahnhof zum Kunden 12,50 €. Wie hoch ist die Vorsteuer, die abgezogen werden kann, wenn die Rechnung des Taxifahrers ordnungsgemäß ist?
   a) 0 €
   b) 0,82 €
   c) 0,88 €
   d) 2,00 €
   e) 2,38 €

92. Ermitteln Sie in folgendem Fall die abziehbare Vorsteuer nach dem angegebenen Schema. Die vorgelegten Belege/Rechnungen entsprechen den gesetzlichen Vorschriften. Der Einzelhändler Schmidt unternimmt eine mehrtägige Geschäftsreise. Die Reise beginnt am 07.09.2016 um 12:00 Uhr in Stuttgart und endet am 09.09.2016 um 18:00 Uhr.
Fahrtkosten: Fahrkarte der Deutsche Bahn AG, 92,80 € brutto (Strecke Stuttgart – München). Einzelbelege für Verpflegung (Steuersatz 19 %, jeweils brutto): 07.09. 29,00 €; 08.09. 63,80 €, 09.09. 58,00 €. 2 Übernachtungen in einem Hotel in München ohne Frühstück lt. Einzelbeleg je 174 € brutto. Taxikosten für den 07.06., 08.06. und 09.06 je 18,00 € brutto (Fahrten zum Kunden im Stadtgebiet München)

Reisekostenart	Brutto	Abziehbare Vorsteuer
Bahnfahrt		
Taxifahrten		
Verpflegung		
Übernachtung		
Summe		

93. Welche der folgenden Positionen ist bei einer privaten Fahrzeugnutzung dem Listenpreis nicht hinzuzurechnen?
   a) Umsatzsteuer
   b) Autoradio
   c) CD-Player
   d) Freisprechanlage
   e) Eingebautes Navigationsgerät

STEUER 2 — UMSATZSTEUER

94. Ihr Mandant betreibt einen Großhandelsbetrieb in Erfurt. Prüfen Sie, ob in den folgenden Fällen ein Vorsteuerabzug möglich ist und kreuzen Sie entsprechend an.

Fall	Vorsteuerabzug	Kein Vorsteuerabzug
Kauf eines Geschenks für einen Mitarbeiter im Wert von 25 € + USt		
Für einen weiteren Mitarbeiter wird ein Geschenk im Wert von 75 € netto erworben		
Der Unternehmer erstattet seinem Arbeitnehmer Fahrtkosten für eine Dienstreise von Erfurt nach München und zurück mit der Deutschen Bahn AG. Die Fahrkarte kostete 68,20 €. Zusätzlich sind auf der Fahrkarte der Steuersatz, das Entgelt und der Steuerbetrag ausgewiesen		
Von einem italienischen Hersteller wurden Waren im Wert von 5.000 € bezogen. Käufer und Verkäufer verwendeten ihre jeweilige UStIdNr. Die Rechnung enthielt keine Steuer		
Von einem Werksangehörigen wird ein Jahreswagen gekauft, der ausschließlich betrieblich genutzt wird		

95. Die VKS AG kauft Türen von einem Hersteller in Österreich. Beide Unternehmen verwenden ihre jeweilige UStIdNr. Die ordnungsgemäße Rechnung beläuft sich auf 5.800 €. Der Lieferant hat keine Umsatzsteuer ausgewiesen. In welchem Umfang kann die VKS AG Vorsteuerabzug geltend machen?
    a) Ein Vorsteuerabzug ist nicht möglich
    b) 379,44 €
    c) 406,00 €
    d) 926,05 €
    e) 1.102,00 €

96. Beantworten Sie die folgenden Fragen aus der Sicht des deutschen Unternehmers! Ausländische Lieferschwellen werden nicht überschritten, keine Option nach § 3c (4) UStG. Verwenden Sie zur Lösung das folgende Lösungsschema. Alle angegebenen Unternehmen sind Monatszahler, versteuern nach vereinbarten Entgelten und haben keine Dauerfristverlängerung.
    a) Der Teppichhändler Balder aus München (deutsche USt-Id-Nr) verkauft seine Teppiche auch nach Österreich. Ein Privatmann aus Graz bestellte Teppiche, deren Lieferung am 17.12.2016 erfolgte, die Rechnungsausstellung erfolgte am 04. Februar 2017, die Zahlung des Rechnungsbetrages über 820,00 € erfolgte ohne Abzug am 03. März 2017.
    b) Ein deutsches Fachgeschäft aus Bad Reichenhall (Besteuerung nach vereinbarten Entgelten, deutsche USt-Id-Nr) liefert am 23.04.2016 ein Fernsehgerät an einen Privatmann in Salzburg (Österreich). Die Rechnung liegt bei. Der Kunde bezahlt die Rechnung über 593,81 € erst nach einer Mahnung am 03.06.2016 durch Banküberweisung.
    c) Der deutsche Spediteur Mahler (deutsche USt-Id-Nr) mit Sitz in München übernimmt am 31. Mai 2016 im Auftrag eines Unternehmers aus Augsburg (deutsche USt-Id-Nr) die Beförderung von Spargel von Schrobenhausen über Österreich zum Käufer nach Rom (Italienische USt-Id-Nr). Die Ware wird am 01. Juni 2016 dem Abnehmer übergeben. Die Rechnung für die Beförderung über 856,00 wird vom Augsburger Unternehmer Anfang Juli bezahlt.
    d) Ein Einzelhändler aus München (deutsche USt-Id-Nr) verkauft während des Oktoberfestes am 19.09.2016 einen Maßkrug für 19,90 € an einen Touristen aus Verona (Italien). Der Tourist bezahlt bar und nimmt den Krug sofort mit.

Nr.	Ort der Leistung	Steuerbar (Ja/Nein), genaue §-Angabe	Bemessungsgrundlage in €	USt in €	Voranmeldungszeitraum
a					
b					
c					
d					

UMSATZSTEUER — STEUER 2

97. **Wo hat der Unternehmer 2016 die Zusammenfassende Meldung nach § 18a UStG für innergemeinschaftliche Warenlieferungen abzugeben?**
    a) Wohnsitzfinanzamt
    b) Betriebsfinanzamt
    c) Steueramt der Gemeinde
    d) Ordnungsamt der Gemeinde
    e) Bundeszentralamt für Steuern

98. **Ein Unternehmen möchte für die Abgabe der USt-Voranmeldung Dauerfristverlängerung von einem Monat beantragen (§ 18 Abs. 6 UStG i.V.m. §§ 46 – 48 UStDV). Wie hoch ist die Sondervorauszahlung, die bis zum 10. Februar (zuzüglich Schonfrist) zu entrichten ist?**
    a) Ein Halb der Summe der Vorauszahlungen für das vorangegangene Kalenderjahr
    b) Ein Drittel der Summe der Vorauszahlungen für das vorangegangene Kalenderjahr
    c) Ein Viertel der Summe der Vorauszahlungen für das vorangegangene Kalenderjahr
    d) Ein Fünftel der Summe der Vorauszahlungen für das vorangegangene Kalenderjahr
    e) Ein Elftel der Summe der Vorauszahlungen für das vorangegangene Kalenderjahr

99. **Ein Unternehmer erwirbt Anfang 2016 für 24.800 € von einem Privatmann einen gebrauchten Pkw, den er seinem Betriebsvermögen zuordnet. Wie hoch ist die Bemessungsgrundlage für die private Kfz-Nutzung, wenn der inländische Bruttolistenpreis dieses Fahrzeugs 31.990 € beträgt?**
    a) 24.800,00 €
    b) 29.512,00 €
    c) 26.882,35 €
    d) 31.990,00 €
    e) Die private Nutzung ist nicht steuerbar

100. **Ein Unternehmer führt regelmäßig auch innergemeinschaftliche Lieferungen im Wert von mehr als 100.000 € je Quartal aus. Wie oft hat er 2016 eine Zusammenfassende Meldung abzugeben?**
    a) Monatlich
    b) Alle 2 Monate
    c) Vierteljährlich
    d) Jährlich
    e) Alle 2 Jahre

101. **Wie hoch muss die Steuer für das vorangegangene Kalenderjahr sein, damit der Kalendermonat Voranmeldungszeitraum für die Umsatzsteuer ist?**
    a) mehr als 512 €
    b) mehr als 1.000 €
    c) mehr als 6.136 €
    d) mehr als 7.500 €
    e) mehr als 17.500 €

102. **Ein Unternehmer nutzt sein im August 2016 erworbenes Fahrzeug auch zu ca. 25 % für private Zwecke. Er führt kein Fahrtenbuch. Wie ist die Privatnutzung umsatzsteuerlich zu behandeln, wenn die Anschaffungskosten des Gebrauchtwagens brutto 14.820 € betrugen und der inländische Bruttolistenpreis für dieses Modell bei 19.980 € liegt?**
    a) Bemessungsgrundlage sind 14.820 €
    b) Bemessungsgrundlage sind 14.800 €
    c) Bemessungsgrundlage sind 19.950 €
    d) Bemessungsgrundlage sind 19.900 €
    e) Die Privatnutzung ist nicht steuerpflichtig

STEUER 2 — UMSATZSTEUER

Ungebundene Aufgaben

103. Welche Behörde ist für die Verwaltung der Umsatzsteuer zuständig?

104. Ein Kunde unseres Mandanten überweist 45,00 € Verzugszinsen, weil er mehrmals Rechnungen zu spät bezahlt hatte. Ist der Vorgang steuerbar? Begründen Sie Ihre Ansicht.

105. Der Handelsvertreter Georg Berger verkauft im Namen und für Rechnung der Firma Vorberg AG Staubsauger an Privatleute in Bayern und Hessen. Er erhält dafür 2016 eine „Provision" in Höhe von 18.600 €. Ist der Vorgang steuerbar? Geben Sie auch den entsprechenden Paragrafen an.

106. Der Rechtsanwalt Herbert Baader aus Pforzheim verkauft seinen ausschließlich betrieblich genutzten Pkw an einen Privatmann. Ist der Vorgang steuerbar? Nennen Sie auch den relevanten Paragrafen.

107. Der Sportverein TUS Garching verlangt von seinen Mitgliedern einen Jahresbeitrag von 120 €. Ist diese Einnahme steuerbar? Begründen Sie Ihre Ansicht.

108. Ein Arzt behandelt am Wochenende einen Patienten. Da der Patient privat krankenversichert ist stellt der Arzt eine Rechnung über 100 € aus und kassiert den Betrag sofort bar. Ist der Vorgang steuerbar? Begründen Sie Ihre Ansicht.

109. Ein Unternehmer schickt zwei Arbeitnehmer aus seiner Versandabteilung für einen Tag in sein privates Wohnhaus, um dort Umbauarbeiten im Partykeller vorzunehmen. Beurteilen Sie die Steuerbarkeit dieses Sachverhalts und geben Sie dabei auch die entsprechenden Paragrafen an.

110. Der Besitzer eines Autohauses stellt einen Gesellen ab, um den Wagen seiner Freundin auf den TÜV vorzubereiten. Der Geselle prüft Bremsen, Reifen etc, nimmt eine gründliche Innen- und Außenreinigung vor und übergibt den Wagen dann an die Freundin des Inhabers. Eine Rechnung wird nicht ausgestellt. Beurteilen Sie die Steuerbarkeit dieses Sachverhalts und geben Sie dabei auch die entsprechenden Paragrafen an.

111. Der Baumaschinenhändler Langner aus Leipzig ist USt-Monatszahler und hat für 2016 Dauerfristverlängerung. Wann ist die USt-Voranmeldung des Baumaschinenhändlers für März 2016 fällig?

112. Ein Schriftsteller (Unternehmer) aus Würzburg hat in seinem ansonsten für eigene Wohnzwecke genutzten Einfamilienhaus ein Arbeitszimmer, das für seine unternehmerische Tätigkeit nutzt. Er hat das Einfamilienhaus insgesamt seinem Unternehmen zugeordnet und beim Bau Vorsteuerabzug geltend gemacht. Ist die private Nutzung steuerbar? Geben Sie auch den relevanten Paragrafen an.

113. Ein Unternehmer aus Wiesbaden besitzt ein Haus, das er insgesamt seinem Unternehmen zugeordnet hat. In diesem Gebäude sind die Räume im Erdgeschoss an eine Rechtsanwaltskanzlei steuerpflichtig vermietet, die Wohnung im 1. Stock überlässt er unentgeltlich seinem Sohn (Student). Wie ist die unentgeltliche Überlassung der Wohnung an den Sohn umsatzsteuerlich zu beurteilen (Steuerbarkeit)? Geben Sie bei ihrer Lösung auch die relevanten Paragrafen an.

114. Der Frankfurter Unternehmer Breuer nutzt sein Geschäftstelefon (die Telefonanlage ist gemietet) zu 20 % für private Zwecke. Ist die Privatnutzung umsatzsteuerlich steuerbar?

115. Eine Unternehmerin aus Hamburg überlässt einem ihrer leitenden Angestellten einen Firmen-Pkw für eine Urlaubsreise nach Dänemark. Ist der Vorgang steuerbar (Paragrafen angeben)?

116. Ein Steuerberater lässt in seinen Kanzleiräumen eine Schulung zum Alterseinkünftegesetz durchführen an der vier Mitarbeiter und zwei Auszubildende kostenlos teilnehmen. Ist der Vorgang steuerbar? Begründen Sie Ihre Ansicht.

117. Ein Architekt aus New York plant für ein Unternehmen aus der Schweiz den Bau eines Hotels in Deutschland. Wo ist der Ort der sonstigen Leistung?

118. Ein Spediteur aus Heilbronn erhält von einem Unternehmer aus Nürnberg den Auftrag, eine Ware gegen Entgelt von Erlangen über Frankreich nach Madrid (Spanien) zum Auslieferungslager des Nürnberger Unternehmers in Madrid zu befördern. Der Nürnberger Unternehmer verwendet gegenüber dem Spediteur seine spanische USt-IdNr. Wo ist der Ort der sonstigen Leistung?

119. Der deutsche Unternehmer Egon Greiner wohnt in Rendsburg, hat jedoch seinen Firmensitz in Kiel. Er mietet von einem Unternehmer mit Sitz in Salzburg für 14 Tage ein Wohnmobil für eine Urlaubsreise durch Salzburg und Bayern. Wo ist der Ort der sonstigen Leistung?

UMSATZSTEUER — STEUER 2

120. Eugen Braun, Unternehmer aus München, lässt sich in einer Steuerangelegenheit von einem Rechtsanwalt aus Starnberg beraten. Nennen Sie den Ort der Leistung (mit genauer §-Angabe)!

121. Claudia Fleckinger, Unternehmerin mit Wohn- und Geschäftssitz in Saarbrücken bezieht über das Internet von einem Unternehmen aus Pakistan ein neues Virenschutzprogramm für den PC in ihrem Arbeitszimmer. Wo ist der Ort der Leistung? Geben Sie auch den genauen § hierfür an.

122. Ein Einzelhandelsgeschäft in München verkauft einen Maßkrug zum Preis von 18 € an einen Touristen aus Dublin (Irland). Wo ist der Ort der Lieferung. Geben Sie auch den entsprechenden Paragrafen an.

123. Ein Unternehmer aus Innsbruck (österreichische USt-IdNr.) lässt eine defekte Maschine bei einem Unternehmer in Rosenheim (dt. USt-IdNr.) gegen Entgelt reparieren. Bei der Reparatur verwendet der Rosenheimer Unternehmer nur geringwertige Kleinteile. Nach der Reparatur holt der Innsbrucker Unternehmer die Maschine wieder ab und bringt sie zurück nach Österreich. Wo ist der Ort des Umsatzes? Geben Sie bei Ihrer Lösung den relevanten Paragrafen an!

124. Ein Makler aus München vermittelt für einen Privatmann aus Hamburg den Verkauf von dessen Ferienwohnung in Westerland (Sylt) an einen Arzt aus Kiel. Wo ist der Ort der Leistung? Geben Sie auch den entsprechenden Paragrafen an.

125. Bauunternehmer Möller aus Bad Reichenhall mietet vom Unternehmer Schmitt aus Rosenheim einen Lastwagen, den er 2 Monate auf einer Baustelle in Salzburg (Österreich) einsetzt. Wo ist der Ort der Leistung? Geben Sie auch den entsprechenden Paragrafen an.

126. Die Sopranistin Anna Malenkow wohnt in Monaco. Sie tritt bei einem Geburtstag in Bayreuth auf. Wo ist der Ort der Leistung? Geben Sie auch den entsprechenden Paragrafen an.

127. Ein Bauunternehmer aus Landshut hat den Auftrag erhalten, in München eine neue Firmenzentrale für eine Spedition zu errichten. Die Lieferung und den Einbau der Fenster lässt der Landshuter Unternehmer von einem österreichischen Subunternehmer aus Salzburg ausführen. Wo ist der Ort des Umsatzes? Zitieren Sie auch die entsprechende Vorschrift im UStG!

128. Ein deutscher Unternehmer liefert erstmals Waren im Wert von 100 € an einen Privatmann in Österreich. Wo ist der Ort der Lieferung? Nennen Sie auch den relevanten Paragrafen!

129. Ein Unternehmer aus Wien (österreichische USt-IdNr.) beauftragt einen Handelsvertreter aus München (deutsche USt-IdNr), den Verkauf von Maschinen in Deutschland gegen Entgelt zu vermitteln. Beurteilen Sie die Leistung des Handelsvertreters umsatzsteuerlich (Ort der Leistung, Steuerbarkeit)! Geben Sie bei Ihrer Lösung Paragraph, Absatz, Nummer und Satz an!

130. Ein Speditionsunternehmen aus Belgien befördert im Auftrag eines deutschen Abnehmers Orangen vom Spanischen Großhändler in Marbella zum Abnehmer nach Deutschland. Alle Beteiligten verwenden die UStIdNr ihres jeweiligen Landes. Wo ist der Ort der Beförderungsleistung. Nennen Sie auch den entsprechenden Paragrafen des UStG.

131. Ein Spediteur aus Frankreich befördert für eine Spanierin ihre privaten Möbel von Paris zu ihrem neuen Wohnsitz in Berlin. Wo ist der Ort der Beförderungsleistung? Nennen Sie auch den entsprechenden Paragrafen des UStG.

132. Der Großhändler Fischer aus Limburg (deutsche UStIdNr) liefert Waren an einen Privatmann in Belgien. Er hat die belgische Lieferschwelle überschritten. Welche Umsatzsteuer enthält die Rechnung?

133. Ein deutscher Großhändler verkauft medizinisches Gerät an einen Arzt in Österreich und transportiert die Ware mit dem eigenen Lkw zum Kunden. Der Arzt hat die österreichische Erwerbsschwelle nicht überschritten und auch nicht optiert. Der Großhändler hat die Lieferschwelle überschritten. Die übrigen Voraussetzungen des § 3c UStG sind erfüllt. Wie ist dieser Sachverhalt umsatzsteuerlich zu beurteilen?

134. Der Rentner Alois Gruber aus Ansbach kauft in Frankreich von einem Autohändler (franz. UStIdNr.) ein neues Auto. Wo ist der Ort des Erwerbs? Nennen Sie auch den relevanten Paragrafen.

135. Die Vereinigte Maschinenwerke Stuttgart GmbH (deutsche UStIdNr.) kauft bei einem Hersteller in Soul (Korea) eine neue Fertigungsmaschine. Der Verkäufer liefert unverzollt und unversteuert. Wer ist Schuldner der Einfuhrumsatzsteuer?

136. Die Futurex AG liefert Waren von ihrem Firmensitz in Saarbrücken an ihr Auslieferungslager in Warschau (Polen). Liegt ein steuerbarer Umsatz vor?

STEUER 2 — UMSATZSTEUER

137. Ein Arzt mit eigener Praxis führt ausschließlich sogenannte „Schönheitsoperationen" (Fettabsaugung, Faltenkorrekturen, Brustverkleinerungen und – vergrößerungen, etc.) durch. Beurteilen Sie die Umsatzsteuerpflicht dieser ärztlichen Tätigkeiten.

138. Ein zum Vorsteuerabzug berechtigter Unternehmer aus Hamburg entnimmt aus seinem Warenbestand Waren für private Zwecke. Diese Waren wurden im Februar des Vorjahres für 400,00 € + 19 % USt 76,00 € = 476,00 € erworben. Zum Zeitpunkt der Entnahme beträgt der Wiederbeschaffungswert (= Teilwert) dieser Waren aufgrund einer Preissenkung des Lieferanten 380,00 € netto. Der Hamburger Unternehmer bietet die Ware unverändert für 499,00 € + USt zum Verkauf an. Wie hoch ist die Umsatzsteuer in diesem Fall?

139. Ein PC-Händler schenkt einem Angestellten einen Monitor, den er vor zwei Monaten für 300 € netto eingekauft hat. Der Hersteller hat den Preis inzwischen um 20 % gesenkt. Der Ladenverkaufspreis dieses Monitors liegt bei brutto 399,00 €. Ermitteln Sie die umsatzsteuerliche Bemessungsgrundlage.

140. Ein guter Geschäftsfreund erhält eine PC-Tastatur als Geschenk. Die Tastatur wurde im vorigen Monat für 49 € netto eingekauft. Inzwischen ist der Preis um 10 % gesunken. Der Ladenverkaufspreis liegt bei 69 € brutto. Wie hoch ist die umsatzsteuerliche Bemessungsgrundlage?

141. Ein portugiesischer Lieferant berechnet seinem deutschen Kunden neben dem Warenwert von 15.000 € auch 1.500 € Fracht und 400 € Verpackung. Wie hoch ist die Bemessungsgrundlage für die deutsche Umsatzsteuer?

142. Die Einzelhändlerin Amalie Fried schenkt ihrem Sohn zum Geburtstag am 03. Mai ein Fernsehgerät, das sie aus ihrem Lager entnommen hat. Aus den Belegen ist ersichtlich, dass es vor vier Monaten für 750,00 € + USt bei einem inländischen Lieferanten eingekauft wurde. Ihre Kunden müssen für dieses Gerät 999,00 € bezahlen. Der Hersteller hat bereits im April die Preise um 10 % angehoben. Berechnen Sie die Bemessungsgrundlage für die Umsatzsteuer.

143. Eine Metzgerei liefert für die private Geburtstagsfeier eines Angestellten im Juli Fleisch und Wurst nach Hause. Der Angestellte zahlte dafür 300,00 €. Die Selbstkosten der Metzgerei betrugen netto 450,00 €. Der Verkaufswert der Waren lag bei 680,00 € netto. Wie hoch ist die Bemessungsgrundlage dieses Umsatzes?

144. Ein Lebensmittelhändler entnimmt seinem Geschäft Waren für seinen privaten Haushalt. Der Einkaufspreis der Waren betrug 150 € netto, der Nettoverkaufspreis liegt bei 198 €. Wie hoch ist die Bemessungsgrundlage für die Entnahme?

145. Durch die Anmeldung des Insolvenzverfahrens eines Kunden im Juli d.J. wird eine Forderung in Höhe von 1.070,00 € uneinbringlich. Um welchen Betrag mindert sich die Umsatzsteuerschuld des Lieferanten, wenn die Lieferung dem ermäßigten Steuersatz unterlag?

146. Für eine 2013 voll abgeschriebene Forderung gehen im August diesen Jahres überraschend noch 500,00 € ein (Lieferung zum Regelsteuersatz). Wie hoch ist die Bemessungsgrundlage für die Umsatzsteuer?

147. Ein Unternehmer entnimmt im Oktober 2016 einen Pkw, den er im Mai von einem Privatmann erworben und zulässigerweise seinem Unternehmen zugeordnet hatte. Wie ist der Vorgang umsatzsteuerlich zu behandeln?

148. Ulla Schmidt betreibt in Tettnang ein kleines Kino. Vor den Vorstellungen verkauft sie Speisen (Popcorn, Nachos, Süßigkeiten) an die Besucher. Das Kino ist für den Verzehr an Ort und Stelle nicht besonders eingerichtet (keine separaten Tische und Stühle). Welcher Umsatzsteuersatz ist 2016 für die Kinokarten und den Verzehr an Ort und Stelle anzusetzen?

149. Eine Unternehmerin kauft eine Rückfahrkarte der Deutschen Bahn AG für die Strecke München (Pasing) – Augsburg. Welcher Steuersatz ist anzusetzen, wenn die Fahrstrecke insgesamt 94 km beträgt? Begründen Sie Ihre Antwort kurz.

150. Ein Unternehmer versteuert seine Umsätze nach vereinbarten Entgelten. Er schließt am 06.10.2016 mit einem Privatmann einen Kaufvertrag über die Lieferung von Handelswaren. Die Auslieferung soll Mitte Dezember 2016 erfolgen. Beim Vertragsabschluss sind 2/3 des Kaufpreises von 9.000,00 € + 1.710,00 € USt = 10.710,00 € fällig, die der Kunde per Bankscheck beglichen hat. Der Restbetrag ist zwei Wochen nach Lieferung ohne Abzug fällig. Der Käufer erhält über die Anzahlung eine Quittung, auf der keine Umsatzsteuer ausgewiesen ist. In welchem Monat ist die Umsatzsteuer entstanden? Nennen Sie auch die entsprechenden Paragrafen.

151. Ein Kunde der Otto Jobst KG bezahlt eine im letzten Monat erfolgte Warenlieferung unter Abzug von 3 % Skonto durch Banküberweisung. Der Skontoabzug beträgt 238,00 €. Um welchen Betrag ist die Umsatzsteuer der Otto Jobst KG zu korrigieren?

UMSATZSTEUER — STEUER 2

152. Bei einem Einkauf aus den USA berechnet der Verkäufer 8.000 €. Der Käufer muss 10 % Zoll bezahlen. Wie hoch ist die Bemessungsgrundlage für die Einfuhrumsatzsteuer?

153. Ein Unternehmer aus Erfurt importiert Waren aus Korea im Wert von netto 49.000,00 €. Die Kosten für Transport stellt der Lieferant mit 1.000,00 € in Rechnung. Für die Einfuhr dieser Waren sind 10 % Zoll zu entrichten. Ermitteln Sie die Bemessungsgrundlage für die Einfuhrumsatzsteuer und berechnen Sie diese.

154. Ein regelbesteuerter Unternehmer benutzt im gesamten Kalenderjahr seinen Geschäfts-Pkw, den er mit vollen Vorsteuer-Abzug von einem Kfz-Händler erworben hat, auch für private Zwecke. Der Unternehmer führt kein Fahrtenbuch.
    Bei dem Pkw handelt es sich um ein fabrikneues Fahrzeug, das im Dezember 2015 angeschafft wurde. Die Rechnung bei Anschaffung lautete wie folgt:

Listenpreis	78.000,00 €
– Geschäftskundenrabatt	8.000,00 €
	70.000,00 €
+ Sonderausstattung (Klimaanlage)	4.000,00 €
	74.000,00 €
+ 19 % USt	14.060,00 €
	88.060,00 €

    Wie hoch ist die Umsatzsteuer für die Privatnutzung 2016?

155. Ein zum Vorsteuerabzug berechtigter Unternehmer aus Frankfurt kauft in diesem Jahr einen neuen Geschäfts-Pkw. Die Anschaffungskosten des Pkw betragen 33.210,00 €. Der inländische Listenpreis im Zeitpunkt der Erstzulassung beträgt 39.000,00 € + 19 % USt 7.410,00 € = 46.410,00 €. Der Geschäfts-Pkw wird auch für private Zwecke des Unternehmers genutzt. Fahrten Wohnung – Betriebsstätte fallen nicht an, da sich die Wohnung des Unternehmers unmittelbar neben der Betriebsstätte befindet. Wie hoch ist die Umsatzsteuer, die bei jedem Monat der Privatnutzung anfällt?

156. Ein regelbesteuerter Unternehmer aus Freising benutzt seinen Firmen-Pkw auch für private Zwecke und für Fahrten zwischen Wohnung und Betriebsstätte. Er führt kein Fahrtenbuch. Der Pkw wurde im Juni 2015 geliefert und zugelassen. Der inländische Listenpreis im Zeitpunkt der Erstzulassung betrug 34.480,00 € brutto. Ermitteln Sie die Bemessungsgrundlage für die private Verwendung im Monat August 2016.

157. Die Unternehmerin Bettina Zimmermann aus Erlangen fährt mit ihrem neuen Geschäfts-Pkw im Jahr 2016 insgesamt 45.800 km. Davon entfallen 7.200 km auf Fahrten zwischen Wohnung und Betriebsstätte (einfache Entfernung 20 km, 180 Tage) und ca. 8.000 km auf private Fahrten. Der Pkw wurde am 01. April 2015 geliefert und zugelassen. Der inländische Listenpreis im Zeitpunkt der Erstzulassung betrug 80.330,00 € brutto. Berechnen Sie die USt für die private Nutzung nach der 1 % – Methode.

158. Ein Unternehmer nutzt seinen 2015 für 33.000,00 € + USt (Listenpreis: 38.020,00 € incl. USt) erworbenen betrieblichen Pkw 2016 auch für private Zwecke und für Fahrten zwischen Wohnung und Betrieb. Der Unternehmer führt kein Fahrtenbuch. Die einfache Entfernung zwischen Wohnung und Betrieb beträgt 18 km. Im August war der Unternehmer an 16 Tagen in seinem Betrieb. Beurteilen Sie die Privatfahrten und die Fahrten zwischen Wohnung und Betrieb umsatzsteuerlich (Steuerbarkeit, Steuerpflicht, Bemessungsgrundlage).

159. Ein Privatmann weist in einer Rechnung vom 11.09.2016 gegenüber einem Unternehmer unberechtigt Umsatzsteuer aus. Die Rechnung wird Anfang November bezahlt. Wann entsteht die Umsatzsteuer in diesem Fall? Geben Sie auch den relevanten Paragrafen an.

160. Ein Taxiunternehmer befördert einen Fahrgast von München nach Stuttgart und stellt ihm eine Rechnung über € 350,00 ohne Ausweis der USt aus. Erläutern Sie, ob der Vorgang steuerpflichtig ist und berechnen sie gegebenenfalls die Umsatzsteuer.

161. Der betriebliche PKW (Kauf: Januar 2015) wird gemäß ordnungsgemäßem Fahrtenbuch zu 25 % für Privatfahrten genutzt. Die vorsteuerbelasteten Kfz-Kosten einschl. der AfA betrugen im Februar 2016 insgesamt 1.200,00 €. Wie hoch ist die Bemessungsgrundlage für die Privatnutzung?

162. Ein Elektrofachmarkt verlost im Mai 2016 in Rahmen einer Verkaufsaktion einen Laptop zu Werbezwecken, der letzten Monat für 1.000 € + USt als Handelsware eingekauft wurde. Das Gerät wird im Laden für 1.499,00 € brutto verkauft. Beurteilen Sie diese Verlosungsaktion umsatzsteuerlich (Steuerbarkeit, Steuerpflicht, Bemessungsgrundlage, Höhe der Umsatzsteuer). Geben Sie dabei auch die entsprechenden Paragrafen des UStG an.

STEUER 2 — UMSATZSTEUER

163. Ein Bauunternehmer aus Stuttgart lässt von einem Subunternehmer aus der Ukraine in München den Keller eines Firmengebäudes errichten. Der Subunternehmer aus der Ukraine beschafft das notwendige Material und erstellt den Keller. Wer schuldet die Umsatzsteuer für diese Leistung? Begründen Sie Ihre Antwort kurz!

164. Ein Steuerberater erwirbt am 04.10.2016 einen neuen Fernseher für seine Wohnung. Er erhält eine ordnungsgemäße Rechnung über 2.000,00 € + 380,00 € USt = 2.380,00 €. Wie hoch ist der Vorsteuerabzug, den der Steuerberater geltend machen kann? Begründen Sie Ihre Antwort.

165. Ein Industrieunternehmen aus Saarbrücken verkauft Maschinen in die Ukraine. Im Zusammenhang mit der Herstellung der Maschinen sind Vorsteuerbeträge in Höhe von 4.800,00 € angefallen. In welchem Umfang ist ein Vorsteuerabzug möglich? Geben Sie bei Ihrer Lösung auch die relevanten Paragrafen an!

166. Ein Einzelhandelsgeschäft verkauft u.a. auch Modezeitschriften. Die Einkaufspreise hierfür betrugen im letzten Monat insgesamt 321,00 €. Wie hoch war die abziehbare Vorsteuer?

167. Ein Angestellter errichtete ein Fertighaus. Das Erdgeschoss bewohnt seine Tochter, das Obergeschoss ist während des gesamten Jahres an eine Rentnerin vermietet. 2016 entstanden Vorsteuerbeträge von insgesamt 6.200 €, die zu gleichen Teilen auf die beiden Etagen entfallen. Wie hoch ist die 2016 abziehbare Vorsteuer?

168. Franz Obermeier, Orthopäde mit eigener Praxis in München, erwirbt von einem inländischen Lieferanten fünf neue Stühle für sein Wartezimmer. Der Lieferant stellt eine ordnungsgemäße Rechnung über insgesamt 750,00 € + 19 % Umsatzsteuer. Wie hoch ist der Vorsteuerabzug, den Obermeier geltend machen kann? Begründen Sie Ihre Ansicht kurz.

169. Entscheiden Sie, in welchem Voranmeldungszeitraum und in welcher Höhe ein Möbelhändler aus Friedrichshafen (Sollversteuerung, Monatszahler) in folgendem Beispiel Vorsteuerabzug geltend machen kann! Der Möbelhändler schließt am 7. April 2016 mit einem inländischen Hersteller einen Vertrag über den Einkauf von Ledergarnituren zum Preis von netto 35.000,00 € + 19 % USt ab. Die Lieferung soll im Juni 2016 erfolgen. Am 27. April 2016 erhält der Möbelhändler von seinem Lieferanten wie vereinbart eine ordnungsgemäße, schriftliche Anzahlungsrechnung über netto 8.750,00 € + 19 % USt. Er überweist den ausstehenden Betrag am 14. Mai 2016. Die Lieferung der Ledergarnituren erfolgt am 27. Juni 2016.

Die Endrechnung mit Datum 12. Juli 2016 lautet wie folgt:

Warenwert netto		35.000,00 €
+ 19 % USt		6.650,00 €
=		41.650,00 €
- Anzahlung netto	8.750,00 €	
+ 19 % USt	1.662,50 €	10.412,50 €
= Restbetrag		31.237,50 €

Der Möbelhändler überweist den Restbetrag ohne Abzug am 3. August 2016.

Voranmeldungszeitraum	Höhe des Vorsteuerabzugs	Begründung mit §-Angabe
April 2016		
Mai 2016		
Juli 2016		

170. Ein Einzelhändler kauft am 10.10.2016 für 99,00 € einen Bildband und bezahlt ihn bar. Das Buch wird am nächsten Tag einem Geschäftsfreund als Geschenk überreicht. Wie hoch ist der Vorsteuerabzug, den der Einzelhändler (Monatszahler) im Oktober 2016 geltend machen kann? Begründen Sie Ihre Antwort und geben Sie dabei auch den relevanten Paragraphen an.

171. Ein Rechtsanwalt kauft für 49,00 € einen Schal und bezahlt ihn bar. Die erhaltene Rechnung ist ordnungsgemäß. Der Anwalt überreicht den Schal einer langjährigen Mitarbeiterin zum 50. Geburtstag. Kann der Rechtsanwalt einen Vorsteuerabzug geltend machen? Falls ja, in welcher Höhe?

172. Ein Unternehmer aus München lässt eine Fertigungsmaschine beim Hersteller in Großbritannien überholen. Beide Unternehmen verwenden ihre jeweilige Umsatzsteueridentifikationsnummer. Das englische Unternehmen berechnet 6.500,00 € und stellt eine Rechnung gemäß § 14a (5) UStG, in der sie auf die Steuerschuldnerschaft des Leistungsempfängers hinweist. Kann das Münchner Unternehmen Vorsteuerabzug geltend machen? Falls ja, in welcher Höhe? Geben Sie bei Ihrer Lösung auch die relevanten Paragrafen an.

UMSATZSTEUER — STEUER 2

173. Ein Industrieunternehmen aus Dachau beginnt im März 2016 mit dem Bau einer Lagerhalle, die eigenbetrieblich genutzt werden soll. Das Unternehmen beauftragt im Oktober 2016 einen ortsansässigen Dachdecker, das Dach der Halle für 75.000 € zu decken. Vertragsgemäß ist bei Auftragserteilung 1/3 der Summe als Anzahlung fällig. Es wird eine ordnungsgemäße Anzahlungsrechnung ausgestellt. Eine Freistellungsbescheinigung des leistenden Unternehmers zum Steuerabzug bei Bauleistungen gemäß § 48b Abs. 1 EStG liegt vor. Kann das Industrieunternehmen (Monatszahler) im Oktober 2016 Vorsteuerabzug geltend machen? Falls ja, in welcher Höhe? Geben Sie bei Ihrer Lösung auch die relevanten Paragrafen an.

174. Ein Bauunternehmer bewirtet im November 2016 drei Geschäftsfreunde und bezahlt 268,00 € bar. Von diesem Betrag entfallen 58,00 € auf Speisen und Getränke, die der Bauunternehmer selbst konsumiert hat. Die Bewirtungsaufwendungen sind angemessen, der erhaltene Beleg ist ordnungsgemäß. Wie hoch ist der Vorsteuerabzug, den der Bauunternehmer geltend machen kann?

175. Ein Bürofachgeschäft schenkt der Jugendabteilung des örtlichen Sportvereins einen Satz Trikots mit Werbeaufdruck, die für 1.000,00 € + USt eingekauft wurden. Erläutern Sie, ob beim Kauf Vorsteuer abgezogen werden kann und beurteilen Sie die Steuerbarkeit der Schenkung. Geben Sie dabei auch die relevanten Paragrafen an.

176. Jakob Fuller ist seit 10 Jahren Eigentümer eines mehrstöckigen Hauses in Chemnitz, das im Juli 2016 wie folgt genutzt wird:
    Erdgeschoss: Geschäftsstelle einer Bausparkasse, Mieteinnahme   2.200,00 €
    1. Obergeschoss: Geschäftsräume eines Immobilienmaklers, Mieteinnahme   2.200,00 €
    2. Obergeschoss: Kanzleiräume eines Rechtsanwaltes, Mieteinnahme   2.200,00 €
    3. Obergeschoss: Wohnung eines Kfz-Sachverständige, Mieteinnahme   2.200,00 €
    Für Reparaturarbeiten am Dach des Hauses entstanden Aufwendungen von netto   6.200,00 €
    Beurteilen Sie die Mieteinnahmen umsatzsteuerlich und erläutern Sie, inwieweit Herr Fuller einen Vorsteuerabzug geltend machen kann.

177. Ein Bauunternehmer aus Bad Reichenhall hat den Auftrag erhalten, in Traunstein eine neue Niederlassung für ein Handelsunternehmen (Firmenzentrale: München) zu errichten. Die Lieferung und den Einbau der Türen lässt der Bauunternehmer von einem österreichischen Subunternehmer aus Salzburg vornehmen. Wer ist Schuldner der Umsatzsteuer? Geben Sie bei Ihrer Lösung Paragraph, Absatz, Nummer und Satz an!

178. Der Antiquitätenhändler Ewald Baumgartner, Kassel, kauft vom Beamten Franz Steiner einen Büroschrank für 7.500,00 € den er der Steuerberaterin Anna Vogler für ihr Büro um 12.000,00 € weiterverkauft. Der Antiquitätenhändler hat gegenüber dem Finanzamt erklärt, dass er die Differenzbesteuerung anwendet. Wie hoch ist die Umsatzsteuerschuld des Antiquitätenhändlers?

179. Bis zu welchem Termin muss ein Unternehmer seine Umsatzsteuerjahreserklärung abgeben? Nennen Sie auch die entsprechende gesetzliche Vorschrift.

180. Ein Unternehmen hat im Dezember 2015 Waren für brutto 8.120 € von einem deutschen Hersteller bezogen. Anfang Januar 2016 wird die Rechnung unter Abzug von 3 % Skonto bezahlt. Um welchen Betrag ist die Vorsteuer zu berichtigen?

181. Ein zum Vorsteuerabzug berechtigter Unternehmer kauft am 01.09.2016 einen neuen Firmenwagen für brutto 28.780 €, den er auch privat nutzen wird. Eine ordnungsgemäße Rechnung liegt vor. Der private Anteil der Fahrten wird ca. 20 % betragen. Der Unternehmer führt kein Fahrtenbuch. Da die Wohnung des Unternehmers auf dem Firmengelände liegt fallen keine Fahrten Wohnung – Arbeitsstätte an.
    Wie hoch ist die abziehbare Vorsteuer?
    Wie ist 2016 die Privatnutzung des Fahrzeugs umsatzsteuerlich zu behandeln?

STEUER 2 — UMSATZSTEUER

182. Tragen Sie die folgenden Sachverhalte in das untenstehende Lösungsschema ein. Berechnen Sie den abzuführenden USt-Betrag für den Monat Dezember 2016! Guido Baumann betreibt in Ulm ein Einzelhandelsgeschäft für Computer, Zubehör und Software (Firma Guido Baumann e.K.). Er besitzt eine deutsche USt-IdNr., die er auch verwendet und versteuert seine Umsätze nach vereinbarten Entgelten. Herr Baumann gibt seine USt-Voranmeldung monatlich ab (keine Dauerfristverlängerung) und hat nach § 9 UStG optiert, soweit dies möglich ist. Vom Gesetzgeber geforderte Aufzeichnungs- und Nachweispflichten gelten als erfüllt, wenn nichts anderes angegeben ist. Bei den Einkäufen bzw. Ausgaben im Dezember 2016 wird unterstellt, dass jeweils ordnungsgemäße Rechnungen i.S.d. § 14 UStG vorliegen!

a) Herr Baumann erbrachte Lieferungen zum Regelsteuersatz an Privatkunden in Deutschland für 250.000 € netto.

b) An einen Privatmann aus Österreich verkaufte Baumann einen PC für 999,00 € bar im Laden.

c) Herr Baumann hat einen PC an einen Unternehmer aus der Ukraine für 1.499,00 € verkauft. Der Ausfuhrnachweis liegt vor.

d) An einen österreichischen Unternehmer in Graz (österreichische USt-IdNr.) hat Herr Baumann im Dezember Computer für dessen Unternehmen im Warenwert von 15.000,00 € verkauft. Der österreichische Unternehmer hat die Geräte im Laden von Baumann in Ulm abgeholt.

e) Von einem französischen Unternehmer (französische USt-IdNr.) hat Herr Baumann eine Warenlieferung erhalten. Der französische Hersteller hat Herrn Baumann hierfür 10.000,00 € in Rechnung gestellt.

f) Herr Baumann hatte im Oktober 2016 einen neuen Geschäfts-Pkw bestellt, den er auch zu ca. 15 % privat nutzen wird. Im Dezember 2016 wurde der PKW geliefert. Die Rechnung lautet über 20.000,00 € + 3.800,00 € USt.

g) An einen deutschen Privatmann sandte Herr Baumann am 10. Dezember per Post Computer-Bücher. Die beiliegende Rechnung über 125,00 € (brutto) wurde bis 31.12.2016 noch nicht bezahlt.

h) Einer guten Kundin schenkte Herr Baumann eine Spiele-CD im Wert von 59,50 € brutto. Beim Einkauf im Juli hatte Baumann die Vorsteuer geltend gemacht.

i) Herr Baumann hat aus seinem Lager ein PC-Spiel entnommen und zu Weihnachten seiner Tochter geschenkt. Das Spiel hat einen Einkaufspreis von 125,00 € netto, Baumann verkauft es in seinem Geschäft für 199,00 € (brutto).

j) Seiner Verkäuferin Vera Braun schenkte Herr Baumann ein Computer-Buch zu ihrem Geburtstag am 06.12.2016. Baumann hat das Buch im November für 22,50 € (netto) günstig eingekauft. Der Bruttoladenpreis beträgt 38,00 €.

k) Für Wareneinkäufe und sonstige Aufwendungen sind Baumann im Dezember 2016 insgesamt 11.310,00 € Vorsteuer in Rechnung gestellt worden (ohne a-j).

l) Herr Baumann hat bei einem Hersteller in Frankfurt im September Monitore im Wert von 15.000 € bestellt. Vertragsgemäß wurde im Dezember geliefert. Rechnungsbetrag 3.000 € + 19 % USt = 3.570 €. Eine Zahlung ist durch Herrn Baumann noch nicht erfolgt.

m) Herr Baumann betreibt sein Geschäft im Erdgeschoss seines eigenen Gebäudes. Der Mietwert beträgt monatlich 1.200,00 €.

n) Das erste Geschoss hat Baumann an einen Steuerberater als Kanzleiräume vermietet, der monatlich 1.200,00 € Miete überweist.

o) Für eine Reparatur im Erdgeschoss seines Geschäftshauses bezahlte Baumann einem Handwerker 500,00 € + 19 % USt.

Nr.	Art des Umsatzes §	Ort der Leistung §	Steuerbar §	Steuerfrei §	Steuerpflichtig Ja/Nein	Bemessungsgrundlage € und §	USt, Einfuhr-USt €	VSt € und §

UMSATZSTEUER — STEUER 2

183. **Ermitteln Sie die USt-Zahllast für Juli 2016 des Einzelunternehmers Max Bauer.** Herr Bauer betreibt ein Farbengeschäft in Starnberg in einem Gebäude das ihm gehört. Er versteuert seine Umsätze nach vereinbarten Entgelten und ist zur monatlichen Umsatzsteuer-Voranmeldung verpflichtet. Ausländische Lieferschwellen werden nicht überschritten, § 3c Abs. 4 UStG wird nicht angewendet. Bei Umsätzen im Gemeinschaftsgebiet verwendet Herr Bauer seine USt-Id-Nr. Bei der Vermietung seines Geschäftsgebäudes hat er nach § 9 UStG optiert. Alle erforderlichen Bescheinigungen und Nachweise liegen vor. Aus dem jeweiligen Sachverhalt lässt sich ersehen, ob es sich um Brutto- oder Nettobeträge handelt! Im Juli 2016 sind folgende Geschäftsfälle angefallen.

a)	Lieferungen an Kunden im Inland, Rechnungsgesamtbeträge	99.960,00 €
b)	Einnahmen aus dem Verkauf von Büchern für Heimwerker	928,00 €
c)	Von einem italienischen Lieferanten wurden im Juli Farben bezogen und sofort bezahlt, Rechnungsbetrag	12.000,00 €
d)	Bauer kaufte von einem örtlichen Autohändler einen gebrauchten Lieferwagen, der ausschließlich für das Farbengeschäft genutzt wird, Rechnungsbetrag	38.080,00 €
e)	Ein guter Kunde wurde zu einem Geschäftsessen eingeladen. Die Aufwendungen sind angemessen und nachgewiesen. Ein ordnungsgemäßer Beleg liegt vor. Die Zahlung erfolgt durch Kreditkarte vom Geschäftskonto	208,80 €
f)	Bauer kaufte Anfang Juli fünfzehn Geschenke für je 80 € + 19 % USt	
g)	Zehn Geschenke werden im Juli an Kunden weitergegeben	
h)	Fünf Geschenke sind für Mitarbeiter bestimmt (Übergabe: Juli)	
i)	Der Sohn von Herrn Bauer bezieht eine neue Wohnung. Er entnimmt aus dem Geschäft Farben, die für 280 € eingekauft wurden, Verkaufspreis der Farben 348,00 € + USt. Der Sohn legt mit Zustimmung von Herrn Bauer 300 € in die Firmenkasse.	
j)	Bauer kauft ein neues Regal für sein Geschäft. Banklastschrift	2.000,00 €
k)	Aufgrund einer Mahnung erhielt Bauer im Mai eine Lieferung Pinsel, die im Januar bestellt wurden, Rechnungsbetrag brutto	273,70 €
l)	Bauer liefert Farben an einen Malermeister in Salzburg, Rechnungsbetrag	288,00 €
m)	Am 24.07. kaufte Bauer einen neuen Hochdruckreiniger zum Preis von brutto	399,00 €
n)	Das Geschäftsgrundstück in dem Herr Bauer sein Farbengeschäft betreibt wird wie folgt genutzt:	

			monatlicher Nettomietwert
1.	Erdgeschoss	Farbengeschäft	1.250 €
2.	Lagerraum	Malerbetrieb	750 €
3.	1. Etage links	Atelier eines Kunstmalers	800 €
4.	1. Etage rechts	Büroräume einer Holzhandlung	800 €
5.	2. Etage links	Wohnung Tierarzt Dr. Berger	800 €
6.	2. Etage rechts	Praxis eines Heilpraktikers	800 €
7.	Dachgeschoss	Wohnung des Heilpraktikers	1.250 €

Im Zusammenhang mit dem Geschäftsgrundstück fielen noch folgende Beträge an:

o)	Im Atelier des Kunstmalers wurden schadhafte Fensterelemente ausgetauscht, Rechnungsbetrag	4.760,00 €
p)	Im Dachgeschoss wurde das Badezimmer neu gefliest, Rechnungsbetrag	6.032,00 €
q)	Rechnung des Installateurs Müller: „Reparatur der Kaltwasserleitung im 2. Stock am 20.05.2016, zahlbar bis 04.06.2016"	255,20 €

Tragen Sie die einzelnen Sachverhalte in das nebenstehende Schema ein. Die USt-Zahllast ist nicht zu ermitteln!

Nr.	Art des Umsatzes §	Ort der Leistung §	Steuerbar §	Steuerfrei §	Steuerpflichtig Ja/Nein	Bemessungsgrundlage € und §	USt, Einfuhr-USt €	VSt € und §

STEUER 2 — UMSATZSTEUER

184. Naomi Schlecker betreibt in Schwerin eine exklusive Herrenboutique. Das Geschäft befindet sich im Erdgeschoss eines mehrstöckigen Gebäudes, das Frau Schlecker gehört. Sie versteuert ihre Umsätze nach vereinbarten Entgelten, gibt monatlich eine Umsatzsteuervoranmeldung ab und hat auf alle Steuerbefreiungen (soweit nach § 9 UStG möglich) verzichtet. Ausländische Lieferschwellen werden nicht überschritten, eine entsprechende Option liegt nicht vor. Im ersten Obergeschoss des Gebäudes hat eine Steuerberaterin ihre Kanzlei, im zweiten Obergeschoss wohnt ein befreundeter Unternehmer. Aus ihren Unterlagen ergeben sich für den Monat Mai 2016 folgende Sachverhalte. Diese sind umsatzsteuerlich mit Hilfe der Lösungstabelle zu erfassen.

a)	Einnahmen aus dem Verkauf von Bekleidung	64.260,00 €
b)	Einnahmen aus dem Verkauf von Modezeitschriften	128,40 €
c)	Einnahme aus dem Ladenverkauf eines Anzugs an einen Touristen aus Irland (Betrag nicht in a enthalten)	571,20 €
d)	Verkauf eines Pullovers an einen Kunden aus Salzburg gegen Rechnung (Versand per Postpaket, da die gewünschte Farbe nicht vorrätig war)	119,00 €
e)	Von einem Autohändler wurde ein Gebrauchtwagen gekauft, der ausschließlich betrieblich genutzt wird, Rechnungsbetrag	9.520,00 €
f)	Von einem deutschen Bekleidungshersteller wurden Waren eingekauft, netto	30.000,00 €
g)	Einnahme aus dem Verkauf einer gebrauchten Registrierkasse	400,00 €
h)	Eingang einer Versicherungsleistung für eine kaputte Schaufensterscheibe	600,00 €
i)	Ein guter Kunde erhält eine im Februar eingekaufte Krawatte als Geschenk, Einkaufspreis netto	25,00 €
j)	Aus Frankreich werden Socken bezogen, Rechnungsbetrag	380,00 €
k)	Der Sohn von Frau Schlecker kauft einen Anzug zum Vorzugspreis von	100,00 €
	Der Anzug wurde für 299,00 € netto eingekauft, der Ladenverkaufspreis beträgt	499,00 €
l)	Bei einer Vermietung des Erdgeschosses könnten als Mieteinnahme erzielt werden	2.000,00 €
m)	Mieteinnahme 1. Obergeschoss	2.000,00 €
n)	Mieteinnahme 2. Obergeschoss	2.000,00 €
o)	Handwerkerrechnung für Reparaturarbeiten im 1. OG, brutto	357,00 €
p)	Für eine im Juni geplante Werbebriefaktion an Stammkunden werden bei der Deutsche Post AG 100 Briefmarken zu je 62 Cent erworben	62,00 €
q)	Ein Kunde bestellt im Mai einen Designeranzug für 1.999,00 € brutto einschl. USt. Der Kunde holt den Anzug Anfang Juni ab, bezahlt den Rechnungsbetrag bar und erhält eine Rechnung.	
r)	Frau Schlecker lädt die Geschäftsführerin eines Hotels (gute Kundin) zum Essen ein. Die Rechnung des Restaurants beläuft sich auf brutto	238,00 €
s)	Ein Kunde zahlte erst nach mehreren Mahnungen den fälligen Rechnungsbetrag von 580,00 € zuzüglich Verzugszinsen in Höhe von 25,00 € am 26.05.2016. Die Lieferung erfolgte im Januar und wurde ordnungsgemäß erfasst.	

Nr.	Art des Umsatzes §	Ort der Leistung §	Steuerbar §	Steuerfrei §	Steuerpflichtig Ja/Nein	Bemessungsgrundlage € und §	USt, Einfuhr-USt €	VSt € und §

UMSATZSTEUER

STEUER 2

185. Renate Klingler betreibt in Wasserburg/Bodensee ein Lebensmittelgeschäft in gemieteten Verkaufsräumen und ein Speiselokal auf einem eigenen Grundstück. Sie versteuert ihre Umsätze nach vereinbarten Entgelten und hat soweit möglich nach § 9 UStG optiert. Erforderliche buch- und belegmäßige Nachweise liegen vor, beteiligte Unternehmer aus EU-Staaten haben und verwenden ihre jeweilige UStIDNr. Ausländische Lieferschwellen werden nicht überschritten.

Beurteilen Sie die folgenden Sachverhalte aus dem Mai 2016 und verwenden Sie zur Lösung die folgende Übersicht.

Lebensmittelgeschäft:

a) Lieferungen nicht begünstigter Waren mit eigenem Lieferwagen an Privatpersonen in Bregenz (Österreich). Einnahme — 1.485,00 €

b) Lieferung von Waren die dem ermäßigten Steuersatz unterliegen mit dem eigenen Lieferwagen an Privatkunden in der Schweiz, Einnahmen — 1.170,00 €

c) Einkäufe nicht begünstigter Waren von einem Unternehmer in Österreich, Warenwert — 6.800,00 €

d) Einkauf von Milch von einem Großhändler aus Landshut, netto — 440,00 €

e) Mietzahlung für die Verkaufsräume (Vermieter hat optiert), brutto — 4.000,00 €

f) Lieferung begünstigter Lebensmittel an das eigene Speiselokal, netto — 1.280,00 €

g) Anschaffung einer neuen Verkaufstheke, Nettopreis — 4.700,00 €

h) Ein Teil des Ladens von Frau Klingler wurde im Mai von einem österreichischen Handwerksbetrieb renoviert. Die Rechnung vom 14.05. beläuft sich auf — 4.200,00 €

Speiselokal:

i) Einnahmen aus dem Verzehr im Lokal — 19.980,00 €

j) Einnahmen aus dem Verkauf von Speisen außer Haus — 2.620,00 €

k) Einnahmen aus dem Getränkeverkauf (Bier, Cola, Limonade) außer Haus — 280,00 €

Grundstück (alle Etagen sind gleich groß):

l) Der Mietwert des Speiselokals im Erdgeschoss beträgt pro Monat — 6.000,00 €

m) Das 1. OG ist an eine Wirtschaftsprüfungsgesellschaft vermietet, die monatliche Mieteinnahme beträgt — 6.000,00 €

n) Das 2. OG ist zu Wohnzwecken an einen Tierarzt vermietet, Mieteinnahme/Monat — 6.000,00 €

o) Für Reparaturarbeiten, die zu gleichen Teilen im EG und im 1. OG Geführt wurden ging eine Rechnung ein über — 3.570,00 €

p) Eingangsrechnung für einen neuen Fassadenanstrich — 7.140,00 €

q) Eingangsrechnung für Fensteraustausch im 2. OG — 464,00 €

Nr.	Art des Umsatzes §	Ort der Leistung §	Steuer-bar §	Steuer-frei §	Steuer-pflichtig Ja/Nein	Bemessungs-grundlage € und §	USt, Einfuhr-USt €	VSt € und §

STEUER 2 — UMSATZSTEUER

186. Gerlinde Spengler betreibt in Unterschleißheim in gemieteten Räumen (Vermieter hat gem. § 9 UStG optiert) eine Musikalienhandlung als Einzelunternehmerin. Sie versteuert ihre Umsätze nach vereinbarten Entgelten und ist zur Abgabe einer monatlichen Umsatzsteuervoranmeldung verpflichtet. Bei Umsätzen im Gemeinschaftsgebiet verwendet Frau Spengler ihre deutsche USt-IDNr. Alle erforderlichen Belege sind erbracht und sind ordnungsgemäß. Tragen Sie die folgenden Vorfälle des Monats September 2016 in der untenstehenden Übersicht ein. Die Umsatzsteuerzahllast ist nicht zu berechnen.

- a) Einnahmen aus dem Verkauf von Musikinstrumenten — 147.560,00 €
- b) Einnahmen aus dem Verkauf von Musikbüchern — 4.820,00 €
- c) Einnahmen aus dem Verkauf von Fachzeitschriften — 928,00 €
- d) Einkauf eines neuen Verkaufsregals für brutto — 3.332,00 €
- e) Einnahme aus dem Verkauf des (abgeschriebenen) Verkaufsregals an einen Privatmann — 100,00 €
- f) Einkauf von Musikinstrumenten von einem italienischen Hersteller auf Ziel, Rechnungsbetrag — 12.400,00 €
- g) Verkauf eines Instrumentes an einen Touristen aus Frankreich, Einnahme (nicht in a enthalten) — 714,00 €
- h) Verkauf eines Instruments an den Schweizer Kunden Ulf Nagel. Herr Nagel nimmt das Instrument mit nach Basel. Frau Spengler erhält am 10.09. den Ausfuhrnachweis. Rechnungsbetrag — 592,00 €
- i) Ihre Tochter erhält ein Instrument als Geschenk, Einkaufspreis im März netto 410,00 €, Wiederbeschaffungspreis netto 390,00 €, Ladenverkaufspreis im September brutto — 599,00 €
- j) Verkauf einer Gitarre an einen Musiklehrer, Einnahme — 1.000,00 €
- k) Aus Polen werden Instrumente eingekauft, Rechnungsbetrag — 8.200,00 €
- l) Zwei gute Kunden wurden zum Essen eingeladen, Rechnungsbetrag — 162,40 €
- m) Eine langjährige Angestellte erwirbt ein im März für 499,00 € netto erworbenes Instrument, Ladenverkaufspreis 699,00 € für brutto — 600,00 €
- n) Banküberweisung der Miete für September, Lastschrift — 2.380,00 €
- o) Eingang einer Versicherungsentschädigung (Bankgutschrift) für einen Wasserschaden im Verkaufsraum — 2.000,00 €
- p) Der ausschließlich betrieblich genutzte Pkw wird an einen Privatmann verkauft, Einnahme — 10.000,00 €
- q) Eine Mitarbeiterin erhält eine Mundharmonika aus dem Warenlager als Geschenk für ihre Tochter. Einkaufspreis 8,00 € netto, Verkaufspreis brutto — 19,00 €
- r) Frau Spengler nutzt den Firmenwagen auch privat. Sie führt kein Fahrtenbuch. Bruttolistenpreis bei Erstzulassung — 40.995,00 €

Nr.	Art des Umsatzes §	Ort der Leistung §	Steuerbar §	Steuerfrei §	Steuerpflichtig Ja/Nein	Bemessungsgrundlage € und §	USt, Einfuhr-USt €	VSt € und §

187. Die folgenden Sachverhalte sind unabhängig voneinander umsatzsteuerlich zu beurteilen. Alle erforderlichen Nachweise gelten als erbracht, die beteiligten Unternehmen aus EU-Ländern haben und verwenden eine UStIdNr. Es ist jeweils der Regelsteuersatz zu unterstellen (außer gegenteilige Angabe). Tragen Sie die Lösungen in die unten stehende Tabelle ein!

- a) Großhändler Müller aus Nürnberg verkauft Waren an den Einzelhändler Schmidt in Ulm, Rechnungsbetrag 2.380,00 €.
- b) Bauunternehmer Groß aus München lässt bei einem Neubau in Ingolstadt den Dachstuhl von einem Subunternehmer aus Tschechien errichten. Das tschechische Unternehmen stellt dem Bauunternehmen eine Rechnung i.S.d. § 14a Abs. 5 UStG über 30.500,00 € aus.
- c) Felix Gürtner betreibt ein Modegeschäft in Hamburg. Er führt auch Änderungen an Kleidungsstücken durch, die nicht in seinem Geschäft erworben wurden und berechnet dafür insgesamt 476,00 € brutto.

UMSATZSTEUER — STEUER 2

d) Ottmar Schreiner, Bauunternehmer aus Ulm lässt am Ferienhaus seiner Tochter in Oberstdorf von vier Mitarbeitern diverse Schönheitsreparaturen ausführen. Durch diesen unberechneten Arbeitseinsatz fallen Kosten (Personalkosten und Fahrtkosten) in Höhe von insgesamt 1.250,00 € an, einem Kunden würden dafür 2.680,00 € berechnet.

e) Ein Unternehmer aus Konstanz (Deutschland) bringt 50 Stück einer Ware aus seiner Filiale in Paris (Frankreich) nach Deutschland. Sie sollen in Deutschland für 72,00 €/Stück verkauft werden. Der Nettoeinkaufspreis pro Stück beträgt momentan 32,00 €.

f) Ein Maschinenbauunternehmen aus Augsburg verkauft Spezialmaschinen im Wert von 152.000,00 € an ein Unternehmen in Algerien. Er liefert unverzollt und unversteuert.

g) Großhändler Selzer aus Augsburg erhält eine Warenlieferung von einem Hersteller aus Hannover, Rechnungsbetrag 2.380,00 €.

h) Ein Unternehmer mit Sitz in Frankfurt bezahlt an einen Spediteur für eine Warenlieferung zum Kunden in Bremen 600,00 € + USt.

i) Möbelhändler Ritter bringt 20 Bürostühle, Einkaufspreis 189 €/Stück, von seinem Hauptsitz in Landshut in seine Filiale in Deggendorf.

j) Einzelhändler Sieber aus München schenkt einer Angestellten zum 40. Geburtstag ein Buch. Er hat dafür 19,90 € bar bezahlt und den Betrag vorher aus der Firmenkasse entnommen.

k) Unternehmerin Dietrich aus Chemnitz entnimmt Waren, die vor vier Monaten für 140,00 € + USt eingekauft wurden, für private Zwecke aus ihrem Unternehmen. Der Verkaufspreis der Waren beträgt 199,00 € + USt.

l) Ein Unternehmer aus Düsseldorf liefert seine Produkte auch an Privatkunden in Österreich. In diesem Monat erfolgten Lieferungen für die insgesamt 1.400,00 € netto berechnet wurden. Die österreichische Lieferschwelle wird nicht überschritten.

m) Die Inhaberin einer Werbeagentur mit Firmensitz in Frankfurt/Main lädt drei wichtige Kunden in ein Restaurant ein und bezahlt die Rechnung in Höhe von brutto 214,20 € mit der betrieblichen EC-Karte.

n) Unternehmer Janik hat Waren an einen Kunden (Unternehmer) nach Frankreich geliefert. Der deutsche Spediteur stellt dafür 92,00 € netto in Rechnung.

o) Der Einzelhändler Oliver Münzinger aus Bad Reichenhall lässt sein Ladengeschäft von einem Unternehmer mit Sitz in Salzburg (Österreich) renovieren. Der österreichische Unternehmer stellt eine ordnungsgemäße Rechnung über 6.200,00 €.

p) Nach einem Feuer im Lager erhält ein Unternehmer von seiner Versicherung 6.850,00 €.

Nr.	Art des Umsatzes §	Ort der Leistung §	Steuerbar §	Steuerfrei §	Steuerpflichtig Ja/Nein	Bemessungsgrundlage € und §	USt, Einfuhr-USt €	VSt € und §

188. Der Unternehmer Franz Klinger betreibt in Mühldorf im eigenen Haus einen Groß- und Einzelhandel für Sportwaren. Tragen Sie die umsatzsteuerlichen Sachverhalte für die USt-Voranmeldung Juni 2016 aus der Sicht des Unternehmers Klinger in das nachfolgende Lösungsschema ein. Verwenden Sie die Fachbegriffe und nennen Sie die dazugehörigen Rechtsgrundlagen (Paragraf mit Absatz und ggf. Nummer). Eine Ermittlung der Zahllast ist nicht durchzuführen. Klinger ist Sollversteuerer, hat nach § 9 UStG so weit wie möglich optiert und besitzt eine USt-IDNr.. Alle erforderlichen Belege sind ordnungsgemäß. Alle erforderlichen Bestätigungen/Nachweise liegen vor.

1.1 Einnahmen aus dem Verkauf von Sportkleidung 22.253,00 €.

1.2 Eine Privat-Kundin aus Altötting kauft am 18.06.2016 Inlineskates und bezahlt 250,00 € bar.

1.3 Klinger bestellte im März 2016 Snowboards für 4.500,00 €. Der französische Hersteller lieferte die Snowboards am 04.06.2016. Klinger überwies am nächsten Tag 4.500,00 € von seinem Firmenkonto.

1.4 Einnahmen aus dem Verkauf von Fachzeitschriften 884,60 €.

1.5 Im April 2016 bestellte Klinger für 1.950,00 € netto Sportbekleidung zzgl. 250,00 € Transportkosten in Hongkong. Die Ware wurde Anfang Juni ausgeliefert und Klinger zahlte am 03. Juni 2016 die fällige EUSt und den Zoll (Zollwert: 2.200 €) in Höhe von 15 % per Bankscheck.

1.6 Im Lager wurde Anfang April aufgrund eines Schwelbrandes ein Teil der Ware unbrauchbar. Die Versicherung erstattete den Schaden in Höhe von 3.000 € per Banküberweisung am 20.06.

1.7 Ein Unternehmer aus Österreich kaufte am 03.06. Sportbekleidung für 6.000,00 € und ließ sich die Ware auf Ziel zusenden. Das Zahlungsziel beträgt 45 Tage.

STEUER 2 — UMSATZSTEUER

1.8 Einem Unternehmer in Zürich (Schweiz) liefert Klinger im Juni Waren für 800,00 €

1.9 Seinem 14 Jahre alten Sohn verkauft Klinger Inlineskates für 59,50 €. Die Inlineskates sind im Laden mit 119,00 € brutto ausgezeichnet. Die Wiederbeschaffungskosten zum Verkaufszeitpunkt betragen netto 40,00 €.

1.10 Klinger verleiht im Rahmen seines Sportgeschäfts auch Inlineskates. Im Juni konnte er daraus Bareinnahmen in Höhe von 150,00 € erzielen.

1.11 Klinger entnimmt Nordic Walking Stöcke und schenkt sie seiner Tochter, die in Wien (Österreich) Betriebswirtschaftslehre studiert. Die Stöcke wurden im April für 69,00 € + USt eingekauft. Der aktuelle Preis beträgt 49,90 € + USt.

1.12 Das Betriebsgebäude (alle Stockwerke sind gleich groß) wird wie folgt genutzt:

1.12.1 Im Erdgeschoss betreibt Klinger sein Sportgeschäft. Der monatliche Mietwert beträgt 3.000,00 €.

1.12.2 Im 1. Obergeschoss befindet sich die Kleintierpraxis eines Tierarztes. Auf dem betrieblichen Bankkonto gehen monatlich 3.000,00 € Miete ein.

1.12.3 Im 2. Obergeschoss befindet sich die Wohnung einer Angestellten von Klinger. Mit dem monatlichen Gehalt werden 880,00 € Miete verrechnet.

1.12.4 Für den Anstrich der Fassade Anfang Juni stellt der Malermeister Müller, Landshut, am 22.06. brutto 2.380,00 € brutto in Rechnung

Nr.	Art des Umsatzes §	Ort der Leistung §	Steuerbar §	Steuerfrei §	Steuerpflichtig Ja/Nein	Bemessungsgrundlage € und §	USt, Einfuhr-USt €	VSt € und §

189. Sebastian Sailer betreibt in Kempten ein Einzelhandelsgeschäft für Haushaltsartikel im eigenen Haus. Er ist Sollversteuerer, hat nach § 9 UStG optiert und besitzt eine USt-IDNr.. Liefer- und Erwerbsschwellen werden nicht überschritten. Alle erforderlichen Belege sind ordnungsgemäß, erforderliche Bestätigungen liegen vor. Es ist jeweils der Regelsteuersatz zu unterstellen (außer gegenteilige Angabe). Tragen Sie die Lösungen für Juni 2016 in die unten stehende Tabelle ein!

1.1 Einnahmen aus dem Verkauf von Geschirr 38.400,00 €.

1.2 Einnahmen aus dem Verkauf von Zeitschriften und Büchern 1.989,96 €.

1.3 Herr Sailer erhielt aus Salzburg (Österreich) am 12.06. Haushaltswaren. Er überwies 2.000,00 € zzgl. einen Betrag von 200,00 € für Frachtkosten an den österreichischen Lieferanten (österr. UStIdNr.).

1.4 Ein Kunde aus Bad Tölz (Deutschland) bestellte am 20. Mai 2016 für 300,00 € + USt eine Mikrowelle. Das Gerät wurde Anfang Juni mit beiliegender Rechnung ausgeliefert. Der Kunde überwies am 15. Juli 2016 den Rechnungsbetrag nach Abzug von Skonto auf das betriebliche Bankkonto.

1.5 Herr Sailer erhielt aus Genf (Schweiz) am 20.06.2016 Küchenmesser. Er überwies den Rechnungsbetrag in Höhe von 499,00 € und die EUSt am nächsten Tag. Zoll ist nicht angefallen.

1.6 Eine Kundin aus Zürich (Schweiz) bestellte auf der Homepage von Sailer im Juni Haushaltswaren für netto 150,00 €. Die Lieferung erfolgte Ende Juni gegen Rechnung (Nachweise erbracht). Geldeingang auf dem Firmenkonto Anfang Juli.

1.7 Einem Angestellten schenkt Sailer am 05.06.2016 ein Messer. Der Wiederbeschaffungswert liegt bei netto 11,00 €, der Bruttoverkaufspreis im Laden beträgt 23,90 €.

1.8 Eine gute Kundin erhält zum 50. Geburtstag eine Servierplatte aus dem Warenbestand als Geschenk überreicht. Bezugspreis 29,00 €, Ladenverkaufspreis brutto 59,00 €.

1.9 Der Handelsvertreter eines Pfannenherstellers wird nach einem Vertragsabschluss zum Essen eingeladen. Herr Sailer bezahlt 69,00 € mit der Firmen-EC-Karte.

1.10 Herr Sailer leistete im Juni eine Anzahlung in Höhe von 800,00 € für einen Wareneinkauf im September. Eine Rechnung mit USt-Ausweis des Herstellers aus Bremen liegt vor.

1.11 Herr Sailer bezahlte im Juni 2016 für einen Import aus Seoul (Südkorea) 152,00 € Einfuhrumsatzsteuer.

1.12 Eine Mitarbeiterin kauft eine Bratpfanne und bezahlt dafür nur 55,00 € bar. Der Ladenverkaufspreis beträgt 89,00 €. Der Hersteller bietet diese Bratpfanne inzwischen für 42,00 € + USt an.

1.13 Im Verkaufsraum wurde im Mai eingebrochen. Der Schaden wurde von der Versicherung im Juni mit einer Zahlung in Höhe von 2.000,00 € ausgeglichen.

UMSATZSTEUER — STEUER 2

1.14 Herr Sailer bestellte im Mai Waren bei einem Großhändler in München für 4.000,00 € + USt. Die Lieferung mit Rechnungstellung erfolgte am 20. Juni, die Zahlung unter Abzug von 3 % Skonto erst im Juli.

1.15 Die Eingangstüre des Einzelhandelsgeschäfts wird ersetzt. Auftragsausführung und Rechnungstellung im Juni. Herr Sailer überweist am 19.06. den Rechnungsbetrag in Höhe von 3.808,00 € ohne Abzug.

Nr.	Art des Umsatzes §	Ort der Leistung §	Steuer-bar §	Steuer-frei §	Steuer-pflichtig Ja/Nein	Bemessungs-grundlage € und §	USt, Einfuhr-USt €	VSt € und §

STEUER 3 — EINKOMMENSTEUER

KREUZEN SIE BEI DEN FOLGENDEN AUFGABEN DIE RICHTIGEN ERGEBNISSE AN

1. **Zu welcher Steuerart gehört die Einkommensteuer, wenn die Einteilung nach der Ertragskompetenz erfolgt?**
   a) Gemeinschaftsteuer
   b) Bundessteuer
   c) Ländersteuer
   d) Gemeindesteuer
   e) Verkehrsteuer

2. **Welche Aussage zum Gegenstand der Einkommensteuer ist richtig?**
   a) Gegenstand der Einkommensteuer ist das Einkommen von natürlichen Personen
   b) Gegenstand der Einkommensteuer ist das Einkommen von Personengesellschaften
   c) Gegenstand der Einkommensteuer ist das Einkommen von Kapitalgesellschaften
   d) Gegenstand der Einkommensteuer ist das Einkommen von natürlichen Personen und Kapitalgesellschaften
   e) Gegenstand der Einkommensteuer ist das Einkommen von natürlichen Personen, Personengesellschaften und Kapitalgesellschaften

3. **Welche Aussage zu den Einkommensteuerrichtlinien ist richtig?**
   a) Es handelt sich um eine Rechtsnorm, die für Bürger, Gerichte und Verwaltung verbindlich ist
   b) Sie behandeln Zweifels- und Auslegungsfragen von allgemeiner Bedeutung und stellen eine einheitliche Rechtsanwendung durch die Finanzbehörden sicher
   c) Sie werden von der Judikative aufgrund einer ausdrücklichen gesetzlichen Ermächtigung erlassen
   d) Es handelt sich um die, für die Finanzbehörden und Finanzgerichte eines Bundeslandes verbindliche Auslegung des Einkommensteuergesetzes
   e) Sie enthalten die Einkommensteuertabellen für jedes Bundesland

4. **Bei welcher Position handelt es sich um keine Einkunftsart im Sinne des § 2 EStG?**
   a) Einkünfte aus Land- und Forstwirtschaft
   b) Einkünfte aus Gewerbebetrieb
   c) Einkünfte aus selbständiger Arbeit
   d) Einkünfte aus Vermietung und Verpachtung
   e) Einkünfte aus Spekulationsgeschäften

5. **Welche Einkunftsarten gehören komplett zu den sogenannten „Gewinneinkünften"?**
   a) Nichtselbständiger Arbeit, Kapitalvermögen, Vermietung und Verpachtung, sonstige Einkünfte
   b) Land- und Forstwirtschaft, Gewerbebetrieb, selbständige Arbeit
   c) Land- und Forstwirtschaft, Gewerbebetrieb, selbständige Arbeit, Spekulationsgeschäfte
   d) Gewerbetrieb, selbständige Arbeit, nichtselbständiger Arbeit, Kapitalvermögen
   e) Land- und Forstwirtschaft, Gewerbebetrieb, nichtselbständige Arbeit

6. **Zu welcher Einkunftsart gehört das Einkommen eines Winzers?**
   a) Einkünfte aus Land- und Forstwirtschaft
   b) Einkünfte aus Gewerbebetrieb
   c) Einkünfte aus selbständiger Arbeit
   d) Einkünfte aus Kapitalvermögen
   e) Sonstige Einkünfte

7. **Welche Aussage beschreibt die unbeschränkte Einkommensteuerpflicht nach § 1 Abs. 1 EStG richtig?**
   a) Unbeschränkt einkommensteuerpflichtig sind alle juristischen Personen, die in Deutschland ihren Firmensitz oder eine Niederlassung unterhalten
   b) Deutsche Staatsangehörige, die im Inland einen Wohnsitz oder ihren gewöhnlichen Aufenthalt haben, sind unbeschränkt einkommensteuerpflichtig
   c) Natürliche Personen, die im Inland einen Wohnsitz oder ihren gewöhnlichen Aufenthalt haben, sind unbeschränkt einkommensteuerpflichtig
   d) Unbeschränkt einkommensteuerpflichtig sind alle volljährigen natürlichen Personen, die im Inland Einkünfte erzielen
   e) Alle natürlichen Personen, die im Inland Einkünfte erzielen, sind unbeschränkt einkommensteuerpflichtig

EINKOMMENSTEUER — STEUER 3

8. **Entscheiden Sie, welche der folgenden Personen in Deutschland nicht unbeschränkt einkommensteuerpflichtig i.S.d. § 1 (1) EStG ist!**
   a) Monika Alt, 6 Jahre, wohnhaft in Saarbrücken. Sie bekommt noch kein Taschengeld
   b) Klaus Alt, 8 Jahre, wohnhaft in Ulm, 4 Euro Taschengeld je Woche
   c) Ellen Jilg, Beamtin beim Freistaat Bayern, wohnhaft in Unterschleißheim
   d) Colin Smith aus Irland wohnt und arbeitet in Hamburg
   e) Otto Jäger wohnt in Salzburg und arbeitet in Traunstein

9. **Jürgen Krebs ist als Lehrer Beamter. Er lebt und arbeitet seit dem letzten Jahr in Bogota, Kolumbien, wo er für vier Jahre an einer deutschen Schule unterrichtet. Sein Gehalt bezieht er weiterhin vom Land Hessen. Welche Aussage zur Steuerpflicht von Herr Krebs ist richtig?**
   a) Unbeschränkt steuerpflichtig nach § 1 (1) EStG
   b) Unbeschränkt steuerpflichtig nach § 1 (2) EStG
   c) Unbeschränkt steuerpflichtig nach § 1 (3) EStG
   d) Beschränkt steuerpflichtig nach § 1 (4) EStG
   e) In Deutschland nicht steuerpflichtig

10. **Welche der folgenden Einnahmen ist nicht steuerfrei?**
    a) Leistungen der gesetzlichen Krankenversicherung
    b) Leistungen der gesetzlichen Unfallversicherung
    c) Trinkgelder
    d) Kindergeld
    e) Urlaubsgeld

11. **Welche Aussage beschreibt einen Freibetrag zutreffend?**
    a) Dieser Betrag bleibt immer steuerfrei, nur ein eventuell darüber hinausgehender Betrag unterliegt der Besteuerung
    b) Liegt ein zu versteuernder Betrag unter dem Freibetrag bleibt er steuerfrei, wird er überschritten, unterliegt der Gesamtbetrag der Besteuerung
    c) Liegt ein zu versteuernder Betrag über dem Freibetrag bleibt er steuerfrei, wird er unterschritten, unterliegt nur dieser Betrag der Besteuerung
    d) Dieser Betrag bleibt immer steuerfrei, ein eventuell darüber hinausgehender Betrag wird als Freigrenze bezeichnet
    e) Er wird vom Finanzamt abgezogen, wenn eine Person beschränkt steuerpflichtig ist

12. **Monika Braun erhält anlässlich ihrer Hochzeit von ihrem Arbeitgeber eine einmalige Zahlung von 450 Euro. Wie wird diese Zahlung 2016 steuerlich behandelt?**
    a) 135 Euro sind steuerpflichtig
    b) 92 Euro sind steuerpflichtig
    c) 450 Euro sind steuerpflichtig
    d) 45 Euro sind steuerpflichtig
    e) Der Betrag bleibt steuerfrei

13. **Sabine Baumann arbeitet als Bedienung in einem Biergarten in München. Sie erhielt 2016 insgesamt 2.400 Euro Trinkgeld. Wie wirkt sich dieses Trinkgeld steuerlich aus?**
    a) 358 Euro sind steuerfrei, der Rest ist steuerpflichtig
    b) 1.224 Euro sind steuerfrei, der Rest ist steuerpflichtig
    c) 1.848 Euro sind steuerfrei, der Rest ist steuerpflichtig
    d) Das gesamte Trinkgeld ist steuerfrei
    e) Das gesamte Trinkgeld ist steuerpflichtig

14. **Welche der folgenden Personen erzielt keine Einkünfte aus Land- und Forstwirtschaft?**
    a) Winzer
    b) Obstbauer
    c) Forstwirt
    d) Binnenfischer
    e) Weinhändler

STEUER 3 — EINKOMMENSTEUER

15. Der Landwirt Hans Marschke aus Schleswig erzielt im Wirtschaftsjahr 2015/2016 einen Gewinn in Höhe von 46.000 €. Im Wirtschaftsjahr 2016/2017 beträgt der Gewinn 50.000 €. Wie hoch sind die Einkünfte aus Land- und Forstwirtschaft von Herrn Marschke im Veranlagungszeitraum 2016?
    a) 46.000 €
    b) 50.000 €
    c) 96.000 €
    d) 48.000 €
    e) 0 €

16. Anton Lang betreibt an der Mosel einen reinen Weinbaubetrieb. Sein Gewinn im Wirtschaftsjahr 2015/2016 beträgt 36.000 €. Im Wirtschaftsjahr 2016/2017 beträgt der Gewinn 48.000 €. Wie hoch sind die Einkünfte aus Land- und Forstwirtschaft von Herrn Lang im Veranlagungszeitraum 2016?
    a) 36.000 €
    b) 48.000 €
    c) 42.000 €
    d) 40.000 €
    e) 0 €

17. Das Wirtschaftsjahr eines im Handelsregister eingetragenen Gewerbetreibenden ist der Zeitraum vom 01.04. – 31.03. Der Gewerbetreibende erwirtschaftete im Wirtschaftsjahr 2015/2016 einen Gewinn in Höhe von 25.000 Euro. Im Wirtschaftsjahr 2016/2017 erzielte er einen Verlust von 10.000 Euro. Wie hoch sind seine Einkünfte aus Gewerbebetrieb im Veranlagungszeitraum 2016?
    a) 25.000 €
    b) – 10.000 €
    c) 7.500 €
    d) 15.000 €
    e) 0 €

18. Felix Jung betreibt in München eine Weinhandlung. Sein Wirtschaftsjahr stimmt mit dem Kalenderjahr überein. Herr Jung erwirtschaftet im Wirtschaftsjahr 2015 einen Gewinn in Höhe von 55.000 Euro, 2016 beträgt der Gewinn 60.000 Euro. Wie hoch sind die Einkünfte aus Gewerbebetrieb von Herrn Jung im Veranlagungszeitraum 2016?
    a) 115.000 €
    b) 55.000 €
    c) 60.000 €
    d) 57.500 €
    e) keine der angegebenen Lösungen ist richtig

19. Welche der folgenden Personen erzielt keine Einkünfte aus Gewerbebetrieb?
    a) Gesellschafter einer OHG, der einen Gewinnanteil erhält
    b) Gesellschafter einer OHG, der für die Geschäftsführung ein Gehalt erhält
    c) Eigentümer einer Spedition (Einzelunternehmer), der einen Gewinn erwirtschaftet
    d) Kommanditist einer KG, der einen Gewinnanteil erhält
    e) Gesellschafter einer GmbH, der für die Geschäftsführung ein Gehalt erhält

20. Bei welcher der folgenden Positionen handelt es sich nicht um ein Kennzeichen für einen Gewerbebetrieb?
    a) Selbständigkeit
    b) Nachhaltigkeit
    c) Gewinnerzielungsabsicht
    d) Einmaligkeit
    e) Beteiligung am allgemeinen wirtschaftlichen Verkehr

21. In welchem der folgenden Fälle liegen Einkünfte aus Gewerbebetrieb vor?
    a) Gewinnanteil eines atypischen stillen Gesellschafters
    b) Gehalt eines Geschäftsführers einer Spedition
    c) Gewinnanteil (Dividende) eines Aktionärs
    d) Gewinn eines Augenarztes mit eigener Praxis
    e) Zinseinnahmen aus einer Industrieobligation

EINKOMMENSTEUER — STEUER 3

22. Anna Bader verdient als Prokuristin bei einem Maschinenbauunternehmen jährlich 80.000 € brutto. Zusätzlich ist sie Kommanditistin eines Unternehmens, das von ihrem Mann geleitet wird. Ihre Einlage beträgt 50.000 €, ihr Gewinnanteil 15.000 €. Wie hoch sind die Einkünfte aus Gewerbebetrieb von Anna Bader?
    a) 80.000 €
    b) 130.000 €
    c) 145.000 €
    d) 95.000 €
    e) 15.000 €

23. Eine Gemüsegroßhandlung aus München vermietet einen nicht mehr benötigten Lagerraum an einen Nachbarbetrieb. Welche Einkunftsart liegt hinsichtlich der Mieteinnahme vor?
    a) Einkünfte aus Land- und Forstwirtschaft
    b) Einkünfte aus Gewerbebetrieb
    c) Einkünfte aus selbständiger Arbeit
    d) Einkünfte aus Vermietung und Verpachtung
    e) Sonstige Einkünfte

24. Die Horst Keller OHG erwirtschaftete im VZ 2016 einen Gewinn in Höhe von 120.000 €. An diesem Unternehmen sind zwei Gesellschafter beteiligt. Horst Keller hat seine Einlage von 70.000 € bereits voll geleistet. Manfred Schweitzer seine Einlage von 30.000 € ebenfalls. Wie hoch sind die Einkünfte i.S.d. § 15 EStG jedes Gesellschafters im VZ 2016, wenn die Verteilung des erzielten Gewinns im Verhältnis der Kapitalanteile erfolgen soll?
    a) Horst Keller: 84.000 € Manfred Schweitzer: 36.000 €
    b) Horst Keller: 60.000 € Manfred Schweitzer: 60.000 €
    c) Horst Keller: 70.000 € Manfred Schweitzer: 30.000 €
    d) Horst Keller: 36.000 € Manfred Schweitzer: 84.000 €
    e) Horst Keller: 60.800 € Manfred Schweitzer: 59.200 €

25. Die Marlene Ganter KG hat im VZ 2016 einen Gewinn von 45.000 € erzielt. An der Gesellschaft sind als Komplementärin Marlene Ganter mit 60.000 € und als Kommanditisten ihre beiden Kinder Olaf und Felix mit einer Einlage von jeweils 20.000 € beteiligt. Alle Einlagen wurden geleistet. Wie hoch sind die Einkünfte aus Gewerbebetrieb jedes Gesellschafters, wenn die Gewinnverteilung nach den Vorschriften des HGB erfolgt?
    a) Marlene Ganter: 15.000,00 € Olaf Ganter: 15.000,00 € Felix Ganter: 15.000,00 €
    b) Marlene Ganter: 16.067,67 € Olaf Ganter: 14.466,67 € Felix Ganter: 14.466,67 €
    c) Marlene Ganter: 27.000,00 € Olaf Ganter: 9.000,00 € Felix Ganter: 9.000,00 €
    d) Marlene Ganter: 60.000,00 € Olaf Ganter: 0 € Felix Ganter: 0 €
    e) Marlene Ganter: 45.000,00 € Olaf Ganter: 0 € Felix Ganter: 0 €

26. Eine OHG erzielte im VZ 2016 einen Verlust von 60.000 €. An diesem Unternehmen sind drei Gesellschafter beteiligt:

Gesellschafter	Einlage
Arnim Bartels	30.000,00 €
Klaus Moritz	40.000,00 €
Heinrich Wedelsdorfer	50.000,00 €

    Wie hoch sind die Einkünfte i.S.d. § 15 EStG jedes Gesellschafters, wenn die Gewinn- und Verlustverteilung nach den Vorschriften des HGB erfolgen soll?
    a) Bartels: – 15.000,00 € Moritz: – 20.000,00 € Wedelsdorfer: – 25.000,00 €
    b) Bartels: – 1.200,00 € Moritz: – 1.600,00 € Wedelsdorfer: – 2.000,00 €
    c) Bartels: – 30.000,00 € Moritz: – 40.000,00 € Wedelsdorfer: – 50.000,00 €
    d) Bartels: – 19.533,33 € Moritz: – 19.533,33 € Wedelsdorfer: – 20.333,33 €
    e) Bartels: – 20.000,00 € Moritz: – 20.000,00 € Wedelsdorfer: – 20.000,00 €

27. Dagmar Brand ist Mitglied im Aufsichtsrat der Deutschen Motorenwerke AG. Sie erhält dafür eine Vergütung von 16.400 €/Jahr. Welcher Einkunftsart ist diese Vergütung zuzuordnen?
    a) Einkünfte aus Land- und Forstwirtschaft
    b) Einkünfte aus Gewerbebetrieb
    c) Sonstige Einkünfte
    d) Einkünfte aus Vermietung und Verpachtung
    e) Einkünfte aus selbständiger Arbeit

STEUER 3 — EINKOMMENSTEUER

28. **Sandra Anger betreibt in Berlin eine Praxis für Physiotherapie. Welche Einkünfte erzielt sie mit dieser Praxis?**
    a) Einkünfte aus nichtselbständiger Arbeit
    b) Einkünfte aus Gewerbebetrieb
    c) Sonstige Einkünfte
    d) Einkünfte aus Vermietung und Verpachtung
    e) Einkünfte aus selbständiger Arbeit

29. **Heiner Lippert ist Oberarzt im Krankenhaus München-Schwabing. Welche Einkünfte erzielt er mit dieser Tätigkeit?**
    a) Einkünfte aus nichtselbständiger Arbeit
    b) Einkünfte aus Gewerbebetrieb
    c) Sonstige Einkünfte
    d) Einkünfte aus Vermietung und Verpachtung
    e) Einkünfte aus selbständiger Arbeit

30. **Bei welcher dieser Personen liegen keine Einkünfte aus selbständiger Arbeit vor?**
    a) Schriftsteller, der Reiseberichte verfasst
    b) Steuerberater, der bei einer großen Wirtschaftsprüfungsgesellschaft angestellt ist
    c) Augenarzt mit eigener Praxis
    d) Notar mit fünf Angestellten
    e) Dolmetscher, der für Firmen und Gerichte tätig wird

31. **Maria Durant ist Eigentümerin der Maschinenfabrik „Maria Durant e.K.". Das Unternehmen erwirtschaftete einen Verlust in Höhe von 55.000 €. Welcher Einkunftsart ist dieser Verlust zuzuordnen?**
    a) Einkünfte aus nichtselbständiger Arbeit
    b) Einkünfte aus Gewerbebetrieb
    c) Sonstige Einkünfte
    d) Einkünfte aus selbständiger Arbeit
    e) Keiner Einkunftsart

32. **Ludwig Wagner ist 48 Jahre alt und Lehrer (Beamter). Herr Wagner ist seit zehn Jahren Trainer der Jugendfußballmannschaft seines örtlichen Sportvereins. Aus dieser Tätigkeit hat er Einnahmen in Höhe von 1.400 € erzielt. Wie sind diese Einnahmen steuerlich zu behandeln?**
    a) Sie sind in voller Höhe als Einkünfte aus selbständiger Arbeit zu versteuern
    b) Sie sind abzüglich der entstandenen Betriebsausgaben als Einkünfte aus selbständiger Arbeit zu versteuern
    c) Es handelt sich um Einkünfte aus Gewerbebetrieb
    d) 480 € sind Einkünfte aus nichtselbständiger Arbeit
    e) Sie sind in voller Höhe steuerfrei

33. **Ernst Wimmer arbeitet nebenberuflich für die IHK für München und Oberbayern. Im Rahmen dieser Tätigkeit erzielte er Einnahmen in Höhe von 2.500 €. Herrn Wimmer entstanden für diese Tätigkeit 300 € Aufwendungen. Wie hoch sind seine steuerpflichtigen Einkünfte aus der Nebentätigkeit?**
    a) Die Einnahmen sind insgesamt steuerfrei
    b) 1.848 € sind steuerpflichtig
    c) 1.700 € sind steuerpflichtig
    d) 2.200 € sind steuerpflichtig
    e) 100 € sind steuerpflichtig

34. **Ein Kommanditist vermietet „seiner" Kommanditgesellschaft Büroräume und erhält hierfür monatlich 2.800 €. Welcher Einkunftsart ist diese Mieteinnahme zuzuordnen?**
    a) Einkünfte aus Gewerbebetrieb
    b) Einkünfte aus selbständiger Arbeit
    c) Einkünfte aus nichtselbständiger Arbeit
    d) Einkünfte aus Kapitalvermögen
    e) Sonstige Einkünfte

35. **Der Gesellschafter einer OHG hat seiner Gesellschaft ein Darlehen gewährt. Welcher Einkunftsart sind die erhaltenen (marktüblichen) Zinsen zuzurechnen?**
    a) Einkünfte aus Gewerbebetrieb
    b) Einkünfte aus selbständiger Arbeit
    c) Einkünfte aus nichtselbständiger Arbeit
    d) Einkünfte aus Kapitalvermögen
    e) Sonstige Einkünfte

EINKOMMENSTEUER — STEUER 3

36. Der 27-jährige Dipl.Kaufmann Heinz Strauchner hat nach Ende seines Studiums zum 01.12.2016 in Hamburg eine Stelle in der Controlling-Abteilung eines großen Industriebetriebes angetreten. In welchem Umfang kann Herr Strauchner 2016 einen Werbungskostenpauschbetrag bei seinen dabei erzielten Einkünften ansetzen, wenn er keine Werbungskosten nachweist?
    a) Er kann keine Werbungskosten ansetzen
    b) 51,00 €
    c) 76,66 €
    d) 1.000,00 €
    e) 102,00 €

37. Eine Steuerfachangestellte, 19 Jahre, ledig, beendet ihre Ausbildung im Juni 2016 und wird anschließend von ihrer bisherigen Kanzlei in ein unbefristetes Arbeitsverhältnis übernommen. Wie hoch sind die Werbungskosten, die sie 2016 bei den Einkünften aus nichtselbständiger Arbeit ansetzen kann?
    a) Sie kann keine Werbungskosten ansetzen
    b) 1.000,00 €
    c) 76,66 €
    d) 102,00 €
    e) 460,00 €

38. Ein Auszubildender besuchte 2016 während seines letzten Ausbildungsjahres an 18 Tagen die Berufsschule. Die einfache Entfernung zwischen Wohnung und Berufsschule beträgt 20 km, zwischen seinem Ausbildungsbetrieb und der Berufsschule 5 km. Wie hoch sind die Werbungskosten, die er bei der Ermittlung seiner Einkünfte aus nichtselbständiger Arbeit für die Fahrten zur Berufsschule pauschal ansetzen kann?
    a) Er kann für die Fahrten zur Berufsschule keine Werbungskosten ansetzen
    b) Ein pauschaler Werbungskostenansatz für die Fahrten zur Berufsschule ist nicht möglich
    c) 108,00 €
    d) 216,00 €
    e) 27,00 €

39. Bei welcher der folgenden Aufwendungen handelt es sich 2016 um Werbungskosten (WK) bei den Einkünften aus nichtselbständiger Arbeit?

Aufwendungen	WK	Keine WK
Gewerkschaftsbeitrag		
Kontoführungsgebühr		
Grundsteuer		
Fachliteratur		
Pkw-Haftpflichtversicherung		
Bewerbungskosten		
Scheidungskosten (Anwalt)		
Bezahlte Kirchensteuer		
Teilnahmegebühr für ein Fachseminar		
Kosten für einen Autounfall auf dem Weg zur Arbeit		
Aufwendungen für ein Erststudium		

40. Handelt es sich bei den folgenden Beispielen um Sachverhalte, die bei den Einkünften i.S.d. § 19 EStG zu berücksichtigen sind?

Beispiele	Ja	Nein
Urlaubsgeld		
Pension eines Beamten		
Ausbildungsvergütung eines angehenden Bankkaufmanns		
Krankengeld der Krankenversicherung		
Weihnachtsgeld		
Vom Arbeitgeber bezahlte Seminargebühr		
Trinkgeld einer Bedienung		
200 € Sonderzahlung anlässlich der Hochzeit		
Vom Arbeitgeber bezahlte Schutzkleidung		
Altersrente eines Angestellten		
Vom Arbeitgeber bezahlte vermögenswirksame Leistungen		
Ein Angestellter erhält für ein erfolgreiches Geschäftsjahr eine zusätzliche Tantieme von 4.100 €		
Kindergartengebühr für den fünfjährigen Sohn eines Lehrerehepaares		

STEUER 3 — EINKOMMENSTEUER

41. **Angela Braun fährt mit der U-Bahn von ihrer Wohnung zur Arbeitsstätte in München. Einschließlich Fußweg beträgt die Strecke 15,4 km. Die kürzeste Straßenverbindung beträgt 10,3 km. Welche Entfernung ist für die Entfernungspauschale anzusetzen?**
    a) 10 km
    b) 11 km
    c) 15 km
    d) 16 km
    e) 30 km

42. **Eine Fahrgemeinschaft besteht aus drei Arbeitnehmern. Die Entfernung Wohnung – Arbeitsstätte beträgt 105 km. Arbeitnehmer Hansen nutzt an 70 Arbeitstagen seinen eigenen Pkw, an den übrigen 140 Arbeitstagen wird er von den Kollegen mitgenommen. Wie hoch ist die Entfernungspauschale, die Hansen ansetzen kann?**
    a) 920 €
    b) 2.205 €
    c) 4.410 €
    d) 4.500 €
    e) 6.615 €

43. **Die Fahrgemeinschaft von Eva Straub besteht aus drei Arbeitnehmerinnen. Die Entfernung zwischen Wohnung und Arbeitsstätte beträgt 115 km. Eva Straub nutzt an 70 Arbeitstagen ihren eigenen Pkw, an den übrigen 140 Arbeitstagen fährt eine Kollegin. Wie hoch ist die Entfernungspauschale, die Frau Straub ansetzen kann?**
    a) 2.415 €
    b) 4.830 €
    c) 4.500 €
    d) 6.915 €
    e) 7.245 €

44. **Jakob Flamme fährt an 220 Arbeitstagen zuerst mit dem eigenen Pkw zur 25 km entfernten Bahnstation und dann mit der Bahn 100 km zu seiner Arbeitsstelle. Die kürzeste maßgebende Entfernung beträgt 95 km. Für seine Bahnfahrkarte bezahlt er 2.120 €/Jahr. Wie hoch sind die Werbungskosten, die er hieraus geltend machen kann?**
    a) 4.500 €
    b) 4.830 €
    c) 6.150 €
    d) 6.270 €
    e) 6.600 €

45. **Nora Braun ist Lehrerin. Sie fährt an 210 Tagen mit dem Motorrad zur 14,7 km entfernten Schule. An 16 Tagen legt sie wegen diverser Schulveranstaltungen diese Strecke am Abend zweimal zurück. Wie hoch ist die anzusetzende Entfernungspauschale?**
    a) 882,00 €
    b) 945,00 €
    c) 949,20 €
    d) 1.017,00 €
    e) 4.500,00 €

46. **Egon Klee entstanden durch einen Unfall auf dem Weg zur Arbeit Aufwendungen von 5.200 €. In welcher Höhe kann er diese als Werbungskosten ansetzen?**
    a) Die Unfallkosten sind durch die Entfernungspauschale abgegolten.
    b) 16 €
    c) 1.000 €
    d) 4.500 €
    e) 5.200 €

EINKOMMENSTEUER STEUER 3

47. Ein Lehrerehepaar besitzt ein Arbeitszimmer, für das Kosten in Höhe von 2.600 € angefallen sind. Welchen Betrag kann das Ehepaar für das gemeinsame Arbeitszimmer insgesamt als Werbungskosten geltend machen?
    a) 2.600 €
    b) 2.500 €
    c) 1.250 €
    d) 1.000 €
    e)   0 €

48. Jürgen Krause besitzt als Lehrer ein häusliches Arbeitszimmer. Die folgenden Ausgaben wurden im Januar 2016 getätigt und betreffen dieses Arbeitszimmer. Welche Beträge kann er – in welcher Höhe – im Anschaffungsjahr als Werbungskosten geltend machen?

Ausgaben	Betrag in €
Schreibtischstuhl (ND 8 Jahre), 260 €	
Bücherregal (ND 10 Jahre), 450 €	
Schreibtischlampe (ND 5 Jahre), 98 €	
Fernseher (ND 10 Jahre), 998 €	
Gemälde (P. Klimt) 29.999 €	
Laptop (ND 3 Jahre) 999 €	
Anteilige Miete, 280 €	

49. Frank Jackel, 76 Jahre, ledig, ist als ehemaliger Lehrer seit zwölf Jahren in Pension. Wie hoch ist der Versorgungsfreibetrag, den der Steuerpflichtige 2016 in Anspruch nehmen kann maximal?
    a)   102 €
    b)   900 €
    c)   920 €
    d) 1.040 €
    e) 3.000 €

50. Als ehemaliger Ministerialbeamter bezieht Fritz Berger seit dreizehn Jahren vom Freistaat Bayern eine Beamtenpension. 2016 erhält er hieraus insgesamt 38.200 €. Wie hoch ist die Summe aus Versorgungsfreibetrag und Zuschlag zum Versorgungsfreibetrag, die er 2016 beanspruchen kann insgesamt?
    a)   920 €
    b) 2.964 €
    c) 3.900 €
    d) 3.920 €
    e) 4.012 €

51. Die ehemalige Beamtin Clarissa Schumann, ledig, erhält 2016 eine Pension in Höhe von 28.340 €. Wie hoch ist der Werbungskostenpauschbetrag, den sie in diesem Jahr geltend machen kann?
    a)   51 €
    b)   102 €
    c)   900 €
    d) 1.000 €
    e) 1.040 €

52. Welche Größe dient 2016 bei einem Versorgungsempfänger, der seit zwölf Jahren Versorgungsbezüge erhält als Bemessungsgrundlage für die Berechnung des Versorgungsfreibetrages?
    a) Die Versorgungsbezüge für den ersten vollen Monat zuzüglich Sonderzahlung auf die ein Rechtsanspruch besteht
    b) Das Zwölffache des Versorgungsbezugs für Januar 2005
    c) Das Zwölffache des Versorgungsbezugs für Januar 2005 zuzüglich Sonderzahlung auf die ein Rechtsanspruch besteht
    d) 40 % des Versorgungsbezugs für Januar 2005 zuzüglich Sonderzahlung auf die ein Rechtsanspruch besteht
    e) 40 % des Versorgungsbezugs für 2005 zuzüglich Sonderzahlung auf die ein Rechtsanspruch besteht

STEUER 3 — EINKOMMENSTEUER

53. Günther Neller bezieht seit 01.01.2004 von seinem früheren Arbeitgeber eine Betriebspension. 2016 erhält er insgesamt 6.250 €. Als ehemaliger Angestellter darf er weiter Waren seines alten Arbeitgebers verbilligt einkaufen. 2016 ergibt sich aus solchen Einkäufen nach Abzug des Rabattfreibetrages ein steuerpflichtiger geldwerter Vorteil in Höhe von 2.400 €. Wie hoch sind die Einkünfte aus nichtselbständiger Arbeit von Herrn Neller 2016?
    a) 2.500 €
    b) 5.148 €
    c) 5.200 €
    d) 6.048 €
    e) Keine der angegebenen Lösungen ist richtig

54. Wie hoch ist die Abgeltungssteuer in den folgenden Fällen?

Beispiele	Abgeltungsteuer in Prozent
Zinsen aus einem Spargutthaben	
Einnahme aus der Beteiligung als typischer stiller Ges.	
Zinsen aus Pfandbriefen	
Gewinnanteil aus der Beteiligung an einer GmbH	
Einnahmen aus Tafelgeschäften	
Erhaltene Dividende	
Einnahmen aus der Beteiligung als partiarischer Darlehensg.	

55. Ein lediger, 42 Jahre alter Steuerpflichtiger möchte bei mehreren Banken einen Freistellungsauftrag abgeben. Welche Summe darf er dabei nicht überschreiten?
    a) 51 €
    b) 750 €
    c) 801 €
    d) 1.421 €
    e) 2.842 €

56. Das Ehepaar Schiller aus Neugablonz wird zusammen zur Einkommensteuer veranlagt. Sie erhalten 2016 unter anderem auch Zinsen und Dividenden in erheblichem Umfang. Welchen Sparer-Pauschbetrag kann das Ehepaar 2016 bei seinen Einkünften aus Kapitalvermögen geltend machen, wenn sie vom Veranlagungswahlrecht Gebrauch machen?
    a) 51 €
    b) 1.602 €
    c) 750 €
    d) 1.000 €
    e) 1.370 €

57. Die Hauptversammlung der Visitech AG beschließt je Aktie eine Dividende von 2 € auszuschütten. Walter Weber besitzt 500 Aktien des Unternehmens. Von welchem Betrag wird die Abgeltungsteuer berechnet?
    a) 500 €
    b) 1.000 €
    c) 449 €
    d) 949 €
    e) 898 €

58. Beatrice Zimmer ist mit 10 % an der Tepptel GmbH, einem Hersteller für Mobilfunk-Zubehör beteiligt. Als Geschäftsführerin der Gesellschaft bezieht sie ein monatliches Gehalt von 5.000 €. Welche Einkunftsart liegt hinsichtlich des erhaltenen Gehalts vor?
    a) Einkünfte aus Gewerbebetrieb
    b) Einkünfte aus selbständiger Arbeit
    c) Einkünfte aus nichtselbständiger Arbeit
    d) Einkünfte aus Kapitalvermögen
    e) Sonstige Einkünfte

59. Hinrich Schnabel vermietet ein möbliertes Zimmer in seinem Einfamilienhaus an einen Studenten. Wie hoch ist der Werbungskostenpauschbetrag, den Herr Schnabel 2016 bei der Ermittlung seiner Einkünfte aus Vermietung und Verpachtung geltend machen kann, wenn er keine höheren Aufwendungen nachweist?
    a) 51 €
    b) 102 €
    c) 1.000 €
    d) 3.000 €
    e) 3.900 €
    f) Es gibt keinen Werbungskostenpauschbetrag

EINKOMMENSTEUER — STEUER 3

60. Entscheiden Sie, ob es sich bei den folgenden Aufwendungen um Erhaltungsaufwendungen oder um Herstellungsaufwendungen handelt.

Beispiel	Erhaltungsaufwendungen	Herstellungsaufwendungen
Einbau eines neuen Parkettbodens		
Dachgeschossausbau		
Aufwendungen für Gartenanlagen		
Aufstockung des Gebäudes		
Einbau eines Fahrstuhls		
Reparatur der Wasserleitungen		

61. Können die folgenden Positionen als Werbungskosten bei der Ermittlung der Einkünfte aus Vermietung und Verpachtung angesetzt werden?

Beispiele	Ja	Nein
Schuldzinsen		
Grunderwerbsteuer		
Disagio		
Grundsteuer		
Abschreibung		
Notargebühr für Grundschuldeintragung		
Beitrag an den Hausbesitzerverein		
Gebühren für Grundbucheintragung des Kaufs		
Kaufpreis		

62. Heinrich Pfahl erlaubt einem Mobilfunkunternehmen auf dem Dach seines vermieteten Einfamilienhauses eine Mobilfunkantenne zu installieren und erhält dafür ein monatliches Entgelt. Welche Einkunftsart liegt vor?
a) Einkünfte aus Gewerbebetrieb
b) Einkünfte aus selbständiger Arbeit
c) Einkünfte aus nichtselbständiger Arbeit
d) Einkünfte aus Vermietung und Verpachtung
e) Sonstige Einkünfte

63. Welche der folgenden Positionen ist bei der Ermittlung der Einkünfte aus Vermietung und Verpachtung nicht zu berücksichtigen?
a) Grundsteuer
b) Erhaltene Kaution
c) Gebühr für den Schornsteinfeger
d) Kosten für den Einbau eines Fahrstuhls
e) Notargebühren für die Grundschuldeintragung

64. Ordnen Sie die folgenden Einnahmen den sieben Einkunftsarten zu.

Einnahmen	§ 13	§ 15	§ 18	§ 19	§ 20	§ 21	§ 22
Gewinnanteil eines Kommanditisten							
Provision eines Handelsvertreters							
Gewinnanteil eines GmbH-Gesellschafters							
Gewinn eines Spediteurs							
Pension eines Beamten							
Gehalt eines AG-Vorstandsvorsitzenden							
Dividende aus Aktien, die zum Betriebsvermögen eines Gewerbetreibenden gehören							
Altersrente eines ehemaligen Angestellten							
Einnahmen eines Spargelbauern							
Ausbildungsvergütung eines angehenden Steuerfachangestellten							
Einnahme eines Einzelhändlers aus der gelegentlichen Vermietung des betrieblichen Transporters							
Ein staatl. geprüfter Dolmetscher erzielt mit einem eigenen Übersetzungsbüro Einnahmen							
Vergütung eines Aufsichtsratsmitglieds einer AG							

STEUER 3 — EINKOMMENSTEUER

65. Sonja Wassermann ist seit vier Jahren geschieden und erhält von ihrem Mann monatlich 400 € Unterhalt. Frau Wassermann hat die Anlage U unterschrieben und versteuert die erhaltenen Unterhaltszahlungen. Wie hoch ist der Werbungskostenpauschbetrag, den sie bei der Ermittlung der sonstigen Einkünfte geltend machen kann, wenn sie keine höheren Aufwendungen nachweist?
    a) 51 €
    b) 102 €
    c) 900 €
    d) 920 €
    e) 3.000 €

66. Eine Angestellte hat im Dezember 2008 Aktien gekauft und im März 2016 mit einem Gewinn von 280 € verkauft. Wie ist dieser Gewinn steuerlich zu behandeln
    a) Der Gewinn ist steuerfrei
    b) Der Gewinn gehört zu den Einkünften aus nichtselbständiger Arbeit i.S.d. § 19 EStG
    c) Der Gewinn gehört zu den Einkünften aus selbständiger Arbeit i.S.d. § 18 EStG
    d) Der Gewinn gehört zu den Einkünften aus Kapitalvermögen i.S.d. § 20 EStG
    e) Der Gewinn gehört zu den sonstigen Einkünften i.S.d. § 22 Nr. 2 i.V.m. § 23 EStG

67. Bei einem Spekulationsgeschäft mit Aktien entstanden einem ledigen Steuerpflichtigen 2016 Werbungskosten in Höhe von 80 €. Wie hoch ist der Werbungskostenbetrag der tatsächlich geltend gemacht werden kann?
    a) 0 €
    b) 51 €
    c) 80 €
    d) 102 €
    e) 1.000 €

68. Ein geschiedener Steuerpflichtiger kaufte im November 2015 Aktien für 22.000 €, die er im März 2016 für 30.200 € wieder verkaufte. Die unstrittigen Werbungskosten betrugen 380 €. Wie hoch ist der steuerpflichtige Gewinn?
    a) Der Gewinn ist nicht steuerpflichtig
    b) Der steuerpflichtige Gewinn beträgt 8.200 €
    c) Der steuerpflichtige Gewinn beträgt 7.820 €
    d) Der steuerpflichtige Gewinn beträgt 8.149 €
    e) Der steuerpflichtige Gewinn beträgt 3.910 €

69. Gerlinde Baader erhält 2016 als Angestellte einer Werbeagentur ein Bruttogehalt in Höhe von 38.220 €. Mit einer Aktienspekulation erwirtschaftete sie einen Verlust von 3.200 €. Wie hoch ist die Summe ihrer Einkünfte im VZ 2016?
    a) 38.220 €
    b) 35.020 €
    c) 36.620 €
    d) 37.220 €
    e) 34.100 €

70. Karl Frisch spekulierte 2016 mit Aktien. Mit einem Spekulationsgeschäft erzielte er 3.400 € Gewinn, mit einem anderen Spekulationsgeschäft einen Verlust von 5.120 €. Wie ist der verbleibende Verlust steuerlich zu behandeln.
    a) Er kann mit positiven Einkünften des gleichen VZ verrechnet werden
    b) Er kann nur mit positiven Einkünften des unmittelbar vorangegangenen VZ verrechnet werden
    c) Er kann nur mit positiven Einkünften künftiger VZ verrechnet werden
    d) Er kann nur mit positiven Einkünften aus Aktienveräußerungsgeschäften folgender VZ verrechnet werden
    e) Er ist steuerlich verloren

EINKOMMENSTEUER — STEUER 3

71. Der selbständige Rechtsanwalt Peter Brüderle, Bad Homburg, erzielte im VZ 2016 folgende Einkünfte.
    - Einkünfte aus Gewerbebetrieb – 5.000 €
    - Einkünfte aus selbständiger Arbeit 82.000 €
    - Einkünfte aus Kapitalvermögen 6.200 €
    - Einkünfte aus privaten Veräußerungsgeschäften – 2.000 €

    Wie hoch ist die Summe seiner Einkünfte im VZ 2016?
    a) 88.200 €
    b) 83.200 €
    c) 81.200 €
    d) 77.000 €
    e) 82.200 €

72. Einkünfte aus der gelegentlichen Vermittlung von Leistungen bleiben steuerfrei, wenn sie eine Freigrenze nicht überschreiten. Wie hoch ist diese Freigrenze?
    a) 51 €
    b) 102 €
    c) 256 €
    d) 1.000 €
    e) 3.000 €

73. Ein lediger Steuerpflichtiger hat 2016 sein Wohnmobil seinem Schwager für eine Urlaubsreise zu einem „Freundschaftspreis" von 400 € vermietet. Die unstrittigen Werbungskosten betragen 50 €. Wie hoch sind die sonstigen Einkünfte des Steuerpflichtigen im VZ 2016?
    a) 350 €
    b) 175 €
    c) 450 €
    d) 349 €
    e) 0 €

74. Der ledige Manfred Deimer bezieht seit 1999 eine Altersrente aus der gesetzlichen Rentenversicherung. Aus welchem Jahr werden die Rentenzahlungen als Basis für die Ermittlung des gleichbleibenden Rentenfreibetrags herangezogen?
    a) 1999
    b) 2003
    c) 2004
    d) 2005
    e) 2006

75. Markus Schnabel (79 Jahre) bezieht seit seinem 65. Lebensjahr eine Altersrente aus der gesetzlichen Sozialversicherung. Welches Jahr dient als Berechnungsbasis für den Besteuerungsanteil in Prozent?
    a) 2002
    b) 2003
    c) 2004
    d) 2005
    e) 2006

76. Ulrich Fromm schied zum 30.09.2005 mit 65 Jahren aus dem aktiven Arbeitsleben aus und erhält seitdem eine Rente der gesetzlichen Rentenversicherung. Aus welchem Jahr wurde die erhaltene Rente zur Ermittlung des gleichbleibenden Rentenfreibetrags herangezogen?
    a) 1965
    b) 2004
    c) 2005
    d) 2006
    e) 2020

STEUER 3 — EINKOMMENSTEUER

77. **Lutz Krämer bezieht seit sieben Jahren eine Altersrente. Wie hoch ist der Werbungskostenpauschbetrag, den er bei der Ermittlung seiner sonstigen Einkünfte geltend machen kann, wenn er keine höheren Aufwendungen nachweist?**
    a) 51 €
    b) 102 €
    c) 900 €
    d) 1.000 €
    e) 3.000 €

78. **Haben die folgenden Personen 2016 Anspruch auf einen Altersentlastungsbetrag?**

Personen	Ja	Nein
Walter Buchner, geb. 01.01.1951, bezieht neben einer Altersrente auch Einkünfte aus Kapitalvermögen und aus der Beteiligung an einer Kommanditgesellschaft.		
Eleonore Maurer, 79 Jahre, hat neben einer Witwenrente keine weiteren Einkünfte		
Otto Nerlinger, 66 Jahre, arbeitet als Geschäftsführer einer GmbH, an der er mit 20 % beteiligt ist. Für seine Tätigkeit bezieht er ein Gehalt und ist am Gewinn beteiligt		
Der 65-jährige, ledige Steuerpflichtige Richard Hutter erzielte im VZ 2016 einen Bruttoarbeitslohn von 38.000 € und Versorgungsbezüge von 4.200 €		
Hans-Jörg Mahler, geb. 15.07.1951, erhält von seinem Arbeitgeber im Jahr 2016 einen laufenden Arbeitslohn in Höhe von 46.000 € (keine Versorgungsbezüge)		
Mirco Grün, 54 Jahre, bezieht seit acht Jahren Erwerbsunfähigkeitsrente		
Walter Braun, 62 Jahre, verdient als Leitender Angestellter 69.400 € brutto. Er ist zu 50 % schwerbehindert.		

79. **Besteht bei den folgenden Personen 2016 (eventuell zeitanteilig) ein Anspruch auf den Entlastungsbetrag für Alleinerziehende?**

Personen	Ja	Nein
Anna Baader wohnt mit ihrer 12 Jahre alten Tochter in München		
Peter Alt (45 Jahre) alleinstehend, wohnt in Frankfurt		
Monika Bittner wohnt mit ihrem Freund und der 4 Jahre alten gemeinsamen Tochter in Ulm		
Das Ehepaar Färber wird zusammen veranlagt und wohnt mit dem gemeinsamen Sohn Felix in Erfurt		
Die 4-jährige Anna-Lena wohnt mit ihrer Mutter und der 78-jährigen Großmutter in einem Haus bei Schleswig		
Norbert Schrader (62 Jahre) wohnt mit seinem 35 Jahre alten Sohn (Beamter) in Nürnberg		
Klaus Lang ist geschieden und Vater einer 7-jährigen Tochter, für die er Kindergeld erhält. Die Tochter ist sowohl bei Herrn Lang als auch in einem Internat im Schwarzwald gemeldet. Die Wochenenden und Ferien verbringt das Kind beim Vater		
Franziska Amann wohnt mit ihrem 6-jährigen Sohn in Düsseldorf. Am 28.06. heiratet sie einen verwitweten Steuerpflichtigen und wird mit diesem zusammen veranlagt.		
Gerlinde und Dieter Paulig wohnen mit ihrer 13 Jahre alten Tochter in einem gemeinsamen Haushalt. Am 06.03. wird Dieter bei einem Autounfall tödlich verletzt.		
Elke Wirth hat eine 7 Jahre alte Tochter. Sie heiratet am 18.08.2016 und bezieht erst nach der Hochzeit mit dem Ehemann eine gemeinsame Wohnung. Sie wählen getrennte Veranlagung.		
Ludwig Gebauer heiratet am 28.12. Stefanie Lauber. Er bezieht am Tag nach der Hochzeit mit seiner Frau und deren 4-jähriger Tochter eine gemeinsame Wohnung. Sie wählen Zusammenveranlagung.		

80. **Welche Aussage zum Entlastungsbetrag für Alleinerziehende ist richtig?**
    a) Er mindert die Summe der Einkünfte
    b) Er mindert den Gesamtbetrag der Einkünfte
    c) Er mindert das Einkommen
    d) Er mindert das zu versteuernde Einkommen
    e) Er wird von der tariflichen Einkommensteuerschuld abgezogen

EINKOMMENSTEUER — STEUER 3

81. **Welche der folgenden Positionen kann nicht im Bereich der Sonderausgaben abgezogen werden?**
    a) gezahlte Kirchensteuer
    b) Steuerberatungskosten
    c) Schulgeld
    d) gezahlte Versorgungsleistungen
    e) Parteispende

82. **Larissa Wuttke ist 24 Jahre alt und ledig. Sie hat 2016 580 € Kirchensteuer bezahlt und für 2014 eine Kirchensteuererstattung in Höhe von 95 € erhalten. Wie hoch ist der Betrag, den sie als Sonderausgaben geltend machen kann?**
    a) 95 €
    b) 485 €
    c) 675 €
    d) 900 €
    e) Ein Sonderausgabenabzug ist nicht möglich

83. **Wie werden Mitgliedsbeiträge und Spenden an politische Parteien und Wählervereinigungen begünstigt?**
    a) Mitgliedsbeiträge werden steuerlich nicht begünstigt
    b) Mitgliedsbeiträge politischer Parteien werden steuerlich begünstigt, Mitgliedsbeiträge bei unabhängigen Wählervereinigungen bleiben unberücksichtigt
    c) Mitgliedsbeiträge und Spenden an politische Parteien und unabhängige Wählergemeinschaften werden steuerlich begünstigt
    d) Mitgliedsbeiträge bei unabhängigen Wählervereinigungen werden nur nach § 10b EStG steuerlich berücksichtigt
    e) Mitgliedsbeiträge politischer Parteien werden steuerlich nicht begünstigt

84. **Eine ledige Steuerpflichtige spendet an eine politische Partei. Wie hoch sind in den folgenden Beispielen jeweils die Steuerermäßigung nach § 34g EStG und der eventuell als Sonderausgabe berücksichtigungsfähige Betrag?**

Spendenbetrag	§ 34 g	§ 10 b
100,00		
500,00		
1.500,00		
2.500,00		
3.000,00		
4.000,00		
5.000,00		
10.000,00		

85. **Ein verheirateter Steuerpflichtiger (Zusammenveranlagung) spendet an eine politische Partei. Wie hoch sind in den folgenden Beispielen jeweils die Steuerermäßigung nach § 34g EStG und der eventuell als Sonderausgabe berücksichtigungsfähige Betrag?**

Spendenbetrag	§ 34 g	§ 10 b
100,00		
500,00		
1.500,00		
2.500,00		
3.000,00		
4.000,00		
5.000,00		
10.000,00		

86. **Ein lediger Steuerpflichtiger spendet an eine Unabhängige Wählergemeinschaft. Wie hoch sind in den folgenden Beispielen jeweils die Steuerermäßigung nach § 34g EStG und der eventuell als Sonderausgabe berücksichtigungsfähige Betrag?**

Spendenbetrag	§ 34 g	§ 10 b
100,00		
500,00		
1.500,00		
2.500,00		
3.000,00		
4.000,00		
5.000,00		
10.000,00		

STEUER 3 — EINKOMMENSTEUER

87. Bei welcher dieser Körperschaften sind gezahlte Mitgliedsbeiträge steuerlich nicht begünstigt?
    a) Deutsches Rotes Kreuz
    b) Tierschutzverein München
    c) Deutscher Blindenverband
    d) Deutsche Gesellschaft zur Rettung Schiffbrüchiger
    e) Sportverein Jahn Regensburg

88. Welche Größe gilt bei einem Arbeitnehmer als Bemessungsgrundlage für die Ermittlung des maximal zulässigen Spendenabzugs, wenn der Arbeitnehmer an das Deutsche Rote Kreuz gespendet hat?
    a) Einkünfte aus nichtselbständiger Arbeit
    b) Summe der Einkünfte
    c) Gesamtbetrag der Einkünfte
    d) Einkommen
    e) Zu versteuerndes Einkommen

89. Ein Arbeitnehmer bezahlt Pflichtbeiträge zur gesetzlichen Rentenversicherung. Wie werden diese Beiträge 2016 steuerlich berücksichtigt?
    a) Werbungskosten
    b) Beschränkt abzugsfähige Sonderausgaben
    c) Unbeschränkt abzugsfähige Sonderausgaben
    d) Außergewöhnliche Belastung
    e) Sie werden nicht berücksichtigt

90. Ein lediger Arbeitnehmer bezahlt 2016 Rentenversicherungsbeiträge in Höhe von 4.000 €. Welchen Betrag kann er in diesem Jahr als Sonderausgaben geltend machen?
    a) 800 €
    b) 2.560 €
    c) 4.800 €
    d) 12.000 €
    e) 22.767 €

91. Der Arbeitnehmeranteil zur Rentenversicherung von Anton Vogt 2016 betrug 4.000 €. Zusätzlich hat der Steuerpflichtige eine private Leibrentenversicherung im Sinne des § 10 (1) 2b EStG abgeschlossen, für die er 3.000 € Beiträge gezahlt hat. Welchen Betrag kann er als Vorsorgeaufwendungen (Grundversorgung) 2016 geltend machen?
    a) 22.767 €
    b) 11.000 €
    c) 6.600 €
    d) 4.000 €
    e) 5.020 €

92. Nico Braun ist 35 Jahre alt, ledig und Beamter. Er bezog 2016 ein Bruttogehalt in Höhe von 44.000 €. Zusätzlich bezahlte er während des ganzen Jahres Beiträge in Höhe von 100 € im Monat zum Aufbau einer eigenen kapitalgedeckten Altersvorsorge. Die gesetzlichen Voraussetzungen des § 10 (1) 2 EStG sind erfüllt. Wie hoch sind 2016 seine als Sonderausgaben abzugsfähigen Aufwendungen zur Altersvorsorge?
    a) 984 €
    b) 1.200 €
    c) 7.020 €
    d) 7.788 €
    e) 22.767 €

93. Die ledige Beamtin Roxane Roth verdiente 2016 brutto 39.678 €. Um zusätzlich zu ihrer zu erwartenden Beamtenpension für das Alter vorzusorgen bezahlte sie Beiträge in Höhe von 3.000 /Jahr zum Aufbau einer eigenen kapitalgedeckten Altersvorsorge. In welcher Höhe können 2016 Altersvorsorgeaufwendungen als Sonderausgaben abgezogen werden?
    a) 22.767 €
    b) 12.000 €
    c) 8.000 €
    d) 3.000 €
    e) 2.460 €

EINKOMMENSTEUER — STEUER 3

94. Marianne und Christian Bodde sind verheiratet und werden zusammen zur ESt veranlagt. Beide üben 2016 eine sozialversicherungspflichtige Beschäftigung aus. Arbeitgeber- und Arbeitnehmeranteil von Marianne betragen je 4.000,00 €. Zusätzlich bezahlt sie 3.200 €/Jahr zum Aufbau einer eigenen kapitalgedeckten Altersversorgung. Arbeitgeber- und Arbeitnehmeranteil zur gesetzlichen Rentenversicherung betragen bei Christian insgesamt 6.000 €. Für den Aufbau einer eigenen kapitalgedeckten Altersversorgung bezahlte er 2016 Beiträge in Höhe von insgesamt 3.000 €. Wie hoch sind die 2016 als Sonderausgaben abziehbaren Aufwendungen zur Altersvorsorge des Ehepaares (Grundversorgung)?
    a) 5.000 €
    b) 9.564 €
    c) 6.000 €
    d) 12.080 €
    e) 40.000 €

95. Welche der folgenden Versicherungsbeiträge können nicht als sonstige Vorsorgeaufwendungen i.S.d. § 10 (1) 3a EStG geltend gemacht werden?
    a) Arbeitslosenversicherung
    b) Erwerbsunfähigkeitsversicherung
    c) Risikolebensversicherung
    d) Unfallversicherung
    e) Hausratversicherung

96. Die Abzugsfähigkeit von „sonstigen Vorsorgeaufwendungen" für Selbständige ist nach § 10 (4) S. 1 EStG begrenzt. Welcher Betrag kann höchstens angesetzt werden?
    a) 702 €
    b) 1.500 €
    c) 1.900 €
    d) 2.400 €
    e) 2.800 €

97. Markus Miller ist als Beamter im Krankheitsfall beihilfeberechtigt. Auf welchen Betrag ist die Abzugshöhe seiner „sonstigen Vorsorgeaufwendungen" 2016 begrenzt?
    a) 702 €
    b) 1.500 €
    c) 1.900 €
    d) 2.400 €
    e) 2.800 €

98. Gregor Geier verdient als verheirateter Angestellter jährlich 38.624 €. Seine Ehefrau ist als Hausfrau nicht berufstätig, hat jedoch Einkünfte aus der Vermietung eines geerbten Mehrfamilienhauses. Wie hoch sind 2016 die nach § 10 (4) EStG maximal abziehbaren sonstigen Vorsorgeaufwendungen des Ehepaares?
    a) Ehemann: 1.900 €; Ehefrau: 1.900 €
    b) Ehemann: 1.900 €; Ehefrau: 0 €
    c) Ehemann: 2.800 €; Ehefrau: 2.800 €
    d) Ehemann: 2.800 €; Ehefrau: 0 €
    e) Ehemann: 702 €; Ehefrau: 0 €

99. Der ledige Beamte Jan Dittmer, 37 Jahre, verdient 2016 brutto 28.600 €. Für seine private Krankenversicherung (Basistarif) bezahlt er monatlich 214,96 €. Für eine 2000 abgeschlossene Kapitallebensversicherung wendet er monatlich 125 € auf. Wie hoch sind die 2016 anzusetzenden sonstigen Vorsorgeaufwendungen?
    a) 214,96 €
    b) 339,63 €
    c) 1.900,00 €
    d) 2.400,00 €
    e) 2.579,52 €

STEUER 3 — EINKOMMENSTEUER

100. Boris Grosser ist ledig und arbeitet 2016 als Angestellter. Wie hoch sind seine insgesamt abzugsfähigen Vorsorgeaufwendungen (abzugsfähige Aufwendungen zur Altersvorsorge und sonstige Vorsorgeaufwendungen), wenn er für seine Krankenversicherung (Basisversicherung) 3.000 €/Jahr und für die Pflegeversicherung 352,50/Jahr € bezahlt?
    a) 585,00 €
    b) 835,80 €
    c) 1.500,00 €
    d) 3.232,50 €
    e) 3.000,00 €

101. Ein Angestellter bezahlt für seine Krankenversicherung 2.800 €/Jahr und für die Pflegeversicherung (Basistarif) 478,80 €/Jahr.
    Wie hoch sind seine sonstigen abzugsfähigen Vorsorgeaufwendungen?
    a) 3.166,80 €
    b) 3.244,80 €
    c) 2.800,00 €
    d) 2.400,00 €
    e) 1.900,00 €

102. Eine Beamtin, 35 Jahre alt, verheiratet (2 Kinder), bezahlt für ihre private Kranken- und Pflegeversicherung monatlich 460 €. Dies schließt die Beiträge für den Ehemann (Hausmann) und die beiden Kinder mit ein.
    Wie hoch sind die sonstigen abzugsfähigen Vorsorgeaufwendungen, wenn der Krankenversicherungsschutz einem Basistarif entspricht?
    a) 6.000,00 €
    b) 5.520,00 €
    c) 5.299,20 €
    d) 4.300,00 €
    e) 3.800,00 €

103. Eine Angestellte bezahlt für ihre Krankenversicherung jährlich 4.200 €. Von diesem Beitrag entfallen 3.780 € auf einen Basistarif, der Rest sind sogenannte Komfortleistungen.
    Wie hoch sind ihre sonstigen abzugsfähigen Vorsorgeaufwendungen hieraus?
    a) 4.200,00 €
    b) 4.032,00 €
    c) 3.780,00 €
    d) 3.628,80 €
    e) 1.900,00 €

104. Richard Müller bezahlt 2016 als Hilfskraft für seine gesetzliche Kranken- und Pflegeversicherung einen Jahresbeitrag von 1.665 €.
    Wie hoch sind seine sonstigen abzugsfähigen Vorsorgeaufwendungen, wenn keine weiteren Angaben vorliegen?
    a) 2.800,00 €
    b) 1.900,00 €
    c) 1.665,00 €
    d) 1.406,40 €
    e) 0,00 €

105. Ein Freiberufler bezahlt für seine Kranken- und Pflegeversicherung (Basistarif) monatlich 280 €. Er hat eine Selbstbeteiligung von 600 €/Jahr vereinbart.
    Wie hoch sind seine sonstigen abzugsfähigen Vorsorgeaufwendungen?
    a) 3.360,00 €
    b) 3.225,60 €
    c) 2.800,00 €
    d) 1.900,00 €
    e) 280,00 €

106. Altersvorsorgesparleistungen i.S.d. § 10a (1) EStG können unabhängig vom Einkommen als Sonderausgaben berücksichtigt werden, falls nicht die zu beanspruchende Zulage für den Steuerpflichtigen günstiger ist. Wie hoch ist 2016 der Sonderausgabenabzug maximal?
    a) 76 €
    b) 92 €
    c) 114 €
    d) 525 €
    e) 2.100 €

EINKOMMENSTEUER — STEUER 3

107. Ein Steuerpflichtiger mit zwei zu berücksichtigenden Kindern (2 und 5 Jahre alt) hat einen „Riestervertrag" abgeschlossen. Wie hoch ist die Zulage, auf die der Steuerpflichtige 2016 einen Anspruch hat insgesamt?
    a) 38 €
    b) 114 €
    c) 154 €
    d) 524 €
    e) 754 €

108. Ein lediger, kinderloser Arbeitnehmer erzielte 2015 ein beitragspflichtiges Arbeitsentgelt von 50.000 €. Wie hoch ist 2016 seine Mindest-Eigenleistung bei einem „Riester-Vertrag", um die volle Grundzulage erhalten zu können?
    a) 1.846 €
    b) 1.500 €
    c) 114 €
    d) 1.076 €
    e) 1.614 €

109. An welcher Stelle bei der Ermittlung des zu versteuernden Einkommens werden außergewöhnliche Belastungen berücksichtigt?
    a) Bei der Ermittlung der Einkünfte aus nichtselbständiger Arbeit
    b) Nach der Summe der Einkünfte
    c) Nach dem Gesamtbetrag der Einkünfte
    d) Nach dem Einkommen
    e) Sie werden von der tariflichen Einkommensteuer abgezogen

110. Welche Größe gilt als Bezugsgröße für die Ermittlung der zumutbaren Belastung?
    a) Das Einkommen aus nichtselbständiger Arbeit
    b) Die Einkünfte aus nichtselbständiger Arbeit
    c) Die Summe der Einkünfte
    d) Der Gesamtbetrag der Einkünfte
    e) Das zu versteuernde Einkommen

111. Welche Rolle spielt ein Ersatz von dritter Stelle (z.B. einer Versicherung) bei der Ermittlung der abziehbaren außergewöhnlichen Belastung?
    a) Die berücksichtigungsfähigen Aufwendungen erhöhen sich dadurch.
    b) Die berücksichtigungsfähigen Aufwendungen sind um diesen Ersatz zu kürzen.
    c) Ein solcher Ersatz bleibt unberücksichtigt.
    d) Ein solcher Ersatz erhöht den Prozentsatz der zumutbaren Belastung.
    e) Die abziehbare außergewöhnliche Belastung erhöht sich um diesen Betrag.

112. Bei welcher der folgenden Positionen handelt es sich um kein Beispiel für eine abziehbare außergewöhnliche Belastung?
    a) Krankheitskosten
    b) Scheidungskosten
    c) Ärztlich verordnete Kurkosten
    d) Unwetterschäden
    e) Umzugskosten

113. Einem Steuerpflichtigen entstehen außergewöhnliche Belastungen. Der berücksichtigungsfähige Aufwand beträgt 16.000 €. Er erhält eine Versicherungsentschädigung in Höhe von 8.600 €. Die zumutbare Belastung beträgt 1.500 €. Wie hoch ist die abziehbare außergewöhnliche Belastung?
    a) 16.000 €
    b) 8.600 €
    c) 7.400 €
    d) 5.900 €
    e) 1.500 €

STEUER 3 — EINKOMMENSTEUER

114. Eine ledige Steuerpflichtige aus Potsdam mit einem Kind verdient als angestellte Teilzeitkraft brutto 16.000 €. Weitere Einkünfte außer dem Kindergeld liegen nicht vor. Sie kann außergewöhnliche Belastungen geltend machen. Wie hoch ist der Prozentsatz der zumutbaren Belastung?
    a) 1 %
    b) 2 %
    c) 3 %
    d) 4 %
    e) 5 %

115. Max Haber trennte sich von seiner Frau Franziska. Die Ehe blieb kinderlos. Herrn Haber entstehen 2016 Kosten für die Scheidung in Höhe von 6.150 €. Welchen Betrag kann er als außergewöhnliche Belastung geltend machen, wenn sein Bruttoeinkommen bei 53.000 € liegt und Herr Haber 3.000 € Werbungskosten belegen kann?
    a) 6.150 €
    b) 3.000 €
    c) 9.150 €
    d) 3.150 €
    e) 2.440 €

116. Barbara Decker, 6 Jahre, ist seit ihrer Geburt blind. Nur ihr Vater ist berufstätig, die Mutter ist Hausfrau. Sie beantragen, den Behindertenpauschbetrag von Barbara auf den Vater zu übertragen. Welchen Pauschbetrag erhält der Vater?
    a) 710 €
    b) 1.420 €
    c) 1.850 €
    d) 3.700 €
    e) Eine Übertragung auf den Vater ist nicht möglich

117. Beim Steuerpflichtigen Stefan Schulz wird am 02. Februar 2016 ein Behinderungsgrad von 50 % amtlich festgestellt. Wie hoch ist der Pauschbetrag, den der Steuerpflichtige 2016 geltend machen kann?
    a) 570 €
    b) 522 €
    c) 523 €
    d) 720 €
    e) 2015 kann noch kein Pauschbetrag geltend gemacht werden

118. Peter Amann ist ledig und kinderlos. Er hatte im VZ 2016 nach einem Autounfall Arzt- und Krankenhauskosten in Höhe von umgerechnet 22.400 €. Seine Krankenversicherung erstattete 16.200 €. Amann bezog im Jahr 2016 Einkünfte aus nichtselbständiger Arbeit in Höhe von 49.000 €, Einkünfte aus Kapitalvermögen von 3.000 € und Verluste aus V&V in Höhe von 4.000 €. Berechnen Sie die außergewöhnliche Belastung von Amann!
    a) 6.200 €
    b) 2.560 €
    c) 3.133 €
    d) 3.920 €
    e) 3.320 €

119. Paul Schwemmer ist seit letztem Jahr Witwer. In diesem VZ entstanden ihm Aufwendungen für Krankheitskosten in Höhe von 4.200 €. Eine Erstattung von dritter Seite erfolgte nicht. Herr Schwemmer ist 60 Jahre alt und bezog Einkünfte aus nichtselbständiger Arbeit in Höhe von 40.000 €. Weitere Einkünfte liegen nicht vor. Wie hoch ist seine abziehbare außergewöhnliche Belastung?
    a) 4.200 €
    b) 2.200 €
    c) 1.800 €
    d) 3.000 €
    e) 200 €

EINKOMMENSTEUER — STEUER 3

120. Die 42-jährige Andrea Braun ist Mutter von zwei Kindern, für die sie Kindergeld erhält. Sie wohnt mit ihrem Freund in Ulm. Im Zusammenhang mit dem Tod ihres Vaters entstanden Aufwendungen in Höhe von 3.250 €, die der Art nach als außergewöhnliche Belastung anzuerkennen sind. Frau Braun bezog als Steuerberaterin Einkünfte aus selbständiger Arbeit in Höhe von 50.000 € und 4.000 € Einkünfte aus Vermietung und Verpachtung. Wie hoch ist ihre abziehbare außergewöhnliche Belastung?
    a) 710 €
    b) 2.050 €
    c) 1.090 €
    d) 1.750 €
    e) 1.143 €

121. Der 50-jährige Berufsschullehrer Otto Buchner verdient als Angestellter brutto 48.000 €. Für Diätverpflegung kann er Aufwendungen in Höhe von 1.200 € nachweisen. Herr Buchner ist verheiratet. Er hat vier berücksichtigungsfähige Kinder und bezieht keine weiteren steuerpflichtigen Einkünfte. Wie hoch ist die abziehbare außergewöhnliche Belastung des Steuerpflichtigen?
    a) 0 €
    b) 720 €
    c) 1.200 €
    d) 240 €
    e) 1.920 €

122. Einem Steuerpflichtigen erwachsen Aufwendungen für den Unterhalt seines mittellosen Vaters. Welchen Betrag kann er maximal als Unterhaltsaufwendungen (außergewöhnliche Belastung) pro Jahr steuerlich geltend machen?
    a) 8.652 €
    b) 4.800 €
    c) 1.782 €
    d) 4.782 €
    e) 2.586 €

123. Hannes Trinkl unterstützt während des gesamten VZ 2016 seinen verwitweten Vater mit monatlich 400 €. Der Vater bezieht seit 2003 eine Rente aus der gesetzlichen Rentenversicherung von 500 €/Monat (Rentenfreibetrag: 3.000 €). Für Kranken- und Pflegeversicherung bezahlt er 609 €/Jahr. Weitere Einkünfte liegen nicht vor. Wie hoch sind die abziehbaren Unterhaltsaufwendungen von Herrn Trinkl?
    a) 8.652 €
    b) 4.800 €
    c) 1.782 €
    d) 4.782 €
    e) 4.167 €

124. Amalie Tischler unterstützt ihre Mutter mit jährlich 3.600 €. Frau Tischler bezieht seit zwölf Jahren eine unveränderte Rente in Höhe von 600 €/Monat und bezahlt für ihre Kranken-/Pflegeversicherung 730,80 €/Jahr. Wie hoch sind die abziehbaren Unterhaltsaufwendungen, die Frau Tischler geltend machen kann?
    a) 0,00 €
    b) 3.600,00 €
    c) 3.088,80 €
    d) 6.294,00 €
    e) 4.986,00 €

125. Annegret Müller unterstützt ihren Vater mit monatlich 400 €. Der Vater bezieht eine Rente aus der gesetzlichen Rentenversicherung von monatlich 950 € (Rentenfreibetrag: 5.700 €). Aus einer festverzinslichen Geldanlage erhielt er Zinsen in Höhe von 800 €, die aufgrund eines Freistellungsauftrages ohne Steuerabzug ausgezahlt wurden. In welcher Höhe kann Frau Müller Unterhaltsaufwendungen steuerlich geltend machen?
    a) 0 €
    b) 7.494 €
    c) 186 €
    d) 4.800 €
    e) 8.652 €

STEUER 3 — EINKOMMENSTEUER

126. Bernd Klein unterstützt seinen verwitweten Großvater mit monatlich 300 €. Der Großvater bezieht als ehemaliger Beamter seit sechs Jahren eine Pension in Höhe von 1.400 € im Monat. Weitere Einkünfte hat er nicht. Wie hoch sind die abziehbaren Unterhaltsaufwendungen, von Bernd Klein im VZ 2016?
    a) 0 €
    b) 8.652 €
    c) 3.600 €
    d) 582 €
    e) 1.206 €

127. Die 20-jährige Magdalena Breuer wohnt in München und studiert an der dortigen Universität Betriebswirtschaftslehre. Ihre Eltern unterstützen sie während des ganzen Jahres mit monatlich 500 €. In welcher Höhe haben die in Hamburg wohnenden Eltern Anspruch auf einen Ausbildungsfreibetrag, wenn Magdalena das einzige Kind ist und keinerlei eigene Einkünfte und Bezüge hat?
    a) 0 €
    b) 6.000 €
    c) 924 €
    d) 180 €
    e) 8.472 €

128. Georg Münzer, 19 Jahre, wohnt bei seinen Eltern in Passau. Er studiert an der dortigen Fachhochschule Maschinenbau. Georg hat während der Semesterferien einen Monat gearbeitet und 1.600 € verdient. Seine Eltern unterstützen ihn monatlich mit 400 €. Wie hoch ist der Ausbildungsfreibetrag, den seine Eltern beanspruchen können?
    a) 0 €
    b) 4.800 €
    c) 924 €
    d) 1.848 €
    e) 8.472 €

129. Tabea Prader, 24 Jahre, studiert in Berlin Kunstgeschichte. Ihre in Heringsdorf wohnenden Eltern erhalten für Tabea Kindergeld und unterstützen sie mit monatlich 350 €. Tabea übt während des ganzen Jahres einen Minijob aus, mit dem sie 400 € im Monat verdient. Wie hoch ist der Ausbildungsfreibetrag, den die Eltern von Tabea Prader beanspruchen können?
    a) 0 €
    b) 4.800 €
    c) 4.200 €
    d) 924 €
    e) 8.472 €

130. Klaus Brandner ist 55 Jahre alt, ledig und kinderlos. Herr Brandner ist als Architekt beruflich stark engagiert und beschäftigt deshalb während des ganzen Jahres eine Hilfe im Haushalt, die wöchentlich zwei Stunden für Reinigungsarbeiten zuständig ist. Ihm entstanden hierfür Aufwendungen in Höhe von 960 €. In welchem Umfang können diese Aufwendungen nach § 33a (3) EStG geltend gemacht werden?
    a) 0 €
    b) 624 €
    c) 924 €
    d) 960 €
    e) 400 €

131. Martin Jäger entstanden beim Tod seines Vaters Aufwendungen von insgesamt 8.200 €, davon 800 € für Trauerkleidung zur Beerdigung und 520 € für die Bewirtung des Trauergemeinde. Der Wert des Nachlasses betrug 3.000 €. Herr Jäger ist ledig, 40 Jahre alt und verdient als Angestellter brutto 32.420 €/Jahr. Wie hoch ist seine abziehbare außergewöhnliche Belastung?
    a) 1.890,00 €
    b) 1.990,00 €
    c) 4.634,80 €
    d) 3.880,00 €
    e) 6.746,80 €

EINKOMMENSTEUER — STEUER 3

132. Georg Lebert, ledig, ist zu 90 % schwerbehindert. Der Gesamtbetrag seiner Einkünfte im VZ 2016 beträgt 25.000 €. Wie hoch müssten seine behinderungsbedingten Aufwendungen mindestens sein, damit eine Berücksichtigung als außergewöhnliche Belastung nach § 33 EStG günstiger ist als die Inanspruchnahme des Behindertenpauschbetrages?
    a) 0 €
    b) 750 €
    c) 1.230 €
    d) 1.420 €
    e) 2.730 €

133. Gesine Mader ist 66 Jahre alt und ledig. Sie beschäftigt seit 01.04.2016 eine Hilfe im Haushalt, die monatlich 400 € verdient. Wie hoch sind die agB, die Frau Mader 2016 deswegen ansetzen kann?
    a) 624 €
    b) 924 €
    c) 0 €
    d) 693 €
    e) 520 €

134. Ricarda Kunze und ihr Ehemann Ludger sind beide 68 Jahre alt. Herr Kunze ist seit letztem Jahr schwerbehindert (Behinderungsgrad: 70 %). Das Ehepaar hat zur Bewältigung der Hausarbeiten zum 01.07.2016 eine Haushaltshilfe eingestellt, die im Rahmen eines geringfügigen Beschäftigungsverhältnisses 400 € im Monat verdient. Welche Pauschbeträge kann das Ehepaar Kunze in Anspruch nehmen?
    a) 890 € Behindertenpauschbetrag und 924 € Pauschbetrag für die Haushaltshilfe
    b) 890 € Behindertenpauschbetrag und 624 € Pauschbetrag für die Haushaltshilfe
    c) 890 € Behindertenpauschbetrag und 539 € Pauschbetrag für die Haushaltshilfe
    d) 445 € Behindertenpauschbetrag und 0 € Pauschbetrag für die Haushaltshilfe
    e) 890 € Behindertenpauschbetrag und 0 € Pauschbetrag für die Haushaltshilfe

135. Ronja Neufang erhält seit dem Tod ihres Ehemannes vor zwei Jahren Hinterbliebenenbezüge. Wie hoch ist der Hinterbliebenenpauschbetrag, den sie 2016 auf Antrag erhalten kann?
    a) 310 €
    b) 370 €
    c) 924 €
    d) 1.060 €
    e) 3.700 €

136. Die Ehefrau von Manfred Schaller ist seit April diesen Jahres pflegebedürftig. Frau Schaller ist während der Woche in einem Heim untergebracht und wird am Wochenende von ihrem Mann zu Hause gepflegt. Herrn Schaller entstehen für die Pflege seiner Frau Aufwendungen, Einnahmen erhält er nicht. In welchem Umfang hat Herr Schaller 2016 Anspruch auf eine steuerliche Vergünstigung (Pauschbetrag)?
    a) Ein Anspruch besteht nicht
    b) 231 €
    c) 693 €
    d) 924 €
    e) 1.060 €

137. Das Ehepaar Jens und Thea Dimser, drei Kinder, kann folgende Ausgaben belegen: Entscheiden Sie durch Ankreuzen, ob es sich dabei um Werbungskosten (WK), Sonderausgaben (SA), außergewöhnliche Belastungen (agB) oder um nicht abzugsfähige Kosten der privaten Lebensführung (KdL) handelt!

Ausgabe	WK	SA	agB	KdL
Strafzettel wegen Falschparkens vor dem Büro (kein freier Parkplatz vorhanden)				
Fachliteratur für den ausgeübten Beruf				
Beiträge für eine 2001 abgeschlossene Lebensversicherung				
Unterstützung der bedürftigen Mutter von Frau Dimser mit 400 € im Monat				
Schulgeld für die jüngste Tochter				
Gewerkschaftsbeitrag von Herrn Dimser				
Zuzahlung beim Zahnarzt				
Kosten des Scheidungsverfahrens				

STEUER 3 — EINKOMMENSTEUER

138. **Wobei handelt es sich um kein Kind i.S.d. § 32 (1) EStG?**
   a) Eheliches Kind
   b) Uneheliches Kind
   c) Adoptivkind
   d) Pflegekind
   e) Enkelkind

139. **Willy Schmitt ist am 31.01.2016 geboren. Wie lange ist er gemäß § 32 (3) EStG für seine Eltern ein steuerlich zu berücksichtigendes Kind?**
   a) bis Januar 2031
   b) bis Dezember 2032
   c) bis Dezember 2033
   d) bis Januar 2034
   e) bis Dezember 2034

140. **Maja Binser wurde am 01.04.2001 geboren. Ab wann kann Maja nicht mehr als Kind i.S.d. § 32 (3) EStG berücksichtigt werden?**
   a) ab Dezember 2019
   b) ab Januar 2019
   c) ab März 2019
   d) ab April 2019
   e) ab Dezember 2019

141. **Bis zu welchem Alter sind Kinder in den folgenden Beispielen 2016 steuerlich zu berücksichtigen (ohne Übergangsregelung)?**

Beispiel	Altersgrenze
Berufsausbildung als Steuerfachangestellter	
Bei fehlendem Ausbildungsplatz	
Bei Arbeitslosigkeit (gemeldet)	
Studium	
Bei vor dem 25. Lebensjahr eingetretener körperlicher Behinderung und fehlender Fähigkeit zum Selbstunterhalt	
Ableistung eines freiwilligen sozialen Jahres	

142. **Viktor Kurz vollendet am 05.07.2016 sein 19. Lebensjahr. Im Juni 2016 hat er sein Abitur bestanden. Am 01.10.2016 beginnt er mit der Ableistung seines freiw. sozialen Jahres. Ist Viktor Kurz 2016 für seine Eltern ein steuerlich zu berücksichtigendes Kind?**
   a) Nein, 2016 ist er kein zu berücksichtigendes Kind
   b) Ja, er ist bis einschließlich Mai 2016 ein zu berücksichtigendes Kind
   c) Ja, er ist bis einschließlich Juni 2016 ein zu berücksichtigendes Kind
   d) Ja, er ist 2016 ein zu berücksichtigendes Kind
   e) Ja, er ist bis einschließlich Oktober 2016 ein zu berücksichtigendes Kind

143. **Hilmar Vogel hat im Juni 2016 die Fachoberschule erfolgreich abgeschlossen. Er beginnt zum 01. September 2016 eine Ausbildung als Steuerfachangestellter. Ist Hilmar 2016 ein steuerlich zu berücksichtigendes Kind?**
   a) Ja, für das ganze Jahr
   b) Ja, für 9 Monate
   c) Ja, für 8 Monate
   d) Ja, für 6 Monate
   e) Nein, er ist kein zu berücksichtigendes Kind

144. **Ferdinand Zellner vollendet am 18. Januar 2016 sein 25. Lebensjahr. Er hat 2012 10 Monate Grundwehrdienst abgeleistet. Wie lange kann Ferdinand 2016 als Kind berücksichtigt werden, wenn er sich während des ganzen Jahres in Berufsausbildung befindet und keine eigenen Einkünfte und Bezüge hat?**
   a) Er wird bis Januar 2016 als Kind berücksichtigt
   b) Er wird bis Oktober 2016 als Kind berücksichtigt
   c) Er wird bis November 2016 als Kind berücksichtigt
   d) Er wird während des ganzen Jahres 2016 als Kind berücksichtigt
   e) Er kann 2016 nicht mehr als Kind berücksichtigt werden

EINKOMMENSTEUER — STEUER 3

145. Damit ein Kind unter 25 Jahre während der Ausbildung steuerlich berücksichtigt werden kann dürfen seine Einkünfte und Bezüge eine bestimmte Grenze nicht überschreiten. Wie hoch ist diese Grenze im Jahr 2016?
    a) 1.824 €
    b) 1.080 €
    c) 1.848 €
    d) 8.652 €
    e) Es gibt keine Verdienstgrenze

146. Die 19 Jahre alte Tochter Monika des Ehepaares Wagner macht während des ganzen Jahres 2016 eine Ausbildung zur Steuerfachangestellten. Ihre Eltern möchten, dass Monika steuerlich weiter als Kind berücksichtigt wird. Welche Aussage zu den von Monika gezahlten Beiträgen zur Sozialversicherung ist richtig?
    a) Bei Kindern unter 25 in Berufsausbildung ist die Einkommenshöhe für die Berücksichtigung als Kind egal
    b) Die von Monika gezahlten Sozialversicherungsbeiträge haben das Nettoeinkommen gemindert, sie müssen deshalb bei der Ermittlung der Einkünfte hinzugezählt werden
    c) Die gezahlten Sozialversicherungsbeiträge gelten als Bezüge
    d) Die gezahlten Sozialversicherungsbeiträge sind zu 50 % Bezüge
    e) Alle Antworten sind falsch

147. Ludger Volkert vollendet am 02.05.2016 sein 14. Lebensjahr. Seinen berufstätigen Eltern entstanden während des ganzen Jahres 2016 Aufwendungen für die Kinderbetreuung. Welche Aussage zum steuerlichen Höchstbetrag der Kinderbetreuungskosten ist richtig?
    a) Der Höchstbetrag ist ein Jahresbetrag, er ist nicht zu kürzen
    b) Der Höchstbetrag ist 0, da Ludger im VZ 2016 sein 14. Lebensjahr vollendet
    c) Der Höchstbetrag ist um 8 Monate zu kürzen
    d) Der Höchstbetrag ist um 7 Monate zu kürzen
    e) Der Höchstbetrag ist um 6 Monate zu kürzen

148. Anita Boder ist das einzige Kind des berufstätigen Ehepaares Monika und Andreas Boden. Sie feiert am 31.12.2016 ihren 14. Geburtstag. Welche Aussage zu den berücksichtigungsfähigen Kinderbetreuungskosten ist richtig, wenn von den Eltern entsprechende Aufwendungen nachgewiesen werden können?
    a) Kinderbetreuungskosten können für das ganze Jahr 2015 angesetzt werden, 2016 werden Kinderbetreuungskosten nicht mehr berücksichtigt
    b) Kinderbetreuungskosten können für das ganze Jahr 2015 und das ganze Jahr 2016 angesetzt werden
    c) Kinderbetreuungskosten können für das ganze Jahr 2015 angesetzt werden, für 2016 sind die Höchstbeträge um 11/12 zu ermäßigen
    d) 2015 und 2016 können keine Kinderbetreuungskosten berücksichtigt werden
    e) Kinderbetreuungskosten können für das ganze Jahr 2015 angesetzt werden, für 2016 sind die Höchstbeträge um 1/12 zu ermäßigen

149. Handelt es sich bei den folgenden 2016 entstandenen Aufwendungen dem Grundsatz nach um Kinderbetreuungskosten i.S.d. EStG?

Aufwendungen	Ja	Nein
Gebühr für den Kindergartenbesuch		
Kosten für einen Babysitter (Theaterbesuch der Eltern)		
Anschaffung einer Playstation II		
Gebühr für einen Tanzkurs		
Beschäftigung eines Au-pair-Mädchens		
Betreuung durch eine Tagesmutter		
Fahrtkosten um das Kind zur Tagesmutter zu bringen		

150. Wie hoch müssen die Kinderbetreuungskosten eines berufstätigen Ehepaares 2016 sein, um die maximale Steuerbegünstigung zu erhalten?
    a) 774 €
    b) 1.548 €
    c) 1.500 €
    d) 4.000 €
    e) 6.000 €

STEUER 3 — EINKOMMENSTEUER

151. Dem berufstätigen Ehepaar Huber entstanden 2016 zu dem Grunde nach anzuerkennende Kinderbetreuungskosten für die gemeinsame 8-jährige Tochter Diana in Höhe von 1.200 €. Welchen Betrag können die Eltern 2016 steuermindernd als Kinderbetreuungskosten geltend machen?
    a) 3.048 €
    b) 6.000 €
    c) 4.000 €
    d) 1.200 €
    e) 800 €

152. Daniel Wagner ist selbständiger Steuerberater und seit drei Jahren Witwer. Er hat eine 8-jährige Tochter, für die er im VZ 2016 Betreuungskosten in Höhe von 3.600 € belegen kann. Welchen Betrag kann er als Kinderbetreuungskosten geltend machen?
    a) 6.000 €
    b) 4.000 €
    c) 3.600 €
    d) 2.400 €
    e) 1.800 €

153. Ein Ehepaar hat drei Kinder. Die Zwillinge Peter und Paula sind zwei Jahre alt, die ältere Schwester Beatrice ist fünf Jahre alt. Wie hoch ist das Kindergeld, das das Ehepaar jährlich erhält?
    a) 1.848 €
    b) 3.696 €
    c) 6.912 €
    d) 154 €
    e) 0 €

154. Richard und Elsbeth Gerber sind seit 07.03. d. J. Eltern. Wie hoch ist der Kinderfreibetrag, auf den sie in diesem Jahr Anspruch haben?
    a) 3.864 €
    b) 1.824 €
    c) 1.368 €
    d) 2.736 €
    e) 4.608 €

155. Das einzige Kind des Ehepaares Greulich, Teterow, ist fünf Jahre alt. Wie hoch ist das Kindergeld, das die Eltern jährlich erhalten?
    a) 2.280 €
    b) 3.696 €
    c) 5.544 €
    d) 154 €
    e) 0 €

156. Der 19-jährige Sohn des Ehepaares Baumann leistet nach dem Abitur im Juni ab 01.07.2016 ein freiwilliges soziales Jahr ab. Wie hoch ist der Kinderfreibetrag, auf den die Eltern in diesem Jahr Anspruch haben?
    a) 3.864 €
    b) 4.608 €
    c) 2.128 €
    d) 920 €
    e) 0 €

157. Antonia Calw, 20 Jahre, hat im Juni letzten Jahres ihre Ausbildung zur Steuerfachangestellten erfolgreich abgeschlossen und arbeitet weiter in der bisherigen Kanzlei. Wie hoch ist das Kindergeld, das ihre Eltern dieses Jahr erhalten, wenn ihre Tochter weiter bei ihnen wohnt?
    a) 2.256 €
    b) 4.608 €
    c) 5.544 €
    d) 164 €
    e) 0 €

EINKOMMENSTEUER — STEUER 3

158. Else Maurer ist seit drei Jahren Witwe und wohnt in Dortmund. Sie hat eine 6-jährige Tochter, die in ihrem Haushalt lebt. Wie hoch sind Kinder- und Betreuungsfreibetrag, die sie beanspruchen kann insgesamt?
   a) 3.864 €
   b) 2.160 €
   c) 5.748 €
   d) 7.248 €
   e) 0 €

159. An welcher Stelle bei der Ermittlung des zu versteuernden Einkommens wird ein Härteausgleich berücksichtigt?
   a) Bei der Ermittlung der Einkünfte aus nichtselbständiger Arbeit
   b) Nach der Summe der Einkünfte
   c) Nach dem Gesamtbetrag der Einkünfte
   d) Nach dem Einkommen
   e) Er wird von der tariflichen Einkommensteuer abgezogen

160. Der 48-jährige Steuerpflichtige Andreas Friedrich bezieht einen Bruttoarbeitslohn von 36.780 € und Einkünfte aus selbständiger Arbeit in Höhe von 395 €. Wie hoch ist der Härteausgleichsbetrag, der abgezogen werden kann?
   a) 36.780 €
   b) 35.860 €
   c) 410 €
   d) 395 €
   e) 15 €

161. Max Barber wird nach § 46 (2) EStG veranlagt. Er hat neben Einkünfte aus nichtselbständiger Arbeit in Höhe von 26.820 € auch 450 € Einkünfte aus Kapitalvermögen. Wie hoch ist der Härteausgleichsbetrag, der abgezogen werden kann?
   a) 820 €
   b) 410 €
   c) 370 €
   d) 0 €
   e) 40 €

162. Die 64-jährige Amalie Schwebler, Osnabrück, bezog als Angestellte Einkünfte aus nichtselbständiger Arbeit von 36.789 € (keine Versorgungsbezüge), 350 € Einkünfte aus selbständiger Arbeit und 380 € Einkünfte aus Vermietung und Verpachtung. Welcher Betrag kann als Härteausgleich abgezogen werden?
   a) 420 €
   b) 380 €
   c) 350 €
   d) 90 €
   e) 0 €

163. Franka Ludwig, Bremerhaven, verdiente aus mehreren Arbeitsverhältnissen insgesamt 34.080 € brutto. Von einem Bekannten erhielt sie für die Vermittlung mehrerer Krankenversicherungsverträge eine „Provision" von 1.950 €. Wie hoch ist der zu berücksichtigenden Härteausgleichsbetrag im VZ 2016?
   a) 1.950 €
   b) 820 €
   c) 410 €
   d) 1.130 €
   e) 0 €

164. Die Steuerpflichtige Martina Kunze, 34 Jahre, wird nach § 46 (2) EStG veranlagt. Neben Einkünften aus nichtselbständiger Arbeit erzielte sie Einkünfte aus schriftstellerischer Tätigkeit in Höhe von 950 € und negative Einkünfte aus Vermietung und Verpachtung von 700 €. Welcher Betrag kann als Härteausgleich abgezogen werden?
   a) 0 €
   b) 250 €
   c) 420 €
   d) 700 €
   e) 950 €

STEUER 3 — EINKOMMENSTEUER

165. Wie hoch ist 2016 der Grundfreibetrag eines Ledigen?
- a) 8.652 €
- b) 8.154 €
- c) 15.368 €
- d) 16.008 €
- e) 410 €

166. Wie hoch ist der ermäßigte Steuersatz, mit dem nicht entnommene Gewinne von Personengesellschaften auf Antrag belegt werden (Thesaurierungsbegünstigung)?
- a) 20,00 %
- b) 25,00 %
- c) 28,25 %
- d) 30,00 %
- e) 48,00 %

167. Welche der folgenden Einnahmen eines Arbeitnehmers unterliegt nicht dem Progressionsvorbehalt?
- a) Arbeitslosengeld
- b) Kindergeld
- c) Mutterschaftsgeld
- d) Insolvenzgeld
- e) Urlaubsgeld

168. Wie hoch ist 2016 der Spitzensteuersatz der Einkommensteuer?
- a) 33 %
- b) 38 %
- c) 42 %
- d) 45 %
- e) 48 %

169. Frau Jung beauftragte im August 2016 einen Malerbetrieb den Gang ihrer Wohnung neu zu streichen. Gleichzeitig wurde auch das Wohnzimmer neu tapeziert. Der Malermeister bezeichnete in einer detaillierten Rechnung, in der er die Arbeiten genau bezeichnete, für die Arbeitszeit 460 € und für das verwendete Material (Farbe, Tapeten, Kleister) 370 €. Frau Jung überwies einschließlich USt 987,70 € von ihrem Bankkonto an den Malermeister. Wie hoch ist die Steuerermäßigung, die Frau Jung hier beanspruchen kann?
- a) 987,70 €
- b) 460,00 €
- c) 92,00 €
- d) 108,56 €
- e) 109,48 €

170. Alexander und Ingeborg Mai beschäftigen während des ganzen Jahres eine Haushaltshilfe im Rahmen eines geringfügigen Beschäftigungsverhältnisses. Der Ehepaar entstehen neben dem vereinbarten monatlichen Arbeitsentgelt von 400 € noch Abgaben in Höhe von insgesamt 657,60 €/Jahr. Welchen Betrag kann das Ehepaar als Steuerermäßigung geltend machen?
- a) 4.800,00 €
- b) 5.457,20 €
- c) 480,00 €
- d) 545,72 €
- e) 510,00 €

171. Hubert Schmidt möchte seine selbst bewohnte Eigentumswohnung neu streichen lassen. Auf welchen Betrag muss die Rechnung des Malermeisters für seine Dienstleistung mindestens lauten, damit Herr Schmidt den maximal steuerlich möglichen Betrag für die Inanspruchnahme einer haushaltsnahen Dienstleistung durch einen selbstständigen Dienstleister geltend machen kann?
- a) 600 €
- b) 6.000 €
- c) 5.100 €
- d) 2.000 €
- e) 2.400 €

EINKOMMENSTEUER — STEUER 3

172. Nenja Berger bezahlt dem Hausmeister ihrer Wohnanlage für das Tapezieren ihrer 2-Zimmer-Wohnung 300 € bar (ordnungsgemäße Quittung liegt vor). Die Tapete hat sie selbst in einem Baumarkt ausgesucht und mit Kreditkarte bezahlt. Wie hoch ist die Steuerermäßigung nach § 35a EStG, die sie beanspruchen kann?
    a) 600 €
    b) 300 €
    c) 120 €
    d) 60 €
    e) 0 €

173. Dieter Baumann lässt von einem Hausmeisterservice in seiner Ferienwohnung auf Mallorca die Blumen gießen und den Rasen mähen. Die Wohnung wird nur von Baumann während seines Urlaubs und an mehreren Wochenenden genutzt (keine Vermietung). Für die in Anspruch genommene Dienstleistung überweist Herr Baumann monatlich 300 €. Wie hoch ist die Steuerermäßigung nach § 35a EStG, die er beanspruchen kann?
    a) 300 €
    b) 600 €
    c) 36 €
    d) 30 €
    e) 0 €

174. Ludger Beer bewirtet anlässlich seines 50. Geburtstages 150 seiner engsten Freunde und Bekannten in seiner Villa in Grünwald. Der Partyservice berechnete 8.480 € einschl. USt in einer detaillierten Rechnung, die durch Banküberweisung unter Abzug von 2 % Skonto bezahlt wurde. Wie hoch ist die Steuerermäßigung nach § 35a EStG?
    a) 0 €
    b) 600,00 €
    c) 831,04 €
    d) 848,00 €
    e) 1.662,08 €

175. Ein 70-jähriger ehemaliger Beamter beschäftigt während des gesamten Jahres im Rahmen eines geringfügigen Beschäftigungsverhältnisses eine Bekannte als Hilfe im Haushalt. Neben dem Arbeitsentgelt von 4.800,00 € entstanden Aufwendungen in Höhe von 1.267,20 €. Welche Aussage zur steuerlichen Auswirkung ist richtig?
    a) 624 € können als außergewöhnliche Belastung geltend gemacht werden, 544,32 € werden im Rahmen des § 35a EStG berücksichtigt.
    b) 6.067,20 € werden im Rahmen des § 35a EStG berücksichtigt.
    c) 1.213,44 € werden im Rahmen des § 35a EStG berücksichtigt.
    d) 600 € werden im Rahmen des § 35a EStG berücksichtigt.
    e) 510 € können nach § 35a EStG berücksichtigt werden.

176. Lutz Böttcher, 48 Jahre alt, beschäftigt seit 01.04. letzten Jahres eine Haushaltshilfe im Rahmen eines sozialversicherungspflichtigen Beschäftigungsverhältnisses. Hierfür entstanden monatliche Aufwendungen in Höhe von 2.980 €. Wie kann Herr Böttcher diese Zahlungen steuerlich geltend machen?
    a) Die Aufwendungen führen zu einer Steuerermäßigung nach § 35a EStG von 4.000 €
    b) Die Aufwendungen führen zu einer Steuerermäßigung nach § 35a EStG von 596 €
    c) 624 € können als außergewöhnliche Belastung geltend gemacht werden
    d) 468 € können als außergewöhnliche Belastung geltend gemacht werden
    e) 468 € können als außergewöhnliche Belastung geltend gemacht werden, 1.332 € führen zu einer Steuerermäßigung nach § 35a EStG

177. Tatjana, die 8-jährige Tochter des Ehepaares Marxer, ist begeisterte Golfspielerin. Um das Talent ihrer Tochter frühzeitig zu fördern, hat das Ehepaar mit einem PGA-Trainer des örtlichen Golfclubs Trainingsstunden vereinbart. Im VZ 2016 entstanden dem Ehepaar Marxer hierfür Aufwendungen in Höhe von 2.560 €, die durch Banküberweisung bezahlt wurden. Der Golfplatz ist 22 km vom Wohnort der Familie entfernt. Der „Fahrdienst" wurde von Frau Marxer an 64 Tagen übernommen. In welchem Umfang können die Aufwendungen steuerlich berücksichtigt werden?
    a) Eine steuerliche Berücksichtigung ist nicht möglich
    b) 20 % der Aufwendungen, jedoch maximal 600 € führen zu einer Steuerermäßigung nach § 35a EStG

c) Die Aufwendungen könne als Kinderbetreuungskosten (Werbungskosten) mit 1.708 € angesetzt werden.

d) Die Aufwendungen könne als Kinderbetreuungskosten (Sonderausgaben) mit 1.708 € angesetzt werden.

e) Die Aufwendungen für den Golflehrer und die mit der Entfernungspauschale anzusetzenden Fahrtkosten stellen Werbungskosten bei Frau Marxer dar.

178. Die vorläufige tarifliche Einkommensteuer eines Einzelunternehmers beträgt 8.200,00 €. Der vom Betriebsfinanzamt festgesetzte Gewerbesteuermessbetrag beträgt 500,00 €. Wie hoch ist die verminderte tarifliche Einkommensteuer des Einzelunternehmers?
    a) 500 €
    b) 8.200 €
    c) 7.700 €
    d) 7.200 €
    e) 6.300 €

179. Der ledige Einzelunternehmer Martin Krause erwirtschaftete mit einem Gewerbebetrieb einen Verlust in Höhe von 27.500,00 €. Wie hoch ist der Anrechnungsbetrag nach § 35 EStG, wenn bei Herrn Krause noch erhebliche Einkünfte aus § 18 EStG und § 21 EStG vorliegen?
    a) 0 €
    b) 300,00 €
    c) 420,00 €
    d) 27.500,00 €
    e) 38.500,00 €

180. Berechnen Sie in den folgenden Fällen die Höhe der Einkommensteuer im VZ 2016 und tragen Sie den Betrag in die Tabelle ein! Es handelt sich immer um Einkünfte i. S. d. § 19 EStG.

Zu versteuerndes Einkommen	Grundtabelle	Splittingtabelle
18.600,00 €		
26.800,00 €		
41.200,00 €		
68.600,00 €		
124.000,00 €		
248.000,00 €		

181. Franz Bauer lebt seit zwei Jahren von seiner Ehefrau Marianne getrennt. Im Dezember 2015 stirbt Marianne. Welche Veranlagungsart und welche Steuertabelle ist für Franz Bauer 2016 anzuwenden?
    a) Einzelveranlagung, Grundtabelle
    b) Einzelveranlagung, Splittingtabelle
    c) Zusammenveranlagung, Grundtabelle
    d) Zusammenveranlagung, Splittingtabelle
    e) Besondere Veranlagung, Splittingtabelle

182. Das Ehepaar Lea und Hans Schneider (verheiratet seit 1999) lebte bis zum 3. Januar 2016 in der gemeinsamen Wohnung in München. Ab 4. Januar leben sie getrennt. Ihre Ehe wird zum 19. August 2016 rechtswirksam geschieden. Hans Schneider zieht nach Bremen und heiratet am 23. August 2016 die unbeschränkt steuerpflichtige Magda Kessel. Lea bleibt in München, geht aber keine neue Ehe ein. Welche Veranlagungsarten kommen für Lea Schneider im VZ 2016 in Betracht?
    a) Einzelveranlagung, Splittingtarif
    b) Zusammenveranlagung, Grundtarif
    c) Zusammenveranlagung, Splittingtarif
    d) Getrennte Veranlagung
    e) Einzelveranlagung, Grundtarif

183. Das Ehepaar Amalie und Theo Büchner (verheiratet seit 2000) lebte bis zum 05. Januar 2015 in einer gemeinsamen Wohnung in Flensburg. Ab 06. Januar 2015 leben sie getrennt. Die Ehe wird am 27. Januar 2015 rechtswirksam geschieden. Welche Veranlagungsarten kommen für den Veranlagungszeitraum 2016 für Amalie und Theo in Betracht, wenn beide nicht wieder geheiratet haben?
    a) Amalie: Einzelveranlagung; Theo: Einzelveranlagung
    b) Amalie: Einzelveranlagung; Theo: getrennte Veranlagung
    c) Amalie: Zusammenveranlagung; Theo: Einzelveranlagung

d) Amalie: Zusammenveranlagung; Theo: Zusammenveranlagung
e) Im Rahmen der Ehegattenveranlagung können beide zwischen Zusammenveranlagung und getrennter Veranlagung wählen

184. Welche Veranlagungsart ist in folgenden Fällen 2016 möglich?

Fall	Einzelveranlagung	Zusammenveranlagung
Alisa Gregorovic und Justus Hufer heiraten am 31.12.2016		
Dagmar Werner und Andrea Krause wohnen mit der 3-jährigen Tochter von Frau Krause in einer gemeinsamen Wohnung in Remscheid		
Der Ehemann von Ingrid Moser stirbt am 01.01.2016 bei einem Autounfall		
Clara Roth lebt seit zwei Jahren von ihrem Ehemann getrennt. Am 16.08.2016 wird die Ehe geschieden		
Heinz Boden ist seit November letzten Jahres Witwer		

185. Ein Steuerpflichtiger ermittelt seinen Gewinn nach § 4 (3) EStG. Entscheiden Sie, ob in den folgenden Beispielen eine Betriebseinnahme vorliegt.

Beispiel	Betriebseinnahme	Keine Betriebseinnahme
Entgelt aus dem Verkauf von Umlaufvermögen		
Privateinlage von Geld		
Von einem Arzt vereinnahmtes Honorar		
Erlass von Kundenforderungen		
Einkommensteuererstattung wird auf dem Firmenkonto gutgeschrieben		
Von der Brandversicherung erhaltene Schadenersatzleistung		
Einnahmen aus dem Verkauf eines Betriebsgrundstückes		
Gutschrift eines aufgenommenen Darlehens auf dem Firmenkonto		
Privatentnahme von Umlaufvermögen		
Vereinnahmte Umsatzsteuer		
Einnahmen aus dem Verkauf von Waren		

186. Entscheiden Sie, ob in den folgenden Beispielen eine Betriebsausgabe bei der Gewinnermittlung nach § 4 (3) EStG vorliegt.

Beispiel	Betriebsausgabe	Keine Betriebsausgabe
Ausgaben für die Tilgung eines betrieblichen Darlehens		
Überwiesene Darlehenszinsen		
Forderungsverluste		
Privatentnahme von Geld		
Bildung eines IAB		
Ausgaben für den Einkauf von Waren		
Abschreibung bei Gegenständen des Anlagevermögens		
Verluste aufgrund des Diebstahls von Waren		
Überweisung der Kfz-Haftpflichtversicherung für den Wagen der Tochter des Inhabers vom Firmenkonto		
Abziehbare Vorsteuer		
Bezahlte Grundsteuer für ein Firmengrundstück		
Damnum bei einer Darlehensaufnahme		

STEUER 3 — EINKOMMENSTEUER

187. In welchem Jahr sind die folgenden Sachverhalte als Betriebseinnahmen bzw. Betriebsausgaben zu berücksichtigen, wenn der Steuerpflichtige seinen Gewinn nach § 4 (3) EStG ermittelt?

Betriebseinnahme/Betriebsausgabe	Jahr der Berücksichtigung
Ein Kunde bezahlt eine Warenlieferung mit Bankscheck. Der Scheck geht am 30.12.2016 ein, wird aber erst am 02.01.2017 bei der Bank eingereicht	
Büromaterial für 22,50 € wird am 27.12.2016 eingekauft, die Rechnung am 04.01.2017 per Bank bezahlt	
Die Anfang Dezember 2016 eingegangene Rechnung des Steuerberaters für die Beratung wegen einer geplanten Betriebsaufspaltung wird erst im Januar 2017 bezahlt	
Die Ende Dezember 2016 fällige Miete für die Kanzleiräume bezahlt ein Rechtsanwalt erst Anfang Januar 2017	
Der Steuerpflichtige bezahlt eine im Dezember 2016 eingegangene Rechnung für eine Warenlieferung erst Anfang Januar 2017	

188. Welche Aufwendungen gehören nicht zu den Anschaffungskosten von Grund und Boden?
 a) Grundsteuer
 b) Grunderwerbsteuer
 c) Maklergebühren
 d) Notariatskosten für Grundstückskaufvertrag
 e) Grundbuchgebühren für Eintragung einer Grundschuld

189. Beim Bezug von Waren können Anschaffungsnebenkosten anfallen, dazu rechnen nicht
 a) Zölle
 b) Frachtkosten
 c) Transportversicherung
 d) abziehbare Vorsteuer
 e) Preisnachlässe

190. Zu den Anschaffungskosten beim Kauf eines Betriebsfahrzeugs gehören nicht
 a) Überführung
 b) abziehbare Vorsteuer
 c) 1. Tankfüllung
 d) Zulassung
 e) Nummernschilder

191. Keine Anschaffungskosten sind Geldbeschaffungskosten, hierzu rechnen u.a.
 a) Zinsen
 b) Bearbeitungsgebühren
 c) Grundschuldbestellung
 d) Grunderwerbsteuer
 e) Damnum

192. Die Anschaffungskosten können nicht gemindert werden durch
 a) Skonti
 b) Rabatte
 c) Boni
 d) Preisnachlässe wegen Mängelrügen
 e) Rückgabe von Leergut

193. Zu den Herstellungskosten nach Handelsrecht zählen
 a) Materialeinzelkosten
 b) Materialgemeinkosten
 c) Fertigungskosten
 d) Sondereinzelkosten der Fertigung
 e) Vertriebskosten

EINKOMMENSTEUER — STEUER 3

194. Aktivierungspflichtige Herstellungskosten nach steuerlichen Vorschriften sind
a) Materialeinzelkosten
b) Fertigungseinzelkosten
c) Verwaltungsgemeinkosten
d) Vertriebskosten
e) Fertigungsgemeinkosten

195. In die Herstellungskosten können nach steuerlichen Vorschriften einbezogen werden
a) Geldbeschaffungskosten
b) Kosten der allgemeinen Verwaltung
c) Freiwillige soziale Leistungen
d) Betriebliche Altersvorsorge
e) Zinsen für Fremdkapital, das der Finanzierung der Herstellung dient

196. Mit welchem Wert sind abnutzbare Wirtschaftsgüter des Anlagevermögens in der Steuerbilanz anzusetzen?
a) Teilwert
b) Anschaffungskosten
c) Herstellungskosten
d) Anschaffungs-, Herstellungskosten minus AfA
e) gemeiner Wert

197. In welchen Fällen ist in der Steuerbilanz eine Wertaufholung vorzunehmen?
a) wenn der Teilwert von Verbindlichkeiten dauerhaft gestiegen ist
b) wenn die AfA zu hoch vorgenommen wurde
c) wenn der Grund für die Wertminderung weggefallen ist
d) wenn sich die Anschaffungskosten vergleichbarer Wirtschaftsgüter erhöht haben
e) wenn der gemeine Wert gestiegen ist

198. Für die Bewertung von Verbindlichkeiten gilt das Höchstwertprinzip. Nach Steuerrecht sind Verbindlichkeiten bei dauernder Werterhöhung anzusetzen mit
a) Anschaffungskosten
b) Nennwert
c) Rückzahlungsbetrag
d) dem niedrigeren Teilwert
e) dem höheren Teilwert

199. Entnahmen sind grundsätzlich zu bewerten mit
a) den Anschaffungskosten
b) den Herstellungskosten
c) dem höheren Teilwert
d) dem gemeinen Wert
e) dem Teilwert im Zeitpunkt der Entnahme

200. Wie werden Einlagen bewertet?
a) höchstens mit den Anschaffungskosten, wenn das WG innerhalb der letzten 2 Jahre vor dem Zuführungszeitpunkt angeschafft wurde
b) höchstens mit den Anschaffungskosten, wenn das WG innerhalb der letzten 3 Jahre vor dem Zuführungszeitpunkt angeschafft wurde
c) mit dem Teilwert im Zeitpunkt der Zuführung
d) mit dem gemeinen Wert
e) mit dem Kapitalwert

201. Für geringwertige Wirtschaftsgüter (GWG) besteht Bewertungsfreiheit. Voraussetzungen für ein GWG
a) bewegliches Wirtschaftsgut des Anlagevermögens
b) Ak <= 410 € netto
c) Ak > 150 € <= 1.000 € netto
d) selbständig nutzungsfähig
e) betriebsgewöhnliche Nutzungsdauer > 1 Jahr

202. Eine Bilanzberichtigung liegt vor, wenn
   a) ein zulässiger Bilanzansatz durch einen anderen zulässigen ersetzt wird
   b) ein unzulässiger Bilanzansatz durch einen richtigen korrigiert wird
   c) statt der vorgenommenen linearen AfA die degressive AfA angesetzt wird
   d) ein WG, das bisher nicht als GWG behandelt wurde, als GWG behandelt wird
   e) indirekt wertberichtigte Forderung direkt wertberichtigt wird

EINKOMMENSTEUER — STEUER 3

Ungebundene Aufgaben

1. Beate Klein, 47 Jahre alt und ledig, ist kaufmännische Angestellte. Sie bezieht im Jahr 2016 ein monatliches Bruttogehalt von 4.000 €. Zusätzlich erhält sie 4.000 € als Weihnachtsgeld, das mit der Dezembervergütung ausgezahlt wird. Frau Klein fährt in 2016 an 220 Arbeitstagen mit ihrem Privat-Pkw zur Arbeitsstätte. Dabei legt sie täglich insgesamt 60 km zurück (Hin- und Rückfahrt). Für ihr Gehaltskonto weist sie Kontoführungsgebühren in Höhe von 45 € nach. Wie hoch sind ihre Einkünfte i.S.d. § 19 EStG?

2. Dieter Bern verdient als Angestellter monatlich 2.800 € brutto (12 Gehälter). Herr Bern geht an 220 Arbeitstagen jeweils 2 km zu Fuß zur Arbeit. Er kann für Fachliteratur Quittungen über 412 € nachweisen. Zusätzlich ist er als Kommanditist an einer Weingroßhandlung beteiligt. Hier erzielte er im WJ 2015/2016 einen Gewinn von 14.000 € und im WJ 2016/2017 einen Gewinn von 17.000 €. Das Wirtschaftsjahr geht jeweils vom 01.03. – 28.02. des Folgejahres. Ermitteln Sie die Summe der Einkünfte des Steuerpflichtigen für 2016!

3. Rainer Gottlieb ist ledig und arbeitet als Handelsfachpacker. Sein Bruttoeinkommen beträgt 18.600 €. Wie hoch sind seine Einkünfte aus nichtselbständiger Arbeit, wenn keine weiteren Angaben vorliegen?

4. Christiane Schatz hat nach ihrem Studium eine Stelle als Rechtsanwältin in einer großen Kanzlei angetreten. Sie arbeitet seit Oktober 2016 und verdient brutto 3.500 €/Monat. Ermitteln Sie die Einkünfte aus nichtselbständiger Arbeit!

5. Hannes Maurer kauft von seinem Arbeitgeber eine Küche, deren inländischer Listenpreis 4.680 € beträgt mit einem Rabatt von 20 %. Wie hoch ist der steuerpflichtige geldwerte Vorteil?

6. Norbert Kaiser ist als Lehrer bei der Stadt München beschäftigt. 2016 erhielt er ein Bruttogehalt von 52.000 €/jährlich. Er fuhr an 200 Tagen mit dem Pkw von seiner Wohnung zur 28 km entfernten Arbeitsstätte. Als Mitglied eines Lehrerverbandes bezahlte er einen Jahresbeitrag von 220 €. Für einen im Januar gekauften, neuen Laptop (Nutzungsdauer 3 Jahre), den er ausschließlich beruflich nutzt, kann er einen Kaufbeleg über 1.200 € brutto vorweisen. Für die Bewirtung des Lehrerkollegiums anlässlich seines 50. Geburtstages entstanden Aufwendungen in Höhe von 1.620 €. Seine weiteren Werbungskosten (einschließlich Kontoführungsgebühr) betrugen 200 €. Für Vorträge und Seminare an der Volkshochschule erhielt er ein Honorar von insgesamt 2.500 €, seine Ausgaben für diese Tätigkeit betrugen 200 €. Ermitteln Sie die Summe der Einkünfte von Herrn Kaiser.

7. Ein angestellter Lehrer verdient 4.000 € brutto (13 Gehälter). Das Gehalt wird auf sein kostenpflichtiges Girokonto überwiesen. Der Lehrer hat ein kleines Arbeitszimmer, für das im VZ Kosten in Höhe von 2.880 € angefallen sind. Er kann zusätzlich noch folgende Belege vorweisen: Schreibtischstuhl (150 €), Bücherregal (400 €), Schreibtischlampe (110 €), Fernseher (1.990 €). Es handelt sich jeweils um Bruttobeträge. Er legt an 185 Schultagen eine Entfernung von 30 km zu seiner Arbeitsstelle zurück. Für die Mitgliedschaft in einem Lehrerverband bezahlt er 240 €, für Fachliteratur 125 €. Berechnen Sie die Einkünfte aus nichtselbständiger Arbeit.

8. Das Bruttogehalt einer ledigen Angestellten beträgt im VZ 2016 48.200 €. Sie konnte als Beschäftigte eines Möbelhauses einen Mitarbeiterrabatt in Anspruch nehmen. 2016 hat sie eine Schrankwand zum Preis von 5.400 € erworben, deren Ladenverkaufspreis 7.000 € betragen hätte. Die Angestellte fährt an 210 Arbeitstagen mit dem Motorrad zum 35 km entfernten Möbelhaus. Für Fachliteratur kann sie Belege über 150 € vorweisen, das Gehaltskonto wird von ihrer Bank gebührenpflichtig geführt. Wie hoch sind die Einkünfte i.S.d. § 19 EStG der Steuerpflichtigen?

9. Rainer Betzner arbeitet als leitender Angestellter einer Bank in Hamburg. Neben seinem Gehalt erhält er von seinem Arbeitgeber einen Firmenwagen zur kostenlosen Nutzung. Das Fahrzeug wurde von der Bank für 42.085 € (= inländischer Bruttolistenpreis) gekauft. Herr Betzner nutzt den Pkw neben den Privatfahrten auch für die täglichen Fahrten zur Bank. Im VZ wurde die Strecke Wohnung – Bank an 220 Tagen zurückgelegt. Dabei fuhr Herr Betzner täglich insgesamt 96 km. Er führte kein Fahrtenbuch. Um welchen Betrag erhöhen sich die steuerpflichtigen Einnahmen von Herrn Betzner durch diesen Sachverhalt?

10. Der Steuerpflichtige Hannes Bader ist zum 01.09.2015 in Pension gegangen. Seine Pension beträgt 2016 (einschließlich Sonderzahlung) insgesamt 25.000 €. Ermitteln Sie die Einkünfte i.S.d. § 19 EStG für 2016!

STEUER 3 — EINKOMMENSTEUER

11. Paul Lang, ledig, ist seit 01.01.2005 in Pension. Er erhielt in diesem Jahr eine Beamtenpension (einschließlich Sonderzahlung) in Höhe von 22.200 €. Wie hoch ist der Freibetrag, den Herr Lang 2005 und in allen Folgejahren bei seinen Einkünften aus nichtselbständiger Arbeit geltend machen kann?

12. Lena Schmitt war bis August 2016 als Beamtin bei der Stadt Nürnberg beschäftigt. Sie hat an 120 Tagen eine Entfernung von 5 km zu ihrer Arbeitsstätte zurückgelegt. Ihr Arbeitslohn in diesem Zeitraum betrug 24.880 €. Seit September erhält sie eine Pension von insgesamt 9.880 €. Bis zu ihrer Pensionierung hatte sie eine Fachzeitschrift abonniert, für die sie insgesamt 38,60 € aufwendete. Kontoführungsgebühren entstanden nicht. Berechnen Sie die Einkünfte aus nichtselbständiger Arbeit.

13. Ein Ehepaar wird zusammen zur Einkommensteuer veranlagt. Das Ehepaar besitzt für 100.000 € festverzinsliche Wertpapiere, die jährlich mit 4 % verzinst werden. Wie hoch ist die Abgeltungsteuer ohne Solidaritätszuschlag und Kirchensteuer, wenn kein Freistellungsauftrag vorliegt?

14. Einem Steuerpflichtigen wurde nach Abzug von Abgeltungsteuer und Solidaritätszuschlag 3.681,25 € Dividende gutgeschrieben. Wie hoch war die Bardividende, wenn kein Freistellungsauftrag erteilt wurde und der Steuerpflichtige konfessionslos ist?

15. Das Ehepaar Egon und Annegret Blehle, Ulm, wird zusammen zur Einkommensteuer veranlagt. Sie besitzen 4.000 Aktien der Schleißheimer Maschinenwerke AG, die in einem Depot der örtlichen Sparkasse verwahrt werden. Am 5. Juni 2016 schüttet die AG eine Dividende von 2,50 € pro Aktie aus. Die Ausschüttung wird über das Bankkonto der Eheleute abgewickelt. Am Jahresende 2016 wird das Konto der Eheleute mit 180,00 € Depotgebühren belastet. Neben der Dividendenausschüttung haben die Eheleute im Jahr 2016 nur Einnahmen aus nichtselbständiger Arbeit. Ein Freistellungsauftrag liegt nicht vor. Welchen Betrag schreibt die Sparkasse dem Ehepaar aus der Aktienanlage gut (kein Einbehalt von Kirchensteuer)?

16. Ein lediger Steuerpflichtiger hat einen Zinsanspruch aus einem Sparguthaben in Höhe von 2.000.000 €. Wie hoch ist die Abgeltungsteuer, wenn auch 8 % Kirchensteuer einbehalten wurde?

17. Das Ehepaar Berker besitzt ein Festgeldkonto bei der Sparkasse. Für diese Anlage in Höhe von 200.000,00 € erfolgte am 31. Dezember 2016 die Gutschrift der Jahreszinsen (4 % p.a.). Der Sparkasse liegt ein Freistellungsauftrag des Ehepaares Berker in maximal zulässiger Höhe vor. Andere Zinseinnahmen hat das Ehepaar nicht. Welchen Betrag schreibt die Bank dem Ehepaar gut (kein Einbehalt von Kirchensteuer)?

18. Frau Schumann, ledig, ist als typische stille Gesellschafterin am Einzelhandelsunternehmen ihrer Tochter in München beteiligt. Sie hat Anspruch auf einen Gewinnanteil von 10.000,00 €. Wie hoch ist die Abgeltungsteuer in diesem Fall?

19. Herr Greulich ist mit 15 % am Stammkapital der „Sporthaus Fröhlich GmbH" beteiligt. Er erhielt im Mai 2015 eine Gewinnausschüttung für 2014 in Höhe von 11.835,00 €, die seinem Bankkonto gutgeschrieben wurde. Im Mai 2016 beträgt die Gewinnausschüttung für 2015 insgesamt 12.804,00 € (Bankgutschrift). Einen Freistellungsauftrag hat Herr Greulich nicht gestellt. Wie wirkt sich dieser Sachverhalt auf die Summe seiner Einkünfte 2016 aus?

20. Egon Baller besitzt Aktien der X-AG. Aufgrund des Beschlusses der Hauptversammlung hat er Anspruch auf eine Dividende von 2.000 €. Wie wirkt sich dies auf die Summe seiner Einkünfte aus, wenn er sonst keine weiteren Einkünfte aus Kapitalvermögen hat?

21. Ein lediger Steuerpflichtiger erhält aus einer Aktienanlage eine Bardividende in Höhe von 5.000 €. Wie hoch ist die Gutschrift auf dem Bankkonto, wenn er einen Freistellungsauftrag in maximal zulässiger Höhe abgegeben hat (keine Kirchensteuer)?

22. Max Brandner, Beamter, hat einer Kommanditgesellschaft seit 2004 eine Garage als Lagerplatz vermietet und dafür monatlich eine Miete von € 100,00 erhalten. An Ausgaben kann er insgesamt € 300,00 nachweisen. Wie hoch sind seine Einkünfte aus Vermietung und Verpachtung?

23. Werner Schmidt besitzt ein Zweifamilienhaus in Augsburg, das zu seinem Privatvermögen gehört. Das Haus (Baujahr 1980) wurde 2016 gekauft, der Übergang von Nutzen und Lasten war am 01.06.2016. Die gesamten Anschaffungskosten einschließlich 25 % Grundstücksanteil betragen 365.000,00 €. Das Erdgeschoss bewohnt Herr Schmidt mit seiner Familie selbst. Die zweite Wohnung ist seit dem 01.06.2016 an eine Angestellte vermietet. Beide Wohnungen sind gleich groß. Wie hoch ist die Abschreibung, die Herr Schmidt bei der Ermittlung seiner Einkünfte i.S.d. § 21 EStG ansetzen kann?

EINKOMMENSTEUER — STEUER 3

24. Herr Peters besitzt ein Einfamilienhaus (125 qm Wohnfläche), das er vermietet hat. Das Haus wurde 1990 fertig gestellt und 1996 von Herrn Peters erworben. Die Anschaffungskosten des Gebäudes betrugen 400.000,00 €.
Die Mieteinnahmen 2016 betrugen 1.500,00 €/Monat. An Werbungskosten entstanden Schuldzinsen in Höhe von 3.000,00 €, laufende Kosten (Müllabfuhr, GrSt, usw.) 1.000,00 € und Erhaltungsaufwand (kleine Reparaturen) 800,00 €. Ermitteln Sie die Einkünfte i.S.d. § 21 EStG.

25. Ein Steuerpflichtiger (ledig, 1 Kind) erwirbt zum 01. Mai 2016 (Übergang von Nutzen und Lasten) ein Zweifamilienhaus in Ehingen, in dem er sofort eine Wohnung vermietet (100 m² zu je 10,00 €/m² Miete pro Monat). Für die entstehenden Nebenkosten werden pro Monat 250,00 € berechnet. Die zweite Wohnung konnte er erst ab 01. September vermieten (60 m² zu je 10,00 €/m² Miete pro Monat). Für die entstehenden Nebenkosten werden pro Monat 150,00 € berechnet. Beide Mieter zahlen Miete und Nebenkosten pünktlich zum 1. eines jeden Monats im Voraus. Die Anschaffungskosten des 1986 gebauten Hauses betrugen 720.000,00 €, davon entfallen 180.000,00 € auf Grund und Boden. Der Steuerpflichtige hat zur Finanzierung mit Wertstellung 01.04.2016 ein Darlehen über 250.000,00 € aufgenommen, das zu 96 % ausgezahlt wurde. Die Bank buchte 12.000,00 € Zinsen ab. An weiteren Ausgaben können für Reparaturen am Dach des Hauses 8.200 € und für laufende Kosten 4.400 € nachgewiesen werden. Ermitteln Sie die Einkünfte i.S.d. § 21 EStG.

26. Martin Bogner vermietet eine Wohnung in Teterow während des ganzen Jahres an seinen Neffen und berechnet ihm statt der ortsüblichen Monatsmiete von 600 € nur 200 €. Die unstrittigen Werbungskosten betragen 5.700 €. Wie hoch sind die Einkünfte aus Vermietung und Verpachtung?

27. Das Ehepaar Schneider vermietet seit zwanzig Jahren ein Einfamilienhaus. Im VZ betrug die Monatsmiete 800 €. Da das Ehepaar seit einigen Jahren die Miete nicht erhöht hat, beträgt sie gegenwärtig nur 75 % der ortsüblichen Miete. Berechnen Sie die Einkünfte i.S.d. § 21 EStG, wenn die Werbungskosten insgesamt 6.000 € betragen.

28. Ein lediger Angestellter erwirbt zum 01.06.2016 (Übergang von Nutzen und Lasten) ein Zweifamilienhaus für 365.000 €. In diesem Betrag ist der Grundstücksanteil mit 25 % enthalten. Der 1. Stock wird seit 01.06.2016 zu einer ortsüblichen Miete von 1.150 €/Monat (einschl. 150 € Nebenkosten) vermietet, das Erdgeschoss bewohnt der Angestellte gemeinsam mit seiner Tochter. Beide Wohnungen sind gleich groß. Die Abschreibung ist mit 2 % zu berücksichtigen, die sonstigen Werbungskosten (Versicherung, Zinsen, laufende Kosten) betragen insgesamt 14.000 €. Ermitteln Sie die Einkünfte aus Vermietung und Verpachtung!

29. Anna Baader erhält von ihrem geschiedenen Mann monatliche Unterhaltszahlungen in Höhe von 500 €. Wie hoch sind die sonstigen Einkünfte von Frau Baader?

30. Franziska Maler lebt seit drei Jahren von ihrem Ehemann getrennt und erhält von diesem einen monatlichen Unterhalt von 2.000 €. Berechnen Sie die sonstigen Einkünfte von Franziska Maler.

31. Ein Steuerpflichtiger hat vor acht Jahren ein Grundstück für 70.000 € erworben und seither als Lagerfläche vermietet. Im Februar diesen Jahres verkauft er das Grundstück für 78.000 €. Im Zusammenhang mit dem Verkauf entstehen Werbungskosten in Höhe von 350 €. Wie ist der erzielte Gewinn steuerlich zu behandeln?

32. Georg Bachmaier verkaufte im Mai 2016 eine Eigentumswohnung, die er 2007 gekauft hatte. Er erzielte beim Verkauf einen „Gewinn" von 13.000,00 €. Die Wohnung war bis November 2013 vermietet und wurde dann von Herrn Bachmaier selbst bewohnt. Wie wird der Verkauf steuerlich behandelt?

33. Otto Gerhard erwarb 2012 eine vermietete Eigentumswohnung in Erlangen. Der Übergang von Nutzen und Lasten erfolgte zum 01.10.2012. Die Anschaffungskosten der Wohnung betrugen 200.000 € (einschließlich 20.000 € Grund- und Boden). Herr Gerhard verkaufte diese Wohnung mit notariellem Kaufvertrag vom 31.08.2016 (gleichzeitig Übergang von Nutzen und Lasten) für 220.000 €. Bei der Ermittlung der Einkünfte aus Vermietung und Verpachtung wurde jeweils eine AfA von 2 % berücksichtigt. Berechnen Sie die steuerpflichtigen Einkünfte von Otto Gerhard.

34. Ingeborg Maier bezieht seit 2005 eine Altersrente der gesetzlichen Rentenversicherung. Im VZ 2016 erhielt sie hieraus insgesamt 11.240 €. Wie hoch ist der Besteuerungsanteil der Rente 2016 in Prozent, wenn es keine Rentenerhöhungen gab?

35. Dagmar Paulig erhält 2016 eine Jahresrente in Höhe von 12.800 €. Wie hoch ist der gleichbleibende Rentenfreibetrag, wenn Frau Paulig seit 12 Jahren Rente bezieht (keine Rentenerhöhungen)?

STEUER 3 — EINKOMMENSTEUER

36. Hannes Alber, ledig, ist zum 31.12.2015 aus dem aktiven Arbeitsleben ausgeschieden. Seit Januar 2016 bezieht er eine Monatsrente von 1.000 €. Wie hoch sind seine sonstigen Einkünfte?

37. Der ledige Steuerpflichtige Otto Dorn bezieht seit dem 01.10.2015 eine Rente aus der gesetzlichen Rentenversicherung von 1.250 € monatlich. Zum 01.07.2016 wird die Rente auf 1.275 €/Monat erhöht. Ermitteln Sie die sonstigen Einkünfte von Otto Dorn im VZ 2016!

38. Maria Bauer erhält Altersrente. 2016 bezog die ledige Steuerpflichtige insgesamt 14.200 € (Rentenfreibetrag: 7.000 €). Zusätzlich erhält sie aufgrund eines Arbeitsunfalls eine Rente der Berufsgenossenschaft in Höhe von 420 €/Monat. Berechnen Sie die Summe der Einkünfte.

39. Ein lediger Pensionär erhält seit seinem 65. Geburtstag eine Rente aus einer privaten Rentenversicherung (keine „Riester-" oder „Rürup-Rente"). 2016 betrug die Monatsrente 600 €. Wie hoch sind seine Einkünfte i.S.d. § 22 EStG?

40. Der Angestellte Ludwig Zehntner kaufte im Mai 2016 100 Aktien der X-AG zum Kurs von 30 €/Stück. Die Bank berechnete zusätzlich 50 € Gebühren. Im Oktober 2016 verkauft er diese Aktien zum Kurs von 41 €/Stück. Im Zusammenhang mit dem Verkauf berechnet die Bank 65 € Gebühren. Wie wirkt sich dieser Sachverhalt steuerlich aus?

41. Im Zusammenhang mit einem Aktienverkauf 2016 (der Aktenkauf erfolgte 2015) erwirtschaftet ein Steuerpflichtiger einen „Verlust" in Höhe von 1.850 €. Wie hoch ist die Summe seiner Einkünfte, wenn ansonsten nur Einkünfte aus nichtselbständiger Arbeit in Höhe von 42.125 € vorliegen?

42. Eine Steuerpflichtige hat im VZ zwei private Veräußerungsgeschäfte mit Aktien getätigt. Mit dem ersten Veräußerungsgeschäft erzielte sie einen „Gewinn" von 6.500 €, mit dem Zweiten einen „Verlust" in Höhe von 6.000 €. Welcher Betrag wird bei der Ermittlung der Summe der Einkünfte der Steuerpflichtigen angesetzt?

43. Der ledige Steuerpflichtige Alfred Benker bezieht als Angestellter Einkünfte aus nichtselbständiger Arbeit in Höhe von 49.600 €. Mit der Vermietung eines Appartements erwirtschaftete er Verluste in Höhe von 2.800 €. Aus zwei privaten Veräußerungsgeschäften mit Aktien entstanden ein Gewinn von 1.200 € und ein Verlust in Höhe von 6.200 €. Berechnen Sie die Summe der Einkünfte des Steuerpflichtigen.

44. Ein unverheirateter Landwirt erwirtschaftete einen Gewinn in Höhe von 78.500 €. Wie hoch ist der Freibetrag für Land- und Forstwirte?

45. Ein verheirateter Nebenerwerbslandwirt erzielte Einkünfte aus nichtselbständiger Arbeit in Höhe von 42.000 € und Einkünfte aus Land- und Forstwirtschaft von 1.200 €. Berechnen Sie den Freibetrag für Land- und Forstwirte.

46. Die Einkünfte aus Land- und Forstwirtschaft (= Summe der Einkünfte) des ledigen Steuerpflichtigen Maler betrugen 20.480 €. Ermitteln Sie den Freibetrag für Land- und Forstwirte.

47. Leo Müller, ledig, 55 Jahre, verdiente als Angestellter brutto 46.420 €. Als Imker erzielte er mit dem Verkauf von Honig Einkünfte in Höhe von 600 €. Berechnen Sie den Gesamtbetrag seiner Einkünfte

48. Markus Langner, 77 Jahre, bezieht seit zwölf Jahren eine Altersrente aus der gesetzlichen Sozialversicherung. 2016 erhält er insgesamt 12.620 €. Wie hoch ist sein Altersentlastungsbetrag i.S.d. § 24a EStG, wenn ansonsten keine Einkünfte vorliegen?

49. Bettina Aigner, geb. 07.06.1943, erhält 2016 neben 18.000 € Beamtenpension auch 6.600 € Einkünfte aus Vermietung und Verpachtung. Wie hoch ist der 2016 zu gewährende Altersentlastungsbetrag?

50. Die alleinerziehende Bianca Seidler wohnt gemeinsam mit der 15 Jahre alten Tochter, die das Gymnasium besucht und dem 21 Jahre alten Sohn, der seit der bestandenen Prüfung im Vorjahr als Bankkaufmann arbeitet in einem Haushalt in Wiesbaden. Besteht ein Anspruch auf den Entlastungsbetrag für Alleinerziehende?

51. Nena Lepple und ihre 17 Jahre alte Tochter Mona (Gymnasiastin) wohnen in Münster. Der 19 Jahre alte Sohn Tristan ist gleichfalls dort gemeldet, ist jedoch seit letztem Jahr bei der Bundeswehr. Er hat sich für zwei Jahre verpflichtet. Hat Frau Lepple Anspruch auf den Entlastungsbetrag für Alleinerziehende? Falls ja, in welcher Höhe?

52. Ein lediger Gewerbetreibender erzielt Einkünfte aus Gewerbebetrieb in Höhe von 48.230 €. Er weist keine Sonderausgaben nach. Ist trotzdem ein Sonderausgabenabzug möglich?

EINKOMMENSTEUER — STEUER 3

53. Rainer Gottlieb lebt seit zwei Jahren von seiner Ehefrau getrennt. Er bezahlt ihr einen monatlichen Unterhalt von 700 €. In welchem Umfang ist in diesem Fall ein Sonderausgabenabzug möglich?

54. Alexander Kiemann, ledig, spendet einer politischen Partei 200 €. Wie wird diese Spende steuerlich berücksichtigt?

55. Stefan Schneider ist 48 Jahre alt und ledig. Er spendet 2.500 € an die Katholische Kirche für die Renovierung des Dachstuhls der örtlichen Kirche und weitere 4.000 € an das Deutsche Museum in München. Beide Spenden sind durch ordnungsgemäße Zuwendungsbestätigungen nachgewiesen. Der Gesamtbetrag der Einkünfte von Stefan Schneider beträgt 55.000 €. Wie hoch ist der Sonderausgabenabzug auf Grund dieser Spenden?

56. Der ledige Steuerpflichtige Stefan Kremmer, Saarbrücken, spendete 2.550 € für kirchliche Zwecke. Der Gesamtbetrag seiner Einkünfte beträgt 20.000 €, die Summe der Umsätze, Löhne und Gehälter beläuft sich auf 1 Million €. In welchem Umfang kann Kremmer einen Sonderausgabenabzug geltend machen?

57. Martin Huber ist seit drei Jahren geschieden. Er spendet im VZ 2016 für wissenschaftliche Zwecke 1.900 € und für religiöse Zwecke insgesamt 2.200 €. Der Gesamtbetrag seiner Einkünfte beträgt 24.000 €, die Summe seiner Umsätze, Löhne und Gehälter 840.000 €. Berechnen Sie den höchstmöglichen Sonderausgabenabzug.

58. Die ledige Industriefachwirtin Regine Lutz verdient brutto 3.000 €/Monat (12 Gehälter). Sie kann an abzugsfähigen Vorsorgeaufwendungen 2016 nur die Beiträge zur gesetzlichen Rentenversicherung nachweisen. Wie hoch sind ihre als Sonderausgaben abzugsfähigen Vorsorgeaufwendungen (Grundversorgung)?

59. Julia Seifert arbeitet als Abteilungsdirektorin in einem großen Industriebetrieb in Nordrhein-Westfalen. Frau Seifert ist 45 Jahre alt, ledig und verdiente 2016 insgesamt 64.800 € brutto. Berechnen Sie die als Sonderausgaben abziehbaren Aufwendungen zur Altersvorsorge.

60. Ein lediger Beamter bezieht 2016 einen Bruttoarbeitslohn von 34.840 €. Wie hoch sind seine als Sonderausgaben abzuziehenden Aufwendungen zur Altersvorsorge, wenn keine weiteren Angaben vorliegen?

61. Christin Blank verdient als Beamtin brutto 32.400 €. Frau Blank ist ledig, sie hat 2003 eine Risikolebensversicherung abgeschlossen um ihre Tochter im Falle ihres Todes abzusichern. Hierfür hat sie 2016 Beiträge in Höhe von 600 € bezahlt. Berechnen Sie die als Sonderausgaben abzugsfähigen Aufwendungen zur Altersvorsorge (Grundversorgung) nach neuem Recht, wenn keine weiteren Angaben vorliegen!

62. Ein lediger Selbständiger bezahlte 2016 für eine private Leibrentenversicherung 8.000 € („Rürup-Rente") und für eine berufsständische Versorgungseinrichtung, die den gesetzlichen Erfordernissen entspricht 12.000 €. Wie hoch ist der Sonderausgabenabzug, den er daraus 2015 steuerlich geltend machen kann?

63. Eine selbständige Rechtsanwältin (ledig) bezahlt 2016 für eine berufsständische Versorgungseinrichtung und zum Aufbau einer privaten Leibrentenversicherung Beiträge von insgesamt 24.000 €. Ermitteln Sie den 2016 möglichen Sonderausgabenabzug.

64. Der selbständige Unternehmensberater Matthias Seifert ist 45 Jahre alt, verheiratet (Ehefrau = Hausfrau) und hat drei Kinder. Herr Seifert wird mit seiner Ehefrau zusammen veranlagt. Die Summe seiner Einkünfte betrug 2016 125.800 €. Herr Seifert bezahlte während des ganzen Jahres 2016 zum Aufbau einer eigenen kapitalgedeckten Altersvorsorge Beiträge von 2.000 €/Monat. Wie hoch sind seine 2016 als Sonderausgaben abzugsfähigen Aufwendungen zur Altersvorsorge?

65. Stephan und Simone Schaller, beide 40 Jahre, werden zusammen zur Einkommensteuer veranlagt. Sie sind als Beamte (Lehrer) in Bayern beschäftigt und verdienen brutto jeweils 48.000 €/Jahr. Jeder Ehepartner bezahlte 2016 zum Aufbau einer eigenen kapitalgedeckten Altersversorgung einen Jahresbeitrag von 4.000 €. Wie hoch sind die abziehbaren Aufwendungen zur Altersvorsorge des Ehepaares 2016?

66. Ein lediger, selbständiger Bäckermeister bezahlt 2016 für seine private Kranken- und Pflegeversicherung (Basistarif) einen Jahresbeitrag in Höhe von 4.560 €. Wie und in welchem Umfang kann er diese Zahlungen als Vorsorgeaufwendungen geltend machen?

STEUER 3 — EINKOMMENSTEUER

67. Die Eheleute Hans Bauer /Gewerbetreibender) und Rita Bauer (Hausfrau) werden zusammen zur Einkommensteuer veranlagt. Sie bezahlen 2016 folgende Versicherungsbeiträge:
    - Leibrentenversicherung i.S.d. § 10 (1) Nr. 2b EStG   2.000,00 €
    - Private Kranken- und Pflegeversicherung (Basistarif)   6.000,00 €
    - Haftpflichtversicherungen   1.200,00 €
    - Kapitalversicherungen (Versicherungsbeginn 1997, Laufzeit 25 Jahre)   4.600,00 €
    - Kapitalversicherung (Versicherungsbeginn, Laufzeit 20 Jahre)   3.600,00 €

    Wie hoch sind die Vorsorgeaufwendungen insgesamt (Grundversorgung und sonstige Vorsorgeaufwendungen), die das Ehepaar Bauer 2016 steuerlich geltend machen kann?

68. Ein lediger Beamter verdient brutto 1.480 € im Monat. Wie hoch sind die 2016 anzusetzenden Aufwendungen zur Altersversorgung (Grundversorgung), wenn der Beamte ein Weihnachtsgeld in Höhe von 65% eines Monatsgehalts und 300 € Urlaubsgeld erhält?

69. Gustav Horn, geboren am 01. Juni 1951, war bis 31. Mai 2016 als Beamter bei der Stadt Hannover tätig, danach ging er in Pension. Seine Beamtenbezüge in der Zeit vom 01.01.2016 bis 31.05.2016 betragen 15.000,00 €; seine Pension vom 01.06.2016 bis 31.12.2016 insgesamt 13.700,00 €. Herr Horn macht für den VZ 2016 folgende Aufwendungen geltend: Fahrten Wohnung – Arbeitsstätte an 90 Arbeitstagen, einfache Entfernung 22,2 km, Fachliteratur (Belege liegen vor) 280,00 €, Kontoführungsgebühr 16,00 €. Herr Horn betreibt nebenbei eine kleine Landwirtschaft, mit der er im Wirtschaftsjahr 2015/2016 einen Verlust von 600,00 € und im Wirtschaftsjahr 2016/2017 einen Gewinn von 1.200,00 € erwirtschaftet. Wie hoch ist die Summe der Einkünfte von Herrn Horn im VZ 2016?

70. Peter Lauber, 54 Jahre, verheiratet, zwei Kinder musste sich im Juli einer Operation unterziehen. Von den gesamten Operationskosten von 8.100 € wurden ihm von der Krankenversicherung 4.400 € erstattet. Von einer zusätzlichen Krankentagegeld-versicherung erhielt er 1.400 €. Der Gesamtbetrag der Einkünfte des Steuerpflichtigen beträgt 55.000 €. Die Ehefrau ist nicht berufstätig. Wie hoch ist die abzugsfähige außergewöhnliche Belastung?

71. Ein Ehepaar aus Landshut hat eine Tochter, die am 19.03.2016 ihr 18. Lebensjahr vollendet. Die Tochter besucht während des ganzen Jahres 2016 eine Berufsfachschule für Erzieherinnen in München und wohnt dort zur Miete (410 €/Monat werden von den Eltern bezahlt). Die Tochter hat keine eigenen Einkünfte. Berechnen Sie die abzugsfähige außergewöhnliche Belastung.

72. Karin Stendal, 50 Jahre, ist nach einem schweren Arbeitsunfall von zwei Jahren zu 80 % behindert. Wie hoch ist der Behindertenpauschbetrag, den sie wegen ihrer Behinderung beanspruchen kann?

73. Die Mutter von Martin Nothmann ist nach einem Schlaganfall schwerbehindert (hilflos i.S.d. Gesetzes). Herr Nothmann hat in seinem Haus ein Zimmer für seine Mutter eingerichtet und pflegt sie seither. Kann Herr Nothmann für seine Aufwendungen einen Pauschbetrag einkommensteuerlich geltend machen?

74. Dietmar Krause (78 Jahre, Rentner) beschäftigt seit August diesen Jahres stundenweise eine Hilfskraft im Haushalt (kein sozialversicherungspflichtiges Beschäftigungsverhältnis). Herr Krause ist zu 60 % behindert und hat neben einer Rente von 1.460 €/Monat keine weiteren Einkünfte. Welche außergewöhnlichen Belastungen kann er im VZ 2016 geltend machen?

75. Gerhard Danzer, 32 Jahre, ist das einzige Kind des Ehepaares Hans und Vera Danzer. Gerhard hat nach mehrjährigen Aufenthalt in Indien vor drei Jahren ein Jura-Studium in München begonnen. Handelt es sich bei Gerhard Danzer 2016 um ein steuerlich zu berücksichtigendes Kind? Begründen Sie ihre Antwort.

76. Hans Maler ist am 01. Mai 1998 geboren. Bis zu welchem Monat ist Hans ohne besondere Voraussetzungen als Kind zu berücksichtigen?

77. Rainer Pichler wohnt seit Jahren mit seiner Freundin, Christina Schatz, und der gemeinsamen Tochter Mechthild, 16 Jahre alt, in Dresden. Welche Veranlagungsart kommt für die drei Personen in Frage?

78. Alexander Bergmeister, 45 Jahre, ist seit Dezember letzten Jahres Witwer. Sein zu versteuerndes Einkommen betrug im VZ 2016 insgesamt 62.000,00 €. Wie hoch ist die zu zahlende Einkommensteuer?

79. Moritz Danner hat als selbständiger Steuerberater 2016 ein zu versteuerndes Einkommen von 104.800,00 €. Seine Ehefrau, mit der er zusammen zur ESt veranlagt wird, ist nicht berufstätig. Wie hoch ist die zu zahlende Einkommensteuer?

EINKOMMENSTEUER — STEUER 3

80. Peter Landmann, geb. am 28.12.1951, ist seit 2006 Witwer und lebt allein mit seinem 17-jährigen Sohn in Bremen. Er war bis 30.09.2016 leitender Beamter und ging dann in den Ruhestand. Sein Bruttoarbeitslohn betrug monatlich 4.500,00 €. Ab dem 01.10.2016 bezog Landmann Versorgungsbezüge von monatlich 3.200,00 €. Von seiner Bank erhielt er eine Zinsgutschrift für festverzinsliche Wertpapiere von 1.800,00 € für 2016. Es wurde ein höchstmöglicher Freistellungsauftrag erteilt. Für ein Aktiendepot bei der gleichen Bank wurden ihm 2.000,00 € Dividende im Jahr 2016 gutgeschrieben. Seine Einkünfte aus Vermietung und Verpachtung betrugen 7.200,00 €. Peter Landmann beschäftigte von Januar bis September 2016 im Rahmen eines geringfügigen Beschäftigungsverhältnisses eine Reinigungskraft. Die Aufwendungen betrugen insgesamt 4.035,00 €.
Ermitteln Sie für den VZ 2016 den Gesamtbetrag der Einkünfte des konfessionslosen Steuerpflichtigen, berechnen Sie die Höhe der einbehaltenen Abgeltungsteuer und erläutern Sie die steuerliche Auswirkung des geringfügigen Beschäftigungsverhältnisses.

81. Bodo Rohde war bis zum 31. August 2016 als Angestellter im Finanzamt der Stadt Wiesbaden beschäftigt. Sein Gehalt betrug 3.520,00 € je Monat. Für den Zeitraum vom 01.01.2016 bis 31.08.2016 weist er Werbungskosten in Höhe von 880,00 € nach. Seit dem 01. September 2016 ist Bodo Rohde im Ruhestand. Er erhält monatlich eine Rente in Höhe von 2.400,00 €. Mit Kaufvertrag vom 17.10.2006 hatte Bodo Rohde in Niederbayern ein Baugrundstück für insgesamt 88.000,00 € erworben. Am 19.01.2016 hat Bodo Rohde dieses Grundstück für 75.000,00 € wieder verkauft. Seine Kosten beim Verkauf haben 280,00 € betragen.
Ermitteln Sie für den Steuerpflichtigen Bodo Rohde (ledig, 64 Jahre alt) für den Veranlagungszeitraum 2016 den Gesamtbetrag der Einkünfte.

82. Regine Roger ist 34 Jahre und seit vier Jahren geschieden. Sie wohnt mit ihrer 5-jährigen Tochter Julia in einem Haushalt in Krefeld. Der Vater kommt seiner Unterhaltsverpflichtung regelmäßig nach. Julia besucht 2016 ganztägig einen privaten Kindergarten. Die monatlichen Kosten belaufen sich auf 225,00 € einschließlich 45,00 € für die Verpflegung. Eine ordnungsgemäße Kostenbescheinigung (= Rechnung) und Banküberweisung vom Girokonto der Frau Roger liegt vor. Frau Roger bezieht als Angestellte ein Jahresgehalt von 60.000,00 € brutto. An Werbungskosten weist sie 3.800,00 € nach. Darin sind die Kosten für ein Bücherregal in ihrem Arbeitszimmer in Höhe von 399 € brutto enthalten. Frau Roger hat im Jahr 2016 von ihrem geschiedenen Ehemann Unterhaltszahlungen in Höhe von 1.250,00 € monatlich erhalten, wovon 550,00 € auf den Unterhalt für die Tochter entfallen. Frau Roger hat die Anlage U unterschrieben. Seit Jahren kauft Frau Roger verbilligte Aktien ihres Arbeitgebers. 2016 hat sie hinaus einen Dividendenanspruch von 880,00 €. Für das Depot bei ihrer Hausbank, bei der sie einen Freistellungsauftrag in maximaler Höhe abgegeben hat, bezahlt sie jährlich 18 € Depotgebühren.
Wie hoch ist die Summe der Einkünfte von Frau Roger 2016?
Berechnen Sie die vom Kreditinstitut einbehaltene Abgeltungsteuer.
Welcher Betrag wird Frau Roger aus der Aktienlage gutgeschrieben, wenn sie konfessionslos ist?

83. Der Gewerbetreibende Marco Schreiber aus Regensburg ermittelt seinen Gewinn nach § 4 (3) EStG. Der Steuerpflichtige versteuert seine Umsätze nach den allgemeinen Vorschriften des UStG und möchte 2016 einen möglichst niedrigen Gewinn ausweisen. Die Voraussetzungen für § 7g EStG sind erfüllt. Die folgenden Sachverhalte sind noch zu berücksichtigen bzw. zu korrigieren. Eine Begründung ist nicht erforderlich. Sollte ein Vorgang nicht zu berücksichtigen sein, so tragen Sie in allen Spalten einen Strich ein. Der Gewinn ist nicht zu berechnen. Verwenden Sie das untenstehende Lösungsschema.

   a) Herr Schreiber eröffnete 2016 ein Firmenkonto bei der örtlichen Raiffeisenbank. Er übernahm einen Genossenschaftsanteil im Wert von 500 €, der dem Bankkonto belastet wurde. Der Betrag ist noch nicht erfasst.

   b) Ein Beleg über 23,80 € brutto für den Barkauf von Büromaterial bei einem örtlichen Fachhändler ist noch nicht berücksichtigt.

   c) Eine Forderung in Höhe von 2.380 € an einen Unternehmer aus Tettnang wurde uneinbringlich. 2.380 € wurden als Betriebsausgabe erfasst.

   d) Die Feuerschutzversicherung hat nach einem Brand im Lager 5.400 € erstattet. Der Betrag wurde als Betriebseinnahme erfasst.

   e) Ende Dezember 2016 wurde die Januarmiete 2017 für Geschäftsräume überwiesen (keine Option des Vermieters). Die Belastung auf dem Firmenkonto erfolgte am 30.12.2016. Lastschrift der Bank: 2.400 €. Der Vorgang ist noch nicht berücksichtigt.

   f) Am 30.09.2016 wurden für ein betriebliches Darlehen die Zinsen in Höhe von 600 € (für sechs Monate nachträglich) und 2.000 € Tilgung abgebucht.

   g) Die Einkommensteuererstattung (Eingang auf dem Firmenkonto) für 2016 in Höhe von 2.200 € und 121 € Solidaritätszuschlag wurden als BE gebucht.

   h) Die Erstattung des katholischen Kirchensteueramtes (176 €) ging erst am 05.01.2017 auf dem Firmenkonto ein.

STEUER 3 — EINKOMMENSTEUER

i) Ein Kopiergerät (ND 8 Jahre) für 2.618 € einschließlich 19 % USt wurde im Dezember geliefert. Die Bezahlung wird erst Ende Januar 2017 erfolgen.

j) Die Rechnung der Deutschen Telekom für Dezember 2016 (Firmenanschluss) in Höhe von 240 € brutto wurde abgebucht. Der private Anteil beträgt 20 %. Der Vorgang ist noch nicht erfasst.

k) Für das Büro wurden zwei neue Schreibtische zum Stückpreis von 420 € + 19 % USt bestellt. Mit dem Verkäufer wurde vereinbart, dass die Lieferung am 02. Januar 2017 erfolgen soll. Eine Rechnung des Verkäufers liegt noch nicht vor, deshalb wurde 2016 noch nichts gebucht.

l) Ein bereits vorletztes Jahr erworbener Drucker (Kaufpreis 399 €) wurde im Jahr des Kaufs in voller Höhe als Betriebsausgabe erfasst. Dieses Gerät wurde nun für 50 € (Barzahlung) an einen Bekannten aus dem Golfclub von Herrn Schreiber verkauft. Der erhaltene Betrag wurde in die Kasse eingelegt, der Vorgang aber noch nicht erfasst.

Nr.	Betriebseinnahmen		Betriebsausgaben	
	+	−	+	−

84. Gabriel Berger ist in Freilassing (Bayern) als Architekt selbständig tätig. Sein Betriebsvermögen im letzten Jahr betrug 480.000 €. Er erstellte die Überschussrechnung für 2016 selbst. Herr Berger möchte einen möglichst niedrigen Gewinn erzielen. § 7g EStG ist nicht zu berücksichtigen. Herr Berger verwendet bei Umsätzen mit EU-Staaten seine deutsche USt-IdNr. Die Überschussrechnung ist um die folgenden Sachverhalte zu ergänzen bzw. zu berichtigen. § 6 Abs. 2a EStG ist anzuwenden. Verwenden Sie zur Lösung das vorgegebene Schema.

a) Im Dezember 2016 verkauft Herr Berger einen zum Betriebsvermögen gehörenden Kopierer für 800,00 € einschließlich USt auf Ziel an einen Privatmann. Der Kopierer war bereits abgeschrieben. Die Rechnung wird vom Käufer nach mehrmaliger Mahnung erst am 08. Januar 2017 bar beglichen.

b) Herr Berger erwirbt am 01. November 2016 bei einem örtlichen Händler einen neuen Firmenwagen (Nutzungsdauer 6 Jahre) für 30.000,00 € netto. Für eine Sonderlackierung bezahlt er zusätzlich 6.000,00 € netto. Der Kaufpreis wird noch im November bezahlt. Der Wagen wird auch privat genutzt (1 %-Methode).

c) Für das Besprechungszimmer wurde am 02. Juni ein neuer Schreibtisch, Nutzungsdauer 13 Jahre, zum Preis von 5.800,00 € von einem italienischen Händler (italienische USt-IdNr.) angeschafft und nach 10 Tagen unter Abzug von 2 % Skonto bar bezahlt.

d) Herr Berger kaufte im November 2016 ein unbebautes Nachbargrundstück, das künftig als Mitarbeiter- und Kundenparkplatz genutzt werden soll. Den Kaufpreis für das Grundstück in Höhe von 110.000,00 € und die darauf entfallende Grunderwerbsteuer wurden über das betriebliche Bankkonto beglichen. Der Gesamtbetrag wurde als BA erfasst. Die Notarkosten über 2.618,00 € (einschließlich USt) wurden zwar im Dezember 2016 bezahlt, sind aber noch nicht berücksichtigt.

e) Zur Finanzierung des Grundstückskaufs nahm Berger im November ein Darlehen über 50.000,00 € bei seiner Bank auf (Auszahlung 96 %). Er erfasste 50.000,00 € als Betriebseinnahme.

f) Eine Forderung an einen Kunden aus 2013 über netto 4.200,00 € wurde im Dezember 2016 uneinbringlich. Der Vorgang wurde noch nicht berücksichtigt.

g) Am 01. August 2016 wurde ein spezielles Computerprogramm für Architekten zum Preis von 4.760,00 € einschl. 19 % USt gekauft und per Bankscheck bezahlt. Es ist von einer Nutzungsdauer von vier Jahren auszugehen.

h) Im Rahmen eines Geschäftsessens sind Herrn Berger für die Bewirtung von Geschäftsfreunden Kosten in Höhe von 357,00 € einschließlich USt entstanden. Hiervon entfielen auf Herrn Berger selbst 65,00 €. Der Betrag ist angemessen und nachgewiesen, die Restaurantquittung ordnungsgemäß ausgestellt. Der Gesamtbetrag wurde der Geschäftskasse entnommen und als Betriebsausgabe erfasst.

i) Durch eine schadhafte Heizung in einem höheren Stockwerk entstand 2016 in den Geschäftsräumen von Herrn Berger ein Schaden (bereits berücksichtigt) in Höhe von 3.600,00 €, der von der Versicherung anerkannt wurde. Der Scheck über 3.600,00 € ging Ende Dezember 2016 ein, wurde jedoch erst am 04. Januar 2017 auf dem Firmenkonto gutgeschrieben. Der Scheck wurde deshalb nicht erfasst.

j) Für einen Geschäftsfreund kaufte Berger im Dezember einen Bildband („Goethe in Italien"). Er bezahlte 67,00 € bar und erfasste den Betrag als Betriebsausgabe, da das Geld der Firmenkasse entnommen wurde. Das Geschenk wurde am 23.12.2016 übergeben.

k) Von einem Antiquitätenhändler erwirbt Dr. Berger im Mai 2016 einen Stuhl (ND 10 Jahre) für sein Büro zum Preis von 460,00 € und bezahlt bar. Der Antiquitätenhändler wendet die Differenzbesteuerung an.

Nr.	Erklärung/Berechnung	Betriebseinnahmen		Betriebsausgaben	
		+	−	+	−

EINKOMMENSTEUER — STEUER 3

85. Eine Maschinenfabrik entwickelte für den eigenen Bedarf eine Spezialbohrmaschine. Dabei sind folgende Kosten angefallen:

Materialkosten	5.000 €
Materialgemeinkosten	20 %
Löhne	6.000 €
Fertigungsgemeinkosten	200 %
Verwaltungsgemeinkosten	10 %

Berechnen Sie die steuerlich niedrigsten Herstellungskosten.

86. Ein Bauunternehmen erwarb von einem Kfz-Händler einen Kleintransporter und erhielt folgende Rechnung:

Transporter AX	60.000 €
– Treuerabatt 5 %	3.000 €
	57.000 €
+ Sonderzubehör	4.000 €
+ Werbeaufschrift	2.000 €
	63.000 €
+ 19 % Umsatzsteuer	11.970 €
Rechnungsbetrag	74.970 €

Bei Zahlung innerhalb von 8 Tagen 2 % Skonto vom Rechnungsbetrag. Das Unternehmen überwies den Rechnungsbetrag unter Abzug von Skonto. Außerdem sind angefallen: 76 € für die Zulassung und 50 € + 19 % USt für die Nummernschilder.

Die Beträge wurden jeweils bar bezahlt.

Wie hoch sind die Anschaffungskosten für den Kleintransporter?

87. Zur Erweiterung seiner Produktionsstätte erwarb ein Gewerbetreibender von einem insolventen Unternehmen ein Grundstück mit aufstehender Werkshalle für 500.000 €. Auf den Grund und Boden entfallen 20 %.

An Nebenkosten sind entstanden:

5,0 % Grunderwerbsteuer,

500 € Grundbuchgebühren,

1.500 € Notargebühren + 19 % USt,

15.000 € Maklergebühr + 19 % USt

Berechnen Sie die Höhe der Anschaffungskosten für den Grund und Boden sowie für die Werkshalle.

88. Eine Mandantin erwarb für ihr Schreibbüro acht gleiche Rollcontainer für insgesamt 3.200 € + 19 % USt. Bei Zahlung der Rechnung zog die Mandantin 2 % Skonto ab.

Der Spediteur berechnete für die Zufuhr der Geräte 150 € + 19 % USt. Der Betrag wurde bar beglichen.

Können die Rollcontainer als GWG's behandelt werden?

89. Ein Unternehmer kaufte im März 2014 einen Kleinwagen für 23.040 € einschließlich USt für private Zwecke. Als im Mai 2016 das neue Modell auf den Markt kam, erwarb er dieses und legte das alte Fahrzeug in den Betrieb ein, geschätzter Teilwert 16.000 €.

Mit welchem Wert ist die Einlage des gebrauchten Kleinwagens anzusetzen, wenn die Nutzungsdauer 6 Jahre beträgt?

90. Ein Kinderarzt, der seinen Gewinn nach § 4 (3) EStG ermittelt, erwarb für seine Praxis einen neuen PC für 3.600 € zuzüglich 19 % USt. Außerdem kaufte er ein Textverarbeitungsprogramm für 400 € + 19 % USt, ein Praxisverwaltungsprogramm für 2.800 € + 19 % USt und 20 Disketten für insgesamt 40 € + 19 % USt. In den PC ließ er zur weiteren Datensicherung eine zusätzliche Festplatte für 600 € + 19 % USt einbauen.

Beurteilen Sie den Sachverhalt und ermitteln Sie die Anschaffungskosten für den PC.

91. Eine GmbH hat für den Bau einer Fertigungsstraße am 30.04.2016 einen Kredit über 1.200.000 € zu folgenden Konditionen aufgenommen: Auszahlung 94 %, Laufzeit 10 Jahre, Rückzahlung in einer Summe, Zinssatz 1,6 %, Zinszahlung vierteljährlich nachträglich.

Mit welchem Wert sind der Kredit und das Damnum zum 31.12. zu bewerten?

STEUER 3 — EINKOMMENSTEUER

92. Eine Gewerbetreibende hat den Warenbestand in der Steuerbilanz 2015 versehentlich mit 130.000 € bewertet, obwohl die Anschaffungskosten 120.000 € betrugen. Die Veranlagung für 2015 ist bestandskräftig und kann nicht mehr geändert werden. Die Veranlagung für 2016 wurde noch nicht durchgeführt.
    Könnte die Bilanz 2015 noch geändert bzw. berichtigt werden?

93. Ein Gewerbetreibender lieferte im November 2016 Maschinenteile für 60.000 USD an einen Abnehmer in den USA, Rechnungsbetrag 60.000 USD, Zahlungsziel 6 Monate. Der Kurs betrug zum Lieferzeitpunkt 1 € = 1,16 USD. Am Bilanzstichtag, 31.12.2016, betrug der Kurs 1 € = 1,14 USD. Zum Zeitpunkt der Zahlung in 2017 belief sich der Kurs auf 1 € = 1,18 USD.
    Mit welchem Wert ist die Forderung zum Bilanzstichtag anzusetzen?

94. Eine GmbH bezog am 20.12.2016 eine Spezialmaschine aus der Schweiz, Rechnungsbetrag 30.000 CHF, Zahlungsziel 60 Tage, Kurs bei Lieferung 1 € = 1,02 CHF. Zum Bilanzstichtag beträgt der Kurs 1 € = 1,04 CHF. Bei Zahlung im Februar 2017 betrug der Kurs 1 € = 1,06 CHF.
    Mit welchem Wert muss die Verbindlichkeit in der Bilanz zu 31.12.2016 ausgewiesen werden?

95. Im Warenbestand eines Baumarktes sind u.a. laut Inventur noch 40 Bohrmaschinen mit Anschaffungskosten von insgesamt 2.800,00 € vorhanden, deren Nettoverkaufspreis 5.040,00 € beträgt. Wegen diverser Nachfolgemodelle können die Bohrmaschinen nur noch zu 60% des ursprünglichen Verkaufspreises angeboten werden (60% von 5.040,00 € = 3.024,00 €). Der durchschnittliche Unternehmergewinn beträgt 10% des noch erzielbaren Verkaufspreises. Bis zum Verkauf fallen nachweislich noch 50% betriebliche Kosten an, gerechnet vom ursprünglichen Verkaufspreis vermindert um die Anschaffungskosten und den durchschnittlichen Unternehmergewinn.
    Mit welchem Wert sind die Bohrmaschinen zum 31.12. 2016 zu bilanzieren, wenn von einer voraussichtlich dauerhaften Wertminderung ausgegangen werden kann? Berechnen Sie den Teilwert nach der Subtraktionsmethode, H 6.8 EStH.

96. Der Heizölbestand eines Händlers beträgt laut Inventur bei leichtem Heizöl zum 31.12. 2016 10.000 Liter. Der Anfangsbestand zum 01.01.2016 belief sich auf 5.000 Liter zu je 0,43 €.
    Im Laufe des Jahres 2016 wurden folgende Mengen hinzugekauft:
    35. 000 Liter zu je 0,45 €, 20.000 Liter zu je 0,48 €, 25.000 Liter zu je 0,50 € und 10.000 Liter zu je 0,52 €.
    Der Marktpreis zum 31.12.2016 beträgt 0,55 € je Liter.
    Berechnen Sie den jeweiligen Bilanzansatz nach der
    a) Durchschnittsmethode
    b) Lifo-Methode
    c) Fifo-Methode.

LOHNSTEUER — STEUER 4

BEI DEN NACHSTEHENDEN AUFGABEN SIND DIE RICHTIGEN ERGEBNISSE ANZUKREUZEN

1. **Rechtliche Regelungen zur Lohnsteuer enthält**
   a) das Lohnsteuergesetz
   b) das Lohnfortzahlungsgesetz
   c) die Abgabenordnung
   d) das Einkommensteuergesetz
   e) das Vermögensbildungsgesetz

2. **Die Lohnsteuer ist eine**
   a) Verkehrsteuer
   b) Indirekte Steuer
   c) Besitzsteuer
   d) Verbrauchsteuer
   e) Gemeindesteuer

3. **Das Aufkommen aus der Lohnsteuer steht den folgenden Gebietskörperschaften zu:**
   a) Bund
   b) Bund und Länder
   c) Länder
   d) Gemeinden
   e) Bund, Länder und Gemeinden

4. **Schuldner der Lohnsteuer ist/sind:**
   a) Arbeitgeber und Arbeitnehmer
   b) der Arbeitgeber
   c) der Arbeitnehmer
   d) das Arbeitsamt
   e) alle Arbeitnehmer eines Unternehmens

5. **In welche Lohnsteuerklasse wird ein verheirateter, nicht dauernd getrennt lebender, alleinverdienender Arbeitnehmer eingereiht, wenn er und sein Ehegatte unbeschränkt einkommensteuerpflichtig sind?**
   a) Lohnsteuerklasse I
   b) Lohnsteuerklasse II
   c) Lohnsteuerklasse III
   d) Lohnsteuerklasse IV
   e) Lohnsteuerklasse V

6. **Im Laufe eines Kalenderjahres können Arbeitnehmerehegatten die Steuerklasse**
   a) nicht mehr ändern
   b) beliebig oft ändern
   c) nur noch einmal ändern
   d) ändern, wenn ein Ehegatte verstirbt
   e) ändern, wenn sich die Ehegatten auf Dauer trennen

7. **Bei welcher Behörde können die Arbeitgeber die ELStAM abrufen?**
   a) Finanzamt
   b) Bundeszentralamt für Steuern
   c) Arbeitsamt
   d) Gemeinde
   e) Regierungspräsidium

8. **Welche Angabe ist in den ELStAM nicht enthalten?**
   a) Steuerklasse
   b) Bruttoarbeitslohn
   c) einbehaltene Lohnsteuer
   d) einbehaltener Solidaritätszuschlag
   e) Kontonummer des Arbeitnehmers

STEUER 4 — LOHNSTEUER

9. **An welche Behörde muss sich ein Arbeitnehmer wenden, wenn er wegen Heirat seine ELSTAM ändern lassen will?**
   a) Arbeitgeber
   b) Finanzamt
   c) Einwohnermeldeamt
   d) Arbeitsamt
   e) Steueramt der Gemeinde/Stadt

10. **Welche Steuerklassenkombination kann ein unbeschränkt steuerpflichtiges Ehepaar, das nicht dauernd getrennt lebt, wählen, wenn beide Ehegatten als Arbeitnehmer beschäftigt sind?**
    a) III – IV
    b) II – III
    c) V – III
    d) IV – V
    e) IV - IV

11. **Nach dem Besteuerungszeitraum werden folgende Lohnsteuertabellen unterschieden:**
    a) Tageslohnsteuertabelle
    b) Wochenlohnsteuertabelle
    c) Monatslohnsteuertabelle
    d) Vierteljahreslohnsteuertabelle
    e) Jahreslohnsteuertabelle

12. **Welcher Betrag ist nicht in die Lohnsteuertabellen eingearbeitet?**
    a) Arbeitnehmer-Pauschbetrag
    b) Sonderausgaben-Pauschbetrag
    c) Grundfreibetrag
    d) Altersentlastungsbetrag
    e) Vorsorgepauschale

13. **Welche Beträge sind sonstige Bezüge?**
    a) Monatsgehälter
    b) Mehrarbeitsvergütungen
    c) Abfindungen
    d) Sonn- und Feiertagszuschläge
    e) Weihnachtszuwendungen

14. **Nicht zum Arbeitslohn gehören:**
    a) Aufmerksamkeiten
    b) Übliche Zuwendungen bei Betriebsveranstaltungen
    c) Geldgeschenke bis 60 €
    d) Sachzuwendungen über 60 €
    e) Fort- und Weiterbildungsleistungen im überwiegend betrieblichen Interesse

15. **Steuerfreier Arbeitslohn liegt bis zu gewissen Beträgen vor bei**
    a) Urlaubsgeld
    b) Weihnachtsgeld
    c) Aufmerksamkeiten
    d) Ersatz von Reisekosten
    e) Geldgeschenken zu gewissen Anlässen

16. **Die Pauschalierung der Lohnsteuer ist nicht möglich bei**
    a) Aushilfskräften in der Land- und Forstwirtschaft
    b) Kurzfristig Beschäftigten
    c) Geringfügig versicherungspflichtig Beschäftigten
    d) Fahrtkostenzuschüssen für Wege zwischen Wohnung und Arbeitsstätte
    e) Mehrarbeitsvergütungen

LOHNSTEUER — STEUER 4

17. Ein Arbeitnehmer erhält von seinem Arbeitgeber für Fahrten zwischen Wohnung und Arbeitsstätte einen Zuschuss in Höhe der Entfernungspauschale der pauschal versteuert wird. Wie hoch ist die zu zahlende Lohnsteuer, wenn der Arbeitnehmer im letzten Monat an 18 Tagen den Betrieb aufgesucht hat und die einfache Entfernung Wohnung – erste Tätigkeitsstätte 24 km beträgt?
    a) 32,40 €
    b) 25,92 €
    c) 19,44 €
    d) 6,48 €
    e) 2,59 €

18. Für geringfügig Beschäftigte mit einem Monatslohn bis 450 € betragen die Pauschalabgaben des Arbeitgebers bei gewerblicher Beschäftigung:
    a) 10 % Rentenversicherung, 15 % Lohnsteuer, 5,5 % Solidaritätszuschlag
    b) 15 % Rentenversicherung, 10 % Krankenversicherung, 2 % Lohnsteuer
    c) 12 % Rentenversicherung, 11 % Krankenversicherung, 5 % Lohnsteuer
    d) 5 % Rentenversicherung, 5 % Krankenversicherung, 2 % Lohnsteuer
    e) 15 % Rentenversicherung, 13 % Krankenversicherung, 2 % Lohnsteuer

19. Für die Reinigung seiner Büroräume zahlt ein Gewerbetreibender an eine geringfügig Beschäftigte im Monat 360 €. Wie hoch sind die abzuführenden Pauschalabgaben zur Renten- und Krankenversicherung sowie die pauschale Lohnsteuer monatlich insgesamt?
    a) 43,20 €
    b) 54,00 €
    c) 72,00 €
    d) 108,00 €
    e) 0,00 €

20. Welche der folgenden Aufwendungen gehören nicht zu den beschränkt abzugsfähigen Beträgen im Lohnsteuerermäßigungsverfahren?
    a) Pauschbeträge für Behinderte
    b) Sonderausgaben
    c) Verluste aus Vermietung und Verpachtung einer Eigentumswohnung
    d) Werbungskosten für Fahrten zwischen Wohnung und Arbeitsstätte
    e) Außergewöhnliche Belastungen infolge einer Krankheit

21. Der Arbeitgeber darf einen Lohnsteuerjahresausgleich nur durchführen, wenn
    a) bei der Lohnsteuerberechnung ein Freibetrag zu berücksichtigen war
    b) der Arbeitnehmer auch nach der Steuerklasse VI besteuert worden ist
    c) ein Arbeitnehmer Kurzarbeitergeld erhalten hat
    d) er mehr als 10 Arbeitnehmer beschäftigt
    e) er nur unbeschränkt steuerpflichtige Arbeitnehmer beschäftigt, die während des Ausgleichsjahrs ständig in einem Dienstverhältnis gestanden haben

22. Unter welchen Voraussetzungen werden Arbeitnehmer zur Einkommensteuer veranlagt?
    a) Der Arbeitnehmer hat nur Arbeitslohn von mehr als 410 € bezogen.
    b) Der Arbeitnehmer hat Arbeitslohn aus mehreren Dienstverhältnissen bezogen.
    c) Der Arbeitnehmer hat neben seinem Arbeitslohn Krankengeld von mehr als 410 € bezogen.
    d) Der Arbeitnehmer hat als Lohnsteuerabzugsmerkmal vom Finanzamt einen Freibetrag ermitteln lassen.
    e) Der Arbeitnehmer hat neben seinem Arbeitslohn von 25.000 € Einkünfte aus Land- und Forstwirtschaft in Höhe von 1.060 € bezogen.

23. Der Arbeitgeber hat vierteljährlich eine Lohnsteueranmeldung abzugeben, wenn die abzuführende Lohnsteuer im Jahr 2016 (Vorjahr) betragen hat
    a) > 5.000 €
    b) > 1.080 € <= 4.000 €
    c) <= 800 €
    d) > 800 € <= 3.000 €
    e) > 3.000 €

STEUER 4 — LOHNSTEUER

Ungebundene Aufgaben

1.
Welche Lohnsteuerklasse und ggf. Zahl der Kinder ist für den Lohnsteuerabzug 2016 jeweils zu berücksichtigen?

a) Die Angestellte Bettina Lind ist nicht verheiratet. Sie hat eine Tochter im Alter von 8 Jahren, die bei ihr mit Wohnung gemeldet ist. Der Vater des Kindes wohnt ebenfalls im Inland und kommt seiner Unterhaltsverpflichtung nach. Die Mutter erhält das Kindergeld.

b) Die Ehegatten Winkler haben beide die Steuerklasse IV. Herr Winkler scheidet Ende September 2016 aus Altersgründen aus seinem Betrieb aus und bezieht ab Oktober eine Rente aus der Sozialversicherung.

c) Der Mechaniker Dieter Klein ist seit 2010 geschieden. Er hat zwei Kinder unter 18 Jahren, die bei der Mutter im Inland leben. Im Mai 2016 heiratet er die Alleinstehende Angestellte Sabine Schön. Sabine hat einen dreijährigen Sohn, der in ihrem Haushalt lebt.
Welche Änderungen der Steuerklassen sind nach der Eheschließung für Dieter Klein und Sabine Schön möglich?

2.
a) Berta Fleisig arbeitet als Reinigungskraft bei der Firma Rasch. Ihr Gehalt aus dieser geringfügigen Beschäftigung beträgt monatlich 380 €.
Wie hoch ist die Abgabenbelastung – ohne Umlagen – für den Arbeitgeber, wenn Frau Rasch gesetzlich krankenversichert ist?

b) Gisela Martin arbeitet stundenweise als Blumenbinderin in einem Floristikfachmarkt. Sie ist bei ihrem Mann privat krankenversichert. Das monatliche Arbeitsentgelt aus der Beschäftigung beträgt 240 €.
Welche Abgaben sind vom Arbeitgeber monatlich an die Bundesknappschaft abzuführen?

3.
Ingo Lang ist als Angestellter in einem größeren Unternehmen tätig. Im Kalenderjahr 2016 betrug sein monatliches Gehalt 3.200 €. Außerdem bezog er im Juni 2016 1.600 € Urlaubsgeld und im Dezember 2016 3.200 € Weihnachtsgeld. Die Beträge wurden jeweils auf sein Girokonto überwiesen.
Anlässlich seines 50. Geburtstags erhielt Herr Lang einen Geldbetrag von 1.000 € und ein Buch im Wert von 39 €. Von April bis Oktober durfte Herr Lang auf einer von seinem Arbeitgeber gemieteten Tennisanlage kostenlos spielen. Ein Fremder Dritter hätte hierfür 350 € zahlen müssen.
Ermitteln Sie die Einkünfte aus nichtselbständiger Arbeit für den Veranlagungszeitraum 2016.
Herr Lang macht noch folgende Angaben:
- Besuch einer betrieblichen Fortbildungsmaßnahme, die entstandenen Kosten in Höhe von 1.200,00 € wurden in voller Höhe vom Arbeitgeber übernommen
- 220 Fahrten mit dem eigenen Pkw zwischen Wohnung und erster Tätigkeitsstätte, einfache Entfernung 25,6 km
- Fachliteratur 160 €
- nachgewiesene Kontoführungsgebühren 18 €
- Beiträge zu Berufsverbänden 120 €
- 180 € Beitrag zur privaten Unfallversicherung, die auch eintritt bei Unfällen auf dem Weg zur Arbeit

4.
Die unbeschränkt steuerpflichtigen nicht dauernd getrennt lebenden Ehegatten Ralf und Claudia Rot beantragen im Februar 2016 beim Finanzamt die Ermittlung von Freibeträgen. Dazu machen die Ehegatten folgende unstrittigen Aufwendungen geltend:

Herr Rot
- 230 Fahrten mit dem eigenen Pkw zur 24 km entfernten ersten Tätigkeitsstätte
- Gewerkschaftsbeiträge 280 €
- typische Arbeitskleidung 238 €
- Beiträge für die Pkw-Haftpflichtversicherung 440 €, Teilkaskoversicherung 120 €
- Kirchensteuer 498 €
- Sozialversicherungsbeiträge 5.880 €

Frau Rot
- 184 Fahrten mit dem öffentlichen Verkehrsmittel zur 10 km entfernten ersten Tätigkeitsstätte, Fahrpreis für 11 Monatskarten 475 €
- Fachliteratur 107 €
- 180 € für einen Italienischkurs bei der Volkshochschule zur Auffrischung der Kenntnisse für den Sommerurlaub
- Kirchensteuer 326 €
- Spenden für mildtätige Zwecke 200 €
- Sozialversicherungsbeiträge 3.864 €

Die Freibeträge sollen, soweit möglich, zu gleichen Teilen auf die Ehegatten verteilt werden. Berechnen Sie die Höhe der jeweiligen Monatsfreibeträge.

LOHNSTEUER — STEUER 4

5.
Ein Arbeitnehmer hat im Januar 2016 einen Freibetrag von 2.400 € ermitteln lassen. Anfang Mai 2015 weist er weitere 1.260 € Werbungskosten nach.
Welche Auswirkung hat dies auf die Höhe des Freibetrags?

6.
Eine unverheiratete Arbeitnehmerin, 40 Jahre alt, Steuerklasse II/1, stellt einen Antrag auf Veranlagung für **2015**, darin macht sie folgende Angaben:
Bruttoarbeitslohn 28.560,00 €, einbehaltene Lohnsteuer: 3.948,00 €, SolZ: 20,60 €, Kirchensteuer: 86,00 €; Arbeitnehmeranteil zur gesetzlichen Krankenversicherung 2.227,68 € und Pflegeversicherung 335,58 €; Beitrag zur gesetzlichen Rentenversicherung 2.670,36 €; 220 Fahrten mit dem eigenen Pkw zur 18 km entfernten ersten Tätigkeitsstätte, Beiträge zu Berufsverbänden 120,00 €, Fachliteratur 85,60 €, Kontoführungsgebühr pauschal.

Berechnen Sie die zu erstattende Lohnsteuer, Kirchensteuer und den Solidaritätszuschlag. Die Gewährung von Kindergeld ist günstiger als der Abzug des Kinderfreibetrags. Der Abzug zur Arbeitslosenversicherung betrug 428,40 €.

7.
Frau Rasch ist Angestellte in einem großen Automobilunternehmen. Ihr Gehalt betrug im vergangenen Jahr monatlich 3.800,00 €. Zusätzlich bezog sie Urlaubsgeld von 2.400,00 € und Weihnachtsgeld in Höhe eines Monatsgehalts.

Im Februar des vergangen Jahres besuchte sie eine Fortbildungsmaßnahme, die Kosten von 1.800,00 € übernahm das Unternehmen.

Zur weiteren beruflichen Qualifikation besuchte Frau Rasch auf eigene Kosten eine weitere Fortbildungsveranstaltung. Hierfür sind folgende Kosten angefallen:

- Kursgebühren 1.200,00 €
- Arbeitsmaterial 230,00 €
- Reisekosten für insgesamt 256 km mit dem eigenen Pkw
- nachgewiesene Übernachtungskosten für 4 Übernachtungen ohne Frühstück 160,00 €
- Verpflegungsmehraufwendungen pauschal, Frau Rasch fuhr am Montag um 6.00 Uhr von Ihrer Wohnung aus zur Fortbildungsstätte und kehrte am Freitag um 20.00 Uhr von der Fortbildungsmaßnahme zu ihrer Wohnung zurück.

Zusammen mit anderen Mitarbeitern hatte Frau Rasch im vergangenen Jahr die Gelegenheit unentgeltlich auf einer vom Unternehmen gemieteten Tennisanlage zu spielen. Eine betriebsfremde Person hätte dafür 600,00 € bezahlen müssen.

Als Lob für ihre herausragende Arbeit erhielt Frau Rasch im vergangenen Jahr von ihrem Arbeitgeber ein Geldgeschenk von 1.000,00 € sowie ein Sachgeschenk im Wert von 500,00 €.

Frau Rasch fuhr an 220 Tagen mit dem eigenen Pkw zu ihrer 25,8 km entfernten ersten Tätigkeitsstätte. Außerdem entstanden ihr Aufwendungen für Fachliteratur in Höhe von 214,00 € und Gewerkschaftsbeiträge von 256,00 €. Das Gehalt wurde auf ihr Girokonto überwiesen.

Berechnen Sie die Höhe der Einkünfte aus nichtselbständiger Arbeit für Frau Rasch.

STEUER 5 — KÖRPERSCHAFTSTEUER

BEI DEN NACHSTEHENDEN AUFGABEN SIND DIE RICHTIGEN ERGEBNISSE ANZUKREUZEN BZW. ZUZUORDNEN!

1. **Die Körperschaftsteuer ist eine**
   a) indirekte Steuer
   b) Gemeinschaftsteuer
   c) Verkehrsteuer
   d) Personensteuer
   e) Veranlagungssteuer

2. **Welche der folgenden Körperschaften, Personenvereinigungen, Vermögensmassen mit Sitz im Inland sind körperschaftsteuerpflichtig?**
   a) Steilmann GmbH
   b) Müller & Maier OHG
   c) Breuninger KGaA
   d) Sozialdemokratische Partei Deutschlands (SPD)
   e) Kleiner Versicherungsverein a.G.

3. **Die Körperschaftsteuerpflicht beginnt bei Kapitalgesellschaften mit Sitz oder Geschäftsleitung im Inland mit**
   a) der Eintragung ins Handelsregister
   b) Abschluss des notariellen Gesellschaftsvertrags
   c) Veröffentlichung des Handelsregistereintrags im Bundesanzeiger
   d) Anmeldung beim zuständigen Betriebsfinanzamt
   e) Eintragung ins Genossenschaftsregister

4. **Die Körperschaftsteuerpflicht endet mit**
   a) Löschung im Handelsregister
   b) Eröffnung des Insolvenzverfahrens
   c) Eintritt in die Liquidation
   d) Aufgabe der werbenden Tätigkeit
   e) Umwandlung in eine Personengesellschaft

5. **Prüfen Sie, welche der folgenden Körperschaften mit Sitz im Inland von der Körperschaftsteuer befreit sind:**
   a) Deutsche Bundesbank
   b) Straßenbau AG
   c) Politische Parteien
   d) Körperschaften, die ausschließlich und unmittelbar mildtätigen Zwecken dienen
   e) Der Deutsche Gewerkschaftsbund

6. **Ein Verein, der ausschließlich und unmittelbar gemeinnützigen Zwecken dient, unterhält eine Vereinsgaststätte. Welche steuerliche Folge hat dies?**
   a) Der Verein verliert seine Steuerfreiheit.
   b) Die Steuerfreiheit des Vereins bleibt in vollem Umfang erhalten.
   c) Der Verein ist nur mit seinem wirtschaftlichen Geschäftsbetrieb steuerpflichtig.
   d) Die Gaststätte ist als Betrieb gewerblicher Art selbst steuerpflichtig.
   e) Die Gaststätte ist beschränkt körperschaftsteuerpflichtig.

7. **Die Ermittlung des Einkommens einer Körperschaft erfolgt nach**
   a) handelsrechtlichen Gewinnermittlungsvorschriften
   b) internationalen Rechnungslegungsvorschriften
   c) den Vorschriften des Einkommensteuergesetzes
   d) den Vorschriften des Körperschaftsteuergesetzes
   e) den Vorschriften des Einkommen- und des Körperschaftsteuergesetzes

KÖRPERSCHAFTSTEUER — STEUER 5

8. **Bei der Ermittlung des zu versteuernden Einkommens dürfen die folgenden Aufwendungen abgezogen werden:**
   a) Betriebsausgaben i.S.d. § 4(4) EStG
   b) Werbungskosten i.S.d. § 9 EStG
   c) Körperschaftsteuer
   d) Spenden i.S.d. § 9 (1) Nr. 2 KStG
   e) Verlustabzug i.S.d. § 10d EStG

9. **Spenden für wissenschaftliche und mildtätige Zwecke können**
   a) unbegrenzt
   b) bis zu 5%
   c) bis zu 20%
   d) nicht
   e) bis zu 2/1000

   vom Einkommen vor Abzug der Spenden abgezogen werden.

10. **Welche Aufwendungen können bei der Ermittlung des zu versteuernden Einkommens nicht abgezogen werden?**
    a) Körperschaftsteuer
    b) Spenden an politische Parteien
    c) Säumniszuschläge auf Gewerbesteuer
    d) Hälfte der Aufsichtsratsvergütungen
    e) Geldstrafen

11. **Wie werden die folgenden Aufwendungen bei der Ermittlung des zu versteuernden Einkommens behandelt?**

    Aufwendungen   [ ] 1 abziehbar   [ ] 2 nicht abziehbar
    a) Geschenke < 35 € netto
    b) KSt-Rückstellung
    c) Aufwendungen für ein Gästehaus
    d) Verspätungszuschlag zur USt
    e) GewSt-Rückstellung

12. **Für die Bewirtung von Geschäftsfreunden wendet eine GmbH 480,00 € + USt auf. Der Betrag ist angemessen und wird durch eine ordnungsgemäße Rechnung nachgewiesen. Wie hoch ist der als Betriebsausgabe abziehbare Betrag?**
    a) 480,00 €
    b) 556,80 €
    c) 389,76 €
    d) 336,00 €
    e) 0,00 €

13. **Geldstrafen, Geldbußen, Ordnungsgelder und Verwarnungsgelder sind bei der Ermittlung des Einkommens von Kapitalgesellschaften zu berücksichtigen als**
    a) außerordentliche Aufwendungen
    b) Werbungskosten
    c) abziehbare Aufwendungen
    d) nicht in voller Höhe abziehbare Aufwendungen
    e) Aufwendungen, die das Einkommen nicht mindern dürfen

14. **Welche steuerlichen Nebenleistungen sind bei der Ermittlung des zu versteuernden Einkommens nicht abziehbar?**
    a) Säumniszuschlag auf KSt
    b) Zinsen auf KSt-Nachzahlung
    c) Verspätungszuschlag auf USt-Voranmeldung
    d) Säumniszuschlag auf GewSt-Vorauszahlung
    e) Stundungszinsen für KSt-Abschlusszahlung

STEUER 5 — KÖRPERSCHAFTSTEUER

15. **Bei welchen Vorgängen handelt es sich um eine verdeckte Gewinnausschüttung?**
    a) Ein Gesellschafter einer GmbH erhält ein unangemessen hohes Gehalt.
    b) Wegen guter Geschäftslage wird das Gehalt eines Gesellschafter-Geschäftsführers im November des Geschäftsjahres rückwirkend ab Januar um 20% erhöht. Das Gehalt ist danach noch angemessen.
    c) Eine Gesellschafterin gewährt der Gesellschaft ein Darlehen zu einem sehr hohen Zinssatz.
    d) Ein Gesellschafter erwirbt von der Gesellschaft Waren mit einem besonders großen Preisnachlass.
    e) Der Gesellschafter einer GmbH benutzt einen Betriebs-Pkw für eine Urlaubsfahrt.

16. **Was versteht man unter Tarifbelastung?**
    a) Erhöhung von Löhnen und Gehältern durch Tarifverträge.
    b) Stromkosten eines Unternehmens
    c) Körperschaftsteuersatz für einbehaltene Gewinne
    d) Körperschaftsteuersatz für ausgeschüttete Gewinne
    e) Körperschaftsteuersatz für einbehaltene und ausgeschüttete Gewinne.

17. **Das zu versteuernde Einkommen einer AG beträgt 1.240.000 €. Wie hoch ist die Tarifbelastung einschließlich Solidaritätszuschlag?**
    a) 248.000 €
    b) 310.000 €
    c) 261.640 €
    d) 196.230 €
    e) 0 €

18. **Ein gemeinnütziger Verein betreibt auch eine Gaststätte. Das Einkommen hieraus beträgt 18.560 €. Wie hoch ist die Tarifbelastung einschließlich Solidaritätszuschlag?**
    a) 4.640,00 €
    b) 4.895,20 €
    c) 3.681,25 €
    d) 2.145,87 €
    e) 0,00 €

19. **Was versteht man unter dem Teileinkünfteverfahren?**
    a) An Personengesellschaften ausgeschüttete Gewinne unterliegen nur zu 60% der Kapitalertragsteuer.
    b) Bei einbehaltenen Gewinnen wird nur der halbe Steuersatz angesetzt.
    c) Dividendenerträge sind bei natürlichen Personen nur zum Teil steuerpflichtig.
    d) Auf die Einkommensteuer der Empfänger von Ausschüttungen wird ein Teil der gezahlten Körperschaftsteuer angerechnet.
    e) Ist der Empfänger von Ausschüttungen eine Kapitalgesellschaft, bleiben 60% der Ausschüttung steuerfrei.

20. **Auszahlungen aus dem steuerlichen Einlagekonto sind beim Anteilseigner, bei dem die Bezüge Einnahmen aus Kapitalvermögen nach § 20 (1) Nr. 1 und 2 EStG darstellen,**
    a) der Abgeltungsteuer zu unterwerfen
    b) in voller Höhe steuerpflichtig
    c) steuerbar
    d) nicht steuerbar
    e) zu 40% steuerbar

KÖRPERSCHAFTSTEUER
STEUER 5

Ungebundene Aufgaben

1.
Die Impex-GmbH ermittelte für das Geschäftsjahr 2016 einen vorläufigen Jahresüberschuss von 112.300,00 €. Die GmbH versteuert die Umsätze nach vereinbarten Entgelten, Steuersatz 19%.
Ermitteln Sie das zu versteuernde Einkommen und die Tarifbelastung. Für den Spendenabzug ist die günstigste Methode zu wählen.

Die GmbH legt zum 31.12. 2016 folgende GuV-Rechnung vor:

Umsatzerlöse	3.900.000,00 €	
Sonstige betriebliche Erträge	140.000,00 €	4.040.000,00 €
Materialaufwand	1.400.000,00 €	
Personalaufwand	1.200.000,00 €	
Abschreibungen	300.000,00 €	
Sonstige betriebliche Aufwendungen	930.660,00 €	3.830.660,00 €
		209.340,00 €
Steuern vom Einkommen und Ertrag		97.040,00 €
vorläufiger Jahresüberschuss		112.300,00 €

In den sonstigen betrieblichen Aufwendungen sind u.a. enthalten:
90.000,00 € Aufsichtsratsvergütungen
 8.000,00 € Bewirtungskosten (= 100%), davon sind nicht angemessen 2.000,00 €
 1.500,00 € Geschenke an Geschäftsfreunde < 35,00 €
 1.200,00 € Geschenke an Geschäftsfreunde > 35,00 €
 3.000,00 € Spende an eine politische Partei
20.000,00 € Spende für wissenschaftliche Zwecke
 2.000,00 € Spende für gemeinnützige Zwecke

Die Steuern vom Einkommen und Ertrag setzen sich zusammen aus:
KSt-Vorauszahlungen	48.000,00 €
SolZ	2.640,00 €
GewSt-Rückstellung	10.400,00 €
GewSt-Vorauszahlungen	36.000,00 €

2.
Die Maschinenbau GmbH legt für das Geschäftsjahr 2016 (Wj = Kj) folgende Handels-Bilanz und GuV-Rechnung vor

Aktiva	Bilanz zum 31.12.2016		Passiva
Anlagevermögen		**Eigenkapital**	
Sachanlagen	2.700.000,00	Gezeichnetes Kapital	2.000.000,00
Finanzanlagen	1.000.000,00	Rücklagen	1.200.000,00
		Jahresüberschuss	200.000,00
Umlaufvermögen		Rückstellungen	78.360,00
Vorräte	1.500.000,00	**Verbindlichkeiten**	
Forderungen	950.000,00	Verbindlichkeiten Kreditl	2.000.000,00
Flüssige Mittel	250.360,00	Verbindlichkeiten aus L&L	922.000,00
	6.400.360,00		6.400.360,00

STEUER 5 — KÖRPERSCHAFTSTEUER

GuV-Rechnung zum 31.12.2016

Nr.	Posten	Betrag in €
1	Umsatzerlöse	23.800.000,00
2	Materialaufwand	8.000.000,00
3	Personalaufwand	12.500.000,00
4	Abschreibungen	1.200.000,00
5	Sonstige betriebliche Aufwendungen	1.990.000,00
6	Sonstige Erträge	400.000,00
7	Zinsaufwendungen	145.000,00
8	Steuern vom Einkommen und Ertrag	165.000,00
9	Jahresüberschuss	200.000,00

Erläuterungen zur Bilanz und GuV-Rechnung
In den sonstigen betrieblichen Aufwendungen sind u.a. enthalten:
60.000,00 € Aufsichtsratsvergütungen
10.000,00 Spenden an politische Parteien
40.000,00 Spenden für wissenschaftliche Zwecke
 9.600,00 € Bewirtungsaufwendungen (= 100%)

Die Steuern vom Einkommen und Ertrag setzen sich wie folgt zusammen:
KSt-Vorauszahlungen einschließlich SolZ   50.640,00 €
GewSt-Vorauszahlungen   36.000,00 €
KSt-Rückstellung   37.980,00 €
GewSt-Rückstellung   40.380,00 €

Der Gesellschafter-Geschäftsführer der GmbH erhielt ein monatliches Gehalt von 10.000,00 €. Anfang Oktober 2016 wurde wegen der guten Geschäftslage eine Gehaltserhöhung ab Juli 2016 in Höhe von 3.000,00 € beschlossen. Das Gehalt ist nur in Höhe von 12.000,00 € angemessen.

Berechnen Sie das zu versteuernde Einkommen und die Tarifbelastung für 2016 sowie die zutreffende KSt-Rückstellung einschließlich Solidaritätszuschlag.

3.
Die Müsli-GmbH ermittelte für das Geschäftsjahr 2016 einen vorläufigen Jahresüberschuss von 100.000,00 €.

Als Aufwand wurden u.a. gebucht:
– Geschenke im Gesamtwert von 2.000,00 €, Einzelwert jeweils > 35,00 €
– Säumniszuschläge zur Gewerbesteuer   100,00 €
– Verspätungszuschläge zur Körperschaftsteuererklärung 1.000,00 €
– Körperschaftsteuer-Vorauszahlungen 24.000,00 €
– Vorauszahlungen auf den SolZ 1.320,00 €
– Gewerbesteuer-Vorauszahlungen 18.000,00 €

Berechnen Sie das zu versteuernde Einkommen, die Tarifbelastung und die Höhe der KSt-Rückstellung einschließlich des Solidaritätszuschlags.

4.
Die Laborgeräte GmbH weist zum 31.12.2016 einen vorläufigen Jahresüberschuss von 164.000 € aus. In diesem Betrag ist auch eine steuerfreie Investitionszulage von 24.000 € enthalten.

Als **Aufwendungen** wurden u.a. gebucht:
28.000 € KSt-Vorauszahlungen sowie 1.540 € Solidaritätszuschlag
 2.000 € Säumniszuschlag zur Körperschaftsteuer
 1.500 € Säumniszuschlag zur Gewerbesteuer
 5.000 € Geldbuße wegen USt-Hinterziehung des Geschäftsführers
 1.000 € Hinterziehungszinsen
12.000 € Aufsichtsratsvergütungen
10.000 € Spenden an eine politische Partei
 4.000 € Spenden an die Deutsche Sporthilfe

Außerdem wurden an ein Universitätslabor Geräte im Buchwert von 8.000 € gestiftet. Eine ordnungsmäßige Spendenbescheinigung liegt vor.
Die Summe der Umsätze, Löhne und Gehälter der GmbH betrug insgesamt 12.600.000 €.
Berechnen Sie das zu versteuernde Einkommen und die Tarifbelastung der Laborgeräte GmbH.

KÖRPERSCHAFTSTEUER — STEUER 5

5.
Ein als gemeinnützig anerkannter Sportverein e.V. hat im Jahr 2016 folgende Einnahmen erzielt bzw. Ausgaben getätigt:

Bruttoeinnahmen:		Ausgaben:
Mitgliedsbeiträge	48.600 €	
Spenden	12.000 €	
Öffentlicher Zuschuss für den Bau eins Trainingsplatzes	15.000 €	
Trikotwerbung	8.000 €	
Bandenwerbung	14.000 €	
Vermietung des Sportgeländes an ein Unternehmen für ein Betriebsturnier	2.000 €	
selbst bewirtschaftete Vereinsgaststätte	56.000 €	21.200 €
Vereinsfest	18.000 €	11.800 €
Sportveranstaltungen des Vereins	35.000 €	38.000 €

Wie hoch sind die steuerfreien Einnahmen aus dem ideellen Bereich und aus der steuerfreien Vermögensverwaltung?

Berechnen Sie das zu versteuernde Einkommen und die Tarifbelastung aus den wirtschaftlichen Geschäftsbetrieben. Eine Option nach § 67a Absätze 2 + 3 AO liegt nicht vor.

6.
Werner Weber ist Gesellschafter-Geschäftsführer der BETAX GmbH. Für das Geschäftsjahr 2016 hat die GmbH unter Berücksichtigung der untenstehenden Vorgänge einen Gewinn von 180.000 € ausgewiesen.

Die GmbH räumte Weber zum Erwerb eines Einfamilienhauses Ende Mai 2016 ein Darlehen in Höhe von 200.000 € ein. Weber zahlte der GmbH ab 01.06.2016 0,5% Zinsen. Die banküblichen Zinsen für Darlehen vergleichbarer Art betragen 2,5%.

Mit der Ehefrau des Geschäftsführers schloss die GmbH ab 01.09.2016 einen Beratervertrag ab. Daraus flossen der Gattin des Geschäftsführers monatlich 1.200 € Honorar zu. Die Beratung beschränkt sich auf die gelegentliche Begleitung des Geschäftsführers zu Geschäftsessen.

Für seine Tochter erwarb Weber von der GmbH einen Laptop für 595 € incl. USt gegen bar. Die GmbH verkauft Laptops dieser Art für 3.200 € +19% USt.

Wie sind die Vorgänge bei der Ermittlung des Einkommens der GmbH zu behandeln?

7.
Eine GmbH legt für das Geschäftsjahr 2016 (Wj = Kj) auszugsweise folgende vorläufige Bilanz und GuV-Rechnung vor:

Aktiva	Bilanz zum 31.12. 2016		Passiva
Anlagevermögen		**Eigenkapital**	
Sachanlagen	4.300.000,00	Gezeichnetes Kapital	2.000.000,00
Finanzanlagen	1.400.000,00	Kapitalrücklagen	900.000,00
		Jahresüberschuss	200.000,00
Umlaufvermögen		**Rückstellungen**	
Vorräte	450.000,00	Pensionsrückstellungen	700.000,00
Forderungen	300.000,00	Gewerbesteuer	13.880,00
Flüssige Mittel	850.000,00	**Verbindlichkeiten**	3.486.120,00
	7.300.000,00		7.300.000,00

STEUER 5 — KÖRPERSCHAFTSTEUER

GuV-Rechnung zum 31.12.2016

Nr.	Posten	Beträge
1	Umsatzerlöse	31.680.000,00
2	Materialaufwand	9.600.000,00
3	Personalaufwand	15.800.000,00
4	Abschreibungen	5.100.000,00
5	Sonstige betriebliche Aufwendungen	920.000,00
6	Sonstige betriebliche Erträge	128.000,00
7	Zinsen für langfristige Verbindlichkeiten	95.020,00
8	Steuern vom Einkommen und Ertrag	92.980,00
9	Jahresüberschuss	200.000,00

In den **sonstigen betrieblichen Aufwendungen** sind enthalten:
Aufwendungen für Geschenke < 35,00 € im Wert von 2.000,00 € netto, Aufwendungen für Geschenke > 35,00 € 2.380,00 € brutto; nicht nachgewiesene Bewirtungskosten brutto 2.784,00 €; 40.000,00 € Aufsichtsratsvergütungen und 50.000,00 € Spenden für wissenschaftliche Zwecke. Außerdem 255,00 € Gebühren, die im Zusammenhang mit der Investitionszulage angefallen sind.

Die **sonstigen betrieblichen Erträge** enthalten u.a. 25.500,00 € steuerfreie Investitionszulagen.

Im **Personalaufwand** ist auch das angemessene Gehalt des Gesellschafter-Geschäftsführers von 86.000,00 € enthalten, das am 01.06.2016 rückwirkend vom 01.05.2016 um 2.000,00 € monatlich erhöht wurde.

Die **Steuern vom Einkommen und Ertrag** enthalten die KSt-Vz für 2016 von 37.980,00 € einschließlich Solidaritäts-Zuschlag, eine KSt-Nachzahlung für 2013 von 5.120,00 € und die Gewerbesteuervorauszahlungen von 36.000,00 € sowie die Gewerbesteuer-Rückstellung von 13.880,00 € für 2016.

Aufgabe

Ermitteln Sie das zu versteuernde Einkommen und die Tarifbelastung. Das zu versteuernde Einkommen soll so niedrig wie möglich angesetzt werden.

Berechen Sie die KSt-Rückstellung und erstellen Sie die endgültige Handelsbilanz zum 31.12.2016.

Änderungen der GewSt-Rückstellung sind nicht zu berücksichtigen.

GEWERBESTEUER — STEUER 6

KREUZEN SIE BEI DEN FOLGENDEN AUFGABEN DIE RICHTIGEN ERGEBNISSE AN BZW. ORDNEN SIE RICHTIG ZU!

1. **Die Gewerbesteuer ist eine**
   a) Gemeinschaftsteuer
   b) Gemeindesteuer
   c) Realsteuer
   d) Verkehrsteuer
   e) Betriebsteuer

2. **Das Aufkommen aus der Gewerbesteuer fließt zu**
   a) nur dem Bund
   b) nur den Ländern
   c) Bund, Länder und Gemeinden
   d) Gemeinden und als Umlage an Bund und Länder
   e) nur den Gemeinden

3. **Die Verwaltung der Gewerbesteuer steht grundsätzlich den Landesfinanzbehörden zu. Die Festsetzung und Erhebung der Gewerbesteuer ist jedoch in den meisten Bundesländern auf die Gemeinden übertragen worden. Diese sind zuständig für**
   a) Ermittlung der Besteuerungsgrundlagen
   b) Erstellung des Gewerbesteuerbescheids
   c) Zerlegung des Steuermessbetrags
   d) Stundung der Gewerbesteuer
   e) Erlass der Gewerbesteuer

4. **Prüfen Sie, welche Behörde, [F] Finanzamt [G] Gemeinde, zuständig ist für die**
   a) Niederschlagung der Gewerbesteuer [ ]
   b) Ermittlung der Besteuerungsgrundlagen [ ]
   c) Festsetzung und Erhebung der Gewerbesteuer [ ]
   d) Zerlegung des Gewerbsteuermessbetrags [ ]
   e) Stundung der Gewerbesteuer [ ]

5. **Als Rechtsbehelfe bei der Gewerbesteuer kommen in Frage**
   a) Einspruch gegen den Gewerbesteuermessbescheid bei der Gemeinde
   b) Widerspruch gegen den Zerlegungsbescheid beim Finanzamt
   c) Einspruch gegen den Gewerbesteuerbescheid der Gemeinde
   d) Widerspruch gegen den Gewerbesteuerbescheid der Gemeinde
   e) Klage gegen den Gewerbesteuerbescheid beim Finanzgericht

6. **Ein Gewerbebetrieb liegt vor, wenn folgende Voraussetzungen gegeben sind:**
   a) Einnahmeerzielungsabsicht
   b) Gewinnerzielungsabsicht
   c) Keine Land- und Forstwirtschaft
   d) Selbständigkeit
   e) Nachhaltigkeit

7. **In welchen Fällen liegt ein einheitlicher Gewerbebetrieb vor?**
   a) Café und Konditorei
   b) Gastwirtschaft und Fleischerei
   c) Autoreparaturwerkstatt und Malergeschäft
   d) Landwirtschaftlicher Betrieb mit Hofladen
   e) Forstwirtschaftlicher Betrieb mit Sägewerk einer GmbH

8. **Ein Gewerbebetrieb kraft Rechtsform liegt vor bei einer**
   a) OHG
   b) GmbH
   c) KG
   d) AG
   e) GmbH & Co. KG

STEUER 6 — GEWERBESTEUER

9. **Den Gewerbebetrieb einer sonstigen juristischen Person des privaten Rechts nennt man**
   a) sonstigen Gewerbebetrieb
   b) Reisegewerbebetrieb
   c) stehender Gewerbebetrieb
   d) wirtschaftlicher Geschäftsbetrieb
   e) Betrieb gewerblicher Art

10. **Ein Verein e.V. betreibt neben seiner gemeinnützigen Tätigkeit eine Vereinsgaststätte, veranstaltet jährlich ein Sommerfest und stellt örtlichen Unternehmen Werbeflächen gegen Entgelt zur Verfügung. Welche Tätigkeiten gehören zum wirtschaftlichen Geschäftsbetrieb**
    a) nur die Vereinsgaststätte
    b) die Vereinsgaststätte und das Sommerfest
    c) nur die Werbeflächen
    d) die gemeinnützige Tätigkeit und die Werbeflächen
    e) die Vereinsgaststätte, das Sommerfest und die Werbeflächen

11. **Die Vermögensverwaltung ist keine gewerbliche Tätigkeit, weil**
    a) die Gewinnerzielungsabsicht fehlt
    b) keine Beteiligung am allgemeinen wirtschaftlichen Verkehr vorliegt
    c) die Nachhaltigkeit fehlt
    d) sie gemeinnützig ist
    e) die Selbständigkeit fehlt

12. **Juristische Personen des öffentlichen Rechts sind gewerbesteuerpflichtig**
    a) kraft Gesetz
    b) kraft Rechtsform
    c) kraft unternehmerischer Tätigkeit
    d) kraft Staatsakt
    e) kraft gewerblicher Betätigung

13. **Die Gewerbesteuerpflicht beginnt bei Einzelunternehmen und Personengesellschaften mit der**
    a) Anmeldung des Unternehmens beim Finanzamt
    b) Eintragung ins Handelsregister
    c) Anmietung eines Geschäftsraums
    d) mit dem Kauf von Maschinen
    e) aktiven Teilnahme am allgemeinen wirtschaftlichen Verkehr

14. **Die Gewerbesteuerpflicht von Kapitalgesellschaften beginnt mit**
    a) dem Abschluss des Gesellschaftsvertrags
    b) der Anmeldung des Unternehmens beim Finanzamt
    c) der Anmietung von Geschäftsräumen
    d) Eintragung ins Handelsregister
    e) Eröffnung des Betriebs

15. **Die Gewerbesteuerpflicht endet bei Einzelunternehmen und Personengesellschaften mit**
    a) dem Tod des Unternehmers
    b) dem Tod eines Gesellschafters
    c) Eröffnung des Insolvenzverfahrens
    d) der tatsächlichen Einstellung des Betriebs
    e) der Löschung im Handelsregister

16. **Die Gewerbesteuerpflicht von Kapitalgesellschaften erlischt mit**
    a) Eröffnung des Insolvenzverfahrens
    b) Einstellung des Betriebs
    c) Eintritt in die Liquidation
    d) Löschung im Handelsregister
    e) dem Zeitpunkt, an dem das Vermögen an die Gesellschafter verteilt worden ist

GEWERBESTEUER — STEUER 6

17. **Steuerschuldner ist/sind bei einer**
    a) OHG die Gesellschafter
    b) KG die Kommanditisten
    c) GmbH die juristische Person
    d) atypischen stillen Gesellschaft der Inhaber des Handelsgeschäfts
    e) Einzelunternehmung die Firma

18. **Prüfen Sie, welche der folgenden Betriebe nicht von der Gewerbesteuerpflicht befreit sind:**
    a) politische Parteien
    b) Krankenhäuser in der Rechtsform einer GmbH
    c) Krankenhäuser, die von juristischen Personen des öffentlichen Rechts betrieben werden
    d) private Schulen, wenn ihre Leistungen nach § 4 Nr. 21 UStG von der USt befreit sind
    e) Vereinsgaststätten, die von sonstigen juristischen Personen des privaten Rechts betrieben werden

19. **Besteuerungsgrundlage für die Gewerbesteuer ist der Gewerbeertrag. Nicht zum Gewerbeertrag eines Einzelunternehmens gehören:**
    a) Gewinne aus der Veräußerung von Anlagevermögen
    b) Gewinne aus dem Verkauf von Beteiligungen an einer Personengesellschaft
    c) Entschädigungen, wenn sie innerhalb eines Gewerbebetriebs anfallen
    d) Verluste aus gewerblicher Tierhaltung und Tierzucht
    e) Gewinne aus der Aufgabe des Gewerbebetriebs

20. **Welche Beträge gehören nicht zu den Hinzurechnungen**
    a) Entgelte für Schulden
    b) Renten, die wirtschaftlich mit der Gründung des Betriebs zusammenhängen
    c) Gewinnanteile des atypischen stillen Gesellschafters
    d) Miet- und Pachtzinsen für bewegliche Wirtschaftsgüter des Anlagevermögens
    e) Gewinnanteile an einer in- oder ausländischen OHG

21. **Entgelte für Schulden sind**
    a) Verzugszinsen für Warenschulden
    b) Damnum bei Ausgabe von Hypotheken
    c) Vorfälligkeitsentschädigung
    d) Bereitstellungszinsen
    e) Depotgebühren

22. **Kontokorrentzinsen sind als Entgelte für Schulden anzusetzen zu**
    a) 100 %
    b) 50 %
    c) 25 %
    d) 20 %
    e) 0 %

23. **Betriebliche Renten sind dem Gewinn aus Gewerbebetrieb hinzuzurechnen, wenn sie**
    a) beim Empfänger zur Gewerbesteuer herangezogen werden
    b) beim Empfänger nicht zur Gewerbesteuer herangezogen werden
    c) als Betriebsausgaben gebucht worden sind

24. **Die Gewinnanteile stiller Gesellschafter werden dem Gewinn aus Gewerbebetrieb hinzugerechnet, wenn**
    a) der stille Gesellschafter mit den Gewinnanteilen zur Gewerbesteuer herangezogen wird
    b) der stille Gesellschafter mit den Gewinnanteilen nicht zur Gewerbesteuer herangezogen wird
    c) es sich um einen typischen stillen Gesellschafter handelt
    d) es sich um einen atypischen stillen Gesellschafter handelt

25. **Miet- und Pachtzinsen für bewegliche Wirtschaftsgüter des Anlagevermögens sind hinzuzurechnen zu**
    a) 100 %
    b) 50 %
    c) 20 %
    d) 0 %

STEUER 6 — GEWERBESTEUER

26. **Miet- und Pachtzinsen für unbewegliche Wirtschaftsgüter sind hinzuzurechnen, wenn**
    a) der Vermieter zur Gewerbesteuer herangezogen wird
    b) der Vermieter nicht zur Gewerbesteuer herangezogen wird
    c) es sich um gemietete/gepachtete Gebäude handelt
    d) es sich um gemietete/gepachtete unbebaute Grundstücke handelt

27. **Verlustanteile, die den Gewinn des Gewerbebetriebs gemindert haben, sind hinzuzurechnen, wenn sie von einer in- oder ausländischen**
    a) KG
    b) GmbH
    c) AG
    d) GmbH & Co. KG
    e) OHG
    stammen.

28. **Voraussetzung für die Hinzurechnung von Spenden zur Förderung mildtätiger Zwecke ist, dass sie**
    a) bei einem Einzelunternehmen als Betriebsausgaben gebucht wurden
    b) bei den Gesellschaftern einer OGH zu den Sonderausgaben gehören
    c) bei der Ermittlung des Einkommens einer Kapitalgesellschaft abgezogen wurden
    d) bei einem Einzelgewerbetreibenden als Privatentnahme gebucht wurden
    e) nicht mehr als 20 % des Gesamtbetrags der Einkünfte betragen

29. **Welche Beträge führen zu Kürzungen des Gewerbeertrags?**
    a) 1,2 % des Einheitswerts der unbebauten Betriebsgrundstücke
    b) 1,2 % des Einheitswerts der bebauten Betriebsgrundstücke
    c) Gewinnanteile ausländischer Kapitalgesellschaften
    d) Verlustanteile an einer in oder ausländischen Personengesellschaft
    e) Spenden zur Förderung kirchlicher und religiöser Zwecke aus Mitteln des Betriebs

30. **Die Kürzung um Gewinne aus Anteilen an Kapitalgesellschaften kommt in Betracht bei**
    a) ausländischen Kapitalgesellschaften
    b) allen inländischen Kapitalgesellschaften
    c) allen nicht steuerbefreiten inländischen Kapitalgesellschaften
    d) Beteiligung an einer nicht steuerbefreiten inländischen Kapitalgesellschaften, wenn die Beteiligung mindestens 15 % beträgt
    e) Beteiligung an einer GmbH & Co. KG

31. **Spenden, die aus Mitteln des Gewerbebetriebs geleistet wurden, können abgezogen werden**
    a) nur bei Kapitalgesellschaften
    b) wenn sie bei Einzelunternehmen nicht als Privatentnahme gebucht wurden
    c) wenn sie 4 ‰ der Summe aller Umsätze, Löhne und Gehälter nicht übersteigen
    d) wenn sie nicht mehr als 750.000 € betragen
    e) bei allen Arten von Gewerbebetrieben im Rahmen von Höchstbeträgen

32. **Weicht bei einem Unternehmen das Wirtschaftsjahr vom Kalenderjahr ab, gilt der Gewerbeertrag als bezogen in dem**
    a) Kalenderjahr, in dem das Wirtschaftsjahr endet
    b) Wirtschaftsjahr, in dem der Erhebungszeitraum endet
    c) Erhebungszeitraum, in dem das Wirtschaftsjahr endet
    d) Kalenderjahr, auf das die Wirtschaftsjahre zeitanteilig entfallen
    e) Erhebungszeitraum, auf den die Wirtschaftsjahre zeitanteilig entfallen

33. **Der maßgebende Gewerbeertrag wird um den Gewerbeverlust gekürzt, der bei der Ermittlung früherer Gewerbeerträge entstanden ist. Der Gewerbeverlust**
    a) wird auch als Fehlbetrag bezeichnet
    b) entspricht dem einkommensteuerlichen Verlust aus Gewerbebetrieb
    c) ist nur bei Kapitalgesellschaften zu berücksichtigen
    d) ist ein negativer Gewerbeertrag
    e) kann auch auf vergangene Erhebungszeiträume zurückgetragen werden

GEWERBESTEUER — STEUER 6

34. Fehlbeträge können mit positiven Gewerbeerträgen verrechnet werden
   a) unbegrenzt
   b) bis zu 5 Millionen €
   c) bis zu 1 Million €, der Rest verfällt
   d) bis zu 1 Million €, darüber hinausgehende Fehlbeträge nur noch bis 60%
   e) wenn der maßgebende Gewerbeertrag mindestens 24.500 € beträgt

35. Voraussetzung für die Berücksichtigung des Gewerbeverlustes ist
   a) nur die Unternehmergleichheit
   b) nur die Unternehmensgleichheit
   c) Gewinnermittlung nach § 5 EStG
   d) Unternehmergleichheit und Unternehmensgleichheit
   e) Ordnungsmäßig Buchführung

36. Bei der Ermittlung des Steuermessbetrags ist ein Freibetrag von 24.500 € abzusetzen bei
   a) GmbH
   b) OHG
   c) Einzelunternehmen
   d) AG
   e) wirtschaftlichen Geschäftsbetrieben

37. Der Gewerbeertrag ist abzurunden auf volle
   a) 12.000 €
   b) 1.000 €
   c) 100 €
   d) 10 €
   e) €

38. Zur Berechnung der Gewerbesteuer wird der Steuermessbetrag mit einem Hebesatz multipliziert. Der Hebesatz wird festgesetzt
   a) vom Betriebsfinanzamt
   b) vom Bund
   c) von der Gemeinde
   d) vom Landkreis
   e) von der Handelskammer

39. Die Höhe des Hebesatzes
   a) kann nur für ein Kalenderjahr festgesetzt werden
   b) kann für mehrere Kalenderjahre festgesetzt werden
   c) darf innerhalb einer Gemeinde unterschiedlich hoch sein
   d) muss mindestens 200% betragen
   e) darf 500% nicht überschreiten

40. Die Gewerbesteuervorauszahlungen sind jeweils zu entrichten am
   a) 10.05.; 10.06.; 10.09.; 10.12.
   b) 15.05.; 15.06.; 15.09.; 15.12.
   c) 10.02.; 10.05.; 10.08.; 10.12.
   d) 15.02.; 15.05.; 15.08.; 15.11.
   e) 10.01.; 10.04.; 10.07.; 10.10.

41. Die festgesetzte Vorauszahlung muss mindestens betragen
   a) 5 €
   b) 10 €
   c) 20 €
   d) 50 €
   e) 100 €

STEUER 6 — GEWERBESTEUER

42. Der Gewerbesteuermessbetrag wird zerlegt, wenn ein Unternehmen
a) Betriebsstätten in mehreren Gemeinden unterhält
b) eine Betriebsstätte von einer Gemeinde in eine andere verlegt
c) Gleisanlagen in mehreren Gemeinden unterhält
d) Betriebsstätten unterhält, die sich auf mehrere Gemeinden erstrecken
e) dies wegen eines günstigeren Hebesatzes beantragt

43. Zerlegungsmaßstab sind die Arbeitslöhne. Hierzu gehören
a) Ausbildungsvergütungen
b) Versorgungsbezüge
c) Zuschläge für Nachtarbeit
d) Tantiemen
e) Unternehmerlohn bei Einzelunternehmen und Personengesellschaften

44. Für eine sich ergebende Gewerbesteuer-Abschlusszahlung ist eine gewinnmindernde Rückstellung zu bilden:
a) nur noch in der Steuerbilanz
b) nur noch in der Handelsbilanz
c) sowohl in der Handels- als auch in der Steuerbilanz

45. Die Gewerbesteuer-Abschlusszahlung ist zu entrichten
a) an das Finanzamt
b) an die Gemeinde
c) innerhalb eines Monats nach Bekanntgabe des Steuermessbescheids
d) sofort nach Erhalt des Gewerbesteuerbescheids
e) innerhalb eines Monats nach Bekanntgabe des Gewerbesteuerbescheids

46. § 35 EStG sieht eine Anrechnung der Gewerbesteuer auf die Einkommensteuer vor. Die Steuerermäßigung beträgt
a) das 3,8fache der Einkommensteuerschuld
b) das 3,8fache der Gewerbesteuerschuld
c) das 3,8fache des Gewerbesteuermessbetrags
d) das 3,8fache des Gewerbesteuermessbetrags, höchstens die tatsächlich zu zahlende Gewerbesteuer

47. Die tarifliche Einkommensteuer vor Anrechnung der Gewerbesteuer beträgt bei einem Einzelunternehmer 24.800,00 €. Der festgesetzte Gewerbesteuermessbetrag beträgt 800,00 €. Der Hebesatz der Gemeinde ist 400%. Wie hoch ist die Steuerermäßigung nach § 35 EStG?
a) 24.800,00
b) 12.160,00
c) 3.040,00
d) 3.200,00

GEWERBESTEUER — STEUER 6

Ungebundene Aufgaben

1.
Berechnen Sie die nach § 8 Nr. 1 Gewerbesteuergesetz hinzuzurechnenden Beträge.

Fritz Mai betreibt eine Druckerei. Im Jahr 2016 (Erhebungszeitraum, EZ) sind unter anderem folgende Aufwendungen entstanden:

1. Zinsen in Höhe von 44.000,00 € für ein Darlehen der Deutschen Bank. Mit dem Darlehen wurden im Jahr 2010 bei der Gründung des Unternehmens die Druckmaschinen angeschafft.
2. Zinsen in Höhe von 28.500,00 € für den Kredit eines Autohauses zur Anschaffung eines neuen Kleinlastwagens. Der Kredit hat eine Laufzeit von sechs Monaten.
3. Zur Finanzierung von allgemeinen Aufwendungen wurde im EZ ein Kredit bei der Sparkasse aufgenommen. Der Kredit hat eine Laufzeit von drei Jahren. Im EZ wurden 6.000,00 € Zinsen bezahlt.
4. Mai unterhält ein Kontokorrentkonto bei der Landesbank. Im EZ wies dieses Konto immer einen Schuldenstand aus (Sollstand). Der Zins betrug 9%. Insgesamt wurden im EZ 17.500,00 € Zinsen bezahlt.
5. Auf dem Girokonto bei der Volksbank e.G. sind im EZ nur Zinsen in Höhe von 160,00 € angefallen.
6. Der als Betriebsausgabe gebuchte Gewinnanteil des am Unternehmen beteiligten typischen stillen Gesellschafters beträgt 15.000,000 €

2.

1. An einem Einzelunternehmen sind folgende Gesellschafter beteiligt:
   a) Maier, ist nur am Gewinn und Verlust beteiligt und hält die Beteiligung in seinem Privatvermögen, Gewinnanteil 10.000,00 €
   b) Müller ist nur am Gewinn und Verlust beteiligt und hält die Beteiligung in seinem Betriebsvermögen, Gewinnanteil 20.000,00 €
   c) Schulze ist nicht nur am Gewinn und Verlust beteiligt, sondern auch am Betriebsvermögen und an den stillen Reserven, außerdem hat er ein Mitspracherecht, Gewinnanteil 25.000,00 €

   Welche Beträge sind bei den Hinzurechnungen zu berücksichtigen?

2. Ein Gewerbetreibender, dessen Wirtschaftsjahr mit dem Kalenderjahr übereinstimmt, erwirbt am 05. Januar 2016 ein Grundstück für 220 000,00 €. Das Grundstück wird zu 80 % eigenbetrieblich genutzt. Der Rest dient eigenen Wohnzwecken. Der Einheitswert beträgt 64 000,00 € (WV 01.01.64). Wann und wie wird das Grundstück bei der Ermittlung des Gewerbesteuermessbetrags berücksichtigt?

3. Der Gewinn des Einzelgewerbetreibenden Mohr beträgt für das Jahr 2016 142.5000,00 €. Die Hinzurechnungen betragen 30.000,00 €, die Kürzungen 18.000,00 €. Die Gemeinde hat den Hebesatz auf 380% festgesetzt. Ermitteln Sie die Gewerbesteuerschuld für 2016. Wie hoch ist die Gewerbesteuer-Abschlusszahlung, wenn für den Erhebungszeitraum insgesamt 15.000 € Gewerbesteuern vorausgezahlt wurden?

3.
Die Haushaltwaren KG hat im vergangenen Jahr einen Gewinn aus Gewerbebetrieb in Höhe von 128.600,00 € erzielt. Die als Betriebsausgabe gebuchten Gewerbesteuer-Vorauszahlungen betrugen für diesen Erhebungszeitraum 16.000,00 €.

1. Die KG spendete aus betrieblichen Mitteln für mildtätige Zwecke 5.000,00 € und für wissenschaftliche Zwecke 6.000,00 €. Beide Beträge wurden als Betriebsausgaben gebucht.
2. Für ein langfristiges Darlehen zahlte die KG im letzten Kalenderjahr 8.600,00 € Zinsen.
3. Der Prokurist der KG ist als typischer stiller Gesellschafter an der KG beteiligt. Sein Gewinnanteil betrug im vergangenen Kalenderjahr 12.000,00 €.
4. Für die Pflege der Außenanlagen wurde im letzten Jahr mehrmals von einem Landwirt ein Traktor mit Mähwerk gemietet. Die Zahlungen an den Landwirt beliefen sich dafür auf insgesamt 600,00 €.
5. Die KG ist ein einer OHG beteiligt. Diese erwirtschaftete im vergangenen Jahr einen Verlust von 120.000,00 €. Davon entfielen auf die Haushaltwaren KG 15%.
6. Die KG betreibt ihr Einzelhandelsgeschäft auf eigenem Grundstück. Das Grundstück wird zu 75% betrieblich genutzt. Der restliche Teil besteht aus Wohnungen, die an private Mieter vermietet sind. Das Finanzamt Ulm hat den Einheitswert des Grundstücks umgerechnet mit 86.000,00 € (WV 01.01.1964) festgestellt.

Berechnen Sie die **Gewerbesteuer-Abschlusszahlung** für die Haushaltwaren KG. Der Gewerbesteuerhebesatz der Stadt beträgt 360%.

STEUER 6 — GEWERBESTEUER

4.
Berechnen Sie die Höhe der Gewerbesteuer-Abschlusszahlung für den EZ 2016.

Ferdinand Gewinde betreibt eine Schraubenfabrik. Der nach § 5 EStG ermittelte Gewinn betrug im EZ 124.000,00 €. Gewinde hat für diesen EZ insgesamt 12.000,00 € Gewerbesteuer vorausgezahlt und als Betriebsausgabe gebucht. Der Hebesatz der Gemeinde beträgt 400%.

Folgende Vorgänge sind bei der Berechnung zu berücksichtigen:

1. Der Einheitswert der betrieblich genutzten Grundstücke mit aufstehenden Fabrikationsanlagen beträgt insgesamt 120.000,00 € (WV 01.01.64), bilanziert sind 90%.

2. Am 31.05.2016 nahm G. zur Errichtung einer Lagerhalle einen Bankkredit von 180.000,00 € zu folgenden Konditionen auf: Auszahlung 98%, Zinssatz 2,5%, Laufzeit 5 Jahre. Der Kredit wird ab 31.12.2016 in fünf gleichen Raten getilgt. Die im November 2016 fertig gestellte Lagerhalle hat einen Einheitswert von 35.000,00 € (WV 01.01.64).

3. Fritz Schraube ist als typischer stiller Gesellschafter mit 50.000,00 € am Unternehmen des Ferdinand Gewinde beteiligt. Sein Gewinnanteil für 2016 betrug 4.000,00 €. Der Betrag wurde als Betriebsausgabe gebucht.

4. Von einem amerikanischen Hersteller, der in Deutschland keine Betriebsstätte unterhält, hat Gewinde ab 01.06.2016 eine DV-Anlage geleast. Die monatlichen Leasingraten betragen 1.500,00 €.

5. An die Universität Karlsruhe spendete Gewinde aus betrieblichen Mitteln 10.000,00 € für Forschungszwecke und an das DRK 3.000,00 €. Außerdem überließ er einem befreundeten Politiker bei einer Betriebsveranstaltung 2.000,00 € zur Weiterleitung an die Parteikasse.
Alle Beträge wurden als Betriebsausgabe gebucht.

6. Gewinde ist an der Verzinkerei Müller & Werner KG beteiligt. Die KG erzielte 2016 einen Verlust, von dem 25.000,00 € auf die Schraubenfabrik entfallen.

7. Im EZ hat die Schraubenfabrik bei der Volksbank einen Kontokorrentkredit mit ständig wechselnden Salden in Anspruch genommen. Im EZ wurden insgesamt 18.720,00 € Zinsen bezahlt.

8. Im Dezember 2016 mietete Gewinde von einem benachbarten Landwirt für 200,00 € einen Traktor mit Frontlader zur Beseitigung von Schnee auf dem Betriebsgelände.

9. Aus einer 15%igen Beteiligung an einer GmbH sind der Schraubenfabrik im Dezember 2016 30.000,00 € Gewinnanteil zugeflossen. Der Gewinnanteil wurde richtig gebucht.

5.
Berechnen Sie die Gewerbesteuer-Abschlusszahlung für 2016.

Unsere Mandantin Ute Schwarz fertigt in ihrem Unternehmen Werkzeuge für die Autoindustrie. Der im Erhebungszeitraum nach § 5 EStG ermittelte vorläufige Gewinn beträgt 158.000,00 €.

Der Hebesatz der Stadt beträgt 360%. Die vierteljährlich entrichteten Gewerbesteuervorauszahlungen in Höhe von jeweils 2.400,00 € wurden als Betriebsausgabe gebucht.

Folgende Vorgänge sind noch zu berücksichtigen:

1. Am 31.08.2016 erwarb die Mandantin ein unbebautes Grundstück für 90.000,00 € um darauf einen Erweiterungsbau zu errichten. Zur Finanzierung des Erweiterungsbaus nahm sie zu diesem Termin ein Darlehen über 720.000,00 € mit einer Laufzeit von 10 Jahren und einem Zinssatz von 3% auf. Bei der Auszahlung wurde ein Damnum von 2% einbehalten. Der EW des Grundstücks beträgt nach WV zum 01.01.64 52.000,00 €.

2. Von einer inländischen Betriebsstätte eines schweizerischen Leasinggebers, wurde ab 01.06.2016 eine computergesteuerte Fräsmaschine für monatlich 1.200,00 € geleast. Die Leasing(Miet-)raten wurden als Betriebsausgaben gebucht.

3. An dem Einzelunternehmen Schwarz ist seit mehreren Jahren die stille Gesellschafterin Renate Müller, Augsburg, mit 80.000,00 € am Gewinn bzw. Verlust sowie an den stillen Reserven beteiligt. Ihr Gewinnanteil für 2016 beträgt 15.000,00 €.

4. Frau Schwarz spendete im EZ aus betrieblichen Mitteln 8.000,00 € für kirchliche Zwecke und 5.000,00 € an eine politische Partei. Die Beträge wurden als Betriebsausgaben gebucht.

5. Auf Grund einer 15%igen Beteiligung an einer inländischen Vertriebs-GmbH betrug der Gewinnanteil für Ute Schwarz 20.000,00 €, davon wurden 60% als steuerpflichtiger Gewinn erfasst.

6. M. hat im EZ bei der Volksbank Ulm einen Kontokorrentkredit in Anspruch genommen.
Dafür zahlte er im EZ insgesamt 22.480,00 € Zinsen.

7. Im Herbst 2016 mietete M. von einem Landwirt eine Motorsense für 120,00 €, die ein Mitarbeiter zur Pflege der Außenanlagen des Unternehmens benötigte.

8. Der Einheitswert des Grundbesitzes beträgt 156.000,00 € (WV 01.01.64), davon gehören 90% zum Betriebsvermögen, den übrigen Teil nutzt Frau Schwarz privat. Für zusätzlich von einem gewerblichen Vermieter angemietete Büroräume zahlte Schwarz im EZ insgesamt 36.000,00 € Miete, davon entfielen 12.000,00 € auf das Inventar.

GEWERBESTEUER — STEUER 6

6.
Ermitteln Sie die Gewerbesteuer für den EZ 2016.

Die Reiff-KG betreibt in Heidenheim einen Elektrogroßhandel mit einer Filiale in Schweinfurt. Der Komplementär Fritz Reiff, ist als Geschäftsführer im Hauptgeschäft in Heidenheim tätig. Die Filiale in Schweinfurt leitet ein Angestellter.

Von den Umsätzen in Höhe von insgesamt 1.360.000,00 € entfielen auf Heidenheim 60 % und auf Schweinfurt 40 %.

Arbeitslöhne in Heidenheim	336.400,00 €
(darunter zwei Auszubildende mit insgesamt	12.600,00 €
Ausbildungsvergütung)	
Arbeitslöhne in Schweinfurt	232.800,00 €

Der Gewerbesteuer-Hebesatz beträgt in Heidenheim 340 % und in Schweinfurt 360 %.

Der Gewerbeertrag der Reiff-KG betrug 2016	165.920,00 €
Die Hinzurechnungen sind anzusetzen mit	24.080,00 €
Die Kürzungen betragen	15.500,00 €

7.
Die Maschinenbau OHG Weber und Pfleiderer, Ulm, hat im Erhebungszeitraum 2016 einen Gewinn von 360.800,00 € erzielt. Die OHG unterhält in Augsburg eine Zweigniederlassung. Der Gesellschafter Weber ist zu 60% in Ulm und zu 40% in Augsburg tätig. Der Gesellschafter Pfleiderer arbeitet ausschließlich in Ulm.

In Ulm wurden im Erhebungszeitraum insgesamt 280.200,00 € Arbeitslöhne einschließlich 19.200,00 € Ausbildungsvergütungen gezahlt. In Augsburg betrug die Höhe der gezahlten Arbeitslöhne insgesamt 120.000,00 €. Auszubildende wurden in Augsburg nicht beschäftigt.

Ermitteln Sie die Gewerbesteuerschuld für 2016 unter Berücksichtigung folgender Sachverhalte:

1. Die OHG entrichtete für langfristige Verbindlichkeiten im EZ 44.600,00 € Zinsen. Für Kontokorrentschulden wurden im EZ insgesamt 9.400,00 € Zinsen gezahlt.

2. An der OHG ist der Bruder von Pfleiderer als stiller Gesellschafter sowohl am Gewinn als auch am Verlust beteiligt. Sein Gewinnanteil für 2016 in Höhe von 20.000,00 € wurde als Betriebsausgabe gebucht.

3. Für eine Spezialmaschine zahlte die OHG ab Juni 2016 monatliche Leasingraten in Höhe von 12.000,00 € an eine inländische Leasinggesellschaft.

4. Die OHG spendete aus betrieblichen Mitteln im EZ 10.000,00 € für wissenschaftliche Zwecke und 2.000,00 € an eine politische Partei. Die Beträge wurden richtig gebucht.

5. Aus einer 15%igen Beteiligung an einer inländischen GmbH wurden der OHG 10.000,00 € Dividenden gutgeschrieben, die in voller Höhe als steuerpflichtige Betriebseinnahmen gebucht wurden.

6. Das Betriebsgrundstück in Ulm hat einen Einheitswert von 112.000,00 € (WV 01.01.64). Es wird zu 100% betrieblich genutzt. Der Einheitswert des Betriebsgrundstücks in Augsburg beträgt 66.000,00 € (WV 01.01.64). Das Grundstück wird zu 80% betrieblich und zu 20% für private Wohnzwecke genutzt.

7. Am 04.01.2016 wurde in Augsburg für die Betriebserweiterung ein unbebautes Grundstück für 50.000,00 € erworben. Der Einheitswert (WV 01.01.64) beträgt 8.000,00 €.

8. Aus dem Jahr 2013 besteht noch ein restlicher Verlustvortrag i.S.d. § 10a GewStG in Höhe von 40.000,00 €.

Der Hebesatz in Ulm beträgt 360% und in Augsburg 435%.

STEUER 7 — ABGABENORDNUNG

BEI DEN NACHSTEHENDEN AUFGABEN SIND DIE RICHTIGEN ERGEBNISSE ANZUKREUZEN BZW. ZUZUORDNEN!

1. **Die Abgabenordnung**
   a) ist ein Einzelsteuergesetz
   b) ist ein Allgemeines Steuergesetz
   c) enthält allgemeine Verfahrensvorschriften
   d) ist nur verbindlich für die Finanzverwaltung
   e) enthält Straf- und Bußgeldvorschriften

2. **Zu den allgemeinen Steuergesetzen gehören**
   a) das Einkommensteuergesetz
   b) das Bewertungsgesetz
   c) das Umsatzsteuergesetz
   d) die Abgabenordnung
   e) das Gewerbesteuergesetz

3. **Sachlich zuständig für die Verwaltung von Steuern**
   a) ist die Bundesregierung
   b) sind die Länderregierungen
   c) ist die Bundesschuldenverwaltung
   d) sind die Landesfinanzbehörden
   e) sind die Gemeindefinanzbehören

4. **Welche der folgenden Verwaltungsakte sind nichtig [1] bzw. anfechtbar [2]?**
   a) die Gemeinde erlässt einen Kfz-Steuerbescheid   [ ]
   b) das Finanzamt stundet Hundesteuer   [ ]
   c) das Standesamt erlässt einen ESt-Bescheid   [ ]
   d) das Finanzamt stundet einen zu hohen Steuerbetrag   [ ]
   e) das Finanzamt erlässt einen ALGII-Bescheid   [ ]

5. **Die örtliche Zuständigkeit eines Finanzamts richtet sich nach**
   a) der Staatsangehörigkeit des Stpfl.
   b) dem Wohnsitz des Stpfl.
   c) der Art des Betriebs
   d) dem Ort der Betriebsstätte
   e) der Lage des Steuergegenstands

6. **Örtlich zuständig für .... ist das ..... Finanzamt.**

Örtlich zuständig für	Bezeichnung des Finanzamts
a) Körperschaftsteuer	[ ] 1 Wohnsitzfinanzamt
b) Umsatzsteuer	[ ] 2 Lagefinanzamt
c) Einkommensteuer	[ ] 3 Betriebsfinanzamt
d) Gewerbesteuermessbescheid	[ ] 4 Geschäftsleitungsfinanzamt
e) Grundsteuermessbescheid	[ ] 5 Tätigkeitsfinanzamt

7. **Wenn das Wohnsitzfinanzamt und das Betriebs- oder Tätigkeitsfinanzamt nicht an einem Ort sind werden gesondert festgestellt die Einkünfte aus**
   a) Gewerbebetrieb
   b) Vermietung und Verpachtung
   c) nichtselbständiger Arbeit
   d) Kapitalvermögen
   e) selbständiger Tätigkeit

8. **Eine einheitliche und gesonderte Feststellung findet statt**
   a) wenn die Einkünfte an verschiedenen Orten bezogen werden
   b) bei Ehegatten mit unterschiedlichen Einkunftsarten
   c) wenn an den Einkünften mehrere Personen beteiligt sind
   d) wenn der Einheitswert mehreren Personen zuzurechnen ist
   e) wenn ein Steuerpflichtiger mehrere Einkunftsarten hat

ABGABENORDNUNG — STEUER 7

9. Als Steuerverwaltungsakte bezeichnet man alle hoheitlichen Maßnahmen zur Regelung
  a) auf dem Gebiet des Steuerrechts
  b) innerdienstlicher Angelegenheiten des Finanzamts
  c) eines Einzelfalls auf dem Gebiet des Steuerrechts
  d) eines Einzelfalls auf dem Gebiet des Steuerrechts mit unmittelbarer Rechtswirkung nach außen
  e) von einzelnen Steuerfällen innerhalb eines Finanzamtsbezirks

10. Stellen Sie fest, um welche Art von Verwaltungsakt es sich jeweils handelt

Maßnahme	Steuerverwaltungsakt
a) Festsetzung von Verspätungszuschlägen	[ ] 1 begünstigender Verwaltungsakt
b) Gewährung einer Fristverlängerung	[ ] 2 belastender Verwaltungsakt
c) Aussetzung der Vollziehung	
d) Erlass von Steuern	
e) Festsetzung eines Säumniszuschlags	

11. Welche der folgenden Steuerveraltungsakte sind Ermessensentscheidungen?
  a) Stundung
  b) Erlass von Steuern
  c) Einheitliche und gesonderte Feststellung von Einkünften
  d) Aufforderung zur Abgabe von Steuererklärungen
  e) Festsetzung eines Verspätungszuschlags

12. Stellen Sie fest, bei welchen Vorgängen es sich um Verwaltungsakte handelt.
  a) Das Finanzamt gibt einem Antrag auf Fristverlängerung mündlich statt.
  b) Das Finanzamt lehnt einen Stundungsantrag ab.
  c) Die Kantine des Finanzamts bestellt Mineralwasser.
  d) Das städtische Steueramt erlässt einen Hundesteuerbescheid.
  e) Die OFD erlässt an die ihr unterstellten Finanzämter eine Verfügung.

13. Wie kann ein Verwaltungsakt bekannt gegeben werden?
  a) mittels gewöhnlichem Brief
  b) als Einschreiben
  c) mündlich
  d) durch schlüssiges Handeln
  e) durch Telefax

14. Wann gilt ein schriftlicher Verwaltungsakt als bekannt gegeben?
  a) Acht Tage nach Aufgabe zur Post.
  b) Immer am dritten Tag nach Aufgabe zur Post.
  c) Im Inland am dritten Tag nach Aufgabe zur Post, wenn dies kein Samstag, Sonn- oder Feiertag ist.
  d) Am Tag der Zustellung, wenn durch Postzustellungsurkunde zugestellt wird.
  e) Im Ausland zwei Monate nach Aufgabe zur Post.

15. Ein Finanzamt in Baden-Württemberg gibt am Mittwoch, 30. Dezember 2015, einen Steuerbescheid mittels gewöhnlichem Brief zur Post. Wann ist der Steuerbescheid bekannt gegeben?
  a) 04.01.2016 (Montag)
  b) 06.01.2016 (Feiertag)
  c) 07.01.2016 (Donnerstag)

16. Ordnen Sie richtig zu!

a) Festsetzungsfrist	[ ]	1 Monatsfrist
b) Schonfrist	[ ]	2 Wochenfrist
c) Mahnfrist	[ ]	3 Tagesfrist
d) Rechtsbehelfsfrist	[ ]	4 Jahresfrist
e) Verjährungsfrist		

STEUER 7 — ABGABENORDNUNG

17. Die Steuerpflichtige Bettina Baum erhält am 14. Januar 2016 (Donnerstag) den Einkommensteuerbescheid für 2013, Poststempel 13. Januar 2016. Wann endet die Rechtsbehelfsfrist?
    a) 14.02.2016 (Sonntag)
    b) 15.02.2016 (Montag)
    c) 18.02.2016 (Freitag)

18. Welche Folgen hat es für den Steuerpflichtigen, wenn er seine Einkommensteuererklärung nicht rechtzeitig abgibt? Das Finanzamt kann/muss festsetzen:
    a) Säumniszuschlag
    b) Verspätungszuschlag
    c) Zinsen
    d) Kosten
    e) Zwangsgeld androhen

19. Welche steuerliche Nebenleistung kann/muss das Finanzamt festsetzen, wenn ein Steuerpflichtiger seine Umsatzsteuerabschlusszahlung nicht rechtzeitig leistet?
    a) Verspätungszuschlag
    b) Zinsen
    c) Säumniszuschlag
    d) Kosten
    e) Zwangsgeld

20. Bei der Festsetzung eines Verspätungszuschlags hat das Finanzamt einen Ermessensspielraum. Der Verspätungszuschlag
    a) kann festgesetzt werden
    b) muss festgesetzt werden
    c) beträgt mindestens 10% der festgesetzten Steuer
    d) darf nicht mehr als 10% der festgesetzten Steuer betragen
    e) darf nicht mehr als 10% der festgesetzten Steuer und höchstens 25.000 € betragen

21. Die Zahlungsschonfrist beträgt 3 Tage. Diese Schonfrist gilt nicht bei Zahlungen mit/durch
    a) Überweisung
    b) Zahlschein
    c) Übersendung von Zahlungsmitteln
    d) Hingabe oder Übersendung von Schecks

22. Eine Steuerpflichtige hat ihre Einkommensteuer-Erklärung verspätet abgegeben. Das Finanzamt setzt die Einkommensteuer mit 3.460 € fest. Welche Möglichkeiten hinsichtlich der Festsetzung eines Verspätungszuschlags hat die Finanzbehörde?
    a) Es wird kein Verspätungszuschlag festgesetzt.
    b) Es wird ein Verspätungszuschlag von 300 € festgesetzt.
    c) Der festzusetzende Verspätungszuschlag beträgt mindestens 34,60 €.
    d) Der festzusetzende Verspätungszuschlag beträgt höchstens 350 €.
    e) Der festzusetzende Verspätungszuschlag beträgt höchstens 346 €.

23. Der Säumniszuschlag beträgt 1% des rückständigen
    a) Steuerbetrags pro Monat der Säumnis
    b) auf volle 50 € abgerundeten Steuerbetrags pro angefangenen Monat der Säumnis
    c) auf volle 50 € aufgerundeten Steuerbetrags pro angefangenen Monat der Säumnis
    d) auf volle 100 € abgerundeten Steuerbetrags pro vollen Monat der Säumnis
    e) auf volle 100 € aufgerundeten Steuerbetrags pro vollen Monat der Säumnis

ABGABENORDNUNG — STEUER 7

24. Ein Steuerpflichtiger begleicht seine ESt-Abschlusszahlung in Höhe von 2.690 €, fällig am Samstag, 09.01.2016, erst am Donnerstag, 14.01.2016 (Gutschrift auf Konto des Finanzamts) durch Banküberweisung. Wie hoch ist der festzusetzende Säumniszuschlag?
    a) 26,00 €
    b) 26,50 €
    c) 26,90 €
    d) 27,00 €
    e) 0,00 €

25. Eine Gewerbetreibende begleicht ihre GewSt-Abschlusszahlung in Höhe von 3.480 €, fällig am Mittwoch, 13.01.2016, erst am Montag, 15.02.2016. Wie hoch ist der festzusetzende Säumniszuschlag?
    a) 34,50 €
    b) 34,80 €
    c) 35,00 €
    d) 69,00 €
    e) 69,60 €

26. Welche Voraussetzungen müssen vorliegen, damit die Finanzbehörde Wiedereinsetzung in den vorigen Stand gewähren kann? Der Steuerpflichtige
    a) versäumt eine Frist
    b) versäumt eine nicht verlängerbare Frist
    c) versäumt unverschuldet eine gesetzliche, nicht verlängerbare Frist
    d) stellt einen Antrag auf Wiedereinsetzung innerhalb eines Monats nach Wegfall des Hindernisses
    e) holt die versäumte Rechtshandlung nach

27. Stellen sie fest, ob in den folgenden Fällen eine Wiedereinsetzung in den vorigen Stand möglich ist. Der Steuerpflichtige versäumt eine gesetzliche nicht verlängerbare Frist, weil
    a) er sich auf einer acht Wochen dauernden Urlaubsreise befindet
    b) er wegen eine schweren Verkehrsunfalls im Krankenhaus liegt
    c) er seine Unterlagen nicht findet
    d) seine Buchhalterin erkrankt ist
    e) er ein Einspruchsschreiben nicht rechtzeitig abgesandt hat

28. Im steuerlichen Ermittlungsverfahren sind seitens der Finanzverwaltung bestimmte Besteuerungsgrundsätze zu beachten. Welche Grundsätze gehören nicht dazu?
    a) Die Steuern sind nach Maßgabe der Regierung festzusetzen.
    b) Die Steuern sind gleichmäßig festzusetzen.
    c) Das Finanzamt hat auch für den Stpfl. günstige Umstände zu beachten.
    d) Die Finanzbehörde hat sicherzustellen, dass Steuern nicht zu Unrecht erhoben werden.
    e) Das Finanzamt kann in allen Punkten von der Steuererklärung des Stpfl. ohne Rücksprache abweichen.

29. Zu den Mitwirkungspflichten jedes Steuerbürgers im Ermittlungsverfahren gehören die:
    a) Auskunftspflicht
    b) Buchführungspflicht
    c) Anzeigepflicht
    d) Steuererklärungspflicht
    e) Gehorsamspflicht

30. Folgende Personen haben im Ermittlungsverfahren ein Auskunftsverweigerungsrecht:
    a) der Steuerpflichtige
    b) die Ehefrau des Steuerpflichtigen
    c) die Eltern des Steuerpflichtigen
    d) Geistliche
    e) Steuerberater

STEUER 7 — ABGABENORDNUNG

31. Eine Steuer kann vorläufig festgesetzt werden, wenn
a) der Steuerpflichtige entsprechende Belege nicht vorlegen kann
b) das Finanzamt dies aus eigener Veranlassung unternimmt
c) das Bundesverfassungsgericht die Unvereinbarkeit eines Steuergesetzes mit der Verfassung festgestellt hat
d) die Vereinbarkeit eines Steuergesetzes mit EU-Recht nicht übereinstimmt
e) das Finanzamt im Unklaren ist über die Auslegung eines steuerlichen Sachverhalts

32. Nach Ablauf der Festsetzungsfrist erlischt der Steueranspruch durch Verjährung. Die Festsetzungsfrist beträgt für   Ordnen Sie richtig zu!
a) Zölle und Verbrauchsteuern   [ ] 5 Jahre
b) alle übrigen Steuern   [ ] 10 Jahre
c) leichtfertig verkürzte Steuern   [ ] 4 Jahre
d) hinterzogene Steuern   [ ] 1 Jahr

33. Innerhalb der Festsetzungsfrist können offenbare Unrichtigkeiten jederzeit korrigiert werden. Stellen Sie fest, bei welchen Fehlern es sich um offenbare Unrichtigkeiten handelt.
a) Das Finanzamt setzt dem Stpfl. für die Abgabe seiner ESt-Erklärung 2014 eine Frist bis 31.01.2016
b) Der USt-Bescheid eines Mandanten enthält einen Rechenfehler des Finanzamts.
c) Die Finanzbehörde übersieht einen angegebenen und nachgewiesenen Werbungskostenbetrag bei Einkünften nichtselbständiger Arbeit.
d) Der Stpfl. hat die Höhe seiner Einkünfte aus Vermietung und Verpachtung falsch berechnet.
e) Der Sachbearbeiter des Finanzamts übernimmt eine falsche Berechnung des Stpfl. in die Steuerfestsetzung.

34. Was versteht man unter einer „schlichten Änderung"?
a) Die Finanzbehörde ändert den erlassenen Steuerbescheid nach Einspruch des Stpfl.
b) Die Finanzbehörde ändert den erlassenen Steuerbescheid wegen eines Schreibfehlers des Stpfl.
c) Die Finanzbehörde ändert auf Antrag des Stpfl. den erlassenen Steuerbescheid innerhalb der Rechtsbehelfsfrist in vollem Umfang.
d) Der erlassene Steuerbescheid wird wegen Unstimmigkeiten noch einmal neu aufgerollt.
e) Die Finanzbehörde ändert auf Antrag des Stpfl. den erlassenen Steuerbescheid innerhalb der Rechtsbehelfsfrist in einem genau bestimmten Punkt.

35. Ein Steuerbescheid ist innerhalb der Festsetzungsfrist aufzuheben oder zu ändern, wenn neue Tatsachen oder Beweismittel nachträglich bekannt werden. Neue Tatsachen sind beispielsweise:
a) Rechenfehler
b) Buchungsfehler
c) Schreibfehler
d) verschwiegene Einnahmen
e) falsche Abschreibung

36. Die Stundung einer Steuer wird u.a. gewährt, wenn die Einziehung der Steuer für den Stpfl. eine erhebliche Härte bedeuten würde. Prüfen Sie, in welchen Fällen eine erhebliche Härte vorliegt. Der Steuerschuldner
a) befindet sich auf einer zehnwöchigen Urlaubsreise
b) hat eine langandauernde, schwere Krankheit
c) hat erhebliche Forderungsausfälle durch Insolvenz mehrerer Kunden
d) hat ein hohes Vermögen in einer Spielbank verspielt
e) möchte heiraten und muss noch eine Wohnung mit Möbeln und Hausrat ausstatten

37. Die Stundungszinsen betragen
a) 0,5% des Steuerbetrags pro Monat des Zinslaufs
b) 0,5% des auf 100 € abgerundeten Steuerbetrags für jeden vollen Monat des Zinslaufs
c) 0,5% des auf 50 € abgerundeten Steuerbetrags für jeden vollen Monat des Zinslaufs
d) 0,5% des auf 50 € abgerundeten Steuerbetrags für jeden vollen Monat des Zinslaufs, mindestens 10 €
e) 0,5% des auf 50 € abgerundeten Steuerbetrags für jeden angefangenen Monat des Zinslaufs mindestens, 10 €

ABGABENORDNUNG — STEUER 7

38. Die Finanzbehörde kann dem Stpfl. auf Antrag Zahlungserleichterungen für die Begleichung seiner Steuerschuld gewähren. Welche Maßnahmen gehören nicht hierzu?
a) Ratenzahlung
b) Leasing
c) Stundung
d) Aussetzung der Vollziehung
e) Anpassung der Vorauszahlungen

39. Wodurch erlischt die Steuerschuld nicht?
a) Zahlung
b) Erlass
c) Aussetzung der Vollziehung
d) Verjährung
e) Stundung

40. Wann erlischt der Steueranspruch der Finanzbehörde? Ordnen Sie richtig zu!
a) Barzahlung
b) Übersendung eines Verrechnungsschecks
c) Überweisung
d) Einzahlung mittels Zahlschein
e) Einzugsermächtigung

[ ] 1 Fälligkeitstag
[ ] 2 Gutschrift auf dem Konto des FA
[ ] 3 Tag der Geldübergabe
[ ] 4 3 Tage nach Eingang beim FA

41. Mit einer Forderung des Stpfl. gegenüber dem Finanzamt kann aufgerechnet werden, wenn folgende Voraussetzungen gegeben sind:
a) Gegenseitigkeit der Forderung
b) Gleichartigkeit der Forderung
c) Erfüllbarkeit der Hauptforderung
d) rechtskräftig festgestellter Gegenanspruch
e) Fälligkeit der Gegenforderung

42. Prüfen Sie, ob ein Erlass der Steuer möglich ist, wenn der Steuerschuldner
a) seinen Lebensunterhalt nicht mehr bestreiten kann, weil er sein Vermögen an der Spielbank verloren hat
b) unverschuldet in eine finanzielle Notlage geraden ist
c) sich auf eine Auskunft des Finanzamts verlassen hat
d) seine wirtschaftliche Existenz unverschuldet verloren hat
e) sich hartnäckig weigert, seine Steuerschuld zu begleichen

43. Wann verjährt eine Steuerschuld?
a) 1 Jahr nach Entstehung der Steuer
b) 4 Jahre nach Entstehung der Steuer
c) 5 Jahre nach Entstehung der Steuer
d) 5 Jahre nach Fälligkeit der Steuer
e) 5 Jahre nach Ablauf des Kalenderjahrs in dem die Steuer erstmals fällig geworden ist

44. Welche Handlungen können die Verjährungsfrist nicht unterbrechen?
a) Stundung
b) Aussetzung der Vollziehung
c) Anmeldung im Insolvenzverfahren
d) Umzug des Steuerpflichtigen ins Ausland
e) Tod des Steuerpflichtigen

45. Für welche Steuernachforderungen und Steuererstattungen ist eine Verzinsung nicht vorgesehen?
a) ESt-Vorauszahlungen
b) USt-Vorauszahlungen
c) KSt-Abschlusszahlungen
d) GewSt-Abschlusszahlungen
e) Zölle

STEUER 7 — ABGABENORDNUNG

46. Wie sind die Zinsen zu berechnen?
   a) Der zu verzinsende Betrag auf volle 100 € abzurunden.
   b) Der zu verzinsende Betrag auf volle 50 € abzurunden.
   c) Die Zinsen betragen 0,5% pro vollen Monat des Zinslaufs.
   d) Die Zinsen betragen 0,5% pro angefangenen Monat des Zinslaufs.
   e) Die Zinsen werden nur festgesetzt, wenn sie mindestens 10 € betragen. Sie sind auf volle € zum Vorteil des Steuerpflichtigen abzurunden.

47. Gegen welche Verwaltungsakte kann der Steuerpflichtige Einspruch einlegen?
   a) Einkommensteuerbescheid
   b) Gewerbesteuerbescheid
   c) Festsetzung von Verspätungszuschlägen
   d) Ablehnung eines Stundungsantrags
   e) Grundsteuerbescheid

48. In welcher Form kann der Einspruch eingelegt werden?
   a) schriftlich
   b) per Telefax
   c) mündlich zur Niederschrift
   d) telefonisch
   e) E-Mail

49. Welche Inhalte sollte ein Einspruchsschreiben enthalten?
   a) Bezeichnung Einspruch
   b) Bezeichnung der angefochtenen Entscheidung
   c) Anfechtungsgründe
   d) Beweismittel
   e) Unterschrift

50. Durch die Einlegung eines Einspruchs wird die Vollziehung des Verwaltungsakts nicht gehemmt. Der Stpfl. muss die Forderung der Finanzbehörde erfüllen. Will er das nicht, kann er Aussetzung der Vollziehung beantragen. Welche Voraussetzungen müssen dazu erfüllt sein?
   a) Rechtsbehelfsverfahren muss anhängig sein
   b) erhebliche Zweifel an der Rechtmäßigkeit des angefochtenen Verwaltungsakts müssen bestehen
   c) unbillige Härte für den Betroffenen muss vorliegen
   d) der Stpfl. darf nicht vorbestraft sein
   e) eventuell Sicherheitsleistung des Betroffenen

51. Ordnen Sie richtig zu
   a) leichtfertige Steuerverkürzung   [   ] 1 Steuerstraftat
   b) Steuerhehlerei   [   ] 2 Steuerordnungswidrigkeit
   c) Steuerhinterziehung
   d) Steuergefährdung
   e) Gefährdung von Abzugsteuern

52. Eine Selbstanzeige wirkt strafbefreiend oder strafmindernd. Welche Voraussetzungen müssen für eine wirksame Selbstanzeige vorliegen?
   a) Die Tat darf noch nicht entdeckt worden sein.
   b) Es darf noch kein Strafverfahren eingeleitet worden sein.
   c) Der Täter muss die unrichtigen Angaben korrigieren.
   d) Der Täter muss unbeschränkt steuerpflichtig sein.
   e) Der Täter muss die hinterzogenen Steuern nachzahlen.

ABGABENORDNUNG — STEUER 7

Ungebundene Aufgaben

1.
Die Ehegatten Baugarten bewohnen in Ulm ein Einfamilienhaus, das Herr Baumgarten auf eigenem Grundstück errichten lies. Die Ehegatten werden zusammen veranlagt.

Herr B. unterhält in Neu-Ulm eine Augenarztpraxis in gemieteten Räumen. Seine Frau betreibt eine Bildergalerie in einem Geschäftsgrundstück in Augsburg, das ihr anteilig gehört. Außerdem ist Frau B., zusammen mit ihrem Bruder, Eigentümerin eines Mietwohnhauses in Bonn. Die Verwaltung des Gebäudes erfolgt durch ihren Bruder in Bad Godesberg.

Stellen Sie fest, **welche Finanzämter** für die **Einkommensbesteuerung** der Ehegatten Baumgarten **zuständig sind** und benennen sie diese. An allen genannten Orten befinden sich Finanzämter.

2.
Eine Stpfl. erhielt am Donnerstag, dem 21.10.2016, ihren Einkommensteuer-Bescheid für 2014, Poststempel 20.10.2016. Die festgesetzte ESt beträgt 18.660,00 €. Die Stpfl. hatte für das Jahr 2014 12.000,00 € ESt-Vorauszahlungen geleistet. Auf die festgesetzte ESt sind außerdem 4.800,00 € Lohnsteuer anzurechnen. Die Abschlusszahlung ist einen Monat nach Bekanntgabe des Bescheids fällig. Der Betrag wird überwiesen und geht am 30.11.2016 auf dem Konto des Finanzamts Ulm ein.

2.1 Kann das Finanzamt einen Säumniszuschlag festsetzen? Begründen Sie Ihre Meinung und berechnen Sie ggf. dessen Höhe.

2.2 Stellen Sie fest, ob Nachzahlungszinsen anfallen und berechen Sie diese ggf.

2.3 Weil die Spfl. die ESt-Erklärung für 2014 trotz mehrmaliger Aufforderung nicht rechtzeitig abgeben hat, setzte das FA im ESt-Bescheid einen Verspätungszuschlag von 200,00 € fest. Prüfen Sie, ob die Festsetzung des Verspätungszuschlags in dieser Höhe zulässig ist.

2.4 Angenommen, die Stpfl. hätte gegen den o.g. ESt-Bescheid Einspruch einlegen wollen. Wann wäre dies spätestens möglich?

2.5 Die Stpfl. möchte am letzten Tag der Einspruchsfrist Einspruch einlegen. Auf dem Weg zum Finanzamt verunglückt sie schwer und ist erst am 15.12.2016 wieder in der Lage ihre Rechtsgeschäfte zu erledigen. Am 22.12.2016 erscheint sie auf dem Finanzamt und möchte den versäumten Einspruch nachholen. Ist dies noch möglich? Erläutern Sie ausführlich Ihre Meinung (Kalender siehe unten).

3.
Das Ehepaar Binzle reichte am 19.02.2016 die ESt-Erklärung für 2014 beim zuständigen Wohnsitzfinanzamt ein. Das FA setzte mit Bescheid vom 24.10.2016 (Aufgabe zur Post) die ESt für den Veranlagungszeitraum 2014 mit 8.640,00 € fest. Der Bescheid enthielt den Vermerk: „Der Bescheid ist nach § 165 Abs. 1 AO teilweise vorläufig hinsichtlich der beschränkten Abziehbarkeit von Vorsorgeaufwendungen nach § 10 Abs. 3 EStG."

1. Welche **Wirkung** hat der im Bescheid enthaltene **Vermerk**?
2. Wann hat die **Festsetzungsfrist** begonnen und wann endet sie?
3. Die Ehegatten haben für den Vz 2014 insgesamt 4.800,00 € Vorauszahlungen geleistet, außerdem sind 480,00 € Lohnsteuer auf die ESt anzurechnen. Wie hoch ist die **Abschlusszahlung** und wann ist diese fällig?
4. Am 28.11.2016 beantragt das Ehepaar Binzle die **Stundung** der Abschlusszahlung bis zum 31.12.2016 wegen eines vorübergehenden finanziellen Engpasses.
4.1 Prüfen Sie ob das FA dem Stundungsantrag stattgeben kann?
4.2 Wie hoch wären die Stundungszinsen, wenn das FA dem Stundungsantrag entsprechen würde?
5. Worin besteht der Unterschied zwischen dem **Erlass** und der **Niederschlagung** einer Steuer?
6. Bei einer nochmaligen Überprüfung des ESt-Bescheids für 2014 entdecken die Stpfl. am 30.12.2016, dass der Sachbearbeiter des Finanzamts bei den Einkünften aus V & V statt der nachgewiesenen Werbungskosten von **3.940,00 €** nur **3.490,00 €** angesetzt hat. Ist eine Korrektur des Steuerbescheids noch möglich? Begründen Sie Ihre Entscheidung.

Kalenderauszug 2016		
Oktober 2016	November 2016	Dezember 2016
24. Montag		
27. Donnerstag	24. Donnerstag	30. Freitag
	28. Montag	31. Samstag

4.
Das Ehepaar Gerster reichte am 30.09.2016 die ESt-Erklärung für 2015 beim zuständigen FA ein. Das FA setzte mit Bescheid vom 23.11.2016 (Aufgabe zur Post) die ESt für den Veranlagungszeitraum 2015 mit 16.840,00 € fest. Für den Vz 2015 wurden 8.400,00 € Vorauszahlungen geleistet. Der Bescheid enthielt den Vermerk: „Dieser Bescheid ergeht unter dem Vorbehalt der Nachprüfung nach § 164 AO."

1. Wann kann eine Steuer mit dem Vermerk: „unter Vorbehalt der Nachprüfung" festgesetzt werden?
2. Welche Wirkung hat der Vermerk „unter Vorbehalt der Nachprüfung"?

3. Wie hoch ist die Abschlusszahlung für 2015 und wann ist diese fällig?
4. Am 27.12.2016 beantragt das Ehepaar Gerster die Stundung der Abschlusszahlung bis zum 31.01.2017. Unter welchen zwei Voraussetzungen könnte das FA Ulm dem Stundungsantrag entsprechen?
5. Wie hoch wären die Stundungszinsen, wenn das FA dem Antrag der Steuerpflichtigen stattgeben würde?
6. Hätte das FA Ulm die Abschlusszahlung auch erlassen können? Begründen Sie Ihre Meinung.

Kalenderauszug 2016/17		
November 2016	Dezember 2016	Januar 2017
23. Mittwoch	23. Freitag	31. Dienstag
	26. 2. Feiertag	
	27. Dienstag	

5.
Die Eheleute Albrecht gaben für den Veranlagungszeitraum 2014 trotz wiederholter Aufforderung des Finanzamts keine Einkommensteuererklärung ab. Nach schriftlicher Androhung und Festsetzung eines Zwangsgelds von 200 € gaben die Eheleute am 28.10.2016 die Steuererklärung ab.

Das Finanzamt erlässt am Donnerstag, 15.12.2016 (Datum des Steuerbescheids) den ESt-Bescheid für 2014:

Festgesetzte Steuer 12.000 €, Abschlusszahlung 4.800 €. Außerdem wurde ein Verspätungszuschlag von 1.500 € festgesetzt.

Herr Albrecht beschwert sich am 22.12.2016 telefonisch beim Finanzamt wegen des hohen Verspätungszuschlags. Zur Bekräftigung seines Vorwurfs sendet er am 16.01.2017 ein Fax an das Finanzamt in dem er sich noch einmal heftig über den Verspätungszuschlag beschwert.

1. War die Festsetzung des Zwangsgelds rechtmäßig?
2. Aus welchem Grund konnte das Finanzamt einen Verspätungszuschlag festsetzen?
3. Ist die Höhe des Verspätungszuschlags gerechtfertigt?
4. Wie ist der Telefonanruf vom 22.12.2016 zu werten?
5. Welche Bedeutung hat das Fax vom 16.01.2017?

6.
Der Stpfl. Fritz Frey erhielt mit Poststempel vom 11.03.2016, seinen Einkommensteuerbescheid für 2013. Bei der Überprüfung des Bescheids stellte er fest, dass nachgewiesene und angemessene Werbungskosten in Höhe von 450 € bei den Einkünften aus nichtselbständiger Arbeit nicht berücksichtigt wurden.

Am Donnerstag, dem 14.04.2016 verfasste er eine „Beschwerde", die er nach seinem Lauftraining noch beim Finanzamt vorbeibringen wollte. Auf dem Weg zum Finanzamt verunglückte er so schwer, dass er bewusstlos ins Krankenhaus eingeliefert werden musste.

Als er am 02.05.2016 wieder handlungsfähig war, entdeckte er in seinen Unterlagen den Beschwerdebrief an das Finanzamt. Den er sofort per Post an das Finanzamt schickte.

1. Wie ist das Schreiben von Frey an das Finanzamt zu werten?
2. Konnte Frey noch wirksam Rechtsmittel gegen den Einkommensteuerbescheid einlegen? Begründen Sie Ihre Entscheidung.

7.
Der Steuerpflichtige Rainer Späth versäumt ständig seine Steuererklärungen pünktlich abzugeben.
Am 16.09.2016 erhält er den USt-Steuerbescheid für 2014, Poststempel 15.09.2016, mit dem Hinweis: „Dieser Bescheid ergeht unter dem Vorbehalt der Nachprüfung gemäß § 164 (1) AO".
Die im Bescheid festgesetzte Steuer beträgt 5.250 €.
Späth ist über den Betrag empört und übergibt einem Steuerberater alle verfügbaren Unterlagen.
Der Steuerberater reicht am 16.12.2016 die USt-Steuererklärung für 2014 beim zuständigen Finanzamt ein. Aus der Umsatzsteuererklärung des Steuerberaters ergibt sich für 2014 eine Steuererstattung von 1.760 €.

1. Wann hätte Späth die USt-Erklärung für 2014 abgeben müssen, wenn er <u>nicht</u> steuerlich beraten wird?
2. Bis zu welchem Zeitpunkt hätte Späth Einspruch einlegen müssen, wenn der mit dem USt- Bescheid 2014 des Finanzamts nicht einverstanden ist?
3. Ist eine Änderung der Veranlagung auch ohne Einspruch noch möglich? Erläutern Sie Ihre Auffassung.

Teil 3

Rechnungswesen

Rewe 1 Buchführungs- und Aufzeichnungspflichten	**Seiten 232 - 265**
Rewe 2 Grundlagen der Finanzbuchhaltung	**Seiten 266 - 274**
Rewe 3 Beschaffungs- und Absatzwirtschaft	**Seiten 275 - 282**
Rewe 4 Personalwirtschaft	**Seiten 283 - 289**
Rewe 5 Finanzwirtschaft	**Seiten 290 - 296**
Rewe 6 Anlagenwirtschaft	**Seiten 297 - 305**
Rewe 7 Buchungen im Steuerbereich	**Seiten 306 - 313**
Rewe 8 Abschlüsse nach Handels- und Steuerrecht	**Seiten 314 - 337**
Rewe 9 Betriebswirtschaftliche Auswertungen	**Seiten 338 - 349**

REWE 1 — BUCHFÜHRUNGS- UND AUFZEICHNUNGSPFLICHTEN

BEI DEN NACHSTEHENDEN AUFGABEN SIND DIE RICHTIGEN ERGEBNISSE ANZUKREUZEN BZW. ZUZUORDNEN!

1. **Gibt es einen Erfinder der Buchführung?**
   a) Ja, der Mönch *Pacioli* hat die Buchführung erfunden.
   b) Die Buchführung wurde anlässlich der Weltausstellung in Chicago erstmalig vorgestellt.
   c) Nein, die Buchführung hat sich im Mittelalter in den oberitalienischen Städten mit zunehmendem Handel herausgebildet.
   d) Die Buchführung wird nur in Deutschland genutzt.
   e) Die Buchführung wurde durch den Computer abgeschafft.

2. **Welcher Bereich bildet die Grundlage für alle anderen Bereiche des Rechnungswesens?**
   a) Kosten- und Leistungsrechnung als Betriebsbuchhaltung
   b) Controlling als modernste Form
   c) Statistik und betriebswirtschaftliche Auswertungen
   d) Planung
   e) Buchführung

3. **Welche Aussage über die Buchführung trifft *nicht* zu?**
   a) Die Buchführung ist der wichtigste Bereich des Rechnungswesens.
   b) Die Buchführung erfasst die Geschäftsvorfälle an Hand von Belegen.
   c) Die Geschäftsvorfälle werden im Grund- und im Hauptbuch erfasst.
   d) Zur Buchführung gibt es keine gesetzliche Pflicht.
   e) Als Ergebnis der Buchführung wird der Jahresabschluss erstellt.

4. **In welchem Gesetz sind grundlegende Vorschriften zur Buchführung für alle Kaufleute geregelt?**
   a) Umsatzsteuergesetz (UStG)
   b) Einkommensteuergesetz (EStG)
   c) Bürgerliches Gesetzbuch (BGB)
   d) Handelsgesetzbuch (HGB), erster Abschnitt
   e) Handelsgesetzbuch (HGB), zweiter Abschnitt

5. **Was bedeutet Buchführungspflicht für einen Kaufmann? Der Kaufmann**
   a) führt Kassen- und Bankbuch
   b) führt Anlagenverzeichnis und stellt ein Inventar auf
   c) führt Lohn- und Gehaltsnachweise für seine Arbeiter und Angestellten
   d) führt einen Jahresabschluss durch
   e) führt Grund- und Hauptbuch

6. **Die Buchführungspflicht umfasst**
   a) die Buchführung, Inventur und Inventar
   b) die Buchführung, GuV-Rechnung und Bilanz
   c) die Buchführung, Inventur, Inventar, GuV-Rechnung und Bilanz
   d) Inventur, Inventar, Jahresabschluss
   e) die Buchführung, Inventur, Inventar, Abschlusserstellung

7. **Wer gehört zum Personenkreis von sachverständigen Dritten, die sich durch die ordnungsgemäße Buchführung in angemessener Zeit einen Überblick über die Lage des Unternehmens verschaffen sollen?**
   (Mehrfachnennungen sind möglich)
   a) Arbeitnehmer
   b) Steuerberater
   c) Rechtsanwälte
   d) Handwerkskammer
   e) Finanzbeamte

BUCHFÜHRUNGS- UND AUFZEICHNUNGSPFLICHTEN — REWE 1

8. **Ordnen Sie zu!**
   Welche der aufgeführten Kapitalgesellschaften gehören aufgrund ihrer Merkmale zu den kleinen, mittelgroßen und großen Kapitalgesellschaften?

   a) Bilanzsumme 3,0 Mio €
      Umsatzerlöse 8,9 Mio €
      AN-Anzahl 35
   b) Bilanzsumme 6,8 Mio €
      Umsatzerlöse 12,0 Mio €
      AN-Anzahl 51
   c) Bilanzsumme 2,5 Mio €
      Umsatzerlöse 16,2 Mio €
      AN-Anzahl 75
      Kapitalgesellschaft
   d) Bilanzsumme 20,0 Mio €
      Umsatzerlöse 5,0 Mio €
      AN-Anzahl 255
   e) Bilanzsumme 5,6 Mio €
      Umsatzerlöse 33,5 Mio €
      AN-Anzahl 25

   [ ] Kleine Kapitalgesellschaft
   [ ] Mittelgroße Kapitalgesellschaft
   [ ] Große Kapitalgesellschaft

9. **Wie viele Größenmerkmale müssen überschritten werden, damit eine Kapitalgesellschaft in eine nächst höhere Gesellschaft eingeteilt wird?**
   a) alle drei Merkmale müssen überschritten werden
   b) ein Merkmal muss überschritten werden
   c) die Einordnung ist freiwillig
   d) die Finanzbehörde legt die jeweilige Einordnung fest, zu der die Kapitalgesellschaft gehört
   e) mindestens zwei Merkmale müssen überschritten werden

10. **Kapitalgesellschaften, die Aktien oder Wertpapiere an einer europäischen Börse handeln, werden von den Finanzbehörden stets behandelt als**
    a) besondere Kapitalgesellschaft
    b) kleine Kapitalgesellschaft
    c) Kapitalgesellschaft mit der Pflicht zur Offenlegung des Jahresabschlusses
    d) Kapitalgesellschaft mit sehr guter finanzieller Lage
    e) große Kapitalgesellschaft

11. **Ordnen Sie die aufgeführten Unternehmen den Kaufmannsbegriffen *Istkaufmann* und *Kannkaufmann* zu!**
    a) Einzelhändler (e.K.)
    b) Wurm OHG
    c) Weinbaubetrieb Fam. Müller
    d) Tiefbau Schulz und Schraps
    e) Gasthaus „Blauer Himmel"

    [ ] Istkaufmann
    [ ] Kannkaufmann

12. **Ordnen Sie die aufgeführten Unternehmen den Kaufmannsbegriffen *Istkaufmann* und *Formkaufmann* zu!**
    a) Fritz Wurm e.K.
    b) Holz GmbH
    c) Hotel „Weite Welt" Berlin
    d) Medicus AG
    e) Verlag EUROPA-Lehrmittel

    [ ] Istkaufmann
    [ ] Formkaufmann

13. **Ordnen Sie zu! Die Eintragung ins Handelsregister ist jeweils**
    a) Einzelhändler (e.K.)
    b) Wurm OHG
    c) Weinbaubetrieb Fam. Müller
    d) Tiefbau Schulz und Schraps
    e) Gasthaus „Blauer Himmel"

    [ ] deklaratorisch
    [ ] konstitutiv

REWE 1 — BUCHFÜHRUNGS- UND AUFZEICHNUNGSPFLICHTEN

14. Ordnen Sie zu! Die Eintragung ins Handelsregister ist jeweils
   a) Fritz Wurm e.K.
   b) Holz GmbH
   c) Hotel „Weite Welt" Berlin
   d) Medicus AG
   e) Verlag EUROPA-Lehrmittel

   [ ] deklaratorisch
   [ ] konstitutiv

15. Welcher Unternehmer gilt als Kaufmann im Sinne des HGB?
   a) alle Gewerbetreibenden, die keine Land- und Forstwirte sind und keinen freien Beruf ausüben
   b) alle Gewerbetreibenden, die mindestens 5 Mitarbeiter beschäftigen
   c) alle gewerblichen Unternehmen, die einen in kaufmännischer Weise eingerichteten Geschäftsbetrieb benötigen
   d) die Finanzbehörden stellen fest, wer Kaufmann ist
   e) alle Unternehmen, die ins Handelsregister eingetragen sind

16. Welche Merkmale gehören zu einem Gewerbebetrieb?
   (Mehrfachnennungen sind möglich)
   a) Beteiligung am allgemeinen Geschäftsverkehr
   b) Eintragung ins Handelsregister
   c) selbständige und nachhaltige Betätigung
   d) Umsatzerzielungsabsicht
   e) Gewinnerzielungsabsicht

17. Die abgeleitete Buchführungspflicht nach § 140 AO gilt für folgenden Personenkreis:
   (Mehrfachnennungen sind möglich)
   a) Freiberufler
   b) GmbH
   c) OHG
   d) Kleingewerbetreibende
   e) Land- und Forstwirte

18. Die originäre Buchführungspflicht nach § 141 AO gilt für folgenden Personenkreis:
   (Mehrfachnennungen sind möglich)
   a) freiwillig buchführende Land- und Forstwirte
   b) Freiberufler
   c) GbR
   d) Kleingewerbetreibende
   e) Personengesellschaften

19. Welche der aufgeführten Merkmalsgrenzen nach § 141 AO müssen bei *Gewerbetreibenden* überschritten sein, damit die Unternehmen buchführungspflichtig werden?
   a) Umsatz   300.000,00 €
   b) Umsatz   500.000,00 €
   c) Gewinn   20.000,00 €
   d) Gewinn   50.000,00 €
   e) Wirtschaftswert 25.000,00 €

20. Ordnen Sie zu!
   Welche der aufgeführten Merkmalsgrenzen nach § 141 AO müssen bei *Gewerbetreibenden* und bei *Land- und Forstwirten* überschritten sein, damit die Unternehmen buchführungspflichtig werden?
   a) Umsatz   250.000,00 €
   b) Umsatz   500.000,00 €
   c) Gewinn   50.000,00 €
   d) Wirtschaftswert 25.000,00 €
   e) Wirtschaftswert 35.000,00 €

   [ ] Gewerbetreibende
   [ ] Land- und Forstwirte

BUCHFÜHRUNGS- UND AUFZEICHNUNGSPFLICHTEN — REWE 1

21. **Wie viele Merkmalsgrenzen müssen bei einem Land- und Forstwirt, der nicht freiwillig Bücher führt, überschritten werden, damit er buchführungspflichtig wird?**
    a) alle drei Merkmale müssen überschritten werden
    b) mindestens zwei Merkmale müssen überschritten werden
    c) es reicht, wenn bereits ein Merkmal überschritten wird
    d) ein Merkmal muss mindestens zwei Jahre hintereinander überschritten werden
    e) ein Land- und Forstwirt ist von der Buchführungspflicht generell befreit

22. **Ordnen Sie zu!**
    Wer unterliegt der abgeleiteten und wer der originären Buchführungspflicht?
    a) Schulz OHG
       Umsatz: 200.000,00 €
       Gewinn 25.000,00 €
    b) Medicus GmbH
       Umsatz 180.000,00 €
       Gewinn 41.000,00 €
    c) Obst- und Gemüsehändler GbR Vinh und Hchan
       Umsatz 501.000,00 €
       Gewinn 43.500,00 €
    d) freischaffender Architekt Weide
       Umsatz 550.000,00 €
       Gewinn 120.000,00 €
    e) Gasthof „Schöne Sicht"
       Umsatz 395.000,00 €
       Gewinn 50.500,00 €

    [ ] abgeleitete Buchführungspflicht
    [ ] originäre Buchführungspflicht

23. **Die Buchführungspflicht beginnt bei einem Istkaufmann**
    a) im Monat nach schriftlicher Aufforderung durch die Finanzbehörde
    b) im Monat nach Eintragung ins Handelsregister
    c) mit Aufnahme der Handels- bzw. Gewerbetätigkeit
    d) zu Beginn des Jahres nach dem die Aufforderung durch die Finanzbehörden ergangen ist
    e) dem Unternehmen ist der Beginn der Buchführung im ersten Jahr zwecks Ankurbelung der Wirtschaftskraft freigestellt

24. **Die steuerrechtliche Buchführungspflicht beginnt**
    a) im Monat nach schriftlicher Aufforderung durch die Finanzbehörde
    b) sofort mit Aufnahme der gewerblichen Tätigkeit
    c) generell nach Ablauf des ersten Geschäftsjahres
    d) zu Beginn des Jahres nach dem die Aufforderung durch die Finanzbehörden ergangen ist
    e) dem Unternehmen ist der Beginn der Buchführung im ersten Jahr zwecks Ankurbelung der Wirtschaftskraft freigestellt

25. **Ordnen Sie zu!**
    Welcher Personenkreis tätigt seine Abschlüsse nach den gesetzlichen Bestimmungen des § 4(3) EStG und § 4(1) EStG?
    (Mehrfachnennungen sind möglich)
    a) Freiberufler i.S. des §18 EStG
    b) freiwillig buchführende Freiberufler
    c) Gewerbetreibende
    d) freiwillig buchführende Land- und Forstwirte
    e) Kleingewerbetreibende

    [ ] § 4(3) EStG
    [ ] § 4(1) EStG

26. **Ordnen Sie zu!**
    Welcher Personenkreis tätigt seine Abschlüsse nach den gesetzlichen Bestimmungen des § 4(1) EStG bzw. § 5 EStG?
    (Mehrfachnennungen sind möglich)
    a) Freiberufler i.S. des § 18 EStG
    b) freiwillig buchführende Freiberufler
    c) Gewerbetreibende
    d) freiwillig buchführende Gewerbetreibende
    e) Kleingewerbetreibende

    [ ] § 4(1) EStG
    [ ] § 5 EStG

REWE 1 — BUCHFÜHRUNGS- UND AUFZEICHNUNGSPFLICHTEN

27. Ordnen Sie zu!
Welche steuerrechtlichen Aufzeichnungsvorschriften des UStG und des EStG haben alle Unternehmer zu beachten?
Ordnen Sie die gesetzlichen Bestimmungen zu!
(Mehrfachnennungen sind möglich)

a) Aufzeichnung von nichtabzugsfähigen Betriebsausgaben
b) Führung von Lohn- und Gehaltskonten
c) Aufzeichnung von steuerpflichtigen und steuerfreien Umsätzen
d) Führen eines Anlagenverzeichnisses
e) Erfassung von Einfuhr, innergemeinschaftlichen Erwerb und Lieferungen

[   ] UStG

[   ] EStG

28. Ordnen Sie zu!
Welche steuerrechtlichen Aufzeichnungsvorschriften des UStG und der AO haben alle Unternehmer zu beachten?
(Mehrfachnennungen sind möglich)

a) tägliche Aufzeichnung von Kasseneinnahmen und –ausgaben
b) Aufzeichnung von Entgelt und Steuersätzen
c) Aufzeichnungen von unentgeltlichen Lieferungen und Leistungen
d) die Unterlagen der Buchführung sind entsprechend den Vorschriften aufzubewahren
e) detaillierte Aufzeichnung von Wareneingang Warenausgang

[   ] UStG

[   ] AO

29. Welche außersteuerrechtliche Aufzeichnungsvorschriften für besondere Berufe sind den steuerrechtlichen Pflichten nicht gleichgestellt?
(Mehrfachnennungen sind möglich)

a) Bautagebücher
b) Klassenbücher
c) Fremdenverzeichnisse
d) Weinbücher
e) Seetagebücher

30. Ordnen Sie zu!
Welche der aufgeführten Unterlagen sind 8 Jahre bzw. 6 Jahre aufzubewahren?

a) Angebote
b) Prozessunterlagen
c) Lohn- und Gehaltsunterlagen
d) Konzernabschlüsse
e) Bilanz

[   ] 6 Jahre

[   ] 8 Jahre

31. Wann beginnt die Aufbewahrungsfrist zu laufen? Die Aufbewahrungsfrist beginnt zu laufen

a) am Tag der Bilanzaufstellung
b) am Tag nach Fertigstellung des Jahresabschlusses
c) zu Beginn des nächsten Monats nach Fertigstellung des Jahresabschlusses
d) nach Unterschriftsleistung durch den Unternehmer
e) am Schluss des Kalenderjahres, in dem die letzte Eintragung vorgenommen worden ist

32. Welche Unterlagen der Buchführung müssen neben einer digitalen Speicherung auch ausgedruckt aufbewahrt werden?
(Mehrfachnennungen sind möglich.)

a) Bilanzen
b) Hauptabschlussübersichten
c) Inventare
d) Konzernabschlüsse
e) Prozessakten

BUCHFÜHRUNGS- UND AUFZEICHNUNGSPFLICHTEN — REWE 1

33. **Was sind die Grundsätze ordnungsgemäßer Buchführung? (Mehrfachnennungen sind möglich.) Die GoB sind**
    a) ein Regelwerk der Finanzbehörden zur Führung von Büchern
    b) ein historisch entstandenes System von Regeln der Buchführung
    c) beinhalten praktische Verkehrsauffassungen und Bräuche innerhalb der Buchführung
    d) werden mit der jeweiligen Jahresgesetzgebung durch den Bundespräsidenten erlassen
    e) dienen der Bestimmung von objektiven Kriterien innerhalb der Buchführung, um subjektiven Einflüssen keinen Vorschub zu leisten

34. **Welche Aussage trifft auf den Klarheitsgrundsatz *nicht* zu? Der Klarheitsgrundsatz oder formelle Grundsatz sagt, dass**
    a) die Buchführungsunterlagen jeweils dort aufzubewahren sind, wo sich die Betriebsstätte befindet.
    b) die Steuererklärungen und Jahresabschlüsse in deutscher Sprache einzureichen sind.
    c) Radieren, Rasieren, Überkleben, Löschen und Bleistifteintragungen nicht erlaubt sind.
    d) die Unterlagen der Buchführung unter Beachtung der Fristen aufzubewahren sind.
    e) die Unterlagen der Buchführung so aufbereitet sein müssen, dass sich ein sachverständiger Dritter innerhalb angemessener Zeit einen Überblick über die Lage des Unternehmens verschaffen kann.

35. **Welche Aussage trifft auf den Wahrheitsgrundsatz *nicht* zu? Der Wahrheitsgrundsatz oder materielle Grundsatz sagt, dass**
    a) die Aufzeichnungen lückenlos zu erfassen sind
    b) die Bücher wahrheitsgemäß zu führen sind
    c) Kasseneinnahmen und –ausgaben monatlich aufzuzeichnen sind
    d) Belege und Buchungen nicht fehlen dürfen
    e) die Bücher sachlich geordnet zu führen sind

36. **Ordnen Sie zu!**
    Welchen Inhalt haben die aufgeführten allgemeinen Grundsätze für den Jahresabschluss? (Mehrfachnennungen sind möglich.)
    a) zeitliche Abgrenzung von Aufwendungen und Erträgen
    b) materieller Grundsatz
    c) wahrheitsgetreue Darstellung von Vermögen, Schulden und wirtschaftlicher Lage
    d) oberster Grundsatz für Buchführung und Jahresabschluss
    e) formeller Grundsatz

    [ ] Grundsatz der kaufmännischen Vorsicht
    [ ] Grundsatz der Periodenabgrenzung
    [ ] Klarheitsgrundsatz
    [ ] Wahrheitsgrundsatz

37. **Ordnen Sie zu!**
    Welchen Inhalt haben die aufgeführten speziellen Grundsätze für den Jahresabschluss? (Mehrfachnennungen sind möglich.)
    a) kein Ausweis unrealisierter Gewinne
    b) wert- und mengenmäßige Übereinstimmung von Schlussbilanz und Eröffnungsbilanz des Folgejahres
    c) Basis der Bewertung ist die Fortführung der Unternehmenstätigkeit
    d) Beibehaltung der Bilanzgliederung und der Bewertungsmethoden
    e) Niederstwertprinzip bei der Bewertung von Vermögensposten und Höchstwertprinzip bei der Bewertung von Schuldposten

    [ ] Grundsatz der Bilanzidentität
    [ ] Grundsatz der Bilanzkontinuität
    [ ] Imparitätsprinzip
    [ ] Realisationsprinzip
    [ ] Going-concern-Prinzip

REWE 1 — BUCHFÜHRUNGS- UND AUFZEICHNUNGSPFLICHTEN

38. **Ordnen Sie zu!**
    Welche der aufgeführten Sachverhalte sind den geringen formellen und materiellen Mängeln der Buchführung zuzuordnen?
    (Mehrfachnennungen sind möglich.)
    a) Bleistifteintragungen
    b) falsch abgehangene Belege
    c) durchgestrichene Angabe auf einem Beleg   Geringe formelle Mängel
    d) unbeabsichtigte Falschbuchung   Geringe materielle Mängel
    e) ungeordnete Belege und Aufzeichnungen

39. **Ordnen Sie zu!**
    Welche der aufgeführten Sachverhalte sind den schweren formellen und materiellen Mängeln der Buchführung zuzuordnen?
    (Mehrfachnennungen sind möglich.)
    a) falsche und fingierte Buchungen
    b) Buchungen ohne Beleg
    c) fehlende Lohn- und Gehaltsunterlagen   Schwere formelle Mängel
    d) bewusst falsch geführte Bücher   Schwere materielle Mängel
    e) fehlende Belege und Aufzeichnungen

40. Mit welchen Folgen hat ein Unternehmer zu rechnen, wenn er durch fahrlässige Handlungsweise in der Buchführung Steuern gefährdet?
    (Mehrfachnennungen sind möglich.)
    a) Er hat mit keinerlei Folgen zu rechnen, da erst nach mehrmaligen Verstößen geahndet wird.
    b) Er hat eine Geldbuße bis zu 1.000,00 € zu zahlen.
    c) Er hat eine Geldbuße bis zu 5.000,00 € zu zahlen.
    d) Er hat mit einer Zuschätzung der Buchführung nach § 162 AO zu rechnen.
    e) Er hat mit Freiheitsstrafe zu rechnen.

41. Mit welchen Folgen hat ein Unternehmer zu rechnen, wenn er absichtlich Steuern hinterzieht und in groben Eigennutz handelt?
    (Mehrfachnennungen sind möglich.)
    a) Er hat mit einer Geldbuße in unbegrenzter Höhe zu rechnen.
    b) Er hat eine Geldbuße bis zu 10.000,00 € zu zahlen.
    c) Er hat eine Geldbuße bis zu 50.000,00 € zu zahlen.
    d) Er hat mit einer Vollschätzung durch die Finanzbehörden und einer vollständigen Verwerfung seiner Buchführungsunterlagen zu rechnen.
    e) Er hat mit Freiheitsstrafe zu rechnen.

42. Welches der aufgeführten Merkmale trifft auf die „Doppelte Buchführung" *nicht* zu?
    a) Die „Doppelte Buchführung" ist historisch nach der einfachen Buchführung entstanden.
    b) Jeder Geschäftsvorfall wird doppelt einmal im Grundbuch und einmal m Hauptbuch erfasst.
    c) Jeder Geschäftsvorfall wird auf mindestens zwei Konten gebucht, einmal im „Soll" und einmal im „Haben".
    d) Es werden Bestands- und Erfolgskonten geführt.
    e) Ergebnis der doppelten Buchführung sind die GuV-Rechnung und die Bilanz.

43. Ordnungsmittel der Buchführung sind
    a) Kontenrahmen
    b) Betrieblicher Kontenplan
    c) Bücher der Buchführung
    d) EDV-Anlage
    e) Bleistift, Radiergummi

44. Organisationsmittel der Buchführung sind
    (Mehrfachnennungen sind möglich.)
    a) Kontenrahmen
    b) Betrieblicher Kontenplan
    c) Bücher der Buchführung
    d) EDV-Anlage
    e) Kalender

BUCHFÜHRUNGS- UND AUFZEICHNUNGSPFLICHTEN — REWE 1

45. Ordnen Sie die Bücher der Buchführung als Ordnungsmittel zu!
(Mehrfachnennungen sind möglich.)
- a) Bankbuch
- b) Lohn- und Gehaltbuch
- c) T-Konten
- d) Primanota
- e) Buchungsjournal

[ ] Grundbuch
[ ] Hauptbuch
[ ] Nebenbuch

46. Ordnen Sie die Bücher der Buchführung als Ordnungsmittel zu!
(Mehrfachnennungen sind möglich.)
- a) Sachkonten
- b) Memorial
- c) Kassenbuch
- d) Anlagenbuch
- e) Kreditoren / Debitoren

[ ] Grundbuch
[ ] Hauptbuch
[ ] Nebenbuch

47. Ordnen Sie zu!
(Mehrfachnennungen sind möglich.)
- a) Eröffnungs- und Schlussbilanzkonto
- b) Aktivkonten
- c) Aufwands- und Ertragskonten
- d) GuV-Konto
- e) Passivkonten

[ ] Bilanzkonten
[ ] Erfolgskonten
[ ] Ergebniskonten

48. Warum ist die Kontierung der Geschäftsvorfälle nach einem Kontenrahmen notwendig?
(Mehrfachnennungen sind möglich.)
- a) Die moderne EDV-Technik nimmt eine Kontierung automatisch vor; ein Kontenrahmen ist somit nicht mehr erforderlich.
- b) Der Kontenrahmen schafft die Grundlage für innerbetriebliche Auswertungen.
- c) Die einheitliche Buchung der Geschäftsvorfälle ermöglicht den Vergleich der Unternehmen.
- d) Die einheitliche Buchung der Geschäftsvorfälle ermöglicht eine gerechte Besteuerung aller Unternehmen.
- e) Die Nutzung des Kontenrahmens ist historisch entstanden. Die Nutzung ist freiwillig.

49. In welche Kontenklasse des Kontenrahmens *SKR 03* sind die folgenden Positionen einzuordnen?
- a) Erhaltene Skonti
- b) Verbindlichkeiten aus Lieferungen und Leistungen
- c) Außerordentliche Aufwendungen
- d) Fertigerzeugnisse
- e) Garagen

[ ] 0 Anlage- und Kapitalkonten
[ ] 1 Finanz- und Privatkonten
[ ] 2 Abgrenzungskonten
[ ] 3 Wareneingangs- und Bestandkonten
[ ] 4 Betriebliche Aufwendungen
[ ] 7 Bestandskonten
[ ] 8 Erlöskonten

REWE 1 — BUCHFÜHRUNGS- UND AUFZEICHNUNGSPFLICHTEN

50. In welche Kontenklasse des Kontenrahmens *SKR 04* sind die folgenden Positionen einzuordnen?

a) Lkw
b) Gewährte Boni
c) Leergut
d) Umsatzsteuer früherer Jahre
e) Saldenvorträge Debitoren

[ ] 0 Anlagevermögenskonten
[ ] 1 Umlaufvermögenskonten
[ ] 2 Eigenkapitalkonten
[ ] 3 Fremdkapitalkonten
[ ] 4 Betriebliche Erträge
[ ] 5 Betriebliche Aufwendungen
[ ] 6 Betriebliche Aufwendungen
[ ] 7 Weitere Erträge und Aufwendungen
[ ] 9 Vortragskonten

51. Kontieren Sie die folgenden Positionen nach dem SKR 03 und SKR 04!

Sachverhalt Kontenbezeichnung	SKR 03 Kontennummer	SKR 04 Kontennummer
1. Erlöse 19% USt		
2. Zinsaufwendungen		
3. Rückstellungen für Gewährleistungen		
4. Miete		
5. Verbindlk. gegenüber Kreditinstituten		
6. Sachbezüge 19% USt (Waren)		
7. Privatsteuern		
8. Sonstige Wertpapiere		
9. Erhaltene Rabatte 7% VSt		
10. Gewerbesteuer		
11. Waren (Bestand)		
12. Erhaltene Anzahlungen (Verbindl.K.)		
13. Restbuchwert bei Buchgewinn		
14. Erlösschmälerungen 19% USt		
15. Ausgangsfrachten		
16. Abziehbare VSt aus innergem. Erwerb		
17. Körperschaftsteuer		
18. Bezahlte Einfuhrumsatzsteuer		
19. Innergemeinschaftlicher Erwerb 19% USt		
20. Geschäftsführergehälter		

52. Welche Aussage über die Inventur ist richtig? Die Inventur

a) muss nur von ausgewählten Unternehmen jährlich durchgeführt werden. Die Auswahl nimmt die Finanzbehörde vor.
b) muss jeder Kaufmann, jeder Gewerbetreibende und jeder Land- und Forstwirt mindestens aller zwei Jahre durchführen.
c) ist eine Zählung aller Vermögensgegenstände, der Schulden und des Eigenkapitals.
d) ist die jährliche wert- und mengenmäßige Bestandsaufnahme aller Vermögensgegenstände und Schulden.
e) ist die jährliche Bestandsaufnahme aller Vermögensgegenstände, der Schulden und des Eigenkapitals.

BUCHFÜHRUNGS- UND AUFZEICHNUNGSPFLICHTEN — REWE 1

53. **In welchen zeitlichen Abständen hat ein Unternehmen eine Inventur durchzuführen?**
    a) Die Inventur ist jährlich durchzuführen.
    b) Ein Unternehmen hat täglich seinen Bestand zu ermitteln.
    c) Zeitraum und Häufigkeit kann das Unternehmen selbst bestimmen.
    d) Die Finanzbehörde legt an hand der Betriebsgröße die zeitlichen Abstände der Inventur fest.
    e) Die Inventur ist im Rhythmus aller zwei Jahre durchzuführen.

54. **Zu welchen Anlässen ist ein Unternehmen verpflichtet eine Inventur durchzuführen?**
    a) Gründung, Übernahme, Auflösung, Veräußerung, Halbjahr und Schluss jedes Geschäftsjahres
    b) Schluss jedes Geschäftsjahres, Übernahme, Veräußerung
    c) Gründung, Schluss jedes Geschäftsjahres, Auflösung
    d) Gründung, Übernahme, Veräußerung, Auflösung
    e) Gründung, Übernahme, Auflösung, Veräußerung, Schluss jedes Geschäftsjahres

55. **Worin bestehen die ersten Arbeitsschritte der Inventur?**
    (Mehrfachnennungen sind möglich.)
    a) Sichten der Lagerlisten und Zusammenstellen der notwendigen Inventurunterlagen
    b) Ermittlung der Menge durch Zählen, Messen, Wiegen
    c) Entrümpeln von nicht mehr benötigten Artikeln
    d) Auflistung von Einstandspreisen
    e) Aufnahme der Artikel in Art und Bezeichnung

56. **Worin bestehen die weiteren Arbeitsschritte der Inventur?**
    (Mehrfachnennungen sind möglich.)
    a) Begutachtung der Beschaffenheit der Artikel
    b) Vornahme von eventuellen Wertabschlägen
    c) Nachmessen, Nachzählen, Nachwiegen
    d) Bewertung der aufgenommenen Artikel
    e) Festlegen des Verkaufs- oder Verarbeitungstermins für den Artikel

57. **Ordnen Sie die aufgeführten Wirtschaftsgüter der Inventurart *Körperliche Inventur* zu!**
    (Mehrfachnennungen sind möglich.)
    a) Handelswaren
    b) Postbankguthaben
    c) Fertigerzeugnisse   [   ] Körperliche Inventur
    d) Kassenbestand
    e) Forderungen

58. **Ordnen Sie die aufgeführten Wirtschaftsgüter den Inventurart *Buchinventur* zu!**
    (Mehrfachnennungen sind möglich.)
    a) Roh-, Hilfs- und Betriebsstoffe
    b) Postbankguthaben
    c) Kassenbestand   [   ] Buchinventur
    d) Darlehen
    e) Verbindlichkeiten

59. **Welche Aussagen über die Stichtagsinventur oder zeitnahe Inventur sind richtig?**
    (Mehrfachnennungen sind möglich.)
    a) Die Stichtagsinventur wird auch als zeitnahe Inventur bezeichnet, weil sie mit dem Bilanzstichtag zusammenfällt.
    b) Bei der Stichtagsinventur erfolgt die wertmäßige Fortschreibung und Rückrechnung von Vermögen und Schulden.
    c) Bei der Stichtagsinventur erfolgt die körperliche Bestandsaufnahme innerhalb einer Frist von 10 Tagen vor und 10 Tagen nach dem Bilanzstichtag.
    d) Während der Stichtagsinventur erfolgt die mengen- und wertmäßige Fortschreibung von Vermögen, Schulden und Eigenkapital.
    e) Bei der Stichtagsinventur erfolgt die mengen- und wertmäßige Fortschreibung und Rückrechnung von Vermögen und Schulden.

REWE 1 — BUCHFÜHRUNGS- UND AUFZEICHNUNGSPFLICHTEN

60. Welche Vorteile und Nachteile sind mit der Stichtagsinventur oder zeitnahen Inventur verbunden?
(Mehrfachnennungen sind möglich.)
a) aufgrund der zeitlichen Nähe zum Abschlussstichtag ist die Fehlerquote gering
b) aufgrund der mengen- und wertmäßigen Fortschreibung und Rückrechnung ist die Fehlerquote groß
c) die Stichtagsinventur ist durch die Zeitbegrenzung mit hohem personellem Aufwand verbunden
d) die Stichtagsinventur ist aufgrund der Zeitbegrenzung mit wenig Personal durchführbar
e) eine Schließung des Unternehmens für die Inventur ist meist nicht notwendig

61. Welche Aussagen über die verlegte oder zeitverschobene Inventur sind richtig?
(Mehrfachnennungen sind möglich.)
a) Die körperliche Bestandsaufnahme erfolgt innerhalb von zwei Monaten vor dem Bilanzstichtag und drei Monaten nach dem Bilanzstichtag.
b) Die körperliche Bestandsaufnahme erfolgt innerhalb von drei Monaten vor dem Bilanzstichtag und zwei Monaten nach dem Bilanzstichtag.
c) Es erfolgt bei der verlegten oder zeitverschobenen Inventur nur eine mengenmäßige Fortschreibung und Rückrechnung von Vermögen und Schulden.
d) Es erfolgt bei der verlegten oder zeitverschobenen Inventur nur eine wertmäßige Fortschreibung und Rückrechnung von Vermögen und Schulden.
e) Die verlegte oder zeitverschobene Inventur kann, wie der Name es sagt, unabhängig vom Bilanzstichtag im laufe des Geschäftsjahres durchgeführt werden.

62. Welche Vorteile und Nachteile sind mit der verlegten oder zeitverschobenen Inventur verbunden?
(Mehrfachnennungen sind möglich.)
a) aufgrund der nur wertmäßigen Fortschreibung und Rückrechnung ist die Fehlerquote sehr hoch
b) aufgrund der nur wertmäßigen Fortschreibung und Rückrechnung ist die Fehlerquote nur gering
c) die verlegte oder zeitverschobene Inventur ist durch die freie Zeiteinteilung aufwandsintensiv
d) die verlegte oder zeitverschobene Inventur ist durch den größeren Zeitraum mit wenig Personal durchführbar
e) eine Schließung des Unternehmens für die Inventur ist meist nicht notwendig

63. Welche Aussage über die permanente Inventur als Inventurverfahren ist richtig?
a) Die permanente Inventur ist eine laufende Inventur durch eine computergestützte Lagerführung. Eine körperliche Bestandsaufnahme durch Zählen, Messen und Wiegen ist dadurch nicht mehr notwendig.
b) Die permanente Inventur ist eine laufende Inventur durch eine computergestützte Lagerführung. Eine körperliche Bestandsaufnahme durch Zählen, Messen und Wiegen ist jährlich zum Bilanzstichtag notwendig.
c) Die permanente Inventur ist eine laufende Inventur durch eine computergestützte Lagerführung. Eine körperliche Bestandsaufnahme durch Zählen, Messen und Wiegen ist jährlich zu einem beliebigen Zeitpunkt im Jahr notwendig.
d) Die permanente Inventur ist eine laufende Inventur durch eine computergestützte Lagerführung. Eine körperliche Bestandsaufnahme durch Zählen, Messen und Wiegen ist nur noch innerhalb von drei Jahren zum Bilanzstichtag notwendig.
e) Die permanente Inventur ist eine laufende Inventur durch eine computergestützte Lagerführung. Eine körperliche Bestandsaufnahme durch Zählen, Messen und Wiegen ist nur noch innerhalb von drei Jahren zu einem beliebigen Zeitpunkt im Jahr notwendig.

64. Welcher Vorteil ist mit der permanenten Inventur verbunden?
(Mehrfachnennungen sind möglich.)
a) Es ist die modernste Form der Inventur, aber sehr kostenintensiv.
b) Aufgrund der nur einmal jährlichen körperlichen Bestandsaufnahme ist die Fehlerquote sehr hoch.
c) Die permanente Inventur ist nur gering personell aufwendig.
d) Da für dieses Inventurverfahren keine Schließung des Unternehmens notwendig ist, verursacht die permanente Inventur nur geringe Kosten.
e) Die permanente Inventur liefert dem Unternehmen stets aktuelle Bestandsdaten und ermöglicht eine freie Zeiteinteilung für Erfassung, Bewertung und die körperliche Inventur.

BUCHFÜHRUNGS- UND AUFZEICHNUNGSPFLICHTEN — REWE 1

65. Welche Aussagen über die Stichprobeninventur sind richtig?
(Mehrfachnennungen sind möglich.)
a) Die Vermögensgegenstände können bei der Stichprobeninventur mit Hilfe mathematisch-statistischer Methoden geschätzt werden.
b) Bei der Stichprobeninventur können Teile der Vorräte mit Hilfe mathematisch-statistischer Methoden geschätzt werden.
c) Die Stichprobeninventur erspart für das Unternehmen Zeit.
d) Die Stichprobeninventur ist kein vollwertiges Inventurverfahren.
e) Die Stichprobeninventur ist nur eine Teilinventur.

66. Welche Aussage über das Inventar ist richtig?
a) Die Aufstellung des Inventars ist aufgrund der durchgeführten Inventur nicht notwendig.
b) Das Inventar ist das Ergebnis der Inventur in Form eines geordneten Verzeichnisses über das Reinvermögen des Unternehmens.
c) Das Inventar listet alle Vermögensgegenstände, Schulden und das Reinvermögen auf.
d) Das Inventar ist das Ergebnis der Inventur in Form eines geordneten Verzeichnisses über alle Vermögensgegenstände und Schulden.
e) Die Inventur erfolgt nachdem das Inventar aufgestellt wurde. Die ermittelten Werte werden mit der Inventurliste verglichen.

67. Wann muss ein Inventar aufgestellt werden? Ein Inventar
a) wird nur dann erstellt, wenn keine Inventur durchgeführt wurde
b) muss bei Gründung, Übernahme, Auflösung, Veräußerung des Unternehmens und am Schluss jedes Geschäftsjahres aufgestellt werden
c) muss nur bei Gründung und Auflösung des Unternehmens sowie am Schluss jedes Geschäftsjahres aufgestellt werden
d) ist nur aller zwei Jahre aufzustellen
e) muss nur dann aufgestellt werden, wenn es aufgrund von Unklarheiten in der Bilanz von den Finanzbehörden angefordert wird

68. Wie ist das Inventar gegliedert?
a) Vermögen und Reinvermögen
b) Vermögen, Schulden, Reinvermögen, Eigenkapital
c) Schulden, Reinvermögen, Eigenkapital
d) Vermögen, Schulden, Eigenkapital
e) Vermögen, Schulden, Reinvermögen

69. Welche Aussage über die Aufstellung des Inventars ist richtig?
a) Die Aufstellung des Inventars erfolgt in Kontenform. Es erfolgen Mengen- und Wertangaben.
b) Das Inventar wird in Staffelform aufgestellt, wobei nur Wertangaben erfolgen.
c) Das Inventar wird in Staffelform aufgestellt. Die Angaben erfolgen als Einzel- und Gesamtwerte.
d) Für das Inventar wird die Kontenform gewählt und die Positionen werden als Menge und Gesamtwert angegeben.
e) Die Aufstellung des Inventars erfolgt in Staffelform. Die einzelnen Positionen werden in Menge, als Einzel- und als Gesamtwert aufgeführt.

70. Wie errechnet sich das Reinvermögen?
a) Anlagevermögen – Umlaufvermögen + Schulden
b) Vermögen + Schulden
c) Anlagevermögen + Umlaufvermögen – Schulden
d) Anlagevermögen + Umlaufvermögen + Schulden
e) Anlagevermögen – Umlaufvermögen – Schulden

71. Welche der aufgeführten Inventarposten sind dem Anlagevermögen und dem Umlaufvermögen zuzuordnen?
(Mehrfachnennungen sind möglich.)
a) Sonstige Forderungen
b) Unbebaute Grundstücke
c) Unfertige Erzeugnisse
d) Bankguthaben
e) Betriebs- und Geschäftsausstattung

[ ] Anlagevermögen
[ ] Umlaufvermögen

REWE 1 — BUCHFÜHRUNGS- UND AUFZEICHNUNGSPFLICHTEN

72. Welche der aufgeführten Inventarposten sind den lang- und kurzfristigen Schulden zuzuordnen?
(Mehrfachnennungen sind möglich.)
   a) Liefererschulden
   b) Hypothek
   c) Bankschuld (Kontokorrent)
   d) Darlehen
   e) Verbindlichkeiten aus Lieferungen und Leistungen

   [   ] Langfristige Schulden
   [   ] Kurzfristige Schulden

73. Welche Reihenfolge ist richtig?
   a) Inventar   – Inventur   – Bilanz
   b) Bilanz   – Inventar   – Inventur
   c) Inventur – Bilanz   – Inventar
   d) Inventar – Bilanz   – Inventur
   e) Inventur – Inventar   – Bilanz

74. Welche Aussage gehört zu den Begriffen *Inventur*, *Inventar* und *Bilanz*?
   a) Wertmäßige Darstellung von Vermögen und Schulden in Staffelform
   b) Mengenmäßige Bestandsaufnahme aller Vermögensgegenstände und Schulden
   c) Geordnetes Verzeichnis aller Vermögensgegenstände und Schulden in Staffelform
   d) Wert- und mengenmäßige Bestandsaufnahme aller Vermögensgegenstände und Schulden
   e) Kurzgefasste wertmäßige Darstellung von Vermögen und Schulden in Kontenform

   [   ] Inventur
   [   ] Inventar
   [   ] Bilanz

75. Welche Aussage über die Merkmale eines Inventars ist *nicht* richtig?
   a) Die Gleichung des Inventars lautet: Vermögen – Schulden = Reinvermögen.
   b) Im Inventar werden in einer ausführlichen Darstellung alle Vermögens- und Schuldposten als Einzel- und Gesamtwerte aufgeführt.
   c) Das Inventar enthält Mengen- und Wertangaben.
   d) Das Inventar wird veröffentlicht.
   e) Die Inventarposten werden gestaffelt angegeben.

76. Welche Aussage über die Merkmale einer Bilanz ist *nicht* richtig?
   a) Die Gleichung der Bilanz lautet: Vermögen = Eigenkapital + Schulden.
   b) Für die Bilanz besteht Offenlegungspflicht.
   c) Die Bilanz ist eine ausführliche Darstellung aller Vermögens- und Schuldposten in Kontenform.
   d) In der Bilanz werden die einzelnen Positionen zusammengefasst und nur der Wert angegeben.
   e) Die Aufstellung der Bilanz erfolgt in Kontenform.

77. Ordnen Sie die angegebenen Bilanzposten Aktiva und Passiva zu!
(Mehrfachnennungen sind möglich.)
   a) Rückstellungen
   b) Postbankguthaben
   c) Fertigerzeugnisse
   d) Bebaute Grundstücke
   e) Forderungen aus Lieferungen und Leistungen

   [   ] Aktiva, Anlagevermögen
   [   ] Aktiva, Umlaufvermögen
   [   ] Passiva, Eigenkapital
   [   ] Passiva, Fremdkapital

78. Ordnen Sie die angegebenen Bilanzposten Aktiva und Passiva zu!
(Mehrfachnennungen sind möglich.)
   a) Unfertige Erzeugnisse
   b) Darlehen
   c) Rücklagen
   d) Verbindlichkeiten aus Lieferungen und Leistungen
   e) Fuhrpark

   [   ] Aktiva, Anlagevermögen
   [   ] Aktiva, Umlaufvermögen
   [   ] Passiva, Eigenkapital
   [   ] Passiva, Fremdkapital

BUCHFÜHRUNGS- UND AUFZEICHNUNGSPFLICHTEN — REWE 1

79. Welche der aufgeführten Bilanzposten gehören zum Anlagevermögen? Ordnen Sie in der richtigen Reihenfolge zu!
  a) Wertpapiere
  b) Sachanlagen
  c) Finanzanlagen
  d) Immaterielle Vermögensgegenstände
  e) Vorräte

  ( ) Aktiva, Anlagevermögen I.
  ( ) Aktiva, Anlagevermögen II.
  ( ) Aktiva, Anlagevermögen III.

80. Welche der aufgeführten Bilanzposten gehören zum Umlaufvermögen? Ordnen Sie in der richtigen Reihenfolge zu!
  a) Kassen- und Bankbestand
  b) Wertpapiere
  c) Vorräte
  d) Sonstige Vermögensgegenstände
  e) Büro- und Geschäftsausstattung

  ( ) Aktiva, Umlaufvermögen I.
  ( ) Aktiva, Umlaufvermögen II.
  ( ) Aktiva, Umlaufvermögen III.
  ( ) Aktiva, Umlaufvermögen IV.

81. Welche der aufgeführten Bilanzposten gehören zum Eigenkapital? Ordnen Sie in der richtigen Reihenfolge zu!
  a) Jahresgewinn
  b) Gesetzliche Rücklage
  c) Stammkapital
  d) Gewerbesteuerrückstellung
  e) Kapitalrücklage

  ( ) EK, Gezeichnetes Kapital I.
  ( ) EK, Kapitalrücklage II.
  ( ) EK, Gewinnrücklagen III.
  ( ) EK, Gewinnvortrag/Verlustvortrag IV.
  ( ) EK, Jahresüberschuss V.

82. Welche der aufgeführten Bilanzposten gehören zum Fremdkapital? Ordnen Sie in der richtigen Reihenfolge zu!
  a) Passive Rechnungsabgrenzung
  b) Darlehen
  c) Jahresfehlbetrag
  d) Gewerbesteuerrückstellung

  ( ) FK, Rückstellungen
  ( ) FK, Verbindlichkeiten
  ( ) FK, Rechnungsabgrenzungsposten

  e) Investitionsabzugsbetrag nach § 7g EStG

83. Welche Aussage über die Bilanzseite *Aktiva* ist falsch?
  a) Die Aktivseite gibt Auskunft über die Kapitalverwendung.
  b) Die Aktiva zeigt wofür die Mittel verwendet wurden.
  c) Die Aktivseite ist geordnet nach zunehmender Kapitalbindungsfrist.
  d) Die Aktiva gibt Auskunft über die Investierung.
  e) Die Aktivpositionen sind geordnet nach zunehmender Liquidierbarkeit der Mittel.

84. Welche Aussage über die Bilanzseite *Passiva* ist falsch?
  a) Die Passivseite gibt Auskunft über die Kapitalquellen.
  b) Die Passiva zeigt die Herkunft der Mittel.
  c) Die Passivseite ist geordnet nach zunehmender Fälligkeit.
  d) Die Passiva gibt Auskunft über die Finanzierung.
  e) Die Passivpositionen sind geordnet nach zunehmender Kapitalüberlassungsfrist.

REWE 1 — BUCHFÜHRUNGS- UND AUFZEICHNUNGSPFLICHTEN

85. Welche Bilanzgleichung ist richtig?
a) Anlagevermögen + Umlaufvermögen = Eigenkapital – Fremdkapital
b) Anlagevermögen – Umlaufvermögen = Eigenkapital + Fremdkapital
c) Eigenkapital = Anlagevermögen + Umlaufvermögen – Fremdkapital
d) Fremdkapital = Anlagevermögen + Umlaufvermögen + Eigenkapital
e) Anlagevermögen – Umlaufvermögen = Eigenkapital – Fremdkapital

86. Ordnen Sie die Aussagen den Bilanzarten zu!
a) Sonderbilanz bei Gründung des Unternehmens [ ] Handelsbilanz
b) Bilanz am Anfang des Geschäftsjahres [ ] Steuerbilanz
c) Jahresabschluss nach handelsrechtlichen Bewertungsvorschriften [ ] Gründungsbilanz
d) Sonderbilanz bei Ausscheiden eines Gesellschafters [ ] Eröffnungsbilanz
e) Jahresabschluss nach steuerrechtlichen Bewertungsvorschriften [ ] Auseinandersetzungsbilanz

87. Ordnen Sie die Aussagen den Bilanzarten zu!
a) Sonderbilanz bei Auflösung des Unternehmens [ ] Einheitsbilanz
b) Bilanz am Ende des Geschäftsjahres [ ] Umwandlungsbilanz
c) Jahresabschluss nach handelsrechtlichen und steuerrechtlichen Bewertungsvorschriften [ ] Liquidationsbilanz
d) Sonderbilanz bei Änderung der Rechtsform [ ] Bewegungsbilanz
e) Kapitalflussrechnung als Liquiditätskontrolle [ ] Schlussbilanz

88. Welche Aussage über die Bilanz ist falsch?
a) Die Bilanz ist mit Ort und Datum zu versehen.
b) Eine Bilanz ist zu unterschreiben.
c) Die Bilanz ist 10 Jahre aufzubewahren.
d) Eine Delegierung der Unterschriftsleistung an den Steuerberater ist *nicht* zulässig.
e) Eine Delegierung der Unterschriftsleistung an den Prokuristen ist statthaft.

89. Welche Aussagen über die Unterzeichnung der Bilanz sind falsch? (Mehrfachnennungen sind möglich.)
a) Die Bilanz ist bei einem Einzelunternehmen durch den Inhaber persönlich zu unterschreiben.
b) Bei einer OHG unterschreiben die Bilanz alle Gesellschafter.
c) Bei einer KG unterschreiben die Bilanz Kommanditist und Komplementär.
d) Bei einer GmbH unterschreiben den Jahresabschluss alle Gesellschafter.
e) Bei einer AG wird der Jahresabschluss durch alle Mitglieder des Vorstandes unterschrieben.

90. Ermitteln Sie das Eigenkapital!
* Anlagevermögen 77.500,00 €
* Umlaufvermögen 112.500,00 €
* Fremdkapital 98.000,00 €
[ ] Eigenkapital

91. Ermitteln Sie das Fremdkapital!
* Anlagevermögen 235.000,00 €
* Umlaufvermögen 178.500,00 €
* Eigenkapital 205.900,00 €
[ ] Fremdkapital

BUCHFÜHRUNGS- UND AUFZEICHNUNGSPFLICHTEN — REWE 1

92. Ermitteln Sie das Anlagevermögen und das Eigenkapital!
- * Vermögen — 370.000,00 €
- * Umlaufvermögen — 266.000,00 €
- * Fremdkapital — 147.000,00 €

[   ] Anlagevermögen   [   ] Eigenkapital

93. Ermitteln Sie das Umlaufvermögen und das Eigenkapital!
- * Gesamtkapital — 1.121.000,00 €
- * Anlagevermögen — 467.000,00 €
- * Fremdkapital — 659.000,00 €

[   ] Umlaufvermögen   [   ] Eigenkapital

94. Ermitteln Sie das Anlagevermögen und das Fremdkapital!
- * Gesamtkapital — 411.500,00 €
- * Umlaufvermögen — 137.700,00 €
- * Eigenkapital — 199.000,00 €

[   ] Anlagevermögen   [   ] Fremdkapital

95. Ermitteln Sie das Umlaufvermögen und das Fremdkapital!
- * Bilanzsumme — 4.267.322,00 €
- * Anlagevermögen — 2.518.423,00 €
- * Eigenkapital — 3.001.452,00 €

[   ] Umlaufvermögen   [   ] Fremdkapital

96. Welche Aussagen über die Bilanzveränderung *Aktivtausch* sind richtig?
(Mehrfachnennungen sind möglich.)
- a) ein Aktivposten nimmt zu und ein Aktivposten nimmt ab
- b) beide Aktivposten nehmen zu
- c) beide Aktivposten nehmen ab
- d) keine Änderung der Bilanzsumme
- e) die Bilanzsumme nimmt zu

97. Welche Aussagen über die Bilanzveränderung *Passivtausch* sind richtig?
(Mehrfachnennungen sind möglich.)
- a) beide Passivposten nehmen ab
- b) beide Passivposten nehmen zu
- c) ein Passivposten nimmt ab und ein Passivposten nimmt zu
- d) die Bilanzsumme nimmt ab
- e) keine Änderung der Bilanzsumme

98. Welche Aussagen über die Bilanzveränderung *Aktiv-Passiv-Mehrung* sind richtig?
(Mehrfachnennungen sind möglich.)
- a) ein Aktivposten nimmt zu und ein Passivposten nimmt ab
- b) ein Aktivposten nimmt zu und ein Passivposten nimmt zu
- c) keine Änderung der Bilanzsumme
- d) die Bilanzsumme nimmt zu
- e) die Bilanzsumme nimmt ab

99. Welche Aussagen über die Bilanzveränderung *Aktiv-Passiv-Minderung* sind richtig?
(Mehrfachnennungen sind möglich.)
- a) ein Aktivposten nimmt ab und ein Passivposten nimmt zu
- b) ein Aktivposten nimmt ab und ein Passivposten nimmt ab
- c) die Bilanzsumme nimmt zu
- d) keine Änderung der Bilanzsumme
- e) die Bilanzsumme nimmt ab

REWE 1 — BUCHFÜHRUNGS- UND AUFZEICHNUNGSPFLICHTEN

100. Ordnen Sie die aufgeführten Geschäftsvorfälle den Bilanzveränderungen zu!
(Mehrfachnennungen sind möglich.)
a) Kauf eines Lkw auf Ziel
b) Barverkauf von Waren
c) Aufnahme eines Darlehens
d) Kauf von BGA gegen Bankscheck
e) Umwandlung einer Hypothek in ein Darlehen

- Aktivtausch
- Passivtausch
- Aktiv-Passiv-Mehrung
- Aktiv-Passiv-Minderung

101. Ordnen Sie die aufgeführten Geschäftsvorfälle den Bilanzveränderungen zu!
(Mehrfachnennungen sind möglich.)
a) Barkauf von Waren
b) Verkauf eines Pkw auf Ziel
c) ein Kunde begleicht eine Rechnung über Postbank
d) Umwandlung einer Lieferschuld in ein Darlehen
e) Begleichung einer Lieferschuld über Bank

- Aktivtausch
- Passivtausch
- Aktiv-Passiv-Mehrung
- Aktiv-Passiv-Minderung

102. Welcher Geschäftsvorfall liegt der folgenden Bilanzveränderung zugrunde?
Position: BGA → Abnahme
Position: Kasse → Zunahme
a) Barkauf von einem Pkw
b) Barkauf von Waren
c) ein Kunde kauft einen Bürotisch
d) Barverkauf eines gebrauchten Bürocomputers
e) Verkauf von Büro- und Geschäftsausstattung auf Ziel

103. Welcher Geschäftsvorfall liegt der folgenden Bilanzveränderung zugrunde?
Position: Darlehen gegenüber Kreditinstituten → Zunahme
Position: Lieferschulden → Abnahme
a) Auszahlung eines Darlehens
b) Darlehenstilgung
c) Lieferschulden werden in ein Darlehen gewandelt
d) Darlehensschulden werden in kurzfristige Schulden gewandelt
e) Verbindlichkeiten aus Lieferungen und Leistungen werden beglichen

104. Welcher Geschäftsvorfall liegt der folgenden Bilanzveränderung zugrunde?
Position: Forderungen aus Lieferungen und Leistungen → Zunahme
Position: Waren → Abnahme
a) ein Kunde begleicht seine Warenschuld
b) ein Kunde kauft Waren auf Ziel
c) wir kaufen Waren auf Ziel
d) wir begleichen eine Warenschuld
e) Verkauf von Waren

105. Welcher Geschäftsvorfall liegt der folgenden Bilanzveränderung zugrunde?
Position: Verbindlichkeiten aus Lieferungen und Leistungen → Zunahme
Position: Waren → Zunahme
a) wir verkaufen auf Ziel
b) wir begleichen eine Lieferantenschuld
c) ein Kunde kauft Waren
d) ein Kunde begleicht seine Warenschuld
e) wir kaufen Waren auf Ziel

BUCHFÜHRUNGS- UND AUFZEICHNUNGSPFLICHTEN — REWE 1

106. Welcher Geschäftsvorfall liegt der folgenden Bilanzveränderung zugrunde?
Position: Verbindlichkeiten aus Lieferungen und Leistungen → Abnahme
Position: Bank → Abnahme

a) wir begleichen eine Lieferantenschuld
b) wir begleichen eine Lieferantenschuld durch Banküberweisung
c) ein Kunde begleicht eine Rechnung über Bank
d) wir tilgen ein Darlehen
e) wir zahlen eine Eingangsrechnung

107. Ordnen Sie den aufgeführten Inhalt richtig zu!

a) Buchen der laufenden Geschäftsvorfälle   ( ) Eröffnungsbilanz
b) Ermittlung der Schlussbestände (Salden)   ( ) Eröffnungsbilanzkonto
c) Vortragen der Anfangsbestände auf Aktiv- und Passivkonten   ( ) Grund- und Hauptbuch
d) Werte der Schlussbilanz des Vorjahres entsprechen den Werten der Eröffnungsbilanz   ( ) Schlussbilanzkonto
e) Übertragen der Schlussbestände (Salden) in die Schlussbilanz   ( ) Schlussbilanz

108. Welche Aussage über die Eröffnungsbilanz und die *Bilanzidentität* ist richtig?
a) Die Werte der Eröffnungsbilanz stimmen mit den Werten der Schlussbilanz überein.
b) Die Werte der Eröffnungsbilanz stimmen mit den Werten der Schlussbilanz des laufenden Jahres überein.
c) Die Werte der Eröffnungsbilanz des Vorjahres stimmen mit der Schlussbilanz des laufenden Jahres überein.
d) Die Werte der Schlussbilanz des Vorjahres stimmen mit den Werten der Eröffnungsbilanz des laufenden Jahres überein.
e) Die Werte der Schlussbilanz stimmen mit den Werten der Eröffnungsbilanz des Vorjahres überein.

109. Welche Aussage über das Eröffnungsbilanzkonto (EBK) ist falsch?
a) Das EBK dient als Gegenkonto der Eröffnung der Bestandskonten.
b) Das EBK ist ein Hilfskonto.
c) Nach Eröffnen der Konten wird das EBK sofort wieder abgeschlossen.
d) Die Kontensumme des EBK entspricht der Bilanzsumme der Eröffnungsbilanz.
e) Das Eröffnungsbilanzkonto ist ein Bild der Eröffnungsbilanz.

110. Wie lautet die Grund- und Hauptbuchung für die Eröffnung der *aktiven Bestandskonten*?
a) EBK an Aktivkonten → Anfangsbestände stehen im EBK im *Haben*
b) Aktivkonten an EBK → Anfangsbestände stehen im EBK im *Soll*
c) EBK an Aktivkonten → Anfangsbestände stehen im EBK im *Soll*
d) Aktivkonten an EBK → Anfangsbestände stehen im EBK im *Haben*
e) die Anfangsbestände der aktiven Bestandskonten werden automatisch in das EBK übernommen

111. Wie lautet die Grund- und Hauptbuchung für die Eröffnung der *passiven Bestandskonten*?
a) EBK an Passivkonten → Anfangsbestände stehen im EBK im *Haben*
b) Passivkonten an EBK → Anfangsbestände stehen im EBK im *Soll*
c) EBK an Passivkonten → Anfangsbestände stehen im EBK im *Soll*
d) Passivkonten an EBK → Anfangsbestände stehen im EBK im *Haben*
e) die Anfangsbestände der passiven Bestandskonten werden automatisch in das EBK übernommen

112. Welche Aussage über das Schlussbilanzkonto (SBK) ist falsch?
a) Das SBK ist ein Hilfskonto.
b) Das SBK dient dem Abschluss der Konten.
c) Nach Ermittlung der Salden werden die Schlussbestände vom SBK aufgenommen.
d) Das SBK ist betragsmäßig identisch mit der Schlussbilanz.
e) Das SBK wird selbst nicht abgeschlossen.

REWE 1 — BUCHFÜHRUNGS- UND AUFZEICHNUNGSPFLICHTEN

113. Wie lautet die Grund- und Hauptbuchung für den Abschluss der *aktiven Bestandskonten*?
a) SBK an Aktivkonten → Schlussbestände stehen im SBK im *Soll*
b) Aktivkonten an SBK → Schlussbestände stehen im SBK im *Soll*
c) SBK an Aktivkonten → Schlussbestände stehen im SBK im *Haben*
d) Aktivkonten an SBK → Schlussbestände stehen im SBK im *Haben*
e) die Schlussbestände der aktiven Bestandskonten werden automatisch in das SBK übernommen

114. Wie lautet die Grund- und Hauptbuchung für den Abschluss der *passiven Bestandskonten*?
SBK an Passivkonten → Schlussbestände stehen im SBK im *Haben*
a) Passivkonten an SBK → Schlussbestände stehen im SBK im *Haben*
b) SBK an Passivkonten → Schlussbestände stehen im SBK im *Soll*
c) Passivkonten an SBK → Schlussbestände stehen im SBK im *Soll*
d) die Schlussbestände der passiven Bestandskonten werden automatisch in das SBK übernommen

115. Welche Buchungsregel für *aktive Bestandskonten* ist *nicht* richtig?
a) Anfangsbestand im *Soll*
b) Abgänge im *Haben*
c) Zugänge im *Soll*
d) Schlussbestand im *Soll*
e) Schlussbestand im *Haben*

116. Welche Buchungsregel für *passive Bestandskonten* ist *nicht* richtig?
a) Schlussbestand im *Haben*
b) Zugänge im *Haben*
c) Abgänge im *Soll*
d) Schlussbestand im *Soll*
e) Anfangsbestand im *Haben*

117. Was ist ein Buchungssatz?
a) die Anweisung des Unternehmers zur Buchung eines Beleges
b) die Aufforderung zur Bargeldeinzahlung in einer Bank
c) eine kurzgefasste Anweisung für die Erfassung eines Geschäftsvorfalles in der Finanzbuchhaltung
d) die Eingabe der vorgenommenen Kontierung auf dem Beleg in den Personalcomputer
e) die Vergabe von Kontennummern auf einem Beleg

118. Was ist ein *einfacher* Buchungssatz?
a) ein einfacher Geschäftsvorfall
b) für die Erfassung des Geschäftsvorfalles genügt die Buchung im Grundbuch
c) für die Erfassung des Geschäftsvorfalles genügt die Erfassung im Hauptbuch
d) ein leicht verständlicher Buchungssatz
e) der Geschäftsvorfall ist mit einer Soll- und einer Habenbuchung und dem Aufruf von zwei Sachkonten vollständig erfasst

119. Was ist ein *zusammengesetzter* Buchungssatz?
a) der Geschäftsvorfall wird im Soll und im Haben gebucht
b) für die Erfassung des Geschäftsvorfalles ist eine Grund- und eine Hauptbuchung notwendig
c) der Geschäftsvorfall wird auf mindestens zwei Sachkonten erfasst
d) es sind zur Erfassung des Geschäftsvorfalles mindestens zwei Soll- oder zwei Haben-Buchungen notwendig
e) der Geschäftsvorfall berührt mindestens zwei Buchungen

120. Welcher Buchungssatz gehört zu folgenden Geschäftsvorfall?
Einkauf von Waren gegen Barzahlung
a) Kasse an Waren
b) BGA an Kasse
c) Kasse an BGA
d) Waren an Kasse
e) Bank an Waren

BUCHFÜHRUNGS- UND AUFZEICHNUNGSPFLICHTEN — REWE 1

121. Welcher Buchungssatz gehört zu folgenden Geschäftsvorfall?
Ein Kunde zahlt über Postbank eine Ausgangsrechnung

a) Bank an Verbindlichk. a. Liefer. u. Leist.
b) Postbank an Verbindlichk. a. Liefer. u. Leist.
c) Forderungen a. Liefer. u. Leist. an Postbank
d) Postbank an Forderungen a. Liefer. u. Leist.
e) Forderungen a. Liefer. u. Leist. an Bank

122. Welcher Buchungssatz gehört zu folgenden Geschäftsvorfall?
Wir zahlen eine Eingangsrechnung über unser Geschäftskonto

a) Kasse an Forderungen a. Liefer. u. Leist.
b) Bank an Verbindlichk. a. Liefer. u. Leist.
c) Verbindlichk. a. Liefer. u. Leist. an Bank
d) Forderungen a. Liefer. u. Leist. an Bank
e) Verbindlichk. a. Liefer. u. Leist. an Kasse

123. Welcher Buchungssatz gehört zu folgenden Geschäftsvorfall?
Verkauf einer gebrauchten Computeranlage auf Ziel

a) BGA an Verbindlichk. a. Liefer. u. Leist.
b) BGA an Forderungen a. Liefer. u. Leist.
c) Forderungen a. Liefer. u. Leist. an BGA
d) Waren an Forderungen a. Liefer. u. Leist.
e) Verbindlichk. a. Liefer. u. Leist. an BGA

124. Welcher Buchungssatz gehört zu folgenden Geschäftsvorfall?
Kauf einer Maschine auf Ziel

a) Maschinen und Anlagen an Forderungen a. Liefer. u. Leist.
b) Maschinen und Anlagen an Verbindlichk. a. Liefer. u. Leist.
c) Verbindlichk. a. Liefer. u. Leist. an Maschinen und Anlagen
d) Forderungen a. Liefer. u. Leist. an Maschinen und Anlagen
e) Maschinen und Anlagen an Darlehen

125. Welcher Buchungssatz gehört zu folgenden Geschäftsvorfall?
Kauf eines bebauten Grundstückes über Darlehen und auf Ziel

a) Darlehen an Verbindlichk. a. Liefer. u. Leist.
   Bebautes Grundstück
b) Bebautes Grundstück an Forderungen a. Liefer. u. Leist.
   Darlehen
c) Bebautes Grundstück an Darlehen
   an Forderungen a. Liefer. u. Leist.
d) Bebautes Grundstück an Forderungen a. Liefer. u. Leist.
   an Darlehen
e) Bebautes Grundstück an Darlehen
   an Verbindlichk. a. Liefer. u. Leist.

126. Welcher Buchungssatz gehört zu folgenden Geschäftsvorfall?
Begleichung einer Eingangsrechnung über Kasse und langfristige Verbindlichkeiten

a) Kasse an Verbindlichk. a. Liefer. u. Leist.
   Forderungen a. Liefer. u. Leist.
b) Verbindlichk. a. Liefer. u. Leist. an Kasse
   Darlehen
c) Verbindlichk. a. Liefer. u. Leist. an Darlehen
   an Kasse
d) Darlehen an Verbindlichk. a. Liefer. u. Leist.
   Kasse
e) Forderungen a. Liefer. u. Leist. an Darlehen
   an Kasse

REWE 1 — BUCHFÜHRUNGS- UND AUFZEICHNUNGSPFLICHTEN

127. Welcher Geschäftsvorfall liegt folgender Buchung zugrunde?
Verbindlichk. a. Liefer. u. Leist.   an   Waren
a) Einkauf von Waren
b) Verkauf von Waren
c) Rücksendung von Waren vom Kunden
d) Rücksendung von Waren an den Lieferer
e) Einkauf von Waren auf Ziel

128. Welcher Geschäftsvorfall liegt folgender Buchung zugrunde?
Kasse   an   Postbank
a) Bareinzahlung auf das Postbankkonto
b) Barabhebung vom Postbankkonto
c) Tilgung einer Postbankschuld
d) Banküberweisung
e) Barverkauf von Waren

129. Welcher Geschäftsvorfall liegt folgender Buchung zugrunde?
BGA   an   Darlehen
           an   Kasse
a) Tilgung eines Darlehens durch Verkauf von BGA
b) Barverkauf von BGA und auf Ziel
c) Barkauf von BGA und gegen langfristige Verbindlichkeiten
d) Barkauf von BGA und auf Ziel
e) Aufnahme eines Darlehens zum Kauf von BGA

130. Welcher Geschäftsvorfall liegt folgender Buchung zugrunde?
Kasse   an   Forderungen a. Liefer. u. Leist
Bank
a) Einkauf mittels Banküberweisung und Barzahlung
b) Verkauf von Waren mittels Banküberweisung und Barzahlung
c) Bareinzahlung auf unser Geschäftskonto
d) wir zahlen eine Rechnung bar und durch Banküberweisung
e) ein Kunde zahlt eine Rechnung bar und durch Banküberweisung

131. Welcher Geschäftsvorfall liegt folgender Buchung zugrunde?
Verbindlichk. a. Liefer. u. Leist.   an   Postbank
                                         an   Bank
a) ein Kunde begleicht eine Rechnung über Postbank und Bank
b) wir kaufen Waren über Postbank und Bank
c) wir verkaufen Waren über Postbank- und Banküberweisung
d) wir begleichen eine Eingangsrechnung über Postbank und Bank
e) wir begleichen eine Ausgangsrechnung über Postbank und Bank

132. Welcher Geschäftsvorfall liegt folgender Buchung zugrunde?
Hypothek   an   Bank
               an   Darlehen
a) Aufnahme einer Hypothek
b) Aufnahme eines Darlehens
c) Ablösung eines Darlehens mittels Aufnahme einer Hypothek und einer Banküberweisung
d) Ablösung einer Hypothek mittels Aufnahme eines Darlehns und einer Banküberweisung
e) Aufnahme einer Hypothek mittels Bankdarlehen

133. Welcher Geschäftsvorfall liegt folgender Buchung zugrunde?
Rohstoffe   an   Waren
                an   Verbindlichk. a. Liefer. u. Leist.
a) Einkauf von Rohstoffen und Waren auf Ziel
b) Einkauf von Rohstoffen gegen Warenlieferung und auf Ziel
c) Verkauf von Waren auf Ziel
d) Einkauf von Waren gegen Rohstofflieferung und auf Ziel
e) Verkauf von Rohstoffen gegen Warenlieferung und auf Ziel

BUCHFÜHRUNGS- UND AUFZEICHNUNGSPFLICHTEN — REWE 1

134. Welche Aussage über Erfolgskonten ist falsch?
a) Auf Erfolgskonten werden Geschäftsvorfälle gebucht, die das Betriebsvermögen umschichten.
b) Durch Erfolgsbuchungen wird das Betriebsvermögen in seiner Höhe geändert.
c) Erfolgsbuchungen mindern oder erhöhen das Eigenkapital des Unternehmens.
d) Für die Buchungen der Erfolgsvorgänge werden Unterkonten des Eigenkapitals angelegt.
e) Es erfolgt keine direkte Buchung der Geschäftsvorfälle auf dem Konto Eigenkapital.

135. Wie werden die Unterkonten des Eigenkapitals bezeichnet?
a) Ertragskonten „Ausgaben" und „Erfolge"
b) Erfolgskonten „Ausgaben" und „Erträge"
c) Ertragskonten „Aufwendungen" und „Erfolge"
d) Erfolgskonten „Aufwendungen" und „Erträge"
e) Bilanzkonten „GuV" und „Eigenkapital"

136. Wodurch erfolgt eine Erhöhung des Eigenkapitals? (Mehrfachnennungen sind möglich.) Durch
a) Einnahmen
b) Erträge
c) Erfolge
d) Privateinlagen
e) Privatentnahmen

137. Welche Aussagen über die Unterkonten des Eigenkapitals sind richtig? (Mehrfachnennungen sind möglich.)
a) Ausgaben und Erträge dürfen miteinander verrechnet werden
b) Aufwendungen und Erträge dürfen miteinander verrechnet werden
c) Aufwendungen und Erträge dürfen nicht miteinander verrechnet werden
d) Erfolgskonten haben einen Anfangsbestand
e) Erfolgskonten haben keinen Anfangsbestand

138. Wodurch erfolgt eine Minderung des Eigenkapitals? (Mehrfachnennungen sind möglich.) Durch
a) Privateinlagen
b) Privatentnahmen
c) Ausgaben
d) Kosten
e) Aufwendungen

139. Welche Buchungsregel für die *Erfolgskonten* ist *nicht* richtig?
a) Anfangsbestand von Aufwandskonten im *Soll*
b) Abgänge von Aufwandskonten im *Haben*
c) Zugänge von Aufwandskonten im *Soll*
d) Zugänge von Ertragskonten im *Haben*
e) Abgänge von Ertragskonten im *Soll*

140. Wie erfolgt der Abschluss von Erfolgskonten?
a) Aufwands- und Ertragskonten werden nicht abgeschlossen
b) Aufwands- und Ertragskonten werden über das SBK abgeschlossen
c) Erfolgskonten werden über das Eigenkapital-Konto abgeschlossen
d) Erfolgskonten werden über das Gewinn – und Verlustkonto (GuV-Konto) abgeschlossen
e) Erfolgskonten werden über die Bilanz abgeschlossen

141. Welche Aussagen über das Gewinn – und Verlustkonto (GuV-Konto) sind falsch? (Mehrfachnennungen sind möglich.)
a) der Abschluss von Erfolgskonten erfolgt über das GuV-Konto
b) das GuV-Konto ist ein Sammelkonto für die Aufnahme der Salden der Erfolgskonten
c) die Salden der Aufwandskonten stehen im GuV-Konto im *Haben*
d) die Salden der Ertragskonten stehen im GuV-Konto im *Soll*
e) das GuV-Konto ist ein Unterkonto des Eigenkapitals zur Ermittlung des Unternehmenserfolges

REWE 1 — BUCHFÜHRUNGS- UND AUFZEICHNUNGSPFLICHTEN

142. Welche Aussagen über das GuV-Konto sind richtig, wenn die *Erträge* größer sind als die *Aufwendungen*?
(Mehrfachnennungen sind möglich.)
a) der Verlust führt zur Minderung des Eigenkapitals
b) der Gewinn führt zur Erhöhung des Eigenkapitals
c) der Gewinn stellt sich auf der *Sollseite* des GuV-Kontos dar
d) der Verlust stellt sich auf der *Sollseite* des GuV-Kontos dar
e) der Gewinn stellt sich auf der *Habenseite* des GuV-Konto dar

143. Wie lauten die richtigen Abschlussbuchungen, wenn die *Erträge* größer sind als die *Aufwendungen*?
a) Aufwandskonten an GuV – Ertragskonten an GuV – GuV an Eigenkapital
b) GuV an Aufwandskonten – Ertragskonten an GuV – Eigenkapital an GuV
c) GuV an Aufwandskonten – Ertragskonten an GuV – GuV an Eigenkapital
d) GuV an Aufwandskonten – GuV an Ertragskonten – Eigenkapital an GuV
e) GuV an Aufwandskonten – GuV an Ertragskonten – GuV an Eigenkapital

144. Welche Aussagen über das GuV-Konto sind richtig, wenn die *Aufwendungen* größer sind als die *Erträge*?
(Mehrfachnennungen sind möglich.)
a) der Verlust führt zur Minderung des Eigenkapitals
b) der Gewinn führt zur Erhöhung des Eigenkapitals
c) der Verlust stellt sich auf der *Sollseite* des GuV-Kontos dar
d) der Verlust stellt sich auf der *Habenseite* des GuV-Kontos dar
e) der Gewinn stellt sich auf der *Habenseite* des GuV-Konto dar

145. Wie lauten die richtigen Abschlussbuchungen, wenn die *Aufwendungen* größer sind als die *Erträge*?
a) Aufwandskonten an GuV – GuV an Ertragskonten – GuV an Eigenkapital
b) GuV an Aufwandskonten – Ertragskonten an GuV – Eigenkapital an GuV
c) GuV an Aufwandskonten – Ertragskonten an GuV – GuV an Eigenkapital
d) GuV an Aufwandskonten – GuV an Ertragskonten – Eigenkapital an GuV
e) GuV an Aufwandskonten – GuV an Ertragskonten – GuV an Eigenkapital

146. Wie werden auf den Konten der doppelten Buchführung die *Zugänge* gebucht?
(Mehrfachnennungen sind möglich.)
Ordnen Sie zu!
a) Aktive Bestandskonten
b) Passive Bestandskonten   [   ]   Sollbuchung
c) Aufwandskonten
d) Ertragskonten   [   ]   Habenbuchung
e) Eigenkapitalkonto

147. Wie werden auf den Konten der doppelten Buchführung die *Abgänge* gebucht?
(Mehrfachnennungen sind möglich.)
Ordnen Sie zu!
a) Aktive Bestandskonten
b) Passive Bestandskonten   [   ]   Sollbuchung
c) Aufwandskonten
d) Ertragskonten   [   ]   Habenbuchung
e) Eigenkapitalkonto

148. Auf welchen Konten der doppelten Buchführung gibt es *Vorträge* (Anfangsbestände)?
(Mehrfachnennungen sind möglich.)
Ordnen Sie zu!
a) Aktive Bestandskonten
b) Passive Bestandskonten   [   ]   Anfangsbestände (AB-Werte)
c) Aufwandskonten
d) Ertragskonten   [   ]   keine Anfangsbestände (AB-Werte)
e) Eigenkapitalkonto

BUCHFÜHRUNGS- UND AUFZEICHNUNGSPFLICHTEN — REWE 1

149. Über welche Konten werden die *Anfangsbestände* vorgetragen?
(Mehrfachnennungen sind möglich.)
Ordnen Sie zu!

a) Aktive Bestandskonten
b) Passive Bestandskonten
c) Aufwandskonten
d) Ertragskonten
e) Eigenkapitalkonto

[ ] Eröffnungsbestandskonto (EBK
[ ] Gewinn- und Verlustkonto (GuV)
[ ] keine Anfangsbestände

150. Über welche Konten der doppelten Buchführung erfolgt der *Abschluss* der Konten?
(Mehrfachnennungen sind möglich.)
Ordnen Sie zu!

a) Aktive Bestandskonten
b) Passive Bestandskonten
c) Aufwandskonten
d) Ertragskonten
e) Eigenkapitalkonto

[ ] Schlussbilanzkonto (SBK)
[ ] Gewinn- und Verlustkonto (GuV)

151. Welcher Buchungssatz gehört zu folgenden Geschäftsvorfall?
Barkauf von Büromaterial

a) BGA an Kasse
b) Büromaterial an Kasse
c) Kasse an BGA
d) Kasse an Büromaterial
e) Verbindlichk. a. Liefer. u. Leist. an Büromaterial

152. Welcher Buchungssatz gehört zu folgenden Geschäftsvorfall?
Wir zahlen für die Vermittlung eines Geschäftes Provision über Postbank

a) Postbank an Provisionserträge
b) Bank an Provisionserträge
c) Provisionsaufwendungen an Forderungen a. Liefer. u. Leist.
d) Provisionsaufwendungen an Bank
e) Provisionsaufwendungen an Postbank

153. Welcher Buchungssatz gehört zu folgenden Geschäftsvorfall?
Ein Kunde zahlt Verzugszinsen über Bank

a) Zinsaufwendungen an Bank
b) Zinsaufwendungen an Verbindlichk. a. Liefer. u. Leist.
c) Bank an Zinserträge
d) Forderungen a. Liefer. u. Leist. an Zinserträge
e) Kasse an Zinserträge

154. Welcher Buchungssatz gehört zu folgenden Geschäftsvorfall?
Wir verkaufen Waren auf Ziel

a) Waren an Forderungen a. Liefer. u. Leist.
b) Waren an Verbindlichk. a. Liefer. u. Leist.
c) Forderungen a. Liefer. u. Leist. an Waren
d) Verbindlichk. a. Liefer. u. Leist. an Waren
e) Forderungen a. Liefer. u. Leist. an Umsatzerlöse

REWE 1 — BUCHFÜHRUNGS- UND AUFZEICHNUNGSPFLICHTEN

155. Welcher Buchungssatz gehört zu folgenden Geschäftsvorfall?
Wir überweisen die Energierechnung über Bank und Postbank

a) Bank an Energieerträge
　Postbank
b) Bank an Energieaufwendungen
　Postbank
c) Energieaufwendungen an Bank
　 an Postbank
d) Energieaufwendungen an Forderungen a. Liefer. u. Leist.
　 an Bank
e) Energieerträge an Bank
　 an Postbank

156. Welcher Buchungssatz gehört zu folgenden Geschäftsvorfall?
Zahlung der Tilgungsrate und der Zinsen für ein betriebliches Darlehen

a) Darlehen an Bank
　Zinserträge
b) Bank an Zinsaufwendungen
　Darlehen
c) Zinsaufwendungen an Darlehen
　Bank
d) Bank an Forderungen a. Liefer. u. Leist.
　 an Darlehen
e) Zinsaufwendungen an Bank
　Darlehen

157. Wie lautet die richtige Abschlussbuchung für das Konto *Zinsaufwendungen*?

a) SBK an Zinsaufwendunge
b) Zinsaufwendungen an GuV
c) Zinsaufwendungen an SBK
d) Eigenkapital an Zinsaufwendungen
e) GuV an Zinsaufwendungen

158. Wie lautet die richtige Abschlussbuchung für das Konto *Umsatzerlöse*?

a) Umsatzerlöse an GuV
b) Umsatzerlöse an SBK
c) SBK an Umsatzerlöse
d) Eigenkapital an Umsatzerlöse
e) GuV an Umsatzerlöse

159. Wie lautet die richtige Abschlussbuchung für ein *Gewinnsaldo auf dem GuV-Konto*?

a) GuV an SBK
b) SBK an Eigenkapital
c) GuV an Eigenkapital
d) Eigenkapital an GuV
e) SBK an GuV

160. Wie lautet die richtige Abschlussbuchung für ein *Verlustsaldo auf dem GuV-Konto*?

a) GuV an SBK
b) SBK an Eigenkapital
c) GuV an Eigenkapital
d) Eigenkapital an GuV
e) SBK an GuV

161. Wie lautet die richtige Abschlussbuchung für das Konto *Eigenkapital*?

a) GuV an: Eigenkapital
b) SBK an: Eigenkapital
c) Eigenkapital an: SBK
d) Eigenkapital an: GuV
e) SBK an: GuV

BUCHFÜHRUNGS- UND AUFZEICHNUNGSPFLICHTEN — REWE 1

162. Welcher Geschäftsvorfall liegt folgender Buchung zugrunde?
Forderungen a. Liefer. u. Leist. an Umsatzerlöse Kasse
a) Wir kaufen bar und auf Ziel ein
b) Ein Kunde zahlt eine Forderung bar
c) Wir verkaufen Waren gegen Barzahlung
d) Wir zahlen eine Eingangsrechnung bar und auf Ziel
e) Wir verkaufen gegen Barzahlung und auf Ziel

163. Welcher Geschäftsvorfall liegt folgender Buchung zugrunde?
Darlehen an Bank Zinsaufwendungen
a) die Bank bucht Zinsen für ein Darlehen ab
b) ein Kunde zahlt für ein Darlehen Zinsen
c) wir nehmen ein Darlehen auf
d) wir zahlen eine Darlehensrate
e) die Bank bucht uns Zinsen und die Darlehensrate ab

164. Welche Aussage über *Privatkonten* ist *nicht* richtig?
a) Privatkonten beeinflussen die Höhe des Eigenkapitals
b) bei Privatentnahmen entnimmt der Steuerpflichtige Wirtschaftsgüter aus dem Betriebsvermögen für sich, für seinen Haushalt oder andere betriebsfremde Zwecke
c) Privatentnahmen und Privateinlagen wirken sich auf den Erfolg des Unternehmens aus
d) bei Privateinlagen führt der Steuerpflichtige dem Betrieb Wirtschaftsgüter aus dem Privatvermögen zu
e) Privatkonten sind Unterkonten des Eigenkapitals

165. Welche der aufgeführten Position gehört *nicht* zu den *Privatentnahmen*?
a) Privatnutzung des Geschäftswagens
b) Bargeldentnahme
c) Privattelefonate über ein gemietetes Geschäftstelefon
d) Entnahme von Waren
e) Ordnungsgelder für Falschparker

166. Welche der aufgeführten Position gehört *nicht* zu den *Privateinlagen*?
a) Überstunden des Geschäftsinhabers
b) Bargeldeinlage
c) Einlage eines Privatgrundstückes
d) Nutzung des privaten Pkw für Geschäftsfahrten
e) Nutzung privater Werkzeuge

167. Ordnen Sie den aufgeführten Unterkonten des Privatkontos den Kontennummern zu!

a) Privatentnahmen allgemein [ ]   2250 (1840)

b) Unentgeltliche Wertabgaben [ ]   2100 (1800)

c) Privateinlagen [ ]   2180 (1890)

d) Privatsteuern [ ]   2130 (1880)

e) Privatspenden [ ]   2150 (1810)

168. Wie lautet die richtige Abschlussbuchung für das Konto *Privatentnahmen*?
a) GuV an Privatentnahmen
b) Privatentnahmen an Eigenkapital
c) Privatentnahmen an SBK
d) Eigenkapital an Privatentnahmen
e) Eigenkapital an GuV

REWE 1 — BUCHFÜHRUNGS- UND AUFZEICHNUNGSPFLICHTEN

169. Wie lautet die richtige Abschlussbuchung für das Konto *Privateinlagen*?
- a) Privateinlagen an SBK
- b) Privateinlagen an Eigenkapital
- c) GuV an Privateinlagen
- d) Eigenkapital an Privateinlagen
- e) Privateinlagen an GuV

170. Wie erfolgt die Ermittlung des Gewinns durch *Betriebsvermögensvergleich*?
- a) EK am Anfang des Gj. − EK am Ende des Gj. − Privatentnahmen + Privateinlagen
- b) EK am Anfang des Gj. − EK am Ende des Gj. + Privatentnahmen − Privateinlagen
- c) EK am Ende des Gj. − EK am Anfang des Gj. − Privatentnahmen + Privateinlagen
- d) EK am Ende des Gj. + EK am Anfang des Gj. + Privatentnahmen − Privateinlagen
- e) EK am Ende des Gj. − EK am Anfang des Gj. + Privateinlagen − Privatentnahmen

171. Wie lautet die *Entwicklung des Eigenkapitals* am Ende des Geschäftsjahres richtig?
- a) EK am Anfang des Gj. − Reingewinn + Privatentnahmen − Privateinlagen
- b) EK am Anfang des Gj. + Reingewinn + Privatentnahmen − Privateinlagen
- c) EK am Anfang des Gj. + Reingewinn − Privatentnahmen + Privateinlagen
- d) EK am Ende des Gj. − EK am Anfang des Gj. + Privatentnahmen − Privateinlagen
- e) EK am Ende des Gj. − EK am Anfang des Gj. − Privatentnahmen + Privateinlagen

172. Wie hoch ist der Gewinn / Verlust nach *Betriebsvermögensvergleich*, wenn die Buchhaltung des Mandanten Albert folgende Zahlen aufweist?

Eigenkapital am Anfang des Geschäftsjahres	1.258.900,00 €
Eigenkapital am Ende des Geschäftsjahres	1.111.300,00 €
Privateinlagen	12.700,00 €
Privatentnahmen	97.200,00 €

173. Wie hoch ist der Gewinn / Verlust nach *Betriebsvermögensvergleich*, wenn die Buchhaltung des Mandanten Bertram folgende Zahlen aufweist?

Eigenkapital am Anfang des Geschäftsjahres	223.100,00 €
Anlagevermögen am Ende des Geschäftsjahres	209.200,00 €
Umlaufvermögen am Ende des Geschäftsjahres	187.000,00 €
Fremdkapital am Ende des Geschäftsjahres	99.000,00 €
Privatentnahmen	68.300,00 €
Privateinlagen	39.600,00 €

174. Wie hoch ist das Eigenkapital am Ende des Geschäftsjahres, wenn die Buchhaltung des Mandanten Cäsar folgende Zahlen aufweist?

Eigenkapital am Anfang des Geschäftsjahres	73.600,00 €
Reingewinn des Geschäftsjahres	48.200,00 €
Privatentnahmen	18.600,00 €
Privateinlagen	3.400,00 €

175. Wie hoch ist das Eigenkapital am Ende des Geschäftsjahres, wenn die Buchhaltung des Mandanten Dietrich folgende Zahlen aufweist?

Reingewinn des Geschäftsjahres	34.700,00 €
Anlagevermögen am Anfang des Geschäftsjahres	190.000,00 €
Umlaufvermögen am Anfang des Geschäftsjahres	205.600,00 €
Fremdkapital am Anfang des Geschäftsjahres	166.000,00 €
Privatentnahmen	70.400,00 €
Privateinlagen	23.000,00 €

176. Welcher Buchungssatz gehört zu folgenden Geschäftsvorfall?
Das Finanzamt erstattet Einkommensteuer auf das geschäftliche Bankkonto
- a) Bank an Sonstige betriebliche Erträge
- b) Bank an betriebliche Steuern
- c) Bank an Privateinlage
- d) Privatentnahme an Bank
- e) Betriebliche Steuern an Privateinlage

BUCHFÜHRUNGS- UND AUFZEICHNUNGSPFLICHTEN — REWE 1

177. Welcher Buchungssatz gehört zu folgenden Geschäftsvorfall?
Wir begleichen die Heizölrechnung für das Geschäftshaus und für das Wohnhaus bar

- a) Kasse an Energieaufwendungen
- b) Energieaufwendungen an Kasse
  an Privateinlage
- c) Energieaufwendungen an Kasse
  Privatentnahme
- d) Energieaufwendungen an Kasse
  an Privatentnahme
- e) Energieaufwendungen an Kasse

178. Welcher Geschäftsvorfall liegt folgender Buchung zugrunde?
Bank   an   Privateinlage
*   an   Versicherungsentschädigungen*

- a) die Bank bucht vom betrieblichen Bankkonto Versicherungsprämien ab
- b) an uns wird auf das Geschäftskonto eine Lebensversicherung ausgezahlt
- c) die Versicherung zahlt aufgrund eines betrieblichen Schadens
- d) wir zahlen die betrieblichen Versicherungsprämien über unser Privatkonto
- e) die Versicherung begleicht einen Wasserschaden im Geschäfts- und im Wohnhaus

179. Welcher Geschäftsvorfall liegt folgender Buchung zugrunde?
Privatentnahme   an   Bank
Betriebliche Kfz-Steuer

- a) wir überweisen die betriebliche Kfz-Steuer
- b) wir heben vom Geschäftskonto Geld ab für die Überweisung der Kfz-Steuer
- c) wir überweisen die private und betriebliche Kfz-Steuer vom Geschäftskonto
- d) wir überweisen die private und betriebliche Kfz-Steuer vom privaten Bankkonto
- e) wir zahlen auf das Geschäftskonto Geld ein für die Überweisung der betrieblichen Kfz-Steuer

180. Welche Korrekturbuchung ist notwendig?
Das Ordnungsgeld für Falschparken haben wir vom Geschäftskonto überwiesen und auf dem Konto „Sonstige betriebliche Aufwendungen" gebucht

- a) Bank an Sonstige betriebl. Aufwendungen
- b) Sonstige betriebl. Aufwendungen an Bank
- c) Bank an Privateinlage
- d) Privatentnahme an Bank
- e) Privatentnahme an Sonstige betriebl. Aufwendungen

REWE 1 — BUCHFÜHRUNGS- UND AUFZEICHNUNGSPFLICHTEN

Ungebundene Aufgaben

1. Am 23. Dezember erfolgt in einem Baumarkt (Bilanzstichtag 31.12.) die jährliche Inventur. Es werden vom Inventurleiter zu folgenden Artikeln Daten aufgenommen:
   - Rasenmäher Typ „Maus"   a 122,00 €   17 Stück
   - Rasenmäher Typ „Hirsch"   a 175,00 €   11 Stück
   - Rasenmäher Typ „Wolf"   a 199,00 €   21 Stück.

   Bis zum 10. Januar des Folgejahres sind noch folgende Vorgänge angefallen:

Datum	Vorgang	Artikel	Menge
24. Dezember	Verkauf	Rasenmäher Typ „Maus"	2 Stück
	Verkauf	Rasenmäher Typ „Wolf"	5 Stück
	Lieferung	Rasenmäher Typ „Maus"	5 Stück
27. Dezember	Verkauf	Rasenmäher Typ „Hirsch"	1 Stück
	Verkauf	Rasenmäher Typ „Wolf"	2 Stück
28. Dezember	Lieferung	Rasenmäher Typ „Maus"	3 Stück
	Lieferung	Rasenmäher Typ „Wolf"	3 Stück
29. Dezember	Verkauf	Rasenmäher Typ „Hirsch"	1 Stück
	Verkauf	Rasenmäher Typ „Wolf"	3 Stück
04. Januar	Verkauf	Rasenmäher Typ „Hirsch"	1 Stück
	Verkauf	Rasenmäher Typ „Wolf"	1 Stück
07. Januar	Verkauf	Rasenmäher Typ „Wolf"	2 Stück
	Lieferung	Rasenmäher Typ „Maus"	4 Stück
	Lieferung	Rasenmäher Typ „Hirsch"	4 Stück
	Lieferung	Rasenmäher Typ „Wolf"	4 Stück
10. Januar	Verkauf	Rasenmäher Typ „Hirsch"	3 Stück
	Lieferung	Rasenmäher Typ „Wolf"	1 Stück

   Welches Inventurverfahren hat der Baumarkt genutzt?
   Welcher Bestand ergibt sich jeweils zum Bilanzstichtag 31.12.?

   [   ] Inventurverfahren

   [   ] Rasenmäher „Maus"

   [   ] Rasenmäher „Hirsch"

   [   ] Rasenmäher „Wolf"

2. Eine große Gärtnerei erledigt ihre Inventur erst am 25. Februar des Folgejahres. Der Bilanzstichtag der Gärtnerei ist der 31.12.
   Der Inventurleiter ermittelt folgende Werte:
   - Pflanzkübel Durchmesser   20 cm   a 8,00 €   213 Stück
   - Pflanzkübel Durchmesser   25 cm   a 9,00 €   173 Stück
   - Pflanzkübel Durchmesser   30 cm   a 9,50 €   301 Stück
   - Pflanzkübel Durchmesser   40 cm   a 11,00 €   69 Stück
   - Pflanzkübel Durchmesser   45 cm   a 12,00 €   142 Stück
   - Pflanzkübel Durchmesser   55 cm   a 13,00 €   92 Stück
   - Pflanzkübel Durchmesser   70 cm   a 14,50 €   43 Stück
   - Pflanzkübel Durchmesser 100 cm   a 17,50 €   19 Stück

BUCHFÜHRUNGS- UND AUFZEICHNUNGSPFLICHTEN   REWE 1

Im neuen Jahr sind laut Belegbuchhaltung folgende Vorgänge zu beachten:

Datum	Vorgang	Artikel	Durchmesser	Menge
11. Januar	Verkauf	Pflanzkübel Durchmesser	30 cm	3 Stück
	Verkauf	Pflanzkübel Durchmesser	45 cm	2 Stück
	Verkauf	Pflanzkübel Durchmesser	55 cm	6 Stück
	Verkauf	Pflanzkübel Durchmesser	100 cm	1 Stück
	Einkauf	Pflanzkübel Durchmesser	25 cm	150 Stück
17. Januar	Einkauf	Pflanzkübel Durchmesser	20 cm	100 Stück
	Einkauf	Pflanzkübel Durchmesser	70 cm	40 Stück
22. Januar	Verkauf	Pflanzkübel Durchmesser	20 cm	6 Stück
	Verkauf	Pflanzkübel Durchmesser	40 cm	8 Stück
	Verkauf	Pflanzkübel Durchmesser	45 cm	1 Stück
	Einkauf	Pflanzkübel Durchmesser	55 cm	60 Stück
5. Februar	Verkauf	Pflanzkübel Durchmesser	20 cm	12 Stück
	Verkauf	Pflanzkübel Durchmesser	25 cm	7 Stück
	Verkauf	Pflanzkübel Durchmesser	30 cm	4 Stück
13. Februar	Verkauf	Pflanzkübel Durchmesser	25 cm	10 Stück
	Einkauf	Pflanzkübel Durchmesser	45 cm	50 Stück
24. Februar	Verkauf	Pflanzkübel Durchmesser	45 cm	2 Stück
	Verkauf	Pflanzkübel Durchmesser	55 cm	3 Stück
	Verkauf	Pflanzkübel Durchmesser	70 cm	2 Stück
28. Februar	Verkauf	Pflanzkübel Durchmesser	25 cm	8 Stück
	Verkauf	Pflanzkübel Durchmesser	30 cm	5 Stück
	Einkauf	Pflanzkübel Durchmesser	70 cm	80 Stück

Welches Inventurverfahren hat der Baumarkt genutzt?
Welcher Bestand ergibt sich jeweils zum Bilanzstichtag 31.12.?

[   ] Inventurverfahren

[   ] Pflanzkübel 20 cm

[   ] Pflanzkübel 25 cm

[   ] Pflanzkübel 30 cm

[   ] Pflanzkübel 40 cm

[   ] Pflanzkübel 45 cm

[   ] Pflanzkübel 55 cm

[   ] Pflanzkübel 70 cm

[   ] Pflanzkübel 100 cm

Teil 3 Rechnungswesen

REWE 1 — BUCHFÜHRUNGS- UND AUFZEICHNUNGSPFLICHTEN

3. Ermitteln Sie nach der aufgeführten Inventurliste das Vermögen, die Schulden und das Reinvermögen des Inventars!

Inventurliste „Sport OHG" zum 31.12.

Nr.	Artikel / Bezeichnung	Menge	Einzelwert €	Gesamtwert €
1.	Bankguthaben			10.850,00
2.	Postbankguthaben			4.600,00
3.	Grundstück mit Fitnesshalle			160.000,00
4.	Fußballplatz			75.000,00
5.	Forderungen P. Maier		450,00	
	T. Becker		1.270,00	
	Fa. Lang		3.200,00	
	Stadt Schönhausen		11.500,00	
6.	Sportgerät „Fit"	3	5.500,00	
7.	Sportecke „Olympia"	2	16.300,00	
8.	Sporttrimmer „Fortuna"	7	1.800,00	
9.	div. Sportgeräte			7.900,00
10.	Darlehen Volksbank Schönhausen			88.000,00
11.	Kassenbestand			760,00
12.	Verbindlichkeiten Fa. „Sun"		23.600,00	
	Fa. „Trikot"		2.500,00	
	Fa. „Sport-Check"		830,00	
	Fa. „Hobby"		17.300,00	

4. Stellen Sie die Schlussbilanz zum 31. Dezember auf.
4.1 Ermitteln Sie das Eigenkapital und die Bilanzsumme zum 1. Januar.
4.2 Buchen Sie die Geschäftsvorfälle im Grund- und im Hauptbuch.
4.3 Schließen Sie die Konten ab über das SBK ab.
4.4 Stellen Sie die Schlussbilanz zum 31. Dezember auf.

Aktiva	Eröffnungsbilanz zum 1. Januar		Passiva
I. Anlagevermögen		I. Eigenkapital	?
1. Grundstücke	95.000,00		
2. Geschäftsbaute	45.000,00	II. Fremdkapital	
3. Maschinen	60.000,00	1. Verbindlichkeiten	
4. Fuhrpark	80.000,00	geg. Kreditinstituten	150.000,00
5. Büroausstattung	25.000,00	2. Verbindlichkeiten	
		a.L.u.L.	65.000,00
II. Umlaufvermögen			
1. Waren	30.000,00		
2. Forder. a.L.u.L.	20.000,00		
3. Kasse	5.000,00		
4. Postbank	3.000,00		
5. Bank	17.000,00		
	?		?

		€
1.	Kauf von Waren auf Ziel	5.000,00
2.	Kauf einer neuen Maschine auf Ziel	15.000,00
3.	Bankabhebung für Geschäftskasse	2.000,00
4.	Kunde bezahlt eine Rechnung durch Banküberw.	11.000,00
5.	Tilgung eines Bankdarlehens (Rate)	3.500,00
6.	Kauf von Handelswaren bar	500,00
	und auf Ziel	3.000,00
7.	Verkauf eines gebrauchten Pkw auf Ziel	4.000,00
8.	Verkauf eines Grundstückes auf Ziel	10.000,00

BUCHFÜHRUNGS- UND AUFZEICHNUNGSPFLICHTEN — REWE 1

9.	Wir kaufen einen neuen PKW		
		auf Darlehen	18.000,00
		und bar	2.000,00
10.	Umwandlung eines Darlehens in eine Hypothek		100.000,00
11.	Kauf neuer Büromöbel auf Ziel		3.000,00
12.	Verkauf von Waren auf Ziel		15.000,00

5. Buchen Sie von der Eröffnungsbilanz bis zur Schlussbilanz!
5.1 Stellen Sie die Eröffnungsbilanz zum 1. Januar auf.
5.2 Buchen Sie die Geschäftsvorfälle im Grund- und im Hauptbuch.
5.3 Schließen Sie die Konten über das GuV-Konto und über SBK ab.
5.4 Ermitteln Sie den Gewinn oder Verlust im Unternehmen.
5.5 Stellen Sie die Schlussbilanz zum 31. Dezember auf.

Anfangsbestände

	€
Bebaute Grundstücke	75.000,00
Maschinen	17.000,00
Fuhrpark	12.000,00
Büro- und Geschäftsausstattung	8.000,00
Waren	22.000,00
Forderungen aus L.u.L.	28.000,00
Kasse	3.000,00
Postbank	12.000,00
Bank	9.000,00
Darlehen	68.000,00
Verbindlichkeiten aus L.u.L.	33.000,00
Eigenkapital	?

Geschäftsfälle

1.	Verkauf eines Bürocomputers (BGA) gegen Barzahlung	500,00
2.	Banküberweisung der Kfz-Steuer	450,00
3.	Banküberweisung der Löhne	10.000,00
4.	Die Bank schreibt uns Zinsen gut	800,00
5.	Kunden bezahlen Rechnungen	
	durch Banküberweisung	15.500,00
	durch Postbanküberweisung	7.000,00
6.	Wir kaufen Handelsware	
	auf Ziel und	10.000,00
	gegen Bank	5.000,00
7.	Wir kaufen ein unbebautes Grundstück und nehmen dazu ein Bankdarlehen auf	80.000,00
8.	Die Energieversorgung bucht von unserem Geschäftskonto ab	1.000,00
9.	Wir verkaufen Waren auf Ziel	20.000,00
10.	Wir zahlen für ein Bankdarlehen die Rate	2.000,00
	und Zinsen	300,00

REWE 1 BUCHFÜHRUNGS- UND AUFZEICHNUNGSPFLICHTEN

6. Ermitteln Sie jeweils die Eigenkapitalquote und die Eigenkapitalrentabilität für die Jahre 01 bis 04 und erklären Sie an hand der Ergebnisse den *Leverage-Effekt*!

Gewinn	01 – 04 jeweils	70.000,00 €
Gesamtkapital	01 – 04 jeweils	250.000,00 €
Fremdkapital	01	180.000,00 €
Fremdkapital	02	160.000,00 €
Fremdkapital	03	140.000,00 €
Fremdkapital	04	120.000,00 €

Eigenkapitalquote (Basis Fremdakpital) [   ] 01 [   ] 02 [   ] 03 [   ] 04

Eigenkapital-rentabilität [   ] 01 [   ] 02 [   ] 03 [   ] 04

7. Ermitteln und vergleichen Sie die Eigentümer-Renditen (Shareholder Value) der vier Aktien!

Aktie	Kaufkurs €	Dividende €	Kurswertsteigerung
1	5,00	0,20	4%
2	15,00	1,80	3%
3	25,00	4,00	5%
4	50,00	6,50	5%

Eigentümer-Rendite [   ] Aktie 1 [   ] Aktie 2 [   ] Aktie 3 [   ] Aktie 4

8. Führen Sie eine Bilanzanalyse durch!
Die Buchhaltung hat folgende Werte ermittelt:

Anlagevermögen	550.000,00 €
Umlaufvermögen	350.000,00 €
Eigenkapital	400.000,00 €
Fremdkapital	500.000,00 €
Vorräte	130.000,00 €
Forderungen	160.000,00 €
Flüssige Mittel	60.000,00 €
Darlehen	300.000,00 €
Verbindlk. a.L.u.L.	200.000,00 €
Gewinnrücklagen	45.000,00 €
Jahresüberschuss	60.000,00 €
Umsatzerlöse	350.000,00 €
Betriebsergebnis	55.000,00 €
Finanzergebnis	5.000,00 €
Arbeitsstunden	1.500,00 h
Beschäftigte	50

Anlagenintensität [   ]   Umlaufintensität [   ]   Vermögenskonstitution [   ]

Vorratsquote [   ]   Forderungsquote [   ]   Anteil der flüssigen Mittel [   ]

Finanzierungsverhältnis [   ]   Verschuldungsgrad [   ]   Eigenkapitalquote [   ]

Fremdkapitalquote [   ]   Anteil des langfrist. FK [   ]   Anteil des kurzfrist. FK [   ]

BUCHFÜHRUNGS- UND AUFZEICHNUNGSPFLICHTEN — REWE 1

Grad der Selbstfinanzierung (Basis EK) [ ]	Anlagendeckung I [ ]	Anlagendeckung II [ ]
Anlagendeckung III [ ]	Liquidität I [ ]	Liquidität II [ ]
Liquidität III Verschuldung [ ]	Effektiv- [ ]	Netto-Geldvermögen [ ]
Eigenkapitalrentabilität [ ]	Gesamtkap.-rentabilität [ ]	Umsatzrentabilität [ ]
Anteil des Betriebsergebnisses [ ]	Anteil des Finanzergebnisses [ ]	Arbeitsproduktivität (Basis Umsatz) [ ]
Umschlagshäufigkeit des Gesamtkap. [ ]	Umschlagsdauer des Gesamtkap. [ ]	Umschlagshäufigkeit des Eigenkap. [ ]
Umschlagsdauer des Eigenkap. [ ]	Umschlagshäufigkeit der Forder. [ ]	Durchschn. Kreditdauer [ ]
Anlagennutzung [ ]	Vorratshaltung [ ]	Umsatz je Beschäftigten [ ]
ROI Gesamtkap. [ ]	ROI Eigenkap. [ ]	

REWE 2   GRUNDLAGEN DER FINANZBUCHHALTUNG (Warenkonten)

BEI DEN NACHFOLGENDEN AUFGABEN SIND DIE RICHTIGEN ERGEBNISSE ANZUKREUZEN BZW. ZUZUORDNEN!

1. Groß- und Einzelhandelsunternehmen benötigen für die Abwicklung des Warenverkehrs u.a. folgende Konten: Ordnen Sie richtig zu!
   - a) Umsatzerlöse   [   ] Aufwandskonto
   - b) Wareneingang   [   ] Ertragskonto
   - c) Bezugsnebenkosten   [   ] Bestandskonto
   - d) Warenbestand
   - e) Zölle und Einfuhrabgaben

2. Ordnen Sie richtig zu!
   - a) Nachlässe   [   ] Aufwandskonto
   - b) Gewährte Skonti   [   ] Ertragskonto
   - c) Erhaltene Skonti
   - d) Gewährte Rabatte
   - e) Erlösschmälerungen

3. Beim steuerpflichtigen Kauf von Waren in anderen EU-Ländern benötigt man u.a. folgende Konten:
   - a) Wareneingang
   - b) Steuerfreie Einfuhren
   - c) Innergemeinschaftlicher Erwerb 19% VSt 19% USt
   - d) Nachlässe aus innergemeinschaftlichem Erwerb 19% VSt 19% USt
   - e) Steuerfreier innergemeinschaftlicher Erwerb

4. Beim steuerfreien Verkauf von Waren in andere EU-Länder werden u.a. folgende Konten benötigt:
   - a) Umsatzerlöse
   - b) Steuerfreie Umsätze nach § 4 Nr. 1a UStG
   - c) Steuerfreie innergemeinschaftliche Lieferungen nach § 4 Nr. 1b UStG
   - d) Erlöse aus im Inland steuerpflichtigen EU-Lieferungen 19%
   - e) Erlösschmälerungen aus steuerfreien Umsätzen nach § 4 Nr. 1a UStG

5. Bei Warenlieferungen in Drittlandsgebiete werden u.a. folgende Konten berührt:
   - a) Nicht steuerbare Umsätze
   - b) Steuerfreie Umsätze nach § 4 Nr. 8ff UStG
   - c) Steuerfreie Umsätze nach § 4 Nr. 1a UStG
   - d) Erlösschmälerungen aus steuerfreien Umsätzen nach § 4 Nr. 1a UStG
   - e) Sonstige steuerfreie Umsätze Inland

6. Beim Bezug von Waren aus Drittlandsgebieten können u.a. folgende Konten angesprochen werden:
   - a) Steuerfreier innergemeinschaftlicher Erwerb
   - b) Steuerfreie Einfuhren
   - c) Wareneingang
   - d) Zölle und Einfuhrabgaben
   - e) Bezahlte Einfuhrumsatzsteuer

7. Welcher Vorgang löst auf der Habenseite des Kontos Wareneingang eine Buchung aus?
   - a) Ein Spediteur stellt uns Frachtkosten in Rechnung.
   - b) Ein Kunde erhält auf Grund einer Reklamation eine Gutschrift.
   - c) Wir senden beanstandete Waren an den Lieferanten zurück.
   - d) Wir gewähren einem Kunden Skonto.
   - e) Ein Kunde sendet beanstandete Ware zurück.

8. Welcher Vorgang löst auf der Sollseite des Kontos Umsatzerlöse eine Buchung aus?
   - a) Wir erhalten vom Lieferer einen Bonus.
   - b) Ein Kunde erhält nachträglich einen Preisnachlass.
   - c) Wir senden beanstandete Waren an den Lieferer zurück.
   - d) Ein Kunde zieht Skonto ab.
   - e) Wir kaufen Verpackungsmaterial.

GRUNDLAGEN DER FINANZBUCHHALTUNG (Warenkonten) REWE 2

9. **Welchem Geschäftsfall liegt folgende Buchung zugrunde: „Erlösschmälerungen und USt an Forderungen aus L&L"?**
   a) Wir senden Waren an den Lieferer zurück.
   b) Eine Kunde reklamiert und erhält eine Gutschrift.
   c) Ein Kunde zieht Skonto ab.
   d) Ein Kunde sendet Leergut zurück.
   e) Der Lieferer erteilt uns eine Gutschrift.

10. **Welcher Geschäftsfall zieht folgenden Buchungssatz nach sich: „Verbindlichkeiten an Nachlässe und VSt"?**
    a) Wir senden beschädigte Waren an den Lieferer zurück.
    b) Ein Kunde schickt uns beanstandete Waren.
    c) Der Lieferer gewährt uns eine Preisminderung aufgrund einer Mängelrüge.
    d) Bei der Bezahlung einer Rechnung ziehen wir Skonto ab.
    e) Wir erhalten einen Bonus.

11. **Wie lautet der Buchungssatz, wenn das Konto Nachlässe abgeschlossen werden soll?**
    a) Nachlässe an Verbindlichkeiten aus L&L
    b) Warenbestand an Nachlässe
    c) Wareneingang an Nachlässe
    d) Nachlässe an GuV
    e) Nachlässe an Wareneingang

12. **Wie lautet der Buchungssatz, wenn das Konto Erlösschmälerungen abgeschlossen werden soll?**
    a) Erlösschmälerungen an Umsatzerlöse
    b) GuV an Erlösschmälerungen
    c) Umsatzerlöse an Erlösschmälerungen
    d) Erlösschmälerungen an GuV
    e) Wareneingang an Erlösschmälerungen

13. **Wir beziehen als regelbesteuerter Unternehmer Waren, die dem allgemeinen Steuersatz unterliegen, aus einem anderen EU-Land auf Ziel. Wie lautet der Buchungssatz?**
    a) steuerfreie Einfuhr an Verbindlichkeiten aus L&L
    b) Wareneingang und Vorsteuer an Verbindlichkeiten aus L&L
    c) Innergemeinschaftlicher Erwerb 19% VSt 19% USt an Verbindlichkeiten aus L&L
    d) Wareneingang und Bezahlte Einfuhrumsatzsteuer an Verbindlichkeiten aus L&L
    e) VSt aus ig-Erwerb 19% an USt aus ig-Erwerb 19%

14. **Wir verkaufen Waren an einen regelbesteuerten Unternehmer in einem anderen EU-Land auf Ziel. Welche Buchung wird dadurch ausgelöst?**
    a) Forderungen aus L&L an Umsatzerlöse und USt
    b) Forderungen aus L&L an steuerfreie ig-Lieferungen nach § 4 Nr. 1b UStG
    c) Forderungen aus L&L an steuerfreie Umsätze nach § 4 Nr. 1a UStG
    d) Forderungen aus L&L an Erlöse aus im Inland steuerpflichtigen EU-Lieferungen 19%
    e) Forderungen aus L&L an Erlöse aus im anderen EU-Land steuerpflichtigen Lieferungen

15. **Wir gewähren einem regelbesteuerten Kunden in einem anderen EU-Land wegen einer berechtigten Reklamation eine Gutschrift. Wie ist zu buchen?**
    a) Umsatzerlöse und USt an Forderungen aus L&L
    b) Erlösschmälerungen und USt an Forderungen aus L&L
    c) Erlösschmälerungen aus steuerfreien Umsätzen § 4 Nr. 1a UStG an Forderungen aus L&L
    d) Erlösschmälerungen aus im Inland steuerpflichtigen EU-Lieferungen an Forderungen aus L&L
    e) Erlösschmälerungen aus steuerfreien ig-Lieferungen an Forderungen aus L&L

REWE 2 GRUNDLAGEN DER FINANZBUCHHALTUNG (Warenkonten)

16. **Wir verkaufen Waren in ein Drittland an einen anderen Unternehmer auf Ziel. Wie ist zu buchen?**
    a) Forderungen aus L&L an Umsatzerlöse und USt
    b) Forderungen aus L&L an steuerfreie ig-Lieferungen nach § 4 Nr. 1b UStG
    c) Forderungen aus L&L an steuerfreie Umsätze nach § 4 Nr. 1a UStG
    d) Forderungen aus L&L an Erlöse aus im Inland steuerpflichtigen EU-Lieferungen 19%
    e) Forderungen aus L&L an Erlöse aus im Drittland steuerbaren Leistungen, im Inland nicht steuerbare Umsätze

17. **Welcher Vorgang liegt folgender Buchung zugrunde: „GuV an Wareneingang"?**
    a) Buchung des Warenbestandes
    b) Buchung des Warenumsatzes
    c) Buchung des Rohgewinns
    d) Buchung des Wareneinsatzes
    e) Buchung des Warengewinns

18. **Welcher Vorgang ist mit folgender Buchung verbunden: „Umsatzerlöse an GuV"?**
    a) Buchung des Rohgewinns
    b) Buchung des Wareneinsatzes
    c) Buchung des Warenbestands
    d) Buchung des Warenumsatzes
    e) Buchung des Warenverlustes

19. **Welche Buchungssätze fallen beim Abschluss der Warenkonten in der Regel an?**
    a) Warenbestand an Schlussbilanzkonto
    b) Umsatzerlöse an GuV
    c) Wareneingang an GuV
    d) GuV an Umsatzerlöse
    e) GuV an Wareneingang

20. **„Wareneingang an Warenbestand" wird gebucht, wenn**
    a) eine Warenbestandserhöhung erfasst werden soll
    b) der Wareneinsatz ermittelt werden soll
    c) der Warenendbestand laut Inventur erfasst werden soll
    d) eine Warenbestandsminderung vorliegt
    e) der Warenumsatz ermittelt werden soll

21. **„Warenbestand an Wareneingang" wird gebucht, wenn**
    a) eine Warenbestandserhöhung erfasst werden soll
    b) der Wareneinsatz ermittelt werden soll
    c) der Warenendbestand laut Inventur erfasst werden soll
    d) eine Warenbestandsminderung vorliegt
    e) der Warenumsatz ermittelt werden soll

22. **Auf der Sollseite des GuV-Kontos wird ein Saldo ausgewiesen. Der Saldo zeigt den**
    a) Wareneinsatz
    b) Warenumsatz
    c) Rohgewinn
    d) Reingewinn
    e) Rohverlust

23. **Was stellt der auf der Habenseite des Kontos „Wareneingang" ausgewiesene Saldo dar?**
    a) Summe der Wareneingänge
    b) Umsatzerlöse
    c) Wareneinsatz
    d) Anfangsbestand
    e) Saldo des Kontos Warenbestand

GRUNDLAGEN DER FINANZBUCHHALTUNG (Warenkonten) REWE 2

24. **Um welche Art von Konto handelt es sich bei den folgenden Konten?**
    a) Wareneingang [ ] Aktivkonto
    b) Umsatzerlöse [ ] Passivkonto
    c) Warenbestand [ ] Aufwandskonto
    d) Bezugskosten [ ] Ertragskonto
    e) Erlösschmälerungen

25. **Um welches Abschlussverfahren handelt es sich?**
    a) Die Salden der Konten Wareneingang und Umsatzerlöse werden nicht miteinander saldiert [ ] Bruttoverfahren
    b) Der Saldo des Kontos Wareneingang wird über das Konto Umsatzerlöse abgeschlossen (gebucht) [ ] Nettoverfahren

26. **Wie werden die Salden zwischen Wareneinsatz und Warenumsatz auf dem Gewinn- und Verlustkonto bezeichnet?**
    a) Reingewinn
    b) Rohverlust
    c) Rohgewinn
    d) Reinverlust
    e) Summe der Aufwendungen

27. **Wie wird der Rohgewinn ermittelt?**
    (1) bei unverändertem Warenbestand? **(2) bei vermindertem Warenbestand?**
    a) Warenverkauf – Wareneinkauf
    b) Warenverkauf – Wareneinkauf + Bestandsminderung
    c) Warenverkauf – Wareneinkauf – Bestandsmehrung
    d) Warenverkauf – Wareneinkauf + Bestandsmehrung
    e) Warenverkauf – Wareneinkauf – Bestandsminderung

Ungebundene Aufgaben

1.
Die Warenkonten eines Handelsbetriebes weisen folgende Beträge aus:

Wareneingang	120.000 €
Warenbestand Soll	40.000 €
Warenbestand Haben	50.000 €
Bezugsnebenkosten	6.000 €
Nachlässe	2.000 €
Erhaltene Skonti	3.000 €

Wie hoch ist der Wareneinsatz?

2.
Wie hoch ist der Warenumsatz, wenn die Warenkonten folgende Beträge ausweisen:

Umsatzerlöse	340.000 €
Erlösschmälerungen	4.200 €
Gewährte Skonti	3.200 €
Gewährte Boni	1.600 €
Ausgangsfrachten	2.400 €

3.
Ein Handelsunternehmen legt folgende Zahlen vor:

Warenanfangsbestand	134.000 €
Warenendbestand	128.000 €
Wareneingang	276.800 €
Umsatzerlöse	532.000 €

Wie hoch ist der
  a) Wareneinsatz?
  b) Rohgewinn/-verlust?

REWE 2 GRUNDLAGEN DER FINANZBUCHHALTUNG (Warenkonten)

4.
Aus der Buchführung eines Unternehmens entnehmen Sie folgende Werte:

Wareneingang	234.600 €
Rücksendungen an Lieferanten	2.200 €
Erlösschmälerungen	3.800 €
Nachlässe des Lieferers	1.800 €
Gewährte Skonti	6.400 €
Erhaltene Skonti	4.200 €
Umsatzerlöse	428.500 €
Warenanfangsbestand	22.000 €
Warenschlussbestand laut Inventur	18.400 €

Berechnen Sie den
a) Wareneinsatz
b) Warenumsatz
c) Rohgewinn/-verlust

5.
Eine Mandantin legt zum Jahresende folgende Werte aus ihrer Buchführung vor und bittet Sie, den
a) Wareneinsatz
b) Warenumsatz
c) Rohgewinn/-verlust

zu ermitteln.

Warenbestand 01.01.	44.680 €
Warenbestand 31.12.	48.240 €
Wareneingang	368.520 €
Umsatzerlöse	618.920 €
Rücksendungen an Lieferer	2.450 €
Rücksendungen von Kunden	3.670 €
Gewährte Skonti	8.600 €
Erhaltene Skonti	6.200 €
ungeklärte Warenverluste	4.800 €
Bezugsnebenkosten	9.400 €
Zölle	12.800 €
Forderungsausfälle	3.400 €
Erlösschmälerungen	7.320 €

6.
Ein regelbesteuerter Unternehmer im Inland erwirbt von einem regelbesteuerten Unternehmer aus einem anderen EU-Land Waren auf Ziel im Wert von 86.000 €. Beide Unternehmer verwenden ihre USt-IdNr.
Buchen Sie den Warenbezug unter Verwendung der entsprechenden Steuerkonten.

7.
Ein regelbesteuerter Unternehmer im Inland verkauft an einen regelbesteuerten Unternehmer in einem anderen EU-Land Waren auf Ziel im Wert von 58.000 €. Beide Unternehmer verwenden ihre USt-IdNr.
Buchen Sie den Warenverkauf.

8.
Ein Unternehmer in der Schweiz verkauft an einen Gewerbetreibenden im Inland Waren im Wert von 40.000 € auf Ziel. Die Lieferkondition lautet: „unverzollt und unversteuert". Der inländische Abnehmer zahlt 5% Zoll auf den Warenwert und entrichtet die fällige Einfuhrumsatzsteuer, jeweils durch Banküberweisung.
Buchen Sie den Geschäftsfall.

9.
Welche Buchung hätte der inländische Abnehmer vorzunehmen, wenn die Lieferung, siehe Aufgabe 8, „verzollt und versteuert" erfolgen würde?

GRUNDLAGEN DER FINANZBUCHHALTUNG (Warenkonten) REWE 2

BEI DEN NACHSTEHENDEN AUFGABEN SIND DIE RICHTIGEN ERGEBNISSE ANZUKREUZEN BZW. ZUZUORDNEN!

1. **§ 1 des Umsatzsteuergesetzes nennt die steuerbaren Umsätze. Hierzu gehören**
    a) alle Lieferungen und sonstige Leistungen eines Unternehmers
    b) alle Lieferungen und sonstige Leistungen eines Unternehmers im Rahmen seines Unternehmens gegen Entgelt
    c) die Einfuhr von Gegenständen aus dem Drittland in das Inland
    d) der innergemeinschaftliche Erwerb im Inland gegen Entgelt
    e) nur Lieferungen und sonstige Leistungen eines Unternehmers im Rahmen seines Unternehmens im Inland gegen Entgelt

2. **Die USt entsteht**
    a) für Lieferungen und sonstige Leistungen grundsätzlich mit Ablauf des Voranmeldungszeitraums, in dem die Leistung ausgeführt worden ist
    b) bei Anzahlungen und Teilzahlungen mit Ablauf des Voranmeldungszeitraums, in dem das Entgelt oder Teilentgelt vereinnahmt worden ist
    c) bei Berechnung der Steuer nach vereinnahmten Entgelten mit Ablauf des Voranmeldungszeitraums, in dem die Leistung ausgeführt wird
    d) bei unentgeltlichen Wertabgaben mit Ablauf des Voranmeldungszeitraums, in dem die Leistung ausgeführt worden ist
    e) für den innergemeinschaftlichen Erwerb einen Monat nach Ausstellung der Rechnung

3. **Voraussetzungen für den Vorsteuerabzug sind**
    a) die Lieferung oder sonstige Leistung muss von einem anderen Unternehmer ausgeführt worden sein
    b) die Lieferung oder sonstige Leistung muss von einem anderen Unternehmer für das Unternehmen des Abnehmers ausgeführt worden sein
    c) eine Zahlung vor Ausführung der Lieferung oder sonstigen Leistung
    d) eine ordnungsgemäße Rechnung i.S.d. § 14 UStG mit gesondertem Steuerausweis liegt vor und die Zahlung wurde geleistet
    e) die Lieferung oder sonstige Leistung muss von einem anderen Unternehmer für das Unternehmen des Abnehmers ausgeführt worden sein und eine ordnungsgemäße Rechnung mit gesondertem Steuerausweis liegt vor

4. **Welche Angabe muss in einer Rechnung im Sinne des § 14 UStG nicht enthalten sein?**
    a) Name und Anschrift des leistenden Unternehmers und des Leistungsempfängers
    b) Ausstellungsdatum, Rechnungsnummer, Menge und Art der gelieferten Gegenstände
    c) Zeitpunkt der Lieferung
    d) Entgelt, anzuwendender Steuersatz sowie den auf das Entgelt entfallenden Steuerbetrag
    e) Eigentumsvorbehalt

5. **Welche Angaben muss eine Kleinbetragsrechnung i.S.d. § 33 UStDV nicht enthalten?**
    a) Name, Anschrift des leistenden Unternehmers
    b) Name, Anschrift des Leistungsempfängers
    c) Ausstellungsdatum, Menge und Art der gelieferten Gegenstände
    d) Entgelt und den darauf entfallenden Steuerbetrag in einer Summe
    e) Steuersatz

6. **Welche Konten werden beim Einkauf von Waren auf Ziel angesprochen?**
    a) Wareneingang
    b) Warenbestand
    c) Umsatzsteuer
    d) Vorsteuer
    e) Verbindlichkeiten aus L&L

7. **Welche Konten werden beim Verkauf von Waren gegen Banküberweisung berührt?**
    a) Umsatzerlöse
    b) Bank
    c) Vorsteuer
    d) Umsatzsteuer
    e) Forderungen

REWE 2 GRUNDLAGEN DER FINANZBUCHHALTUNG (Warenkonten)

8. **Welche Konten sind anzusprechen, wenn ein Kunde beanstandete Waren im Wert von 1.000 € zurück sendet, die er auf Ziel gekauft hat?**
   a) Verbindlichkeiten
   b) Umsatzerlöse
   c) Forderungen
   d) Vorsteuer
   e) Umsatzsteuer

9. **Ein Kunde zahlt eine Rechnung unter Abzug von Skonto. Welche Konten werden berührt?**
   a) Forderungen
   b) Gewährte Skonti
   c) Umsatzsteuer
   d) Vorsteuer
   e) Bank

10. **Wir senden beanstandete Waren an den Lieferanten zurück. Welche Konten sind erforderlich?**
    a) Umsatzerlöse
    b) Umsatzsteuer
    c) Vorsteuer
    d) Wareneingang
    e) Verbindlichkeiten aus L&L

11. **Ein Lieferer gewährt uns auf Grund einer Mängelrüge einen Preisnachlass. Welche Konten werden angesprochen?**
    a) Warenbestand
    b) Nachlässe
    c) Umsatzsteuer
    d) Vorsteuer
    e) Verbindlichkeiten aus L&L

12. **Wir zahlen eine Lieferantenrechnung durch Banküberweisung unter Abzug von Skonto. Welche Konten werden berührt?**
    a) Verbindlichkeiten
    b) Umsatzsteuer
    c) Vorsteuer
    d) Erhaltene Skonti
    e) Bank

13. **Welche Konten benötigt man zur Ermittlung der Umsatzsteuer-Zahllast?**
    a) Vorsteuer
    b) Gezahlte Einfuhrumsatzsteuer
    c) Umsatzsteuer
    d) Zölle
    e) Abziehbare Vorsteuer aus ig-Erwerb

14. **Welche Konten werden bei der Abführung der Umsatzsteuer-Vorauszahlung durch Bank an das Finanzamt benötigt?**
    a) Vorsteuer
    b) Umsatzsteuer-Vorauszahlung
    c) Bank
    d) Umsatzsteuerforderungen
    e) Geldtransit

15. **Wie lautet der Buchungssatz zur Erfassung eines Vorsteuer-Überhangs?**
    a) Vorsteuer an Forderungen
    b) Umsatzsteuer-Forderung an Umsatzsteuer
    c) Umsatzsteuer-Forderung an Vorsteuer
    d) Vorsteuer an Umsatzsteuer
    e) Umsatzsteuer an Vorsteuer

GRUNDLAGEN DER FINANZBUCHHALTUNG (Warenkonten) REWE 2

16. Wie wirken sich nachträglich gewährte Rabatte und Boni beim Wareneinkauf auf die Umsatzsteuer/Vorsteuer aus?
   a) Keine Auswirkung auf die Vorsteuer
   b) Sie vermindern die Vorsteuer
   c) Sie mindern die Umsatzsteuer
   d) Sie erhöhen die Umsatzsteuer
   e) Sie erhöhen die Vorsteuer

17. Wie wirken sich nachträglich gewährte Rabatte und Boni beim Warenverkauf auf die Umsatzsteuer aus?
   a) Keine Auswirkung auf die Vorsteuer
   b) Sie vermindern die Vorsteuer
   c) Sie mindern die Umsatzsteuer
   d) Sie erhöhen die Umsatzsteuer
   e) Sie erhöhen die Vorsteuer

18. Wie werden die folgenden Geschäftsfälle gebucht? Ordnen Sie a) – f) richtig zu.
   a) Ein Gewerbetreibender erhält bei einer Warenlieferung einen Rabatt auf den Nettokaufpreis
   b) Ein Gewerbetreibender bezahlt seine Eingangsrechnung unter Abzug von Skonto
   c) Am Geschäftsjahresende wird nachträglich ein Bonus auf die getätigten Jahreseinkäufe gewährt
   d) Ein Gewerbetreibender erhält eine Gutschrift für zurückgesandte beschädigte Waren
   e) Ein Gewerbetreibender erhält für beschädigte nicht zurückgesandte Waren einen Preisnachlass
   f) Ein Gewerbetreibender sendet zuviel gelieferte Ware zurück

   [1] Verbindlichkeiten an
              Nachlässe
              VSt
   [2] Verbindlichkeiten an
              Wareneingang
              VSt
   [3] keine Buchung
   [4] Verbindlichk. an Bank
              Erhaltene Skonti
              VSt
   [5] Verbindlichk. an Erhaltene Boni
              VSt

19. Wie wird gebucht? Ordnen Sie a) – f) richtig zu.
   a) Ein Gewerbetreibender gewährt bei einer Warenlieferung seinem Kunden einen Rabatt auf den Nettokaufpreis
   b) Ein Kunde bezahlt die Ausgangsrechnung unter Abzug von Skonto
   c) Am Geschäftsjahresende gewähren wir unserem Kunden nachträglich einen Bonus auf die getätigten Jahreseinkäufe
   d) Ein Kunde erhält eine Gutschrift für an uns zurückgesandte beschädigte Waren
   e) Ein Kunde erhält für beschädigte nicht zurückgesandte Waren einen Preisnachlass
   f) Wir erhalten vom Kunden zuviel gelieferte Ware zurückgesandt

   [1] Bank
              Gewährte Skonti
              Umsatzsteuer an Forderungen
   [2] Erlöse
              Umsatzsteuer an Forderungen
   [3] Erlösschmälerungen
              Umsatzsteuer an Forderungen
   [4] keine Buchung
   [5] Gewähre Boni
              Umsatzsteuer an Forderungen

REWE 2 GRUNDLAGEN DER FINANZBUCHHALTUNG (Warenkonten)

Ungebundene Aufgaben

1.
Ein Bauunternehmen, das seine Umsätze nach vereinbarten Entgelten versteuert und zur Abgabe von monatlichen USt-Erklärungen verpflichtet ist, erstellt den Rohbau für ein Einfamilienhaus einer Privatperson im Inland. Der Bauherr leistete je nach Baufortschritt Anzahlungen, die auf dem Bankkonto des Bauunternehmens wie folgt eingegangen sind: 15.03. 10.000 €; 15.04. 12.000 €; 15.05. 15.000 €. Der Rohbau wurde am 30.06. fertiggestellt. Am 15.07. zahlte der Bauherr den Rest in Höhe von 43.000 €.
a) Wann und in welcher Höhe entsteht die USt?
b) Welche Buchungen sind jeweils vorzunehmen?

2.
Eine Möbelschreinerei bezieht aus Schweden verschiedene Furnierhölzer für insgesamt 50.000 €.

Das schwedische Unternehmen transportiert die Hölzer am 03. und 04.04. an den Abnehmer im Inland. Für den Transport stellt das Unternehmen zusätzlich 5.000 € in Rechnung. Das schwedische Unternehmen stellt am 28.04. eine Rechnung über 55.000 €, die am 02.05. bei der Möbelschreinerei eintrifft. Beide Unternehmer verwenden ihre USt-IdNr. Anfang Juni überweist die Schreinerei den Rechnungsbetrag nach Schweden.
a) Wann entsteht die USt für den Erwerb des Furnierholzes, wenn die Möbelschreinerei zur Abgabe monatlicher USt-Voranmeldungen verpflichtet ist?
b) Wie hoch ist die USt-Zahllast aus dem Vorgang?
c) Buchen Sie den Kauf und die Bezahlung

3.
Ein Einzelhandelsunternehmen, das eine Umsätze nach vereinbarten Entgelten versteuert, Steuersatz 19%, und das zur Abgabe von monatlichen USt-Voranmeldungen verpflichtet ist, tätigte im Monat Mai folgende Umsätze:

Verkauf von Waren gegen Barzahlung an **private Kunden** aus
– Deutschland   114.240 € (brutto)
– der Schweiz   600 € (steuerfrei)
– EU-Ländern   2.380 € (brutto)

Einkauf von Waren auf Ziel **von Unternehmen** aus
– Deutschland 35.000 € + 6.650 € USt
– übrigen EU-Ländern 18.000 €, unter Verwendung der jeweiligen USt-IdNr.
– der Schweiz 5.000 €, dafür zahlte die KG 800 € Einfuhrumsatzsteuer

Für eine Reparatur im EG des Geschäftsgebäudes überwies das Unternehmen 8.000 € + 1.520 € USt an einen Handwerksbetrieb.

Die örtliche Tageszeitung berechnete für mehrere Anzeigen 2.000 € + 380 € USt. Der Betrag wurde durch Banküberweisung beglichen.

Im Dachgeschoss des Geschäftsgebäudes befinden sich zwei Wohnungen, die jeweils für 250,00 € monatlich an Studenten vermietet sind. Diese zahlen die Miete jeweils am 01. des Monats durch Dauerauftrag der Bank.
a) Buchen Sie die Geschäftsfälle.
b) Schließen Sie die USt- und VSt-Konten ab und ermitteln Sie die USt-Zahllast.
c) Wie lautet der Buchungssatz zur Abführung der USt-Zahllast an das Finanzamt durch Bank?

BESCHAFFUNGS- UND ABSATZWIRTSCHAFT — REWE 3

BEI DEN NACHSTEHENDEN AUFGABEN SIND DIE RICHTIGEN ERGEBNISSE ANZUKREUZEN BZW. ZUZUORDNEN!

1. Bei der Beschaffung von Waren entstehen in der Regel auch Beförderungskosten. Welche der folgenden Positionen rechnet man nicht dazu?
   a) Fracht
   b) Rollgeld
   c) Skonto
   d) Postgebühren
   e) Transportversicherung

2. Ein Unternehmer bezieht Waren. Da der Verkäufer „unfrei" liefert wird eine Spedition mit der Anlieferung beauftragt. Auf welches Konto wird der Nettobetrag der Speditionsrechnung gebucht?
   a) 4000 (8000) Erlöse
   b) 6740 (4730) Ausgangsfrachten
   c) 5800 (3800) Anschaffungsnebenkosten
   d) 5200 (3200) Wareneingang
   e) 1140 (3980) Waren

3. Ein Unternehmen verkauft Waren und liefert „Frei Haus". Auf welches Konto wird die eingegangene Speditionsrechnung (netto) gebucht?
   a) 4000 (8000) Erlöse
   b) 6740 (4730) Ausgangsfrachten
   c) 5800 (3800) Anschaffungsnebenkosten
   d) 5200 (3200) Wareneingang
   e) 1140 (3980) Waren

4. Ein Unternehmen stellt einem Kunden die Speditionsrechnung für einen Warentransport in Rechnung. Auf welches Konto wird der dem Kunden berechnete Nettobetrag gebucht?
   a) 4000 (8000) Erlöse
   b) 6740 (4730) Ausgangsfrachten
   c) 5800 (3800) Anschaffungsnebenkosten
   d) 5200 (3200) Wareneingang
   e) 1140 (3980) Waren

5. Im Zusammenhang mit dem Einkauf von Waren hat die Wolfgang Schwemmer GmbH einem Handelsvertreter eine Vermittlungsprovision bezahlt. Auf welches Konto wird diese Provision gebucht?
   a) 4000 (8000) Erlöse
   b) 6740 (4730) Ausgangsfrachten
   c) 5800 (3800) Anschaffungsnebenkosten
   d) 5200 (3200) Wareneingang
   e) 1140 (3980) Waren

6. Beim Einkauf von Waren erhält ein Unternehmen vom Lieferanten 10 % Rabatt. Auf welches gesonderte Konto wird dieser Rabatt gebucht?
   a) 4000 (8000) Erlöse
   b) 6740 (4730) Ausgangsfrachten
   c) 5800 (3800) Anschaffungsnebenkosten
   d) 5735 (3735) Erhaltene Skonti
   e) Ein Rabatt wird nicht gesondert gebucht

7. Beim Verkauf von Waren hat die Martin Schmidt OHG einen Handelsvertreter eingeschaltet, der für seine Bemühungen eine Rechnung stellt. Auf welches Konto bucht die Martin Schmidt OHG den Nettorechnungsbetrag des Handelsvertreters?
   a) 4000 (8000) Erlöse
   b) 6700 (4700) Kosten der Warenabgabe
   c) 5800 (3800) Anschaffungsnebenkosten
   d) 5200 (3200) Wareneingang
   e) 1140 (3980) Waren

REWE 3 — BESCHAFFUNGS- UND ABSATZWIRTSCHAFT

8. Ein Unternehmen aus Köln kauft von einem deutschen Lieferanten Waren auf Ziel. Buchen Sie den Wareneingang.
   a) 5200 (3200) Wareneingang
   b) 1406 (1576) Vorsteuer
   c) 1200 (1400) Forderungen
   d) 3300 (1600) Verbindlichkeiten
   e) 3806 (1776) Umsatzsteuer
   f) 4000 (8000) Erlöse

   Soll   Haben
   [   ]   [   ]
   [   ]   [   ]

Ungebundene Aufgaben

9. Der Warenlieferung eines Lieferanten liegt eine Rechnung über 1.190,00 € brutto bei. Buchen Sie den Vorgang.

10. Ein Unternehmer kauft Handelswaren auf Ziel und erhält folgende ordnungsgemäße Rechnung (Auszug):

    Warenwert   4.000,00 €
    + 19 % USt   760,00 €
    Brutto   4.760,00 €

    Buchen Sie für den Käufer.

11. Im Zusammenhang mit dem Einkauf von Waren erhält die Erwin Stemmer OHG, Oldenburg, folgende Rechnung:

    Warenwert   8.000,00 €
    – 15 % Rabatt   1.200,00 €
                    6.800,00 €
    + 19 % USt   1.292,00 €
    Brutto   8.092,00 €

    Buchen Sie den Wareneingang!

12. Eine Unternehmerin kauft Waren im Nettowert von 9.800,00 € auf Ziel. Vereinbarungsgemäß übernimmt der Verkäufer den Transport und berechnet dafür zusätzlich 200,00 € + USt. Buchen Sie den Rechnungseingang für die Käuferin.

13. Die Rechnung eines Lieferanten für eine Warenlieferung in Höhe von 14.280,00 € wird ohne Abzüge durch Banküberweisung bezahlt.

14. Die Speditionsrechnung für einen Wareneinkauf in Höhe von 357,00 € geht ein und ist zu buchen.

15. Der Kauf von Handelswaren auf Ziel ist noch nicht gebucht. Folgende Rechnung liegt vor:

    Warenwert netto   25.000,00 €
    + Leihverpackung   800,00 €
    + Fracht   200,00 €
    =   26.000,00 €
    + 19 % USt   4.940,00 €
    =   30.940,00 €

16. Die beim Kauf von Waren in Rechnung gestellte Leihverpackung wird vereinbarungsgemäß an den Lieferanten zurückgeschickt. Die eingehende Gutschriftsanzeige in Höhe von 952,00 € ist zu buchen.

17. Die Miramax GmbH erwirbt Waren im Nettowert von 15.000,00 € auf Ziel. Der Verkäufer stellt für Leihfässer 500,00 € netto in Rechnung. Buchen Sie den Vorgang.

18. Vom Lieferanten in Rechnung gestellte Leihfässer werden zurückgeschickt. Die erhaltene Gutschrift in Höhe von brutto 595,00 € ist zu buchen.

19. Der bei der Einfuhr von Waren in Rechnung gestellte Zoll in Höhe von 1.000,00 € und 2.090,00 € Einfuhrumsatzsteuer werden sofort durch Bankscheck bezahlt.

20. Für die Vermittlungstätigkeit im Zusammenhang mit einem Wareneinkauf stellt ein Handelsvertreter einem Industriebetrieb 952,00 € brutto in Rechnung. Buchen Sie den Rechnungseingang für den Industriebetrieb.

BESCHAFFUNGS- UND ABSATZWIRTSCHAFT — REWE 3

21. Ein Baumarkt aus Lindau bezieht 150 Eimer Deckenfarbe von einem Lieferanten aus München. Der Lieferant stellt dem Baumarkt folgende Rechnung (Auszug):

150 Eimer Deckenfarbe (weiß), Stückpreis 6,90 €	1.035,00 €
– 10 % Wiederverkäuferrabatt	103,50 €
	931,50 €
+ Fracht	70,00 €
	1.001,50 €
+ 19 % Umsatzsteuer	190,29 €
Rechnungsbetrag	1.191,79 €

    Buchen Sie den Wareneingang!

22. Die Eingangsrechnung eines Lieferanten für eine Warenlieferung über 4.760,00 € brutto wird unter Abzug von 3 % Skonto durch Banküberweisung bezahlt. Buchen Sie die Zahlung.

23. Die Jörg Schuster OHG erhält von einem Lieferanten am Jahresende einen Bonus in Höhe von 2.856,00 € brutto. Buchen Sie für die Jörg Schuster OHG die Gutschriftsanzeige des Lieferers.

24. Ein Reifenhändler aus Memmingen erhält eine Lieferung von 400 Winterreifen (bereits gebucht). Bei einer Überprüfung nach einigen Tagen muss er feststellen, dass Reifen im Nettowert von 620,00 € nicht ordnungsgemäß sind. Nach Rücksprache mit dem Lieferanten einigt man sich auf eine Rücksendung der beschädigten Reifen. Buchen Sie die Rücksendung für den Reifenhändler.

25. Bei einer eingehenden Warenlieferung (bereits gebucht) war ein größerer Posten fehlerhaft. Der Käufer erhält eine Gutschrift von 20 % des Rechnungsbetrages von 7.140,00 €, die mit der noch offenen Rechnung verrechnet werden soll.

26. Ein deutscher Großhändler aus Saarbrücken bezieht von einem Lieferanten aus Taiwan Waren im Wert von 15.000,00 €. Der Lieferung liegt die Rechnung bei. Der Großhändler bezahlte den Einfuhrzoll in Höhe von 15 % und die Einfuhrumsatzsteuer bar. Buchen Sie die Vorgänge.

27. Ein Mandant bezahlt die Eingangsrechnung eines deutschen Lieferanten für eine im letzten Monat erfolgte Warenlieferung unter Abzug von 3 % Skonto. Buchen Sie die Lastschrift der Bank über 14.627,60 €.

28. Die Apex GmbH hat von einem Lieferanten aus Stuttgart Waren im Bruttowert von 119.000,00 € bezogen. Am Jahresende erhält sie einen Bonus in Höhe von 3 % des Warenwertes. Buchen Sie die Gutschriftsanzeige des Lieferanten.

29. Ein Unternehmer aus Aschaffenburg verkauft Waren an einen Kunden in Hannover auf Ziel, Rechnungsbetrag 26.180,00 €. Buchen Sie den Verkauf.

30. Verkauf von Handelswaren auf Ziel, Warenwert 12.000,00 €.

31. Ein Großhändler aus Schwerin verkauft Handelswaren auf Ziel. Folgende Rechnung (Auszug) liegt der Lieferung bei.

Warenwert netto	40.000,00 €
– 10 % Rabatt	4.000,00 €
=	36.000,00 €
+ 19 % Umsatzsteuer	6.840,00 €
=	42.840,00 €

    Buchen Sie den Verkauf für den Großhändler

32. Ein Kunde bezahlt die Ausgangsrechnung eines Mandanten für eine Warenlieferung über 13.560 € ohne Abzug durch Banküberweisung. Buchen Sie die Bankgutschrift.

33. Über den Verkauf von Handelswaren an einen Kunden in Chemnitz liegt folgende Rechnung (Auszug) vor:

Verkauf von Handelswaren auf Ziel, netto	39.000,00 €
– 10 % Rabatt	3.900,00 €
=	35.100,00 €
+ Leihverpackung	600,00 €
+ Fracht	1.300,00 €
=	37.000,00 €
+ 19 % Umsatzsteuer	7.030,00 €
=	44.030,00 €

    Wie bucht der Verkäufer?

REWE 3 — BESCHAFFUNGS- UND ABSATZWIRTSCHAFT

34. Ein Kunde bezahlt am 02.01.2016 die Ausgangsrechnung unseres Mandanten für eine Warenlieferung vom 30.12.2015 über 11.600,00 € brutto unter Abzug von 2 % Skonto durch Banküberweisung. Buchen Sie für den Mandanten den Zahlungseingang auf dem Bankkonto.

35. Ein Spediteur berechnet der Firma Jürgen Klimker e.K. 280,00 € + USt für einen Warentransport zum Kunden. Buchen Sie den Rechnungseingang für die Firma Jürgen Klimker e.K.

36. Die Firma Jürgen Klimker e.K. stellt einem Kunden 333,20 € brutto für einen Warentransport in Rechnung.

37. Ein Großhändler unterhält auch einen sogenannten „Personalverkauf" für seine Beschäftigten. An einen Mitarbeiter werden Waren verkauft. Der Mitarbeiter bezahlt 174,00 € bar. Der Preis entspricht dem üblichen Verkaufspreis des Großhändlers. Buchen Sie den Verkauf.

38. Ein Kunde bezahlt eine Rechnung über eine Warenlieferung unter Abzug von 3 % Skonto. Die Gutschrift der Bank in Höhe von 3.462,90 € ist noch nicht gebucht.

39. Für die Vermittlung eines Warenverkaufs an einen neuen Kunden in Chemnitz geht die Rechnung eines Handelsvertreters über 714,00 € brutto ein. Buchen Sie den Rechnungseingang.

40. Die Firma Bernhard Warnke e.K. hat Handelswaren im Nettowert von 13.000,00 € an einen Kunden verkauft (bereits gebucht). Ein Teil dieser Warenlieferung war fehlerhaft. Der Kunde schickt Waren im Nettowert von 2.000,00 € zurück und erhält vereinbarungsgemäß eine Gutschrift. Buchen Sie die Rücksendung aus Sicht der Fa. Bernhard Warnke e.K.

41. Ein Möbelhersteller aus Paderborn gewährt einem Kunden am Jahresende einen Bonus in Höhe von 2 % des Jahresumsatzes. Buchen Sie die Gutschriftsanzeige für den Möbelhersteller, wenn der Umsatz des Kunden bei 480.000,00 € lag.

42. Aufgrund einer Mängelrüge erhält ein Kunde eines Schraubenherstellers eine Gutschrift in Höhe von 535,50 € brutto, die mit einer noch offenen Rechnung verrechnet werden soll. Buchen Sie für den Schraubenhersteller.

43. Der Elektroeinzelhändler Max Mayer, Aschaffenburg, schickt einem Kunden wegen einer Mängelrüge eine Gutschriftsanzeige über 238,00 € brutto. Buchen Sie für den Elektroeinzelhändler.

44. Ein Einrichtungshaus aus München bezahlt die Speditionsrechnung für eine Warenlieferung zum Kunden nach Freiburg über 285,60 € an den Fahrer des Speditionsunternehmens sofort bar. Buchen Sie für das Einrichtungshaus.

45. Entscheiden Sie, worum es sich bei den folgenden Beispielen bei einem Unternehmen das Holzspielzeug herstellt, handelt.

Beispiel	Rohstoff	Hilfsstoff	Betriebsstoff
Holz			
Schmiermittel für Verarbeitungsmaschinen			
Leim			
Strom für die eingesetzten Maschinen			

46. Ein Industrieunternehmen aus Dortmund hat Rohstoffe auf Ziel eingekauft und erhält darüber folgende ordnungsgemäße Eingangsrechnung (Auszug) des deutschen Importeurs:

    Warenwert netto   5.000,00 €
    + 19 % Umsatzsteuer   950,00 €
    Rechnungsbetrag   5.950,00 €

    Zahlbar innerhalb von 14 Tagen mit 2 % Skonto oder in 4 Wochen ohne Abzug.
    Buchen Sie den Rechnungseingang!

47. Für den Transport von Hilfsstoffen zu einem deutschen Kunden erhält ein Unternehmen eine Speditionsrechnung über 714,00 € brutto. Buchen Sie den Rechnungseingang.

48. Die Eutefix AG bezahlt die Rechnung eines Hilfsstofflieferanten aus Frankfurt/Oder durch Banküberweisung, Lastschrift: 17.400,00 €.

49. Ein Mandant hat Hilfsstoffe im Wert von 50.000,00 € auf Ziel eingekauft. Der Verkäufer gewährt 20 % Mengenrabatt. Buchen Sie den Wareneingang.

50. Ein Großhandelsunternehmen aus Berlin hat an einen Kunden in Passau Waren im Wert von 30.000,00 € auf Ziel verkauft. Buchen Sie für den Verkäufer die Rücksendung von fehlerhafter Ware im Nettowert von 4.000,00 €. Eine entsprechende Gutschrift wird erteilt.

51. Ein Kunde bezahlt die erhaltene Warenlieferung durch Banküberweisung. Gutschriftsbetrag nach Abzug von 2 % Skonto: 9.001,60 €. Buchen Sie den Zahlungseingang.

BESCHAFFUNGS- UND ABSATZWIRTSCHAFT — REWE 3

52. Die Firma Schönberger OHG erhält eine Lieferung Handelswaren. Folgende ordnungsgemäße Rechnung (Auszug) lag bei:

Listenpreis	3.000,00 €
+ Fracht	60,00 €
+ Transportversicherung	20,00 €
=	3.080,00 €
+ 19 % Umsatzsteuer	585,20 €
Rechnungsbetrag	3.665,20 €

    Buchen Sie den Rechnungseingang.

53. Ein Lieferant für Handelswaren stellt der Lyrox GmbH nachträglich Verpackungsmaterial in Höhe von 77,35 € brutto in Rechnung.

54. Die G. Ebert GmbH stellt orthopädische Spezialschuhe her. Sie erhält von einer Gerberei folgende Rechnung (Auszug):

Rindsleder, schwarz gefärbt nach Muster	4.200,00 €
- 5 % Rabatt	210,00 €
=	3.990,00 €
+ 19 % Umsatzsteuer	758,10 €
Rechnungsbetrag	4.748,10 €

    Der Rechnungseingang ist noch zu buchen.

55. Ein Mandant bezahlt eine bereits gebuchte Eingangsrechnung für Handelswaren in Höhe von 4.582,00 € unter Abzug von 3 % Skonto durch Überweisung vom betrieblichen Bankkonto.

56. Marina Kanzler betreibt in Kassel eine Baustoffgroßhandlung. Sie erhält folgende Eingangsrechnung für Handelswaren (Auszug):

Warenwert netto	12.500,00 €
+ Spezialbehälter	500,00 €
=	13.000,00 €
+ 19 % Umsatzsteuer	2.470,00 €
= Rechnungsbetrag	15.470,00 €

57. Ein Händler aus Worms bezieht 10 Fernsehgeräte von einem Hersteller aus Taiwan auf Ziel. Der Stückpreis beträgt umgerechnet 499,00 €. Der Zoll beträgt 10 % des Warenwertes und wird ebenso wie die Einfuhrumsatzsteuer per Bank an das Zollamt überwiesen. Buchen Sie den kompletten Vorgang.

58. Für einen Warentransport zum Kunden erhält die Firma Decker OHG, München, folgende ordnungsgemäße Speditionsrechnung (Auszug):

Transportkosten	170,00 €
Transportversicherung	30,00 €
=	200,00 €
+ 19 % Umsatzsteuer	38,00 €
Rechnungsbetrag	238,00 €

    Buchen Sie den Rechnungseingang.

59. Ein Großhändler aus Erfurt erhält eine Speditionsrechnung über insgesamt 571,20 €. Davon betreffen 300,00 € (netto) einen Transport zum Kunden, der Rest entfällt auf einen Wareneinkauf. Buchen Sie für den Großhändler den kompletten Vorgang.

60. Ein Händler aus München stellt einem Privatkunden in Potsdam folgende ordnungsgemäße Rechnung:

Warenwert:	500,00 €
+ Versandkostenpauschale	15,00 €
=	515,00 €
+ 19 % USt	97,85 €
Rechnungsbetrag	612,85 €

    Buchen Sie den Warenverkauf auf Ziel für den Händler!

61. Die Firma Verena Baader e.K. hat einen ihrer Angestellten beauftragt, Pakete mit einer Warenlieferung an einen Kunden zur Post zu bringen. Für diese Pakete bezahlt der Mitarbeiter insgesamt 44,00 €, die er vorher aus der Kasse erhalten hat. Alle Pakete wiegen weniger als 10 kg. Buchen Sie den Vorgang.

REWE 3 — BESCHAFFUNGS- UND ABSATZWIRTSCHAFT

62. Ihr Mandant hat mit einer Warenlieferung folgende ordnungsgemäße Eingangsrechnung eines deutschen Großhändlers erhalten:

Warenwert	4.700,00 €
Verpackung	100,00 €
Fracht	200,00 €
Netto	5.000,00 €
+ 19 % USt	950,00 €
Brutto	5.950,00 €

    Der Wareneingang wurde im letzten Monat korrekt gebucht. Die Rechnung wird jetzt unter Abzug von 3 % Skonto durch Banküberweisung bezahlt. Fracht und Verpackung sind nicht skontierfähig. Buchen Sie die Zahlung.

63. Ermitteln Sie in einer übersichtlichen Darstellung den Warenbestand zum jeweiligen Abschlussstichtag.

    a) Ein Kaufmann, dessen Wirtschaftsjahr mit dem Kalenderjahr übereinstimmt, macht zur Ermittlung des Warenbestandes zum Abschlussstichtag 31.12.2016 folgende Angaben:

Warenbestand lt. Inventur vom 10. Oktober 2016	€ 800.000,00
Wareneingang vom 11. Oktober bis 31. Dezember 2016	€ 450.000,00
Wareneinsatz vom 11. Oktober bis 31. Dezember 2016	€ 350.000,00

    b) Ein Kaufmann macht zur Ermittlung des Warenbestandes zum Abschlussstichtag nachfolgend genannte Angaben. Das Wirtschaftsjahr umfasst den Zeitraum vom 01.07.2015 bis 30.06.2016.

Warenbestand lt. Inventur vom 20. September 2016	€ 350.000,00
Wareneingang vom 01.07.2016 bis 20. September 2016	€ 120.000,00
Wareneinsatz vom 01.07.2016 bis 20. September 2016	€ 155.000,00

64. Felix Wagner – Einzelunternehmer – betreibt einen Schreib- und Bürowarenhandel. Nachfolgende Sachverhalte sind buchhalterisch zu erfassen und ihre Erfolgsauswirkungen darzustellen:

    a) F. Wagner erhält von einem Transportunternehmen eine Rechnung über Transportkosten für den erfolgten Wareneingang:

Transportkosten	300,00 €
+ 19 % USt	57,00 €
Rechnungsbetrag	357,00 €

    b) Dem Kunden H.E. Otten e.K. gewährt er wegen mangelhafter Lieferung einen Preisnachlass von brutto € 1.392,00. Eine Gutschrift mit USt-Ausweis wurde ordnungsgemäß erstellt.

    c) Aus dem Warenlager von F. Wagner wurde für den betrieblichen Kopierer Papier im Wert von € 60,00 entnommen.

65. Für das Wirtschaftsjahr 2016 liegen folgende Daten vor:

Warenbestand am 01.01.2016	60.000,00 €
Warenbestand am 31.12.2016	80.000,00 €
Wareneingänge	440.000,00 €
Warenbezugskosten	10.000,00 €
Preisnachlässe für Kunden	20.000,00 €
Rücksendungen an Lieferanten	8.000,00 €
Verkaufserlöse	653.000,00 €
Sonstige Aufwendungen	124.000,00 €

    Ermitteln Sie den Wareneinsatz und den Rohgewinn für das Wirtschaftsjahr 2016.

66. In einem Angebot an einen Teeeinzelhändler sind folgende Angaben enthalten: 50 Packungen Schwarztee zu je € 0,90, Rabatt 15%, Skonto 2%, Transportkosten € 4,00.
    Errechnen Sie den Bezugspreis für eine Packung Schwarztee!

67. Einem Drogerie-Einzelhandel liegen zwei Angebote für eine Hautcreme vor:

Angebot	Hautcreme Typ A	Hautcreme Typ B
Listeneinkaufspreis	€ 2,60 je Tube	€ 265,00 je 100 Tuben
Rabatt	15%	20%
Skonto	3%	2%
Bezugskosten	€ 0,10 je Tube	€ 6,00 je 50 Tuben

    Errechnen Sie den Bezugspreis je Stück für das günstigere Angebot!

BESCHAFFUNGS- UND ABSATZWIRTSCHAFT — REWE 3

68. Die Buchführung einer Großhandlung weist folgende Zahlen aus:
    Wareneinsatz von € 42.000,00
    Barverkaufspreis € 77.000,00.
    Der Unternehmer rechnet mit einem Gewinnzuschlag von 40%.
    Errechnen Sie den Handlungskostenzuschlag in %.

69. Errechnen Sie Handlungskosten- und Gewinnzuschlag in %!
    Bezugspreis / Einstandspreis der Ware € 370,00
    Geschäftskosten   € 140,00
    Barverkaufspreis (netto)   € 865,00

70. Wie hoch ist jeweils der Listenverkaufspreis (netto)?

	a)	b)	c)
Barverkaufspreis	7,50 €	275,00 €	537,52 €
Kundenskonto	2%	3%	2%
Vertreterprovision	–	4%	8%
Kundenrabatt	–	–	11%

71. Kalkulieren Sie den jeweiligen Listenverkaufspreis (brutto):

	a)	b)	c)
Bezugspreis	36,00 €	214,00 €	84,20 €
Handlungskostenzuschlag	35%	25%	21%
Gewinnzuschlag	30%	30%	48%
Kundenskonto	2%	3%	–
Vertreterprovision	–	10%	–
Kundenrabatt	–	–	8%

72. Für ein Erzeugnis wurde ein Listenverkaufspreis (netto) von € 244,00 berechnet. Der Lieferer gewährte einen Rabatt in Höhe von 20% und Skonto in Höhe von 2%. Für die Anlieferung der Ware mussten € 20,00 netto bezahlt werden. Handlungskosten waren mit 30% und der Gewinn mit 24% zu kalkulieren. Die Kunden erhalten beim Kauf der Ware grundsätzlich 2% Skonto.
    Wie hoch war der Listeneinkaufspreis (brutto)?

73. Eine Ware wurde an einen Kunden mit einem kalkulierten Gewinnzuschlag von 35% zum Preis von € 48,60 (netto) verkauft. Aufgrund einer Reklamation muss der Barverkaufspreis auf € 45,00 gesenkt werden.
    Errechnen Sie den verbleibenden Gewinn in € und in %!

74. Der Nettoeinkaufspreis einer Ware ist gleich dem Nettoverkaufspreis in Höhe von € 1.000,00. Errechnen Sie den Gewinn bzw. Verlust in € und in %, den ein Unternehmer erzielt, wenn er 30 % Liefererrabatt und 2% Skonto erhält, die Bezugskosten mit € 10,00 ansetzt und die Handlungskosten mit 30% und Kundenskonto mit 2% kalkuliert?

75. Der Kalkulationszuschlagsatz beträgt 210%.
    Wie groß sind Kalkulationsfaktor und Handelsspanne?

76. Die Handelsspanne beträgt 80%.
    Berechnen Sie den Kalkulationszuschlagssatz und den Kalkulationsfaktor.

77. Der Kalkulationsfaktor beträgt 2,3.
    Ermitteln Sie Kalkulationszuschlagssatz und Handelsspanne.

78. Ein Unternehmen rechnet zur Ermittlung der Verkaufspreise mit einem Kalkulationsfaktor von 1,4. Der Zulieferer hat die Preise um 10% erhöht.
    Ermitteln Sie den neuen Kalkulationsfaktor, wenn die Verkaufspreise des Unternehmens unverändert bleiben.

REWE 3 — BESCHAFFUNGS- UND ABSATZWIRTSCHAFT

79. Die Buchhaltung eines Großhändlers führt am 31.12.2016 u.a. folgende Konten:

    Warenbestand   S   € 110.000,00
    Wareneingang   S   € 430.000,00
    Umsatzerlöse   H   € 492.000,00

    Die Wareneinkäufe werden direkt auf dem entsprechenden Aufwandskonto gebucht.
    Der Warenbestand lt. Inventur zum 31.12.2016 beträgt € 95.000,00.

    Bilden Sie unter Angabe der Beträge den jeweiligen Buchungssatz für

    a) die Erfassung des Warenendbestandes
    b) die Bestandsveränderung
    c) den Abschluss des Kontos „Wareneingang"
    d) den Abschluss des Kontos „Umsatzerlöse"

    Ermitteln Sie auch für das Wirtschaftsjahr 2016

    a) den Rohgewinn
    b) den Rohgewinnaufschlagsatz
    c) den Kalkulationsfaktor
    d) die Handelsspanne

80. Die Mineralien GmbH erwirbt Waren für € 20.000,00 netto auf Ziel. Für 10 Leihfässer berechnet der Lieferant netto € 40,00 / Stück. Bei Rückgabe der Fässer erfolgt die Erstattung der berechneten Leihgebühr.

    Buchen Sie den Vorgang

    a) bei Wareneingang
    b) bei Rücksendung der Leihverpackung

81. Willi Ehrlich e.K. erhält für einen Wareneinkauf folgende Rechnung:

    Listenpreis   € 40.000,00
    – 25% Rabatt   € 10.000,00
    Nettorechnungspreis € 30.000,00
    + 19% USt   € 5.700,00
    Rechnungsbetrag   € 35.700,00

    Buchen Sie

    a) den Kauf der Ware
    b) die Zahlung durch Banküberweisung unter Skontoabzug (2%).

82. Willi Jung betreibt einen Papiergroßhandel. Er verkauft mehrere Rollen Geschenkpapier im Gesamtwert von netto € 15.000,00 an die Colibri GmbH in Leipzig. Die Colibri GmbH stellt an einigen Rollen fehlerhafte Drucke fest und sendet die Ware an Willi Jung zurück. Der Warenwert beläuft sich auf € 2.380,00 (brutto). Jung erteilt der Colibri GmbH eine entsprechende Gutschrift. Durch die Auslieferung an die Colibri GmbH sind Jung Transportkosten in Höhe von € 300,00 + USt entstanden.

    Buchen Sie:

    a) den Rechnungsausgang an die Colibri GmbH
    b) die Erteilung der Gutschrift
    c) die Rechnung des Spediteurs
    d) den Rechnungsausgleich des Kunden durch Überweisung auf das Bankkonto von Willi Jung.

PERSONALWIRTSCHAFT — REWE 4

BEI DEN FOLGENDEN AUFGABEN SIND DIE RICHTIGEN ERGEBNISSE ANZUKREUZEN BZW. ZUZUORDNEN!

1. Welche der folgenden Positionen hat keinen Einfluss auf das Nettogehalt eines Arbeitnehmers?
   a) Beitrag zur Rentenversicherung
   b) Beitrag zur Arbeitslosenversicherung
   c) Beitrag zur Krankenversicherung
   d) Beitrag zur Pflegeversicherung
   e) Beitrag zur Unfallversicherung

2. Welche Beziehung besteht im März 2016 bei einem 30-jährigen, kinderlosen Arbeitnehmer aus Bremen zwischen den Sozialversicherungsbeiträgen von Arbeitnehmer und Arbeitgeber, wenn der Beitragssatz der Krankenkasse bei 14,6 % liegt (kein Zusatzbeitrag)?
   a) Sie sind gleich hoch
   b) Der Gesamtbeitrag des Arbeitnehmers liegt bei 20,225 %, der Gesamtbeitrag des Arbeitgebers beträgt 20,075 %
   c) Der Gesamtbeitrag des Arbeitnehmers liegt bei 19,575 %, der Gesamtbeitrag des Arbeitgebers beträgt 19,325 %
   d) Der Gesamtbeitrag des Arbeitnehmers liegt bei 20,525 %, der Gesamtbeitrag des Arbeitgebers beträgt 19,575 %
   e) Der Gesamtbeitrag des Arbeitnehmers liegt bei 20,30 %, der Gesamtbeitrag des Arbeitgebers beträgt 19,325 %

3. Wie hoch ist der Beitrag zur Pflegeversicherung eines ledigen kinderlosen Arbeitnehmers (28 Jahre) aus München, der im Februar 2016 ein Bruttogehalt von 2.500,00 € bezieht? Der Beitragssatz der Krankenversicherung liegt bei 15,5 %. Die einbehaltene Steuer (LSt, KiSt, Soli) beträgt 405,57 €, der Arbeitnehmer ist katholisch (Kirchensteuersatz: 8 %).
   a) 35,63 €
   b) 24,37 €
   c) 51,25 €
   d) 387,50 €
   e) 182,50 €

4. Eine kinderlose, ledige Arbeitnehmerin (30 Jahre) verdient brutto 1.800,00 €. Die Arbeitnehmerin ist konfessionslos, der Beitragssatz der Krankenversicherung liegt bei 15,5 %. Mit dem Januargehalt 2016 wird ein Zuschuss von 30,00 € für die Teilnahme an einem Yoga-Kurs zur Stressbewältigung ausgezahlt. Wie hoch ist der Beitrag zur gesetzlichen Krankenversicherung, den die Arbeitnehmerin zu tragen hat?
   a) 129,60 €
   b) 147,60 €
   c) 131,76 €
   d) 150,06 €
   e) 279,00 €

5. Judith Kahl, 22 Jahre alt, ist ledig und kinderlos. Frau Kahl erhält zusätzlich zu ihrem Januar-Gehalt in Höhe von 1.920,00 € von ihrem Arbeitgeber 40,00 € vermögenswirksame Leistungen. Der Beitragssatz ihrer Krankenkasse beträgt 15,5 %, die Kirchensteuer 8 %. Wie hoch ist der Beitrag der Arbeitnehmerin zur gesetzlichen Rentenversicherung?
   a) 182,40 €
   b) 183,26 €
   c) 372,40 €
   d) 390,04 €
   e) 160,72 €

REWE 4 — PERSONALWIRTSCHAFT

6. Franziska Adler, ledig, ein Kind, verdient im Februar 2016 2.380,00 € brutto. Zusätzlich bezahlt ihr Chef für den Kindergartenbesuch der Tochter von Frau Adler 100,00 €/Monat. Frau Adler ist konfessionslos, der Beitragssatz ihrer Krankenkasse beträgt 15,5 %, die einbehaltenen Steuern (Lohnsteuer, Solidaritätszuschlag) 343,93 €. Wie hoch ist der Beitrag zur Arbeitslosenversicherung, der von Frau Adler zu tragen ist?
   a) 33,46 €
   b) 35,70 €
   c) 37,20 €
   d) 71,40 €
   e) 74,40 €

7. Zu welchem Termin sind die vom Arbeitgeber an die Krankenkasse abzuführenden Beiträge zur Sozialversicherung für Januar 2016 fällig?
   a) 26.01.2016
   b) 27.01.2016
   c) 31.01.2016
   d) 10.02.2016
   e) 15.02.2016

8. Ein Unternehmen führt die einbehaltene Lohnsteuer, die Kirchensteuer und den Solidaritätszuschlag fristgerecht an das zuständige Finanzamt ab. Wie lautet der Buchungssatz, wenn die Gehaltsüberweisung per Bank erfolgt?
   a) 6020 (4120) Gehälter   Soll   Haben
   b) 1800 (1200) Bank   [   ]   [   ]
   c) 3740 (1742) Verb. i.R.d. soz. Sicherheit [   ]   [   ]
   d) 3730 (1741) Verb. aus LSt u. KiSt
   e) 6110 (4130) Gesetzl. soz. Aufw.

9. Ein Arbeitnehmer der Augsburger Maschinenfabrik GmbH erhält einen Vorschuss bar ausgezahlt. Wie lautet der entsprechende Buchungssatz?
   a) 6020 (4120) Gehälter   Soll   Haben
   b) 1800 (1200) Bank   [   ]   [   ]
   c) 1600 (1000) Kasse   [   ]   [   ]
   d) 1340 (1530) Ford. gg. Personal
   e) 6110 (4130) Gesetzl. soz. Aufw.

10. Buchen Sie für einen Arbeitgeber die Banküberweisung der einbehaltenen Sozialversicherungsbeiträge an die Krankenkasse.
    a) 3740 (1742) Verb. i.R.d. soz. Sicherheit   Soll   Haben
    b) 1800 (1200) Bank   [   ] [   ]
    c) 3730 (1741) Verb. aus LSt u. KiSt   [   ] [   ]
    d) 1340 (1530) Ford. gg. Personal
    e) 6110 (4130) Gesetzl. soz. Aufw
    f) 1600 (1000) Kasse

11. Ein Arbeitgeber aus Frankfurt überweist einbehaltene vermögenswirksame Leistungen per Bank.
    a) 6020 (4120) Gehälter   Soll   Haben
    b) 1800 (1200) Bank   [   ]   [   ]
    c) 3740 (1742) Verb. i.R.d. soz. Sicherheit [   ]   [   ]
    d) 3770 (1750) Verb. aus Verm.bildg.
    e) 6110 (4130) Gesetzl. soz. Aufw.
    f) 1600 (1000) Kasse

PERSONALWIRTSCHAFT — REWE 4

12. Nena Kunzelmann erhält von ihrem Arbeitgeber neben dem monatlichen Bruttogehalt von 2.200,00 € auch eine Mietwohnung. Sie bezahlt hierfür statt der ortsüblichen Monatsmiete von 400,00 € nur 150,00 €. Wie hoch ist der steuer- und sozialversicherungspflichtige Arbeitslohn von Frau Kunzelmann?
   a) 2.200,00 €
   b) 2.350,00 €
   c) 2.450,00 €
   d) 2.050,00 €
   e) 2.750,00 €

13. Ein Arbeitnehmer kann bei seinem Arbeitgeber verbilligt einkaufen. Der Arbeitnehmer kauft eine Schrankwand, deren Bruttoladenpreis 4.800,00 € beträgt für 2.880,00 €. Wie hoch ist der steuer- und sozialversicherungspflichtige geldwerte Vorteil?
   a) 1.920,00 €
   b) 4.608,00 €
   c) 1.728,00 €
   d) 840,00 €
   e) 648,00 €

14. Hannelore Bader erhält als leitende Angestellte eines Möbelhauses einen Firmenwagen. Der inländische Bruttolistenpreis des Fahrzeugs beträgt 19.985,00 €. Frau Bader nutzt das Fahrzeug auch privat und für Fahrten zwischen Wohnung und Möbelhaus (18 Arbeitstage/Monat, einfache Entfernung 20 km). Ein Fahrtenbuch wird nicht geführt. Wie hoch ist der steuer- und sozialversicherungspflichtige geldwerte Vorteil im Monat?
   a) 318,40 €
   b) 319,76 €
   c) 199,00 €
   d) 204,97 €
   e) 0 €

15. Ein Unternehmer beschäftigt 2016 einen Arbeitnehmer im Rahmen eines geringfügigen Beschäftigungsverhältnisses. Der Arbeitnehmer verdient 400,00 € und übt zusätzlich noch eine sozialversicherungspflichtige Hauptbeschäftigung aus. Wie hoch sind die pauschalen Abgaben insgesamt, die der Arbeitgeber abführt (ohne Umlagen, RV befreit)?
   a) 2 %
   b) 15 %
   c) 14 %
   d) 25 %
   e) 30 %

16. Otto Kleinschmidt ist Polizeibeamter in Schwerin. Er verdient im Rahmen eines geringfügigen Beschäftigungsverhältnisses nebenbei als Zeitungsausträger 450,00 €/Monat. Wie hoch sind die pauschalen Abgaben insgesamt, die der Arbeitgeber an die zuständige Stelle abführen muss (ohne Umlagen, RV befreit)?
   a) 2 %
   b) 15 %
   c) 30 %
   d) 17 %
   e) 25 %

17. Trude Maurer übt ein geringfügiges Beschäftigungsverhältnis aus. Sie arbeitet 20 Stunden im Monat bei einem Stundenlohn von 12,00 €. Welchen Betrag bekommt sie ausbezahlt, wenn sie über ihren Ehemann gesetzlich krankenversichert ist und keine sozialversicherungspflichtige Hauptbeschäftigung ausübt?
   a) 230,64 €
   b) 180,00 €
   c) 206,40 €
   d) 216,00 €
   e) 180,00 €

REWE 4 — PERSONALWIRTSCHAFT

18. Ein Unternehmen beschäftigt eine verheiratete Reinigungskraft (ein Kind), die monatlich 500,00 € brutto verdient. Wie hoch ist im November 2016 die Bemessungsgrundlage für den Arbeitnehmeranteil zur Sozialversicherung?
    a) 403,41 €
    b) 400,00 €
    c) 450,00 €
    d) 500,00 €
    e) 0 €

19. Ein Gewerbetreibender beschäftigt einen Arbeitnehmer der monatlich 600,00 € brutto verdient. Der ledige Arbeitnehmer ist 30 Jahre alt, gesetzlich krankenversichert und kinderlos. Wie hoch ist der Arbeitnehmerbeitrag zur Krankenversicherung (Beitragssatz: 15,5 %) im Oktober 2016?
    a) 38,50 €
    b) 45,50 €
    c) 39,51 €
    d) 78,00 €
    e) 0 €

20. Ein leitender Angestellter erhält neben seinem Bruttoeinkommen einen Firmenwagen gestellt, den er für dienstliche Fahrten, Fahrten zwischen Wohnung und Arbeitstätte und Privatfahrten nutzt. Der steuer- und sozialversicherungspflichtige geldwerte Vorteil dieser kostenlosen Pkw-Nutzung beträgt monatlich 466,70 € netto. Auf welches Konto wird dieser Betrag im Rahmen der Gehaltsbuchung gebucht?
    a) 3740 (1742) Verb. i.R.d. soz. Sicherheit
    b) 4947 (8611) Verr. Sonst. Sachbez. 19 % USt
    c) 4949 (8614) verr. Sonst. Sachbezüge o. USt
    d) 3740 (1742) Verb. i.R.d. soz. Sicherheit
    e) 1340 (1530) Ford. gg. Personal

21. Ein Arbeitnehmer erhält zu seiner Hochzeit vom Arbeitgeber 200,00 € bar ausgezahlt. Buchen Sie den Vorgang.

	Soll	Haben
a) 3740 (1742) Verb. i.R.d. soz. Sicherheit		
b) 1340 (1530) Ford. gg. Personal	[ ]	[ ]
c) 1600 (1000) Kasse	[ ]	[ ]
d) 3300 (1600) Verbindlichkeiten		
e) 1800 (1200) Bank		
f) 6130 (4140) Freiw. Soz.Aufw. (lohnsteuerfrei)		

Ungebundene Aufgaben

22. Die 28-jährige ledige, kinderlose Angestellte Ute Baumann verdient monatlich 2.500,00 € brutto. Ihr Arbeitgeber behält 341,82 € Steuern ein. Der Arbeitnehmeranteil zur Sozialversicherung beträgt 511,88 €, der Arbeitgeberanteil 483,13 €. Wie lautet der Buchungssatz für die Gehaltszahlung im August 2016, wenn sie durch Banküberweisung erfolgt?

23. Hannes Grünthal verdient als Steuerfachangestellter in Rosenheim monatlich 2.150,00 € brutto. Die einbehaltene Steuer beträgt 253,28 €. Der Arbeitnehmeranteil zur Sozialversicherung beträgt insgesamt 440,22 €, der Arbeitgeberanteil: 415,49 €. Herr Grünthal ist 30 Jahre alt, ledig und kinderlos. Buchen Sie die Banküberweisung des Gehalts für den Monat April 2016.

24. Gerlinde Schmitt bezieht ein monatliches Bruttoeinkommen von 1.900,00 €. Frau Schmitt hat eine Lohnsteuerkarte abgegeben, auf der die Lohnsteuerklasse II (Zahl der KFB: 1,0) eingetragen ist. Der Beitragssatz der Krankenkasse von Frau Schmitt liegt bei 15,5 %, insgesamt wurden vom Bruttogehalt 389,03 € Sozialversicherungsbeiträge und 154,83 € Steuern einbehalten. Nennen Sie den Buchungssatz für die Banküberweisung des Oktober-Gehalts 2016 (AG-Anteil zur SV: 367,18 €).

25. Eine Angestellte erhält Mitte November 2016 einen Vorschuss von 300,00 €. Buchen Sie die Banküberweisung der Zahlung.

26. Dagobert Nerlinger bezieht im August 2016 ein Bruttogehalt von 2.800,00 €. Er ist verheiratet (mit Kind), seine Frau ist nicht berufstätig. Die einbehaltene Lohnsteuer und Solidaritätszuschlag betragen zusammen 175,50 €, der Arbeitnehmeranteil zur Sozialversicherung 566,30 €, der Arbeitgeberanteil 541,10 €. Wie lautet der Buchungssatz für die Gehaltszahlung durch Banküberweisung, wenn ein im Juli ausbezahlter Vorschuss von 150,00 € verrechnet werden soll?

PERSONALWIRTSCHAFT — REWE 4

27. Folgende Gehaltszahlung eines ledigen, kinderlosen Angestellten für den September 2016 durch Banküberweisung ist zu buchen:
Bruttogehalt	1.680,00 €
– Lohnsteuer	134,58 €
– Solidaritätszuschlag	7,40 €
– Arbeitnehmeranteil Soz.Vers.	343,98 €
– einbehaltener Vorschuss	200,00 €
– auszuzahlender Betrag	?
– Arbeitgeberanteil Soz.Vers.	324,66 €

28. Eine 17-jährige kinderlose Auszubildende verdient im März 2016 480,00 € brutto. Wie lautet der Buchungssatz für die Banküberweisung der Ausbildungsvergütung, wenn der Arbeitnehmeranteil zur Sozialversicherung 98,04 € und der Arbeitgeberanteil 92,76 € beträgt?

29. Die 16-jährige Bettina Moser verdient als Auszubildende im 1. Lehrjahr im März 2016 320,00 € brutto. Frau Moser ist nicht verheiratet, konfessionslos und hat keine Kinder. Buchen Sie die Banküberweisung der Ausbildungsvergütung (Zusatzbeitrag: 1,1 %).

30. Eine Angestellte erhält neben dem Bruttogehalt in Höhe von 1.850,00 € von ihrem Arbeitgeber auch 40,00 € vermögenswirksame Leistungen, die sie bei einer Bausparkasse angelegt hat. Die einbehaltenen Steuern (Steuerklasse IV) betragen 243,87 €, der Arbeitnehmeranteil zur Sozialversicherung 406,36 €, der Arbeitgeberanteil 384,62 €. Buchen Sie die Gehaltszahlung durch Banküberweisung.

31. Ein Arbeitnehmer erhält folgende (vereinfachte) Gehaltsabrechnung:
Bruttogehalt	2.000,00 €
+ vwL Arbeitgeber	20,00 €
– steuerpflichtiges Bruttogehalt	2.020,00 €
– einbehaltene Steuern	281,59 €
– Arbeitnehmeranteil Soz.Vers.	434,30 €
	1.304,11 €
– vermögenswirksame Anlage	40,00 €
auszuzahlender Betrag	1.264,11 €
Arbeitgeberanteil Soz.Vers.	411,07 €

    Buchen Sie die Banküberweisung des Gehalts für Februar 2016.

32. Das steuer- und sozialversicherungspflichtige Bruttogehalt von Hans Bauer beträgt 2.980,00 €. Herr Bauer hat 40,00 € vermögenswirksam angelegt, sein Arbeitgeber beteiligt sich an dieser Anlage nicht. Herr Bauer ist 43 Jahre alt, ledig und kinderlos. Die einbehaltene Lohnsteuer und der Solidaritätszuschlag betragen 458,13 €, der Arbeitnehmeranteil zur Sozialversicherung 616,12 €. Der Arbeitgeberanteil zur Sozialversicherung liegt bei 575,89 €. Herr Bauer erhält im November 2016 einen Betrag von 1.865,75 € per Bank überwiesen. Buchen Sie diese Überweisung.

33. Rosa Stechlin verdient im Dezember 2016 brutto 3.100,00 €. Sie hat 40 € vermögenswirksam angelegt. Einen Zuschuss des Arbeitgebers zu dieser Anlage erhält sie nicht. Frau Stechlin ist 35 Jahre alt, verheiratet und kinderlos. Frau Stechlin bezahlt 491,53 € Steuern. Wie lautet der Buchungssatz für die Banküberweisung des Gehalts, wenn der Arbeitgeberanteil zur Sozialversicherung 599,08 € und der Arbeitnehmeranteil 640,93 € beträgt?

34. Ein Unternehmer überweist vom betrieblichen Bankkonto den Beitrag für die gesetzliche Unfallversicherung in Höhe von 1.240,00 € an die zuständige Berufsgenossenschaft. Buchen Sie den Sachverhalt.

35. Die Banküberweisung des Gehalts an einen Auszubildenden (18 Jahre, ledig, kinderlos) ist zu buchen. Folgende Angaben liegen vor:
Bruttogehalt	600,00 €
+ vwL Arbeitgeber	40,00 €
steuerpflichtiges Bruttogehalt	640,00 €
– Lohnsteuer	0,00 €
– Solidaritätszuschlag	0,00 €
– Kirchensteuer	0,00 €
– Krankenversicherung	52,48 €
– Pflegeversicherung	7,52 €
– Rentenversicherung	59,84 €
– Arbeitslosenversicherung	9,60 €
– vermögenswirksame Anlage	40,00 €
auszuzahlender Betrag	470,56 €

    Der Arbeitgeberanteil zur Sozialversicherung beträgt 123,68 €.

REWE 4 — PERSONALWIRTSCHAFT

36. Das Bruttogehalt von Agnes Brandauer aus Bremen im März 2016 beträgt 1.390,00 €. Frau Brandauer ist gesetzlich krankenversichert. Frau Brandauer ist 21 Jahre alt, ledig und kinderlos. Sie hat 40,00 € vermögenswirksam angelegt. Ihr Arbeitgeber, ein Rechtsanwalt, beteiligt sich hieran mit 20,00 €. Mit dem Märzgehalt werden 100,00 € Vorschuss verrechnet, die Frau Brandauer Mitte Januar erhalten hat. Nehmen Sie die Gehaltsbuchung vor. Berücksichtigen Sie dabei, dass die einbehaltenen Steuern insgesamt 103,50 € betragen, der AN-Anteil zur SV 289,40 €, der AG-Anteil 276,71 €.

37. Ein Arbeitgeber überlässt einer Angestellten aufgrund der Vereinbarung im Arbeitsvertrag neben dem Tarifgehalt von 1.600 € auch eine Wohnung zur kostenlosen Nutzung. Die ortsübliche Monatsmiete hierfür würde 400,00 € betragen. Der Arbeitgeber behält folgende Beträge vom Bruttogehalt ein:
   – Steuern: 275,78 €
   – AN-Anteil zur Sozialversicherung: 430,00 €
   Als Arbeitgeberanteil zur Sozialversicherung sind 394,50 € anzusetzen.
   Buchen Sie die Gehaltszahlung durch Banküberweisung!

38. Walter Breitner erhält von seinem Arbeitgeber neben dem Bruttogehalt von 2.100,00 € auch eine Firmenwohnung gestellt, für die er statt der ortsüblichen Miete von 500,00 € nur 300,00 € bezahlt. Im November 2016 werden 94,18 € Steuern und 488,75 € Arbeitnehmeranteil zur Sozialversicherung einbehalten. Der Arbeitgeberanteil zur Sozialversicherung beträgt 468,05 €. Buchen Sie die Banküberweisung des Gehalts, wenn die Miete verrechnet wird.

39. Eine Arbeitnehmerin erhält laut Arbeitsvertrag neben ihrem Bruttogehalt von 2.500 €/Monat auch einen betrieblichen Pkw zur privaten Nutzung. Der geldwerte Vorteil aus dieser Pkw-Überlassung je Monat beträgt 510,40 € brutto. Die einbehaltenen Steuern betragen 640,50 €, die von der Arbeitnehmerin zu tragenden Sozialversicherungsbeiträge 647,24 € und der Arbeitgeberanteil zur Sozialversicherung 612,60 €. Buchen Sie die Gehaltszahlung durch Banküberweisung.

40. Die Angestellte Anna Merkelmann erhält vom Arbeitgeber seit der Geburt ihres Sohnes eine monatliche Zuwendung in Höhe von 30,00 € für den Kindergartenbesuch. Buchen Sie die Banküberweisung des Betrages.

41. Ein Arbeitnehmer soll einen Gutschein einer Tankstelle erhalten. Der Arbeitgeber erwirbt den Gutschein mit dem Text „Einkaufsgutschein im Wert von 40,00 €" gegen Barzahlung. Buchen Sie den Kauf des Gutscheins.

42. Eine Arbeitnehmerin erhält von ihrem Chef zusätzlich zum Arbeitslohn einen Zuschuss von monatlich 50,00 € für die Fahrten Wohnung – Arbeitsstätte mit öffentlichen Verkehrsmitteln. Buchen Sie die Banküberweisung.

43. Ein Speditionsunternehmen aus Fürth beschäftigt im Sommer eine Studentin als Aushilfe (kurzfristiges Beschäftigungsverhältnis). Die Studentin verdient 1.500,00 € brutto, die pauschal versteuert werden (pauschale Kirchensteuer: 7 %). Die Auszahlung durch Banküberweisung ist zu buchen.

44. Amalie Lindner erhält von ihrem Arbeitgeber einen Fahrtkostenzuschuss für die Fahrten zwischen Wohnung und Arbeitsstätte mit ihrem Privat-Pkw von 100,00 €, die pauschal besteuert werden. Buchen Sie die Banküberweisung des Fahrtkostenzuschusses und die Pauschalversteuerung (pauschale Kirchensteuer: 7 %).

45. Ein Unternehmer aus Kassel beschäftigt während des ganzen Jahres eine Aushilfskraft und entlohnt diese mit 450,00 € im Monat, die per Bank überwiesen werden. Es handelt sich um die einzige Nebenbeschäftigung der Aushilfskraft, die eine sozialversicherungspflichtige Hauptbeschäftigung ausübt, gesetzlich krankenversichert und nicht RV-befreit ist. Buchen Sie die Lohnzahlung und die pauschalen Abgaben (ohne Umlagen).

46. Hanna Schwebler aus Köln ist Hausfrau und Mutter. Sie ist mit ihrem Ehemann gesetzlich krankenversichert. Im Rahmen eines geringfügigen Beschäftigungsverhältnisses verdient sie 150,00 € im Monat, die bar ausgezahlt werden. Buchen Sie den Sachverhalt für den Arbeitgeber (ohne Umlagen, RV-befreit).

47. Die Unterschleißheimer Maschinenwerke AG beschäftigt eine Putzfrau im Rahmen eines geringfügigen Beschäftigungsverhältnisses. Die Putzfrau ist privat krankenversichert und verdient jeden Monat 400,00 €, die per Bank überwiesen werden. Buchen Sie die Auszahlung und die pauschalen Abgaben für das Unternehmen (ohne Umlagen/RV-befreit).

48. Ein Berliner Unternehmer beschäftigt während des gesamten Jahres 2016 eine gesetzlich krankenversicherte, kinderlose Arbeitnehmerin die monatlich 550,00 € verdient. Der Arbeitgeberanteil zur Sozialversicherung beträgt 106,29 €, der Arbeitnehmeranteil 80,16 €, die einbehaltene Steuer 51,33 €. Bilden Sie den Buchungssatz für die Gehaltszahlung im März 2016 durch Banküberweisung.

PERSONALWIRTSCHAFT — REWE 4

49. Die Argotex GmbH beschäftigt seit 01.01.2016 die Reinigungsfachkraft Maria Schiffer für ein Monatsentgelt von 150,00 €. Die Auszahlung erfolgt durch Banküberweisung. Frau Schiffer hat keine weiteren Beschäftigungen. Sie hat keine Befreiung von der Rentenversicherungspflicht beantragt. Buchen Sie die Auszahlung der Vergütung für November 2016 (ohne Umlagen).

50. Irmtraud Wagner, 40 Jahre, verheiratet und kinderlos ist während des ganzen Jahres 2016 bei einem Industriebetrieb in Dingolfing beschäftigt. Sie verdient im September 2016 brutto 600,00 €. Buchen Sie die Lohnzahlung des Industriebetriebes durch Banküberweisung, wenn die einbehaltene Steuer 57,08 € und das Nettogehalt 447,11 € beträgt (AG-Anteil zur SV: 115,95 €)

51. Ein Arbeitnehmer hat vor zwei Monaten einen Gehaltsvorschuss ihn Höhe von 250,00 € erhalten. Vereinbarungsgemäß zahlt er diesen Vorschuss jetzt bar zurück. Buchen Sie die Einzahlung.

52. Buchen Sie die Gehaltszahlung durch Banküberweisung für eine Aushilfskraft (geringfügiges Beschäftigungsverhältnis). Der Überweisungsbetrag beträgt 350,00 €, die Arbeitnehmerin ist privat krankenversichert.

53. Eine Angestellte, 40 Jahre, erhält die Gehaltsabrechnung für den Monat November 2016. Folgende Zahlen liegen vor:

Bruttogehalt	3.120,00 €
Lohnsteuer	600,33 €
Solidaritätszuschlag	33,01 €
Kirchensteuer	48,02 €
Arbeitnehmeranteil zur Sozialvers.	643,50 €
Arbeitgeberanteil zur Sozialvers.	615,42 €

    Buchen Sie die Gehaltsüberweisung vom Postgirokonto.

54. Für einen Unternehmer aus Chemnitz ist die Banküberweisung der Ausbildungsvergütung an einen 24-jährigen, kinderlosen Auszubildenden im September 2016 noch zu buchen. Die tarifliche Ausbildungsvergütung beträgt 320,00 €, Steuern fallen nicht an. Der Zusatzbeitrag seiner Krankenversicherung beträgt 1,1 %.

55. Ein Arbeitgeber stellt einem Mitarbeiter einen betrieblichen Pkw zur privaten Nutzung zur Verfügung. Der Arbeitnehmer verwendet den Pkw auch für Fahrten zwischen Wohnung und Arbeitsstätte (einfache Entfernung 30 km, 15 Arbeitstage). Der inländische Bruttolistenpreis des Pkw beträgt netto 19.080,00 €. Für diverse Sonderausstattungen wurden 890 € netto bezahlt. Wie hoch ist der geldwerte Vorteil brutto für einen Monat?

56. Ein Angestellter hat einen Firmen-Pkw erhalten, den er auch privat nutzen darf. Der inländische Bruttolistenpreis dieses Pkw beträgt 36.940,00 €. Der Arbeitgeber übernimmt die pauschale Lohnsteuer für die Fahrten zwischen Wohnung und Arbeitsstätte (15 Arbeitstage, einfache Entfernung 25 km). Berechnen Sie die pauschale Lohnsteuer.

57. Ein Unternehmen aus Unterschleißheim (Bayern) beschäftigt während der Ferien einen Schüler für zwei Wochen im Lager. Der Schüler verdient 800,00 €. Das Unternehmen pauschaliert zulässigerweise gemäß § 40a (1) EStG. Ermitteln Sie die pauschale Lohnsteuer, Kirchensteuer und den Solidaritätszuschlag (Gesamtbetrag).

REWE 5 — FINANZWIRTSCHAFT

BEI DEN NACHSTEHENDEN AUFGABEN SIND DIE RICHTIGEN ERGEBNISSE ANZUKREUZEN BZW. ZUZUORDNEN!

1. **Ordnen Sie zu!**
   a) Die Ausgangsgröße für die Berechnung der Zinsen [ ] Zinssatz oder Zinsfuß
   b) Entspricht dem Prozentsatz in der Zinsrechnung und [ ] Zinsen
      ist immer auf ein Jahr bezogen [ ] Zeit
   c) Zeitraum für die Zinsberechnung [ ] Kapital
   d) Entspricht in der Prozentrechnung dem Prozentwert
      und ist der Preis für die Überlassung von Kapital

2. **Nach welcher Zinsmethode wird gerechnet?**
   a) Deutschland [ ] Tageszinsmethode (-formel)
   b) Frankreich [ ] Euro-Zinsmethode
   c) Niederlande
   d) Schweden
   e) Schweiz
   f) Österreich

3. **Welches ist die Formel für die Berechnung von Kapital, Zinsfuß und Zeit?**
   a) $\dfrac{z \times 100 \times 360}{p \times t}$ [ ] Kapital

   [ ] Zinsfuß

   [ ] Zeit

   b) $\dfrac{z \times 100 \times 360}{K \times p}$

   c) $\dfrac{z \times 100 \times 360}{K \times t}$

4. **Welche Aussagen sind richtig?**
   a) Die kaufmännische Zinsformel wird angewandt, wenn mehrere Beträge mit unterschiedlichen Laufzeiten zum gleichen Zinssatz abgerechnet werden.
   b) Die Zinszahl ist immer eine Zahl mit Nachkommastellen.
   c) Die Zinszahl ist eine ganze Zahl.
   d) Cent-Beträge werden bei der Ermittlung der Zinszahl mitgerechnet.
   e) Die Zinsen errechnen sich aus der Division von Zinszahl und Zinsteiler.
   f) Der Zinsteiler ergibt sich durch Division von 360 durch p.

5. **Wozu werden Personenkonten geführt?**
   a) Der Forderungsbestand jedes einzelnen Kunden ist aus dem Personenkonto (Kontokorrentkonto) abzulesen.
   b) Kontokorrentkonten werden als Nebenbücher geführt.
   c) Kontokorrentkonten werden nicht über Sachkonten abgeschlossen.
   d) Getätigte Wareneinkäufe werden auf dem Debitorenkonto gebucht.
   e) Getätigte Warenverkäufe werden auf dem Debitorenkonto erfasst.
   f) Die Verbindlichkeiten gegenüber einzelnen Lieferanten sind aus dem Personenkonto (Kontokorrentkonto) abzulesen.

6. **Anzahlungen vor Lieferungen führen**
   a) zur Erfassung auf dem Wareneingangskonto
   b) zur Erfassung auf gesonderten Konten
   c) werden als geleistete Anzahlungen gesondert gebucht
   d) zu einer Gewinnminderung
   e) zur Buchung auf Aktiv- und Passivkonten
   f) zu einer Gewinnerhöhung

7. **Geleistete Anzahlungen**
   a) sind umsatzsteuerpflichtige Leistungen
   b) erfordern keinen gesonderten Umsatzsteuerausweis in der Rechnung
   c) führen beim Kunden zum Vorsteuerabzug in ausgewiesener Höhe
   d) erfordern den Umsatzsteuerausweis in der erhaltenen Rechnung
   e) sind gezahlt worden, bevor ein Vorsteuerabzug möglich ist
   f) werden mit der Endrechnung nicht verrechnet

FINANZWIRTSCHAFT — REWE 5

8. **Erhaltene Anzahlungen**
   a) sind beim Empfänger Verbindlichkeiten
   b) führen beim Empfänger zum Vorsteuerabzug
   c) sind umsatzsteuerpflichtig
   d) werden auf einem Passivkonto erfasst
   e) sind vertraglich vereinbart
   f) werden mit dem Betrag der Endrechnung verrechnet

9. **Die Gewährung eines Darlehens**
   a) bewirkt eine Aktiv-Passiv-Mehrung
   b) bewirkt keine Bilanzverlängerung
   c) setzt eine Kreditwürdigkeitsprüfung voraus
   d) kann nur zu 100% ausgezahlt werden

10. **Auf welchen Konten wird gebucht?**
    a) Disagio bei Darlehensauszahlung   [ ] Nebenkosten des Geldverkehrs
    b) Bearbeitungs- und Vermittlungsgebühren   [ ] Disagio
    c) Berechnete Umsatzsteuer für die   [ ] Darlehen
       Darlehensvermittlung
    d) Darlehenstilgung   [ ] Vorsteuer
    e) Darlehensauszahlung   [ ] Bank

11. **Ordnen Sie zu!**
    a) Rückzahlung des Darlehens in einer Summe   [ ] Fälligkeitsdarlehen
    b) Während der Darlehenslaufzeit ergeben sich fallende [ ] Annuitätendarlehen
       Zinsbeträge   [ ] Ratentilgungsdarlehen
    c) Die Rückzahlung des Darlehens erfolgt in gleichbleibenden
       Beträgen (gleichbleibende Annuitäten bei steigendem Tilgungsanteil)
    d) Die Zinsen werden während der Laufzeit von der ursprünglichen
       Darlehenssumme berechnet
    e) Die Rückzahlung des Darlehens erfolgt in jährlich gleich bleibenden
       Tilgungsraten

12. **Das Disagio**
    a) kann als Aufwand gebucht werden
    b) wird bei Auszahlung des Darlehens auf dem Konto Aktive Rechnungsabgrenzung erfasst
    c) wirkt nicht gewinnmindernd
    d) wird nach einer Aktivierung nicht abgeschrieben
    e) wird nach einer Aktivierung durch planmäßige jährliche Abschreibungen getilgt
    f) wird nur im ersten Jahr durch zeitanteilige Abschreibungen getilgt

13. **Welche Leasingart liegt vor?**
    a) Leasen von Konsum- und Investitionsgütern   [ ] Operating Leasing
    b) Leasen von Sportstätten, Lagerhallen, schlüsselfertigen   [ ] Mobilienleasing
       Bürogebäuden
    c) Der Hersteller des Leasinggegenstandes ist Leasinggeber   [ ] Indirektes Leasing
    d) Eine selbständige Gesellschaft erwirbt den Gegenstand   [ ] Direktes Leasing
       vom Hersteller und verleast diesen an den Leasingnehmer.   [ ] Immobilienleasing
    e) Die Vertragslaufzeit ist kürzer als die Nutzungsdauer
       des Gegenstandes

14. **Um welche Vertragsvarianten des Leasing handelt es sich bei**
    a) Vollamortisationsverträge   [ ] Vertrag mit Gestaltungsvariante
    b) Finanzierungsleasing ohne Kauf- oder   [ ] nach der Grundmietzeit
       Mietverlängerungsoption   [ ] Vertrag mit Gestaltungsvariante
    c) Teilamortisationsverträge   [ ] der Leasingraten in der
    d) Finanzierungsleasing mit Mietverlängerungsoptionsrecht   [ ] Grundmietzeit
    e) Finanzierungsleasing mit Kaufoptionsrecht

15. Welche Aussagen sind richtig?
a) Bei einem Leasingvertrag ohne Kauf- oder Mietverlängerungsoptionsrecht und einer Grundmietzeit von 60% der betriebsgewöhnlichen Nutzungsdauer ist der Leasinggegenstand dem Leasingnehmer zuzuordnen.
b) Bei einem Leasingvertrag ohne Kauf- oder Mietverlängerungsoptionsrecht und einer Grundmietzeit von 60% der betriebsgewöhnlichen Nutzungsdauer ist der Leasinggegenstand dem Leasinggeber zuzuordnen.
c) Bei einem Leasingvertrag mit Kaufoptionsrecht und einem Kaufpreis der kleiner als die fortgeführten Anschaffungskosten am Ende der Grundmietzeit (bei linearer Afa) ist und einer Grundmietzeit über 90% der betriebsgewöhnlichen Nutzungsdauer, ist der Leasinggegenstand dem Leasinggeber zuzuordnen.
d) Bei einem Leasingvertrag mit Kaufoptionsrecht und einem Kaufpreis der kleiner als die fortgeführten Anschaffungskosten am Ende der Grundmietzeit über 90% der betriebsgewöhnlichen Nutzungsdauer ist, wird der Leasinggegenstand dem Leasingnehmerzugeordnet.
e) Bei einem Leasingvertrag mit Kaufoptionsrecht und einem Kaufpreis der größer oder gleich den fortgeführten Anschaffungskosten am Ende der Grundmietzeit (bei linearer Afa) ist, wird der Leasinggegenstand dem Leasinggeber zugeordnet, wenn die Grundmietzeit unter 40% der betriebsgewöhnlichen Nutzungsdauer beträgt.
f) Bei einem Leasingvertrag mit Kaufoptionsrecht und einem Kaufpreis der größer oder gleich den fortgeführten Anschaffungskosten am Ende der Grundmietzeit (bei linearer Afa) ist, wird Leasinggegenstand dem Leasingnehmer zugeordnet, wenn die Grundmietzeit unter 40% der betriebsgewöhnlichen Nutzungsdauer beträgt.

16. Welche Antworten sind falsch? Beim Spezialleasing
a) ist das Leasingobjekt speziell auf die Bedürfnisse des Leasingnehmers zugeschnitten
b) ist das Leasingobjekt nicht speziell auf die Bedürfnisse des Leasingnehmers zugeschnitten
c) ist das Leasingobjekt unabhängig von der Grundmietzeit und den Optionsmöglichkeiten stets dem Leasinggeber zuzurechnen
d) ist das Leasingobjekt unabhängig von der Grundmietzeit und den Optionsmöglichkeiten stets dem Leasingnehmer zuzurechnen

17. Welche Aussagen sind richtig?
a) Aktien verbriefen einen Anteil am Eigenkapital.
b) Pfandbriefe verbriefen einen Anteil am Eigenkapital.
c) Bankschuldverschreibungen verbriefen kein Recht auf Rückzahlung.
d) Anleihen verbriefen eine feste Verzinsung unabhängig von der Ertragslage des Unternehmens
e) Investmentzertifikate verbriefen einen Anspruch auf Anteile am Gewinn.
f) Kuxe verbriefen einen Anteil am Eigenkapital.

18. Welche Aussagen sind falsch?
a) Wertpapiere werden auf dem Konto „Beteiligungen" gebucht, wenn der Erwerber eine Beteiligungsabsicht hat.
b) Wertpapiere werden auf dem Konto „Beteiligungen" gebucht, wenn der Erwerber keine Beteiligungsabsicht hat.
c) Wertpapiere werden auf dem Konto „Wertpapiere des Anlagevermögens" gebucht, wenn der Erwerber die Anteilsscheine auf Dauer halten möchte, jedoch keine Beteiligung anstrebt.
d) Wertpapiere werden auf dem Konto „Wertpapiere des Anlagevermögens" gebucht, wenn der Erwerber die Anteilsscheine auf Dauer halten möchte, eine Beteiligungsabsicht hat und die Summe der Anteile unter 20% liegt.
e) Wertpapiere werden auf dem Konto „Wertpapiere des Anlagevermögens" gebucht, wenn der Erwerber die Anteilsscheine auf Dauer halten möchte, eine Beteiligungsabsicht hat und die Summe der Anteile über 20% liegt
f) Wertpapiere, die als Liquiditätsreserve zur kurzfristigen Anlage gekauft werden, sind auf dem Konto „Wertpapiere des Umlaufvermögens" zu buchen.
g) Wertpapiere, die als Liquiditätsreserve zur kurzfristigen Anlage gekauft werden, sind nicht auf dem Konto „Wertpapiere des Umlaufvermögens" zu buchen

FINANZWIRTSCHAFT

REWE 5

19. Ordnen Sie die Aussagen den Begriffen richtig zu.
- a) Der auf dem Wertpapier angegebene Wert [ ] Stückkurs
- b) Börsennotierung der Dividendenpapiere [ ] Nennwert
- c) Börsennotierung der Zinspapiere [ ] Prozentkurs
- d) Ertrag aus den Wertpapieren [ ] Handelstag
- e) Tag, an dem das Wertpapiergeschäft abgeschlossen wurde [ ] Zinsen

20. Welche Aufwendungen sind beim Kauf von Wertpapieren aktivierungspflichtige Anschaffungskosten?
- a) Auslagen
- b) Stückzinsen
- c) Depotgebühren
- d) Maklergebühr

21. Welcher Geschäftsfall liegt dem folgenden Buchungssatz zugrunde?
Bank
Aufwendungen aus der Veräußerung von Anteilen an Kapitalgesellschaften
40% nicht abzugsfähig
an Sonstige Wertpapiere
an Erträge aus Veräußerung von Anteilen an Kapitalgesellschaften 40% steuerfrei
- a) Verkauf von Aktien des Anlagevermögens
- b) Verkauf von Aktien des Umlaufvermögens
- c) Kauf von Aktien des Anlagevermögens
- d) Kauf von Aktien des Umlaufvermögens
- e) Verkauf von Aktien des Umlaufvermögens eines Einzelunternehmers, dessen Kursgewinn der Besteuerung nach dem Teileinkünfteverfahren unterliegt
- f) Verkauf von Aktien des Umlaufvermögens einer Kapitalgesellschaft, dessen Kursgewinn zu 50% steuerfrei bleibt

22. Welche Aussagen zum Veräußerungsverlust sind richtig?
- a) Veräußerungsverluste sind bei Einzelunternehmen zu 60 % als Betriebsausgaben abzugsfähig.
- b) Veräußerungsverluste sind bei Personengesellschaften in voller Höhe als Betriebsausgaben abzugsfähig.
- c) Veräußerungsverluste sind bei Personengesellschaften zu 60 % als Betriebsausgaben abzugsfähig.
- d) Veräußerungsverluste sind bei Kapitalgesellschaften zur Hälfte als Betriebsausgaben abzugsfähig.
- e) Veräußerungsverluste sind bei Kapitalgesellschaften zu 95 % als Betriebsausgaben abzugsfähig.
- f) Veräußerungsverluste und die anfallenden Nebenkosten sind nicht in voller Höhe als Betriebsausgaben abzugsfähig.

23. Welche Aussagen sind falsch? Dividendenausschüttungen
- a) an Einzel- und Personengesellschaften unterliegen nicht der Abgeltungsteuer
- b) an Einzel- und Personengesellschaften sind zur Hälfte steuerfrei
- c) an Einzel- und Personengesellschaften unterliegen dem Halbeinkünfteverfahren
- d) sind außerhalb der Buchführung um die Hälfte der gebuchten Erträge zu kürzen
- e) finden außerhalb der Buchführung keine Beachtung
- f) an Kapitalgesellschaften sind in vollem Umfang steuerpflichtig

24. Bei welcher Buchung handelt es sich um einen Kauf festverzinslicher Wertpapiere mit bzw. ohne Zinsschein?
- a) Sonstige Wertpapiere
  Zinsscheine
  an Bank
  [ ] Kauf mit laufendem Zinsschein

- b) Sonstige Wertpapiere
  an Bank
  Zinsscheine
  [ ] Kauf ohne laufenden Zinsschein

- c) Sonstige Wertpapiere
  an Bank
  Zinserträge
  Privatsteuern

- d) Sonstige Wertpapiere
  Privatsteuern
  an Bank
  Zinserträge

REWE 5 — FINANZWIRTSCHAFT

25. Bei welcher Buchung handelt es sich beim Verkauf festverzinslicher Wertpapiere um einen Verkauf mit bzw. ohne Zinsschein?

a) Bank
   an Sonstige Wertpapiere
   Erträge aus dem Abgang von Gegenständen des Umlaufvermögens
   Zinserträge
   Privatsteuern

[ ] Verkauf mit Zinsschein

[ ] Verkauf ohne Zinsschein

b) Bank
   Privatsteuern
   an Sonstige Wertpapiere
   Erträge aus dem Abgang von Gegenständen des Umlaufvermögens 40 % steuerfrei
   Zinserträge

c) Sonstige Wertpapiere
   an Bank
   Zinserträge
   Verluste aus dem Abgang von Gegenständen des Umlaufvermögens

d) Bank
   Zinsaufwand
   Verluste aus dem Abgang von Gegenständen des Umlaufvermögens
   an Sonstige Wertpapiere

Ungebundene Aufgaben

26. Ermitteln Sie die Zinsen für folgende Darlehen. Die Tage berechnen Sie bitte nach der deutschen Methode:

Darlehen in €	Zinsfuss	Zeit
a) 24.360,00	7,5%	5 Jahre
b) 13.460,00	4,5%	2,5 Jahre
c) 09.000,00	8,5%	5 Monate
d) 02.500,00	3,4%	12.02.-26.06.

27. Errechnen Sie die Sparguthaben einschließlich Zinsen. Berechnen Sie die Tage nach der Euro-Zinsmethode:

Guthaben in €	Zinsfuß	Zeit
a) 73.260,00	0 3%	25.02.-04.07.
b) 14.580,00	2,3%	13.04.-24.08.
c) 07.380,00	6,2%	28.02.-01.07.
d) 44.350,00	4,7%	01.08.-02.03. n.J.

28. Ein Kapital in Höhe von € 30.000,00 wurde für 5 Jahre fest angelegt.
Zu welchem Zinssatz wurde das Kapital angelegt, wenn die gesamten Zinsen nach 5 Jahren € 6.750,00 betragen?

29. Ermitteln Sie die angelegte Kapitalsumme, bei einer Laufzeit vom 23.05.- 24.07. zu 3,8% und ausgezahlten Zinsen in Höhe von € 212,48!

30. Die Verzugszinsen für eine Forderung betragen bei einem Zinssatz von 12,5% für die Zeit von 9 Monaten € 937,50.
Wie hoch war die ursprüngliche Forderung?

31. Ein Steuerberater benötigt € 20.000,00 Kredit für 9 Monate. Seine Bank macht ihm folgendes Angebot:
2% Bearbeitungsgebühr von der Kreditsumme, 9% Zinsen, fällig bei Rückzahlung des Kredits, Auslagen € 70.00, fällig bei Auszahlung des Kredits.

Ermitteln Sie

a) den Auszahlungsbetrag

b) die Zinsen bei Rückzahlung des Kredites

c) den Rückzahlungsbetrag am Ende der Laufzeit.

FINANZWIRTSCHAFT — REWE 5

32. Zur Tätigung einer größeren Anschaffung bittet eine Steuerfachangestellte ihre Bank um Einräumung eines Dispositionskredites. Diesen nutzt Sie kurzfristig, in dem sie ihr Konto am 12.07. um € 3.000,00 überzieht. Die Bank berechnet hierfür 12% Zinsen.

    Wieviel Euro Zinsen muss die Angestellte am 30.09. zahlen, wenn sie monatlich (erstmals Ende Juli) € 1.000,00 auf ihr Bankkonto einzahlt?

33. Mit welchem Effektivzinssatz rechnet die Bank für ein gewährtes Darlehen über € 20.000,00 mit einer Laufzeit von 180 Tagen?
    Die Bank nennt zur Darlehensgewährung folgende Bedingungen:

    0,5% Zinsen pro Monat
    1 ‰ Provision
    € 7,00 Auslagen

34. Die Fa. Willi Wichtig liefert Waren an einen Kunden im Wert von € 166.600,00 (brutto). Bei Abschluss des Vertrages wurde vereinbart, dass der Kunde eine Anzahlung in Höhe von € 47.600,00 vor Lieferung leistet. Die Fa. Wichtig erstellt hierüber eine Anzahlungsrechnung mit gesondertem Steuerausweis.

    Bei Auslieferung der Ware erhielt der Kunde von Willi Wichtig folgende Rechnung:

Warenwert		€ 140.000,00
+ USt		€ 26.600,00
		€ 166.600,00
abzgl. erhaltene Anzahlung	€ 40.000,00	
+ USt	€ 7.600,00	€ 47.600,00
Restsumme		€ 119.000,00

    Buchen Sie den Vorgang
    a) bei der Fa. Willi Wichtig
    b) beim Kunden

35. Die Fa. Marion Sonnenschein e.K., Damenoberbekleidung, nimmt zum 01.04.2016 ein Bankdarlehen in Höhe von € 500.000,00 auf. Das Darlehen ist mit 2% zu verzinsen und hat eine Laufzeit von 10 Jahren. Die Tilgung erfolgt am Ende der Laufzeit in einer Summe. Die Zinsen sind vierteljährlich zu zahlen. Marion Sonnenschein erhält € 480.000,00 ausgezahlt.

    Buchen Sie
    a) zum Zeitpunkt der Darlehensaufnahme
    b) die erste Zinszahlung am 30.06.2016
    c) die Abschreibung des Disagios zum Jahresabschluss

36. Zur Erweiterung ihres Geschäftsbetriebes nimmt Marion Sonnenschein erneut ein Darlehen in Höhe von € 320.000,00 auf. Mit ihrer Hausbank vereinbart sie folgende Konditionen:

    Auszahlung: 97%
    Tag der Auszahlung: 01.01.2016
    Zinssatz: 2,5%
    Zinszahlung: halbjährlich nachschüssig, erstmals am 01.07.2016
    Tilgung: in einer Summe am 31.12.2027

    Buchen Sie
    a) die Darlehensauszahlung
    b) die Zinszahlung am 01.07.2016
    c) die Abschreibung des Disagios Bilanzstichtag 31.12.2016
    d) die Darlehenstilgung am 31.12.2027

37. Ein Unternehmer mietet am 01.04.2016 einen Personenkraftwagen für eine Grundmietzeit von 36 Monaten. Der Vertrag ist während der Grundmietzeit unkündbar. Die Nutzungsdauer des Pkw's beträgt 5 Jahre. Der Leasingnehmer kann den Pkw nach Ablauf der Grundmietzeit für € 20.000,00 erwerben. Die monatliche Leasingrate beträgt € 2.100,00 + USt. Die Anschaffungskosten des Lkw's betrugen € 56.000,00.

    Wem ist der Leasinggegenstand zuzurechnen? Wie ist im Monat April 2016 zu buchen,
    a) beim Leasinggeber,
    b) beim Leasingnehmer?

38. Kauf von € 16.000 6%igen Anleihen zu 120% ohne Zinsschein am 10.03. Kaufspesen 0,575%, Zinszeitraum J/J. Zweck ist die kurzfristige Geldanlage.
    Buchen Sie den Vorgang.

39. Die Commerzbank schreibt ihrem Mandanten, Großhändler Felix Dürselen, eine Bardividende von € 3.600 gut.
    Buchen Sie den Vorgang.

40. Der Computerfabrikant Olaf Esser erwarb am 30.September 2016 für seinen Betrieb 6%ige Pfandbriefe mit laufendem Zinsschein im Nennwert von € 12.000,00. Der Kurs zum Zeitpunkt des Kaufs betrug 100%. O. Esser beabsichtigt die Wertpapiere nur kurzfristig in seinem Unternehmen zu halten. Am 15.12.2016 verkauft Herr Esser 6%ige Pfandbriefe im Nennwert von € 6.000,00 zum Kurs von 104%. Der Käufer erwirbt den laufenden Zinsschein mit. Die Bankabrechnung weist folgende Daten auf: Abzug von Abgeltungssteuer und 5,5% SoLZ sowie Verrechnung der bei Anschaffung der Pfandbriefe gezahlten Stückzinsen, An- und Verkaufspesen von jeweils 0,575%, Zinszahlungszeitraum A/O.
    Buchen Sie
    a) Kauf der festverzinslichen Wertpapiere,
    b) Verkauf des Teils der Wertpapiere und
    c) die Zinsgutschrift zum 01.10.2017

ANLAGENWIRTSCHAFT — REWE 6

BEI DEN NACHSTEHENDEN AUFGABEN SIND DIE RICHTIGEN ERGEBNISSE ANZUKREUZEN BZW. ZUZUORDNEN!

1. **Zu den Sachanlagegütern gehören**
   a) Fabrikbauten
   b) Verbindlichkeiten
   c) Betriebs- und Geschäftsausstattung
   d) Wohnbauten
   e) Rücklagen

2. **Wie errechnen sich die Anschaffungskosten?**
   a) Anschaffungspreis (Kaufpreis)
      + Anschaffungsnebenkosten
      + Anschaffungskostenminderungen
      = Anschaffungskosten
   b) Anschaffungspreis (Kaufpreis)
      – Anschaffungskostenminderungen
      + Anschaffungsnebenkosten
      = Anschaffungskosten
   c) Anschaffungspreis (Kaufpreis)
      + Anschaffungsnebenkosten
      – Anschaffungskostenminderungen
      = Anschaffungskosten

3. **Welche Wirtschaftsgüter gehören zu den abnutzbaren/nicht abnutzbaren Wirtschaftsgütern?**
   a) Bebaute Grundstücke   [   ] abnutzbare Wirtschaftgüter
   b) unbebaute Grundstücke
   c) Technische Anlagen und Maschinen   [   ] nicht abnutzbare Wirtschaftsgüter
   d) Geringwertige Wirtschaftsgüter
   e) Grund und Boden
   f) Betriebs- und Geschäftsausstattung

4. **Welche Wirtschaftsgüter gehören zu den beweglichen/unbeweglichen Wirtschaftsgütern?**
   a) Bebaute Grundstücke   [   ] bewegliche Wirtschaftgüter
   b) unbebaute Grundstücke
   c) Technische Anlagen und Maschinen   [   ] unbewegliche Wirtschaftsgüter
   d) Geringwertige Wirtschaftsgüter
   e) Grund und Boden
   f) Betriebs- und Geschäftsausstattung

5. **Zu den Anschaffungsnebenkosten zählen allgemein**
   a) Geldbeschaffungskosten
   b) Grunderwerbsteuer
   c) Vermessungsgebühren
   d) Eingangsfrachten
   e) Anrechenbare Vorsteuer
   f) Nicht anrechenbare Vorsteuer

6. **Welche Aufwendungen sind Anschaffungsnebenkosten beim Erwerb eines Grundstückes?**
   a) Hypothekenzinsen
   b) Vermessungsgebühren
   c) Kanalanschlussgebühren
   d) Notargebühren für die Grundschuldeintragung
   e) Grunderwerbsteuer
   f) Maklerprovision

REWE 6 — ANLAGENWIRTSCHAFT

7. **Mit welchem Wert sind selbst hergestellte Anlagegüter, die dem eigenen Betrieb dienen, zu aktivieren?**
   a) Anschaffungskosten
   b) Herstellungskosten
   c) Gemeiner Wert
   d) Teilwert
   e) Selbstkosten

8. **Ermitteln Sie die jeweiligen Wertuntergrenzen der Herstellungskosten.**

   a) Materialeinzelkosten
   + Materialgemeinkosten
                          Materialkosten
   Fertigungseinzelkosten
   + Fertigungsgemeinkosten
                      + Fertigungskosten
                      = Herstellungskosten

   [ ] handelsrechtliche Herstellungskosten (Wertuntergrenze)

   [ ] steuerrechtliche Herstellungskosten (Wertuntergrenze)

   b) Materialeinzelkosten
   + Materialgemeinkosten
                          Materialkosten
   Fertigungseinzelkosten
   + Fertigungsgemeinkosten
   + Sondereinzelkosten der Fertigung
                      + Fertigungskosten
                      = Herstellungskosten

   c) Materialeinzelkosten
   + Fertigungseinzelkosten
   + Sondereinzelkosten der Fertigung
   = Herstellungskosten

   d) Materialeinzelkosten
   + Fertigungseinzelkosten
   = Herstellungskosten

9. **Selbsterstellte Wirtschaftsgüter des Anlagevermögens**
   a) sind mit den Herstellungskosten zu aktivieren
   b) sind aktivierte Eigenleistungen
   c) dürfen nicht abgeschrieben werden
   d) werden nach Aktivierung abgeschrieben
   e) werden nicht aktiviert und nicht abgeschrieben

10. **Wozu zählen bei der Ermittlung der Herstellungskosten die folgenden Kostenarten?**

    a) Verbrauch von Roh-, Hilfs- und Betriebstoffen   [ ] Materialeinzelkosten
    b) Lagerkosten   [ ] Materialgemeinkosten
    c) Werbekosten   [ ] Fertigungseinzelkosten
    d) Aufwendungen für Lagerhaltung   [ ] Fertigungsgemeinkosten
    e) Kosten der Sachversicherungen   [ ] Sondereinzelkosten der Fertigung
    f) Kosten des Werkschutzes   [ ] Verwaltungsgemeinkosten
    g) Entwurfskosten   [ ] Vertriebsgemeinkosten
    h) Lizenzgebühren
    i) Kosten für Materialprüfung
    j) Fertigungslöhne

ANLAGENWIRTSCHAFT — REWE 6

11. Welche Aussagen sind falsch!
a) Bei Vermögensgegenständen sind die Anschaffungs- oder Herstellungskosten um planmäßige Abschreibungen zu vermindern.
b) Bei Vermögensgegenständen des Anlagevermögens, deren Nutzung zeitlich begrenzt ist, sind die Anschaffungs- oder Herstellungskosten um planmäßige Abschreibungen zu vermindern.
c) Die Abschreibungen sind grundsätzlich zeitanteilig vorzunehmen.
d) Die Abschreibungen sind immer Jahresabschreibungen.
e) Für Abschreibungen kann eine Vereinfachungsregel angewandt werden.
f) Wird ein Wirtschaftsgut im Laufe eines Monats angeschafft, kann es in diesem Monat voll abgeschrieben werden.

12. Welche Aussagen sind richtig!
a) Die handelsrechtliche Abschreibung entspricht begrifflich der steuerrechtlichen Absetzung für Abnutzung.
b) Die Nutzungsdauer ist bei Kauf, die Abschreibungsmethode bei Buchung am Ende des ersten Nutzungsjahres festzulegen.
c) Die Nutzungsdauer darf nicht geschätzt werden.
d) Die von der Finanzverwaltung in AfA-Tabellen festgelegten üblichen Nutzungszeiträume dürfen übernommen werden.
e) Die Höhe der Abschreibung wird so bemessen, dass die Anschaffungskosten eines Vermögensgegenstandes nach Ablauf der betriebsgewöhnlichen Nutzungsdauer voll abgesetzt sind.
f) Ein Wechsel von der linearen zur degressiven Abschreibung ist möglich.

13. Welche Aussagen sind richtig?
a) Der Wert nach erfolgter Abschreibung sind die fortgeführten Anschaffungskosten.
b) Der Wert nach erfolgter Abschreibung eines abnutzbaren Anlagegutes ist der Buchwert.
c) Der Wert nach erfolgter Abschreibung ist der Erinnerungswert.
d) Anschaffungspreis eines Geschäftsgrundstückes abzüglich der planmäßigen Absetzung für Abnutzung sind die fortgeführten Anschaffungskosten.
e) Abschreibungen mindern den Gewinn eines Unternehmens.
f) Abschreibungen wirken sich nicht auf den Gewinn eines Unternehmens aus.

14. Welche Aussagen sind richtig?
a) Lineare Abschreibungen werden von den Anschaffungskosten bzw. Herstellungskosten vorgenommen.
b) Lineare Abschreibungen erfolgen in fallenden Jahresbeträgen.
c) Der Abschreibungssatz der degressiven Abschreibung richtet sich nach der betriebsgewöhnlichen Nutzungsdauer und beträgt das 2,5-fache der linearen Abschreibung, jedoch maximal 25% für 2009 und 2010.
d) Die lineare Abschreibungsmethode ist nur bei abnutzbaren, beweglichen Wirtschaftsgütern des Anlagevermögens zulässig.
e) Die lineare Abschreibung ist bei abnutzbaren Wirtschaftsgütern zulässig.
f) Die degressive Abschreibung wird nur von den Anschaffungskosten und nicht von den Herstellungskosten vorgenommen.

15. Wozu führt die Veräußerung von Sachanlagen zu folgenden Bedingungen?
a) Nettoverkaufserlös = fortgeführte Anschaffungskosten [ ] keine Gewinnauswirkung
b) Nettoverkaufserlös > fortgeführte Anschaffungskosten [ ] Verlust aus dem Anlagenabgang
c) Nettoverkaufserlös < fortgeführte Anschaffungskosten [ ] Ertrag aus dem Anlagenabgang
[ ] Auflösung stiller Reserven
[ ] Korrektur von Scheingewinnen aufgrund früherer Zuschreibungen

16. Ein Unternehmer hat sich im Laufe der Jahre in seiner Branche einen ausgezeichneten Ruf erworben. Er will diesem Umstand nun Rechnung tragen und den selbst geschaffenen Firmenwert in seiner Steuerbilanz ansetzen. Welche Aussage hierzu ist richtig?
a) Ein selbstgeschaffener Firmenwert ist nicht aktivierungsfähig.
b) Ein selbstgeschaffener Firmenwert ist aktivierungsfähig. Er ist steuerlich auf 15 Jahre abzuschreiben.
c) Ein selbstgeschaffener Firmenwert ist aktivierungsfähig. Er darf steuerlich jedoch nicht abgeschrieben werden.
d) Ein Firmenwert darf unter keinen Umständen aktiviert werden.
e) Ein Firmenwert ist immer zu aktivieren und abzuschreiben.

REWE 6 — ANLAGENWIRTSCHAFT

17. **Ein derivativer Firmenwert wird abgeschrieben. Welcher der folgenden Buchungssätze ist korrekt?**
    a) Geschäfts- oder Firmenwert an Bank
    b) Geschäfts- oder Firmenwert an AfA auf Geschäfts- oder Firmenwert
    c) AfA auf Geschäfts- oder Firmenwert an Geschäfts- oder Firmenwert
    d) Abschreibung auf Sachanlagen an Geschäfts- oder Firmenwert
    e) Eine Abschreibung ist nicht möglich

18. **Ein Steuerpflichtiger hat zum 01.06.2016 eine Lagerhalle selbst hergestellt. Die Anschaffungskosten betrugen 150.000,00 € (ohne Grund und Boden). Die Lagerhalle soll degressiv abgeschrieben werden. Welche Aussage hierzu ist richtig?**
    a) Eine degressive Abschreibung ist nicht möglich
    b) Der degressive Abschreibungsbetrag im Jahr der Fertigstellung beträgt 3.500,00 €
    c) Der degressive Abschreibungsbetrag im Jahr der Fertigstellung beträgt 7.000,00 €
    d) Der degressive Abschreibungsbetrag im Jahr der Fertigstellung beträgt 7.500,00 €
    e) Der degressive Abschreibungsbetrag im Jahr der Fertigstellung beträgt 3.750,00 €

19. **Ein Lagergebäude ist mit 5.000 € jährlich abzuschreiben. Wie lautet der korrekte Buchungssatz hierfür?**

		Soll	Haben
a)	0250 (0100) Fabrikbauten		
b)	0215 (0065) Unbebaute Grundstücke	[ ]	[ ]
c)	1200 (1400) Forderungen	[ ]	[ ]
d)	1800 (1200) Bank		
e)	6220 (4830) Abschr. auf Sachanlagen		

20. **Im Zusammenhang mit dem Kauf eines neuen Verwaltungsgebäudes mussten auch Maklerkosten bezahlt werden. Wie werden diese Kosten behandelt?**
    a) Sie sind im Jahr der Entstehung Aufwand
    b) Sie sind zu aktivieren und erhöhen die Bemessungsgrundlage für die Abschreibung
    c) Sie sind zu aktivieren und vermindern die Bemessungsgrundlage für die Abschreibung
    d) Sie sind zu aktivieren, dürfen jedoch nicht abgeschrieben werden
    e) Sie werden erst bei einem eventuellen Verkauf zu Aufwand

21. **Welche Aussage zur degressiven Abschreibung beweglicher Wirtschaftsgüter 2016 ist richtig, wenn im Januar ein Wirtschaftsgut mit einer Nutzungsdauer von 8 Jahren angeschafft wird?**
    a) Eine degressive Abschreibung bei beweglichen Wirtschaftsgütern ist nicht zulässig
    b) Der degressive Abschreibungssatz beträgt 12,5 %
    c) Der degressive Abschreibungssatz beträgt 25 %
    d) Der degressive Abschreibungssatz beträgt 20 %
    e) Der degressive Abschreibungssatz beträgt 30 %

22. **Ein Unternehmen erwirbt Anfang Oktober 2016 eine neue Fertigungsmaschine für 12.000,00 € + USt. Die Nutzungsdauer der Maschine beträgt 12 Jahre. Wie hoch ist der lineare Abschreibungsbetrag im Anschaffungsjahr?**
    a) 250,00 €
    b) 300,00 €
    c) 500,00 €
    d) 1.000,00 €
    e) 1.200,00 €

23. **Im März 2016 wurde für die Buchhaltung ein neuer Tresor für netto 2.400,00 € angeschafft. Wie hoch ist die Abschreibung im Anschaffungsjahr, wenn die Nutzungsdauer fünfzehn Jahre beträgt?**
    a) 240,00 €
    b) 266,67 €
    c) 320,00 €
    d) 133,33 €
    e) 480,00 €

ANLAGENWIRTSCHAFT — REWE 6

24. Eine Maschine wird zum 30. Juni 2016 verkauft. Der Restbuchwert zum 31.12. des Vorjahres betrug 9.600,00 €. Die Maschine hat eine Nutzungsdauer von 10 Jahren und wurde mit 30 % degressiv abgeschrieben. Wie hoch ist der Abschreibungsbetrag im Jahr der Veräußerung, wenn die degressive Abschreibung beibehalten wird?
    a) 1.440,00 €
    b) 1.920,00 €
    c) 4.800,00 €
    d) 9.600,00 €
    e) 1.200,00 €

25. Eine Anfang April 2010 angeschaffte Maschine, Anschaffungskosten 25.000,00 € wurde degressiv mit 25 % abgeschrieben. Wie hoch ist der degressive Abschreibungsbetrag 2016?
    a) 5.000,00 €
    b) 4.000,00 €
    c) 2.500,00 €
    d) 1.205,06 €
    e) 400,00 €

26. Im Januar diesen Jahres wurde ein Maschine für 15.000 € + USt angeschafft. Sie hat eine Nutzungsdauer von 12 Jahren und wird linear abgeschrieben. Wie lautet der Buchungssatz für die Abschreibung?

	Soll	Haben
a) 0440 (0210) Maschinen		
b) 0215 (0065) Unbebaute Grundstücke	[ ]	[ ]
c) 1200 (1400) Forderungen	[ ]	[ ]
d) 6220 (4830) Abschr. auf Sachanlagen		
e) 1800 (1200) Bank		

27. Ein Unternehmer hat im September 2016 eine neue Maschine (Nutzungsdauer 8 Jahre) angeschafft. Der lineare Abschreibungsbetrag im Jahr der Anschaffung beträgt 750 €. Wie hoch waren die Anschaffungskosten der Maschine?
    a) 18.000,00 €
    b) 30.000,00 €
    c) 6.000,00 €
    d) 24.000,00 €
    e) 9.375,00 €

28. Ein Unternehmer erwirbt für sein Büro ein neues Regal für 476,00 € einschl. USt. Das Regal soll am Jahresende höchstmöglich abgeschrieben werden. Wie lautet der entsprechende Buchungssatz?

	Soll	Haben
a) 0675 (0485) GWG-Sammelposten		
b) 0650 (0420) Büroeinrichtung	[ ]	[ ]
c) 1200 (1400) Forderungen	[ ]	[ ]
d) 6264 (4856) Abschreibung GWG-Sammelposten		
e) 6220 (4830) Abschr. auf Sachanlagen		

29. Ein Unternehmer, der die Voraussetzungen des § 7g EStG erfüllt, plant im nächsten Jahr eine neue Maschine, Nutzungsdauer 12 Jahre, anzuschaffen. Wie hoch ist der maximal zulässige Investitionsabzugsbetrag in Prozent?
    a) 10 %
    b) 20 %
    c) 12,5 %
    d) 30 %
    e) 40 %

30. Ein Gewerbetreibender hat eine neue Maschine erworben. Da die Anschaffung bereits letztes Jahr geplant wurde, wurde 2015 ein Investitionsabzugsbetrag gebildet. Wie hoch ist die Sonderabschreibung nach § 7g EStG, die 2016 maximal in Anspruch genommen werden kann, wenn die Maschine im Dezember 2016 gekauft wurde?
    a) 1,67 %
    b) 20 %
    c) 12,5 %
    d) 30 %
    e) 40 %

REWE 6 — ANLAGENWIRTSCHAFT

31. Ein Maschinenbauhersteller plant im Jahr 2017 ein unbebautes Nachbargrundstück zu erwerben, um es als Mitarbeiter- und Kundenparkplatz zu nutzen. Die Anschaffungskosten werden auf 500.000 € geschätzt. Wie hoch ist der maximal zulässige Investitionsabzugsbetrag nach § 7g EStG, der 2016 gebildet werden kann in Euro?
    a) 20.000 €
    b) 50.000 €
    c) 100.000 €
    d) 40.000 €
    e) 200.000 €

32. Für den im übernächsten Jahr geplanten Erwerb einer gebrauchten Spezialmaschine soll bereits in diesem Jahr ein Investitionsabzugsbetrag gemäß § 7g EStG gebildet werden. Die Anschaffungskosten werden 18.000 € betragen. Wie hoch ist der maximal zulässige Investitionsabzugsbetrag der 2016 gebildet werden kann in Euro?
    a) 7.200 €
    b) 3.600 €
    c) 9.000 €
    d) 9.200 €
    e) 18.000 €

33. Ein Unternehmen, das die Voraussetzungen des § 7g EStG erfüllt, schafft im Jahr 2016 eine neue Fertigungsmaschine an. Wie lautet der Buchungssatz für die höchstmögliche Sonderabschreibung, wenn die Anschaffungskosten 10.000 € betragen werden?

		Soll	Haben
a)	0440 (0210) Maschinen		
b)	6220 (4830) Abschr. auf Sachanlagen	[ ]	[ ]
c)	1200 (1400) Forderungen	[ ]	[ ]
d)	6240 Abschreibung auf Sachanl. aufgrund steuerl. Sondervorschriften		
e)	0440 (0210) Maschinen		

34. Ein Gewerbetreibender hat für die geplante Anschaffung einer neuen CNC-Maschine 2015 einen Investitionsabzugsbetrag in Höhe von 16.000 € gebildet. Im Mai 2016 wird diese Maschine wie geplant für 40.000 € + USt gekauft. Wie lautet der Buchungssatz für die Auflösung des gebildeten Abzugbetrages?

		Soll	Haben
a)	06240 (4850) AfA auf Sachanlagen		
b)	6220 (4830) Abschr. auf Sachanlagen	[ ]	[ ]
c)	0440 (0210) Maschinen	[ ]	[ ]
d)	6926 (2341) Einstellung in Sonderposten mit Rücklageanteil (Ansparabschreibungen)		
e)	6221 (4831) Steuerl. AK-Kürzung		

35. Ein Gewerbetreibender nahm im Jahr 2015 einen Investitionsabzugsbetrag von 40.000 € in Anspruch. Wann endet der Begünstigungszeitraum?
    a) 2014
    b) 2015
    c) 2016
    d) 2017
    e) 2018

36. Ein Steuerpflichtiger hat 2014 eine Ansparabschreibung gebildet. Ende 2016 wurde endgültig entschieden, die geplante Investition nicht vorzunehmen. Die Ansparabschreibung wird aufgelöst. Welchen weiteren Einfluss hat dies auf den Gewinn 2016?
    a) Der Gewinn ist um 6 % des aufgelösten Rücklagenbetrages zu erhöhen
    b) Der Gewinn ist um 12 % des aufgelösten Rücklagenbetrages zu erhöhen
    c) Der Gewinn ist um 20 % des aufgelösten Rücklagenbetrages zu erhöhen
    d) Der Gewinn ist um 40 % des aufgelösten Rücklagenbetrages zu erhöhen
    e) Der Gewinn ist um 50 % des aufgelösten Rücklagenbetrages zu erhöhen

37. Die Bildung eines Inv.-Abzugbetrages für eine geplante Investition ist der Höhe nach begrenzt. Welchen Betrag darf sie nicht überschreiten?
    a) 154.000 €
    b) 307.000 €
    c) 122.710 €
    d) 204.517 €
    e) 200.000 €

ANLAGENWIRTSCHAFT — REWE 6

38. Ein Unternehmer hat 2015 eine Ansparabschreibung gebildet und im August 2016 die geplante Investition, den Kauf eines neuen Lkw's auch vorgenommen. Wie hoch ist die Sonderabschreibung nach § 7g EStG, die im Jahr des Kaufs zusätzlich zur regulären Abschreibung höchstens vorgenommen werden kann?
    a) 1 %
    b) 4 %
    c) 5 %
    d) 10 %
    e) 20 %

39. Ein Unternehmen erfüllt bei einem neuen Wirtschaftsgut die Voraussetzungen für eine Sonderabschreibung nach § 7g (5) EStG. Auf welchen Zeitraum kann diese Sonderabschreibung höchstens verteilt werden?
    a) Die Sonderabschreibung kann ohne zeitliche Begrenzung vorgenommen werden
    b) Die Sonderabschreibung muss im Jahr der Anschaffung und den nächsten drei Jahren vorgenommen werden
    c) Die Sonderabschreibung kann im Jahr der Anschaffung und den nächsten vier Jahren vorgenommen werden
    d) Die Sonderabschreibung muss im Jahr der Anschaffung und den nächsten fünf Jahren vorgenommen werden
    e) Die Sonderabschreibung muss im Jahr der Anschaffung und den nächsten acht Jahren vorgenommen werden

40. Ihr Mandant erwirbt am 01. Juli 2016 ein in 2001 hergestelltes Werkstattgebäude zum Preis von 760.000,00 €, der Anteil des Gebäudes beträgt 60 %. Im Zusammenhang mit dem Kauf sind noch folgende Kosten entstanden.
    Alle Kosten werden durch Überweisung vom betrieblichen Bankkonto bezahlt.
    Notarkosten für die Auflassung   2.500 € + 19 % USt
    Notarkosten für die Eintragung der Grundschuld   1.500 € + 19 % USt
    Gerichtskosten für die Eigentumsübertragung   700 €
    Gerichtskosten für die Eintragung der Grundschuld   250 €
    Grunderwerbsteuer   5,0 %
    Wie hoch ist die Bemessungsgrundlage für die Abschreibung (Anschaffungskosten)?
    a) 456.000 €
    b) 304.000 €
    c) 480.720 €
    d) 760.000 €
    e) 315.920 €

REWE 6 — ANLAGENWIRTSCHAFT

Ungebundene Aufgaben

41. Ein Unternehmer hat am 01. Juni 2015 ein anderes Unternehmen gegen Bankscheck erworben. Die Anschaffungskosten des Firmenwertes betragen 150.000 €. Die Abschreibung dieses Firmenwertes für 2016 ist zu buchen.

42. Ein Steuerpflichtiger hat Anfang Januar diesen Jahres ein neues Programm für seine Lagerverwaltung erworben und dafür 20.000 € + USt bezahlt. Wie lautet der Buchungssatz für die Abschreibung, wenn die Nutzungsdauer fünf Jahre beträgt?

43. Anfang April diesen Jahres erwirbt ein Unternehmen eine speziell für sie entwickelte Vertriebssoftware zum Nettopreis von 12.800,00 €. Nehmen Sie die Abschreibung am Jahresende vor, wenn eine Nutzungsdauer von vier Jahren angenommen werden kann.

44. Ein Unternehmen erwirbt im Dezember eine Standardsoftware für 400,00 € + USt. Wie lautet der Buchungssatz für die höchstmögliche Abschreibung, wenn das Unternehmen damit rechnet die Software drei Jahre zu nutzen und im Sinne der höchstmöglichen Abschreibung gebucht hat?

45. Seit Juli 2016 gehört ein neu errichtetes Verwaltungsgebäude zum Betriebsvermögen des Unternehmens. Die Anschaffungskosten des Gebäudes betrugen 800.000,00 €. Buchen Sie die Abschreibung für 2016.

46. Im Juli 2010 wurde eine Maschine, Anschaffungskosten 24.000,00 €, Nutzungsdauer 10 Jahre erworben. Buchen Sie die degressive Abschreibung im Jahr 2016.

47. Mitte Juni 2016 wurde ein neuer Computer (Nutzungsdauer 3 Jahre) für die Abteilung Controlling angeschafft. Die Anschaffungskosten in Höhe von 2.400,00 € + USt wurden nach 14 Tagen unter Abzug von 3 % Skonto beglichen. Buchen Sie die Abschreibung im Anschaffungsjahr.

48. Anfang Februar 2010 wurde eine neue Maschine, Nutzungsdauer 8 Jahre, für netto 40.000 € erworben. Um einen möglichst niedrigen Gewinn auszuweisen wurde die degressive Abschreibung gewählt. Buchen Sie die Abschreibung im Anschaffungsjahr und im Folgejahr.

49. Ein Unternehmer hat ein Bürogebäude, das er für seine eigenen Bürozwecke nutzt, auf seinem Betriebsgrundstück errichtet, Fertigstellung 1. Juni 2016. Der Bauantrag wurde im Juni 2013 gestellt. Die Herstellungskosten betragen 725.000,00 € (Kto. 0240). Buchen Sie die höchstmögliche AfA zum 31. Dezember 2016!

50. Das Konto Geschäftsbauten enthält den Buchwert eines Gebäudes zum 31.12.2015 mit 140.000 € Die Herstellungskosten betragen 250.000 €. Das Gebäude wird linear mit 2 % abgeschrieben. Wie lautet der Buchungssatz für die Abschreibung 2016?

51. Ein Unternehmer erwirbt Anfang April 2016 ein neues Materialprüfgerät, Nutzungsdauer 7 Jahre, für 4.760 € brutto. Buchen Sie die lineare Abschreibung im Jahr der Anschaffung.

52. Eine neue Maschine wird Anfang Juli 2016 geliefert. Folgende Rechnung des deutschen Herstellers geht ein:

Maschinenwert netto	80.000,00 €
+ Frachtkosten	1.000,00 €
=	81.000,00 €
+ 19 % USt	15.390,00 €
=	96.390,00 €
− Anzahlung	38.080,00 €
= noch zu zahlender Betrag	58.310,00 €

Buchen Sie die lineare Abschreibung 2016, wenn die Nutzungsdauer der Maschine zwölf Jahre beträgt.

53. Eine neuer PC, Nutzungsdauer 3 Jahre, wird Anfang Oktober 2016 auf Ziel eingekauft. Die Zahlung erfolgt Ende Oktober 2016 unter Abzug von 2 % Skonto; Überweisungsbetrag 1.749,30 €. Buchen Sie die höchstmögliche Abschreibung am Jahresende.

54. Eine Fertigungsmaschine, Nutzungsdauer 10 Jahre, ist für 50.000,00 € + USt im Juli 2010 angeschafft worden. Buchen Sie die degressive Abschreibung am Jahresende 2010 und 2016.

ANLAGENWIRTSCHAFT — REWE 6

55. Ein Unternehmen erwirbt Anfang Oktober 2016 einen neuen Firmenwagen und erhält folgende ordnungsgemäße Rechnung (Auszug):

Listenpreis	20.000,00 €
+ Sonderausstattung	2.000,00 €
	22.000,00 €
– 10 % Rabatt	2.200,00 €
	19.800,00 €
+ 19 % Umsatzsteuer	3.762,00 €
Rechnungsbetrag (brutto)	23.562,00 €

    Buchen Sie die Abschreibung im Anschaffungsjahr, wenn die Nutzungsdauer des Pkw 6 Jahre beträgt.

56. Im August letzten Jahres wurde eine neue Fräsmaschine, Nutzungsdauer 8 Jahre, für die Fertigungsabteilung erworben. Die Anschaffungskosten der Maschine betrugen 24.000,00 €. Buchen Sie die lineare Abschreibung 2016.

57. Ein Gewerbetreibender aus Ingolstadt kauft am 15.04.2016 eine neue Maschine, deren Nutzungsdauer acht Jahre beträgt, gegen Bankscheck und erhält folgende Rechnung:

Kaufpreis	75.000,00 €
– 10 % Rabatt	7.500,00 €
=	67.500,00 €
+ Montagekosten	2.000,00 €
+ Transportkosten	1.500,00 €
=	71.000,00 €
+ 19 % Umsatzsteuer	13.490,00 €
Gesamtpreis brutto	84.490,00 €

    Vom Staat wurde für den Kauf dieser Maschine ein Zuschuss in Höhe von 8.000 € ausgezahlt. Der Kauf und die Auszahlung des Zuschusses wurden bereits gebucht (erfolgsneutral). Buchen Sie die lineare Abschreibung am Jahresende.

58. Fritz Neumann ist Inhaber einer Maschinenfabrik in Miltenberg. Am 01. April 2016 wurde eine neue Produktionsmaschine geliefert und sofort in Betrieb genommen. Die Rechnung des Lieferanten über 32.000,00 € + 19 % USt geht noch am gleichen Tag ein und wird 10 Tage später unter Abzug von 2 % Skonto per Banküberweisung beglichen. Kauf und Zahlung wurden bereits gebucht. Wie lautet der Buchungssatz für die lineare Abschreibung am Jahresende, wenn die Nutzungsdauer der Maschine 8 Jahre beträgt?

59. Ein Unternehmer erwirbt am 8. August 2016 einen neuen Pkw, den er ausschließlich für betriebliche Zwecke nutzt, für brutto 47.600,00 € gegen Bankscheck. Die Zulassung nimmt der Unternehmer bei der Zulassungsstelle selbst vor. Folgende Kosten fallen an:

Zulassungskosten	65,00 €
Kosten der Nummernschilder netto	50,00 €
+ 19 % USt	9,50 €
Barzahlung	124,50 €

    Der Kauf und die Zulassungskosten sind bereits korrekt gebucht. Buchen Sie die zulässige Abschreibung am Jahresende, Nutzungsdauer 6 Jahre.

60. Ein Unternehmer erwarb am 02. April diesen Jahres ein Standardprogramm für die Finanzbuchhaltung gegen Bankscheck, netto 2.220,00 € + 19 % USt auf Ziel. Der Kauf und die Zahlung wurden bereits gebucht. Ermitteln und buchen Sie die höchstmögliche AfA zum 31. Dezember 2016, wenn die betriebsgewöhnliche Nutzungsdauer des Programms drei Jahre beträgt.

61. Ein Steuerpflichtiger hat Anfang November 2016 von einem inländischer Hersteller für 16.000,00 € + USt eine neue Maschine auf Ziel gekauft. Die Zahlung wird vertragsgemäß erst Anfang Januar 2017 erfolgen. Im letzten Jahr hat der Steuerpflichtige für die geplante Investition einen Investitionsabzugsbetrag von 6.400,00 € gebildet. Die Nutzungsdauer der Maschine beträgt 8 Jahre. Nehmen Sie alle im Zusammenhang mit dem Kauf der Maschine anfallenden Buchungssätze vor.

62. Ein Steuerpflichtiger, der die Voraussetzungen des § 7g EStG erfüllt, plant 2017 einen neuen Lkw anzuschaffen. Die Anschaffungskosten des in Frage kommenden Modells betragen 150.000,00 €. Wie hoch ist der Investitionsabzugsbetrag höchstens, um den der Gewinn außerhalb der Bilanz 2016 zu mindern ist?

63. Am 30.12.2016 wird ein neuer Kopierer, Nutzungsdauer fünf Jahre, für brutto 482,16 € auf Ziel gekauft. Nehmen Sie alle damit zusammenhängenden Buchungen vor, wenn das Unternehmen einen möglichst niedrigen Gewinn ausweisen möchte.

REWE 7 — BUCHUNGEN IM STEUERBEREICH

1. **Die Frank Gehrike GmbH erwirbt ein unbebautes Grundstück, um es künftig als Lagerfläche zu nutzen. Welche Aussage zur Grunderwerbsteuer ist richtig?**
   a) Es handelt sich um eine sofort abzugsfähige Betriebsausgabe.
   b) Es handelt sich um eine nicht abzugsfähige Betriebsausgabe.
   c) Die anfallende Grunderwerbsteuer ist auf das Konto Grundsteuer zu buchen.
   d) Die anfallende Grunderwerbsteuer ist eine aktivierungspflichtige Steuer.
   e) Die anfallende Grunderwerbsteuer ist von Herrn Gehrike privat zu tragen.

2. **Ein Unternehmer kauft 2016 einen Firmenwagen für 29.000 € brutto, der zu 20 % privat genutzt werden soll. Welche Aussage zur Vorsteuer ist richtig?**
   a) Die Vorsteuer kann voll abgezogen werden.
   b) Die Vorsteuer kann nicht abgezogen werden.
   c) Die Vorsteuer kann nur zu 50 % abgezogen werden, der Rest stellt eine nicht abzugsfähige Betriebsausgabe dar.
   d) Die Vorsteuer kann nur zu 50 % abgezogen werden, der Rest ist zu aktivieren.
   e) Die Vorsteuer kann nur zu 80 % abgezogen werden, der Rest ist auf das Konto „nichtabziehbare Vorsteuer" zu buchen.

3. **Die Grundsteuer für das Wohnhaus des Unternehmers wird vom betrieblichen Bankkonto überwiesen. Welche Aussage zur Buchung des Sachverhaltes ist richtig?**
   a) Der Vorgang ist auf dem Konto 2100 (1800) Privatentnahmen zu buchen.
   b) Der Vorgang ist auf dem Konto 2180 (1890) Privateinlagen zu buchen.
   c) Der Vorgang ist auf dem Konto 7680 (2375) Grundsteuer zu buchen.
   d) Der Vorgang ist nicht zu buchen.
   e) Der Vorgang ist auf dem Konto 0210 (0085) bebaute Grundstücke zu buchen.

4. **Ein Unternehmen erwirbt eine neue Fertigungsmaschine von einem Hersteller in Korea. Wie ist der anfallende Einfuhrzoll zu behandeln?**
   a) Der Einfuhrzoll ist auf das Konto 5800 (3800) Anschaffungsnebenkosten zu buchen.
   b) Der Einfuhrzoll ist auf das Konto 1406 (1576) Vorsteuer zu buchen.
   c) Der Einfuhrzoll ist auf das Konto 1433 (1588) Einfuhrumsatzsteuer zu buchen.
   d) Der Einfuhrzoll ist auf das Konto 0440 (0210) Maschinen zu buchen.
   e) Der Einfuhrzoll wird nicht gebucht.

5. **Ein Einzelunternehmer überweist 1.600,00 € Gewerbesteuer vom Firmenkonto an die Stadt. Buchen Sie den Vorgang.**

		Soll	Haben
a)	1800 (1200) Bank	[ ]	[ ]
b)	1406 (1576) Vorsteuer	[ ]	[ ]
c)	7610 (4320) Gewerbesteuer	[ ]	[ ]
d)	3300 (1600) Verbindlichkeiten		
e)	3806 (1776) Umsatzsteuer		

6. **Die Grundsteuer für ein unbebautes Betriebsgrundstück in Höhe von 315,00 € wird vom Bankkonto überwiesen.**

		Soll	Haben
a)	1800 (1200) Bank	[ ]	[ ]
b)	1406 (1576) Vorsteuer	[ ]	[ ]
c)	0215 (0065) unbebaute Grundstücke	[ ]	[ ]
d)	2100 (1800) Privatentnahmen		
e)	7680 (2375) Grundsteuer		

7. **Der Großhändler Schneider (deutsche UStIdNr) liefert Waren auf Ziel an einen Unternehmer in Polen (polnische UStIdNr).**

		Soll	Haben
a)	3300 (1600) Verbindlichkeiten	[ ]	[ ]
b)	1406 (1576) Vorsteuer	[ ]	[ ]
c)	1200 (1400) Forderungen	[ ]	[ ]
d)	4125 (8125) stf. innergem. Lief.		
e)	3300 (1600) Verbindlichkeiten		

BUCHUNGEN IM STEUERBEREICH — REWE 7

8. Der Unternehmer Gerhard Stemmer hat einen Geschäftsfreund zum Essen eingeladen. Die Restaurantrechnung beträgt 119,00 €. Wie hoch ist der Vorsteuerabzug, den Herr Stemmer geltend machen kann, wenn die Bewirtungskosten angemessen sind, und die Rechnung ordnungsgemäß ist?
    a) Ein Vorsteuerabzug ist nicht möglich
    b) Die abziehbare Vorsteuer beträgt 7,59 €
    c) Die abziehbare Vorsteuer beträgt 8,33 €
    d) Die abziehbare Vorsteuer beträgt 13,30 €
    e) Die abziehbare Vorsteuer beträgt 19,00 €

9. Ein Unternehmer bewirtet Geschäftsfreunde in einem Restaurant und begleicht anschließend die Rechnung. Wie hoch ist der Anteil am Nettorechnungsbetrag, der aufwandswirksam gebucht werden darf, wenn die Bewirtungskosten angemessen sind und durch eine ordnungsgemäße Rechnung nachgewiesen werden können.
    a) Ein Abzug von Bewirtungskosten ist nicht möglich
    b) Bewirtungskosten können in voller Höhe aufwandswirksam gebucht werden
    c) Bewirtungskosten können nur zu 50 % aufwandswirksam gebucht werden
    d) Bewirtungskosten können nur zu 70 % aufwandswirksam gebucht werden
    e) Bewirtungskosten können nur zu 80 % aufwandswirksam gebucht werden

10. Welche Aussage zu Geschenken an Geschäftsfreunde ist richtig?
    a) Liegt der Nettowert des Geschenks unter 35,00 € kann beim Kauf Vorsteuer abgezogen werden, die Weitergabe ist nicht steuerbar
    b) Liegt der Nettowert des Geschenks unter 35,00 € kann beim Kauf Vorsteuer abgezogen werden, die Weitergabe ist steuerbar
    c) Liegt der Nettowert des Geschenks unter 35,00 € kann beim Kauf keine Vorsteuer abgezogen werden, die Weitergabe ist nicht steuerbar
    d) Liegt der Nettowert des Geschenks unter 35,00 € kann beim Kauf keine Vorsteuer abgezogen werden, die Weitergabe ist steuerbar
    e) Der Einkauf und die Weitergabe von Geschenken unter 35,00 € an Geschäftsfreunde werden nicht gebucht.

11. Ein Unternehmer kauft für einen sehr guten Kunden ein Geschenk im Wert von 100,00 € netto. Welche Aussage zur Behandlung in der Buchhaltung ist richtig?
    a) Beim Einkauf des Geschenks ist kein Vorsteuerabzug möglich, die Weitergabe ist steuerbar
    b) Beim Einkauf des Geschenks ist kein Vorsteuerabzug möglich, die Weitergabe ist nicht steuerbar
    c) Beim Einkauf des Geschenks ist Vorsteuerabzug möglich, die Weitergabe ist steuerbar
    d) Beim Einkauf des Geschenks ist Vorsteuerabzug möglich, die Weitergabe ist nicht steuerbar
    e) Der Einkauf und die Weitergabe von Geschenken über 35,00 € an Geschäftsfreunde werden nicht gebucht

12. Der Unternehmer entnimmt für einen Geschäftsfreund aus dem Warenbestand einen Taschenrechner im Wert von netto 30,00 € und überreicht ihn als Geschenk. Wie ist nun zu verfahren?
    a) Die beim Kauf des Taschenrechner abgezogene Vorsteuer ist zu korrigieren
    b) Die beim Kauf des Taschenrechner abgezogene Vorsteuer ist nicht zu korrigieren, bei der Weitergabe des Geschenks ist auf das Konto Umsatzsteuer zu buchen
    c) Die beim Kauf des Taschenrechner abgezogene Vorsteuer ist nicht zu korrigieren, bei der Weitergabe des Geschenks fällt keine Umsatzsteuer an
    d) Der Buchungssatz des Wareneinkaufs ist zum Zeitpunkt der Weitergabe zu stornieren
    e) Der Vorgang wird nicht gebucht

13. Bis zu welchem Betrag gelten Geschenke an Arbeitnehmer nicht als Arbeitslohn?
    a) Geschenke an Arbeitnehmer gelten immer als Arbeitslohn
    b) Bis 35 € netto
    c) Bis 35 € brutto
    d) Bis 60 € netto
    e) Bis 60 € brutto

REWE 7 — BUCHUNGEN IM STEUERBEREICH

14. Bis zu welchem Betrag kann ein Arbeitgeber bei einem extra für einen Arbeitnehmer eingekauften Geschenk Vorsteuerabzug geltend machen?
    a) Vorsteuerabzug ist bei Geschenken an Arbeitnehmer immer möglich
    b) Bis 35 € netto
    c) Bis 35 € brutto
    d) Bis 60 € netto
    e) Bis 60 € brutto

15. Ein extra eingekaufter CD-Player (Kaufpreis brutto 99,00 €) wird einem Mitarbeiter als Geschenk überreicht. Wie ist zu buchen?
    a) 6300 (4900) sonst. betriebl. Aufwendungen   Soll   Haben
    b) 1406 (1576) Vorsteuer   [ ]   [ ]
    c) 6060 (4145) Freiw. soz. Aufw., lohnsteuerpfl. [ ]   [ ]
    d) 4949 (8614) Verr. so. Sachbez. ohne USt
    e) 3806 (1776) Umsatzsteuer

16. Ein Schmuckgroßhändler entnimmt eine Brosche aus seinem Warenbestand (Wareneinkauf wurde ordnungsgemäß gebucht) und überreicht sie einer guten Kundin. Die Brosche wurde für 200 € + USt eingekauft.
    a) 4679 (8949) Unentgelt. Zuw. von Waren o. USt   Soll   Haben
    b) 1406 (1576) Vorsteuer   [ ]   [ ]
    c) 6060 (4145) Freiw. soz. Aufw., lohnsteuerpfl.   [ ]   [ ]
    d) 5200 (3200) Wareneingang   [ ]   [ ]
    e) 3806 (1776) Umsatzsteuer
    f) 6620 (4635) Geschenke über 35,00 €
    g) 6645 (4655) Nicht abzugsf. Betriebsausgaben

17. Ein Unternehmer unternimmt eine zweitägige Dienstreise. Er war an beiden Tagen mehr als 14 Stunden abwesend. Für Verpflegungskosten entstanden Aufwendungen in Höhe von 148,48 € (einschl. USt), die aus der Firmenkasse erstattet wurden. In welchem Umfang sind diese Verpflegungskosten als Betriebsausgaben abzugsfähig?
    a) 148,48 €
    b) 138,77 €
    c) 124,77 €
    d) 102,40 €
    e) 24,00 €

18. Während eines Messebesuches in Hannover musste Unternehmer Schlosser, Aschaffenburg, sein ausschließlich betrieblich genutztes Firmenfahrzeug im Halteverbot abstellen, da kein anderer Parkplatz verfügbar war und er einen geschäftlichen Termin dringend wahrnehmen musste. Den erhaltenen Strafzettel in Höhe von 35,00 € bezahlte Schlosser durch Überweisung vom betrieblichen Bankkonto. In welchem Umfang kann er diesen Betrag als Betriebsausgabe ansetzen?
    a) 0 €
    b) 24,50 €
    c) 28,00 €
    d) 30,00 €
    e) 30,17 €

19. Ein Mandant hat ein gemischt genutztes Geschäftshaus im Betriebsvermögen. Soweit möglich wurde nach § 9 UStG optiert. Ein Apothekenbesitzer überweist 4.200 € Miete (einschließlich 200 € Nebenkosten) per Bank. Wie lautet der Buchungssatz für den Geldeingang?
    a) 6305 (4200) Raumkosten   Soll   Haben
    b) 1406 (1576) Vorsteuer   [ ]   [ ]
    c) 4860 (2700) Grundstückserträge   [ ]   [ ]
    d) 3806 (1776) Umsatzsteuer
    e) 1800 (1200) Bank

BUCHUNGEN IM STEUERBEREICH — REWE 7

20. Für Reparaturkosten in einem Gebäude, das an Gewerbetreibende vermietet wurde, bezahlt ein Mandant 357,00 € an einen Installateur per Bankscheck. Ihr Mandant hat zulässigerweise nach § 9 UStG optiert.
    a) 6305 (4200) Raumkosten   Soll   Haben
    b) 1406 (1576) Vorsteuer   [ ]   [ ]
    c) 6450 (2350) Rep. u. Instandh. von Bauten   [ ]   [ ]
    d) 1800 (1200) Bank
    e) 3806 (1776) Umsatzsteuer

21. Ein Gewerbetreibender hat das Erdgeschoss eines vierstöckigen Gebäudes gemietet und unterhält dort Ausstellungsräume. Der Vermieter hat nach § 9 UStG optiert. Vom Bankkonto werden 3.570 € für die Miete (einschließlich 300 € Nebenkosten) überwiesen.
    a) 6305 (4200) Raumkosten   Soll   Haben
    b) 1406 (1576) Vorsteuer   [ ]   [ ]
    c) 6450 (2350) Rep. u. Instandh. von Bauten   [ ]   [ ]
    d) 4860 (2700) Grundstückserträge
    e) 3806 (1776) Umsatzsteuer
    f) 1800 (1200) Bank

22. Ein Unternehmer bezahlt einem Malermeister für die Renovierung der Privatwohnung 1.666,00 € bar, die aus der Firmenkasse entnommen wurden. Die Rechnung des Malermeisters ist ordnungsgemäß, 266,00 USt sind ausgewiesen.
    a) 6305 (4200) Raumkosten   Soll   Haben
    b) 1406 (1576) Vorsteuer   [ ]   [ ]
    c) 6450 (2350) Rep. u. Instandh. von Bauten   [ ]   [ ]
    d) 1600 (1000) Kasse
    e) 3806 (1776) Umsatzsteuer
    f) 2100 (1800) Privatentnahme

23. Ein Mandant besitzt ein ausschließlich betrieblich genutztes Geschäftshaus. Er überweist 490,00 € Gebühren für die Müllentsorgung an die Gemeinde.
    a) 6305 (4200) Raumkosten   Soll   Haben
    b) 1406 (1576) Vorsteuer   [ ]   [ ]
    c) 6350 (4360) Grundstücksaufwendungen   [ ]   [ ]
    d) 1800 (1200) Bank
    e) 3806 (1776) Umsatzsteuer
    f) 2100 (1800) Privatentnahme

24. Unternehmer Schnittke überweist die Miete für die Wohnung seiner Tochter vom betrieblichen Bankkonto (Dauerauftrag). Lastschrift: 1.000 €
    a) 6305 (4200) Raumkosten   Soll   Haben
    b) 1406 (1576) Vorsteuer   [ ]   [ ]
    c) 6450 (2350) Rep. u. Instandh. von Bauten   [ ]   [ ]
    d) 1600 (1000) Kasse
    e) 1800 (1200) Bank
    f) 2100 (1800) Privatentnahme

25. Ein Unternehmer besitzt ein gemischt genutztes Geschäftshaus und hat soweit möglich nach § 9 UStG optiert. In diesem Gebäude hat auch ein Rechtsanwalt seine Kanzleiräume und eine Wohnung. Für die Wohnung geht die Miete in Höhe von 1.000 € (einschließlich 200 € Nebenkosten) auf dem betrieblichen Bankkonto ein.
    a) 6305 (4200) Raumkosten   Soll   Haben
    b) 1406 (1576) Vorsteuer   [ ]   [ ]
    c) 4860 (2700) Grundstückserträge   [ ]   [ ]
    d) 1600 (1000) Kasse
    e) 1800 (1200) Bank
    f) 2100 (1800) Privatentnahme

Ungebundene Aufgaben

26. Die Zelsius GmbH überweist die fällige Körperschaftsteuer in Höhe von 450,00 € und den Solidaritätszuschlag per Bank an das Finanzamt.

27. Ein Unternehmen erwirbt ein unbebautes Grundstück für 50.000,00 € (bereits gebucht). Die fällige Grunderwerbsteuer wird vom betrieblichen Bankkonto überwiesen. Dieser Vorgang ist noch zu buchen.

28. Der Unternehmer Peter Krüger bezahlt seine Einkommensteuer in Höhe von 2.300,00 € durch Überweisung vom betrieblichen Bankkonto.

29. Die Kfz-Steuer für den Privatwagen der Ehefrau des Unternehmers in Höhe von 225,00 € wird vom betrieblichen Postbankkonto überwiesen.

30. Wegen der verspäteten Abgabe der Umsatzsteuer-Voranmeldung hat das Finanzamt einen Verspätungszuschlag von 340,00 € verhängt. Buchen Sie den Eingang des Bescheids.

31. Auf dem betrieblichen Bankkonto geht eine Einkommensteuererstattung von 3.780,00 € einschließlich Zinsen ein.

32. Die Gewerbesteuervorauszahlung in Höhe von 1.250,00 € wird vom betrieblichen Bankkonto überwiesen.

33. Unternehmer Zauner überweist die nach dem Tod seiner Tante fällige Erbschaftsteuer von 6.440,00 € vom Bankkonto seiner Firma.

34. Ein Unternehmer aus Leipzig (deutsche UStIdNr) verkauft an einen Kunden in Frankreich (franz. UStIdNr) Waren im Wert von 14.600,00 € auf Ziel.

35. Ein Unternehmer aus Italien (italienische UStIdNr) bezahlt die Rechnung für die Warenlieferung ihres Mandanten aus Stuttgart (deutsche UStIdNr) durch Banküberweisung. Gutschriftsbetrag 12.380,00 €

36. Ein österreichischer Unternehmer (österreichische UStIdNr) hat Waren von einem Unternehmer aus Leipzig (deutsche UStIdNr) bezogen. Der Verkauf auf Ziel ist bereits gebucht. Aufgrund einer Mängelrüge erhält der österreichische Kunde eine Gutschrift von 3.400 € (Verrechnung mit der noch offenen Rechnung). Buchen Sie die Gutschriftsanzeige für den deutschen Unternehmer.

37. Auf dem Bankkonto geht eine Zahlung eines Kunden aus Dänemark (dänische UStIdNr) ein. Der Kunde bezahlt eine Warenlieferung, Rechnungsbetrag 17.800 €, unter Abzug von 2 % Skonto. Buchen Sie die Bankgutschrift.

38. Ein Unternehmer aus Portugal (portugiesische UStIdNr) bezahlt die Rechnung der Firma Kleinschmidt aus Dortmund (deutsche UStIdNr) für eine Warenlieferung durch Banküberweisung unter Abzug von 3 % Skonto. Die Bank schreibt Kleinschmidt 29.100,00 € gut.

39. Der Unternehmer Jagst, Passau (deutsche UStIdNr), legt einer Warenlieferung an einen Kunden in Irland (irische UStIdNr) folgende Rechnung bei (Auszug):
    Warenwert   14.800,00 €
    – 10 % Rabatt   1.480,00 €
    Rechnungsbetrag   13.320,00 €
    Buchen Sie den Verkauf.

40. Ein Unternehmer aus Nürnberg (deutsche UStIdNr) bezieht von einem Lieferanten aus Spanien (spanische UStIdNr) Waren im Wert von 18.000,00 €. Buchen Sie den Eingang der Rechnung, die der Warenlieferung beiliegt.

41. Ein Großhändler bezieht Handelswaren auf Ziel von einem italienischen Unternehmer frei Haus im Wert von netto 20.000,00 € auf Ziel. Beide Unternehmer verwenden ihre jeweiligen Umsatzsteueridentifikationsnummern. Der italienische Verkäufer verschickt die Waren mit der Bahn. Buchen Sie den Kauf.

42. Die Firma Johannes Heberger e.K. bezahlt die Rechnung eines dänischen Lieferanten für eine Warenlieferung über 28.220,00 € durch Banküberweisung.

43. Wir (deutsche UStIdNr) bezahlen die Rechnung eines italienischen Lieferanten (italienische UStIdNr) für den Kauf von Handelswaren im Nettowert von 20.000,00 € unter Abzug von 3 % Skonto durch Überweisung vom Bankkonto.

BUCHUNGEN IM STEUERBEREICH — REWE 7

44. Unternehmer Springer (deutsche UStIdNr) aus Rosenheim verkauft an einen Privatmann in Salzburg Waren im Nettowert von 500,00 €. Springer überschreitet in diesem Jahr bereits die österreichische Lieferschwelle. Buchen Sie die Lieferung auf Ziel, die österreichische Umsatzsteuer beträgt 20 %.

45. Ein Privatmann aus Frankreich bezahlt die Rechnung ihres Mandanten für eine Warenlieferung über 717,60 € (einschließlich 20,0 % französische Umsatzsteuer) durch Banküberweisung. Wie ist zu buchen?

46. Die Langenbahn GmbH aus Hannover (deutsche UStIdNr) liefert an einen Privatmann in Straßburg (Frankreich) Waren im Nettowert von 180,00 € auf Ziel. Das Unternehmen hat die französische Lieferschwelle nicht überschritten. Buchen Sie den Sachverhalt, wenn der französische Umsatzsteuersatz 20,0 % beträgt.

47. Der Zahlungseingang von einem belgischen Privatmann ist zu buchen. Er bezahlt eine Rechnung für eine Warenlieferung in Höhe von 348,00 € einschließlich deutscher USt durch Banküberweisung.

48. Ein Privatkunde aus Frankreich bezahlt eine Rechnung in Höhe von 340,00 einschließlich 20 % französischer Umsatzsteuer unter Abzug von 2 % Skonto durch Banküberweisung an einen deutschen Händler.

49. Ein Privatmann aus Österreich bezahlt eine Rechnung über 238,00 € für eine erhaltene Warenlieferung unter Abzug von 3 % Skonto durch Überweisung auf das Bankkonto ihres Mandanten. Buchen Sie den Zahlungseingang, wenn die österreichische Lieferschwelle nicht überschritten wurde und auch keine Option vorliegt.

50. Ein Unternehmer aus Essen schickt eine fehlerhafte Warenlieferung an den Hersteller in Italien zurück, da er sich mit diesem nicht auf einen angemessenen Preisnachlass einigen konnte. Der Wareneingang in Höhe von 6.000,00 € wurde bereits als innergemeinschaftlicher Erwerb gebucht. Buchen Sie für den deutschen Unternehmer die Gutschriftserteilung des italienischen Lieferanten.

51. Ein Elektro-Einzelhändler aus Bayern liefert an einen Privatkunden in Österreich eine Waschmaschine für netto 500,00 €. Die Montage übernimmt der Einzelhändler selbst. Die österreichische Lieferschwelle wird nicht überschritten. Buchen Sie für den Einzelhändler die Lieferung.

52. Ein Gewerbetreibender aus Saarbrücken bezahlt die Rechnung eines Lieferanten aus Dänemark für eine Warenlieferung (innergemeinschaftlicher Erwerb) unter Abzug von 3 % Skonto durch Überweisung vom betrieblichen Bankkonto. Buchen Sie die Lastschrift in Höhe von 21.825,00 €.

53. Ein Lederwarenhersteller unterhält in seiner Firmenzentrale in Stuttgart einen „Fabrikverkauf", den an bestimmten Tagen auch Privatpersonen nutzen dürfen. Er verkauft im November eine Handtasche für 299,00 € gegen Barzahlung an einen Touristen aus Estland. Buchen Sie den Verkauf.

54. Ein Unternehmer aus Bochum (dt. USt-IdNr.) bezog von einem österreichischen Unternehmer (österreichische USt-IdNr.) Waren auf Ziel im Wert von 20.000,00 € netto (bereits gebucht). Er begleicht die Rechnung unter Abzug von 2 % Skonto durch Banküberweisung. Buchen Sie den Zahlungsvorgang.

55. Der Kieler Unternehmer Schuster verkauft Handelswaren im Wert von netto 10.000 € auf Ziel an einen Unternehmer in Tschechien. Beide Vertragspartner verwenden ihre jeweilige UStIdNr. Die Voraussetzungen der §§ 17a ff. UStDV sind erfüllt. Eine ordnungsgemäße Rechnung ist ausgestellt. Buchen Sie den Verkauf.

56. Im letzten Monat hat ein Unternehmer aus Darmstadt Handelswaren auf Ziel an einen Unternehmer in Frankreich verkauft. Die innergemeinschaftliche Lieferung wurde ordnungsgemäß gebucht, die Rechnung ist noch offen. Der Käufer hat nun den nicht ordnungsgemäßen Zustand eines Teils der Lieferung reklamiert. Der Verkäufer erklärt sich bereit Waren im Wert von netto 3.200,00 € zurückzunehmen und eine entsprechende Gutschrift auszustellen. Buchen Sie den Eingang der Rücksendung.

57. Ein Privatmann aus Frankreich begleicht die Rechnung eines deutschen Gewerbetreibenden in Höhe von 145,00 € unter Abzug von 2 % Skonto durch Banküberweisung. Buchen Sie den Zahlungseingang und berücksichtigen Sie dabei, dass die Rechnung deutsche Umsatzsteuer enthielt.

REWE 7 — BUCHUNGEN IM STEUERBEREICH

58. Anlässlich eines Messebesuches lädt der Unternehmer Karl Mayr drei Kunden zum Abendessen ein. Die durch eine ordnungsgemäße Rechnung nachgewiesenen Bewirtungskosten betragen 476,00 €. Mayr bezahlt die Rechnung mit der Bankkarte der Firma. Die Bewirtungskosten sind angemessen. Buchen Sie den Vorgang.

59. Ein Unternehmer bewirtet nach einem erfolgreichen Vertragsabschluss seine Kunden. Die angemessenen und durch eine ordnungsgemäße Rechnung nachgewiesenen Bewirtungsaufwendungen betragen 357,00 €, davon entfallen auf den Unternehmer selbst 68,00 €. Der Unternehmer bezahlt mit seiner betrieblichen Kreditkarte.

60. Für die Bewirtung eines Geschäftsfreundes bezahlt ein Unternehmer 58,00 € bar. Ein ordnungsgemäßer Beleg ist nicht vorhanden.

61. Nach einem Messebesuch auf der CEBIT bewirtet ein Unternehmer drei Geschäftsfreunde. Die angemessenen und durch eine ordnungsgemäße Rechnung nachgewiesenen Aufwendungen betragen 290,00 € brutto, die der Unternehmer mit der Firmenkreditkarte begleicht. Der Kellner erhält 10,00 € Trinkgeld bar, die der Firmenkasse entnommen wurden. Buchen Sie den gesamten Sachverhalt.

62. Ein Gewerbetreibender kauft gegen Barzahlung für einen Geschäftsfreund einen Kugelschreiber als Geschenk und bezahlt 29,00 € bar. Buchen Sie den Kauf des Geschenks und die Weitergabe an den Geschäftsfreund.

63. Ein Textilgroßhändler kauft für einen Geschäftsfreund eine Aktentasche für 119,00 € brutto als Geschenk, bezahlt bar und überreicht sie am selben Tag. Nehmen Sie alle erforderlichen Buchungen vor.

64. Unternehmer Geiger kauft für einen langjährigen Mitarbeiter einen Bildband als Geschenk zu dessen 60. Geburtstag. Der Kaufpreis in Höhe von 75 € wird mit der betrieblichen Kreditkarte bezahlt. Buchen Sie den Kauf.

65. Ein Uhrenhändler aus Köln entnimmt aus seinem Warenbestand eine Armbanduhr, die für 120 € + 19 % USt eingekauft wurde und überreicht sie einem Geschäftsfreund als Geschenk. Nehmen sie alle erforderlichen Buchungen vor.

66. Ein Gewerbetreibender kauft für einen Auszubildenden zu dessen Geburtstag eine DVD für 23,80 € gegen Barzahlung (Entnahme aus der Firmenkasse). Buchen Sie den Kauf und die Übergabe des Geschenks.

67. Eine Auszubildende erhält für ihr ausgezeichnetes Abschneiden in der Zwischenprüfung einen Füllfederhalter, den der Arbeitgeber für 238,00 € eingekauft hat. Buchen Sie den Kauf gegen Barzahlung und die Übergabe. Der Betrag wurde der Firmenkasse entnommen.

68. Ein Einzelhändler hat im letzten Monat eine Lieferung DVD-Player von einem Großhändler aus Mannheim erhalten und gebucht. Aus dieser Lieferung wird ein Gerät entnommen und einem Geschäftsfreund überreicht. Nehmen Sie alle erforderlichen Buchungen vor, wenn der Einkaufspreis eines Gerätes 150,00 € + USt betrug.

69. Unternehmer Breuer entnimmt aus seinem Warenbestand eine Krawatte, die für 29,00 € + 19 % USt eingekauft wurde und überreicht sie einem Geschäftsfreund anlässlich eines größeren Vertragsabschlusses als Geschenk.

70. Ein Unternehmer kauft für einen langjährigen Mitarbeiter einen Drucker für 99 € + USt auf Ziel und überreicht ihn im Anschluss an eine Betriebsversammlung. Buchen Sie den Kauf und die Übergabe des Geschenks.

71. Der Leiter der Verkaufsabteilung der Etimex GmbH kauft für 150,80 € einschl. USt eine Aktentasche, die er einem guten Kunden beim nächsten Treffen auf einer Messe als Geschenk überreichen will. Buchen Sie den Kauf gegen Barzahlung.

72. Eine letzten Monat für 185,60 € gegen Barzahlung erworbene Uhr (Kauf als Geschenk gebucht) wird einem Kunden anlässlich eines Besuchs im Unternehmen überreicht.

73. Ein Gewerbetreibender unternimmt eine zweitägige Geschäftsreise. Die Übernachtungskosten in Höhe von 321,00 € einschließlich USt bezahlt er bar. Den Betrag hat er der Firmenkasse entnommen. Die vom Hotel ausgestellte Rechnung ist ordnungsgemäß.

74. Ein Arbeitnehmer unternahm eine dreitägige Dienstreise. Die angefallenen Übernachtungskosten in Höhe von 220,40 € einschl. USt (ohne Frühstück) wurden zunächst vom Arbeitnehmer verauslagt und dann vom Arbeitgeber erstattet. Die Rechnung des Hotels wurde auf den Namen des Mitarbeiters ausgestellt.

75. Ein Arbeitnehmer muss in der nächsten Woche eine Dienstreise unternehmen. Er erhält bereits jetzt einen Vorschuss von 300,00 € aus der Firmenkasse bar ausgezahlt. Buchen Sie den Sachverhalt.

BUCHUNGEN IM STEUERBEREICH — REWE 7

76. Die Reisekostenabrechnung eines Mitarbeiters ist zu buchen. Der Angestellte legte mit dem eigenen Pkw 400 km zurück. Der Arbeitnehmer war am ersten Tag zwölf Stunden und am letzten Tag 17 Stunden im Auftrag des Unternehmens abwesend. Die Übernachtungskosten betrugen 119,00 € brutto (ohne Frühstück), die Rechnung lautete auf den Namen des Arbeitgebers. Mit Ausnahme der Übernachtungskosten werden die zulässigen Pauschbeträge erstattet. Ergänzen Sie die folgende Reisekostenabrechnung und buchen Sie die Barauszahlung durch den Arbeitgeber.

Reisekostenart	Brutto	Vorsteuer	netto
Fahrtkosten			
Übernachtung			
Verpflegung 1. Tag			
Verpflegung 2. Tag			
Verpflegung 3. Tag			
Summe			

77. Ein Einzelhändler unternimmt eine Geschäftsreise mit der Bahn. Der Fahrschein wird durch Entnahme aus der Kasse bezahlt, Entnahmebetrag: 98,60 €.

78. Ein Unternehmer erwirbt am 30.09.2016 einen neuen Stuhl für sein Büro. Die Zahlung erfolgt sofort durch Bankscheck über 719,20 €. Auf der Rechnung ist die Umsatzsteuer nicht gesondert ausgewiesen. Eine berichtigte Rechnung ist angefordert, aber noch nicht eingegangen. Buchen Sie den Kauf, wenn das Konto 0675 (0445) geführt wird.

79. Ein Unternehmer kauft eine Maschine, die zu 25 % für Ausschlussumsätze verwendet wird auf Ziel, Rechnungsbetrag 11.900 €.

80. Ein Steuerpflichtiger aus Rosenheim (dt. UStIdNr.) lässt eine Maschine beim österreichischen Hersteller (österreichische UStIdNr.) in Linz überholen. Der österreichische Hersteller berechnet für die Überholung 5.000,00 € und stellt eine Rechnung gem. § 14a Abs. 5 UStG aus, in der er auf die Steuerschuldnerschaft des Leistungsempfängers hinweist. In der Rechnung ist keine Steuer gesondert ausgewiesen. Buchen Sie den Rechnungseingang für den deutschen Steuerpflichtigen.

81. Ein Gewerbetreibender aus Deutschland (deutsche UStIdNr) begleicht eine ordnungsgemäße Rechnung eines Herstellers aus Italien (italienische UStIdNr) über eine in Italien durchgeführte Generalinspektion an einer Fertigungsmaschine in Höhe von 8.700,00 €. Der Hersteller aus Italien hat in seiner Rechnung auf die Steuerschuldnerschaft des Leistungsempfängers hingewiesen und keine Umsatzsteuer ausgewiesen. Buchen Sie für den deutschen Gewerbetreibenden die Zahlung durch Überweisung vom betrieblichen Bankkonto.

82. Ein Gewerbetreibender unternimmt eine zweitägige Geschäftsreise und ist an jedem der beiden Tage 15 Stunden abwesend. Er unternimmt für folgende Ausgaben die entsprechenden Beträge aus der Kasse. Ordnungsgemäße Belege sind vorhanden.

    – Verpflegungsausgaben: 119,00 € brutto
    – Übernachtungsausgaben: 238,00 € brutto
    – Strafzettel (Parken im Halteverbot) 30,00 €

    Buchen Sie die Reisekostenabrechnung.

83. Werner Kuhn betreibt in Konstanz einen Maler- und Lackierbetrieb. Er berechnet einem Kunden aus der Schweiz für den Anstrich von dessen Geschäftshaus 4.860 € und stellt eine ordnungsgemäße Rechnung aus.

    Buchen Sie den Sachverhalt.

84. Unternehmer Schmidt entnimmt am 30. Juni 2016 einen Laptop für seine Tochter, die mit dem Studium beginnt. Der Laptop wurde am 14. Nov. 2014 für 2.550,00 € + USt angeschafft (lineare AfA, Nutzungsdauer 3 Jahre, kein § 7g EStG). Der Buchwert zum 31. Dez. 2015 beträgt 1.558,00 €, der Teilwert zum Entnahmezeitpunkt 1.250,00 €.

    Nehmen Sie alle erforderlichen Buchungen vor!

REWE 8 — ABSCHLÜSSE NACH HANDELS- UND STEUERRECHT

BEI DEN NACHSTEHENDEN AUFGABEN SIND DIE RICHTIGEN ERGEBNISSE ANZUKREUZEN BZW. ZUZUORDNEN!

1. **Der Jahresabschluss eines Einzelunternehmens besteht aus:**
   a) Bilanz
   b) Bilanz, Gewinn- und Verlustrechnung, Anhang
   c) Bilanz, Gewinn- und Verlustrechnung, Lagebericht
   d) Bilanz, Gewinn- und Verlustrechnung
   e) Bilanz, Anhang, Lagebericht

2. **Der Jahresabschluss einer Kapitalgesellschaft besteht aus:**
   a) Bilanz
   b) Bilanz, Gewinn- und Verlustrechnung
   c) Bilanz, Gewinn- und Verlustrechnung, Anhang
   d) Bilanz, Gewinn- und Verlustrechnung, Lagebericht
   e) Bilanz, Anhang, Lagebericht

3. **Der IAS-Abschluss setzt sich zusammen aus:**
   a) Bilanz (balance sheet)
   b) Gewinn- und Verlustrechnung (income statement)
   c) Kapitalflussrechnung (statement of changes in financial position)
   d) Anhang (notes)
   e) weitere Stellungnahmen und Erläuterungen

4. **Bei der Erstellung des Jahresabschlusses nach HGB haben alle Kaufleute bestimmte allgemeine Grundsätze und Ansatzvorschriften zu beachten. Welche gehören nicht dazu? Der Jahresabschluss**
   a) ist in einer lebenden Sprache und in € aufzustellen
   b) ist in deutscher Sprache und in € aufzustellen.
   c) muss klar und übersichtlich gegliedert sein.
   d) muss den Grundsätzen ordnungsmäßiger Buchführung entsprechen.
   e) ist bei Personenunternehmen von allen Gesellschaftern zu unterschreiben

5. **Welche Aussagen über die Bilanz sind richtig?**
   a) Die Erstellung der Bilanz erfolgt nach Aufstellung des Inventars.
   b) Die Erstellung der Bilanz erfolgt vor Aufstellung des Inventars.
   c) Die Bilanz ist eine ausführliche Aufstellung von Vermögen und Kapital.
   d) Die Bilanz ist eine kurzgefasste Gegenüberstellung von Vermögen und Kapital.
   e) Die Bilanz ist 8 Jahre aufzubewahren.

6. **Bringen Sie die folgenden Posten der Aktivseite der Bilanz eines Einzelunternehmens in die richtige Reihefolge.**
   a) Finanzanlagen [ ]
   b) flüssige Mittel [ ]
   c) Vorräte [ ]
   d) Sachanlagen [ ]
   e) Rechnungsabgrenzungsposten [ ]

7. **Bringen Sie die Posten der Passivseite der Bilanz eines Einzelunternehmens in die richtige Reihenfolge.**
   a) Rechnungsabgrenzungsposten [ ]
   b) Rückstellungen [ ]
   c) Eigenkapital [ ]
   d) Sonderposten mit Rücklageanteil [ ]
   e) Verbindlichkeiten [ ]

ABSCHLÜSSE NACH HANDELS- UND STEUERRECHT — REWE 8

8. Bringen Sie die Posten des Anlagevermögens der Bilanz einer großen Kapitalgesellschaft in die richtige Reihenfolge.
   a) Beteiligungen [ ]
   b) geleistete Anzahlungen und Anlagen im Bau [ ]
   c) Geschäfts- oder Firmenwert [ ]
   d) Grundstücke [ ]
   e) Betriebs- und Geschäftsausstattung [ ]

9. Gliedern sie das Umlaufvermögen einer mittelgroßen Kapitalgesellschaft nach dem Liquiditätsprinzip.
   a) Guthaben bei Kreditinstituten [ ]
   b) Forderungen aus Lieferungen und Leistungen [ ]
   c) Roh-, Hilfs-, Betriebsstoffe [ ]
   d) Sonstige Vermögensgegenstände [ ]
   e) Sonstige Wertpiere [ ]

10. Gliedern sie die Passivseite einer mittelgroßen Kapitalgesellschaft nach dem Fälligkeitsprinzip.
   a) Steuerrückstellungen [ ]
   b) Kapitalrücklagen [ ]
   c) Verbindlichkeiten gegenüber Kreditinstituten [ ]
   d) Gezeichnetes Kapital [ ]
   e) Gewinnrücklagen [ ]

11. Welche Grundsätze schreibt das HGB für die Gliederung einer Bilanz vor?
   a) Bilanz in Staffelform
   b) Bilanz in Kontoform
   c) Die Gliederung aufeinanderfolgender Bilanzen ist beizubehalten
   d) neue Posten dürfen nicht hinzugefügt werden
   e) Posten, die keinen Betrag ausweisen brauchen nicht geführt zu werden, wenn auch im Vorjahr kein Betrag vorhanden war

12. Ordnen Sie richtig zu!

   Bilanzsumme   **Kapitalgesellschaft**
   a) bis 6 Mio.   [ ] 1 große
   b) bis 12 Mio.   [ ] 2 mittelgroße
   c) bis 20 Mio.   [ ] 3 kleine
   d) über 20 Mio.
   e) über 40 Mio.

13. Ordnen Sie richtig zu!

   Umsatzerlöse   **Kapitalgesellschaft**
   a) bis 6 Mio.   [ ] 1 große
   b) bis 12 Mio.   [ ] 2 mittelgroße
   c) bis 40 Mio.   [ ] 3 kleine
   d) bis 50 Mio.
   e) über 40 Mio.

14. Bringen Sie die Gliederung der Gewinn- und Verlustrechnung bei Anwendung des Gesamtkostenverfahrens in die richtige Reihenfolge.
   a) Jahresüberschuss/Jahresfehlbetrag [ ]
   b) sonstige Steuern [ ]
   c) Ergebnis nach Steuern [ ]
   d) Materialaufwand [ ]
   e) Personalaufwand [ ]
   f) Umsatzerlöse [ ]
   g) Abschreibungen [ ]
   h) sonstige betriebliche Aufwendungen [ ]
   i) Steuern vom Einkommen und Ertrag [ ]

REWE 8 — ABSCHLÜSSE NACH HANDELS- UND STEUERRECHT

15. **Welche Pflichtangaben müssen im Anhang stehen?**
    a) Bilanzierungs- und Bewertungsmethoden
    b) Entwicklung der einzelnen Posten des Anlagevermögens
    c) Abschreibungen
    d) Gesamtbetrag der Verbindlichkeiten, die durch Pfandrechte gesichert sind
    e) Sonderposten mit Rücklageanteil

16. **Für die Erstellung des Anhangs gelten folgende Fristen. Ordnen Sie richtig zu!**
    a) keine Frist   [ ] 1 kleine Kapitalgesellschaften
    b) 3 Monate   [ ] 2 mittlere Kapitalgesellschaften
    c) 5 Monate   [ ] 3 große Kapitalgesellschaften
    d) 6 Monate   [ ] 4 Einzelunternehmen/Personengesellschaften
    e) 12 Monate

17. **Für die Erstellung des Jahresabschlusses gelten folgende Fristen. Ordnen Sie richtig zu!**
    a) keine Frist   [ ] 1 kleine Kapitalgesellschaften
    b) 3 Monate   [ ] 2 mittlere Kapitalgesellschaften
    c) 5 Monate   [ ] 3 große Kapitalgesellschaften
    d) 6 Monate   [ ] 4 Einzelunternehmen/Personengesellschaften
    e) 12 Monate

18. **Die Prüfung des Jahresabschlusses einer mittleren Kapitalgesellschaft erstreckt sich auf:**
    a) Bilanz
    b) Bilanz und Gewinn- und Verlustrechnung
    c) Bilanz, Gewinn- und Verlustrechnung, Anhang
    d) Bilanz, Gewinn- und Verlustrechnung, Anhang, Lagebericht
    e) Bilanz, Gewinn- und Verlustrechnung, Anhang, Buchführung, Lagebericht

19. **Nach Feststellung des Jahresabschlusses ist dieser offen zu legen. Der Umfang der Offenlegung erstreckt sich bei großen Kapitalgesellschaften auf**
    a) Bilanz
    b) Bilanz und Gewinn- und Verlustrechnung
    c) Bilanz, Gewinn- und Verlustrechnung, Anhang
    d) Bilanz Gewinn und Verlustrechnung, Anhang, Lagebericht
    e) Bilanz Gewinn und Verlustrechnung, Anhang, Buchführung, Lagebericht

20. **Welche der folgenden Posten gehören nicht in die Handelsbilanz?**
    a) Fabrikgebäude
    b) Besitzwechsel
    c) Steuerrückstellungen
    d) Umsatzerlöse
    e) Bestandsminderungen fertiger Erzeugnisse
    f) Anteile an verbundenen Unternehmen
    g) Pensionsrückstellungen
    h) Kassenbestand
    i) Abschreibungen
    j) Andere aktivierte Eigenleistungen
    k) Aufwendungen für Roh-, Hilfs-, Betriebsstoffe
    l) Kapitalrücklage
    m) Forderungen aus Lieferungen und Leistungen
    n) Betriebs- und Geschäftsausstattung
    o) Steuern vom Einkommen und Ertrag
    p) Gezeichnetes Kapital
    q) Sonstige Verbindlichkeiten
    r) Immaterielle Vermögensgegenstände
    s) Löhne und Gehälter
    t) Bestandserhöhungen unfertiger Erzeugnisse

ABSCHLÜSSE NACH HANDELS- UND STEUERRECHT — REWE 8

21. Das HGB enthält in § 252 allgemeine Bewertungsgrundsätze. Ordnen sie richtig zu!
    a) Verluste sind bereits zu berücksichtigen, wenn sie erkennbar sind.
    b) Gewinne dürfen erst ausgewiesen werden, wenn sie erzielt worden sind.
    c) Bei der Bewertung ist von der Weiterführung des Unternehmens auszugehen.
    d) Gewählte Bewertungsmethoden sollen beibehalten werden.
    e) Aufwendungen und Erträge sind unabhängig vom Zeitpunkt der Zahlung im Jahresabschluss zu berücksichtigen.

    [ ] 1 Bewertungsstetigkeit
    [ ] 2 Going-Concern-Prinzip
    [ ] 3 Imparitätsprinzip
    [ ] 4 Realisationsprinzip
    [ ] 5 Periodengerechte Abgrenzung
    [ ] 6 Bilanzidentität

22. Bei der Bewertung von Wirtschaftsgütern in der Steuerbilanz sind folgende Bewertungsmaßstäbe zu unterscheiden:
    a) gemeiner Wert
    b) Teilwert
    c) Anschaffungskosten
    d) Ertragswert
    e) Herstellungskosten

23. Zu den Anschaffungskosten eines Betriebsgebäudes gehören nicht:
    a) Grunderwerbsteuer
    b) Finanzierungskosten
    c) Maklergebühren
    d) Grundbuchkosten
    e) Grundsteuer

24. Zu den Anschaffungskosten eines Betriebsfahrzeugs gehören beispielsweise:
    a) Überführungskosten
    b) Treibstoffkosten
    c) Zulassungsgebühren
    d) abzugsfähige Vorsteuer
    e) Firmenbeschriftung

25. Bei der Anschaffung einer Maschine können folgende aktivierungspflichtige Nebenkosten anfallen:
    a) Einfuhrzoll
    b) Spezialverpackung
    c) Fracht
    d) Montagekosten
    e) Finanzierungskosten

26. Preisminderungen führen im Zeitpunkt der tatsächlichen Inanspruchnahme zu einer Kürzung der Anschaffungskosten. Zu den Preisminderungen rechnen:
    a) abzugsfähige Vorsteuer
    b) Rabatte
    c) Skonti
    d) Boni
    e) Preisnachlässe aufgrund von Reklamationen

27. Erstellt ein Unternehmen ein Wirtschaftsgut selbst, entstehen Herstellungskosten. Handelsrechtlich müssen mindestens folgende Kosten aktiviert werden:
    a) Materialeinzelkosten
    b) Materialgemeinkosten
    c) Fertigungskosten
    d) Verwaltungsgemeinkosten
    e) Vertriebsgemeinkosten
    f) Fertigungsgemeinkosten

REWE 8 — ABSCHLÜSSE NACH HANDELS- UND STEUERRECHT

28. **Bei der Herstellung eines Wirtschaftsgutes sind steuerrechtlich mindestens folgende Kosten anzusetzen:**
    a) Materialeinzelkosten
    b) Fertigungseinzelkosten
    c) Vertriebsgemeinkosten
    d) Materialgemeinkosten
    e) Fertigungsgemeinkosten

29. **Eine Teilwertabschreibung ist nur zulässig**
    a) zum Bilanzstichtag
    b) bei vorübergehender Wertminderung des Anlagevermögens
    c) bei vorübergehender Wertminderung des Umlaufvermögens
    d) voraussichtlich dauernder Wertminderung des Anlagevermögens
    e) voraussichtlich dauernder Wertminderung der Verbindlichkeiten

30. **Zuschüsse bei der Anschaffung von Wirtschaftsgütern**
    a) mindern die Anschaffungskosten   [ ]
    b) mindern die Anschaffungskosten nicht   [ ]
    c) werden als Betriebseinnahmen gebucht   [ ]
    d) werden erfolgsneutral gebucht   [ ]
    e) sind überhaupt nicht zu berücksichtigen   [ ]

31. **Immaterielle Wirtschaftsgüter sind beispielsweise**
    a) Firmenwert
    b) Schecks
    c) Patente
    d) Wertpapiere
    e) Urheberrechte

32. **Immaterielle Wirtschaftsgüter werden**
    a) grundsätzlich nicht aktiviert
    b) nur aktiviert, wenn sie selbst geschaffen wurden
    c) aktiviert, wenn sie entgeltlich erworben wurden
    d) nur aktiviert bei Kapitalgesellschaften
    e) mit ihren Entwicklungskosten aktiviert, wenn sie selbst geschaffen wurden

33. **Zum abnutzbaren Anlagevermögen gehören:**
    a) Gebäude
    b) Maschinen
    c) Firmenwert
    d) Grund und Boden
    e) Finanzanlagen

34. **Nicht abnutzbares Anlagevermögen ist grundsätzlich zu bewerten mit den/dem**
    a) Anschaffungskosten
    b) Herstellungskosten
    c) Teilwert
    d) gemeinen Wert
    e) Ertragswert

35. **Der Maßgeblichkeitsgrundsatz der Handelsbilanz für die Steuerbilanz besagt:**
    a) alle Ansätze in der Handelsbilanz sind auch für die Steuerbilanz maßgeblich
    b) alle Ansätze in der Handelsbilanz, die nicht gegen zwingende steuerliche Vorschriften verstoßen, sind auch für die Steuerbilanz maßgeblich
    c) dass ein Aktivierungsverbot in der Handelsbilanz auch für die Steuerbilanz gilt
    d) dass ein Aktivierungswahlrecht in der Handelsbilanz nicht zu einer Aktivierungspflicht in der Steuerbilanz führt
    e) dass ein Passivierungswahlrecht in der Handelsbilanz ein Passivierungsverbot in der Steuerbilanz nach sich zieht

ABSCHLÜSSE NACH HANDELS- UND STEUERRECHT — REWE 8

36. **Verbindlichkeiten sind in der Handelsbilanz grundsätzlich mit dem Erfüllungsbetrag zu bewerten. In der Steuerbilanz kommen als Wertansätze in Betracht:**
    a) die Anschaffungskosten
    b) die Herstellungskosten
    c) der Nennwert
    d) der niedrigere Teilwert, bei voraussichtlich dauernder Wertminderung
    e) der höhere Teilwert, bei voraussichtlich dauernder Werterhöhung

37. **Das Abzinsungsgebot gilt für**
    a) alle unverzinsliche Verbindlichkeiten
    b) Anzahlungen und Vorauszahlungen
    c) unverzinsliche Verbindlichkeiten mit einer Laufzeit von mehr als 12 Monaten
    d) unverzinsliche Verbindlichkeiten mit einer Laufzeit von weniger als 12 Monaten
    e) Rückstellungen mit einer Laufzeit von mehr als 12 Monaten

38. **Wie wird bei einer Darlehensaufnahme das Disagio/Damnum in der Steuerbilanz behandelt?**
    a) als Betriebsausgabe
    b) es wird passiviert
    c) es wird aktiviert
    d) es wird aktiviert und auf die Laufzeit des Darlehens verteilt
    e) es wird aktiviert und im Jahr der Darlehensaufnahme in voller Höhe abgeschrieben

39. **Rückstellungen sind Verbindlichkeiten bei denen am Abschlussstichtag**
    a) der Grund der Verbindlichkeit nicht feststeht
    b) nur die Höhe der Verbindlichkeit nicht feststeht
    c) nur die Fälligkeit der Verbindlichkeit nicht feststeht
    d) Grund, Höhe und Fälligkeit nicht feststehen
    e) Höhe und Fälligkeit nicht feststehen

40. **Rückstellungen dürfen in der Steuerbilanz gebildet werden für**
    a) ungewisse Verbindlichkeiten
    b) drohende Verluste aus schwebenden Geschäften
    c) unterlassene Instandhaltung, die innerhalb von 3 Monaten nachgeholt werden
    d) unterlassene Instandhaltung, die innerhalb von 12 Monaten nachgeholt werden
    e) Aufwendungen im Sinne des § 249 (2) HGB

41. **Rücklagen sind dem Eigenkapital zuzurechnen. Ordnen Sie richtig zu!**
    a) Kapitalrücklagen   [ ] 1 stille Rücklage
    b) Gewinnrücklagen   [ ] 2 offene Rücklage
    c) Rücklage für Ersatzbeschaffung [ ] 3 Sonderposten mit Rücklageanteil
    d) Rücklage für Investitionen
    e) Rücklage durch Unterbewertung von Aktivposten

42. **Welche Aussage über die stillen Rücklagen trifft zu? Stille Rücklagen entstehen durch**
    a) Unterbewertung des Anlagevermögens
    b) Überbewertung des Anlagevermögens
    c) Unterbewertung von Passivposten
    d) Überbewertung von Passivposten
    e) gesetzliche Vorschriften

43. **Eine OHG hält 55% des gezeichneten Kapitals einer GmbH. Welche Bilanzposition der OHG weist diesen Anteil aus?**
    a) Gezeichnetes Kapital
    b) Kapitalrücklage
    c) Beteiligungen
    d) Jahresüberschuss
    e) Anleihen

REWE 8 — ABSCHLÜSSE NACH HANDELS- UND STEUERRECHT

44. **Ein Investitionsabzugsbetrag nach § 7g EStG darf angesetzt werden**
    a) für die Anschaffung von unbeweglichem und beweglichem Anlagevermögen
    b) für die Anschaffung von beweglichem Anlagevermögen
    c) für die Anschaffung von neuem beweglichem Anlagevermögen
    d) für die Anschaffung von neuem beweglichem Anlagevermögen, das zu mindestens 90% betrieblich genutzt wird
    e) für die Anschaffung von beweglichem Anlagevermögen, das zu mindestens 90% betrieblich genutzt wird und im Jahr der Anschaffung/Herstellung und im darauf folgenden Jahr in einer inländischen Betriebsstätte verbleibt

45. **Wie werden Entnahmen ertragsteuerlich bewertet? Mit**
    a) den Anschaffungskosten
    b) den Herstellungskosten
    c) dem Teilwert
    d) dem gemeinen Wert
    e) dem Ertragswert

46. **Mit welchem Wert sind Entnahmen umsatzsteuerlich zu bewerten, deren Anschaffung/Herstellung zum vollen oder teilweisen Vorsteuerabzug geführt hat? Mit**
    a) den ursprünglichen Anschaffungskosten zuzüglich Nebenkosten
    b) den ursprünglichen Herstellungskosten
    c) den Wiederbeschaffungs-, Wiederherstellungskosten im Zeitpunkt der Entnahme
    d) den Selbstkosten im Zeitpunkt der Entnahme
    e) dem Einkaufspreis zuzüglich Nebenkosten im Zeitpunkt der Entnahme

47. **Der private Nutzungsanteil von Betriebsfahrzeugen des notwendigen Betriebsvermögens kann mit der 1%-Regelung angesetzt werden. Diese lautet:**
    a) jährlich 1% des inländischen Listenpreises im Zeitpunkt der Erstzulassung
    b) monatlich 1% des inländischen Listenpreises im Zeitpunkt der Erstzulassung
    c) monatlich 1% des inländischen Listenpreises im Zeitpunkt der Erstzulassung einschließlich USt, abgerundet auf volle 100 €
    d) monatlich 1% des inländischen Listenpreises, abzüglich Preisnachlässe, zuzüglich Sonderausstattung, im Zeitpunkt der Erstzulassung einschließlich USt, abgerundet auf volle 100 €
    e) monatlich 1% des inländischen Listenpreises zuzüglich Sonderausstattung, im Zeitpunkt der Erstzulassung einschließlich USt, abgerundet auf volle 100 €

48. **Fahrten des Unternehmers zwischen Wohnung und Betrieb sind**
    a) nicht zu berücksichtigen
    b) als private Fahrten anzusetzen
    c) als unternehmerische Nutzung zu behandeln
    d) anzusetzen mit 0,03% des inländischen Listenpreises x Entfernungskilometer x Monate abzüglich des Betrags, der wie Werbungskosten abgezogen werden könnte
    e) anzusetzen mit den tatsächliche Kosten je km x gefahrene km x Tage, abzüglich des Betrags, der wie Werbungskosten abgezogen werden könnte

49. **Ein ordnungsgemäß geführtes Fahrtenbuch muss enthalten:**
    a) insgesamt entstandene Aufwendungen, nachgewiesen durch Belege
    b) Verhältnis der privaten zu den übrigen Fahrten
    c) Datum und Kilometerstand zu Beginn und am Ende der Reise
    d) Reiseziel
    e) alle mitfahrenden Personen

50. **Einlagen können bewertet werden mit**
    a) den ursprünglichen Anschaffungskosten
    b) den Anschaffungskosten abzüglich AfA zwischen Anschaffung und Einlage bei abnutzbaren Wirtschaftsgütern
    c) dem gemeinen Wert im Zeitpunkt der Zuführung
    d) dem Teilwert im Zeitpunkt der Zuführung
    e) höchstens mit den Anschaffungskosten, wenn das Wirtschaftsgut innerhalb der letzten drei Jahre vor dem Zeitpunkt der Zuführung angeschafft wurde

ABSCHLÜSSE NACH HANDELS- UND STEUERRECHT — REWE 8

51. Eine Einlage
a) wird erfolgswirksam gebucht
b) wird erfolgsneutral gebucht
c) vermindert das Eigenkapital
d) erhöht das Eigenkapital
e) steigert den Gewinn

52. Welche Posten gehören zu den kalkulatorischen Kosten?
a) Unternehmerlohn
b) Darlehenszinsen
c) Abschreibungen von den Wiederbeschaffungskosten
d) Abschreibungen von den Anschaffungskosten
e) Mietwert der eigenen Geschäftsräume

53. Welcher Vorgang führt gleichzeitig zu Aufwand, Ausgabe und Kosten?
a) Abschreibung auf Sachanlagen
b) Buchung des kalkulatorischen Unternehmerlohns
c) Zahlung von Darlehenszinsen
d) Banküberweisung von Fertigungslöhnen
e) Private Verwendung eines Betriebsfahrzeugs

54. Welche Kosten sind Zusatzkosten?
a) Stoffkosten
b) Mietwert eigner Grundstücke
c) Darlehenszinsen
d) Unternehmerlohn
e) Abschreibungen von den Wiederbeschaffungskosten

55. Welche Aufwendungen zählen zu den neutralen Aufwendungen?
a) Grundstücksaufwendungen
b) Verluste aus Anlageabgängen
c) Materialaufwand
d) Steuernachzahlungen
e) Personalaufwand

56. Bei welchen Posten handelt es sich um neutrale Erträge?
a) Umsatzerlöse
b) Zinserträge
c) Erträge aus dem Abgang von Gegenständen des Anlagevermögens
d) Aktivierte Eigenleistungen
e) Erträge aus der Auflösung von Rückstellungen

57. In welcher Zeile ist der Jahresüberschuss richtig ermittelt?
a) Ergebnis der gewöhnlichen Geschäftstätigkeit – außerordentliches Ergebnis
b) Ergebnis der gewöhnlichen Geschäftstätigkeit + außerordentliches Ergebnis
c) Ergebnis der gewöhnlichen Geschäftstätigkeit + außerordentliches Ergebnis – Steuern vom Einkommen und Ertrag
d) Ergebnis der gewöhnlichen Geschäftstätigkeit +/- außerordentliches Ergebnis – Steuern vom Einkommen und Ertrag – sonstige Steuern
e) Betriebsergebnis + neutrales Ergebnis – Steuern vom Einkommen und Ertrag

58. Welche Aussagen sind richtig?
a) Bei der Erstellung des Jahresabschlusses sind nur Aufwendungen und Erträge zu berücksichtigen, die auf das Geschäftsjahr entfallen, für das der Abschluss erstellt wird.
b) Der Gewinn wird aus allen Aufwendungen und Erträgen des Geschäftsjahres errechnet.
c) Der Gewinn wird nur aus den Aufwendungen und Erträgen ermittelt, die dem Abschlussjahr wirtschaftlich zuzuordnen sind.
d) Stellen Ausgaben vor dem Abschlussstichtag Aufwand für eine bestimmte Zeit nach diesem Tag dar, so sind sie als Sonstige Forderungen auf der Aktivseite der Schlussbilanz auszuweisen.
e) Stellen Ausgaben vor dem Abschlussstichtag Aufwand für eine bestimmte Zeit nach diesem Tag dar, so sind sie als Rechnungsabgrenzungsposten auf der Aktivseite der Schlussbilanz auszuweisen.
f) Einnahmen vor dem Bilanzstichtag, die Ertrag für eine bestimmte Zeit nach diesem Tag darstellen, sind als Sonstige Verbindlichkeiten auf der Passivseite der Schlussbilanz auszuweisen.

REWE 8 — ABSCHLÜSSE NACH HANDELS- UND STEUERRECHT

59. Welche Art der zeitlichen Abgrenzung liegt vor?
  a) Die Einnahme liegt im alten Jahr. Der Ertrag gehört voll ins neue Jahr   [ ] 1 ARAP
  b) Die Ausgabe erfolgt im alten Jahr. Der Aufwand gehört voll ins neue Jahr   [ ] 2 PRAP
  c) Der Aufwand gehört voll ins alte Jahr. Die Zahlung erfolgt im neuen Jahr   [ ] 3 Sonstige Forderungen
  d) Der Ertrag gehört voll ins alte Jahr. Die Einnahme erfolgt im neuen Jahr   [ ] 4 Sonstige Verbindlichkeiten

60. Ordnen Sie die Geschäftsfälle hinsichtlich des Vorsteuerabzugs und der USt richtig zu.
  a) Die Leistung ist ausgeführt. Die Rechnung mit Steuerausweis liegt vor. Die Zahlung erfolgt im alten Jahr.   [ ] 1 Vorsteuerabzug möglich
  b) Die Leistung ist ausgeführt. Rechnungserhalt und Zahlung erfolgen im neuen Jahr.   [ ] 2 Vorsteuerabzug nicht möglich
  c) Die Leistung ist nicht ausgeführt. Die Rechnung mit offenem Steuerausweis liegt vor und die Zahlung ist erfolgt.
  d) Die Leistung ist ausgeführt, aber noch nicht abgerechnet.
  e) Die Leistung ist nicht ausgeführt. Die Rechnung geht im alten Jahr zu. Die Zahlung erfolgt im neuen Jahr.   [ ] 3 Fällige USt-Schuld
  f) Die Leistung ist noch nicht ausgeführt. Die Rechnung wurde erstellt und der Kunde hat das Entgelt für die Leistung bereits ganz bezahlt   [ ] 4 Noch nicht fällige USt-Schuld

61. Welches Abgrenzungs-Konto wird angesprochen?
  a) Ein Gewerbetreibender zahlt im Oktober Versicherungsprämien für Januar bis März des nächsten Jahres.   [ ] 1 ARAP
  b) Ein Unternehmer erhält die Dezembermiete für die Überlassung von Geschäftsräumen durch Zahlung im Januar des nächsten Jahres.   [ ] 2 PRAP
  c) Die uns in Rechnung gestellten Gebühren der Wach- und Schließgesellschaft für den Monat Dezember überweisen wir im Januar.   [ ] 3 Sonstige Forderungen
  d) Die ausstehende Dezembermiete wird im Januar des nächsten Jahres an uns gezahlt.   [ ] 4 Sonstige Verbindlichkeiten

62. Am 01.10. wurde die Kfz-Steuer für 1 Jahr im Voraus gezahlt. Buchung zum 31.12.!
  [1] Aktive Rechnungsabgrenzungsposten
  [2] Passive Rechnungsabgrenzungsposten
  [3] Sonstige Forderungen
  [4] Postbank
  [5] Sonstige Verbindlichkeiten
  [6] Kfz-Steuer

S	H
☐	☐

63. Wir haben am 28.11. die Miete für die Lagerhalle im Voraus (für die Monate Dezember, Januar und Februar) überwiesen. Wie war am 31.12. zu buchen?
  [1] Aktive Rechnungsabgrenzungsposten
  [2] Passive Rechnungsabgrenzungsposten
  [3] Sonstige Forderungen
  [4] Kreditinstitute
  [5] Sonstige Verbindlichkeiten
  [6] Mieten, Pachten, Leasing

S	H
☐	☐

ABSCHLÜSSE NACH HANDELS- UND STEUERRECHT — REWE 8

64. Am 15.09. wurden Darlehenszinsen für ein halbes Jahr im Voraus durch Postbank überwiesen. Wie lautet die Buchung zum 31.12.?
[1] Aktive Rechnungsabgrenzungsposten
[2] Passive Rechnungsabgrenzungsposten
[3] Sonstige Forderungen
[4] Sonstige Verbindlichkeiten
[5] Zinsen und ähnliche Aufwendungen
[6] Sonstige Zinsen und ähnliche Erträge

65. Wir haben für betriebliche Kraftfahrzeugsteuer am 31.12. eine Rechnungsabgrenzung in Höhe von 500 € gebildet. Wie ist im neuen Jahr nach Eröffnung der Konten zu buchen?
[1] Aktive Rechnungsabgrenzungsposten
[2] Passive Rechnungsabgrenzungsposten
[3] Außerordentliche Aufwendungen
[4] Betriebsfremde Erträge
[5] Kfz-Steuer
[6] Gewinn- und Verlustkonto

66. Am 01.11. haben wir ein Bankdarlehen aufgenommen. Die Zinsen für das erste Jahr wurden gleich einbehalten. Wie war zum 31.12. zu buchen?
[1] Verbindlichkeiten gegenüber Kreditinstituten
[2] Aktive Rechnungsabgrenzungsposten
[3] Passive Rechnungsabgrenzungsposten
[4] Sonstige Forderungen
[5] Kreditinstitute
[6] Sonstige Verbindlichkeiten
[7] Zinsen und ähnliche Aufwendungen

67. Ein Großhändler zahlt die jährliche Kfz-Steuer in Höhe von € 3.000 am 01.11. für die Monate November bis Oktober im Voraus durch Banküberweisung.
a) Welcher Betrag wird vom alten ins neue Jahr übernommen?
b) Wie lautet die Buchung im neuen Jahr nach der Eröffnung der Konten?
[1] Aktive Rechnungsabgrenzungsposten
[2] Passive Rechnungsabgrenzungsposten
[3] Sonstige Forderungen
[4] Kreditinstitute
[5] Sonstige Verbindlichkeiten
[6] Zinsen und ähnliche Aufwendungen
[7] Kfz-Steuer

68. Ein Darlehensschuldner überwies am 01.12. 2.000,00 € Zinsen für den Zeitraum 01.12. d. J. bis 31.05. n. J. auf unser Bankkonto. Am 31.12. d. J. wurde diese Tatsache bei der Bilanzerstellung berücksichtigt. Wie war nach Kontoeröffnung im Januar des neuen Jahres zu buchen?
[1] Aktive Rechnungsabgrenzungsposten
[2] Passive Rechnungsabgrenzungsposten
[3] Sonstige Forderungen
[4] Kreditinstitute
[5] Sonstige Verbindlichkeiten
[6] Zinsen und ähnliche Aufwendungen
[7] Sonstige Zinsen und ähnliche Erträge

69. Ein Großhändler hat für Mieteinnahmen am 31.12. eine Rechnungsabgrenzung in Höhe von 300 € gebildet. Wie ist im nächsten Jahr nach Eröffnung der Konten zu buchen?
[1] Aktive Rechnungsabgrenzungsposten
[2] Passive Rechnungsabgrenzungsposten
[3] Zinsen und ähnliche Aufwendungen
[4] Betriebsfremde Erträge
[5] Periodenfremde Erträge
[6] Außerordentliche Erträge
[7] Mieten, Pachten, Leasing

REWE 8 — ABSCHLÜSSE NACH HANDELS- UND STEUERRECHT

70. Im vorigen Jahr wurde für Mieteinnahmen eine Rechnungsabgrenzung vorgenommen. Wie ist im neuen Jahr die Auflösung der Rechnungsabgrenzung zu buchen?
- [1] Aktive Rechnungsabgrenzungsposten
- [2] Passive Rechnungsabgrenzungsposten
- [3] Betriebsfremde Aufwendungen
- [4] Betriebsfremde Erträge
- [5] Mieten, Pachten, Leasing
- [6] Schlussbilanzkonto

S	H
☐	☐

71. Ein Darlehensschuldner zahlt an uns durch Postbanküberweisung Anfang Dezember die Zinsen für das 1. Vierteljahr des neuen Geschäftsjahres. Buchung zum 31.12.!
- [1] Aktive Rechnungsabgrenzungsposten
- [2] Passive Rechnungsabgrenzungsposten
- [3] Sonstige Forderungen
- [4] Sonstige Verbindlichkeiten
- [5] Postbank
- [6] Zinsen und ähnliche Aufwendungen
- [7] Sonstige Zinsen und ähnliche Erträge

S	H
☐	☐

72. Unser Mieter hat seine lt. Vertrag vierteljährlich im Voraus zu zahlende Miete für November, Dezember und Januar in Höhe von 1.500 € per Dauerauftrag bezahlt. Wie lautete die Buchung am 31.12.?
- [1] Aktive Rechnungsabgrenzungsposten
- [2] Passive Rechnungsabgrenzungsposten
- [3] Sonstige Forderungen
- [4] Kreditinstitute
- [5] Sonstige Verbindlichkeiten
- [6] Betriebsfremde Erträge

S	H
☐	☐

73. Für Zinseinnahmen wurde am 31.12. eine zeitliche Abgrenzung gebildet. Wie ist im nächsten Jahr nach Eröffnung der Konten zu buchen?
- [1] Aktive Rechnungsabgrenzungsposten
- [2] Passive Rechnungsabgrenzungsposten
- [3] Sonstige Forderungen
- [4] Sonstige Verbindlichkeiten
- [5] Zinsen und ähnliche Aufwendungen
- [6] Sonstige Zinsen und ähnliche Erträge
- [7] Erträge aus der Auflösung von Rückstellungen

S	H
☐	☐

74. Es besteht noch ein Anspruch auf Bonus gegenüber einem Lieferer für das abgelaufene Geschäftsjahr. Buchung zum 31.12.!
- [1] Aktive Rechnungsabgrenzungsposten
- [2] Passive Rechnungsabgrenzungsposten
- [3] Sonstige Forderungen
- [4] Kreditinstitute
- [5] Lieferantenboni
- [6] Kundenboni

S	H
☐	☐

75. Wir erhalten Darlehenszinsen halbjährlich nachträglich in Höhe von 4.500,00 € durch Postbanküberweisung. Nächster Zahlungstermin 30.04. n.J.
a) Welcher Betrag wird zum 31.12. gebucht?
b) Wie lautet die Buchung bei Postbanküberweisung zum 30.04. n.J.?
- [1] Sonstige Rückstellungen
- [2] Aktive Rechnungsabgrenzungsposten
- [3] Passive Rechnungsabgrenzungsposten
- [4] Sonstige Forderungen
- [5] Postbank
- [6] Sonstige Verbindlichkeiten
- [7] Zinsen und ähnliche Aufwendungen
- [8] Sonstige Zinsen und ähnliche Erträge

S	H
☐	☐
☐	☐

ABSCHLÜSSE NACH HANDELS- UND STEUERRECHT — REWE 8

76. Wir haben die Dezembermiete für vermietete Geschäftsräume im eigenen Geschäftsgebäude noch nicht erhalten. Buchung zum 31.12.?
- [1] Bauten auf eigenen Grundstücken
- [2] Aktive Rechnungsabgrenzungsposten
- [3] Passive Rechnungsabgrenzungsposten
- [4] Sonstige Forderungen
- [5] Sonstige Verbindlichkeiten
- [6] Betriebsfremde Aufwendungen
- [7] Betriebsfremde Erträge
- [8] Mieten, Pachten, Leasing

77. Die Kraftfahrzeugsteuer für ein im Dezember abgemeldetes Geschäftsfahrzeug wird erst im neuen Geschäftsjahr vom Finanzamt zurückerstattet. Buchung zum 31.12.?
- [1] Aktive Rechnungsabgrenzungsposten
- [2] Passive Rechnungsabgrenzungsposten
- [3] Sonstige Forderungen
- [4] Sonstige Verbindlichkeiten
- [5] Außerordentliche Aufwendungen
- [6] Außerordentliche Erträge
- [7] Kfz-Steuern

78. 80.000 € werden am 30.11. bei unserer Bank als Festgeld angelegt. Der Zinsertrag von 1.200 € für 6 Monate wird am 31.05. nachträglich fällig und wird unserem Bankkonto gutgeschrieben. Am 31.12. wurde die Jahresabgrenzung vorgenommen. Wie lautet die Buchung am 31.05.?
- [1] Sonstige Forderungen
- [2] Aktive Rechnungsabgrenzungsposten
- [3] Zinsen und ähnliche Aufwendungen
- [4] Passive Rechnungsabgrenzungsposten
- [5] Bank
- [6] Sonstige Verbindlichkeiten
- [7] Sonstige Zinsen und ähnliche Erträge

79. Da wir die Darlehenszinsen für ein von uns gewährtes Darlehen für das 4. Quartal am 31.12. noch nicht erhalten hatten, bildeten wir eine entsprechende Abgrenzung. Wie ist bei Überweisung auf unser Bankkonto zum 10.01. des folgenden Jahres zu buchen?
- [1] Aktive Rechnungsabgrenzungsposten
- [2] Passive Rechnungsabgrenzungsposten
- [3] Sonstige Forderungen
- [4] Bank
- [5] Sonstige Verbindlichkeiten
- [6] Außerordentliche Aufwendungen
- [7] Zinsen und ähnliche Aufwendungen
- [8] Sonstige Zinsen und ähnliche Erträge

80. Unser Kunde hatte die Darlehenszinsen für das 2. Halbjahr von € 295,00 am 31.12. noch nicht beglichen. Wie war zum 31.12. zu buchen?
- [1] Aktive Rechnungsabgrenzungsposten
- [2] Passive Rechnungsabgrenzungsposten
- [3] Sonstige Forderungen
- [4] Kasse
- [5] Sonstige Verbindlichkeiten
- [6] Zinsen und ähnliche Aufwendungen
- [7] Sonstige Zinsen und ähnliche Erträge

REWE 8 — ABSCHLÜSSE NACH HANDELS- UND STEUERRECHT

81. Wir zahlten Anfang Mai d.J. durch Banküberweisung Darlehenszinsen für die Zeit vom 01.12. vergangenen Jahres bis 31.05. diesen Jahres. Die Zinsen für Monat Dezember waren bei der Bilanzerstellung für vergangenes Jahr berücksichtigt worden. Wie war im Mai d.J. die Überweisung zu buchen?
- [1] Aktive Rechnungsabgrenzungsposten
- [2] Passive Rechnungsabgrenzungsposten
- [3] Sonstige Forderungen
- [4] Bank
- [5] Sonstige Verbindlichkeiten
- [6] Zinsen und ähnliche Aufwendungen
- [7] Sonstige Zinsen und ähnliche Erträge

S	H
☐	☐
☐	☐

82. Der Vertreter eines Großhändlers reicht seine Provisionsabrechnung über 840 € zuzüglich Umsatzsteuer am 30.12. ein. Der Großhändler überweist im Januar des neuen Jahres. Wie bucht er am 31.12.?
- [1] Aktive Rechnungsabgrenzungsposten
- [2] Passive Rechnungsabgrenzungsposten
- [3] Sonstige Forderungen
- [4] Vorsteuer
- [5] Bank
- [6] Sonstige Verbindlichkeiten
- [7] Umsatzsteuer
- [8] Provisionen

S	H
☐	☐
☐	☐

83. Die Darlehenszinsen für den Zeitraum 01.12. d.J. bis 28.02.n.J zahlten wir erst am 02.03. des nächsten Jahres durch Banküberweisung. Wie lautete die Buchung zum 31.12. d.J.?
- [1] Aktive Rechnungsabgrenzungsposten
- [2] Passive Rechnungsabgrenzungsposten
- [3] Sonstige Forderungen
- [4] Sonstige Verbindlichkeiten
- [5] Bank
- [6] Zinsen und ähnliche Aufwendungen

S	H
☐	☐

84. Die Dezembermiete für von uns gemietete Geschäftsräume zahlen wir erst im Januar des neuen Geschäftsjahres. Buchung zum 31.12.!
- [1] Aktive Rechnungsabgrenzungsposten
- [2] Passive Rechnungsabgrenzungsposten
- [3] Sonstige Forderungen
- [4] Sonstige Verbindlichkeiten
- [5] Betriebsfremde Aufwendungen
- [6] Betriebsfremde Erträge
- [7] Mieten, Pachten, Leasing

S	H
☐	☐

85. Für die Erstellung des Jahresabschlusses für dieses Jahr durch den Steuerberater gehen wir von Kosten in Höhe von € 3.000 aus. Wie ist am 31.12. zu buchen?
- [1] Rückstellungen
- [2] Aktive Rechnungsabgrenzungsposten
- [3] Passive Rechnungsabgrenzungsposten
- [4] Bank
- [5] Sonstige Verbindlichkeiten
- [6] Rechts- und Beratungskosten

S	H
☐	☐

ABSCHLÜSSE NACH HANDELS- UND STEUERRECHT — REWE 8

86. Für eine zu erwartende Gewerbesteuernachzahlung wird in der Handelsbilanz zum 31.12. eine Rückstellung in Höhe von € 3.200 € gebildet.
   [1] Rücklagen
   [2] Rückstellungen
   [3] Aktive Rechnungsabgrenzungsposten
   [4] Sonstige Verbindlichkeiten
   [5] Betriebsfremde Aufwendungen
   [6] Außerordentliche Erträge
   [7] Gewerbesteuer

S	H
☐	☐

87. Laut Gewerbesteuerbescheid müssen wir im November d. J. noch eine Nachzahlung von 8.500,00 € für das vergangene Jahr leisten. Hierfür waren zum 31.12. v.J. 10.000,00 € zurückgestellt worden. Wie ist zu buchen, wenn am 26.11. d. J. durch Banküberweisung die Steuerschuld beglichen wird?
   [1] Rückstellungen
   [2] Passive Rechnungsabgrenzungsposten
   [3] Bank
   [4] Rücklagen
   [5] Betriebsfremde Aufwendungen
   [6] Erträge aus der Auflösung von Rückstellungen
   [7] Gewerbesteuer
   [8] Verbindlichkeiten aus Steuern

S	H
☐	☐
☐	☐

88. Für einen schwebenden Prozess haben wir im Dezember v. J. eine Rückstellung in Höhe von 1.500,00 € gebildet. Nach Prozessabschluss überweisen wir im Mai d. J. 1.350,00 € Gerichtskosten durch die Bank.
   [1] Rückstellungen
   [2] Aktive Rechnungsabgrenzungsposten
   [3] Passive Rechnungsabgrenzungsposten
   [4] Bank
   [5] Postbank
   [6] Periodenfremde Erträge
   [7] Erträge aus der Auflösung von Rückstellungen

S	H
☐	☐
☐	☐

89. Im März erhalten wir den Gewerbesteuerbescheid für das alte Jahr und überweisen per Bank. Die von uns im vergangenen Jahr in der Handelsbilanz gebildete Rückstellung war zu niedrig.
   [1] Rückstellungen
   [2] Sonstige Forderungen
   [3] Bank
   [4] Sonstige Verbindlichkeiten
   [5] Periodenfremde Aufwendungen
   [6] Periodenfremde Erträge aus früheren Jahren
   [7] Gewerbesteuer

S	H
☐	☐
☐	☐

90. Im vergangenen Geschäftsjahr wurde für einen laufenden Prozess eine Rückstellung in Höhe von € 12.000 gebildet. Der Prozess wurde von uns gewonnen, die Rückstellung ist aufzulösen.
   [1] Rückstellungen
   [2] Bank
   [3] Sonstige Verbindlichkeiten
   [4] Außerordentliche und betriebsfremde Aufwendungen
   [5] Erträge aus der Auflösung von Rückstellungen
   [6] Rechts- und Beratungskosten

S	H
☐	☐

REWE 8 — ABSCHLÜSSE NACH HANDELS- UND STEUERRECHT

91. Am 31.12. vergangenen Jahres wurde in der Handelsbilanz eine Rückstellung in Höhe von € 5.000 wegen einer erwarteten Gewerbesteuernachzahlung gebildet. Da wir keine Nachzahlung zu leisten haben, wird die Rückstellung aufgelöst.
- [1] Wertberichtigung bei Forderungen
- [2] Rückstellungen
- [3] Sonstige Verbindlichkeiten
- [4] Umsatzsteuer
- [5] Außerordentliche und betriebsfremde Aufwendungen
- [6] Erträge aus der Auflösung von Rückstellungen
- [7] Gewerbesteuer

S	H
☐	☐

92. Für einen noch nicht abgeschlossenen Prozess wurde am 31.12. des vergangenen Jahres eine Rückstellung von 1.700,00 € gebildet. Am 15.11. dieses Jahres wurde der Prozess verloren und 2.000,00 € durch Banküberweisung gezahlt. Wie war am 15.11. zu buchen?
- [1] Wertberichtigung bei Forderungen
- [2] Rückstellungen
- [3] Bank
- [4] Periodenfremde Aufwendungen
- [5] Außerordentliche Aufwendungen
- [6] Rechts- und Beratungskosten

S	H
☐	☐
☐	☐

93. Zum Abschluss des Geschäftsjahres hatten wir in der Handelsbilanz eine Rückstellung für eine Gewerbesteuernachzahlung über € 2.400 gebildet. Im neuen Jahr erhalten wir den Steuerbescheid für eine Nachzahlung von € 2.100. Der Betrag wird durch Postüberweisung beglichen.
- [1] Rückstellungen
- [2] Postbank
- [3] Sonstige Verbindlichkeiten
- [4] Außerordentliche und betriebsfremde Aufwendungen
- [5] Erträge aus der Auflösung von Rückstellungen
- [6] Gewerbesteuer

S	H
☐	☐
☐	☐

94. Wir haben für das laufende Jahr die Beitragsrechnung für die Berufsgenossenschaft noch nicht erhalten. Wir rechnen mit Kosten in Höhe von € 5.500. Eine entsprechende Rückstellung ist zu bilden.
- [1] Rückstellungen
- [2] Passive Rechnungsabgrenzungsposten
- [3] Außerordentliche und betriebsfremde Aufwendungen
- [4] Verbindlichkeiten im Rahmen der sozialen Sicherheit
- [5] Gesetzliche soziale Aufwendungen
- [6] Beiträge
- [7] Versicherungen

S	H
☐	☐

95. Für die Abschlusszahlung an die Berufsgenossenschaft waren € 3.600 zurückgestellt worden. Wie ist zu buchen, wenn wir am 20.06. an die Berufsgenossenschaft € 3.800 überweisen?
- [1] Rückstellungen
- [2] Bank
- [3] Periodenfremde Aufwendungen
- [4] Gesetzliche soziale Aufwendungen
- [5] Beiträge
- [6] Erträge aus der Auflösung von Rückstellungen

S	H
☐	☐
☐	☐

ABSCHLÜSSE NACH HANDELS- UND STEUERRECHT — REWE 8

96. Für die Abschlusszahlung an die Berufsgenossenschaft wurde beim Jahresabschluss eine Rückstellung von € 16.000 gebildet. Wie ist zu buchen, wenn wir im neuen Geschäftsjahr den Abrechnungsbescheid über € 14.500 erhalten und der Betrag von unserem Bankkonto eingezogen wird?
[1] Rückstellungen
[2] Bank
[3] Sonstige Verbindlichkeiten
[4] Außerordentliche Aufwendungen
[5] Erträge aus der Auflösung von Rückstellungen
[6] Beiträge
[7] Gesetzliche soziale Aufwendungen

S	H
☐	☐
☐	☐

97. Eine notwendige Reparatur an einem Lieferwagen konnte im Dezember nicht mehr durchgeführt werden. Die Kosten werden beim Jahresabschluss auf etwa € 750 geschätzt. Wie lautet die Buchung zum 31.12.?
[1] Fuhrpark
[2] Rückstellungen
[3] Passive Rechnungsabgrenzungsposten
[4] Sonstige Verbindlichkeiten
[5] Betriebskosten, Instandhaltung
[6] Abschreibungen auf Sachanlagen

S	H
☐	☐

98. Siehe nebenstehenden Beleg!

Auszug aus den amtlichen Mitteilungen der Kasseler Tageszeitung am 11. März:

Unsere Außenstände bei dem Kunden Ybs betragen 1.190,00 € einschließlich Umsatzsteuer!

[1] Forderungen aus Lieferungen und Leistungen
[2] Zweifelhafte Forderungen
[3] Sonstige Forderungen
[4] Vorsteuer
[5] Umsatzsteuer
[6] Kosten des Geldverkehrs
[7] Abschreibungen auf Forderungen
[8] Warenverkauf

> HRA 0651, Heinrich Ybs, Elektroeinzelhandel, Kassel, Brühlstraße 7, über das Vermögen der Firma ist Antrag auf Eröffnung des Insolvenzverfahrens gestellt worden ....

S	H
☐	☐

99. Siehe untenstehenden Beleg! Buchen Sie den Zahlungseingang!

```
Gutschrift                         Stadtsparkasse Kassel
Zahlungsempfänger
Elektrogroßhandlung Weber Kassel
Konto-Nr. des Empfängers:          Bankleitzahl
995 647                            BLZ 753 500 00
bei (Kreditinstitut)
Stadtsparkasse Kassel
                                   Betrag EUR
                                   119,00
Verwendungszweck (nur für Empfänger)
Heinrich Ybs, Elektroeinzelhandel, Kassel, Brühlstr. 7
Insolvenzquote 10 % aus 1.190,00 €
Auftraggeber
Kurt Knausrig Insolvenzverwalter Kassel
Konto-Nr. des Auftraggebers
```

Teil 3 Rechnungswesen

REWE 8 ABSCHLÜSSE NACH HANDELS- UND STEUERRECHT

[1] Forderungen aus Lieferungen und Leistungen
[2] Zweifelhafte Forderungen
[3] Vorsteuer
[4] Bank
[5] Umsatzsteuer
[6] Kosten des Geldverkehrs
[7] Übliche Abschreibungen auf Forderungen
[8] Warenverkauf

S	H
☐	☐

100. Siehe obigen Beleg! Buchen Sie den Ausfall der Restforderung (direkt)!
[1] Forderungen aus Lieferungen und Leistungen
[2] Zweifelhafte Forderungen
[3] Vorsteuer
[4] Bank
[5] Umsatzsteuer
[6] Kosten des Geldverkehrs
[7] Abschreibungen auf Forderungen
[8] Außerordentliche Aufwendungen

S	H
☐	☐
☐	☐

101. Eine Forderung wurde zu 100 % im vorigen Jahr abgeschrieben, weil der Antrag auf Eröffnung des Insolvenzverfahrens mangels Masse abgelehnt wurde. Unvorhergesehen gehen auf unserem Bankkonto doch noch € 580 € ein.
[1] Abschreibungen auf Forderungen
[2] Forderungen aus Lieferungen und Leistungen
[3] Vorsteuer
[4] Umsatzsteuer
[5] Bank
[6] Erträge aus abgeschriebenen Forderungen
[7] Periodenfremde Erträge

S	H
☐	☐
☐	☐

102. Auf eine zweifelhafte Forderung von 2.000,00 € + 380,00 € Umsatzsteuer = 2.380,00 € gehen 50 % per Banküberweisung ein. Der Rest ist endgültig verloren.
[1] Zweifelhafte Forderungen
[2] Bank
[3] Vorsteuer
[4] Umsatzsteuer
[5] Erträge aus abgeschriebenen Forderungen
[6] Abschreibungen auf Forderungen

S	H
☐☐	
☐☐	
☐☐	

103. Ein Kunde ist - ohne Hinterlassung von Vermögen und ohne Angabe irgendeiner Anschrift - in das außereuropäische Ausland verzogen. Wegen der Geringfügigkeit der Restforderung entschließt sich der Unternehmer, die Forderung sofort auszubuchen. Wie lautet die Buchung?
[1] Forderungen aus Lieferungen und Leistungen
[2] Vorsteuer
[3] Zweifelhafte Forderungen
[4] Umsatzsteuer
[5] Soziale Aufwendungen
[6] Allgemeine Verwaltung
[7] Abschreibungen auf Forderungen

S	H
☐	☐
☐	☐

104. Der Antrag auf Eröffnung des Insolvenzverfahrens gegen einen Kunden wird mangels Masse abgelehnt.
[1] Einzelwertberichtigungen
[2] Sonstige Rückstellungen
[3] Zweifelhafte Forderungen
[4] Vorsteuer
[5] Umsatzsteuer
[6] Abschreibungen auf Forderungen

S	H
☐	☐
☐	☐

ABSCHLÜSSE NACH HANDELS- UND STEUERRECHT REWE 8

105. Gegen einen Kunden ist Antrag auf Eröffnung des Insolvenzverfahrens gestellt worden. Wie buchen wir bei Bekanntwerden dieses Sachverhaltes?

[1] Zuführungen zu Einzelwertberichtigungen
[2] Sonstige Forderungen
[3] Forderungen aus Lieferungen und Leistungen
[4] Zweifelhafte Forderungen
[5] Vorsteuer
[6] Umsatzsteuer
[7] Abschreibungen auf Forderungen

S	H
☐	☐

Ungebundene Aufgaben

Die folgenden Geschäftsfälle betreffen ausschließlich Unternehmen, die zum Vorsteuerabzug berechtigt sind. Die Umsätze werden nach vereinbarten Entgelten versteuert, Steuersatz 19%, wenn keine besondere Angabe erfolgt. Alle Unternehmen ermitteln den Gewinn nach § 5 EStG. Die Voraussetzungen des § 7g EStG liegen jeweils vor.

1.
Die Service GmbH Ulm erwarb im März 2016 einen neuen Pkw-Kombi, der ausschließlich betrieblich genutzt wird. Der Kfz-Händler stellte folgende Rechnung, die sofort durch Banküberweisung beglichen wurde:

Pkw Kombimax	58.000,00
– 10% Rabatt	5.800,00
	52.200,00
+ Anhängerkupplung	800,00
+ Werbeaufschrift	1.500,00
+ Überführung	500,00
+ Autoradio	400,00
+ Tankfüllung Diesel	60,00
	55.460,00
+ 19% USt	10.537,40
Rechnungsbetrag	65.997,40

Für die Zulassung des Fahrzeugs wurden 69,00 an die Kfz-Zulassungsstelle und 45,00 + 19% USt an eine Schilderwerkstatt jeweils bar bezahlt.

a) Wie hoch sind die Anschaffungskosten für den Pkw?
b) Buchen Sie den Anschaffungsvorgang.
c) Die betriebsgewöhnliche Nutzungsdauer beträgt 5 Jahre. Berechnen und buchen Sie die höchstmögliche AfA für 2016. Im Jahr 2015 wurde **ein Investitionsabzugsbetrag** von 22.200,00 € in Anspruch genommen.

2.
Eine Gewerbetreibende erwarb im September 2016 eine neue Tresoranlage auf Ziel. Der Händler gewährte 10% Sonderrabatt auf den Listenpreis von 6.500,00 € netto und berechnete für Transport und Einbau der Anlage 400,00 € + 19% USt.

Die Rechnung wurde im Oktober unter Abzug von 2% Skonto vom Listenpreis, abzüglich Rabatt, durch Banküberweisung beglichen. Die betriebsgewöhnliche Nutzungsdauer der Tresoranlage beträgt 25 Jahre. Buchen Sie die Anschaffung des Tresors und die Bezahlung sowie die **höchstmögliche AfA**. Die Gewerbetreibende hatte **keinen Investitionsabzugsbetrag** geltend gemacht, erfüllt aber die Voraussetzungen des § 7g (6) EStG.

3.
Am 01.12.2016 kaufte eine Mandantin für ihr Büro einen neuen Schreibtisch für 425 € + USt gegen Banküberweisung. Für die Zufuhr zahlte die Mandantin zusätzlich 25 € + 19% USt bar.

Aufgrund einer Mängelrüge gewährte der Händler am 14.12.2016 10% Preisnachlass vom Listenpreis durch Banküberweisung. Die Nutzungsdauer des Schreibtisches beträgt 13 Jahre.

Welche Buchungen sind bei Anschaffung des Schreibtisches und bei Gewährung des Preisnachlasses vorzunehmen?

Mit welchem Wert ist der Schreibtisch in der Bilanz zum 31.12.2016 anzusetzen, wenn der Gewinn des Unternehmens der Mandantin so niedrig wie möglich ausgewiesen werden soll?

4.
Der Inhaber einer Gaststätte erwarb im Juni 2016 eine neue Kaffeemaschine für 420 € + 19% USt.

Außerdem 5 Pakete passendes Filterpapier für 25 € +19% USt. Vom Rechnungsbetrag der Maschine zog der Gastwirt 3% Skonto ab und überwies den Restbetrag durch Bank.

Wie hoch sind die Anschaffungskosten der Kaffeemaschine?
Buchen Sie den Vorgang.

5.
Der Gastwirt, siehe Aufgabe 4, kaufte in einem Möbelfachgeschäft für sein Nebenzimmer im Oktober 2016 4 neue Tische und dazu 24 passende Stühle. Das Fachgeschäft stellte folgende Rechnung:

 4 Tische Exotic á 620 € = 2.480,00 €
24 Stühle Exotic à 120 € = 2.880,00 €
                                          5.360,00 €
+ 19% USt   1.018,40 €
Rechnungsbetrag   6.378,40 €

Zahlbar innerhalb von 14 Tagen unter Abzug von 2 % Skonto vom Rechnungsbetrag.
Der Gastwirt zahlte im November 2016 die Rechnung unter Abzug von 2% Skonto.
a) Buchen Sie die Anschaffung der Tische und Stühle.
b) Wie lautet die Buchung bei Bezahlung?

6.
Eine Gewerbetreibende erwarb im Mai 2016 einen neuen Pkw, den sie auch zu 20% für private Zwecke nutzt. Das Fahrzeug wird voll dem Unternehmen zugeordnet. Der Kfz-Händler nahm ein gebrauchtes Betriebsfahrzeug für 8.000 € + 19% USt in Zahlung und stellte folgende Rechnung:

Listenpreis   42.000,00 €
+ Sonderausstattung   3.000,00 €
+ Überführung   680,00 €
                                                45.680,00 €
+ 19% USt   8.679,20 €
+ verauslagte Zulassungskosten 62,20 €
– Inzahlungnahme Altfahrzeug
  8.000 € + 1.520 € USt =   9.520 €
Rechnungsbetrag   44.901,40 €

Der Rechnungsbetrag wird in Höhe von 40.000 € durch einen kurzfristigen Kredit finanziert.
Den Restbetrag überweist die Gewerbetreibende durch Postbank. Der Restbuchwert des gebrauchten Fahrzeugs betrug bei Inzahlunggabe noch 6.000 €
Buchen Sie die
a) Anschaffung des Neufahrzeugs unter Berücksichtigung der Inzahlunggabe sowie den
b) Anlageabgang des Altfahrzeugs.

7.
Eine Gewerbetreibende erwarb im November 2016 eine neue Maschine für 90.000 € + 19% USt auf Rechnung. Der Betrag wurde bereits richtig gebucht. Die Maschine hat eine betriebsgewöhnliche Nutzungsdauer von 8 Jahren. Für den Transport der Maschine fielen 1.500 € + 19% USt an, die durch Banküberweisung beglichen aber noch nicht gebucht wurden.
Anfang Dezember 2016 wurde der Rechnungsbetrag für die Maschine unter Abzug von 2% Skonto durch Banküberweisung beglichen.
Nehmen Sie alle erforderlichen Buchungen vor einschließlich der linearen AfA. Die Voraussetzungen des § 7g (6) EStG liegen nicht vor.

8.
Zur Erweiterung der Produktionskapazität erwarb ein Unternehmer im Dezember 2016 ein Grundstück mit aufstehender Halle. Die Halle wurde im Jahr 2010 errichtet. Vom Gesamtkaufpreis in Höhe von 600.000 € entfallen 20% auf den Grund und Boden. Außerdem sind folgende Kosten angefallen:
-     5% Grunderwerbsteuer
-     600 € Grundbuchkosten
- 1.200 € + 19% USt Notargebühren
- 15.000 € + 19% USt Maklerprovision

Die Zahlung des Kaufpreises ist am 12.01.2017 fällig. Die Nebenkosten wurden noch im Dezember 2016 durch Banküberweisung beglichen. Als Termin für den Übergang von Nutzen und Lasten wurde der 31.12.2016 vereinbart.
Buchen Sie die Anschaffung des bebauten Grundstücks sowie die höchstmögliche AfA zum 31.12.2016.

ABSCHLÜSSE NACH HANDELS- UND STEUERRECHT — REWE 8

9.
Eine Werkzeugfabrik erstellte mit eigenen Arbeitskräften eine neue Maschine. Dadurch sind folgende Kosten angefallen:

Materialkosten	5.000 €
Fertigungslöhne	6.000 €
Materialgemeinkosten	25%
Fertigungsgemeinkosten	180 %
Verwaltungsgemeinkosten	8%

Mit welchem Betrag sind die Herstellungskosten in der Handelsbilanz und in der Steuerbilanz
a) mindestens b) höchstens anzusetzen?

10.
Ein Bauunternehmen erstellte im Lauf des Jahres 2016 mit eigenen Arbeitskräften eine Halle für Betriebsfahrzeuge. Die Buchhaltung ermittelte folgende Kosten und Zuschlagsätze:
Fertigungsmaterial 60.000,00 €; Fertigungslöhne 86.000,00 € Materialgemeinkosten 20%, Fertigungsgemeinkosten 120%, Verwaltungsgemeinkosten 10%.

Die Halle wurde im Oktober fertig gestellt und soll so hoch wie möglich abgeschrieben werden. Ermitteln Sie **den steuerlich niedrigsten Bilanzansatz** und **buchen Sie den gesamten Vorgang einschließlich AfA für 2016**. Ein Investitionsabzugbetrag wurde nicht angesetzt.

11.
Im November 2016 erwarb die Werkzeug GmbH verschiedene Spezialstähle aus den USA für insgesamt 100.000 USD auf Ziel. Der Wareneingang wurde richtig gebucht.
Der Rechnungsbetrag ist per 31.03.2017 zu begleichen. Der Kurs des USD betrug im November 2016: 1 € = 1,10 USD, im Dezember 2016: 1 € = 1,12 USD und im März 2017 1,15 USD.
Mit welchem Wert ist die Verbindlichkeit zum 31.12.2016 zu bewerten?

12.
Zum Kauf eines unbebauten Grundstücks nahm ein Unternehmer am 30.09.2016 ein Darlehen von 150.000 € zu folgenden Konditionen auf:
Auszahlung 96%, Zinssatz 3,5%, Laufzeit 10 Jahre, Rückzahlung in einer Summe, Zinszahlung monatlich nachträglich. Die Zinsen für den Monat Dezember 2016 wurden erst am 02.01.2017 durch Banküberweisung beglichen.

a) Buchen Sie die Aufnahme des Darlehens sowie die
b) Abgrenzung des Damnums zum 31.12.2016 und die
c) Zinsen für den Monat Dezember 2016.

13.
Am 31.10.2016 nahm eine Gewerbetreibende einen Investitionskredit über 120.000 € auf, rückzahlbar in sechs gleichen Jahresraten. Die Zinsen sind vierteljährlich nachträglich fällig, Zinssatz 3,6%, Auszahlung 98%.

Buchen Sie die
a) Auszahlung des Kredits
b) Abgrenzung des Damnums zum 31.12.2016 und
c) Zinsen zum 31.12.2016

14.
Für den Bau einer Lagerhalle nahm die GmbH am 31.08.2016 einen Kredit über 180.000,00 € zu folgenden Konditionen auf:
Auszahlung 96%, Zinssatz 3,4%, Laufzeit 5 Jahre, Rückzahlung in 20 gleichen Raten, beginnend am 30.11.2016, Zinszahlung vierteljährlich nachträglich durch Banküberweisung.
Bisher wurde noch **keine Buchung** vorgenommen. Nehmen Sie alle erforderlichen Buchungen für das Geschäftsjahr 2016 vor.

15.
Eine Mandantin entnahm für private Zweck aus dem Warenbestand ein Designerkleid, das sie für 1.200 € eingekauft hat. Zwischenzeitlich ist der Einkaufspreis eines solchen Kleides auf 1.000 € gefallen.
Buchen Sie die Warenentnahme.

16.
Ein Unternehmer schenkt seinem Sohn Anfang April 2016 einen gebrauchten Betriebs-Pkw. Das Fahrzeug stand zu Beginn des Geschäftsjahrs 2016 mit 12.000 € zu Buch. Die jährliche AfA beträgt 6.000 €. Ein Gebrauchtwagenhändler hätte für das Fahrzeug 5.000 € + 950 USt gezahlt.
Nehmen Sie alle erforderlichen Buchungen vor.

REWE 8 — ABSCHLÜSSE NACH HANDELS- UND STEUERRECHT

17.
Eine Gewerbetreibende legte mit dem betrieblichen Pkw im Jahr 2016 insgesamt 24.000 km zurück. Davon entfielen 4.320 km auf Privatfahrten und 180 Fahrten zwischen Wohnung und Betrieb, einfache Entfernung 12 km.
Beim Kauf des Pkw`s im Jahr 2015 wurde der volle VSt-Abzug in Anspruch genommen.
Im Jahr 2016 sind für das Fahrzeug folgende Aufwendungen angefallen:

Benzin, Reparaturen	3.536,00 €
Kfz-Steuer	508,00 €
Kfz-Versicherung	876,00 €
AfA	9.000,00 € (anteilige Anschaffungskosten = ertragsteuerliche AfA)

Die Privatfahrten und die Fahrten zwischen Wohnung und Betriebsstätte sind zu buchen.
Ein ordnungsmäßiges Fahrtenbuch wird geführt.

18.
Ein Gewerbetreibender legte mit dem betrieblichen Pkw im Jahr 2016 insgesamt 18.000 km zurück. Davon sind 2.720 km auf Privatfahrten im Inland und 1.240 km auf einer Urlaubsfahrt im Ausland angefallen. Außerdem legte der Unternehmer für Fahrten zwischen Wohnung und Betrieb an 180 Tagen insgesamt 9.000 km zurück.
Beim Kauf des Pkw`s wurde der volle VSt-Abzug in Anspruch genommen.
Im Jahr 2016 sind für das Fahrzeug folgende Aufwendungen angefallen:

Benzin, Reparaturen	3.200,00 €
Kfz-Steuer	460,00 €
Kfz-Versicherung	840,00 €
Anteilige Ak	8.000,00 € (entspricht auch der einkommensteuerl. AfA)

Ein ordnungsgemäßes Fahrtenbuch wurde geführt. Buchen Sie die Privatfahrten und die Fahrten zwischen Wohnung und Betriebsstätte.

19.
Eine Gewerbetreibende erwarb im März 2016 einen neuen Pkw, der zu 75% betrieblich und zu 25% privat genutzt wird. Das Fahrzeug kostete einschließlich Sonderausstattung 35.600 € + 6.764,00 € USt. Die Vorsteuer wurde beim Kauf abgezogen.
Im Jahr 2016 wurde das Fahrzeug auch an 150 Tagen für Fahrten zwischen Wohnung und Betriebsstätte genutzt. Einfache Entfernung 15 km.
Die Privatfahrten und die Fahrten zwischen Wohnung und Betriebsstätte sind zu buchen.

20.
Ein Unternehmer erwarb im Juni 2014 ein unbebautes Grundstück, um darauf ein Einfamilienhaus zu errichten. Die Anschaffungskosten betrugen einschließlich aller Nebenkosten 86.580 €. Als sich seine Baupläne zerschlugen, legte er das Grundstück im Oktober 2016 in das Betriebsvermögen ein und nutzte das Gelände als Lagerplatz. Der Teilwert des Grundstücks entwickelte sich wie folgt: 31.12.2014 90.000 €; 31.12.2015 92.000 €; Oktober 2016 95.000 €.
Da das Grundstück nicht an die örtlichen Versorgungsanlagen angeschlossen wurde, sank der Teilwert zum 31.12.2016 auf 85.000 € (= dauernde Wertminderung).
a) Mit welchem Wert muss die Einlage des Grundstücks im Oktober 2015 angesetzt werden?
b) Buchen Sie die Einlage.
c) Mit welchem Wert ist das Grundstück zum 31.12.2016 zu bewerten?
   Nehmen Sie die evtl. notwendige Buchung vor.

21.
Eine Gewerbetreibende legte einen bisher ausschließlich privat genutzten Pkw Anfang Juli 2016 in das Betriebsvermögen ein. Das Fahrzeug wurde im Mai 2014 für 29.160 € einschließlich USt angeschafft.
Die Nutzungsdauer beträgt 6 Jahre. Wegen der geringen Fahrleistung wird der Teilwert des Fahrzeugs zutreffend auf 15.000 € geschätzt.
a) Mit welchem Wert ist das Fahrzeug ins Betriebsvermögen einzubuchen?
b) Nehmen Sie die erforderliche Buchung vor.
c) Wie hoch ist die höchstzulässige AfA für 2016?
d) Buchen Sie die AfA.

22.
Ein Unternehmer rechnet für das Jahr 2016 mit einer Gewerbesteuer-Schuld von 12.400 €.
Die Gewerbesteuer-Vorauszahlungen für diesen Erhebungszeitraum haben 8.000 € betragen.
Buchen Sie die Gewerbsteuer-Rückstellung.

ABSCHLÜSSE NACH HANDELS- UND STEUERRECHT — REWE 8

23.
Der Sollumsatz eines Handwerksbetriebes betrug im laufenden Jahr insgesamt 3.600.000,00 €. Von diesem Umsatz fallen 360.000,00 € nicht unter eine Garantieverpflichtung. Die gewährten Skonti betrugen 48.000,00 €. Aufgrund langjähriger betrieblicher Erfahrungen ist mit einer Garantieverpflichtung von 0,8 % zu rechnen. Berechnen und buchen Sie die Garantierückstellung.

24.
Eine Gewerbetreibende erwartet für Abschluss- und Prüfungskosten von ihrem Steuerberater eine Rechnung für 2016 in Höhe von 5.000 € + USt.
Buchen Sie die entsprechende Rückstellung.

25.
Eine notwendige Reparatur am Fabrikgebäude eines Unternehmens konnte wegen schlechter Witterungsverhältnisse im Dezember 2016 nicht mehr durchgeführt werden. Die Arbeiten sollen nun im Februar 2017 ausgeführt werden. Nach dem vorliegenden Kostenvoranschlag ist mit 30.000 € zuzüglich USt zu rechnen.
a) Kann eine Rückstellung gebildet werden? Begründen Sie Ihre Meinung.
b) Wie müsste der Buchungssatz für eine evtl. Rückstellung zum 31.12.2016 lauten?

26.
Wegen eines laufenden Prozesses bildete ein Mandant zum 31.12.2014 eine Prozesskostenrückstellung von 12.500 €. Das Gerichtsverfahren wurde am 15.12.2016 rechtskräftig abgeschlossen. Danach sind an die Gerichtskasse 10.500 € zu zahlen. Die Rechnung des Anwalts lautete über 2.000 € + 19% USt. Alle Beträge wurden noch im Jahr 2016 durch Banküberweisung beglichen.
Nehmen Sie alle erforderlichen Buchungen vor.

27.
Für das Jahr 2014 hat der Buchhalter eines Unternehmens in der Handelsbilanz eine Gewerbesteuer-Rückstellung in Höhe von 8.600 € gebildet. Im Gewerbesteuerbescheid für 2014 vom 20.12.2016 wurde eine Abschlusszahlung von 9.200 € festgesetzt, fällig am 25.01.2017.
Wie ist im Dezember 2016 zu buchen, wenn die Zahlung erst im neuen Jahr erfolgt?

28.
Wegen eines Schadenersatzanspruchs hat ein Unternehmer im Jahr 2014 eine Rückstellung von 6.000 € gebildet. Nach Klärung des Sachverhalts musste der Unternehmer im Dezember 2016 6.800 € zahlen. Der Betrag wurde durch Banküberweisung beglichen.
Gebucht wurde bisher: 6825 (4950) Rechts- und Beratungskosten an 1800 (1200) Bank 6.800 €.
Nehmen Sie alle noch erforderlichen Buchungen vor.

29.
Ein Unternehmen plant im nächsten Geschäftsjahr die Anschaffung eines neuen Transporters für 125.000 € + USt.
a) Unter welchen Voraussetzungen kann ein Investitionsabzugsbetrag gebildet werden?
b) Angenommen, die Voraussetzungen für einen Investitionsabzugsbetrag wären erfüllt. Wie hoch ist dieser? Wie wird der IAB im Jahr der Bildung berücksichtigt?

30.
Im Februar 2017 wird der neue Transporter, siehe Aufgabe 29, geliefert. Die Rechnung des Händlers lautet:

LKw ABX	120.000 €
- Rabatt	6.000 €
	114.000 €
+ Sonderausstattung	5.000 €
+ Werbeaufschrift	4.800 €
+ Anhängerkupplung	900 €
+ Überführung	1.200 €
+ 1. Tankfüllung	100 €
	126.000 €
+ 19% Umsatzsteuer	23.940 €
Rechnungsbetrag	149.940 €

Der Betrag wird sofort durch Banküberweisung beglichen.
a) Buchen Sie die Anschaffung des Transporters sowie die
b) höchstmögliche AfA für 2017. Die betriebsgewöhnliche Nutzungsdauer beträgt 6 Jahre.

31.

Durch einen Brand wurde Ende Juli 2016 eine Maschine total beschädigt. Die Maschine stand zu Beginn des Geschäftsjahres mit 24.000 € zu Buch. Die jährlich vorgenommene lineare AfA betrug 12.000 €. Da die Maschine versichert war, zahlte das Versicherungsunternehmen nach Feststellung des Schadens im November 2016 30.000 € durch Banküberweisung.

Im Januar 2017 wurde eine neue Maschine für 108.000 € zuzüglich 20.520 € USt geliefert, betriebsgewöhnliche Nutzungsdauer 8 Jahre.

Der Kaufpreis wurde unmittelbar nach der Lieferung unter Abzug von 2% Skonto durch Banküberweisung beglichen.

Für die Aufstellung und den Transport der Maschine sind insgesamt 4.500 € + 855 € USt angefallen.

Außerdem musste ein neues Fundament betoniert werden. Die Baufirma berechnete dafür 6.500 € + 1.235 € USt. Beide Beträge wurden noch im Januar 2016 durch Banküberweisung bezahlt.

a) In welcher Höhe kann in der **Steuer-Bilanz** zum 31.12.2016 eine Rücklage für Ersatzbeschaffung gebildet werden?

b) Nehmen Sie alle im Jahr 2016 erforderlichen Buchungen vor.

c) Buchen Sie die Anschaffung der neuen Maschine im Januar 2017 unter Berücksichtigung des Skontoabzugs.

d) Welche Buchungen sind hinsichtlich der Transports und der Montage sowie des Fundaments vorzunehmen?

e) Berechnen und buchen Sie die lineare AfA für 2017.

32.

An der Albrecht OHG sind die Gesellschafter Albrecht und Baumann beteiligt. Zu Beginn des Geschäftsjahrs betrug das Kapitalkonto von A 124.000 € und das Kapitalkonto von B 96.000 €. Im Laufe des Geschäftsjahrs entnahm A insgesamt 36.000 € und B 44.000 €.

Die Entnahmen werden nicht verzinst. Der Gewinn der OHG betrug im Geschäftsjahr 168.000 €.

Welchen Stand weisen die Kapitalkonten der Gesellschafter zum 31.12. aus, wenn nach dem Gesellschaftsvertrag die Kapitalkonten nach dem Stand zu Beginn des Geschäftsjahres mit 5% zu verzinsen sind?

33.

An der Plüsch & Blum OHG sind die Gesellschafter Plüsch zu Beginn des Geschäftsjahrs mit 160.000 € und Blum mit 140.000 € beteiligt. Der Gewinn betrug im Gj 196.000 €.

Im Laufe des Geschäftsjahrs tätigte Plüsch folgende
Entnahmen: und Einlagen:
31.03. 12.000 €   30.11. 9.000 €
30.06. 18.000 €
30.09. 24.000 €

Blum entnahm am 30.04. und am 30.08. jeweils 30.000 €. Einlagen tätigte er nicht.

Die Kapitalkonen sowie die Entnahmen und Einlagen werden mit 4% verzinst.

a) Nehmen Sie die Gewinnverteilung vor.

b) Welchen Stand weisen die Kapitalkonten der Gesellschafter am 31.12. aus?

34.

An der Huber & Müller KG sind die Komplementäre Huber mit 180.000 € und Müller mit 150.000 € sowie die Kommanditistin Frech mit 60.000 € beteiligt. Der Gewinn des Geschäftsjahrs in Höhe von 215.995 € soll nach den Vorschriften des HGB verteilt werden.

a) Nehmen Sie die Gewinnverteilung vor.

b) Welchen Stand weisen die Kapitalkonten der Gesellschafter zum Ende des Geschäftsjahrs aus, wenn das Kommanditkapital voll eingezahlt wurde?

c) Wie ist der Gewinnanteil der Kommanditistin zu behandeln?

35.

An der Fritz Rasch KG sind der Komplementär Rasch mit 200.000 € und der Kommanditist Lahm mit 50.000 € beteiligt. Die Kapitalkonten werden als Festkonten geführt. Die Kommanditeinlage wurde voll geleistet. Nach dem Gesellschaftsvertrag werden die Festkonten mit 8% jährlich verzinst.

Für seine Tätigkeit als Geschäftsführer erhielt Rasch 120.000 € im Jahr. Lahm bezog für die Überlassung eines Geschäftsgebäudes von der Gesellschaft eine monatliche Miete von 5.000 €.

Der handelsrechtliche Gewinn der KG belief sich im Geschäftsjahr auf 198.000 €.

ABSCHLÜSSE NACH HANDELS- UND STEUERRECHT — REWE 8

Der Restgewinn ist im Verhältnis der Festkapitalkonten zu verteilen.

a) Wie hoch ist der steuerliche Gewinn der KG?

b) Nehmen Sie die Gewinnverteilung vor.

36.
Die Geschäftsraummiete für die Monate Dezember 2016, Januar und Februar 2017 wird von unserem Mieter Ende des Jahres 2016 in einer Summe im Voraus auf unser Bankkonto überwiesen.
Im Mietvertrag ist eine Monatsmiete von € 400,00 vereinbart worden.

37.
Die Kfz-Steuer für die betrieblich genutzten Fahrzeuge ist am 01.11.2016 fällig. Sie wird von uns Ende Oktober 2016 in Höhe von € 720,00 für ein Jahr überwiesen.

38.
Die Miete für von uns genutzte Büroräume für Januar des nächsten Jahres haben wir bereits am 29. Dezember 2016 in Höhe von € 1.200,00 überweisen.

39.
Die Mitgliedschaft in einem Automobilclub kostet pro Jahr € 144,00.
Dieser Beitrag entfällt auf die betrieblich genutzten Fahrzeuge. Wir überweisen den Betrag im September 2016 für die Monate Oktober 2016 bis September 2017 im Voraus von unserem Bankkonto.

40.
Laut Vertrag muss der Mieter unserer Lagerhalle die Miete für die Monate Oktober bis Dezember 2016 in Höhe von 4.500,00 € erst im Januar 2017 bezahlen.

41.
Der Handelskammerbeitrag in Höhe von € 180,00 für das letzte Quartal des Jahres 2016 wird von unserem Mandanten im Januar des neuen Jahres überweisen.

42.
Am 1. März 2016 erhalten wir die Pachtzahlung für die Monate Dezember 2015 bis Februar 2016 in Höhe von € 2.100,00 durch Banküberweisung.

43.
Für eine Hypothekenschuld von € 300.000,00 begleichen wir durch Banküberweisung am 01. März 2016 vierteljährlich nachträglich die Zinsen in Höhe von 3 %.

44.
Die Mayer BauKG schließt Anfang Dezember 2016 einen Mietleasingvertrag über einen Lkw ab. Im Vertrag wird eine Leasingsonderzahlung von 9.000,00 € zuzüglich 19 % USt vereinbart. Die Dauer des Leasingvertrags beträgt 36 Monate. Die Sonderzahlung wird am 02.12.2016 überwiesen. Die monatliche Leasingrate für Dezember 2016 in Höhe von 500,00 € zuzüglich 19 % USt wird dem betrieblichen Bankkonto am 15.12.2016 belastet.

a) Buchen Sie die jeweiligen Zahlungsvorgänge.

b) Berechnen und buchen Sie die zeitliche Abgrenzung der Leasingsonderzahlung zum 31.12.2016.

45.
Die vierteljährlichen Kosten für eine Werbemaßnahme von Dezember 2016 bis Februar 2017 betragen netto 2.400,00 €. Da die Rechnungserstellung und Zahlung erst Ende Januar 2017 erfolgt, wurde 2016 noch keine Buchung vorgenommen.

REWE 9 — BETRIEBSWIRTSCHAFTLICHE AUSWERTUNGEN

1. **Welche Aussage über die Bilanzanalyse ist nicht richtig?**
   a) Bilanzen und deren Analyse dienen dem inneren und äußeren Betriebsvergleich.
   b) Die Bilanzanalyse wird auch Umsatz- und Gewinnverprobung genannt.
   c) Mittels Bilanzanalyse wird die Vermögens-, Finanz- und Ertragslage des Unternehmens aufgedeckt.
   d) Durch eine umfassende Bilanzanalyse können notwendige Entscheidungen für die zukünftige Entwicklung des Unternehmens zielsicherer getroffen werden.
   e) Durch eine kritische Bilanzanalyse werden Schwachstellen des Unternehmens sichtbar.

2. **Wie wird unter Einbeziehung von Warenanfangs- und Warenendbestand allgemein der wirtschaftliche Wareneinsatz ermittelt?**
   a) Warenanfangsbestand − Wareneinkäufe − Warenendbestand
   b) Warenendbestand + Wareneinkäufe − Warenanfangsbestand
   c) Warenanfangsbestand + Wareneinkäufe − Warenendbestand
   d) Warenendbestand − Wareneinkäufe + Warenanfangsbestand
   e) Warenanfangsbestand − Wareneinkäufe + Warenendbestand

3. **Wie erfolgt die Ermittlung des wirtschaftlichen Umsatzes?**
   a) Umsatzerlöse − Warenrücksendungen Kunden − Gewährte Skonti und Boni − Forderungsausfälle
   b) Umsatzerlöse − Warenrücksendungen Lieferer − Erhaltene Skonti und Boni − Forderungsausfälle
   c) Umsatzerlöse − Warenrücksendungen Kunden − Erhaltene Skonti und Boni − Forderungsausfälle
   d) Umsatzerlöse + Warenrücksendungen Kunden + Gewährte Skonti und Boni − Forderungsausfälle
   e) Umsatzerlöse + Warenrücksendungen Lieferer + Erhaltene Skonti und Boni − Forderungsausfälle

4. **Wie erfolgt die Ermittlung des Warenrohgewinns?**
   (Mehrfachnennungen sind möglich)
   a) Warenverkäufe − Wareneinsatz (Wareneinkäufe + Bestandsmehrung)
   b) Warenverkäufe + Wareneinsatz (Wareneinkäufe + Bestandsmehrung)
   c) Warenverkäufe − Wareneinsatz (Wareneinkäufe − Bestandsmehrung)
   d) Warenverkäufe − Wareneinsatz (Wareneinkäufe − Bestandsminderung)
   e) Wareneinkäufe − Wareneinsatz (Wareneinkäufe + Bestandsminderung)

5. **Welche Formel für die Kennziffer Rohgewinnsatz ist richtig?**
   a) Rohgewinn x 100 / Wareneinsatz
   b) Wareneinsatz x 100 / Rohgewinn
   c) Rohgewinn x 100 / wirtschaftlichen Umsatz
   d) Umsatz x 100 / Rohgewinn
   e) Wareneinsatz x 100 / wirtschaftlichen Umsatz

6. **Wie wird die Handelsspanne in einem Handelsunternehmen berechnet?**
   a) (Verkaufspreis − Bezugspreis) x 100 / Wareneinsatz
   b) (Verkaufspreis + Bezugspreis) x 100 / Verkaufspreis
   c) (Verkaufspreis − Bezugspreis) x 100 / Verkaufspreis
   d) (Verkaufspreis − Bezugspreis) x 100 / Bezugspreis
   e) (Verkaufspreis + Bezugspreis) x 100 / Verkaufspreis

7. **Welche Formel für die Kennziffer Rohgewinnaufschlagsatz ist richtig?**
   a) Rohgewinn x 100 / Wareneinsatz
   b) Wareneinsatz x 100 / Rohgewinn
   c) Rohgewinn x 100 / wirtschaftlichen Umsatz
   d) Umsatz x 100 / Rohgewinn
   e) Wareneinsatz x 100 / wirtschaftlichen Umsatz

8. **Wie wird der Kalkulationszuschlag in einem Handelsunternehmen berechnet?**
   a) (Verkaufspreis − Bezugspreis) x 100 / Wareneinsatz
   b) (Verkaufspreis + Bezugspreis) x 100 / Verkaufspreis
   c) (Verkaufspreis − Bezugspreis) x 100 / Verkaufspreis
   d) (Verkaufspreis − Bezugspreis) x 100 / Bezugspreis
   e) (Verkaufspreis + Bezugspreis) x 100 / Verkaufspreis

BETRIEBSWIRTSCHAFTLICHE AUSWERTUNGEN — REWE 9

9. **Wie erfolgt die Ermittlung des wirtschaftlichen Reingewinns?**
   a) (Warenverkäufe – Wareneinsatz) + sonst. Betriebseinnahmen + sonst. Betriebsausgaben
   b) (Warenverkäufe + Wareneinsatz) – sonst. Betriebseinnahmen – sonst. Betriebsausgaben
   c) (Warenverkäufe – Wareneinsatz) – sonst. Betriebseinnahmen – sonst. Betriebsausgaben
   d) (Warenverkäufe – Wareneinsatz) + sonst. Betriebseinnahmen – sonst. Betriebsausgaben
   e) (Wareneinkäufe – Wareneinsatz) – sonst. Betreibseinnahmen + sonst. Betriebsausgeben

10. **Welche Formel für die Kennziffer Reingewinnsatz ist richtig?**
    a) Reingewinn   x 100 / wirtschaftlichen Umsatz
    b) sonst. Betriebseinnahmen   x 100 / Reingewinn
    c) Reingewinn   x 100 / sonst. Betriebseinnahmen
    d) wirtschaftlicher Umsatz   x 100 / Reingewinn
    e) sonst. Betriebsausgaben   x 100 / wirtschaftlichen Umsatz

11. **Ermitteln Sie den Rohgewinn und die Kennziffern Rohgewinnsatz und Rohgewinnaufschlagsatz!**
    * Umsatz   196.000,00 €
    * Wareneinsatz   122.000,00 €

    [   ] Rohgewinn
    [   ] Rohgewinnsatz
    [   ] Rohgewinnaufschlagsatz

12. **Ermitteln Sie den Rohgewinn und die Kennziffern Rohgewinnsatz, Rohgewinnaufschlagsatz, den Reingewinn und den Reingewinnsatz!**
    * Umsatz   315.000,00 €
    * Wareneinsatz   169.000,00 €
    * sonst. Betriebseinnahmen 17.000,00 €
    * sonst. Betriebsausgaben 148.000,00 €

    [   ] Rohgewinn
    [   ] Rohgewinnsatz
    [   ] Rohgewinnaufschlagsatz
    [   ] Reingewinn
    [   ] Reingewinnsatz

13. **Für welchen Personenkreis ist die Erstellung der GuV-Rechnung in vereinfachter Kontoform statthaft?**
    (Mehrfachnennungen sind möglich)
    a) Einzelunternehmen, die nicht unter das PublG fallen
    b) Personengesellschaften, die nicht unter das PublG fallen
    c) kleine Kapitalgesellschaften
    d) mittelgroße Kapitalgesellschaften
    e) große Kapitalgesellschaften

14. **Für welchen Personenkreis ist die Erstellung der GuV-Rechnung in Staffelform zwingend vorgeschrieben?**
    (Mehrfachnennungen sind möglich)
    a) Einzelunternehmen, die unter das PublG fallen
    b) Einzelunternehmen, die nicht unter das PublG fallen
    c) Personengesellschaften, die unter das PublG fallen
    d) Personengesellschaften, die nicht unter das PublG fallen
    e) Kapitalgesellschaften

15. **Welche Aussage über das Gesamtkostenverfahren ist falsch?**
    a) Beim Gesamtkostenverfahren werden alle Aufwendungen des Geschäftsjahres erfasst.
    b) Die hergestellten Produkte oder Waren, die berücksichtigt werden, sind im Geschäftsjahr verkauft worden.
    c) Die Bestandserhöhungen werden zu den Umsatzerlösen addiert.
    d) Die Bestandsminderungen werden von den Umsatzerlösen saldiert.
    e) Beim Gesamtkostenverfahren steht die erbrachte betriebliche Leistung des Geschäftsjahres im Vordergrund.

BETRIEBSWIRTSCHAFTLICHE AUSWERTUNGEN

16. Welche Aussage über das Umsatzkostenverfahren ist nicht richtig?
a) Das Umsatzkostenverfahren weist alle Aufwendungen für die im Geschäftsjahr verkauften Produkte und Waren aus.
b) Beim Umsatzkostenverfahren ist es unerheblich in welchem Geschäftsjahr die Produkte hergestellt oder die Waren eingekauft wurden.
c) Das Umsatzkostenverfahren stellt die betriebliche Leistung des Geschäftsjahres in den Mittelpunkt.
d) Bestandsveränderungen spielen beim Umsatzkostenverfahren nur eine untergeordnete Rolle.
e) Beim Gesamtkostenverfahren wird ein Bruttoergebnis vom Umsatz ermittelt.

17. Wie erfolgt beim Gesamtkostenverfahren die Ermittlung der Gesamtleistung?
a) Umsatzerlöse – Bestandserhöhung + Bestandsminderung + Eigenleistung + sonst. betriebl. Erträge
b) Umsatzerlöse + Bestandserhöhung – Bestandsminderung + Eigenleistung + sonst. betriebl. Erträge
c) Umsatzerlöse + Bestandserhöhung – Bestandsminderung – Eigenleistung – sonst. betriebl. Erträge
d) Umsatzerlöse – Bestandserhöhung + Bestandsminderung + Eigenleistung + sonst. betriebl. Erträge
e) Umsatzerlöse + Bestandserhöhung – Bestandsminderung – Eigenleistung – sonst. betriebl. Erträge

18. Welche Ermittlung des Betriebsergebnisses beim Gesamtkostenverfahren ist richtig?
a) Gesamtleistung – Materialaufwand = Rohergebnis + sonst. betriebliche Aufwendungen
b) Gesamtleistung + Materialaufwand = Rohergebnis – sonst. betriebliche Aufwendungen
c) Gesamtleistung – Materialaufwand = Rohergebnis + sonst. betriebliche Aufwendungen
d) Gesamtleistung – Materialaufwand = Rohergebnis – sonst. betriebliche Aufwendungen
e) Gesamtleistung – Materialaufwand = Rohergebnis + sonst. betriebliche Erträge

19. Welche Ermittlung des Betriebsergebnisses beim Umsatzkostenverfahren ist richtig?
a) Bruttoergebnis – Vertriebskosten – Verwaltungskosten – sonst. betriebl. Erträge – sonst. betriebl. Aufwendungen
b) Bruttoergebnis + Vertriebskosten – Verwaltungskosten – sonst. betriebl. Erträge – sonst. betriebl. Aufwendungen
c) Bruttoergebnis – Vertriebskosten – Verwaltungskosten – sonst. betriebl. Erträge + sonst. betriebl. Aufwendungen
d) Bruttoergebnis + Vertriebskosten + Verwaltungskosten – sonst. betriebl. Erträge + sonst. betriebl. Aufwendungen
e) Bruttoergebnis – Vertriebskosten – Verwaltungskosten + sonst. betriebl. Erträge – sonst. betriebl. Aufwendungen

20. Wie erfolgt bei der GuV-Rechnung in Staffelform die Bildung des Finanzergebnisses?
a) Erträge aus Beteiligungen und Wertpapieren – Zinserträge + Abschreibungen auf Finanzanlagen – Zinsaufwendungen
b) Erträge aus Beteiligungen und Wertpapieren + Zinserträge + Abschreibungen auf Finanzanlagen – Zinsaufwendungen
c) Erträge aus Beteiligungen und Wertpapieren + Zinserträge – Abschreibungen auf Finanzanlagen – Zinsaufwendungen
d) Erträge aus Beteiligungen und Wertpapieren – Zinserträge + Abschreibungen auf Finanzanlagen + Zinsaufwendungen
e) Erträge aus Beteiligungen und Wertpapieren + Zinserträge – Abschreibungen auf Finanzanlagen + Zinsaufwendungen

21. Aus welchen Positionen wird bei der GuV - Rechnung in Staffelform das Ergebnis der gewöhnlichen Geschäftstätigkeit gebildet?
a) Betriebsergebnis + außerordentliches Ergebnis + Ergebnis vor Steuern
b) Betriebsergebnis + Finanzergebnis
c) Betriebsergebnis + außerordentliches Ergebnis
d) Betriebsergebnis + Finanzergebnis + außerordentliches Ergebnis + Ergebnis vor Steuern
e) Betriebsergebnis + Finanzergebnis + außerordentliches Ergebnis

BETRIEBSWIRTSCHAFTLICHE AUSWERTUNGEN — REWE 9

22. Aus welchen Positionen wird bei der GuV - Rechnung in Staffelform das Ergebnis vor Steuern gebildet?
a) Betriebsergebnis + Finanzergebnis
b) Betriebsergebnis + außerordentliches Ergebnis
c) Finanzergebnis + außerordentliches Ergebnis
d) Betriebsergebnis + Finanzergebnis + außerordentliches Ergebnis + Ergebnis vor Steuern
e) Betriebsergebnis + Finanzergebnis + außerordentliches Ergebnis

23. Aus welchen Positionen wird bei der GuV - Rechnung in Staffelform der Jahresüberschuss bzw. der Jahresfehlbetrag ermittelt?
(Mehrfachnennungen sind möglich)
a) Betriebsergebnis + Finanzergebnis + außerordentliches Ergebnis − Steuern
b) Ergebnis vor Steuern − Steuern
c) Ergebnis der gewöhnlichen Geschäftstätigkeit + außerordentliches Ergebnis
d) Ergebnis der gewöhnlichen Geschäftstätigkeit − Steuern
e) Ergebnis der gewöhnlichen Geschäftstätigkeit + außerordentliches Ergebnis − Steuern

24. Ermitteln Sie den Jahresüberschuss bzw. den Jahresfehlbetrag, wenn folgende Werte gegeben sind!

* Betriebsergebnis   222.000,00 €
* Finanzergebnis   17.000,00 €
* außerordentliches Ergebnis − 52.500,00 €
* Steuern   13.800,00 €

[   ] Jahresüberschuss/Jahresfehlbetrag

25. Was ist eine Bilanzanalyse?
(Mehrfachnennungen sind möglich)
a) Die Bilanzanalyse gibt Auskunft über die Bilanzaufstellung entsprechend den gesetzlichen Vorschriften.
b) Die Bilanzanalyse ist die wichtigste Informationsquelle für das Unternehmensmanagement.
c) Bei einer Bilanzanalyse erfolgt die Auswertung des Jahresabschlusses mittels Bilanzkennziffern.
d) Bei einer Bilanzanalyse erfolgt die Auswertung des Jahresabschlusses mittels GuV-Kennziffern.
e) Mittels Bilanzanalyse wird der Jahresabschluss auf Richtigkeit und Stimmigkeit überprüft.

26. Was ist eine Betriebswirtschaftliche Auswertung (BWA)?
(Mehrfachnennungen sind möglich)
a) eine kurzfristige Erfolgsrechnung
b) ein Auftrag für einen externen Unternehmensberater
c) eine Auswertung der Ertragslage des Unternehmens bis zum vorläufigen Ergebnis des Buchungsmonats
d) nach Erstellung des Jahresabschlusses eine umfangreiche Auswertung der Unternehmenslage
e) die Beurteilung der Unternehmenslage durch Management und Leitung

27. Welche Kennziffer ist die tragende Kennzahl im RoI-System als auch im allgemeinen Kennzahlensystem für eine betriebliche Strukturanalyse?
a) Liquidität
b) Umsatz-Rentabilität
c) Cashflow
d) Verschuldungsgrad
e) Eigenkapital-Rentabilität

28. Ordnen Sie die aufgeführten vertikalen Bilanzkennziffern der *Vermögensstruktur* und dem *Kapitalaufbau/-struktur* zu!
a) Anlagenintensität
b) Verschuldungsgrad   [   ] Vermögensstruktur
c) Grad der Selbstfinanzierung
d) Finanzierungsverhältnis [   ] Kapitalaufbau/-struktur
e) Vermögenskonstitution

REWE 9 — BETRIEBSWIRTSCHAFTLICHE AUSWERTUNGEN

29. Wie erfolgt die Ermittlung der Kennziffer Anlagenintensität?
- a) Anlagevermögen x 100 / Umlaufvermögen
- b) Anlagevermögen x 100 / Gesamtvermögen
- c) Anlagevermögen x 100 / Eigenkapital
- d) Anlagevermögen x 100 / Jahresüberschuss
- e) Jahresüberschuss x 100 / Anlagevermögen

30. Welche der aufgeführten Aussagen zur Kennziffer Anlagenintensität sind richtig? (Mehrfachnennungen sind möglich)
- a) Verhältnis von Anlagevermögen zum Gesamtvermögen
- b) ein gesundes Unternehmen weist stets eine hohe Anlagenintensität auf
- c) hohe Anlagenintensität ist Ausdruck eines hohen Automatisierungsstandes
- d) hohe Anlagenintensität ist Ausdruck eines geringen Automatisierungsstandes
- e) Investitionen führen zu einer Reduzierung der Anlagenintensität

31. Wie erfolgt die Ermittlung der Kennziffer Umlaufintensität?
- a) Umlaufvermögen x 100 / Gesamtvermögen
- b) Umlaufvermögen x 100 / Anlagevermögen
- c) Umlaufvermögen x 100 / Eigenkapital
- d) Umlaufvermögen x 100 / Jahresüberschuss
- e) Jahresüberschuss x 100 / Umlaufvermögen

32. Welche der aufgeführten Aussagen zur Kennziffer Umlaufintensität sind falsch? (Mehrfachnennungen sind möglich)
- a) Verhältnis von Umlaufvermögen zum Gesamtvermögen
- b) durch eine hohe Umlaufintensität kann ein Unternehmen auf Marktveränderungen schnell reagieren
- c) hohe Umlaufintensität deutet auf einen geringen Lagerbestand hin
- d) hohe Umlaufintensität deutet auf einen hohen Lagerbestand hin
- e) ein geringer offener Forderungsbestand drückst sich in einer hohen Umlaufintensität aus

33. Wie wird die Kennziffer Vermögenskonstitution ermittelt?
- a) Anlagevermögen x 100 / Gesamtvermögen
- b) Umlaufvermögen x 100 / Gesamtvermögen
- c) Anlagevermögen x 100 / Umlaufvermögen
- d) Umlaufvermögen x 100 / Anlagevermögen
- e) Jahresüberschuss x 100 / Gesamtvermögen

34. Wie wird die Kennziffer Vorratsquote ermittelt?
- a) Vorräte x 100 / Anlagevermögen
- b) Vorräte x 100 / Gesamtvermögen
- c) Vorräte x 100 / Umlaufvermögen
- d) Vorräte x 100 / Eigenkapital
- e) Vorräte x 100 / Fremdkapital

35. Welche der aufgeführten Aussagen zur Interpretation der Kennziffer Vorratsquote sind richtig? (Mehrfachnennungen sind möglich)
- a) Verhältnis von Vorräten zum Umlaufvermögen
- b) eine hohe Vorratsquote ist stets Ausdruck einer rationellen Lagerhaltung
- c) eine Steigerung der Produktion führt zu einer Absenkung der Vorratsquote
- d) ein höherer Produktionsausstoß kann eine höhere Vorratsquote bedingen
- e) eine höhere Vorratsquote kann Ausdruck von Absatzrückgang sein

BETRIEBSWIRTSCHAFTLICHE AUSWERTUNGEN — REWE 9

36. Ordnen Sie die richtigen Formeln den Kennziffern *Forderungsquote* und *Anteil der flüssigen Mittel* zu!

a) Forderungen x 100 / Anlagevermögen

b) Forderungen x 100 / Gesamtvermögen ( ) Forderungsquote

c) Eigenkapital x 100 / Forderungen

d) Flüssige Mittel x 100 / Gesamtvermögen ( ) Anteil der flüssigen Mittel

e) Flüssige Mittel x 100 / Eigenkapital

37. Welche der Aussagen zur Kennziffer Forderungsquote sind nicht richtig? (Mehrfachnennungen sind möglich)

a) die Forderungsquote ist eine vertikale Bilanzkennziffer der Aktivseite
b) die Forderungsquote ist eine horizontale Bilanzkennziffer
c) umso geringer die Forderungsquote, desto kleiner der Bestand an offenen Forderungen
d) umso höher die Forderungsquote, desto geringer der Bestand an offenen Forderungen
e) die Verschlechterung der Zahlungsmoral ist Ausdruck einer hohen Forderungsquote

38. Ordnen Sie die richtigen Formeln den Kennziffern *Finanzierungsverhältnis, Verschuldungsgrad, Eigenkapitalintensität* und *Fremdkapitalintensität* zu!

a) Fremdkapital x 100 / Eigenkapital ( ) Finanzierungsverhältnis

b) Eigenkapital x 100 / Gesamtkapital

( ) Verschuldungsgrad

c) Eigenkapital x 100 / Fremdkapital

( ) Eigenkapitalintensität

d) Gesamtkapital x 100 / Gesamtvermögen

e) Fremdkapital x 100 / Gesamtkapital ( ) Fremdkapitalintensität

39. Ermitteln Sie die Bilanzkennziffern *Anlagenintensität, Vermögenskonstitution, Kapitalstruktur, Verschuldungsgrad* und *Eigenkapitalquote*!

Anlagevermögen	225.000,00 €
Umlaufvermögen	160.000,00 €
Eigenkapital	180.000,00 €
Fremdkapital	210.000,00 €

a) Anlagenintensität ( )

b) Vermögenskonstitution ( )

c) Kapitalstruktur ( )

d) Verschuldungsgrad ( )

e) Eigenkapitalquote ( )

40. Welche Formeln für den Grad der Selbstfinanzierung sind richtig? (Mehrfachnennungen sind möglich)

a) Eigenkapital x 100 / Gewinnrücklagen
b) Gewinnrücklagen x 100 / Eigenkapital
c) Gesamtkapital x 100 / Gewinnrücklagen
d) Gewinnrücklagen x 100 / Fremdkapital
e) Gewinnrücklagen x 100 / Gesamtkapital

REWE 9 — BETRIEBSWIRTSCHAFTLICHE AUSWERTUNGEN

41. Welche der aufgeführten Aussagen zur Kennziffer Grad der Selbstfinanzierung sind richtig? (Mehrfachnennungen sind möglich)
- a) wird auch Rücklagenquote genannt
- b) gibt die Selbstfinanzierung durch ausgeschüttete Gewinne an
- c) gibt die Selbstfinanzierung durch thesaurierte Gewinne an
- d) ein hoher Selbstfinanzierungsgrad sorgt für Unabhängigkeit von äußeren Geldgebern
- e) Gewinnrücklagen werden ins Verhältnis gesetzt zum Fremdkapital

42. Welche Aussage zu den horizontalen Bilanzkennziffern der Investierung und Finanzierung ist nicht richtig?
- a) horizontale Bilanzkennziffern analysieren die Beziehungen von Aktiv- und Passivpositionen der Bilanz
- b) das Anlagevermögen wird dabei zum Umlaufvermögen und zum Gesamtvermögen betrachtet
- c) das Eigenkapital sollte mindestens das Anlagevermögen decken
- d) die Frist der Finanzierung sollte die Frist der Investierung nicht überschreiten
- e) in der Praxis liegen häufig Mischformen von Eigen- und Fremdfinanzierung vor im Unternehmen

43. Ordnen Sie die aufgeführten Formeln der *Anlagendeckung I, II und III* zu!
- a) Anlagenvermögen x 100 / Eigenkapital
- b) Eigenkapital + langfristiges Fremdkapital x 100 / Anlagevermögen
- c) Eigenkapital x 100 / Anlagevermögen
- d) Fremdkapital x 100 / Anlagevermögen
- e) Eigenkapital + langfristiges Fremdkapital x 100 / Anlagevermögen + Umlaufvermögen

[ ] Anlagendeckung I
[ ] Anlagendeckung II
[ ] Anlagendeckung III

44. Ermitteln Sie die horizontalen Bilanzkennziffern Anlagendeckung I, II und III!

Anlagevermögen	225.000,00 €
Umlaufvermögen	160.000,00 €
Eigenkapital	180.000,00 €
langfristiges Fremdkapital	140.000,00 €

[ ] Anlagendeckung I   [ ] Anlagendeckung II
[ ] Anlagendeckung III

45. Ordnen Sie die aufgeführten Formeln der *Liquidität 1., 2. und 3. Grades* zu!
- a) Flüssige Mittel x 100 / langfristiges Fremdkapital
- b) Umlaufmittel x 100 / kurzfristiges Fremdkapital
- c) Finanzumlaufvermögen x 100 / kurzfristiges Fremdkapital
- d) Flüssige Mittel x 100 / kurzfristiges Fremdkapital
- e) Umlaufmittel x 100 / langfristiges Fremdkapital

[ ] Liquidität 1. Grades
[ ] Liquidität 2. Grades
[ ] Liquidität 3. Grades

BETRIEBSWIRTSCHAFTLICHE AUSWERTUNGEN — REWE 9

46. Ordnen Sie die aufgeführten Positionen den Flüssigen Mitteln, den Finanzumlaufvermögen und dem Umlaufvermögen zu!
   a) Kasse, Bank- und Postbankguthaben, Schecks
   b) geleistete Anzahlungen
   c) kurzfristige Forderungen
   d) Vorräte
   e) Wertpapiere des Umlaufvermögens

   [   ] Flüssige Mittel
   [   ] Finanzumlaufvermögen
   [   ] Umlaufvermögen

47. Ermitteln Sie die horizontalen Bilanzkennziffern der Liquidität 1., 2. und 3. Grades!

   Kasse, Bank- und Postbankguthaben, Schecks   75.000,00 €
   Besitzwechsel   20.000,00 €
   kurzfristige Forderungen   70.000,00 €
   Wertpapiere des Umlaufvermögens   10.000,00 €
   Vorräte   43.000,00 €
   kurzfristige Verbindlichkeiten   110.000,00 €

   [   ] Liquidität 1. Grades   [   ] Liquidität 2. Grades
   [   ] Liquidität 3. Grades

48. Welche Aussagen über den Cash flow sind nicht richtig?
   (Mehrfachnennungen sind möglich)
   a) Cash flow bedeutet Kassen- oder Geldfluss
   b) bei der Errechnung des Cash flow werden Aufwendungen, die nicht zu Ausgaben geführt haben vom Jahresüberschuss abgesetzt
   c) bei der Ermittlung des Cash flow werden Erträge, die nicht zu Einnahmen zum Jahresüberschuss addiert
   d) der Cash flow gibt Auskunft über die Geldmenge eines Unternehmens aus Mitteln der Selbstfianzierung
   e) der Cash flow gibt Aufschluss über die Geldmenge eines Unternehmens aus Mitteln der Fremdfinanzierung

49. Ermitteln Sie die Cash flow – Kennziffern, wenn folgende Werte vorliegen!

   Cash flow   245.000,00 €
   Umsatzerlöse   510.000,00 €
   Eigenkapital   160.000,00 €
   Fremdkapital   240.000,00 €

   [   ] Umsatz - Cash flow   [   ] Cash flow-Rendite zum Gesamtkapital
   [   ] Cash flow-Rendite zum Eigenkapital

50. Wie erfolgt die Berechnung der Effektivverschuldung?
   a) langfristige Verbindlichkeiten – flüssige Mittel + kurzfristige Forderungen
   b) langfristige Verbindlichkeiten + kurzfristige Verbindlichkeiten – flüssige Mittel
   c) langfristige Verbindlichkeiten + kurzfristige Verbindlichkeiten – flüssige Mittel – kurzfristige Forderungen
   d) langfristige Verbindlichkeiten – kurzfristige Verbindlichkeiten + flüssige Mittel + kurzfristige Forderungen
   e) kurzfristige Verbindlichkeiten – flüssige Mittel – kurzfristige Forderungen

REWE 9 — BETRIEBSWIRTSCHAFTLICHE AUSWERTUNGEN

51. Welche Aussagen über den Cash flow-Verschuldungsgrad sind richtig?
(Mehrfachnennungen sind möglich)
a) der Cash flow wird zur Gesamtverschuldung bzw. zur Effektivverschuldung ins Verhältnis gesetzt
b) der Verschuldungsgrad gibt die Anzahl der Monate an, die ein Unternehmen benötigt, um aus fremden Mitteln seine Schulden abzubauen
c) der Verschuldungsgrad gibt die Anzahl der Jahre an, die ein Unternehmen benötigt, um aus Mitteln der Selbstfinanzierung seine Schulden abzubauen
d) die ermittelte Entschuldungskennziffer wird in Monaten angegeben
e) die ermittelte Entschuldungskennziffer wird in Jahren angegeben

52. Ermitteln Sie die Effektivverschuldung und den Cash flow-Effektivverschuldungsgrad in Jahren, wenn folgende Werte vorliegen!

Cash flow	45.000,00 €
kurzfristige Verbindlichkeiten	110.000,00 €
langfristige Verbindlichkeiten	160.000,00 €
flüssige Mittel	40.000,00 €
kurzfristige Forderungen	130.000,00 €

[   ] Effektivverschuldung   [   ] Cash flow-Effektivverschuldungsgrad

53. Ordnen Sie die Formeln den entsprechenden *Rentabilitätskennziffern* zu!

a) Gewinn + Fremdkapitalzinsen x 100 / Gesamtkapital   [   ] Eigenkapitalrentabilität

b) Gewinn – Unternehmerlohn + Zinsen x 100 / Gesamtkapital   [   ] Eigenkapitalrentabilität bei EU/PG

c) Gewinn x 100 / Umsatzerlöse   [   ] Gesamtkapitalrentabilität

d) Gewinn – Unternehmerlohn x 100 / Eigenkapital   [   ] Gesamtkapitalrentabilität bei EU/PG

e) Gewinn x 100 / Eigenkapital   [   ] Umsatzkapitalrentabilität

54. Welche Aussagen über die Rentabilität sind richtig?
(Mehrfachnennungen sind möglich)
a) der Zinssatz für das eingesetzte Fremdkapital sollte kleiner als die Eigenkapitalrentabilität sein
b) der Zinssatz für das eingesetzte Fremdkapital sollte größer als die Eigenkapitalrentabilität sein
c) die Rentabilität zeigt die Verzinsung des Gewinns
d) die Rentabilität zeigt die Verzinsung des Kapitals
e) das Betriebsergebnis wird zum Umsatz ins Verhältnis gesetzt

55. Ermitteln Sie die Eigenkapitalrentabilität, die Gesamtkapitalrentabilität und die Umsatzrentabilität eines Einzelunternehmens, wenn folgende Werte vorliegen!

Gewinn	38.000,00 €
Unternehmerlohn	22.000,00 €
Fremdkapitalzinsen	7.000,00 €
Umsatzerlöse	260.000,00 €
Eigenkapital	90.000,00 €
Fremdkapital	110.000,00 €

[   ] Eigenkapitalrentabilität   [   ] Gesamtkapitalrentabilität

[   ] Umsatzrentabilität

BETRIEBSWIRTSCHAFTLICHE AUSWERTUNGEN — REWE 9

56. Was verbirgt sich hinter dem Leverage-Effekt?
(Mehrfachnennungen sind möglich)
a) bei steigender Eigenkapitalquote nimmt die Eigenkapitalrentabilität zu
b) bei steigender Eigenkapitalquote nimmt die Eigenkapitalrentabilität ab
c) bei steigendem Verschuldungsgrad nimmt die Eigenkapitalrentabilität zu
d) bei steigendem Verschuldungsgrad nimmt die Eigenkapitalrentabilität ab
e) mit steigendem Gewinn nimmt die Eigenkapitalrentabilität zu

57. Wann arbeitet ein Unternehmen wirtschaftlich?
(Mehrfachnennungen sind möglich)
a) jedes Unternehmen ist wirtschaftlich, weil es am allgemeinen Wirtschaftsverkehr teilnimmt
b) die Erträge sind kleiner als die Aufwendungen
c) die Aufwendungen sind kleiner als die Erträge
d) der Wirtschaftlichkeitsfaktor ist größer als 1
e) der Wirtschaftlichkeitsfaktor ist größer als 0

58. Ermitteln Sie die Arbeitsproduktivität und die Anlagenproduktivität!

Menge	1.255.600 Stück
Arbeitsstunden	8.600 Stunden
Maschinenstunden	6.900 Stunden

[   ] Arbeitsproduktivität   [   ] Anlagenproduktivität

59. Ordnen Sie die richtige Formel den Lagerkennziffern zu!
a) Durchschnittlicher Lagerbestand / Wareneinsatz
b) Wareneinsatz / Durchschnittlicher Lagerbestand
c) Anfangsbestand + Endbestand / 2
d) Anfangsbestand – Endbestand / 2
e) 360 Tage / Lagerumschlagshäufigkeit

[   ] Durchschnittlicher Lagerbestand   [   ] Lagerumschlagshäufigkeit

[   ] Durchschnittliche Lagerdauer

60. Ermitteln Sie die aufgeführten Lagerkennziffern!

Lageranfangsbestand	1.317.000,00 €
Lagerendbestand	1.125.000,00 €
Wareneinsatz	3.790.000,00 €

[   ] Durchschnittlicher Lagerbestand   [   ] Lagerumschlagshäufigkeit

[   ] Durchschnittliche Lagerdauer

61. Welche Aussagen zu den Umschlagskennziffern sind falsch?
(Mehrfachnennungen sind möglich)
a) eine hohe Umschlagsdauer führt zur Erhöhung der Liquidität
b) eine hohe Umschlagshäufigkeit führt zu einer Erhöhung der Rentabilität
c) eine geringe Umschlagsdauer führt zu einer Erhöhung der Rentabilität
d) eine geringe Umschlagshäufigkeit führt zu einer Erhöhung der Liquidität
e) Umschlagsdauer und Umschlagshäufigkeit basieren auf gleichen Formeln

REWE 9 — BETRIEBSWIRTSCHAFTLICHE AUSWERTUNGEN

62. Ordnen Sie die richtige Formel den Umschlagskennziffern zu!
 a) Umsatzerlöse / Durchschnittsbestand an Forderungen
 b) Abschreibungen + Anlagenabgänge / Anlagevermögen
 c) Anlagevermögen / Abschreibungen + Anlagevermögen
 d) 360 Tage / Umschlagshäufigkeit des Kapitals
 e) Umsatzerlöse / Kapital

[ ] Umschlagshäufigkeit des Kapitals   [ ] Umschlagsdauer des Kapitals

[ ] Umschlagshäufigkeit des Anlagevermögens   [ ] Umschlagshäufigkeit von Forderungen

63. Ermitteln Sie die Eigenkapitalrentabilität, die Gesamtkapitalrentabilität und die Umsatzrentabilität eines Einzelunternehmens, wenn folgende Werte vorliegen!
 Umsatzerlöse 534.000,00 €
 Eigenkapital 210.000,00 €
 Durchschnittsbestand an Forderungen 90.000,00 €

[ ] Umschlagshäufigkeit des Eigenkapitals   [ ] Umschlagsdauer des Eigenkapitals

[ ] Umschlagshäufigkeit der Forderungen   [ ] Durchschnittliche Kreditdauer

64. Ordnen Sie die richtige Formel den Umsatzkennziffern zu!
 a) Umsatzerlöse x 100 / Anlagevermögen
 b) Anzahl der Beschäftigten / Umsatzerlöse
 c) Umsatzrentabilität x Umschlagshäufigkeit des Gesamtkapitals
 d) Warenvorräte x 100 / Umsatzerlöse
 e) Umsatzerlöse / Anzahl der Beschäftigten

[ ] Umsatz je Beschäftigten   [ ] Anlagennutzung

[ ] Return on Investment   [ ] Vorratshaltung

65. Welche Aussagen zur Kennziffer Return on Investment sind richtig? (Mehrfachnennungen sind möglich)
 a) RoI zeigt die Umsatzrentabilität
 b) RoI gibt Auskunft über die Kapitalrentabilität
 c) mittels RoI können die betrieblichen Faktoren Umsatzrentabilität und Kapitalumschlag analysiert werden
 d) (Umsatzerlöse x 100 / Gewinn) x (Umsatzerlöse / Kapital)
 e) (Gewinn x 100 / Umsatzerlöse) x (Umsatzerlöse / Kapital)

66. Ermitteln Sie die Umsatzrentabilität des Eigenkapitals, die Umschlagshäufigkeit des Eigenkapitals und den RoI!
 Umsatzerlöse 270.000,00 €
 Eigenkapital 160.000,00 €
 Gewinn 65.000,00 €

[ ] Umsatzrentabilität des Eigenkapitals   [ ] Umschlagshäufigkeit des Eigenkapitals

[ ] Return on Investment

BETRIEBSWIRTSCHAFTLICHE AUSWERTUNGEN — REWE 9

67. Welche Aussage zu Umweltkennzahlen ist falsch?
a) Umweltkennzahlen spielen bei der Beurteilung der Wirtschaftlichkeit eines Unternehmens nur eine untergeordnete Rolle
b) Umweltkennzahlen sind feste Bestandteile des betrieblichen Berichtswesens
c) wichtige Umweltkennzahlen sind der Energieverbrauch, die Schadstoffemission, der Trinkwasserverbrauch und die Abfallmenge
d) die Angabe über Energieverbrauch, Schadstoff- und Abfallmenge sowie Trinkwasserverbrauch sind gesetzliche Pflichtangaben für Waren und Produkte
e) umweltschonende Produktionsverfahren und Technologien entscheiden über die Akzeptanz eines Produktes auf dem Weltmarkt

68. Ordnen Sie die Kennziffer im Kennzahlensystem zu!
a) Shareholder Value
b) Verschuldungsgrad
c) Return on Investment
d) Personalkostenintensität
e) Cash flow

[ ] vertikale Bilanzkennziffer   [ ] horizontale Bilanzkennziffer

[ ] Erfolgskennziffer   [ ] Kennziffer aus GuV-Rechnung

[ ] Umschlags- und Umsatzkennziffer

Lösungen

LÖSUNGEN zum Teil 1

Wirtschafts- und Sozialkunde

Wiso 1 Rechtliche Rahmenbedingungen	Seite	352
Wiso 2 Menschliche Arbeit im Betrieb	Seite	353
Wiso 3 Handels- und Gesellschaftsrecht	Seite	354
Wiso 4 Investition und Finanzierung	Seite	354
Wiso 5 Markt/Preis/Wirtschaftsordnung	Seite	355
Wiso 6 Grundzüge der Wirtschaftspolitik	Seite	355

WISO 1 — LÖSUNGEN RECHTLICHE RAHMENBEDINGUNGEN

Nr.	Lösung	Nr.	Lösung	Nr.	Lösung
1	c	51	c	101	c
2	c	52	b	102	d
3	a	53	e	103	d
4	b	54	d-e-a	104	c
5	d	55	d	105	d
6	a	56	b	106	a
7	b	57	b-f-d	107	c
8	a	58	b	108	c
9	b	59	d	109	a
10	d	60	b	110	a
11	e	61	d	111	e
12	b	62	e	112	a
13	c	63	d	113	c
14	c	64	c	114	c
15	e	65	a-g-f-d	115	19.05.
16	d	66	c-f-d	116	b
17	d	67	e-d-a	117	2 Jahre
18	e	68	d	118	c
19	e	69	b	119	d
20	e	70	a	120	a
21	e	71	d	121	3-1-2-6-8-7-4-5
22	d	72	e	122	e
23	d	73	e	123	a
24	e	74	a	124	b
25	b	75	d	125	a
26	e	76	a	126	e
27	b	77	a	127	c
28	e	78	e	128	c
29	c	79	a	129	c
30	d	80	b	130	e
31	d	81	d	131	a
32	d	82	e-a-d	132	b
33	d	83	c	133	b
34	e	84	e	134	e
35	e	85	c	135	c
36	b	86	b	136	a-f-b
37	e	87	b	137	c
38	c	88	c	138	e
39	b	89	d	139	d
40	c	90	b	140	a
41	d	91	c	141	d
42	c	92	d	142	d
43	c	93	b	143	e
44	e	94	e	144	c
45	e	95	d	145	e
46	d	96	c-a-f	146	b
47	c	97	5-1-4-6-2-3	147	c
48	08.04.	98	5-3-1-6-4-7-2		
49	b	99	a		
50	b	100	c		

LÖSUNGEN MENSCHLICHE ARBEIT IM BETRIEB — WISO 2

#		#		#		#		#	
1	b	51	b	101	d	151	88	201	d
2	c	52	b	102	b	152	a	202	a
3	a	53	b	103	b	153	c	203	b
4	d	54	d-f	104	d	154	e	204	c
5	04.10.	55	e	105	d	155	b	205	a
6	d	56	e	106	d	156	a	206	e
7	a	57	d	107	d	157	10	207	c
8	c	58	b	108	e	158	4	208	d
9	6-3-2-1-4-5	59	c	109	a	159	d	209	d
10	e	60	a	110	e	160	F	210	c
11	a	61	b	111	d	161	d	211	a
12	e	62	e	112	e	162	b-a-d	212	b
13	a	63	a	113	e	163	e-c-f	213	c
14	c	64	b	114	e	164	c	214	d
15	c	65	c	115	b	165	e	215	e
16	b	66	a	116	d	166	e	216	b
17	a	67	c	117	a	167	e-c-a	217	d
18	b	68	a	118	1-7-4-2-5-3-6	168	1.403,84	218	c
19	a	69	e	119	d	169	c	219	c
20	b	70	b	120	3-6-7-1-5-2-4	170	c	220	c
21	e	71	e	121	c	171	d	221	a
22	d-f	72	b-f	122	d	172	a	222	c
23	b	73	d	123	d	173	a	223	d
24	c	74	c	124	e	174	f	224	d
25	e	75	b	125	c	175	e	225	c
26	c	76	b	126	c	176	b	226	b-a-e
27	d	77	e	127	d	177	c	227	c
28	a	78	b-f	128	e	178	c	228	b
29	b	79	e	129	d	179	e	229	f
30	d	80	b	130	c	180	a	230	c
31	a	81	c	131	e	181	b	231	3
32	c-f	82	c	132	c-f	182	d	232	2
33	e	83	e	133	a	183	b	233	c
34	d	84	e	134	e-d-a	184	d	234	a
35	e	85	e	135	e	185	e		
36	b	86	c	136	b	186	d		
37	a	87	a	137	d	187	d-f		
38	e	88	c	138	b	188	a		
39	e	89	a	139	d	189	b		
40	b	90	b	140	e	190	c		
41	d	91	c	141	e	191	a		
42	b-e-f	92	e	142	d-e-c	192	a-a-c		
43	e	93	b	143	c	193	a		
44	d	94	e	144	b	194	d-a-b		
45	d	95	a	145	b	195	95		
46	e	96	b	146	d	196	19		
47	d	97	b	147	31.07.	197	142/127		
48	d	98	d	148	03.12.	198	a		
49	b	99	e-b-c	149	d	199	b		
50	d	100	d	150	c	200	b		

WISO 3 UND 4 — LÖSUNGEN

Handels- und Gesellschaftsrecht		Investition und Finanzierung	
1	c	51	e	1	e
2	c	52	d	2	b
3	e	53	d	3	c
4	b	54	a	4	d
5	b	55	d-f	5	b
6	d	56	b-e-a	6	c
7	b	57	f-c-e	7	b
8	b	58	a	8	c
9	b	59	c-a-d-e-b	9	3-2-1-5-4
10	c	60	e-b-d-a-g	10	e-f-c-d
11	d	61	d	11	b
12	b	62	b	12	c
13	d	63	a	13	c-d-a
14	e	64	d	14	d
15	e	65	c	15	a-d
16	c	66	e	16	d
17	a	67	d	17	c
18	d	68	30	18	120.000
19	b	69	c	19	d
20	a	70	a	20	a
21	f	71	d	21	a
22	c	72	d-f	22	b
23	d			23	e
24	e			24	e
25	c			25	a
26	c			26	b-g-a
27	a			27	b
28	e			28	b
29	e			29	b
30	a			30	c
31	e			31	a-g-d
32	c			32	d
33	c			33	c
34	c			34	e
35	d			35	e
36	a			36	b
37	a			37	d
38	a			38	b
39	c			39	d
40	b				
41	a				
42	d				
43	d				
44	e				
45	e				
46	c				
47	a				
48	b				
49	c				
50	e-c-b				

LÖSUNGEN — WISO 5 UND 6

Markt u. Preis/Wirtschaftsordnung				Grundzüge der Wirtschaftspolitik			
1	b	51	e	1	e-c-g	51	d-c-f
2	d	52	b	2	4	52	c
3	c	53	b	3	d	53	d
4	a	54	a	4	c	54	b
5	c	55	c	5	b	55	e
6	c	56	d	6	c	56	c-g-e
7	c	57	e	7	e	57	a
8	b-d-g	58	c	8	d	58	b
9	b	59	c	9	800	59	c
10	a-b-d	60	c	10	e	60	a
11	1	61	d	11	e	61	d
12	2	62	c	12	c	62	e
13	d	63	d	13	d	63	c
14	a	64	d	14	e	64	a
15	d	65	b	15	b	65	b
16	d	66	d	16	d-f-c	66	d
17	c	67	e	17	b	67	a
18	a-f	68	b-f	18	c	68	c
19	a			19	f-b-e	69	c
20	3,30			20	a	70	c-e
21	e			21	c	71	d
22	d			22	d-a-b	72	e
23	a			23	c	73	a
24	c			24	b	74	b
25	e			25	b	75	e
26	a			26	e	76	a-b
27	b			27	d	77	b
28	d			28	c	78	d
29	d			29	e	79	a
30	a			30	c	80	c
31	c-e-b-d-a			31	e	81	a
32	c			32	c	82	d
33	b			33	d-a-b	83	e
34	d			34	e	84	b
35	d			35	e	85	c
36	c-a			36	d	86	a
37	e			37	d	87	e
38	d-f-g			38	c	88	c
39	b-f-g			39	a		
40	b			40	d		
41	d			41	d		
42	d			42	c		
43	c			43	d		
44	c			44	d		
45	a			45	d-e-a		
46	d-e			46	a		
47	e-g			47	b		
48	a			48	d		
49	a			49	c		
50	c			50	a		

LÖSUNGEN zum Teil 2

Steuerwesen

Steuer 1 Grundlagen des Allgemeinen Steuerrechts	Seite	357
Steuer 2 Umsatzsteuer	Seiten	358 - 372
Steuer 3 Einkommensteuer	Seiten	373 - 385
Steuer 4 Lohnsteuer	Seiten	386 - 387
Steuer 5 Körperschaftsteuer	Seiten	388 - 390
Steuer 6 Gewerbesteuer	Seiten	391 - 394[1]
Steuer 7 Abgabenordnung	Seiten	395 - 396

[1] Die Lösungen zu den gebundenen Aufgaben Steuer 6 – Steuer 7 sind der Übersicht Seite 391 zu entnehmen.

Lösungen Grundlagen des Allgemeinen Steuerrechts — STEUER 1

Nr.	
1.	a,b,d,e
2.	b
3.	c
4.	c
5.	c
6.	e
7.	d
8.	a4,b3,c3,d1,e5
9.	d
10.	a2,b1,c2,d1,e2
11.	c
12.	c, d
13.	e
14.	a2,b4,c2,d3,e1
15.	c
16.	a,b,c,e
17.	a,b,c,e
18.	b, c
19.	d
20.	e
21.	a,b,c,e
22.	c,d
23.	c

STEUER 2 — LÖSUNGEN UMSATZSTEUER

1. a 2. b 3. d 4. b 5. e 6. d 7. a 8. d 9. a 10. e 11. a 12. a 13. b 14. d

15.

Beispiel	Lieferung	Sonstige Leistung
Ein Taxiunternehmer befördert einen Fahrgast		X
Ein Bauunternehmer einigt sich mit einem Konkurrenten darauf, sich an einer Ausschreibung nicht zu beteiligen		X
Die Buchhandlung Hugendubel verkauft ein Buch „Steuerlehre" an einen Auszubildenden	X	
Ein Steuerberater berät einen Mandanten in Fragen der Einkommensteuer		X
Ein Auszubildender geht regelmäßig mit dem Hund seines Chefs „Gassi"		X
Der Besitzer eines Campingplatzes vermietet Stellplätze an Dauercamper		X
Ein Handelsvertreter vermittelt für ein Maschinenbauunternehmen einen Auftrag		X
Ein Kunde kauft in einem Schnellimbiss eine Pizza zum Mitnehmen	X	
Ein Restaurantbesitzer isst in seinem eigenen Lokal zu Mittag		X
Ein Imker verkauft auf dem Wochenmarkt Honig	X	
Claudia Schwarz kauft für 7 € eine Kinokarte		X

16.

Umsatz	Steuerbar	Nicht Steuerbar
Bei einer Demonstration wurde eine Fensterscheibe zerschlagen. Die Versicherung erstattete 1.280 €		X
Herr Maler schenkt seinem Sohn eine Kiste Wein, die für 98 € eingekauft wurde	X	
Eine Verkäuferin erhält zum Geburtstag eine Schachtel Pralinen für 19,98 €		X
Joghurt dessen Verfallsdatum fast erreicht ist wird statt für 0,49 € für 0,19 € verkauft	X	
Ein guter Kunde erhält ein Geschenk aus dem Warenbestand im Wert von 78 €		X
Ein weiterer Kunde erhält ein Geschenk aus dem Warenbestand. Der Einkaufspreis betrug 29,80 €		X
Herr Maler kauft Käse bei einem Lieferanten in Frankreich	X	
Ein Tourist aus Spanien kauft für 89 € ein und bezahlt bar	X	
Nicht verkaufte verderbliche Ware wird an eine andere Filiale geliefert		X
Herr Maler entnimmt den Firmenwagen aus seinem Unternehmen um ihn künftig nur noch „Privat" zu fahren. Der Wagen wurde von einem Werksangehörigen des Herstellers als Jahreswagen gekauft		X
Herr Maler kauft Waren von einem Unternehmer aus der Schweiz	X	
Eine der Filialen wird im Erdgeschoss eines vierstöckigen Hauses betrieben, dass Herrn Maler gehört.		X
Unternehmer Maler fährt mit dem Firmenwagen auch von seiner Wohnung in den Betrieb		X

17. c

LÖSUNGEN UMSATZSTEUER — STEUER 2

18. Tragen Sie ein, ob die folgenden Vorgänge nicht steuerbar sind und falls Steuerbarkeit vorliegt, welche Art eines steuerbaren Umsatzes vorliegt (UStIdNr liegt vor).

Vorgang	Nicht steuerbar	Steuerbare Lieferung	Steuerbare Einfuhr	Steuerbarer Innergem. Erwerb
Ein Großhändler verkauft Düngemittel an einen Einzelhändler in Darmstadt		X		
Ein Einzelhändler verkauft Düngemittel an einen Privatmann		X		
Steuerberater Peters verkauft seine Golfschläger für 500 € an einen befreundeten Rechtsanwalt	X			
Verkauf von Ersatzteilen an einen Unternehmer in Frankreich		X		
Ein Industriebetrieb kauft Maschinen in Irland				X
Ein Angestellter aus Berlin kauft in Italien ein neues Auto				X
Ein Großhändler beliefert ein Unternehmen in Tschechien		X		
Ein Kaufhaus in München kauft Textilien in China			X	
Ein Lehrer verkauft seinen gebrauchten Wohnwagen	X			
Ein Einzelhändler erhält von der Versicherung für eine von einem Unbekannten zerstörte Scheibe 1.500 €	X			
Geschäftsveräußerung an einen anderen Unternehmer	X			

19. a

20.

Beispiele	Unternehmer i.S.d. UStG	
	Ja	Nein
Martin Schmidt, Oberarzt im Krankenhaus München-Schwabing		X
Peter Huber-Jilg, Buchautor	X	
BMW AG	X	
Werksangehöriger eines Automobilherstellers, der nach mehr als einem Jahr den zu einem Vorzugspreis erworbenen Pkw wieder verkauft		X
Bürofachmarkt Maler KG	X	
Gaststättenbesitzer Oskar Graf	X	
Gerd Bubis, selbständiger Steuerberater	X	
Hiltrud Grau, Augenärztin mit eigener Praxis	X	
Rentner Otto Gebert sammelt seit 45 Jahren Briefmarken aus privater Neigung		X

21. b 22. d 23. b 24. d 25. e 26. e

27.

Leistung	Steuerpflichtig	Steuerfrei
Ein Münchner Zahnarzt fertigt in seinem Labor eine Zahnspange für einen Privatpatienten der dafür 520,00 € bezahlt	X	
Ein Tierarzt berechnet für die Impfung eines Labradors 65 €	X	
Ein Unternehmer aus Köln verkauft Waren an einen Händler in der Schweiz		X
Ein Hausbesitzer vermietet ein Appartement an einen Studenten		X

STEUER 2 — LÖSUNGEN UMSATZSTEUER

Ein Hotel in München berechnet einem Unternehmer für den Aufenthalt während einer Messe 298 €	X	
Ein Ulmer Großhändler verkauft einen nicht mehr benötigten Kleintransporter an einen Unternehmer in Salzburg		X
Der Rentner Alfred Danner vermietet einen nicht mehr benötigten Tiefgaragenstellplatz für 50 €/Monat an einen Bekannten	X	

28.

Umsatzart	19 %	7 %
Verkauf eines Pkw an einen Privatmann	X	
Ein Würzburger Gastwirt verabreicht in seiner Gaststätte Mittagessen gegen Entgelt. Die Speisen sind in der Anlage zum UStG aufgeführt.	X	
Verkauf von Zeitschriften durch einen Einzelhändler		X
Ein Supermarkt verkauft Kartoffeln an Restaurants		X
Ein Buchhändler verkauft ein EStG an einen Steuerberater		X
Eine Videothek verleiht Videofilme gegen Entgelt an Privatpersonen	X	
Ein Kiosk verkauft die Frankfurter Allgemeine Zeitung		X
Ein Taxi befördert einen Fahrgast vom Hauptbahnhof in München zu einem Kunden im Stadtteil Sendling		X
Peter Huber-Jilg übergibt dem Verlag sein Buchmanuskript „Rechnungswesen". Für jedes verkaufte Buch erhält er 0,90 €		X

29. b 30. a 31. c 32. c 33. b 34. a 35. a 36. e 37. b 38. d 39. b 40. c 41. a 42. e
43. e 44. c 45. e 46. c 47. e 48. e 49. e 50. c 51. e 52. a 53. a 54. c 55. d 56. e
57. e 58. d 59. c 60. b 61. a 62. d 63. d 64. e 65. e 66. e 67. b 68. e 69. d 70. a 71. e

72.

Beispiel	Monat
Zielverkauf an einen Einzelhändler. Die Bestellung erfolgte im August, Lieferung und Zahlung im September	September
Zielverkauf an einen Einzelhändler. Die Bestellung erfolgte im August, die Lieferung im September, die Zahlung im Oktober	September
Im August geht eine Anzahlung eines Kunden ein. Die Lieferung und Rechnungsstellung erfolgen im November	August
Jäger bestellte im Mai bei einem Unternehmer in Dänemark (dänische USt-IdNr.) Waren für 15.000,00 EUR netto. Die Waren werden im Juli geliefert. Die Rechnung des dänischen Unternehmers wird erst Mitte September erstellt	August

73. a 74. a 75. a 76. c 77. e 78. e 79. a 80. e 81. b 82. d 83. a 84. a 85. d
86. a 87. c 88. c 89. d 90. a 91. b

92.

Reisekostenart	Brutto	Abziehbare Vorsteuer
Bahnfahrt	92,80	14,82
Taxifahrten	54,00	3,53
Verpflegung	150,80	24,08
Übernachtung	348,00	22,77
Summe	645,60	97,99

93. d

94.

Fall	Vorsteuerabzug	Kein Vorsteuerabzug
Kauf eines Geschenks für einen Mitarbeiter im Wert von 25 € + USt	X	
Für einen weiteren Mitarbeiter wird ein Geschenk im Wert von 75 € netto erworben		X

LÖSUNGEN UMSATZSTEUER — STEUER 2

Der Unternehmer erstattet seinem Arbeitnehmer Fahrtkosten für eine Dienstreise von Erfurt nach München und zurück mit der Deutschen Bahn AG. Die Fahrkarte kostete 68,20 €. Zusätzlich sind auf der Fahrkarte der Steuersatz, das Entgelt und der Steuerbetrag ausgewiesen.	X	
Von einem italienischen Hersteller wurden Waren im Wert von 5.000 € bezogen. Käufer und Verkäufer verwendeten ihre jeweilige UStIdNr. Die Rechnung enthielt keine Steuer	X	
Von einem Werksangehörigen wird ein Jahreswagen gekauft, der ausschließlich betrieblich genutzt wird		X

95. e

96.

Nr.	Ort der Leistung	Steuerbar (Ja/Nein), genaue §-Angabe	Bemessungs-grundlage in €	USt in €	Voranmeldungszeitraum
a	München	Ja, § 1 (1)1	689,08	130,92	Dezember 2016
b	Bad Reichenhall	Ja, § 1 (1)1	499,00	94,81	April 2016
c	Schrobenhausen	Ja, § 1 (1)1	719,33	136,67	Mai 2016
d	München	Ja, § 1 (1)1	16,72	3,18	September 2016

97. e **98.** e **99.** e **100.** a **101.** d **102.** d

Ungebundene Aufgaben

103. Finanzamt
104. Nicht steuerbar, echter Schadenersatz
105. Ja, Sonstige Leistung ist steuerbar gemäß § 1 (1) Nr. 1 UStG
106. Ja, Lieferung ist steuerbar gemäß § 1 (1) Nr. 1 UStG
107. Nein, kein Leistungsaustausch
108. Ja, steuerbare sonstige Leistung i.S.d. § 1 (1) 1 UStG
109. Steuerbare unentgeltliche sonstige Leistung, die einer sonstigen Leistung gegen Entgelt gleichgestellt wird. § 3 (9a) Nr. 2 UStG i.V.m § 1 (1) Nr. 1 UStG
110. Steuerbare unentgeltliche sonstige Leistung, die einer sonstigen Leistung gegen Entgelt gleichgestellt wird. § 3 (9a) Nr. 2 UStG i.V.m § 1 (1) Nr. 1 UStG
111. 10.05.2016
112. Ja, steuerbar gemäß § 1(1) 1 UStG i.V.m. § 3 (9a) 1 UStG
113. Steuerbar gemäß § 1(1) 1 UStG i.V.m. § 3 (9a) 1 UStG
114. Nein, Abschnitt 24c Abs. 4 UStR (kein Vorsteuerabzug für den privaten Teil der Nutzung)
115. Ja, steuerbar gemäß § 1(1) 1 UStG i.V.m. § 3 (9a) 2 UStG
116. Nein, im überwiegenden Interesse des Arbeitgebers
117. Deutschland
118. Deutschland
119. Salzburg
120. München, § 3a Abs. 2 UStG
121. Saarbrücken, § 3a Abs. 2 UStG
122. München; § 3 (6) UStG
123. Österreich; § 3a (2) UStG
124. Westerland; § 3a (3) 1b UStG
125. Salzburg, § 3a (2) S. 2 UStG
126. Bayreuth, § 3a (3) 3a UStG
127. Werklieferung; § 3 Abs. 7 Ort = München
128. Deutschland, § 3 (6) UStG

129. Vermittlungsleistung gilt als in Deutschland ausgeführt, § 3a Abs. 2 UStG; steuerbar nach § 1 (1) 1 UStG.
130. Deutschland, § 3a (2) UStG
131. Frankreich (Paris), § 3b (3) UStG
132. Belgische Umsatzsteuer
133. Ort der Lieferung ist Österreich. Die Lieferung ist in Deutschland nicht steuerbar, in Österreich dagegen steuerbar.
134. Deutschland (Ansbach) § 3d UStG
135. Vereinigte Maschinenwerke Stuttgart GmbH
136. Ja, innergemeinschaftliche Lieferung (= innergem. Verbringen)
137. Nicht steuerfrei i. S. d. § 4 Nr. 14 UStG, steuerpflichtig, da Operationen nicht medizinisch notwendig.
138. 72,20
139. 240,00
140. 0,00 nicht steuerbar
141. 16.900,00
142. 825,00
143. 450,00
144. 150,00
145. 70,00
146. 431,03
147. Nicht steuerbar, da beim Kauf kein Vorsteuerabzug
148. Kinokarte: 7 %
Verzehr an Ort und Stelle: 7 %
149. 7 %, da die einfache Entfernung (jede Fahrstrecke zählt getrennt) unter 50 km liegt.
150. 1.710,00 USt entstehen im Oktober 2016; § 13 (1) Nr 1 a S. 4 UStG, der Restbetrag bei Lieferung im Dezember gemäß § 13 (1) Nr. 1a UStG
151. 38,00
152. 8.800,00
153. BMG = 55.000,00; EUSt = 10.450,00
154. 1.778,40
155. 70,53
156.

1 % vom abgerundeten Bruttolistenpreis	344,00
– 20 % Kosten ohne Vorsteuer	68,80
= BMG für Verwendung mit USt	275,20

157.
1 % vom abgerundeten inländischen Bruttolistenpreis 80.300,00 = 803 x 12 Monate Nutzung = 9.636,00
Berechnung für 12 Monate:

	9.636,00
– 20 % Vorkosten ohne USt	1.927,20
=	7.708,80
+ 19 % USt	1.464,67
=	9.173,47

158. Privatfahrten: Steuerbar gemäß § 3 (9a) S. 1 Nr. 1 UStG i.V.m § 1 (1) Nr. 1 UStG, steuerpflichtig, BMG: 1 % von abgerundet 38.000 = 380 €
Fahrten Wohnung – Betrieb: nicht steuerbar, da die Voraussetzung für Zwecke außerhalb des Unternehmens fehlt
159. Mit Ausgabe der Rechnung am 11.09.2016, § 13 (1) Nr. 4 UStG
160. Steuerpflichtig USt 55,88, 19 % gemäß 12 (1) UStG, da Strecke > 50 km
161. 300,00
162. Steuerbar gem. § 1 (1) 1 UStG i.V.m. § 3 (1b) 3 UStG, steuerpflichtig, BMG 1.000,00 gem. § 10 (4) 1 UStG (Wiederbeschaffungspreis am Entnahmetag); USt = 190 € gem. § 12 (1) UStG
163. Steuerschuldner ist der Bauunternehmer aus Stuttgart als Leistungsempfänger gemäß § 13b (2) UStG
164. Kein Vorsteuerabzug möglich, da die Leistung nicht für das Unternehmen ausgeführt worden ist.
165. 4.800,00 gem. § 15 Abs. 1 S. 1 Nr. 1 i.V.m. § 15 Abs. 3 Nr. 1a UStG
166. 21,00
167. 0,00
168. 0,00, ein Arzt führt nur Ausschlussumsätze aus.

LÖSUNGEN UMSATZSTEUER — STEUER 2

169.

Voranmeldungszeitraum	Höhe des Vorsteuerabzugs	Begründung
April 2016	-	Voraussetzungen nach § 15 (1) UStG nicht erfüllt
Mai 2016	1.662,50	Anzahlung geleistet und ordnungsgemäße Rechnung vorliegt, § 15 (1) Nr. 1 S. 3 UStG
Juli 2016	4.987,50	Leistung ausgeführt und ordnungsgemäße Rechnung vorliegt, § 15 (1) Nr. 1 S. 1 UStG

170. Es handelt sich um eine nichtsabzugsfähige Betriebsausgabe i.S.d. § 4 (5) Satz 1 Nr. 1 EStG, für die ein Vorsteuerabzug gemäß § 15 (1a) UStG nicht möglich ist.

171. Nein, da beim Kauf die Verwendung als Geschenk bereits feststand.

172. Ja, 1.235,00 Vorsteuerabzug gemäß § 15 (1) Nr. 4 UStG

173. Ja, 4.750,00 Vorsteuerabzug gemäß § 15 (1) Nr. 4 UStG

174. 42,79

175. Vorsteuerabzug möglich, § 15 (1) 1 UStG; Übergabe steuerbar gemäß § 3 (1b) 3 UStG i.V.m. § 1 (1) 1 UStG

176. Eine Option ist nur gegenüber der Rechtsanwaltskanzlei möglich (vgl. § 9 UStG), BMG = 1.848,74 USt = 351,26 ; Vorsteuerabzug i.S.d. § 15 (1) UStG nur aus dem Teil der Kosten, die auf die Rechtsanwaltskanzlei entfallen = ¼ von 1.178,00 = 294,50

177. Leistungsempfänger (= Bauunternehmer aus Bad Reichenhall) schuldet die USt gemäß § 13b (1) S. 1 Nr. 1 UStG i.V.m. Abs. 2 S. 1 UStG

178.

Verkaufspreis	12.000,00
– Einkaufspreis	7.500,00
= Differenz brutto	4.500,00

daraus 19 % = 718,49 USt

179. Bis zum 31.05. des Folgejahres; § 149 (2) AO

180. 38,89   **181.** 4.595,13 Vorsteuer; umsatzsteuerlich stb.

STEUER 2 — LÖSUNGEN UMSATZSTEUER

182.

	Art des Umsatzes §	Ort der Leistung §	Steuerbar §	Steuerfrei §	Steuerpflichtig Ja/Nein	Bemessungsgrundlage Betrag in € §	USt/EUSt Betrag in €	Vorsteuer Betrag in € §
a	Lieferung § 3 (1)	Ulm § 3 (6)	Ja § 1 (1) 1	-	Ja	250.000,00 § 10 (1)	47.500,00	-
b	Lieferung § 3 (1)	Ulm § 3 (6)	Ja § 1 (1) 1	-	Ja	839,50 § 10 (1)	159,50	-
c	(Ausfuhr-) Lieferung § 3 (1)	Ulm § 3 (6)	Ja § 1 (1) 1	Ja § 4 Nr. 1a i.V.m. § 6 (1)	Nein	1.499,00 § 10 (1)	-	-
d	Innergemeinsch. Lieferung § 3 (1)	Ulm § 3 (6)	Ja § 1 (1) 1	Ja § 4 Nr. 1b i.V.m. § 6a	Nein	15.000,00 § 10 (1)		
e	Innergem. Erwerb § 1a (1)	Ulm § 3d	Ja § 1 (1) 5	-	Ja	10.000,00 § 10 (1)	1.900,00	1.900,00 § 15 (1) 3
f								3.800,00 § 15 (1) 1
g	Lieferung § 3 (1)	Ulm § 3 (6)	Ja § 1 (1) 1	-	Ja	116,82 § 10 (1)	8,18	-
h	Unentgeltl. Lieferung § 3 (1b) 3	Ulm § 3f	Nein	-	-	-	-	- 8,18 § 15 (1a)
i	Unentgeltl. Lieferung § 3 (1b) 1	Ulm § 3f	Ja § 1 (1) 1	-	Ja	125,00 § 10 (4) 1	23,75	-
j	Unentgeltl. Lieferung § 3 (1b) 2	Ulm § 3f	Nein					-
k								11.310,00 § 15 (1) 1
l								570,00 § 15 (1) 1
m	Sonstige Leistung § 3 (9)		Nein Innenumsatz	-	-	-	-	-
n	Sonstige Leistung § 3 (9)	Ulm § 3a (3) 1a	Ja § 1 (1) 1	-	Ja Option § 9	1.008,40 § 10 (4) 1	191,60	-
o		Ulm § 3a (3) 1a						95,00 § 15 (1) 1

LÖSUNGEN UMSATZSTEUER — STEUER 2

183.

	Art des Umsatzes §	Ort der Leistung §	Steuerbar §	Steuerfrei §	Steuerpflichtig Ja/Nein	Bemessungsgrundlage Betrag in € §	USt/EUSt Betrag in €	Vorsteuer Betrag in € §
a	Lieferusng § 3 (1)	Starnberg § 3 (6)	Ja § 1 (1) 1	-	Ja	84.000,00 § 10 (1)	15.960,00	-
b	Lieferung § 3 (1)	Starnberg § 3 (6)	Ja § 1 (1) 1	-	Ja	867,29 § 10 (1)	60,71	-
c	Innergem. Erwerb § 1a (1)	Starnberg § 3 d	Ja § 1 (1) 5	-	Ja	12.000,00 § 10 (1)	2.280,00	2.280,00 § 15 (1) 3
d								6.131,52 § 15 (1) 1
e								33,34 § 15 (1) 1
f								§ 15 (1a)
g	Unentgeltl. Lieferung § 3 (1b) 3	Starnberg § 3 f	Nein	-	-			-
h	Unentgeltl. Lieferung § 3 (1b) 2	Starnberg § 3 f	Nein			4		
i	Unentgeltl. Lieferung § 3 (1b) 1	Starnberg § 3f	Ja § 1 (1) 1	-	Ja	280,00 § 10 (5) 1 § 10 (4) 1	53,20	
j								319,33 § 15 (1) 1
k								43,70 § 15 (1) 1
l	Innergem. Lieferung § 3 (1)	Starnberg § 3 (6)	Ja § 1 (1) 1	Ja § 4 Nr. 1b i.V.m. § 6a	Nein	288,00 § 10 (1)	-	-
m								63,71 § 15 (1) 1
n1	Sonstige Leistung § 3 (9)	Starnberg § 3a (3) 1a	Nein Innenumsatz	-	-	-	-	-
n2	Sonstige Leistung § 3 (9)	Starnberg § 3a (3) 1a	Nein Innenumsatz	-	-	-	-	-
n3	Sonstige Leistung § 3 (9)	Starnberg § 3a (3) 1a	Ja § 1 (1) 1	-	Ja *Option § 9*	800,00 § 10 (1)	152,00	-

STEUER 2 — LÖSUNGEN UMSATZSTEUER

n4	Sonstige Leistung § 3 (9)	Starnberg § 3a (3) 1a	Ja § 1 (1) 1	-	Ja Option § 9	800,00 § 10 (1)	152,00	-
n5	Sonstige Leistung § 3 (9)	Starnberg § 3a (3) 1a	Ja § 1 (1) 1	Ja § 4 Nr. 12a	Nein	800,00 § 10 (1)	-	-
n6	Sonstige Leistung § 3 (9)	Starnberg § 3a (3) 1a	Ja § 1 (1) 1	Ja § 4 Nr. 12a	Nein	800,00 § 10 (1)	-	-
n7	Sonstige Leistung § 3 (9)	Starnberg § 3a (3) 1a	Ja § 1 (1) 1	Ja § 4 Nr. 12a	Nein	800,00 § 10 (1)	-	-
o								760,00 § 15 (1) 1
p								-
q								-

LÖSUNGEN UMSATZSTEUER — STEUER 2

184.

	Art des Umsatzes §	Ort der Leistung §	Steuerbar §	Steuerfrei §	Steuerpflichtig Ja/Nein	Bemessungsgrundlage Betrag in € §	USt/EUSt Betrag in €	Vorsteuer Betrag in € §
a	Lieferung § 3 (1)	Schwerin § 3 (6)	Ja § 1 (1) 1	-	Ja	54.000,00 § 10 (1)	10.260,00	-
b	Lieferung § 3 (1)	Schwerin § 3 (6)	Ja § 1 (1) 1	-	Ja	120,00 § 10 (1)	8,40	-
c	Lieferung § 3 (1)	Schwerin § 3 (6)	Ja § 1 (1) 1	-	Ja	480,00 § 10 (1)	91,20	-
d	Lieferung § 3 (1)	Schwerin § 3 (6)	Ja § 1 (1) 1	-	Ja	100,00 § 10 (1)	19,00	-
e	Lieferung (kleiner VH) § 3 (1)							1.520,00 § 15 (1) 1
f								5.700,00 § 15 (1) 1
g	Lieferung § 3 (1)	Schwerin § 3 (6)	Ja § 1 (1) 1	-	Ja	336,13 § 10 (1)	63,87	-
h	Echter Schadenersatz	-	-	-	-	-	-	-
i	Unentgeltl. Lieferung § 3 (1b) 3	Schwerin § 3f	Nein	-	-	-	-	-
j	Innergem. Erwerb § 1a (1)	Schwerin § 3d	Ja § 1 (1) 5	-	Ja	380,00 § 10 (1)	72,20	72,20 § 15 (1) 3
k	Lieferung § 3 (1)	Schwerin § 3 (6)	Ja § 1 (1) 1	-	Ja	299,00 § 10 (5) 1 § 10 (4) 1	56,81	-
l	Sonstige Leistung § 3 (9)	Schwerin § 3a (3) 1a	Nein Innenumsatz	-	-	-	-	-
m	Sonstige Leistung § 3 (9)	Schwerin § 3a (3) 1a	Ja § 1 (1) 1	-	Ja	1.680,67 § 10 (1)	319,33	-
n	Sonstige Leistung § 3 (9)	Schwerin § 3a (3) 1a	Ja § 1 (1) 1	Ja § 4 Nr. 12a	-	2.000,00 § 10 (1)		-
o								57,00 § 15 (1) 1
p	-							-
q	-							
r								38,00 § 15 (1) 1
s	Echter Schadenersatz	-	-	-	-	-	-	-

LÖSUNGEN UMSATZSTEUER

185.

	Art des Umsatzes §	Ort der Leistung §	Steuerbar §	Steuerfrei §	Steuerpflichtig Ja/Nein	Bemessungsgrundlage Betrag in € §	USt/EUSt Betrag in €	Vorsteuer Betrag in € §
a	Lieferung (kleiner VH) § 3 (1)	Wasserburg § 3 (6)	Ja § 1 (1) 1	-	Ja	1.247,90 § 10 (1)	237,10	-
b	(Ausfuhr-) Lieferung § 3 (1)	Wasserburg § 3 (6)	Ja § 1 (1) 1	Ja § 4 Nr. 1a i.V.m. § 6 (1)	Nein	1.170,00 § 10 (1)	-	-
c	Innergem. Erwerb § 1a (1)	Wasserburg § 3 d	Ja § 1 (1) 5	-	Ja	6.800,00 § 10 (1)	1.292,00	1.292,00 § 15 (1) 3
d								30,80 § 15 (1) 1
e								638,66 § 15 (1) 1
f	Lieferung § 3 (1)	Wasserburg § 3 (6)	Nein Innenumsatz					
g								893,00 § 15 (1) 1
h	Sonstige Leistung § 3 (9)	Wasserburg § 3a (3)1	Ja § 1 (1) 1	-	Ja	4.200,00 § 10 (1)	798,00	798,00 § 15 (1) 1
i	Sonstige Leistung § 3 (9)	Wasserburg § 3a (3) 3b	Ja § 1 (1) 1	-	Ja	16.789,92 § 10 (1)	3.190,08	§ 15 (1) 4
j	Lieferung § 3 (1)	Wasserburg § 3 (6)	Ja § 1 (1) 1	-	Ja	2.448,60 § 10 (1)	171,40	-
k	Lieferung § 3 (1)	Wasserburg § 3 (6)	Ja § 1 (1) 1	-	Ja	235,29 § 10 (1)	44,71	-
l	Sonstige Leistung § 3 (9)	Wasserburg § 3a (3) 1a	Nein Innenumsatz					
m	Sonstige Leistung § 3 (9)	Wasserburg § 3a (3) 1a	Ja § 1 (1) 1	-	Ja	5.042,02 § 10 (1)	957,98	-
n	Sonstige Leistung § 3 (9)	Wasserburg § 3a (3) 1a	Ja § 1 (1) 1	Ja § 4 Nr. 12a	Nein	6.000,00 § 10 (1)	-	-
o								570,00 § 15 (1) 1
p								760,00 § 15 (1) 1
q								- § 15 (2) 1

LÖSUNGEN UMSATZSTEUER — STEUER 2

186.

	Art des Umsatzes §	Ort der Leistung §	Steuerbar §	Steuerfrei §	Steuerpflichtig Ja/Nein	Bemessungsgrundlage Betrag in € §	USt/EUSt Betrag in € §	Vorsteuer Betrag in € §
a	Lieferung § 3 (1)	Unterschleißh. § 3 (6)	Ja § 1 (1) 1	-	Ja	124.000,00 § 10 (1)	23.560,00	-
b	Lieferung § 3 (1)	Unterschleißh. § 3 (6)	Ja § 1 (1) 1	-	Ja	4.504,67 § 10 (1)	315,33	-
c	Lieferung § 3 (1)	Unterschleißh. § 3 (6)	Ja § 1 (1) 1	-	Ja	867,29 § 10 (1)	60,71	-
d								532,00 § 15 (1) 1
e	Lieferung § 3 (1)	Unterschleißh. § 3 (6)	Ja § 1 (1) 1	-	Ja	84,03 § 10 (1)	15,97	-
f	Innergem. Erwerb § 1a (1)	Unterschleißh. § 3d	Ja § 1 (1) 5	-	Ja	12.400,00 § 10 (1)	2.356,00	2.356,00 § 15 (1) 3
g	Lieferung § 3 (1)	Unterschleißh. § 3 (6)	Ja § 1 (1) 1	-	Ja	600,00 § 10 (1)	114,00	-
h	(Ausfuhr-)Lieferung § 3 (1)	Unterschleißh. § 3 (6)	Ja § 1 (1) 1	Ja § 4 Nr. 1a i.V.m. § 6 (1)	Nein	592,00 § 10 (1)	-	-
i	Unentgeltl. Lieferung § 3 (1b) 1	Unterschleißh. § 3f	Ja § 1 (1) 1	-	Ja	390,00 § 10 (4) 1	74,10	-
j	Lieferung § 3 (1)	Unterschleißh. § 3 (6)	Ja § 1 (1) 1	-	Ja	840,34 § 10 (1)	159,66	-
k	Innergem. Erwerb § 1a (1)	Unterschleißh. § 3d	Ja § 1 (1) 5	-	Ja	8.200,00 § 10 (1)	1.558,00	1.558,00 § 15 (1) 3
l								25,93 § 15 (1) 1
m	Lieferung § 3 (1)	Unterschleißh. § 3 (6)	Ja § 1 (1) 1	-	Ja	504,20 § 10 (1)	95,80	-
n								380,00 § 15 (1) 1
o	Echter Schadenersatz	-	Nein	-	-	-	-	-
p	Lieferung § 3 (1)	Unterschleißh. § 3 (6)	Nein	-	Ja	8.403,36 § 10 (1)	1.596,64	-
q	Unentgeltl. Lieferung § 3 (1b) 2	Unterschleißh. § 3f	Nein	-	-	-	-	-
r	Unentgeltl. sonst. Leistung § 3 (9a)	Unterschleißh. § 3f	Ja § 1 (1) 1	-	Ja	327,20 § 10 (4) 2	62,17	-

STEUER 2 — LÖSUNGEN UMSATZSTEUER

187.

Nr.	Art des Umsatzes §	Ort der Leistung §	Steuerbar §	Steuerfrei §	Steuerpflichtig Ja/Nein	Bemessungsgrundlage € und §	USt, EUSt €	VSt € und §
a	Lieferung § 3 (1)	Nürnberg § 3 (6)	Ja § 1 (1)1	–	Ja	2.000,00 § 10 (1)	380,00	–
b	Werklieferung § 3 (4)	Ingolstadt § 3 (7)	Ja § 1 (1)1	–	Ja	30.500,00 § 10 (1)	5.795,00	5.795,00 § 15 (1)4
c	Sonstige Leistung § 3 (9)	Hamburg § 3a (1)	Ja § 1 (1)1	–	Ja	400,00 § 10 (1)1	76,00	–
d	Sonstige Leistung § 3 (9a)2	Ulm § 3f	Ja § 1 (1)1	–	Ja	1.250,00 § 10 (4)3	237,50	–
e	Innergem. Verbringen § 1a (2)	Konstaz § 3d	Ja § 1 (1)5	–	Ja	1.600,00 § 10 (4)1	304,00	304,00 § 15 (1)3
f	Lieferung § 3 (1)	Augsburg § 3 (6)	Ja § 1 (1)1	§ 4 1a i.v.m. § 6(1)	Nein	152.000,00 § 10 (1)	–	–
g	–	–	–	–	–	–	–	380,00 § 15 (1)1
h	–	–	–	–	–	–	–	114,00 § 15 (1)1
i	Lieferung § 3 (1)	Landshut § 3 (6)	Nein (Innenumsatz)	–	–	–	–	–
j	Unentgeltl. Lieferung § 3 (1b) 2	München § 3f	Nein (Aufmerksamkeit)	–	–	–	–	1,30 § 15 (1)1
k	Unentgeltl. Lieferung § 3 (1b)1	Chemnitz § 3f	Ja § 1 (1)1	–	Ja	140,00 § 10 (4)1	26,60	–
l	Lieferung § 3 (1)	Düsseld. § 3 (6)	Ja § 1 (1)1	–	Ja	1.400,00 § 10 (1)	266,00	–
m	–	–	–	–	–	–	–	34,20 § 15 (1)1
n	–	–	–	–	–	–	–	17,48 § 15 (1)1
o	Sonstige Leistung § 3 (9)	Bad Reichenhall § 3a (3) 1	Ja § 1 (1)1	–	Ja	6.200,00 § 10 (1)	1.178,00	1.178,00 § 15 (1)4
p	Echter Schadenersatz	–	Nicht steuerbar	–	–	–	–	–

188.

Nr.	Art des Umsatzes §	Ort der Leistung §	Steuerbar §	Steuerfrei §	Steuerpflichtig Ja/Nein	Bemessungsgrundlage € und §	USt, EUSt €	VSt € und §
1.1	Lieferung § 3 (1)	Mühldorf § 3 (6)	Ja § 1 (1) 1	–	Ja	18.700,00 § 10 (1)	3.553,00	
1.2	Lieferung § 3 (1)	Mühldorf § 3 (6)	Ja § 1 (1) 1	–	Ja	210,08 § 10 (1)	39,92	
1.3	Innergem. Erwerb § 1a (1)	Mühldorf § 3d	Ja § 1 (1) 5	–	Ja	4.500,00 § 10 (1)	855,00	855,00 § 15 (1) 3
1.4	Lieferung	Mühl-	Ja	–	Ja	826,73	57,87	

LÖSUNGEN UMSATZSTEUER — STEUER 2

Nr.	Art des Umsatzes	Ort der Leistung	Steuerbar	Steuerfrei	Steuerpflichtig Ja/Nein	Bemessungsgrundlage € und §	USt, EUSt €	VSt € und §
	§ 3 (1) § 3 (6)	dorf	§ 1 (1) 1			§ 10 (1)		
1.5	Einfuhr § 1 (1) 4	Inland	Ja § 1 (1) 4	–	Ja	2.530,00 § 11 (1) +§ 11 (3) 1 u.3	480,70	480,70 § 15 (1) 2
1.6	Echter Schadenersatz	–	Nein	–	–	–	–	–
1.7	Innergemeinsch. Lieferung	Mühldorf § 3 (6)	Ja § 1 (1) 1	Ja § 4 Nr. 1b i.V.m. § 6a	Nein	6.000,00 § 10 (1)	–	–
1.8	Lieferung § 3 (1)	Mühldorf § 3 (6)	Ja § 1 (1) 1	Ja § 4 Nr. 1a i.V.m. § 6 (1)	Nein	800,00 § 10 (1)	–	–
1.9	Lieferung § 3 (1)	Mühldorf § 3 (6)	Ja § 1 (1) 1	–	Ja	50,00 § 10 (1)	9,50	–
1.10	Sonstige Leistung § 3 (9)	Mühldorf § 3a (1)	Ja § 1 (1) 1	–	Ja	126,05 § 10 (1)	23,95	–
1.11	Unentgeltl. Lieferung § 3 (1b) 1	Mühldorf § 3f	Ja § 1 (1) 1	–	Ja	49,90 § 10 (4) 1	9,48	–
1.12.1	Sonstige Leistung § 3 (9)	Mühldorf § 3a (3) 1a	Nein Innenumsatz	–	–	–	–	–
1.12.2	Sonstige Leistung § 3 (9)	Mühldorf § 3a (3) 1a	Ja § 1 (1) 1	–	Ja, Option gem. § 9	2.521,01 § 10 (1)	478,99	–
1.12.3	Sonstige Leistung § 3 (9)	Mühldorf § 3a (3) 1a	Ja § 1 (1) 1	Ja § 4 Nr. 12	–	880,00 § 10 (1)	–	–
1.12.4	–	–	–	–	–	–	–	253,33 § 15 (1) 1

189.

Nr.	Art des Umsatzes §	Ort der Leistung §	Steuerbar §	Steuerfrei §	Steuerpflichtig Ja/Nein	Bemessungsgrundlage € und §	USt, EUSt €	VSt € und §
1.1	Lieferung § 3 (1)	Kempten § 3 (6)	Ja § 1 (1) 1	–	Ja	32.268,91 § 10 (1)	6.131,09	
1.2	Lieferung § 3 (1)	Kempten § 3 (6)	Ja § 1 (1) 1	–	Ja	1.859,78 § 10 (1)	130,18	
1.3	Innergem. Erwerb § 1a (1)	Kempten § 3d	Ja § 1 (1) 5	–	Ja	2.200,00 § 10 (1)	418,00	418,00 § 15 (1) 3
1.4	Lieferung § 3 (1)	Kempten § 3 (6)	Ja § 1 (1) 1	–	Ja	300,00 § 10 (1)	57,00	
1.5	Einfuhr § 1 (1) 4	Inland	Ja § 1 (1) 4	–	Ja	499,00 § 11 (1)	94,81	94,81 § 15 (1) 2
1.6	(Ausfuhr-) Lieferung § 3 (1)	Kempten § 3 (6)	Ja § 1 (1) 1	Ja § 4 Nr. 1a i.V.m. § 6 (1)	Nein	150,00 § 10 (1)		

STEUER 2 — LÖSUNGEN UMSATZSTEUER

1.7	Unentgeltl. Lieferung § 3 (1b) 2	Kempten § 3 f	Nein					
1.8	Unentgeltl. Lieferung § 3 (1b) 3	Kempten § 3 f	Nein Geschenk von geringem Wert					
1.9								11,02 § 15 (1) 1 § 15 (1a) S. 2
1.10								127,73 § 15 (1) 1
1.11	Einfuhr § 1 (1) 4	Inland	Ja § 1 (1) 4	–	Ja	800,00 § 11 (1)	152,00	152,00 § 15 (1) 2
1.12	Lieferung § 3 (1)	Kempten § 3 (6)	Ja § 1 (1) 1	–	Ja	46,22 § 10 (1)	8,78	
1.13			Nein echter Schadenersatz					
1.14								760,00 § 15 (1) 1
1.15								608,00 § 15 (1) 1

LÖSUNGEN EINKOMMENSTEUER — STEUER 3

Nr.	ESt	Nr.	ESt	Nr.	ESt	Nr.	ESt	Nr.	ESt
1	a	10	e	19	e	28	e	37	b
2	a	11	a	20	d	29	a	38	d
3	b	12	c	21	a	30	b		
4	e	13	d	22	e	31	b		
5	b	14	e	23	b	32	e		
6	a	15	d	24	a	33	e		
7	c	16	d	25	c	34	a		
8	e	17	a	26	e	35	a		
9	b	18	c	27	e	36	d		

39.

Aufwendungen	WK	Keine WK
Gewerkschaftsbeitrag	X	
Kontoführungsgebühr	X	
Grundsteuer		X
Fachliteratur	X	
Pkw-Haftpflichtversicherung		X
Bewerbungskosten	X	
Scheidungskosten (Anwalt)		X
Bezahlte Kirchensteuer		X
Teilnahmegebühr für ein Fachseminar	X	
Kosten für einen Autounfall auf dem Weg zur Arbeit	X	
Aufwendungen für ein Erststudium		X

40.

Beispiele	Ja	Nein
Urlaubsgeld	X	
Pension eines Beamten	X	
Ausbildungsvergütung eines angehenden Bankkaufmanns	X	
Krankengeld der Krankenversicherung		X
Weihnachtsgeld	X	
Vom Arbeitgeber bezahlte Seminargebühr		X
Trinkgeld einer Bedienung		X
200 € Sonderzahlung anlässlich der Hochzeit	X	
Vom Arbeitgeber bezahlte Schutzkleidung		X
Altersrente eines Angestellten		X
Vom Arbeitgeber bezahlte vermögenswirksame Leistungen	X	
Ein Angestellter erhält für ein erfolgreiches Geschäftsjahr eine zusätzliche Tantieme von 4.100 €	X	
Kindergartengebühr für den fünfjährigen Sohn eines Lehrerehepaares		X

41. a **42.** e **43.** d **44.** c **45.** a **46.** e **47.** c

48.

Ausgaben	Betrag in €
Schreibtischstuhl (ND 8 Jahre), 260 €	260,00
Bücherregal (ND 10 Jahre), 450 €	450,00
Schreibtischlampe (ND 5 Jahre), 98 €	98,00
Fernseher (ND 10 Jahre), 998 €	0
Gemälde (P. Klimt) 29.999 €	0
Laptop (ND 3 Jahre) 999 €	333,00
Anteilige Miete	280,00

49. e **50.** c **51.** b **52.** c **53.** b (8.650 − 2.500 Vers.Fb − 900 Zuschlag − 102 WkPb)

54.

Beispiele	Abgeltungsteuer in Prozent
Zinsen aus einem Sparguthaben	25 %
Einnahme aus der Beteiligung als typischer stiller Gesellschafter	25 %
Zinsen aus Pfandbriefen	25 %

Gewinnanteil aus der Beteiligung an einer GmbH	25 %
Einnahmen aus Tafelgeschäften	25 %
Erhaltene Dividende	25 %
Einnahmen aus der Beteiligung als partiarischer Darlehensgeber	25 %

55. c **56.** b **57.** b **58.** c **59.** f

60.

Beispiel	Erhaltungsaufwendungen	Herstellungsaufwendungen
Einbau eines neuen Parkettbodens	X	
Dachgeschossausbau		X
Aufwendungen für Gartenanlagen	X	
Aufstockung des Gebäudes		X
Einbau eines Fahrstuhls		X
Reparatur der Wasserleitungen	X	

61.

Beispiele	Ja	Nein
Schuldzinsen	X	
Grunderwerbsteuer		X
Disagio	X	
Grundsteuer	X	
Abschreibung	X	
Notargebühr für Grundschuldeintragung des Kaufs	X	
Beitrag an den Hausbesitzerverein	X	
Gebühren für Grundbucheintragung		X
Kaufpreis		X

62. d **63.** b

64.

Einnahmen	§ 13	§ 15	§ 18	§ 19	§ 20	§ 21	§ 22
Gewinnanteil eines Kommanditisten		X					
Provision eines Handelsvertreters		X					
Gewinnanteil eines GmbH-Gesellschafters					X		
Gewinn eines Spediteurs		X					
Pension eines Beamten				X			
Gehalt eines AG-Vorstandsvorsitzenden				X			
Dividende aus Aktien, die zum Betriebsvermögen eines Gewerbetreibenden gehören		X					
Altersrente eines ehemaligen Angestellten							X
Einnahmen eines Spargelbauern	X						
Ausbildungsvergütung eines angehenden Steuerfachangestellten				X			
Einnahme eines Einzelhändlers aus der gelegentlichen Vermietung des betrieblichen Transporters		X					
Ein staatl. geprüfter Dolmetscher erzielt mit einem eigenen Übersetzungsbüro Einnahmen			X				
Vergütung eines Aufsichtsratsmitglieds einer AG			X				

65. b **66.** a **67.** a **68.** b **69.** d **70.** d **71.** b **72.** c **73.** a **74.** d **75.** d **76.** d **77.** b

78.

Personen	Ja	Nein
Walter Buchner, geb. 01.01.1951, bezieht neben einer Altersrente auch Einkünfte aus Kapitalvermögen und aus der Beteiligung an einer Kommanditgesellschaft.	X	
Eleonore Maurer, 80 Jahre, hat neben einer Witwenrente keine weiteren Einkünfte		X
Otto Nerlinger, 66 Jahre, arbeitet als Geschäftsführer einer GmbH, an der er mit 20 % beteiligt ist. Für seine Tätigkeit bezieht er ein Gehalt und ist am Gewinn beteiligt	X	

LÖSUNGEN EINKOMMENSTEUER — STEUER 3

Der 65-jährige, ledige Steuerpflichtige Richard Hutter erzielte im VZ 2016 einen Bruttoarbeitslohn von 38.000 € und Versorgungsbezüge von 4.200 €	X	
Hans-Jörg Mahler, geb. 15.07.1951, erhält von seinem Arbeitgeber im Jahr 2016 einen laufenden Arbeitslohn in Höhe von 46.000 € (keine Versorgungsbezüge)	X	
Mirco Grün, 54 Jahre, bezieht seit acht Jahren Erwerbsunfähigkeitsrente		X
Walter Braun, 62 Jahre, verdient als leitender Angestellter 69.400 € brutto. Er ist zu 50 % schwerbehindert.		X

79.

Personen	Ja	Nein
Anna Baader wohnt mit ihrer 12 Jahre alten Tochter in München	X	
Peter Alt (45 Jahre) alleinstehend, wohnt in Frankfurt		X
Monika Bittner wohnt mit ihrem Freund und der 4 Jahre alten gemeinsamen Tochter in Ulm		X
Das Ehepaar Färber wird zusammen veranlagt und wohnt mit dem gemeinsamen Sohn Felix in Erfurt		X
Die vier-jährige Anna-Lena wohnt mit ihrer Mutter und der 78-jährigen Großmutter in einem Haus bei Schleswig		X
Norbert Schrader (62 Jahre) wohnt mit seinem 35 Jahre alten Sohn (Beamter) in Nürnberg		X
Klaus Lang ist geschieden und Vater einer 7-jährigen Tochter, für die er Kindergeld erhält. Die Tochter ist sowohl bei Herrn Lang als auch in einem Internat im Schwarzwald gemeldet. Die Wochenenden und Ferien verbringt das Kind beim Vater	X	
Franziska Amann wohnt mit ihrem 6-jährigem Sohn in Düsseldorf. Am 28.06. heiratet sie einen verwitweten Steuerpflichtigen und wird mit diesem zusammen veranlagt.		X
Gerlinde und Dieter Paulig wohnen mit ihrer 13 Jahre alten Tochter in einem gemeinsamen Haushalt. Am 06.03. wird Dieter bei einem Autounfall tödlich verletzt.	X	
Elke Wirth hat eine 7 Jahre alte Tochter. Sie heiratet am 18.08.2016 und bezieht erst nach der Hochzeit mit dem Ehemann eine gemeinsame Wohnung. Sie wählen getrennte Veranlagung.		X
Ludwig Gebauer heiratet am 28.12. Stefanie Lauber. Er bezieht am Tag nach der Hochzeit mit seiner Frau und deren 4-jähriger Tochter eine gemeinsame Wohnung. Sie wählen Zusammenveranlagung		X

80. a   **81.** b   **82.** b   **83.** c

84.

Spendenbetrag	§ 34 g	§ 10 b
100,00	50,00	0
500,00	250,00	0
1.500,00	750,00	0
2.500,00	825,00	850,00
3.000,00	825,00	1.350,00
4.000,00	825,00	1.650,00
5.000,00	825,00	1.650,00
10.000,00	825,00	1.650,00

85.

Spendenbetrag	§ 34 g	§ 10 b
100,00	50,00	0
500,00	250,00	0
1.500,00	750,00	0
2.500,00	1.250,00	0
3.000,00	1.500,00	0
4.000,00	1.650,00	700,00
5.000,00	1.650,00	1.700,00
10.000,00	1.650,00	3.300,00

STEUER 3 — LÖSUNGEN EINKOMMENSTEUER

86.

Spendenbetrag	§ 34 g	§ 10 b
100,00	50,00	0
500,00	250,00	0
1.500,00	750,00	0
2.500,00	825,00	0
3.000,00	825,00	0
4.000,00	825,00	0
5.000,00	825,00	0
10.000,00	825,00	0

87. e 88. c 89. b 90. b 91. e 92. a 93. e 94. b 95. e 96. e 97. c 98. a 99. e
100. d 101. a 102. b 103. d 104. b 105. a 106. e 107. e 108. a 109. c 110. d 111. b 112. e
113. d 114. b 115. d 116. d 117. a 118. e 119. b 120. c 121. a 122. a 123. e 124. c 125 a
126. a 127. c 128. a 129. d 130. a 131. b 132. e 133. c 134. e 135. b 136. a

137.

	WK	SA	agB	KdL
Strafzettel wegen Falschparkens vor dem Büro				X
Fachliteratur für den ausgeübten Beruf	X			
Beiträge für eine 2001 abgeschlossene Lebensversicherung		X		
Unterstützung der Mutter von Frau Dimser mit 400 € im Monat			X	
Schulgeld für die jüngste Tochter		X		
Gewerkschaftsbeitrag von Herrn Dimser	X			
Zuzahlung beim Zahnarzt			X	
Kosten des Scheidungsverfahrens			X	

138. e 139. d 140. d

141.

Beispiel	Altersgrenze
Berufsausbildung als Steuerfachangestellter	25. Lebensjahr
Bei fehlendem Ausbildungsplatz	25. Lebensjahr
Bei Arbeitslosigkeit (gemeldet)	21. Lebensjahr
Studium	25. Lebensjahr
Bei vor dem 25. Lebensjahr eingetretener körperlicher Behinderung und fehlender Fähigkeit zum Selbstunterhalt	Unbegrenzt
Ableistung eines freiwilligen sozialen Jahres	25. Lebensjahr

142. d 143. a 144. c 145. e 146. a 147. a 148. a

149.

Aufwendungen	Ja	Nein
Gebühr für den Kindergartenbesuch	X	
Kosten für einen Babysitter (Theaterbesuch der Eltern)	X	
Anschaffung einer Playstation II		X
Gebühr für einen Tanzkurs		X
Beschäftigung eines Au-pair-Mädchens	X	
Betreuung durch eine Tagesmutter	X	
Fahrtkosten der Eltern um das Kind zur Tagesmutter zu bringen		X

150. e 151. e 152. d 153. c 154. e 155. a 156. b 157. e 158. d 159. d 160. d 161. d
162. d 163. e 164. b 165. a 166. c 167. e 168. d 169. e 170. e 171. b 172. e 173. b
174. a 175. e 176. a 177. a 178. e 179. a

LÖSUNGEN EINKOMMENSTEUER — STEUER 3

180.

Zu versteuerndes Einkommen	Grundtabelle 2015	Splittingtabelle 2015
18.600,00 €	2.189,00 €	188,00 €
26.800,00 €	4.488,00 €	1.776,00 €
41.200,00 €	9.260,00 €	5.444,00 €
68.600,00 €	20.417,00 €	13.714,00 €
124.000,00 €	43.685,00 €	35.290,00 €
248.000,00 €	95.765,00 €	87.370,00 €

181. a **182.** a **183.** a

184.

Fall	Einzelveranlagung	Zusammenveranlagung
Alisa Gregorovic und Justus Hufer heiraten am 31.12.2016	X	X
Dagmar Werner und Andrea Krause wohnen mit der 3-jährigen Tochter von Frau Krause in einer gemeinsamen Wohnung in Remscheid	X	
Der Ehemann von Ingrid Moser stirbt am 01.01.2016 bei einem Autounfall	X	X
Clara Roth lebt seit zwei Jahren von ihrem Ehemann getrennt. Am 16.08.2016 wird die Ehe geschieden	X	
Heinz Boden ist seit November letzten Jahres Witwer	X	

185.

Fall	Betriebseinnahme	Keine Betriebseinnahme
Entgelt aus dem Verkauf von Umlaufvermögen	X	
Privateinlage von Geld		X
Von einem Arzt vereinnahmtes Honorar	X	
Erlass von Kundenforderungen		X
Einkommensteuererstattung wird auf dem Firmenkonto gutgeschrieben		X
Von der Brandversicherung erhaltene Schadenersatzleistung	X	
Einnahmen aus dem Verkauf eines Betriebsgrundstückes	X	
Gutschrift eines aufgenommenen Darlehens auf dem Firmenkonto		X
Privatentnahme von Umlaufvermögen	X	
Vereinnahmte Umsatzsteuer	X	
Einnahmen aus dem Verkauf von Waren	X	

186.

Beispiel	Betriebsausgabe	Keine Betriebsausgabe
Ausgaben für die Tilgung eines betrieblichen Darlehens		X
Überwiesene Darlehenszinsen	X	
Forderungsverluste		X
Privatentnahme von Geld		X
Bildung eines IAB	X	
Ausgaben für den Einkauf von Waren	X	
Abschreibung bei Gegenständen des Anlagevermögens	X	
Verluste aufgrund des Diebstahls von Waren		X

STEUER 3 — LÖSUNGEN EINKOMMENSTEUER

		X
Überweisung der Kfz-Haftpflichtversicherung für den Wagen der Tochter des Inhabers vom Firmenkonto		X
Abziehbare Vorsteuer	X	
Bezahlte Grundsteuer für ein Firmengrundstück	X	
Damnum bei einer Darlehensaufnahme	X	

187.

Betriebseinnahme/Betriebsausgabe	Jahr der Berücksichtigung
Ein Kunde bezahlt eine Warenlieferung mit Bankscheck. Der Scheck geht am 30.12.2016 ein, wird aber erst am 02.01.2017 bei der Bank eingereicht	2016
Büromaterial für 22,50 € wird am 27.12.2016 eingekauft, die Rechnung am 04.01.2017 per Bank bezahlt	2016
Die Anfang Dezember 2016 eingegangene Rechnung des Steuerberaters für die Beratung wegen einer geplanten Betriebsaufspaltung wird erst im Januar 2017 bezahlt	2017
Die Ende Dezember 2016 fällige Miete für die Kanzleiräume bezahlt ein Rechtsanwalt erst Anfang Januar 2017	2016
Der Steuerpflichtige bezahlt eine im Dezember 2016 eingegangene Rechnung für eine Warenlieferung erst Anfang Januar 2017	2017

188. a **189.** d **190.** c **191.** a,b,c,e **192.** e **193.** a – d **194.** a,b,e, (c) teilweise **195.** b,c,d,e
196. d **197.** a,c **198.** a,e **199.** e **200.** b,c **201.** a,b,d,e **202.** b

Ungebundene Aufgaben:

1. 49.975,00

2. 46.600,00

3. 17.600,00

4. 9.500,00

5. 0,00

6.
Einkünfte i.S.d. § 19 EStG = 49.500
Einkünfte i.S.d. § 18 EStG =   100
Summe der Einkünfte   49.600

7.
Einnahmen: 52.000
Werbungskosten
Arbeitszimmer   1.250
Fahrtkosten   1.665
Sonst. Wk   1.041
Einkünfte   48.044

8.
Bruttogehalt   48.200
+ geldwerter Vorteil   240
– Wk   2.371
Einkünfte   46.069

9.
1 % von 42.000 x 12 =   5.040,00
0,03 % von 42.000 = 12,60 x 48 km x 12 =   7.257,60
Gesamt   12.297,60

LÖSUNGEN EINKOMMENSTEUER — STEUER 3

10. 22.558,00

11. 3.900,00

12.
Bruttogehalt	24.880,00
– Wk-Pb	1.000,00
+ Pension	9.880,00
– Vers.-Fb	560,00
– Zuschlag zum Vers.-Fb	168,00
– Wk-Pb	102,00
Einkünfte	32.930,00

13. 1.000,00

14. 5.000,00

15.
4000 Aktien x 2,50 €/Aktie =	10.000,00
– 25 % KapESt	2.500,00
– 5,5 % SoliZ	137,50
= Bankgutschrift	7.362,50

16. 490,20

17.
Zinseinnahmen	8.000,00	
Freistellungsauftrag	1.602,00	1.602,00
Steuerpflichtig	6.398,00	
25 % Abgeltungst.	1.599,50	
davon 5,5 % SoliZ	87,97	
verbleiben	4.710,53	4.710,53
Bankgutschrift		6.312,53

18.
0 €, Abgeltungsteuer gilt nicht bei typisch stiller Beteiligung zwischen nahe stehenden Personen.

19.
Kein Einfluss, vgl. § 2 Abs. 5b EStG.

20.
Kein Einfluss (Abgeltungsteuer), vgl. § 2 Abs. 5b EStG

21.
Bardividende	5.000,00	5.000,00
Freistellungsauftrag	801,00	
Steuerpflichtig	4.199,00	
– 25 % KapESt	1.049,75	
– 5,5 % SoliZ	57,74	1.107,49
Gutschrift		3.892,51

22. 900,00

23. 1.597,00   365.000 x 0,75 x 2 % : 2 : 12 x 7 (aufrunden)

24.
Einnahmen	18.000,00
– Werbungskosten:	
Schuldzinsen	3.000,00
laufende Kosten	1.000,00
Erhaltungsaufwand	800,00
2 % Abschreibung	8.000,00
Einkünfte i.S.d. § 21 EStG	5.200,00

STEUER 3 — LÖSUNGEN EINKOMMENSTEUER

25. Verlust 28.800,00
Einkünfte aus V u. V § 21 EStG:

Mieteinnahmen: 100 x 10 x 8	8.000,00
Nebenkosten 250 x 8	2.000,00
Mieteinnahmen: 60 x 10 x 4	2.400,00
Nebenkosten 150 x 4	600,00
Einnahmen:	**13.000,00**
./.Damnum	10.000,00
./.Schuldzinsen	12.000,00
./.Reparatur	8.200,00
./.lfd. Kosten	4.400,00
./.AfA (2 % v. 540.000,00 für 8 Monate)	7.200,00
Einkünfte aus § 21 EStG (Verlust)	– 28.800,00

26.
Einnahmen	2.400,00
- anteilige Wk	1.900,00
Einkünfte	500,00

27.
Einnahmen	9.600,00
Werbungskosten	6.000,00
Einkünfte	3.600,00

28.
Einnahmen: 1.150,00 x 7	8.050,00
Wk:	14.000,00
AfA (aufgerundet)	1.597,00
Verlust	7.547,00

29. 5.898,00

30. 13.805,00 – 102,00 = 13.703,00

31. Privates Veräußerungsgeschäft: Steuerpflichtige Einkünfte 7.650,00

32. Nicht steuerbar. Kein privates Veräußerungsgeschäft, da selbst bewohnt

33. 34.100,00

34. 50 %

35. 6.400,00

36. 72 % Besteuerungsanteil von 12.000,00 = 8.640,00 - 102,00 = 8.538,00

37. 10.503,00

38. Besteuerungsanteil = 7.200,00 - 102,00 Wk = 7.098,00 = Summe der Einkünfte. Die Unfallrente ist steuerfrei.

39. 18 % von 7.200,00 = 1.296,00 – 102,00 Wk = 1.194,00

40.
Verkaufserlös	4.100,00
–	65,00
–	3.050,00
Überschuss	985,00

steuerpflichtige Einkünfte i.S.d. § 22 Nr. 2 EStG; 25 % Abgeltungsteuer

41. 42.125,00 (Verrechnungsverbot)

LÖSUNGEN EINKOMMENSTEUER — STEUER 3

42. 0,00 Gewinn von 500,00 unterliegt der Abgeltungsteuer.

43. 46.800,00

44. 0,00

45. 1.200,00

46. 900,00

47. 45.420,00

48. 0,00

49. 1.672,00

50. Nein, Haushaltsgemeinschaft mit einer anderen Person für die kein Anspruch auf Kindergeld/Kinderfreibetrag besteht.

51. Ja, 1.908,00

52. 36,00 Pauschbetrag

53. 8.400,00

54. 100,00 Steuerermäßigung nach § 34g EStG

55.
Spende an die Kirche	2.500,00
Spende an das Dt. Museum	4.000,00
Gesamtspende	6.500,00
20 % vom GbE	11.000,00
abzugsfähige SA	6.500,00

56. 2.550,00

57. 4.100,00

58.
Gesamtbeitrag zu abzugsf. Vorsorgeaufw.	6.804,00
82 % von 6.732 =	5.520,24
– AG-Anteil	3.366,00
abzugsf. Vorsorgeaufw.	2.154,24

59.
Beitragsbemessungsgrenze zur RV nicht überschritten; AG + AN-Anteil insgesamt 12.117,60 €
82 % von 12.117,60 =	9.936,43
– steuerfr. AG-Anteil	6.058,80
Sonderausgaben	3.877,63

60. 0,00

61. 0,00 sie bezahlt keine Beiträge, die Risikolebensversicherung wird unter sonstigen Vorsorgeaufwendungen berücksichtigt.

62. 82 % von 20.000,00 = 16.400,00

63. 82 % von 22.767,00 (Höchstbetrag) = 18.669,00

64. 82 % von 24.000,00 = 19.680,00 (verheiratet, Höchstbetrag = 45.534,00)

65. 82 % von 8.000,00 = 6.560,00

66. Sonstige abziehbare Vorsorgeaufwendungen, 4.560,00

LÖSUNGEN EINKOMMENSTEUER

67.
Grundversorgung	1.640,00
sonstige Vorsorgeaufwendungen	6.000,00
Summe Vorsorgeaufwendungen	7.640,00

68. 0,00, er bezahlt keine Beiträge

69.
Einkünfte aus Land- und Forstwirtschaft	300,00
Einkünfte aus aktiver Tätigkeit	14.000,00
Einkünfte aus Pension (Vers.bezüge)	12.324,00
Summe der Einkünfte	26.624,00

70.
```
   8.100,00
 - 4.400,00
   3.700,00
 - 2.200,00  zumutbare Belastung (4 % von 55.000,00)
   1.500,00 = abziehbare agB
```

71. 10/12 von 924,00 = 770,00 abziehbar gem. § 33a (2) EStG

72. 1.060,00

73. Nein

74. 720,00 Behindertenpauschbetrag

75. Nein, Altersgrenze überschritten

76. Bis April 2016

77. Jeweils Einzelveranlagung

78. 11.752,00

79. 27.538,00

80.
Einkünfte i.S.d. § 19 EStG

Einnahmen: 4500,00 x 9 Monate =	40.500,00	
- ANPb	1.000,00	
= Einkünfte		39.500,00

Einkünfte i.S.d. § 19 EStG (Versorgungsbezüge)

Einnahmen: 3.200,00 x 3 Monate =	9.600,00	
- Versorgungsfreibetrag	420,00	
- Zuschlag zum Versorgungsfreibetrag	126,00	
- Werbungskostenpauschbetrag	102,00	
= Einkünfte		8.952,00
Ek i.S.d. § 19 EStG		48.452,00
Einkünfte i.S.d. § 21 EStG		7.200,00
Summe der Einkünfte		55.652,00
- Altersentlastungsbetrag		1.140,00
- Entlastungsbetrag für Alleinerziehende		1.908,00
Gesamtbetrag der Einkünfte		52.604,00

Abgeltungsteuer
Zinsgutschrift	1.800,00
Dividendengutschrift	2.000,00
Summe	3.800,00
Freistellungsauftrag	801,00
Steuerpflichtig	2.999,00 = 73,625 %
25 % Abgeltungsteuer	1.018,34

LÖSUNGEN EINKOMMENSTEUER — STEUER 3

Geringfügiges Beschäftigungsverhältnis
Steuerermäßigung nach § 35a (1) EStG
Höchstbetrag von 510 € ist nicht zu zwölfteln; 510 €

81.
§ 19 EStG Einkünfte aus nichtselbständiger Arbeit
Gehalt	28.160,00	
WkPb	1.000,00	
Einkünfte		27.160,00

§ 22 EStG Sonstige Einkünfte
Einnahme (2.200 x 4 Mo)	9.600,00	
72 % steuerpflichtig	6.912,00	
- WKPb	102,00	
Einkünfte		6.810,00

Grundstücksverkauf = privates Veräußerungsgeschäft
Verkaufspreis	75.000,00	
- Anschaffungskosten	88.000,00	
- Werbungskosten	280,00	
Einkünfte	- 3.280,00	

Verrechnungsverbot gem. § 23 (3) S. 8 EStG   -
Summe der Einkünfte = GbE   33.970,00

82.
Einkünfte i.S.d. § 19 EStG
Gehalt	60.000,00	
Wk	3.800,00	
Einkünfte		56.200,00

Sonstige Einkünfte § 22 EStG
Einnahmen	8.400,00	
- Werbungskosten-Pb	102,00	
Einkünfte		8.298,00
Summe der Einkünfte		64.498,00

Abgeltungsteuer
Dividendenanspruch	880,00
Freistellungsauftrag	801,00
Stpfl.	79,00

25 % Abgeltungsteuer	19,75
5,5 % SoliZ	1,08
Gutschriftsbetrag	859,17

83.

Nr.	Betriebseinnahmen +	Betriebseinnahmen −	Betriebsausgaben +	Betriebsausgaben −
a	–	–	–	–
b			23,80	
c				2.380,00
d	–	–	–	–
e	–	–	–	–
f			600,00	
g	2.321,00			
h	–	–	–	–
i			22,92	
			440,00	
j			192,00	
k			40 % IAB (= 336,00 €) außerhalb der Buchführung	
l	50,00			

84.

Nr.	Erklärung/Berechnung	Betriebseinnahmen +	Betriebseinnahmen −	Betriebsausgaben +	Betriebsausgaben −
a	Wird 2016 nicht erfasst; Kein Zufluss; Restbuchwert = 0				
b	gezahlte USt = BA 16 ²/₃ % AfA = BA; für 2 Monate; BLP = 42.840 Privatnutzung 2 x 1 % v. 42.800 €, 80% steuerpfl.	986,11		6.840,00 1.000,00	
c	7,69 % AfA von 5.684,00 € = BA für 7 Monate			255,05	
d	Kaufpreis + GrESt erst bei Verkauf/Entnahme BA; Korrektur Gezahlte USt aus Notarkosten = BA Notarkosten = AHK, keine Erfassung			418,00	113.850,00
e	Darlehensbetrag keine BE; Korrektur Damnum = BA		50.000,00	2.000,00	
f	i.O. Forderungsverlust wird nicht erfasst				
g	Gezahlte USt = BA 25 % zeitanteilige AfA = BA; (gerundet)			760,00 417,00	
h	Storno 70 % = BA Vorsteuer = BA			210,00 57,00	357,00
i	Zuflussprinzip; BE (Scheck = Hingabe)	3.600,00			
j	Korrektur, nicht abzugsfähig				67,00
k	20 % GWG-Sammelposten-AfA			92,00	

LÖSUNGEN EINKOMMENSTEUER — STEUER 3

85.
Fertigungsmaterial	5.000,00
+ 20% Materialgemeinkosten	1.000,00
Fertigungslöhne	6.000,00
+ 200% Fertigungsgemeinkosten	12.000,00
handelsrechtl. Herstellungskosten	24.000,00
+ 10% Verwaltungskosten	2.400,00
steuerliche Herstellungskosten	26.400,00

86.
Listenpreis	60.000,00
– Rabatt	3.000,00
+ Sonderzubehör	4.000,00
+ Werbeaufschrift	2.000,00
+ Zulassung	76,00
+ Nummernschilder	50,00
– 2% Skonto von 63.000,00	1.260,00
Anschaffungskosten	61.866,00

87.
Kaufpreis		500.000,00
+ 5,0% Grunderwerbsteuer		25.000,00
+ Grundbuchgebühren		500,00
+ Notargebühren		1.500,00
+ Maklergebühren		15.000,00
Anschaffungskosten gesamt		542.000,00
davon entfallen auf		
Grund und Boden	20%	108.400,00
Gebäude	80%	433.600,00

88.
Kaufpreis gesamt	3.200,00
– 2% Skonto	64,00
+ Zufuhr	150,00
Anschaffungskosten gesamt	3.286,00
Ak für einen Rollcontainer	410,75 kein GWG! (= Sammelposten)

89.
Anschaffungskosten brutto	23.040,00
– AfA 2013	3.200,00
– AfA 2014	3.840,00
– AfA 2015	1.280,00
fortgeführte Ak	14.720,00
Einlagewert	14.720,00

90.
PC brutto	4.284,00
+ Festplatte brutto	714,00
Anschaffungskosten PC	4.998,00
Ak Textverarbeitungsprogramm	476,00 GWG
Ak Praxisverwaltungsprogramm	3.332,00 (immaterielles WG)
Ak Disketten	47,60 (Büromaterial)

91.
Anschaffungskosten für den Kredit	1.200.000,00 (Nennwert, Rückzahlungsbetrag)
Anschaffungskosten für das Damnum	72.000,00 (auf die Laufzeit verteilen!)
$\frac{72.000 \times 8}{120}$	4.800,00
Buchwert 31.12.	67.200,00

92. Eine Bilanzberichtigung ist in 2015 nicht möglich, da sich die Berichtigung auf den Gewinn auswirken würde.
Durch den Ansatz von 130.000,00 ergibt sich in 2015 ein um 10.000,00 zu hoher Gewinn, der über den Bilanzzusammenhang (SB 2015 = AB 2016) im Jahr 2016 zu einem um 10.000,00 niedrigeren Gewinn führt. Damit ist die lückenlose Erfassung des Totalgewinns gewährleistet.

93. Ansatz 31.12.2016 51.724,14 € (Kurs 1,14 = nicht realisierter Gewinn darf nicht ausgewiesen werden)

94. Ansatz 31.12.2016 24.411,76 € (Höchstwertprinzip)

95.
Bilanzansatz:	3.024,00
	- 302,40
	- 868,00*)
	1.853,60
*) 50% von 5.040,00	
	- 504,00
	- 2.800,00
	= 868,00

96.
a)
5.000 l x 0,43	=	2.150,00
35.000 l x 0,45	=	15.750,00
20.000 l x 0,48	=	9.600,00
25.000 l x 0,50	=	12.500,00
10.000 l x 0,52	=	5.200,00
95.000 l	=	45.200,00
1 l	=	0,476
10.000 l x 0,476	=	4.760,00

b) 5.000 l x 0,43 + 5000 l x 0,45 = 4.400,00
c) 10.000 l x 0,52 = 5.200,00

STEUER 4 — LÖSUNGEN LOHNSTEUER

1. d 2. c 3. e 4. b(Pauschal-Steuer),c 5. c 6. c,d,e 7. b 8. e 9. b 10. c,e 11. a,b,c,e 12. d
13. c,e 14. a,b,e 15. c,d 16. e 17. c 18. e 19. d 20. a,c 21. e 22. b,c,d 23. b

Ungebundene Aufgaben

1.

a) Mutter: Steuerklasse II, 0,5; Vater: Steuerklasse I, 0,5
b) Herr W. Steuerklasse V
   Frau W. Steuerklasse III
c) Dieter K. Steuerklassenwahl entweder IV oder III oder V
   Sabine Sch. entweder IV oder V oder III

2.

a) Pauschalabgabe zur RV 15%   57,00; Pauschalabgabe zur KV 13% 49,40
   Pauschale LSt   2%   7,60
b) Pauschalabgabe zur RV 15%   36,00; Pauschale LSt 2% 4,80

3.

Gehalt	38.400,00
+ Urlaubsgeld	1.600,00
+ Weihnachtsgeld	3.200,00
+ Geldgeschenk	1.000,00
+ geldwerter Vorteil	350,00
Brutto-AL	44.550,00

Buch = Aufmerksamkeit = kein AL
Fortbildung im überwiegend betrieblichen Interesse kein AL

– Werbungskosten

Fahrten 220 x 25 x 0,30 =	1.650,00
Fachliteratur	160,00
Beiträge zu BV	120,00
Nachgewiesene Kontogeb.	18,00
50% Beitrag zur UV	90,00
Einkünfte	42.512,00

4.

Werbungskosten	Herr Rot		Frau Rot	
Fahrten 230 x 24 x 0,30 =	1.656,00		552,00	Fahrten 184 x 10 x 0,30
Gewerkschaftsbeiträge	280,00	Fachliteratur	107,00	
typische Arbeitskleidung	238,00			
Summe	2.174,00		659,00	
– ANP	1.000,00	– ANP	1.000,00	
erhöhte Werbungskosten	1.174,00		0,00	

Sonderausgaben:
KiSt Herr Rot   498,00
KiSt Frau Rot   326,00
Spenden   200,00
Summe   1.024,00
SAP   72,00
Erhöhte SA   952,00 ½   476,00   476,00

Jahresfreibetrag   1.650,00 : 10 =   476,00 : 10 =
Monatsfreibetrag ~   165,00   48,00

LÖSUNGEN LOHNSTEUER

STEUER 4

5.

Bisheriger Jahresfreibetrag	2.400,00 : 12 = 200,00 (Monatsfreibetrag ab Januar)
Zusätzliche Aufwendungen	1.260,00
Summe	3.660,00
Bisher als FB berücksichtigt	1.000,00 (5 x 200,00)
Neuer Jahresfreibetrag	2.660,00 : 7 =
Monatsfreibetrag ab Juni 2016	380,00

6.

Brutto-Arbeitslohn	28.560,00
– Werbungskosten	
Fahrten 220 x 18 x 0,30	1.188,00
Beiträge zu BV	120,00
Fachliteratur ~	86,00
Kontoführungsgeb.	16,00
Einkünfte	27.150,00
– Entlastungsbetrag für Alleinerziehende	1.908,00
Gesamtbetrag der Einkünfte	25.242,00
– Grundversorgung	1.709,03
– übrige Vorsorgeaufwendungen max.	2.474,15 (KV–4% = 2.138,57; PV 335,58)
– Kirchensteuer	86,00
Einkommen = zu verst. Ek	~ 20.972,82

Jahressteuer laut Grundtabelle 2016	ESt: 2.823,00	SolZ: 3,80	KiSt: 79,28
einbehaltene Steuer	2.948,00	20,60	86,00
Erstattungsbeträge	+ 125,00	+ 16,80	+ 6,72

Erstattung insgesamt: 148,52

7.

Bruttoarbeitslohn 12 x 3.800,00	45.600,00
Urlaubsgeld	2.400,00
Weihnachtsgeld	3.800,00
Sachbezug, Tennis	600,00
Sachgeschenk	500,00
Geldgeschenk	1.000,00
Fortbildungsmaßnahme im überwiegend betrieblichen Interesse	0,00
Bruttoarbeitslohn	53.900,00

Werbungskosten
Fortbildungsmaßnahme auf eigene Kosten

Kursgebühren	1.200,00	
Arbeitsmaterial	230,00	
Fahrtkosten 256 x 0,30	76,80	
Übernachtungen	160,00	
Verpflegungsmehraufwendungen		
Montag	12,00	
Dienstag – Donnerstag 3 x 24,00	72,00	
Freitag	12,00	1.762,80
Fahrten Wohnung – erste Tätigkeitsstätte	1.650,00	(220 x 25 x 0,30)
Beiträge zu Berufsverbänden	256,00	
Fachliteratur	214,00	
Kontoführungsgebühren	16,00	
Einkünfte aus nichtselbständiger Arbeit	50.001,20	

STEUER 5 — LÖSUNGEN KÖRPERSCHAFTSTEUER

1. b,d,e 2. a,c 3. b 4. e 5. a,c,d,e 6. c 7. e 8. a,d,e 9. c 10. a,b,c,d,e 11. a1, b2, c2, d1, e2
12. d 13. e 14. a,b,d,e 15. a,b,c,d 16. e 17. d 18. d 19. a 20. d

Ungebundene Aufgaben

1.

Vorläufiger Jahresüberschuss	112.300,00
+ KSt-Vz	48.000,00
+ SolZ	2.640,00
+ GewSt-Rückstellung	10.400,00
+ GewSt-Vz	36.000,00
+ ½ AR-Vergütung	45.000,00
+ nicht angemessene Bewirtungskosten	2.000,00
+ 19% USt	380,00
+ 30% angemessene Bewirtungskosten	1.800,00
+ Geschenke > 35 €	1.200,00
+ 19% USt	228,00
+ Spenden	25.000,00
Einkommen	284.948,00
Spenden für wiss. Zwecke 20.000,00	
Spenden für gemeinn. Zwecke 2.000,00	
22.000,00	
abzugsf. 20% vom Einkommen max.	22.000,00
zu versteuerndes Einkommen	262.948,00
Tarifbelastung 15%	39.442,20
5,5% SolZ	2.169,32

Spenden für staatspolitische Zwecke sind nicht abziehbar, § 4(6) EStG.

2.

Vorläufiger Jahresüberschuss	200.000,00
+ KSt-Vz + SolZ	50.640,00
+ KSt-Rückstellung	37.980,00
+ GewSt-Vz	36.000,00
+ GewSt-Rückstellung	40.380,00
+ ½ AR-Vergütung	30.000,00
+ 30% angemessene Bewirtungskosten	2.880,00
+ verdeckte Gewinnausschüttung	12.000,00
(Rückwirkungsverbot 3 x 3.000,00 + unangemessenes Gehalt 3 x 1.000,00)	
+ Spenden	50.000,00
Einkommen	459.880,00
Spenden für wiss. Zwecke 40.000,00	
abzugsf. 20% vom Einkommen max.	40.000,00
zu versteuerndes Einkommen	419.880,00
Tarifbelastung 15%	62.982,00
5,5% SolZ	3.464,01
– Vorauszahlungen	50.640,00
Rückstellung	15.806,01

3.

Vorläufiger Jahresüberschuss	100.000,00
+ KSt-Vz	24.000,00
+ SolZ	1.320,00
+ GewSt-Vz	18.000,00
+ Säumniszuschl. zur GewSt	100,00
+ Geschenke > 35 €	2.000,00
+ 19% USt	380,00
+ Verspätungszuschlag KSt	1.000,00

LÖSUNGEN KÖRPERSCHAFTSTEUER — STEUER 5

Einkommen = zu versteuerndes Ek	146.800,00
Tarifbelastung 15%	22.020,00
5,5% SolZ	1.211,10
	23.231,10
– Vorauszahlungen	25.320,00
keine Rückstellung, sondern Erstattungsanspruch von	2.088,90

4.

Vorläufiger Jahresüberschuss	164.000,00
+ KSt-Vz	28.000,00
+ SolZ	1.540,00
+ ½ AR-Vergütung	6.000,00
+ Säumniszuschläge KSt	2.000,00
+ Säumniszuschlag GewSt	1.500,00
+ Geldbuße	5.000,00
+ Hinterziehungszinsen	1.000,00
+ Spenden	22.000,00
	231.040,00
Investitionszulage	– 24.000,00
Einkommen	207.040,00

Spenden für wiss. Zwecke	8.000,00	
Spenden für gemeinn. Zwecke	4.000,00	
	12.000,00	
abzugsf. 20% vom Einkommen	max.	12.000,00
zu versteuerndes Einkommen		195.040,00
Tarifbelastung 15%		29.256,00
5,5% SolZ		1.609,08

5.

Einnahmen aus dem ideellen Bereich (steuerfrei)

Mitgliedbeiträge	48.600,00
Spenden	12.000,00
öffentliche Zuschüsse	15.000,00

Sportveranstaltungen = steuerfreier Zweckbetrieb

Wirtschaftliche Geschäftsbetriebe (steuerpflichtig)
Einnahmen:

Trikotwerbung	8.000,00
Bandenwerbung	14.000,00
Vermietung des Sportgeländes	2.000,00
Gaststätte	56.000,00
Vereinsfest	18.000,00
Summe	98.000,00

Ausgaben:

Gaststätte	21.200,00
Vereinsfest	11.800,00
Einkommen	65.000,00
Freibetrag	5.000,00
Zu versteuerndes Einkommen	60.000,00
Tarifbelastung 15%	9.000,00
5,5% SolZ	495,00

STEUER 5 — LÖSUNGEN KÖRPERSCHAFTSTEUER

6.

Gewinn	180.000,00
+ verdeckte Gewinnausschüttung Zinsvorteil für Darlehen Einfamilienhaus	2.333,33
+ verdeckte Gewinnausschüttung Beratervertrag Ehefrau des Gf	4.800,00
+ verdeckte Gewinnausschüttung verbilligte Warenüberlassung	3.213,00
– Passivierung der USt-Schuld aus der verbilligten Warenüberlassung	513,00
zu versteuerndes Einkommen	189.833,33

7.

Vorläufiger Jahresüberschuss	200.000,00
+ KSt-Vz + SolZ	37.980,00
+ KSt-Nachzahlung	5.120,00
+ GewSt-Vz	36.000,00
+ GewSt-Rückstellung	13.880,00
+ Geschenke > 35 € brutto	2.380,00
+ nicht nachgewiesene Bewirtungskosten	2.784,00
+ ½ AR-Vergütung	20.000,00
+ Spenden	50.000,00
+ Gebühren für Investitionszulage	255,00
+ verdeckte Gewinnausschüttung	2.000,00
Summe	370.399,00
– Investitionszulage	25.500,00
Einkommen	344.899,00

Spenden für wiss. Zwecke	50.000,00		
abzugsf. 4 ‰ von 47.478.000	50.000,00	50.000,00	oder: 20% v. 344.899,00, max. 50.000,00
zu versteuerndes Einkommen		294.899,00	

Tarifbelastung 15%		44.234,85
5,5% SolZ		2.432,92
		46.667,77
– Vorauszahlungen		37.980,00
Rückstellung		8.687,77

Aktiva	Handelsbilanz zum 31.12. 2016		Passiva
Anlagevermögen		**Eigenkapital**	
Sachanlagen	4.300.000,00	Gezeichnetes Kapital	2.000.000,00
Finanzanlagen	1.400.000,00	Kapitalrücklagen	900.000,00
		Jahresüberschuss	191.312,23
Umlaufvermögen		**Rückstellungen**	
		KSt-Rückstellung	**8.687,77**
Vorräte	450.000,00	Pensionsrückstellungen	700.000,00
Forderungen	300.000,00	Gewerbesteuer	13.880,00
Flüssige Mittel	850.000,00	**Verbindlichkeiten**	3.486.120,00
	7.300.000,00		7.300.000,00

LÖSUNGEN — STEUER

Nr.	Steuer 6	Nr.	Steuer 6	Nr.	Steuer 7
1.	b,c,e	42.	a,b,d	35.	d
2.	d	43.	c,e	36.	b
3.	b,d,e	44.	c	37.	d
4.	aG,bF,cG,dF,eG	45.	b,e	38.	b
5.	d	46.	d	39.	c,e
6.	b,c,d,e	47.	c	40.	a3,b4,c2,d2,e1
7.	a,b,e	Nr.	Steuer 7	41.	a,b,c,e
8.	b,d,e	1.	b,c,e	42.	b,c,d
9.	d	2.	b,d	43.	e
10.	e	3.	d	44.	d,e
11.	b	4.	a1,b1,c1,d2,e1	45.	a,b,e
12.	e	5.	b,d,e	46.	b,c,e
13.	e	6.	a4,b3,c1,d3,e2	47.	a,c,d
14.	c	7.	a,b,d,e	48.	a,b,c,e
15.	d	8.	c,d	49.	b,c,d
16.	e	9.	d	50.	a,b,c,e
17.	c,d	10.	a2,b1,c1,d1,e2	51.	a2,b1,c1,d2,e2
18.	b,e	11.	a,b,e	52.	a,b,c,e
19.	b,d,e	12.	a,b,d		
20.	c,e	13.	a–e		
21.	a,b,c	14.	c,d		
22.	a	15.	a		
23.	a,b,c	16.	a4,b3,c2,d1,e4		
24.	a,b,c	17.	c		
25.	c	18.	b,e		
26.	a-d	19.	b,c		
27.	a,d,e	20.	a,e		
28.	c	21.	c,d		
29.	a,b,e	22.	a,b,e		
30.	d	23.	b		
31.	c,e	24.	e		
32.	a,c	25.	a		
33.	a,d	26.	c,d,e		
34.	d	27.	b		
35.	d	28.	a,e		
36.	b,c	29.	a,b,c,d		
37.	c	30.	b,c,d,e		
38.	c	31.	c,d		
39.	b,d	32.	a1,b4,c5,d10		
40.	d	33.	b,c,e,		
41.	d	34.	e		

STEUER 6 — LÖSUNGSHINWEISE GEWERBESTEUER

1.

1. Zinsen Deutsche Bank	44.000,00
2. Zinsen Autohaus	28.500,00
3. Zinsen Sparkasse	6.000,00
4. Kontokorrentzinsen Landesbank	17.500,00
5. Kontokorrentzinsen Volksbank	160,00
6. Gewinnanteil des typ. Stillen Ges.	15.000,00
Summe	111.160,00
Freibetrag	100.000,00
Verbleiben	11.160,00
Hinzurechnung 25 % =	2.790,00

2.

1. a+b
2. Das Grundstück wird erst ab dem 01.01.2016 berücksichtigt. Die Kürzung beträgt im Erhebungs-Zeitraum 2016: 64.000,00 x 80% x 1,4 x 1,2% = 860,16.
3.

Gewinn aus Gewerbebetrieb	142.500,00
+ Hinzurechnungen nach § 8	30.000,00
− Kürzungen nach § 9	18.000,00
Gewerbeertrag	154.500,00
− Freibetrag	24.500,00
verbleiben	130.000,00
x 3,5% =	4.550,00
x 380% =	17.290,00
− Vorauszahlungen	15.000,00
Abschlusszahlung	2.290,00

3.

Gewinn aus Gewerbebetrieb	128.600,00
<u>Korrekturen</u>	
GewSt-Vz	16.000,00
Spenden, keine Betriebsausgaben	11.000,00
Ausgangswert	155.600,00

Hinzurechnungen nach § 8

Darlehenszinsen	8.600,00
Gewinnanteil des typ. stillen Ges.	12.000,00
20 % Miete für Traktor	120,00
	20.720,00
< 100.000,00 keine Hinzurechnung	
Verlustanteil KG 15% v. 120.000,00 =	18.000,00
Gewinn + Hinzurechnungen	173.600,00

Kürzungen nach § 9

86.000,00 x 75% x 1,4 x 1,2% =	1.083,60
Spenden	11.000,00
Gewerbeertrag, abgerundet	161.500,00
− Freibetrag	24.500,00
verbleiben	137.000,00
x 3,5% x 360% =	17.262,00
− Vorauszahlungen	16.000,00
Abschlusszahlung	1.262,00

4.

Gewinn aus Gewerbebetrieb	124.000,00
<u>Korrekturen</u>	
GewSt-Vz	12.000,00
Spenden, keine Betriebsausgaben	15.000,00
Ausgangswert	151.000,00

Hinzurechnungen nach § 8

Damnum 2% von 180.000,00 verteilt
auf die Laufzeit: $\dfrac{3.600 \times 7}{60}$ = 420,00

Darlehenszinsen $\dfrac{180.000,00 \times 2,5 \times 7}{100 \times 12}$ = 2.625,00

Kontokorrentzinsen	18.720,00
Gewinnanteil des typischen stillen Ges.	4.000,00
20 % Miete für DVA und Traktor	2.140,00
Summe	27.905,00
< 100.000,00 keine Hinzurechnung	
Verlustanteil KG	25.000,00
Gewinn + Hinzurechnungen	176.000,00

LÖSUNGSHINWEISE GEWERBESTEUER — STEUER 6

Kürzungen nach § 9

120.000,00 x 90% x 1,4 x 1,2% =	1.814,40	
Beteiligung GmbH (Teileinkünfteverfahren)	18.000,00	
abziehbare Spenden		
für wissenschaftliche Zwecke	10.000,00	
für gemeinnützige Zwecke	3.000,00	
	13.000,00	
abziehbar 20% von 151.000,00 max.	13.000,00	
Gewerbeertrag, abgerundet	143.100,00	
– Freibetrag	24.500,00	
verbleiben	118.600,00	
x 3,5% x 400% =	16.604,00	
– Vorauszahlungen	12.000,00	
Abschlusszahlung	4.604,00	

5.

Gewinn aus Gewerbebetrieb	158.000,00	
Korrekturen		
GewSt-Vz	9.600,00	
Spenden, keine Betriebsausgaben	13.000,00	(Gewinnanteil GmbH
Ausgangswert	180.600,00	12.000,00 richtig erfasst)

Hinzurechnungen nach § 8

Damnum 2% von 720.000,00 verteilt auf die Laufzeit: 14.400 x 4 / 120 =	480,00	
Darlehenszinsen 720.000 x 3 x 4 / (100 x 12) =	7.200,00	
Kontokorrentzinsen	22.480,00	
20 % Miete für Motorsense, Fräsm. und Inventar	4.104,00	
50 % Miete Büroräume	12.000,00	
Summe	46.264,00	
< 100.000,00 keine Hinzurechnung	0,00	
Gewinn + Hinzurechnungen	180.600,00	

Kürzungen nach § 9

156.000,00 x 90% x 1,4 x 1,2% =	2.358,72	
Gewinnanteil an der GmbH	12.000,00	
abziehbare Spenden		
für kirchliche Zwecke	8.000,00	
abziehbar 20 % von 180.600,00, max. 8.000,00	8.000,00	
Gewerbeertrag, abgerundet	158.200,00	
– Freibetrag	24.500,00	
verbleiben	133.700,00	
x 3,5% x 360% =	16.846,20	
– Vorauszahlungen	9.600,00	
Abschlusszahlung	7.246,20	

6.

Gewinn aus Gewerbebetrieb	165.920,00	Arbeitslöhne	Heidenheim	Schweinfurt
+ Hinzurechnungen nach § 8	24.080,00		336.400,00	232.800,00
– Kürzungen nach § 9	15.500,00	– Ausbildungsverg.	12.600,00	
Gewerbeertrag	174.500,00	+ Unternehmerlohn	25.000,00	0,00
– Freibetrag	24.500,00	abgerundet	348.000,00	232.000,00
verbleiben	150.000,00	Summe AL	580.000,00 = 100%	
x 3,5% = 5.250,00		%-Anteil	60	40

Städte	Steuermessbetrag		Hebesatz	=	Gewerbesteuerschuld
H	5.250,00 x 60% = 3.150,00	x	340%	=	10.710,00
Sch	5.250,00 x 40% = 2.100,00	x	360%	=	7.560,00

STEUER 6 — LÖSUNGSHINWEISE GEWERBESTEUER

7.

Gewinn aus Gewerbebetrieb		360.800,00
Korrektur:		
– steuerfreier Gewinnanteil GmbH (40%)		4.000,00
Ausgangsbetrag		356.800,00

+ Hinzurechnungen § 8

Zinsen	54.000,00	
Gewinnanteil stiller Ges.	20.000,00	
20% Leasingraten	16.800,00	
	90.800,00	
Freibetrag, max.	90.800,00	0,00
Gewinn + Hinzurechnungen		356.800,00

+ Kürzungen § 9

Betriebsgrundstück Ulm	
112.000,00 x 1,4 x 1,2%	1.881,60
Betriebsgrundstück Augsburg	
66.000,00 x 80% x 1,4 x 1,2%	887,04
Unbebautes Grundstück, kein Ansatz, (Stichtagsprinzip)	0,00
steuerpflichtiger Teil der Dividende (60%)	6.000,00
Spenden für wiss. Zwecke	
20% von 356.800,00, max.	10.000,00
Parteispenden sind nicht abziehbar.	
Gewerbeverlust aus 2013	40.000,00
Gewerbeertrag, abgerundet	298.000,00
– Freibetrag	24.500,00
Verbleiben	273.500,00
x 3,5% (Steuermesszahl)	9.572,50 (Steuermessbetrag)

Zerlegung	Arbeitslöhne	Unternehmerlohn	Anteil am StMB	StMB	Hebesatz	GewSt
Ulm	261.000,00	20.000,00	69,21%	6.625,12	360%	23.850,43
Augsburg	120.000,00	5.000,00	30,79%	2.947,38	435%	12.821,10
Summe		406.000,00	100,00%	9.572,50		36.671,53

LÖSUNGSHINWEISE ABGABENORDNUNG — STEUER 7

1.

Finanzamt	Zuständig für ...
Wohnsitzfinanzamt Ulm	Einkommensteuer der Ehegatten
Tätigkeitsfinanzamt Neu-Ulm	gesonderte Feststellung der Einkünfte aus selbständiger Tätigkeit
Betriebsfinanzamt Augsburg	gesonderte Feststellung der Einkünfte aus Gewerbebetrieb
Verwaltungsfinanzamt Bad-Godesberg	Einheitliche und gesonderte Feststellung der Einkünfte aus V&V

2.
1. Bekanntgabe: 24.10.2016
   Fälligkeit: 24.11.2016 + 3 Tage Schonfrist = 27.11.2016 (Sonntag) → **Montag 28.11.2016**
   Der Geldeingang liegt nicht innerhalb der Schonfrist, Sz = 18,50.

2. Nachzahlungszinsen fallen ab 01.04.2016 (31.12.2014 + 15 Monate Karenzzeit) bis zur Bekanntgabe des Bescheids am 24.10.2016 an. Das sind 6 volle Monate.
   Berechnung der Zinsen:
   festgesetzte Steuer   18.660,00
   – ESt-Vorauszahlungen   12.000,00
   – anzurechnende LSt   4.800,00
   Unterschiedsbetrag   1.860,00 ~ 1.850,00 x 3,0% = 55,50 ~ **55,00**

3. festgesetzte Steuer   18.660,00 davon 10% = **1.866,00**, maximal
   unter Berücksichtigung der ESt-Vorauszahlungen und der anzurechnenden LSt 10% von
   1.860,00 = **186,00**
   Der festgesetzte Verspätungszuschlag ist zulässig.

4. 24.11.2016

5. Die Steuerpflichtige versäumt unverschuldet eine gesetzliche, nicht verlängerbare Frist. Da Sie innerhalb eines Monats nach Wegfall des Hinderungsgrundes die versäumte Rechtshandlung nachholt, kann auf Antrag Wiedereinsetzung in der vorigen Stand gewährt werden.

3.
1. Die Vorläufigkeit erstreckt sich nur auf die ungewissen Besteuerungsmerkmale. Diese können inerhalb der Festsetzungsfrist jederzeit aufgehoben oder geändert werden. Ein Einspruch ist insoweit nicht erforderlich.

2. Beginn der Festsetzungsfrist: 31.12.2016; Ende der Festsetzungsfrist: 31.12.2020

3. festgesetzte Steuer   8.640,00
   – ESt-Vorauszahlungen   4.800,00
   – anrechenbare KESt   480,00
   Abschlusszahlung   3.360,00, fällig am 28.11.2016

4.1 keine erhebliche Härte, i.d.R. keine Stundung möglich

4.2 Fälligkeit 28.11.2016 Stundung bis 31.12.2016 = ein voller Monat
    Stundungszinsen: 0,5% von ~ 3.350,00 = 16,75 ~ **16,00**

5. **Erlass:** endgültiger Verzicht auf den Steueranspruch; Steueranspruch erlischt
   Niederschlagung: der Steueranspruch erlischt nicht; amtsinterne Ermessensentscheidung keine Vollstreckungsmaßnahmen einzuleiten

6. Hier liegt eine offenbare Unrichtigkeit vor § 129 AO, die bis zum Ablauf der Festsetzungsfrist, 31.12.2020, jederzeit korrigiert werden kann.

4.
1. Steuerbescheide können mit dem Vermerk: „unter Vorbehalt der Nachprüfung" versehen werden, wenn der **Steuerfall nicht abschließend geprüft** ist.

2. Der Vorbehalt der Nachprüfung **bezieht sich auf den gesamten Steuerfall**. Während der Vorbehalt gilt, kann die Steuerfestsetzung innerhalb der Festsetzungsfrist jederzeit aufgehoben oder geändert werden.

3. festgesetzte Steuer   16.840,00
   – ESt-Vorauszahlungen   8.400,00
   Abschlusszahlung   8.440,00, fällig 27.12.2016

4. Die Einziehung der Steuer muss für den Stpfl. eine erhebliche Härte bedeuten.
   Der Steueranspruch darf durch die Stundung nicht gefährdet sein.

5. Stundungszinsen: 0,5% von 8.400,00 = 42,00

6. Ein Erlass der Steuer wäre möglich, wenn der Stpfl.
erlassbedürftig: z.B. in seiner wirtschaftlichen Existenz bedroht
und erlasswürdig: z.B. in eine unverschuldete finanzielle Notlage geraten
ist.

5.
1. Die Festsetzung des Zwangsgeldes ist rechtmäßig, da die Festsetzung vorher schriftlich angedroht wurde.
2. Die Festsetzung des Verspätungszuschlags ist gerechtfertigt, da die ESt-Erklärung nicht fristgerecht abgegeben wurde.
3. Die Höhe des Verspätungszuschlags ist rechtswidrig. Die Höhe darf maximal 10% der festgesetzten Steuerbetragen, das sind hier 1.200,00.
4. Der Telefonanruf ist nicht als Einspruch zu werten.
5. Das Fax vom 16.01.2017 gilt als form- und fristgerecht eingelegter Einspruch.

6.
1. Das Schreiben vom 02.05.2016 ist als Einspruch zu werten.
2. Der Steuerpflichtige versäumt unverschuldet eine gesetzliche, nicht verlängerbare Frist. Da er innerhalb eines Monats nach Wegfall des Hinderungsgrundes die versäumte Rechtshandlung nachholt, kann auf Antrag Wiedereinsetzung in der vorigen Stand gewährt werden.

7.
1. 02.06.2014, weil 31.05.2014 = Samstag
2. 19.10.2016
3. Der USt-Bescheid erging unter dem Vorbehalt der Nachprüfung. Der Bescheid kann daher auch nach Ablauf der Einspruchsfrist bis zur Aufhebung des Vorbehalts bzw. bis zum Ablauf der Festsetzungsfrist geändert werden.

LÖSUNGEN zum Teil 3

Rechnungswesen

Rewe 1 Buchführungs- und Aufzeichnungspflichten   Seiten 398 - 403

Rewe 2 Grundlagen der Finanzbuchführung   Seiten 404 - 407

Rewe 3 Beschaffungs- und Absatzwirtschaft   Seiten 408 - 413

Rewe 4 Personalwirtschaft   Seiten 414 - 418

Rewe 5 Finanzwirtschaft   Seiten 419 - 421

Rewe 6 Anlagenwirtschaft   Seiten 422 - 423

Rewe 7 Buchungen im Steuerbereich   Seiten 424 - 428

Rewe 8 Abschlüsse nach Handels- und Steuerrecht   Seiten 429 - 441

Rewe 9 Betriebswirtschaftliche Auswertungen   Seiten 442 - 443

REWE 1 — LÖSUNGEN Buchführungs- und Aufzeichnungspflichten

Aufgabe	Lösung	
1.	c	
2.	e	
3.	d	
4.	d	
5.	d	
6.	c	
7.	b,c,e	
8.	a	Kleine Kapitalgesellschaft
	b,c,e	Mittelgr. Kapitalgesellschaft
	d	Große Kapitalgesellschaft
9.	e	
10.	e	
11.	a,b,d	Istkaufmann
	c,e	Kannkaufmann
12.	a,c,e	Istkaufmann
	b,d	Formkaufmann
13.	a,b,d	deklaratorisch
	c,e	konstitutiv
14.	a,c,e	deklaratorisch
	b,d	konstitutiv
15.	c,	
16.	a,c,e	
17.	b,c	
18.	c,d	
19.	b,d	Gewerbetreibende
20.	b,c	Gewerbetreibende
	b,c,d	Land- und Forstwirte
21.	c	
22.	a,b	abgeleitete Buchführungspflicht
	c,e	originäre Buchführungspflicht
23.	c	
24.	d	
25.	a,e	Abschluss nach §4(3) EStG
	b,d	Abschluss nach §4(1) EStG
26.	b	Abschluss nach §4(1) EStG
	c,d	Abschluss nach §5 EStG
27.	c,e	UStG
	a,b,d	EStG
28.	b,c	UStG
	a,d,e	EStG
29.	b	
30.	a	6 Jahre
	b,c,d,e	8 Jahre
31.	e	
32.	a,d	
33.	b,c,e	
34.	a	
35.	c	
36.	d	Grundsatz der kaufmännischen Vorsicht
	a	Grundsatz der Periodenabgrenzung
	e	Klarheitsgrundsatz
	b,c	Wahrheitsgrundsatz
37.	b	Grundsatz der Bilanzidentität
	d	Grundsatz der Bilanzkontinuität
	e	Imparitätsprinzip
	a	Realisationsprinzip
	c	Going-concern-prinzip
38.	a,b,c,e	Geringe formelle Mängel
	d	Geringe materielle Mängel
39.	e	Schwere formelle Mängel
	a,b,c,d	Schwere materielle Mängel
40.	c,d	
41.	a,d,e	
42.	a	
43.	c	
44.	a,b	
45.	d,e	Grundbuch
	c	Hauptbuch
	a,b	Nebenbuch
46.	b	Grundbuch
	a	Hauptbuch
	c,d,e	Nebenbuch
47.	b,e	Bilanzkonten
	c	Erfolgskonten
	a,d	Ergebniskonten
48.	b,c,d	
49.	e	0 Anlage- und Kapitalkonto
	b	1 Finanz- und Privatkonten
	c	2 Abgrenzungskonten
	a	3 Wareneingangs- und Bestandskonten
	-	4 Betriebliche Aufwendungen
	d	7 Bestandskonten
	-	8 Erlöskonten
50.	a	0 Anlagevermögenskonten
	-	1 Umlaufvermögenskonten
	-	2 Eigenkapitalkonten
	d	3 Fremdkapitalkonten
	b	4 Betriebliche Erträge
	c	5 Betriebliche Aufwendungen
		6 Betriebliche Aufwendungen
		7 Weitere betriebliche Erträge und Aufwendungen
	e	9 Vortragskonten

51. **Rewe 2**

Nr.	SKR 03	SKR 04
1.	8400	4400
2.	2100	7300
3.	0974	3090
4.	4210	6310
5.	0630	3150
6.	8595	4945
7.	1810	2150
8.	1348	1510
9.	3780	5780
10.	4320	7610
11.	7140	1140
12.	1710	3270
13.	2315	4855
14.	8720	4720
15.	4730	6740
16.	1572	3802
17.	2200	7600
18.	1588	1433

LÖSUNGEN Buchführungs- und Aufzeichnungspflichten REWE 1

	18.	1588	1433
	19.	3425	5425
	20.	4127	6027
52.	d		
53.	a		
54.	e		
55.	b,e		
56.	a,b,d		
57.	a,c,d	Körperliche Inventur	
58.	b,d,e	Buchinventur	
59.	c,e		
60.	a,c		
61.	b,d,		
62.	a,d,e		
63.	c		
64.	a,e		
65.	b,c,d,e		
66.	d		
67.	b		
68.	e		
69.	e		
70.	c		
71.	b,e	Anlagevermögen	
	a,c,d	Umlaufvermögen	
72.	b,d	Langfristige Schulden	
	a,c,e	Kurzfristige Schulden	
73.	e		
74.	d	Inventur	
	c	Inventar	
	e	Bilanz	
75.	d		
76.	c		
77.	d	Aktiva, Anlagevermögen	
	b,c,e	Aktiva, Umlaufvermögen	
	-	Passiva, Eigenkapital	
	a	Passiva, Fremdkapital	
78.	e	Aktiva, Anlagevermögen	
	a	Aktiva, Umlaufvermögen	
	c	Passiva, Eigenkapital	
	b,d	Passiva, Fremdkapital	
79.	d	A. Aktiva, Anlagevermögen I.	
	b	Aktiva, Anlagevermögen II.	
	c	Aktiva, Anlagevermögen III.	
80.	c	B. Aktiva, Umlaufvermögen I.	
	d	Aktiva, Umlaufvermögen II.	
	b	Aktiva, Umlaufvermögen III.	
	a	Aktiva, Umlaufvermögen IV.	
81.	c	A.. EK, Gekennzeichnetes Kapital I.	
	e	EK, Kapitalrücklage II.	
	b	EK, Gewinnrücklagen III.	
	-	EK, Gewinn-/Verlustvortrag IV.	
	a	EK, Jahresüberschuss V.	
82.	d	B. Rückstellungen	
	b	C. Verbindlichkeiten	
	a	D. Rechnungsabgrenzungsposten	
83.	c		
84.	e		
85.	c		

86.	c	Handelsbilanz
	e	Steuerbilanz
	a	Gründungsbilanz
	b	Eröffnungsbilanz
	d	Auseinandersetzungsbilanz
87.	c	Einheitsbilanz
	d	Umwandlungsbilanz
	a	Liquidationsbilanz
	e	Bewegungsbilanz
	b	Schlussbilanz
88.	e	
89.	c,d	
90.	Eigenkapital	92.000,00 €
91.	Fremdkapital	207.600,00 €
92.	Anlagevermögen	104.000,00 €
	Eigenkapital	119.000,00 €
93.	Umlaufvermögen	654.000,00 €
	Eigenkapital	462.000,00 €
94.	Anlagevermögen	273.800,00 €
	Fremdkapital	212.500,00 €
95.	Umlaufvermögen	1.748.899,00 €
	Eigenkapital	1.265.870,00 €
96.	a,d	
97.	c,e	
98.	b,d	
99.	b, e	
100.	b,d	Aktivtausch
	e	Passivtausch
	c	Aktiv-Passiv-Mehrung
	a	Aktiv-Passiv-Minderung
101.	a,b,c	Aktivtausch
	d	Passivtausch
	-	Aktiv-Passiv-Mehrung
	e	Aktiv-Passiv-Minderung
102.	d	
103.	c	
104.	b	
105.	e	
106.	b	
107.	d	Eröffnungsbilanz
	c	Eröffnungsbilanzkonto
	a	Grund- und Hauptbuch
	b	Schlussbilanzkonto
	e	Schlussbilanz
108.	d	
109.	e	
110.	d	
111.	c	
112.	e	
113.	a	
114.	b	
115.	d	
116.	a	
117.	c	
118.	e	
119.	d	
120.	d	

REWE 1 — LÖSUNGEN Buchführungs- und Aufzeichnungspflichten

121.	d	
122.	c	
123.	c	
124.	b	
125.	e	
126.	c	
127.	d	
128.	b	
129.	c	
130.	e	
131.	d	
132.	d	
133.	b	
134.	a	
135.	d	
136.	b,d	
137.	c,d	
138.	b,e	
139.	a	
140.	d	
141.	c,d	
142.	b,c	
143.	c	
144.	a,d	
145.	b	
146.	a,c	Sollbuchung
	b,d	Habenbuchung
147.	b,d	Sollbuchung
	a,c	Habenbuchung
148.	a,b,e	AB-Werte
	c,d	keine AB-Werte
149.	a,b,e	Eröffnungsbilanzkonto (EBK)
	-	Gewinn- und Verlustkonto (GuV)
	c,d	keine Anfangsbestände (AB-Werte)
150.	a,b,e	Schlussbilanzkonto (SBK)
	c,d	Gewinn- und Verlustkonto (GuV)
151.	b	
152.	e	
153.	c	
154.	e	
155.	c	
156.	e	
157.	e	
158.	a	
159.	c	
160.	d	
161.	c	
162.	e	
163.	e	
164.	c	
165.	c	
166.	a	

167.	e	2250 (1840)
	a	2100 (1800)
	c	2180 (1890)
	b	2130 (1880)
	d	2150 (1810)
168.	d	
169.	b	
170.	e	
171.	c	
172.	-	63.100,00 € (Verlust)
173.	+	102.800,00 € (Gewinn)
174.		106.600,00 €
175.		216.900,00 €
176.	c	
177.	c	
178.	e	
179.	c	
180.	e	

LÖSUNGEN Buchführungs- und Aufzeichnungspflichten   REWE 1

Ungebunden Aufgaben   REWE

Aufgabe	Lösung
1.	**Inventurverfahren:** Stichprobeninventur oder zeitnahe Inventur Mengen- und wertmäßiger Bestand am 31.12 (Fortschreibung): Rasenmäher „Maus" 23 Stück 2.806,00 € Rasenmäher „Hirsch" 9 Stück 1.575,00 € Rasenmäher „Wolf" 14 Stück 2.786,00 €
2.	**Inventurverfahren:** Verlegte oder zeitverschobene Inventur Mengen- und wertmäßiger Bestand am 31.12 (Rückrechnung): Pflanzkübel 20 cm (131 Stück) 1.048,00 € Pflanzkübel 25 cm (40 Stück) 360,00 € Pflanzkübel 30 cm (308 Stück) 2.926,00 € Pflanzkübel 40 cm (77 Stück) 847,00 € Pflanzkübel 45 cm (97 Stück) 1.164,00 € Pflanzkübel 55 cm (41 Stück) 533,00 € Pflanzkübel 70 cm (5 Stück) 72,50 € Pflanzkübel 100 cm (20 Stück) 350,00 €
3.	Vermögen 337.230,00 € - Schulden 132.230,00 € --- = Reinvermögen 205.000,00 €
4.	Bilanzsumme: 380.000,00 Eigenkapital: 165.000,00 **EBK** <pre>S H
EK 155.000,00	Grundst. 95.000,00
Verb.Kl 150.000,00	Bauten 45.000,00
Verb.L.L. 65.000,00	Masch. 60.000,00
Fuhrpark   80.000,00
BGA   25.000,00
Waren   30.000,00
Ford.L.L. 20.000,00
Kasse   5.000,00
Postbank   3.000,00
Bank   17.000,00
370.000,00   370.000,00</pre>

Grundbuchungen:

	S	H
1. Waren	5.000,00	
an Verb. a. L.u.L.		5.000,00
2. Maschin	15.000,00	
an Verb. a. L.u.L.		15.000,00
3. Kasse	2.000,00	
an Bank.		2.000,00
4. Bank	11.000,00	
an Forder.a.L.u.L.		11.000,00
5. Darlehen	3.500,00	
an Bank		3.500,00
6. Waren	3.500,00	
an Kasse		500,00
an Verb.a.L.u.L.		3.000,00
7. Forder.a.L.u.L.	4.000,00	
an Pkw		4.000,00
8. Forder.a.L.u.L.	10.000,00	
an Grundstücke		10.000,00
9. Pkw	20.000,00	
an Darlehen		18.000,00
an Kasse		2.000,00
10. Darlehen	100.000,00	
an Hypothek		100.000,00
11. BGA	3.000,00	
an Verb.a.L.u.L.		3.000,00
12. Forder.a.L.u.L.	15.000,00	
an Waren		15.000,00

SBK

<pre>
S   H
Grundst.   85.000,00 | EK   165.000,00
Bauten   45.000,00 | Hypoth.   100.000,00
Maschin.   75.000,00 | Verb.Kl   64.500,00
Fuhrpark   96.000,00 | Verb.L.L.   91.000,00
BGA   28.000,00 |
Waren   23.500,00 |
Ford.L.L.   38.000,00 |
Kasse   4.500,00 |
Postbank   3.000,00 |
Bank   22.500,00 |
           420.500,00   420.500,00
</pre>

REWE 1 — LÖSUNGEN Buchführungs- und Aufzeichnungspflichten

5.

Bilanzsumme: 186.000,00
Eigenkapital: 85.000,00

EBK

S		H
EK	85.000,00	Bebaute
Verb.KI	68.000,00	Grundst. 75.000,00
Verb.L.L.	33.000,00	Masch. 17.000,00
		Fuhrpark 12.000,00
		BGA 8.000,00
		Waren 22.000,00
		Ford.L.L. 28.000,00
		Kasse 3.000,00
		Postbank 12.000,00
		Bank 9.000,00
	186.000,00	186.000,00

Grundbuchungen:

		S	H
1.	Kasse	500,00	
	an BGA		500,00
2.	Kfz-Steuer	450,00	
	an Bank		450,00
3.	Lohn und Gehalt	10.000,00	
	an Bank		10.000,00
4.	Bank	800,00	
	an Zinserträge		800,00
5.	Bank	15.500,00	
	Postbank	7.000,00	
	an Ford.a.L.u.L.		22.500,00
6.	Waren	15.000,00	
	an Verb.a.L.u.L.		10.000,00
	an Bank		5.000,00
7.	unbeb.Grundst.	80.000,00	
	an Darlehen		80.000,00
8.	Energieaufwend.	1.000,00	
	an Bank		1.000,00
9.	Ford.a.L.u.L.	20.000,00	
	an Umsatzerlöse		20.000,00
10.	Darlehen	2.000,00	
	Zinsaufwendungen	300,00	
	an Bank		2.300,00

GuV

S			H
Kfz-Steuer	450,00	Zinserträge	800,00
Lohn	10.000,00	Umsatzerl.	20.000,00
Energie	1.000,00		
Zinsaufw.	300,00		
EK (Gew.)	9.050,00		
	20.800,00		20.800,00

SBK

S			H
U.Grund.	80.000,00	EK	94.050,00
B.Grund.	75.000,00	Verb.KI	146.000,00
Maschin.	17.000,00	Verb.L.L	43.000,00
Fuhrpark	12.000,00		
BGA	7.500,00		
Waren	37.000,00		
Ford.L.L.	25.500,00		
Kasse	3.500,00		
Postbank	19.000,00		
Bank	6.550,00		
	283.050,00		283.050,00

6.

Eigenkapitalquote (Basis Fremdkapital)	01	39%
	02	56%
	03	79%
	04	108%

Eigenkapitalrentabilität	01	100%
	02	78%
	03	64%
	04	54%

Leverage-Effekt:
Mit steigender Eigenkapitalquote nimmt die Eigenkapitalrentabilität ab

7.

Aktie 1	4,8% Rendite
Aktie 2	12,2% Rendite
Aktie 3	16,2% Rendite
Aktie 4	13,1% Rendite

8.

61,1%	Anlagenintensität
38,9%	Umlaufintensität
157,1%	Vermögenskonstitution
14,4%	Vorratsquote
17,8%	Forderungsquote
6,7%	Anteil der flüssigen Mittel
80,0%	Finanzierungsverhältnis
125,0%	Verschuldungsgrad
44,4%	Eigenkapitalquote
55,6%	Fremdkapitalquote
60,0%	Anteil des langfristigen FK
40,0%	Anteil des kurzfristigen FK
11,3%	Grad der Selbstfinanzierung
72,7%	Anlagendeckung I
127,3 %	Anlagendeckung II
102,9 %	Anlagendeckung III
30,0 %	Liquidität I
110,0 %	Liquidität II
175,0 %	Liquidität III
280,0 T€	Effektivverschuldung
20,0 T€	Netto-Geldvermögen
15,0 %	Eigenkapitalrentabilität
6,7 %	Gesamtkapitalrentabilität
17,1 %	Umsatzrentabilität
91,7 %	Anteil d. Betriebsergebnisses

LÖSUNGEN Buchführungs- und Aufzeichnungspflichten   REWE 1

	8,3 %	Anteil d. Finanzergebnisses
	233,3 €/h	Arbeitsproduktivität
	0,39	Umschlagshäufigkeit des GK
	928 Tage	Umschlagsdauer des GK
	0,88	Umschlagshäufigkeit des EK
	411 Tage	Umschlagsdauer des EK
	2,2	Umschlagshäufigkeit d. Ford.
	164 Tage	Durchschn. Kreditdauer
	63,6 %	Anlagennutzung
	37,1 %	Vorratshaltung
	7.000,00 €	Umsatz je Beschäftigten
	6,7 %	ROI Gesamtkapital
	15,0 %	ROI Eigenkapital

REWE 2 — LÖSUNGEN WARENKONTEN

1. aE,bA,cA,dB,eA **2.** aE,bA,cE,dA,eA **3.** a,c,d **4.** c **5.** c,d **6.** b,c,d,e **7.** c **8.** b,d
9. b **10.** a,c **11.** e **12.** c **13.** c,e **14.** b **15.** e **16.** c **17.** d **18.** d **19.** a,b,e **20.** b,d **21.** b **22.** d
23. c **24.** Aktivkonto: c; Aufwandskonto: a,d,e; Ertragskonto: b **25.** Bruttoverfahren: a; Nettoverfahren: b;
26. b,c **27.** 1a,2b

Ungebundene Aufgaben

1.
Wareneingang	120.000,00
+ Bezugsnebenkosten	6.000,00
− Nachlässe	2.000,00
− erhaltene Skonti	3.000,00
+ Warenanfangsbestand	40.000,00
− Warenendbestand	50.000,00
= Wareneinsatz	111.000,00

2.
Umsatzerlöse	340.000,00
− Erlösschmälerungen	4.200,00
− gewährte Skonti	3.200,00
− gewährte Boni	1.600,00
= Warenumsatz	331.000,00

3.
Warenanfangsbestand	134.000,00
+ Wareneingänge	276.800,00
− Warenendbestand	128.000,00
a) = Wareneinsatz	282.800,00
Umsatzerlöse	532.000,00
− Wareneinsatz	282.800,00
b) = Rohgewinn	249.200,00

4.
a) Wareneingang	234.600,00
− Rücksendungen an Lief.	2.200,00
− Nachlässe	1.800,00
− erhaltene Skonti	4.200,00
+ Warenanfangsbestand	22.000,00
− Warenendbestand	18.400,00
= Wareneinsatz	230.000,00
b) Umsatzerlöse	428.500,00
− Erlösschmälerungen	3.800,00
− gewährte Skonti	6.400,00
= Warenumsatz	418.300,00
c) Warenumsatz	418.300,00
− Wareneinsatz	230.000,00
Rohgewinn	188.300,00

5.
a) Wareneingang	368.520,00
− Rücksendungen an Lief.	2.450,00
− erhaltene Skonti	6.200,00
− Warenverluste	4.800,00
+ Bezugsnebenkosten	9.400,00
+ Zölle	12.800,00
+ Warenanfangsbestand	44.680,00
− Warenendbestand	48.240,00
= Wareneinsatz	373.710,00
b) Umsatzerlöse	618.920,00
− Erlösschmälerungen	7.320,00
− Forderungsausfälle	3.400,00
− gewährte Skonti	8.600,00
− Rücksendungen von K.	3.670,00
= Warenumsatz	595.930,00
c) Warenumsatz	595.930,00
− Wareneinsatz	373.710,00
Rohgewinn	222.220,00

LÖSUNGEN WARENKONTEN

6.

Buchungssätze	Soll	Haben
5425(3425) ig-Erwerb	86.000,00	
an 3300(1600) Verbindlichkeiten aus L&L		86.000,00
1404(1574) VSt ig-Erwerb	16.340,00	
an 3804(1774) USt ig-Erwerb		16.340,00

7.

Buchungssätze	Soll	Haben
1200(1400) Forderungen aus L&L	58.000,00	
an 4125(8125) steuerfreie ig-Lieferung		58.000,00

8.

Buchungssätze	Soll	Haben
5200(3200) Wareneingang	40.000,00	
an 3300(1600) Verbindlichkeiten aus L&L		40.000,00
5840(3850) Zölle und Einfuhrabgaben	2.000,00	
an 1800(1600) Bank		2.000,00
1433(1588) Bezahlte Einfuhrumsatzsteuer	7.980,00	
an 1800(1600) Bank		7.980,00

9.

Buchungssätze	Soll	Haben
5200(3200) Wareneingang	40.000,00	
1406(1576) VSt	7.600,00	
an 3300(1600) Verbindlichkeiten aus L&L		47.600,00

REWE 2 — LÖSUNGEN USt/VSt

1. c,d,e 2. a,b,d 3. d,e 4. e 5. b 6. a,d,e 7. a,b,d 8. b,c,e 9. a,b,c,e 10. c,d,e
11. b,d,e 12. a,c,d,e 13. a,b,c,e 14. b,c 15. b 16. b 17. c 18. e1,f2,a3,b4,c5,d2 19. b1,f2,c5,a4,e3,d2

Ungebundene Aufgaben

1.
a) Die USt entsteht nach § 13(1) Nr. 1a UStG mit Ablauf des Monats
   März 19/119 von 10.000,00 = 1.596,64
   April 19/119 von 12.000,00 = 1.915,97
   Mai 19/119 von 15.000,00 = 2.394,96
   Juni 19/119 von 43.000,00 = 6.865,55 (Fertigstellung!)

b) Buchungssätze   Soll   Haben
   Anzahlungen:
   1800(1200) Bank   10.000,00
         an 3250(1710) Erhaltene Anzahlungen   8.403,36
            3806(1776) USt   1.596,64
   1800(1200) Bank   12.000,00
         an 3250(1710) Erhaltene Anzahlungen   10.084,03
            3806(1776) USt   1.915,97
   1800(1200) Bank   15.000,00
         an 3250(1710) Erhaltene Anzahlungen   12.605,04
            3806(1776) USt   2.394,96
   Fertigstellung:
   1200(1400) Forderungen aus L&L   80.000,00
         an 4200(8200) Umsatzerlöse   67.226,88
            3806(1776) USt   12.773,12
   3250(1710) Erhaltene Anzahlungen   31.092,43
   3806(1776) USt   5.907,57
         an 1200(1400) Forderungen aus L&L   37.000,00
   Eingang der Restzahlung:
   1800(1200) Bank   43.000,00
         an 1200(1400) Forderungen aus L&L   43.000,00

2.
a) **April** (Rechnungsausstellung), spätestens mit Ablauf des dem Erwerb folgenden Kalender-Monats = Mai, § 13(1) Nr. 6 UStG
b) BMG 55.000,00, davon 19% = 10.450,00 USt aus ig-Erwerb = VSt aus ig-Erwerb, es entsteht keine Zahllast

c) Buchungssätze   Soll   Haben
   5425(3425) ig-Erwerb   55.000,00
         an 3300(1600) Verbindlichkeiten aus L&L   55.000,00
   1404(1574) VSt aus ig-Erwerb   10.450,00
         an 3803(1773) USt aus ig-Erwerb   10.450,00
   3300(1600) Verbindlichkeiten aus L&L   55.000,00
         an 1800(1200) Bank   55.000,00

3.
a) Buchungssätze Verkauf   Soll   Haben
   1600(1000) Kasse   114.240,00
         an 4200(8200) Umsatzerlöse   96.000,00
            3806(1776) USt   18.240,00
   1600(1000) Kasse   600,00
         4120(8120) steuerfreie Umsätze nach
         § 4 Nr. 1a UStG   600,00
   1600(1000) Kasse   2.380,00
         an 4200(8200) Umsatzerlöse   2.000,00
            3806(1776) USt   380,00

LÖSUNGEN USt/VSt — REWE 2

a) Buchungssätze Einkauf

Konto	Soll	Haben
5200(3200) Wareneingang	35.000,00	
1406(1576) VSt	6.650,00	
an 3300(1600) Verbindlichkeiten aus L&L		41.650,00
5425(3425) ig-Erwerb	18.000,00	
an 3300(1600) Verbindlichkeiten aus L&L		18.000,00
1404(1574) VSt aus ig-Erwerb	3.420,00	
an 3803(1773) USt aus ig-Erwerb		3.420,00
5200(3200) Wareneingang	5.000,00	
an 3300(1600) Verbindlichkeiten aus L&L		5.000,00
1433(1588) Bezahlte Einfuhrumsatzsteuer	800,00	
an 1800(1200) Bank		800,00
2300(1860) Grundstücksaufwendungen	8.000,00	
1406(1576) VSt	1.520,00	
an 1800(1200) Bank		9.520,00
6600(4610) Werbekosten	2.000,00	
1406(1576) VSt	380,00	
an 1800(1200) Bank		2.380,00
1800(1200) Bank	500,00	
an 4860(2750) Grundstückserträge		500,00

b)

S 1433(1588) Bezahlte Einfuhrumsatzsteuer H		S 1404(1574) VSt aus ig-Erwerb H	
800,00	800,00	3.420,00	3.420,00

S 1406(1576) VSt H		S 3804(1774) USt aus ig-Erwerb H	
8.550,00	8.550,00	3.420,00	3.420,00

S 3806(1776) USt H	
8.550,00	18.240,00
800,00	380,00

ZL 9.270,00

c) Buchungssatz zur Abführung der Zahllast

Konto	Soll	Haben
3806(1776) USt	9.270,00	
an 1800(1200) Bank		9.270,00

REWE 3 LÖSUNGEN BESCHAFFUNGS- UND ABSATZWIRTSCHAFT

Lösungen:

1. c **2.** c **3.** b **4.** a **5.** c **6.** e **7.** b **8.** a, b an d

Buchungssätze	Soll	Haben
9. 5200 (3200) Wareneingang	1.000,00	
1406 (1576) Vorsteuer	190,00	
an 3300 (1600) Verbindlichkeiten		1.190,00
10. 5200 (3200) Wareneingang	4.000,00	
1406 (1576) Vorsteuer	760,00	
an 3300 (1600) Verbindlichkeiten		4.760,00
11. 5200 (3200) Wareneingang	6.800,00	
1406 (1576) Vorsteuer	1.292,00	
an 3300 (1600) Verbindlichkeiten		8.092,00
12. 5200 (3200) Wareneingang	9.800,00	
5800 (3800) Anschaffungsnebenkosten	200,00	
1406 (1576) Vorsteuer	1.900,00	
an 3300 (1600) Verbindlichkeiten		11.900,00
13. 3300 (1600) Verbindlichkeiten	14.280,00	
an 1800 (1200) Bank		14.280,00
14. 5800 (3800) Anschaffungsnebenkosten	300,00	
1406 (1576) Vorsteuer	57,00	
an 3300 (1600) Verbindlichkeiten		357,00
15. 5200 (3200) Wareneingang	25.000,00	
5800 (3800) Anschaffungsnebenkosten	1.000,00	
1406 (1576) Vorsteuer	4.940,00	
an 3300 (1600) Verbindlichkeiten		30.940,00
16. 3300 (1600) Verbindlichkeiten	952,00	
an 5800 (3800) Anschaffungsnebenkosten		800,00
1406 (1576) Vorsteuer		152,00
17. 5200 (3200) Wareneingang	15.000,00	
5820 (3820) Leergut	500,00	
1406 (1576) Vorsteuer	2.945,00	
an 3300 (1600) Verbindlichkeiten		18.445,00
18. 3300 (1600) Verbindlichkeiten	595,00	
an 5820 (3820) Leergut		500,00
1406 (1576) Vorsteuer		95,00
19. 5840 (3850) Zölle und Einfuhrabgaben	1.000,00	
1433 (1588) Bezahlte Einfuhrumsatzsteuer	2.090,00	
an 1800 (1200) Bank		3.090,00
20. 5800 (3800) Anschaffungsnebenkosten	800,00	
1406 (1576) Vorsteuer	152,00	
an 3300 (1600) Verbindlichkeiten		952,00

LÖSUNGEN BESCHAFFUNGS- UND ABSATZWIRTSCHAFT   REWE 3

21.	5200 (3200) Wareneingang	931,50	
	5800 (3800) Anschaffungsnebenkosten	70,00	
	1406 (1576) Vorsteuer	190,29	
	an 3300 (1600) Verbindlichkeiten		1.191,79
22.	3300 (1600) Verbindlichkeiten	4.760,00	
	an 1800 (1200) Bank		4.617,20
	5735 (3735) Erhaltene Skonti		120,00
	1406 (1576) Vorsteuer		22,80
23.	3300 (1600) Verbindlichkeiten	2.856,00	
	an 5740 (3740) Erhaltene Boni		2.400,00
	1406 (1576) Vorsteuer		456,00
24.	3300 (1600) Verbindlichkeiten	737,80	
	an 5200 (3200) Wareneingang		620,00
	1406 (1576) Vorsteuer		117,80
25.	3300 (1600) Verbindlichkeiten	1.428,00	
	an 5700 (3700) Nachlässe		1.200,00
	1406 (1576) Vorsteuer		228,00
26.	5559 (3559) Einfuhren	15.000,00	
	an 3300 (1600) Verbindlichkeiten		15.000,00
	5840 (3850) Zölle und Einfuhrabgaben	2.250,00	
	1433 (1588) Bezahlte Einfuhrumsatzsteuer	3.277,50	
	an 1600 (1000) Kasse		5.527,50
27.	3300 (1600) Verbindlichkeiten	15.080,00	
	an 1800 (1200) Bank		14.627,60
	5735 (3735) Erhaltene Skonti		380,17
	1406 (1576) Vorsteuer		72,23
28.	3300 (1600) Verbindlichkeiten	3.570,00	
	an 5740 (3740) Erhaltene Boni		3.000,00
	1406 (1576) Vorsteuer		570,00
29.	1200 (1400) Forderungen	26.180,00	
	an 4000 (8000) Erlöse		22.000,00
	3806 (1776) Umsatzsteuer		4.180,00
30.	1200 (1400) Forderungen	14.280,00	
	an 4000 (8000) Erlöse		12.000,00
	3806 (1776) Umsatzsteuer		2.280,00
31.	1200 (1400) Forderungen	42.840,00	
	an 4000 (8000) Erlöse		36.000,00
	3806 (1776) Umsatzsteuer		6.840,00
32.	1800 (1200) Bank	13.560,00	
	an 1200 (1400) Forderungen		13.560,00
33.	1200 (1400) Forderungen	44.030,00	
	an 4000 (8000) Erlöse		37.000,00
	3806 (1776) Umsatzsteuer		7.030,00
34.	1800 (1200) Bank	11.368,00	
	4735 (8735) Gewährte Skonti	194,96	
	3806 (1776) Umsatzsteuer	37,04	
	an 1200 (1400) Forderungen		11.600,00

REWE 3 — LÖSUNGEN BESCHAFFUNGS- UND ABSATZWIRTSCHAFT

35. 6740 (4730) Ausgangsfrachten 280,00
    1406 (1576) Vorsteuer 53,20
    an   3300 (1600) Verbindlichkeiten 333,20

36. 1200 (1400) Forderungen 333,20
    an   4000 (8000) Erlöse 280,00
              3806 (1776) Umsatzsteuer 53,20

37. 1600 (1000) Kasse 174,00
    an   4000 (8000) Erlöse 146,22
              3806 (1776) Umsatzsteuer 27,78

38. 1800 (1200) Bank 3.462,90
    4735 (8735) Gewährte Skonti 90,00
    3806 (1776) Umsatzsteuer 17,10
    an   1200 (1400) Forderungen 3.570,00

39. 6700 (4700) Kosten der Warenabgabe 600,00
    1406 (1576) Vorsteuer 114,00
    an   3300 (1600) Verbindlichkeiten 714,00

40. 4000 (8000) Erlöse 2.000,00
    3806 (1776) Umsatzsteuer 380,00
    an   1200 (1400) Forderungen 2.380,00

41. 4740 (8740) Gewährte Boni 9.600,00
    3806 (1776) Umsatzsteuer 1.824,00
    an   1200 (1400) Forderungen 11.424,00

42. 4700 (8700) Erlösschmälerungen 450,00
    3806 (1776) Umsatzsteuer 85,50
    an   1200 (1400) Forderungen 535,50

43. 4700 (8700) Erlösschmälerungen 200,00
    3806 (1776) Umsatzsteuer 38,00
    an   1200 (1400) Forderungen 238,00

44. 6700 (4700) Kosten der Warenabgabe 240,00
    1406 (1576) Vorsteuer 45,60
    an   1600 (1000) Kasse 285,60

45.

Beispiel	Rohstoff	Hilfsstoff	Betriebsstoff
Holz	X		
Schmiermittel für Verarbeitungsmaschinen			X
Leim		X	
Strom für die eingesetzten Maschinen			X

46. 5000 (3000) Aufwendungen für Rohstoffe 5.000,00
    1406 (1576) Vorsteuer 950,00
    an   3300 (1600) Verbindlichkeiten 5.950,00

47. 5802 (3802) Anschaffungsnebenkosten Hilfsstoffe .. 600,00
    1406 (1576) Vorsteuer 114,00
    an   3300 (1600) Verbindlichkeiten 714,00

48. 3300 (1600) Verbindlichkeiten 17.400,00
    an   1800 (1200) Bank 17.400,00

LÖSUNGEN BESCHAFFUNGS- UND ABSATZWIRTSCHAFT   REWE 3

49. 5010 (3010) Aufwendungen für Hilfsstoffe   40.000,00
    1406 (1576) Vorsteuer   7.600,00
    an   3300 (1600) Verbindlichkeiten   47.600,00

50. 4000 (8000) Erlöse   4.000,00
    3806 (1776) Umsatzsteuer   760,00
    an   1200 (1400) Forderungen   4.760,00

51. 1800 (1200) Bank   9.001,60
    4735 (8735) Gewährte Skonti   154,38
    3806 (1776) Umsatzsteuer   29,33
    an   1200 (1400) Forderungen   9.185,31

52. 5559 (3559) Einfuhren   3.000,00
    5800 (3800) Anschaffungsnebenkosten   80,00
    1406 (1576) Vorsteuer   585,20
    an   3300 (1600) Verbindlichkeiten   3.665,20

53. 5800 (3800) Anschaffungsnebenkosten   65,00
    1406 (1576) Vorsteuer   12,35
    an   3300 (1600) Verbindlichkeiten   77,35

54. 5000 (3000) Aufwendungen für Rohstoffe   3.990,00
    1406 (1576) Vorsteuer   758,10
    an   3300 (1600) Verbindlichkeiten   4.748,10

55. 3300 (1600) Verbindlichkeiten   4.582,00
    an   1800 (1200) Bank   4.444,54
                 5735 (3735) Erhaltene Skonti   115,51
                 1406 (1576) Vorsteuer   21,95

56. 5200 (3200) Wareneingang   12.500,00
    5800 (3800) Anschaffungsnebenkosten   500,00
    1406 (1576) Vorsteuer   2.470,00
    an   3300 (1600) Verbindlichkeiten   15.470,00

57. 5559 (3559) Einfuhren   4.990,00
    an   3300 (1600) Verbindlichkeiten   4.990,00

    5840 (3850) Zölle und Einfuhrabgaben   499,00
    1433 (1588) Bezahlte Einfuhrumsatzsteuer   1.042,91
    an   1800 (1200) Bank   1.541,91

58. 6700 (4700) Kosten der Warenabgabe   170,00
    6760 (4750) Transportversicherung   30,00
    1406 (1576) Vorsteuer   38,00
    an   3300 (1600) Verbindlichkeiten   238,00

59. 5800 (3800) Anschaffungsnebenkosten   180,00
    6700 (4700) Kosten der Warenabgabe   300,00
    1406 (1576) Vorsteuer   91,20
    an   3300 (1600) Verbindlichkeiten   571,20

60. 1200 (1400) Forderungen   612,85
    an   4000 (8000) Erlöse   515,00
                 3806 (1776) Umsatzsteuer   97,85

61. 6700 (4700) Kosten der Warenabgabe   44,00
    an   1600 (1000) Kasse   44,00

REWE 3 — LÖSUNGEN BESCHAFFUNGS- UND ABSATZWIRTSCHAFT

62. 3300 (1600) Verbindlichkeiten 5.950,00
   an   1800 (1200) Bank   5.782,21
        5735 (3735) Erhaltene Skonti   141,00
        1406 (1576) Vorsteuer   26,79

63. a) Warenbestand zum 31.12.2016 = 900.000,00
   b) Warenbestand am 30.06.2016 = 385.000,00

64.

a) Anschaffungsnebenkosten (Bezugskosten) 300,00
   Vorsteuer 57,00
   an Verbindlichkeiten   357,00

   Auswirkung: - 300,00

b) Gewährte Rabatte 1.169,75
   Umsatzsteuer 222,25
   an Forderungen aLuL   1.392,00

   Auswirkung: - 1.200,00

c) Bürobedarf 60,00
   an Wareneingang   60,00

   Auswirkung: neutral

65. Wareneinsatz: 422.000,00
   Rohgewinn: 211.000,00

66. 0,83

67. Angebot B ist günstiger = 2,20.

68. Handlungskostenzuschlagssatz = 30,95%

69. Handlungskostenzuschlag = 37,84%
   Gewinnzuschlag = 69,61%

70. a) 76,72
   b) 475,66
   c) 195,03

71. a) 74,78
   b) 463,67
   c) 190,12

72. 194,80

73. Gewinn (absolut) = 9,00
   Gewinn in % =   25 %

74. Gewinn absolut = 75,20
   Gewinn in % =   8,31%

75. Kalkulationsfaktor = 3,1
   Handelsspanne = 67,74%

76. Kalkulationszuschlagssatz = 400%
   Kalkulationsfaktor = 5

LÖSUNGEN BESCHAFFUNGS- UND ABSATZWIRTSCHAFT — REWE 3

77. Kalkulationszuschlagssatz = 130%
Handelsspanne = 56,52%

78. 1,2727

79. a) SBK an Warenendbestand 95.000,00
b) Wareneingang an Warenbestand 15.000,00
c) GuV an Wareneingang 445.000,00
d) Umsatzerlöse an GuV 492.000,00
e) 47.000,00
f) 10,56 %
g) 1,1056
h) 9,55 %

80. a) Wareneingang   20.000,00
    Leergut   400,00
    Vorsteuer   3.876,00
      an Verbindlichkeiten   24.276,00

b) Verbindlichkeiten   476,00
      an Leergut   400,00
      Vorsteuer   76,00

81. a) Wareneingang   30.000,00
    Vorsteuer   5.700,00
      an Verbindlichkeiten   35.700,00

b) Verbindlichkeiten   35.700,00
      an Bank   34.986,00
      Erhaltene Skonti   600,00
      Vorsteuer   114,00

82. a) Forderungen   17.850,00
      an Erlöse   15.000,00
      Umsatzsteuer   2.850,00

b) Erlöse   2.000,00
    Umsatzsteuer   380,00
      an Forderungen   2.380,00

c) Ausgangsfrachten   300,00
    Vorsteuer   57,00
      an Verbindlichkeiten   357,00

d) Bank   15.470,00
      an Forderungen   15.470,00

REWE 4 — LÖSUNGEN PERSONALWIRTSCHAFT

Lösungen:
1.e 2.c 3.a 4.b 5.b 6.b 7.b 8.d an b 9. d an c 10. a an b 11. d an b
12. c 13. e 14. a 15.e 16.d 17.a 18.a 19.a 20 b 21. f an c

Buchungssätze	Soll	Haben
22. 6020 (4120) Gehälter	2.500,00	
an 3730 (1741) Verb. aus LSt und KiSt		341,82
3740 (1742) Verb. i.R.d. soz. Sicherheit		511,88
1800 (1200) Bank		1.646,30
6110 (4130) Gesetzl. soz. Aufw.	483,13	
an 3740 (1742) Verb. i.R.d. soz. Sicherheit		483,13
23. 6020 (4120) Gehälter	2.150,00	
an 3730 (1741) Verb. aus LSt und KiSt		253,28
3740 (1742) Verb. i.R.d. soz. Sicherheit		440,22
1800 (1200) Bank		1.456,50
6110 (4130) Gesetzl. soz. Aufw.	415,49	
an 3740 (1742) Verb. i.R.d. soz. Sicherheit		415,49
24. 6020 (4120) Gehälter	1.900,00	
an 3730 (1741) Verb. aus LSt und KiSt		154,83
3740 (1742) Verb. i.R.d. soz. Sicherheit		389,03
1800 (1200) Bank		1.356,14
6110 (4130) Gesetzl. soz. Aufw.	367,18	
an 3740 (1742) Verb. i.R.d. soz. Sicherheit		367,18
25. 1340 (1530) Ford. gg. Personal	300,00	
an 1800 (1200) Bank		300,00
26. 6020 (4120) Gehälter	2.800,00	
an 3730 (1741) Verb. aus LSt und KiSt		175,50
3740 (1742) Verb. i.R.d. soz. Sicherheit		566,30
1340 (1530) Ford. gg. Personal		150,00
1800 (1200) Bank		1.908,20
6110 (4130) Gesetzl. soz. Aufw.	541,10	
an 3740 (1742) Verb. i.R.d. soz. Sicherheit		541,10
27. 6020 (4120) Gehälter	1.680,00	
an 3730 (1741) Verb. aus LSt und KiSt		141,98
3740 (1742) Verb. i.R.d. soz. Sicherheit		343,98
1340 (1530) Ford. gg. Personal		200,00
1800 (1200) Bank		1.194,04
6110 (4130) Gesetzl. soz. Aufw.	324,66	
an 3740 (1742) Verb. i.R.d. soz. Sicherheit		324,66
28. 6020 (4120) Gehälter	480,00	
an 3740 (1742) Verb. i.R.d. soz. Sicherheit		98,04
1800 (1200) Bank		381,96
6110 (4130) Gesetzl. soz. Aufw.	92,76	
an 3740 (1742) Verb. i.R.d. soz. Sicherheit		92,76

LÖSUNGEN PERSONALWIRTSCHAFT — REWE 4

29. 6020 (4120) Gehälter 320,00
    an 1800 (1200) Bank 320,00

    6110 (4130) Gesetzl. soz. Aufw. 127,20
    an 3740 (1742) Verb. i.R.d. soz. Sicherheit 127,20

30. 6020 (4120) Gehälter 1.850,00
    6080 (4170) Vermögenswirksame Leistung 40,00
    an 3730 (1741) Verb. aus LSt und KiSt 190,77
        3740 (1742) Verb. i.R.d. soz. Sicherheit 386,98
        3770 (1750) Verb. aus Verm.bildg. 40,00
        1800 (1200) Bank 1.272,25

    6110 (4130) Gesetzl. soz. Aufw. 365,25
    an 3740 (1742) Verb. i.R.d. soz. Sicherheit 365,25

31. 6020 (4120) Gehälter 2.000,00
    6080 (4170) Vermögenswirksame Leistung 20,00
    an 3730 (1741) Verb. aus LSt und KiSt 281,59
        3740 (1742) Verb. i.R.d. soz. Sicherheit 434,30
        3770 (1750) Verb. aus Verm.bildg. 40,00
        1800 (1200) Bank 1.264,11

    6110 (4130) Gesetzl. soz. Aufw. 411,07
    an 3740 (1742) Verb. i.R.d. soz. Sicherheit 411,07

32. 6020 (4120) Gehälter 2.980,00
    an 3730 (1741) Verb. aus LSt und KiSt 458,13
        3740 (1742) Verb. i.R.d. soz. Sicherheit 616,12
        3770 (1750) Verb. aus Verm.bildg. 40,00
        1800 (1200) Bank 1.865,75

    6110 (4130) Gesetzl. soz. Aufw. 575,89
    an 3740 (1742) Verb. i.R.d. soz. Sicherheit 575,89

33. 6020 (4120) Gehälter 3.100,00
    an 3730 (1741) Verb. aus LSt und KiSt 491,53
        3740 (1742) Verb. i.R.d. soz. Sicherheit 640,93
        3770 (1750) Verb. aus Verm.bildg. 40,00
        1800 (1200) Bank 1.927,54

    6110 (4130) Gesetzl. soz. Aufw. 599,08
    an 3740 (1742) Verb. i.R.d. soz. Sicherheit 599,08

34. 6120 (4138) Beiträge zur Berufsgenossenschaft 1.240,00
    an 1800 (1200) Bank 1.240,00

35. 6020 (4120) Gehälter 600,00
    6080 (4170) Vermögenswirksame Leistung 40,00
    an 3740 (1742) Verb. i.R.d. soz. Sicherheit 129,44
        3770 (1750) Verb. aus Verm.bildg. 40,00
        1800 (1200) Bank 470,56

    6110 (4130) Gesetzl. soz. Aufw. 123,68
    an 3740 (1742) Verb. i.R.d. soz. Sicherheit 123,68

36.	6020 (4120) Gehälter	1.390,00	
	6080 (4170) Vermögenswirksame Leistung	20,00	
	an 3730 (1741) Verb. aus LSt und KiSt		103,50
	3740 (1742) Verb. i.R.d. soz. Sicherheit		289,40
	3770 (1750) Verb. aus Verm.bildg.		40,00
	1340 (1530) Ford. gg. Personal		100,00
	1800 (1200) Bank		877,10
	6110 (4130) Gesetzl. soz. Aufw.	276,71	
	an 3740 (1742) Verb. i.R.d. soz. Sicherheit		276,71
37.	6020 (4120) Gehälter	2.000,00	
	an 3730 (1741) Verb. aus LSt und KiSt		275,78
	3740 (1742) Verb. i.R.d. soz. Sicherheit		430,00
	4949 (8614) Verr. Sonst. Sachbez. o. USt		400,00
	1800 (1200) Bank		894,22
	6110 (4130) Gesetzl. soz. Aufw.	394,50	
	an 3740 (1742) Verb. i.R.d. soz. Sicherheit		394,50
38.	6020 (4120) Gehälter	2.300,00	
	an 3730 (1741) Verb. aus LSt und KiSt		94,18
	3740 (1742) Verb. i.R.d. soz. Sicherheit		488,75
	4860 (2750) Grundstückserträge		300,00
	1800 (1200) Bank		1.417,07
	6110 (4130) Gesetzl. soz. Aufw.	468,05	
	an 3740 (1742) Verb. i.R.d. soz. Sicherheit		468,05
39.	6020 (4120) Gehälter	3.010,40	
	an 3730 (1741) Verb. aus LSt und KiSt		640,50
	3740 (1742) Verb. i.R.d. soz. Sicherheit		647,24
	4947 (8611) Verr. Sonst. Sachbez. 19 % USt		440,00
	3806 (1776) Umsatzsteuer		70,40
	1800 (1200) Bank		1.212,26
	6110 (4130) Gesetzl. soz. Aufw.	612,60	
	an 3740 (1742) Verb. i.R.d. soz. Sicherheit		612,60
40.	6130 (4140) Freiw. soz. Aufw. (lohnsteuerfrei)	30,00	
	an 1800 (1200) Bank		30,00
41.	6300 (4900) so. betriebl. Aufw.	40,00	
	an 1600 (1000) Kasse		40,00
42.	6090 (4175) Fahrtkostenerstattung Wohnung/Arb.	50,00	
	an 1800 (1200) Bank		50,00
43.	6030 (4190) Aushilfslöhne	1.500,00	
	6040 (4199) Lohnsteuer für Aushilfen	421,88	
	an 3730 (1741) Verb. aus LSt und KiSt		421,88
	1800 (1200) Bank		1.500,00
44.	6090 (4175) Fahrtkostenerstattung Wohnung/Arb.	100,00	
	an 1800 (1200) Bank		100,00
	6069 (4149) Pauschale Lohnst. Auf sonst.Bezüge	16,87	
	an 3730 (1174) Verb. aus LSt und KiSt		16,87

LÖSUNGEN PERSONALWIRTSCHAFT — REWE 4

45.	6035 (4195) Löhne für Minijobs	450,00	
	an 1800 (1200) Bank		433,35
	3740 (1742) Verb. i.R.d. soz. Sicherheit		16,65
	6040 (4199) Lohnsteuer für Aushilfen	9,00	
	6110 (4130) Gesetzl. soz.Aufwendungen	126,00	
	an 3740 (1742) Verb. i.R.d. soz. Sicherheit		135,00
46.	6035 (4195) Löhne für Minijobs	150,00	
	an 1800 (1200) Bank		150,00
	6040 (4199) Lohnsteuer für Aushilfen	3,00	
	6110 (4130) Gesetzl. soz.Aufwendungen	42,00	
	an 3740 (1742) Verb. i.R.d. soz. Sicherheit		45,00
47.	6035 (4195) Löhne für Minijobs	400,00	
	an 1800 (1200) Bank		400,00
	6040 (4199) Lohnsteuer für Aushilfen	8,00	
	6110 (4130) Gesetzl. soz.Aufwendungen	60,00	
	an 3740 (1742) Verb. i.R.d. soz. Sicherheit		68,00
48.	6030 (4190) Aushilfslöhne	550,00	
	an 3730 (1741) Verb. aus LSt und KiSt		51,33
	3740 (1742) Verb. i.R.d. soz. Sicherheit		80,16
	1800 (1200) Bank		418,51
	6110 (4130) Gesetzl. soz. Aufw.	106,29	
	an 3740 (1742) Verb. i.R.d. soz. Sicherheit		106,29
49.	6035 (4195) Löhne für Minijobs	150,00	
	an 1800 (1200) Bank		139,42
	3740 (1742) Verb. i.R.d. soz. Sicherheit		10,58
	6040 (4199) Lohnsteuer für Aushilfen	3,00	
	6110 (6130) Gesetzl. soz. Aufwendungen	42,00	
	an 3740 (1742) Verb. i.R.d. soz. Sicherheit		45,00

Hinweis: 3,7% Rentenversicherung von 175,00 € Mindestbeitragsbemessungsgrenze!

50.	6030 (4190) Aushilfslöhne	600,00	
	an 3730 (1741) Verb. aus LSt und KiSt		57,08
	3740 (1742) Verb. i.R.d. soz. Sicherheit		95,81
	1800 (1200) Bank		447,11
	6110 (4130) Gesetzl. soz. Aufw.	115,95	
	an 3740 (1742) Verb. i.R.d. soz. Sicherheit		115,95
51.	1600 (1000) Kasse	250,00	
	an 1340 (1530) Ford. gg. Personal		250,00
52.	6030 (4190) Aushilfslöhne	350,00	
	an 1800 (1200) Bank		350,00
	6110 (4130) Gesetzl. soz. Aufw.	52,50	
	6040 (4199) Lohnsteuer für Aushilfen	7,00	
	an 3740 (1744) Verb. i.R.d. soz. Sicherheit		59,50

53. 6020 (4120) Gehälter   3.120,00
    an   3730 (1741) Verb. aus LSt und KiSt   681,36
            3740 (1742) Verb. i.R.d. soz. Sicherheit   643,50
            1700 (1100) Postbank   1.795,14

    6110 (4130) Gesetzl. soz. Aufw.   615,42
    an   3740 (1742) Verb. i.R.d. soz. Sicherheit   615,42

54. 6020 (4120) Gehälter   320,00
    an   1800 (1200) Bank   320,00

    6110 (4130) Gesetzl. soz. Aufw.   128,00
    an   3740 (1742) Verb. i.R.d. soz. Sicherheit   128,00

55. BLP = 23.764,30 €
    1 % von 23.700 =   237,00 €
    0,03 % von 23.700 x 30 km = 213,30 €
    Geldwerter Vorteil brutto   450,30 €

56. 25 km x 0,30 € x 15 = 112,50 €
    15 % von 112,50 € =   16,88 €

57. 225,00 €

LÖSUNGEN FINANZWIRTSCHAFT REWE 5

1. b,d,c,a   2. a,d,e = Tageszinsmethode; b,c,f = Euro-Zinsmethode   3. a,c,b

4. a,c,e,f   5. a,b,e,f   6. b,c,d   7. a,c,d,e   8. b,c,d,e,f   9. a,c   10. b,a,d,c,e

11. a,d = Fälligkeitsdarlehen; c,b = Annuitätendarlehen; b,e = Ratentilgungsdarlehen

12. a,b,e   13. e,a,d,c,b   14. b,d,e = Gestaltungsvariante nach der Grundmietzeit;
   a,c = Gestaltungsvariante in der Grundmietzeit;

15. b,d,f   16. b,c   17. a,d,e,f   18. b,d,f

19. b = Stückkurs; a = Nennwert; c = Prozentkurs; e = Handelstag; d = Zinsen

20. a,c,d, 21. e 22. a,c,e,f 23. b,c,d,e,f 24. a mit ZS; d ohne ZS 25. b mit ZS; d ohne ZS

Ungebundene Aufgaben

26.
  a) 9.135,00
  b) 1.514,25
  c)   318,75
  d)   31,64

27.
  a)   233,13
  b)   123,89
  c)   156,33
  d) 1.221,72

28. 4,5%

29. 33.000,00

30. 10.000,00

31.
  a) 19.530,00
  b) 1.350,00
  c) 21.350,00

32. 48,00

33. 6,27%

34.
  a) bei der Fa. Willi Wichtig:

1800 (1200) Bank		47.600,00	
an	3250 (1710) Erhaltene Anzahlungen		40.000,00
	3806 (1776) USt		7.600,00
1200 (1400) Forderungen aLuL		166.600,00	
an	4200 (8200) Erlöse		140.000,00
	3806 (1776) USt		26.600,00
3250 (1710) Erhaltene Anzahlungen		40.000,00	
3806 (1776) Umsatzsteuer		7.600,00	
1800 (1200) Bank		119.000,00	
an	1200 (1400) Forderungen aLuL		166.600,00

b) beim Kunden:

1180 (1510) Geleistete Anzahlungen	40.000,00	
1406 (1576) Vorsteuer	7.600,00	
an 1800 (1200) Bank		47.600,00
5200 (3200) Wareneingang	140.000,00	
1406 (1576) VSt	26.600,00	
an 3300 (1600) Verbindlichkeiten		166.600,00
3300 (1600) Verbindlichkeiten	166.600,00	
an 1180 (1510) Geleistete Anzahlungen		40.000,00
1406 (1576) Vorsteuer		7.600,00
1800 (1200) Bank		119.000,00

35.

a) 1800 (1200) Bank 480.000,00
    1940 (0986) Disagio (ARAP) 20.000,00
    an   3150 (0630) Verbindlichkeiten g. Kr.   500.000,00

b) 7320 (2120) Zinsaufwand 2.450,00
    an   1800 (1200) Bank   2.450,00

c) 7320 (2120) Zinsaufwand 1.500,00
    an   1940 (0986) Disagio   1.500,00

36.

a) 1800 (1200) Bank 310.400,00
    1940 (0986) Disagio 9.600,00
    an   3150 (0630) Verbindlichkeiten g. Kr.   320.000,00

b) 7320 (3120) Zinsaufwand 4.000,00
    an   1800 (1200) Bank   4.000,00

c) 7320 (2120) Zinsaufwand 800,00
    an   1940 (0986) Disagio   800,00

d) 3150 (0630) Verbindlichkeiten g. Kr. 320.000,00
    an   1800 (1200) Bank   320.000,00

37.

a) 1800 (1200) Bank 2.499,00
    an   4405 (8405) Erlöse aus Leasing   2.100,00
            3806 (1776) USt   399,00

b) 0520 (0320) Fuhrpark 56.000,00
    1406 (1576) Vorsteuer 10.640,00
    an   3300 (1600) Verbindlichkeiten   66.640,00

    6840 (4810) Mietleasing 2.100,00
    1406 (1576) Vorsteuer 399,00
    an   1800 (1200) Bank   2.499,00

38.

1510 (1348) Sonstige Wertpapiere 19.310,40
2150 (1810) Privatsteuern 97,76
    an   1800 (1200) Bank   19.037,49
            7100 (2650) Zinserträge   370,67

LÖSUNGEN FINANZWIRTSCHAFT

39.

1800 (1200) Bank	3.600,00	
an 7103 (2655) Laufende Erträge aus Anteilen an Kapitalgesellschaften 40% steuerfrei		3.600,00

Außerhalb der Buchführung ist der Gewinn um 1.440,00 zu kürzen.

40.

a)
1510 (1348) Sonstige Wertpapiere	12.069,00	
1511 (1349) Zinsschein	182,00	
an 1800 (1200) Bank		12.251,00

b)
1800 (1200) Bank	6.227,68	
2150 (1810) Privatsteuern	8,44	
an 1510 (1348) Sonstige Wertpapiere		6.034,50
4905 (2725) Erträge aus dem Abgang von Gegenständen des Umlaufvermögens 40 % steuerfrei		169,62
7100 (2650) Zinserträge		32,00

c)
1800 (1200) Bank	265,05	
2150 (1810) Privatsteuern	94,95	
an 7100 (2650) Zinserträge		178,00
1511 (1349) Zinsscheine		182,00

REWE 6 — LÖSUNGEN ANLAGENWIRTSCHAFT

1. a,c,d 2. c 3. a,c,d,f = abnutzbare WG; b,e = nichtabnutzbare WG 4. c,d,f = bewegl. WG
a,b,e = unbewegliche WG 5. b,c,d,f 6. b,e,f 7. b 8. b = handelsrechtl. Hk; b = steuerrechtl. Hk
9. a,b,d 10. a,d,j,e, (g,h,i) f, (b,c) 11. a,d,e 12. a,d,e 13. a,e 14. a,c e
15. a keine Gewinnauswirkung; c Verlust aud dem Anlagenabgang; b Ertrag aus dem Anlagenabgang; b Auflösung stiller Reserven; c Korrektur von Scheingewinnen

16. a 17. c 18. a 19. e an a 20. b 21. a 22. a 23. d 24. a 25. d 26. d an a 27. a 28. d an a
29. e 30. b 31. e 32. a 33. d an e 34. e an c 35. d 36. b 37. e 38. e 39. c 40. c

Ungebundene Aufgaben

Buchungssätze	Soll	Haben
41. 6205 (4824) AfA auf Geschäfts- oder Firmenwert	10.000,00	
an 0150 (0035) Geschäfts- o. Firmenwert		10.000,00
42. 6200 (4822) Abschr. auf immat. Vermögensgegenst.	4.000,00	
an 0135 (0027) EDV-Software		4.000,00
43. 6200 (4822) Abschr. auf immat. Vermögensgegenst.	2.400,00	
an 0135 (0027) EDV-Software		2.400,00
44. 6262 (4860) AfA GWG	400,00	
an 0670 (0480) GWG		400,00
45. 6220 (4830) Abschr. auf Sachanlagen	12.000,00	
an 0240 (0090) Geschäftsbauten		12.000,00
46. 6220 (4830) Abschr. auf Sachanlagen	1.245,85	
an 0440 (0210) Maschinen		1.245,85
47. 6220 (4830) Abschr. auf Sachanlagen	~ 453,00	
an 0650 (0420) Büroeinrichtung		~ 453,00
48. 6220 (4830) Abschr. auf Sachanlagen	9.166,67 / 7.708,33	9.166,67 / 7.708,33
an 0650 (0420) Büroeinrichtung		
49. 6220 (4830) Abschr. auf Sachanlagen	12.687,50	
an 0240 (0090) Geschäftsbauten		12.687,50
50. 6220 (4830) Abschr. auf Sachanlagen	5.000,00	
an 0240 (0090) Geschäftsbauten		5.000,00
51. 6220 (4830) Abschr. auf Sachanlagen	428,57	
an 0440 (0210) Maschinen		428,57
52. 6220 (4830) Abschr. auf Sachanlagen	3.375,00	
an 0440 (0210) Maschinen		3.375,00
53. 6220 (4830) Abschr. auf Sachanlagen	122,50	
an 0650 (0420) Büroeinrichtung		122,50
54. 6220 (4830) Abschr. auf Sachanlagen	6.250,00	
an 0440 (0210) Maschinen		6.250,00
6220 (4830) Abschr. auf Sachanlagen	2.595,52	
an 0440 (0210) Maschinen		2.595,52
55. 6220 (4830) Abschr. auf Sachanlagen	825,00	
an 0520 (0320) Pkw		825,00

LÖSUNGEN ANLAGENWIRTSCHAFT — REWE 6

56. 6220 (4830) Abschr. auf Sachanlagen 3.000,00
    an 0440 (0210) Maschinen 3.000,00

57. 6220 (4830) Abschr. auf Sachanlagen 5.906,25
    an 0440 (0210) Maschinen 5.906,25

58. 6220 (4830) Abschr. auf Sachanlagen 2.940,00
    an 0440 (0210) Maschinen 2.940,00

59. 6220 (4830) Abschr. auf Sachanlagen 2.785,76
    an 0520 (0320) Pkw 2.785,76

60. 6200 (4822) Abschr. auf immat. Vermögensgegenst. 555,00
    an 0135 (0027) EDV-Software 555,00

61. 0440 (0210) Maschinen 16.000,00
    1406 (1576) Vorsteuer 3.040,00
    an 3300 (1600) Verbindlichkeiten 19.040,00

    6221 (4831) Steuerliche Ak-Kürzung 6.400,00
    an 0440 (0210) Maschinen 6.400,00

    6220 (4830) Abschr. auf Sachanlagen 200,00
    an 0440 (0210) Maschinen 200,00

    6240 (4850) Abschr. auf Sachanlagen aufgrund
    steuerlicher Sondervorschriften 1.920,00
    an 0440 (0210) Maschinen 1.920,00

62. 60.000,00

63. 0670 (0480) GWG 405,18
    1406 (1576) Vorsteuer 76,98
    an 3300 (1600) Verbindlichkeiten 482,16

    6262 (4860) Abschr. GWG 405,18
    an 0675 (0485) GWG 405,18

REWE 7 — LÖSUNGEN BUCHUNGEN IM STEUERBEREICH

1. d 2. a 3. a 4. d 5. c an a 6. e an a 7. c an d 8. e 9. d 10. a 11. b 12. c 13. e 14. e
15. c an d 16. f, g an a, b, d 17. e 18. a 19. e an c,d 20. c, b an d 21. a, b an f
22. f an d 23. c an d 24. f an e 25. e an c

Buchungssätze	Soll	Haben
26. 7600 (2200) Körperschaftsteuer	450,00	
7608 (2208) Solidaritätszuschlag	24,75	
an 1800 (1200) Bank		474,75
27. 0215 (0065) Unbebaute Grundstücke	1.750,00	
an 1800 (1200) Bank		1.750,00
28. 2150 (1810) Privatsteuern	2.300,00	
an 1800 (1200) Bank		2.300,00
29. 2150 (1810) Privatsteuern	225,00	
an 1700 (1100) Postbank		225,00
30. 6436 (4396) Verspätungszuschläge	340,00	
an 3700 (1736) Verb. aus Betriebsst.		340,00
31. 1800 (1200) Bank	3.780,00	
an 2180 (1890) Privateinlage		3.780,00
32. 7610 (4320) Gewerbesteuer	1.250,00	
an 1800 (1200) Bank		1.250,00
33. 2150 (1810) Privatsteuern	6.440,00	
an 1800 (1200) Bank		6.440,00
34. 1200 (1400) Forderungen	14.600,00	
an 4125 (8125) stf. innergem. Lief.		14.600,00
35. 1800 (1200) Bank	12.380,00	
an 1200 (1400) Forderungen		12.380,00
36. 4724 (8724) Erlösschm. aus stfr. innergem. L.	3.400,00	
an 1200 (1400) Forderungen		3.400,00
37. 1800 (1200) Bank	17.444,00	
4724 (8724) Erlösschm. aus stfr. innergem. L.	356,00	
an 1200 (1400) Forderungen		17.800,00
38. 1800 (1200) Bank	29.100,00	
4724 (8724) Erlösschm. aus stfr. innergem. L.	900,00	
an 1200 (1400) Forderungen		30.000,00
39. 1200 (1400) Forderungen	13.320,00	
an 4125 (8125) stf. innergem. Lief.		13.320,00
40. 5425 (3425) innergem. Erwerb.	18.000,00	
an 3300 (1600) Verbindlichkeiten		18.000,00
1404 (1574) Abziehbare VSt aus ig. Erwerb	3.420,00	
an 3804 (1774) USt aus ig. Erwerb		3.420,00
41. 5425 (3425) innergem. Erwerb.	20.000,00	
an 3300 (1600) Verbindlichkeiten		20.000,00
1404 (1574) Abziehbare VSt aus ig. Erwerb	3.800,00	
an 3804 (1774) USt aus ig. Erwerb		3.800,00

LÖSUNGEN BUCHUNGEN IM STEUERBEREICH — REWE 7

42. 3300 (1600) Verbindlichkeiten 28.220,00
    an 1800 (1200) Bank 28.220,00

43. 3300 (1600) Verbindlichkeiten 20.000,00
    an 1800 (1200) Bank 19.400,00
        5725 (3725) Nachlässe aus ig. Erwerb 600,00

    3804 (1774) USt aus ig. Erwerb 114,00
    an 1404 (1574) Abziehb. VSt aus ig. Erwerb 114,00

44. 1200 (1400) Forderungen 600,00
    an 4320 (8320) Erlöse aus im anderen EG-Land steuerpfl. Lieferungen 500,00
        3817 (1767) USt aus im anderen EG-Land steuerpfl. Lieferungen 100,00

45. 1800 (1200) Bank 717,60
    an 1200 (1400) Forderungen 717,60

46. 1200 (1400) Forderungen 214,20
    an 4315 (8315) Erlöse aus im Inland steuerpfl. EG-Lieferungen 180,00
        3807 (1777) USt aus im Inland steuerpfl. Lieferungen 34,20

47. 1800 (1200) Bank 348,00
    an 1200 (1400) Forderungen 348,00

48. 1800 (1200) Bank 333,20
    4727 (8727) Erlösschmälerungen aus im anderen EG-Land steuerpfl. Lieferungen 5,67
    3817 (1767) USt aus im anderen EG-Land steuerpfl. Lieferungen 1,13
    an 1200 (1400) Forderungen 340,00

49. 1800 (1200) Bank 230,86
    4726 (8726) Erlösschmälerungen aus im Inland steuerpfl. EG-Lieferungen 6,00
    3807 (1777) USt aus im Inland steuerpfl. EG-Lieferungen 1,14
    an 1200 (1400) Forderungen 238,00

50. 3300 (1600) Verbindlichkeiten 6.000,00
    an 5425 (3425) innergem. Erwerb. 6.000,00

    3804 (1774) USt aus ig. Erwerb 1.140,00
    an 1404 (1574) Abziehb. VSt aus ig. Erwerb 1.140,00

51. 1200 (1400) Forderungen 595,00
    an 4315 (8315) Erlöse aus im Inland steuerpfl. EG-Lieferungen 500,00
        3807 (1777) USt aus im Inland steuerpfl. EG-Lieferungen 95,00

52. 3300 (1600) Verbindlichkeiten 22.500,00
    an 1800 (1200) Bank 21.825,00
        5725 (3725) Nachlässe aus ig. Erwerb 675,00

    3804 (1774) USt aus ig. Erwerb 128,25
    an 1404 (1574) Abziehb. VSt aus ig. Erwerb 128,25

REWE 7 — LÖSUNGEN BUCHUNGEN IM STEUERBEREICH

53. 1600 (1000) Kasse 299,00
    an 4000 (8000) Erlöse 251,26
        3806 (1776) Umsatzsteuer 47,74

54. 3300 (1600) Verbindlichkeiten 20.000,00
    an 1800 (1200) Bank 19.600,00
        5724 (3724) Nachlässe aus ig. Erwerb 400,00

    3804 (1774) USt aus ig. Erwerb 76,00
    an 1404 (1574) Abziehb. VSt aus ig. Erwerb 76,00

55. 1200 (1400) Forderungen 10.000,00
    an 4125 (8125) stf. innergem. Lief. 10.000,00

56. 4125 (8125) stf. innergem. Lief. 3.200,00
    an 1200 (1400) Forderungen 3.200,00

57. 1800 (1200) Bank 142,10
    4726 (8726) Erlösschmälerungen aus im Inland
        steuerpfl. EG-Lieferungen 2,44
    3807 (1777) USt aus im Inland steuerpfl.
        EG-Lieferungen 0,46
    an 1200 (1400) Forderungen 145,00

58. 6640 (4650) Bewirtungskosten 280,00
    1406 (1576) Vorsteuer 76,00
    6644 (4654) Nicht abzugsf. Bewirtungsko. 120,00
    an 1800 (1200) Bank 476,00

59. 6640 (4650) Bewirtungskosten 210,00
    1406 (1576) Vorsteuer 57,00
    6644 (4654) Nicht abzugsf. Bewirtungsko. 90,00
    an 3610 (1730) Kreditkartenabrechnung 357,00

60. 6644 (4654) Nicht abzugsf. Bewirtungsko. 58,00
    an 1600 (1000) Kasse 58,00

61. 6640 (4650) Bewirtungskosten 170,59
    1406 (1576) Vorsteuer 46,30
    6644 (4654) Nicht abzugsf. Bewirtungsko. 73,11
    an 3610 (1730) Kreditkartenabrechnung 290,00

    6640 (4650) Bewirtungskosten 7,00
    6644 (4654) Nicht abzugsf. Bewirtungsko. 3,00
    an 1600 (1000) Kasse 10,00

62. 6610 (4630) Geschenke abzugsfähig 24,37
    1406 (1576) Vorsteuer 4,63
    an 1600 (1000) Kasse 29,00

    Die Weitergabe des Geschenks löst keine Buchung aus.

63. 6620 (4635) Geschenke nicht abzugsfähig 119,00
    an 1600 (1000) Kasse 119,00

    Weitergabe: Keine Buchung
    (Hinzurechnung außerhalb der Bilanz)

LÖSUNGEN BUCHUNGEN IM STEUERBEREICH — REWE 7

64. 6300 (4900) sonst. betriebl. Aufwendungen 75,00
    an 3610 (1730) Kreditkartenabrechnung 75,00

65. 6620 (4635) Geschenke nicht abzugsfähig 142,80
    an 5200 (3200) Wareneingang 120,00
    1406 (3806) Vorsteuer 22,80

    Übergabe
    Keine Buchung

66. 6130 (4140) Freiw. soz. Aufw., lohnsteuerfrei 20,00
    1406 (1576) Vorsteuer 3,80
    an 1600 (1000) Kasse 23,80

    Übergabe:
    Die Weitergabe des Geschenks löst keine Buchung aus.

67. 6300 (4900) sonst. betriebl. Aufwendungen 238,00
    an 1600 (1000) Kasse 238,00

    Übergabe:
    6060 (4145) Freiw. soz. Aufw., lohnsteuerpfl. 238,00
    an 4949 (8614) Verr. sonst.Sachbez. ohne USt 238,00

68. 6620 (4635) Geschenke nicht abzugsfähig 178,50
    an 5200 (3200) Wareneingang 150,00
    1406 (1576) Vorsteuer 28,50

    Übergabe:
    Keine Buchung

69. Übergabe: Keine Buchung
    Korrekturbuchung
    6610 (4630) Geschenke abzugsfähig 29,00
    an 5200 (3200) Wareneingang 29,00

70. 6300 (4900) sonst. betriebl. Aufwendungen 117,81
    an 3300 (1600) Verbindlichkeiten 117,81

    Übergabe:
    6060 (4145) Freiw. soz. Aufw., lohnsteuerpfl. 117,81
    an 4949 (8614) Verr. sonst.Sachbez. ohne USt 117,81

71. 6620 (4635) Geschenke nicht abzugsfähig 150,80
    an 1600 (1000) Kasse 150,80

72. Keine Buchung

73. 6680 (4676) Reisekosten Untern. Übernachtungsaufwand 300,00
    1401 (1571) Vorsteuer 7% 21,00
    an 1600 (1000) Kasse 321,00

74. 6660 (4666) Reiseko. AN Übernachtungsaufwand 220,40
    an 1600 (1000) Kasse 220,40

75. 1340 (1530) Ford. gg. Personal 300,00
    an 1600 (1000) Kasse 300,00

REWE 7 — LÖSUNGEN BUCHUNGEN IM STEUERBEREICH

76.

Reisekostenart	Brutto	Vorsteuer	netto
Fahrtkosten	120,00	-	120,00
Übernachtung	119,00	7,79	111,21
Verpflegung 1. Tag	12,00	-	12,00
Verpflegung 2. Tag	24,00	-	24,00
Verpflegung 3. Tag	12,00	-	12,00
Summe	287,00	7,79	279,21

6660 (4666) Reiseko. AN Übernachtungsaufw.   111,21
6664 (4668) Reiseko. AN Verpflegungsmehraufw.   48,00
6668 (4669) Reiseko. AN Fahrtkosten   120,00
1401 (1571) Vorsteuer 7%   7,79
an   1600 (1000) Kasse   287,00

77. 6673 (4673) Reisekosten Untern. m. Vorst.abzug   82,86
    1406 (1576) Vorsteuer   15,74
    an   1600 (1000) Kasse   98,60

78. 0675 (0445) GWG-Sammelposten   719,20
    an   1800 (1200) Bank   719,20

79. 0440 (0210) Maschinen   10.475,00
    1406 (1576) Vorsteuer   1.425,00
    an   3300 (1600) Verbindlichkeiten   11.900,00

80. 6490 (4805) sonst. Reparaturen u. Instandh.   5.000,00
    an   3300 (1600) Verbindlichkeiten   5.000,00

    1408 (1578) Abziehbare Vorst. § 13b UStG   950,00
    an   3835 (1785) USt nach § 13b UStG   950,00

81. 3300 (1600) Verbindlichkeiten   8.700,00
    an   1800 (1200) Bank   8.700,00

82. 6674 (4674)   Reisekosten Unternehmer Verpflegungsmehraufwand   24,00
    6680 (4676)   Reisekosten Unternehmer Übernachtungsaufwand   222,43
    6672 (4672)   Reisekosten Unternehmer (nicht abziehbarer Anteil)   106,00
    1401 (1571)   Vorsteuer 7%   15,57
    1406 (1576)   Vorsteuer   19,00
    an   1600 (1000) Kasse   387,00

83. 1200 (1400) Forderungen   4.860,00
    an   4338 (8338) Erlöse aus im Drittland steuerbaren Leistungen   4.860,00

84. 6220 (4830) Abschr. auf Sachanlagen   425,00
    an   0650 (0410) Büroeinrichtung   425,00

    2100 (1800) Privatentnahmen   1.487,50
    an   4845 (8820) Erlöse aus Verk. Sachanlageverm.   1.250,00
    3806 (1776) Umsatzsteuer   237,50

    4855 (2315) Anlagenabgänge bei Buchgewinn   1.133,00
    an   0650 (4830) Büroeinrichtung   1.133,00

LÖSUNGEN Abschlüsse nach Handels- u. Steuerrecht   REWE 8

Nr.	Abschlüsse	Nr.	Abschlüsse	Nr.	Abschlüsse
1.	d	41.	a2,b2,c3,d3,e1	81.	5,6 an 4
2.	c	42.	a,d	82.	4,8 an 6
3.	a-e	43.	c	83.	6 an 4
4.	a,e	44.	e	84.	7 an 4
5.	a,d	45.	c	85.	6 an 1
6.	d,a,c,b,e	46.	Ak: c,e; Hk: c,d	86.	7 an 2
7.	c,d,b,e,a	47.	e	87.	1 an 3,6
8.	c,d,b,e,a	48.	c,d,e	88.	1 an 4,7
9.	c,b,d,e,a	49.	a,b,c,d	89.	1,5 an 3
10.	d,b,e,a,c	50.	b,d,e	90.	1 an 5
11.	b,c,e	51.	d	91.	2 an 6
12.	a3,c2,e1	52.	a,c,e	92.	2,4 an 3
13.	b3,c2,e1	53.	c,d	93.	1 an 2,5
14.	f,d,e,g,h,i,c,b,a	54.	b,d	94.	5 an 1
15.	a,d	55.	a,b	95.	1,3 an 2
16.	a4,b2b3,d1	56.	b,c,e	96.	1 an 2,5
17.	b2,b3,d1,e4	57.	d	97.	5 an 2
18.	e	58.	a,c,e	98.	2 an 1
19	d	59.	a2,b1,c4,d3	99.	4 an 2
20.	d,e,i,j,k,o,s,t	60.	a1,b2,c1,d3,e4,f3	100.	5,7 an 2
21.	a3,b4,c2,d1,e5	61.	a1,b3,c4,d3	101.	5 an 6,4
22.	b,c,e	62.	1 an 6	102.	2,6,4 an 1
23.	b,e	63.	1 an 6	103.	7,4 an 1
24.	a,c,e	64.	1 an 5	104.	6,5 an 3
25.	a,b,c,d	65.	5 an 1	105.	4 an 3
26.	b,c,d,e	66.	2 an 7		
27.	a,b,c,f	67.	a)2.500 b)7 an 1		
28.	a,b,d,e	68.	2 an 7		
29.	d	69.	2 an 4		
30.	a+d,b+c	70.	2 an 4		
31.	a,c,e	71.	7 an 2		
32.	c,e	72.	6 an 2		
33.	a,b,c	73.	2 an 6		
34.	a	74.	3 an 5		
35.	b,c	75.	a)1.500 b)5 an 4,8		
36.	a,c,e	76.	4 an 7		
37.	c,e	77.	3 an 7		
38.	d	78.	5 an 1,7		
39.	e	79.	4 an 3		
40.	a,c	80.	3 an 7		

REWE 8 — LÖSUNGSHINWEISE

Ungebundene Aufgaben

1.

a) Anschaffungskosten 55.514,00

Buchungssätze	Soll	Haben
b) 0520(0320) Pkw	55.514,00	
6530(4530) Kfz-Betriebskosten	60,00	
1406(1576) VSt	10.545,95	
an 3300(1600) Verbindlichkeiten aus L&L		65.997,40
1600(1000) Kasse		122,55

c) AfA: 20% p.r.t. von 33.314,00 = 6.662,80 x 10/12 = 5.552,33

	Soll	Haben
6220(4830) AfA Sachanlagen	5.552,33	
an 0520(0320) Pkw		5.552,33
6240(4850) AfA § 7g (20 % von 33.314,00)	6.662,80	
an 0520(0320) Pkw		6.662,80

2.

Listenpreis	6.500,00
– 10% Rabatt	650,00
	5.850,00
+ Transportkosten	400,00
Ak	6.250,00

Buchungssätze	Soll	Haben
0690(0490) Sonstige BGA	6.250,00	
1405(1575) VSt	1.187,50	
an 3300(1600) Verbindlichkeiten aus L&L		7.437,50
3300(1600) Verbindlichkeiten aus L&L	7.437,50	
an 1800(1200) Bank		7.298,27
0690(0490) Sonstige BGA		117,00
1406(1576) VSt		22,23

AfA: 4% p.r.t. von 6.133,00 (6.250,00 – 2% von 5.850,00) = 245,32 x 4/12 = 81,77

	Soll	Haben
6220(4830) AfA Sachanlagen	81,77	
an 0690(0490) Sonstige BGA		81,77
6240(4850) AfA § 7g (20% von 6.133,00)	1.226,60	
an 0690(0490) Sonstige BGA		1.226,60

3.

Listenpreis	425,00
+Zufuhr	25,00
Ak	450,00

Buchungssätze	Soll	Haben
0675(0485) GWG-Sammelposten	450,00	
1406(1576) VSt	85,50	
an 1800(1200) Bank		505,75
1600(1000) Kasse		29,75
1800(1200) Bank	50,58	
an 0675(0485) GWG-Sammelposten		42,50
1406(1576) VSt		8,08

LÖSUNGSHINWEISE REWE 8

Ak: 450,00 – 42,50 = 407,50 = GWG

Umbuchung: 0670(0480) GWG 407,50 an 0675(0485) GWG-Sammelposten 407,50
               0620(4855) Sofortabschreibung GWG   407,50
                     an 0670(0480) GWG   407,50

4.

Ak   420,00
– 3% Skonto   12,60
                407,40 = GWG

Buchungssätze	Soll	Haben
0670(0480) GWG	407,40	
1406(1576) VSt	77,41	
an 1800(1200) Bank		484,81
6300(4900) Sonstige betriebliche Aufw.	25,00	
1406(1576) VSt	4,75	
an 1800(1200) Bank		29,75

5.

Buchungssätze	Soll	Haben
a) 0670(0480) GWG	2.880,00	
0675(0485) GWG-Sammelposten	2.480,00	
1405(1575) VSt	1.018,40	
an 3300(1600) Verbindlichkeiten aus L&L		6.378,40
b) 3300(1600) Verbindlichkeiten aus L&L	6.378,40	
an 1800(1200) Bank		6.250,83
0675(0485) GWG-Sammelposten		49,60
0670(0480) GWG		57,60
1406(1576) VSt		20,37

6.

Buchungssätze	Soll	Haben
a) 0520(0320) Pkw	45.742,20	
1406(1576) VSt	8.679,20	
an 1700(1100) Postbank		4.901,40
3150(0630) Verbindlichkeiten Kreditl		40.000,00
4845(8800) Erlöse Anlageverkäufe bei BG		8.000,00
3806(1776) USt		1.520,00
b) 4855(2315) Anlageabgänge bei BG	6.000,00	
an 0520(0320) Pkw		6.000,00

7.

Buchungssätze	Soll	Haben
0440(0210) Maschinen	1.500,00	
1406(1576) VSt	285,00	
an 1800(1200) Bank		1.785,00
3300(1600) Verbindlichkeiten aus L&L	107.100,00	
an 1800(1200) Bank		104.958,00
0440(0210) Maschinen		1.800,00
1406(1576) VSt		342,00

AfA: 12,5% p.r.t. von 89.700,00 = 11.212,50 x 2/12 = 1.868,75

	Soll	Haben
6220(4830) AfA Sachanlagen	1.868,75	
an 0440(0210) Maschinen		1.868,75

8.

Kaufpreis	600.000,00
+ 5,0% GErwSt	30.000,00
+ Grundbuchkosten	600,00
+ Notargebühren	1.200,00
+ Maklerprovision	15.000,00
Ak	646.800,00

davon entfallen auf
Gebäude 80% = 517.440,00
Grund und Boden 20% = 129.360,00

Buchungssätze	Soll	Haben
0235(0085) Bebaute Grundstücke	129.360,00	
0250(0100) Fabrikbauten	517.440,00	
1406(1576) VSt	3.078,00	
an 1800(1200) Bank		46.800,00
3300(1600) Verbindlichkeiten aus L&L		600.000,00

AfA: 3% p.r.t. von 517.440,00 = 15.532,20 x 1/12 = 1.293,60

6220(4830) AfA Sachanlagen	1.293,60	
an 0250(0100) Fabrikbauten		1.293,60

9.

Herstellungskosten nach Handelsrecht und Steuerrecht

Materialkosten	5.000,00
+ 25% MGk	1.250,00
Fertigungslöhne	6.000,00
+ 180%FGk	10.800,00
Hk min.	23.050,00 a)
+ 8% VwGk	1.844,00
Hk max.	24.894,00 b)

10.

Materialkosten	60.000,00
+ 20% MGk	12.000,00
Fertigungslöhne	86.000,00
+ 120%FGk	103.200,00
Hk	261.200,00

Buchungssätze	Soll	Haben
0240(0090) Geschäftsbauten	261.200,00	
an 4820(8990) Andere aktivierte Eigenleistungen		261.200,00

AfA: 3% p.r.t. von 261.200,00 = 7.836,00 x 3/12 = 1.959,00

6220(4830) AfA Sachanlagen	1.959,00	
an 0240(0090) Geschäftsbauten		1.959,00

11.

Anschaffungskosten 100.000,00 : 1,10 = 90.909,09 €

Wert 31.12. 100.000,00 : 1,12 = 89.285,71 € kein Ansatz, da nicht verwirklichter Gewinn; Ansatz bei Verbindlichkeiten nach dem Höchstwertprinzip 90.909,09

LÖSUNGSHINWEISE — REWE 8

12.

Buchungssätze	Soll	Haben
a) 1800(1200) Bank	144.000,00	
1940(0986) Damnum	6.000,00	
an 3170(0650) Verbindlichkeiten KreditI		150.000,00

b) Verteilung des Damnums: $\dfrac{6.000 \times 3}{120} = 150{,}00$

| 7320(2120) Zinsaufwendungen | 150.00 | |
| an 1940(0986) Damnum | | 150,00 |

c) Zinsen: $\dfrac{150.000 \times 3{,}5 \times 1}{100 \times 12} = 437{,}50$

| 7320(2120) Zinsaufwendungen | 437,50 | |
| an 3500(1700) Sonstige Verbindlichkeiten | | 437,50 |

13.

Buchungssätze	Soll	Haben
a) 1800(1200) Bank	117.600,00	
1940(0986) Damnum	2.400,00	
an 3170(0650) Verbindlichkeiten KreditI		120.000,00

b) Verteilung des Damnums: $\dfrac{2.400 \times 2}{72} = 66{,}67$

| 7320(2120) Zinsaufwendungen | 66,67 | |
| an 1940(0986) Damnum | | 66,67 |

c) Zinsen: $\dfrac{120.000 \times 3{,}6 \times 2}{100 \times 12} = 720{,}00$

| 7320(2120) Zinsaufwendungen | 720,00 | |
| an 3500(1700) Sonstige Verbindlichkeiten | | 720,00 |

14.

Buchungssätze	Soll	Haben
a) 1800(1200) Bank	172.800,00	
1940(0986) Damnum	7.200,00	
an 3160(0605) Verbindlichkeiten KreditI		180.000,00

b) Verteilung des Damnums: $\dfrac{7.200 \times 4}{60} = 480{,}00$

| 7320(2120) Zinsaufwendungen | 480,00 | |
| an 1940(0986) Damnum | | 480,00 |

c) Zinsen bis 30.11.: $\dfrac{180.000 \times 3{,}4 \times 3}{100 \times 12} = 1.530{,}00$

| 7320(2120) Zinsaufwendungen | 1.530,50 | |
| an 1800(1200) Bank | | 1.530,00 |

Tilgung 30.11.

| d) 3160(0605) Verbindlichkeiten KreditI | 9.000,00 | |
| an 1800(1200) Bank | | 9.000,00 |

e) Zinsen bis 31.12.: $\dfrac{171.000 \times 3{,}4 \times 1}{100 \times 12} = 484{,}50$

| 7320(2120) Zinsaufwendungen | 484,50 | |
| an 3500(7200) Sonstige Verbindlichkeiten | | 484,50 |

15.

Buchungssätze	Soll	Haben
2130(1880) Unentgeltliche Wertabgabe	1.190,00	
an 4620(8910) Entnahme von Waren		1.000,00
3806(1776) USt		190,00

16.

Buchungssätze	Soll	Haben
2100(1800) Privatentnahme	5.950,00	
an 4600(8900) Unentgeltliche Wertabgabe		5.000,00
3806(1776) USt		950,00
6220(4830) AfA Sachanlagen	1.500,00	
an 0520(0320) Pkw		1.500,00
6895(2310) Anlageabgänge bei BV	10.500,00	
an 0520(0320) Pkw		10.500,00

17.

Kfz-Kosten mit VSt-Abzug		Kfz-Kosten ohne VSt-Abzug	
Benzin	3.536,00	Kfz-Steuer	508,00
AfA	9.000,00	Kfz-Vers.	876,00
	12.536,00		1.384,00

Privatfahrten: 18%

```
            2.256,48              249,12
+ 19% USt    428,73
            2.685,21
```

Buchungssätze	Soll	Haben
2130(1880) Unentgeltliche Wertabgabe	2.685,21	
an 4640(8920) Verwend. von Gegenst. mit USt		2.256,48
3806(1776) USt		428,73
2130(1880) Unentgeltliche Wertabgabe	249,12	
an 4639(8924) Verwend. von Gegenst. ohne USt		249,12

Fahrten Wohnung – Betrieb:

Kfz.Kosten pro km   13.920 : 24.000 = 0,58

```
    180 x 0,58 x 24 =    2.505,60
  – 180 x 12 x 0,30 =      648,00
                        1.857,60
```

	Soll	Haben
6645(4655) Nicht abziehbare Betriebsausgabe	1.857,60	
an 4659(8929) Unentgeltl. Erbringung einer sonst. Leistung ohne USt		1.857,60

LÖSUNGSHINWEISE — REWE 8

18.

Kfz-Kosten mit VSt-Abzug	Kfz-Kosten ohne VSt-Abzug
Benzin 3.200,00	Kfz-Steuer 460,00
AfA 8.000,00	Kfz-Vers. 840,00
11.200,00	1.300,00

Privatfahrten: 22%

```
                2.464,00              286,00
+ 19% USt        468,16
                2.932,16
```

Buchungssätze	Soll	Haben
2130(1880) Unentgeltliche Wertabgabe	2.932,16	
an 4640(8920) Verwend. von Gegenst. mit USt		2.464,00
3806(1776) USt		468,16
2130(1880) Unentgeltliche Wertabgabe	286,00	
an 4639(8924) Verwend. von Gegenst. ohne USt		286,00

Fahrten Wohnung – Betrieb:

Kfz.Kosten pro km   12.500 : 18.000 = 0,69

```
  180 x 0,69 x 50 =   6.210,00
- 180 x 0,30 x 25 =   1.350,00
                      4.860,00
```

	Soll	Haben
6645(4655) Nicht abziehbare Betriebsausgabe	4.860,00	
an 4659(8929) Unentgeltl. Erbringung einer sonst. Leistung ohne USt		4.860,00

19.

Privatfahrten:
```
Bruttolistenpreis  42.364,00 ~ 42.300,00
davon 10% (ab März)       4.230,00
- 20 % Abschlag             864,00
                          3.366,00
+ 19 %                      639,54
                          4.005,54
```

Buchungssätze	Soll	Haben
2130(1880) Unentgeltliche Wertabgabe	864,00	
an 4639(8924) Verwend. von Gegenst. ohne USt		864,00
2130(1880) Unentgeltliche Wertabgabe	4.005,54	
an 4640(8920) Verwend. von Gegenst. mit USt		3.366,00
3806(1776) USt		639,54

Fahrten Wohnung – Betrieb:

```
42.300,00 x 0,03% x 15 x 10 = 1.903,50
- 150 x 15 x 0,30           =   675,00
                              1.228,50
```

	Soll	Haben
6645(4655) Nicht abziehbare Betriebsausgabe	1.228,50	
an 4659(8929) Unentgeltl. Erbringung einer sonst. Leistung ohne USt		1.228,50

20.

a) Anschaffungskosten 86.580,00

b) 0125(0065) Unbeb. Grundstücke   86.580,00
     an 2180(1890) Privateinlage   86.580,00

c) Ansatz: 85.000,00, dauernde Wertminderung

    6230(4840) Außerplanmäßige AfA auf Sachanlagen   1.580,00
        an 0215(0065) Unbeb. Grundstücke   1.580,00

21.

1.

a) Anschaffungskosten   29.160,00
– AfA 2012   3.240,00
– AfA 2013   4.860,00
– AfA 2014   2.430,00
fortgeführte Ak   18.630,00
Teilwert   15.000,00 = Einlagewert, da niedriger als fortgef. Ak

Buchungssätze	Soll	Haben
b) 0520(0320) Pkw	15.000,00	
an 2180(1890) Privateinlage		15.000,00

c) AfA: $\dfrac{15.000 \times 6}{46 \text{ (Rest-ND)}}$

    6220(4830) AfA Sachanlagen   1.956,52
        an 0520(0320) Pkw   1.956,52

22.

7610(4320) Gewerbesteuer an 3030(0957) Gewerbesteuerrückstellung 4.400,00

23.

Sollumsatz	3.600.000,00
– nicht garantiepflichtige Umsätze	360.000,00
– gewährte Skonti	48.000,00
garantiepflichtige Umsätze	3.192.000,00
davon 0,8 %	25.536,00

6790 (4790) Aufwand für Gewährleistungen   25.536,00
        an 3090 (0974) Rückstellungen für
                    Gewährleistungen   25.536,00

24.

Buchungssätze	Soll	Haben
6827(4957) Abschluss- und Prüfungskosten	5.000,00	
an 3095(0977) Rückstellung für Abschluss- und Prüfungsk.		5.000,00

25.

a) Die Bildung einer Rückstellung für unterlassene Instandhaltung ist Pflicht, wenn die Instandhaltungsarbeiten im folgenden Geschäftsjahr innerhalb von drei Monaten nachgeholt werden.

Buchungssätze	Soll	Haben
b) 6450(2350) Instandhaltung von Bauten	30.000,00	
an 3075(0971) Rückstellung für Instandhaltung		30.000,00

26.

LÖSUNGSHINWEISE — REWE 8

Buchungssätze	Soll	Haben
3070(0970) Sonstige Rückstellungen	12.500,00	
1405(1575) VSt	380,00	
an 1800(1200) Bank		12.880,00

27.

Buchungssätze	Soll	Haben
3030(0975) Gewerbesteuerrückstellung	8.600,00	
7640(2280) Steuernachzahlungen Vorjahre	600,00	
an 3500(1700) Sonstige Verbindlichkeiten		9.200,00

28.

Buchungssätze	Soll	Haben
3070(0970) Sonstige Rückstellungen	6.000,00	
an 6825(4950) Rechts- und Beratungskosten		6.000,00

29.

a) – geplante Anschaffung eines beweglichen Wirtschaftsguts des Anlagevermögens
 – das WG muss mindestens zwei Jahre im inländischen Betriebsvermögen bleiben
 – und zu mehr als 90% betrieblich genutzt werden
 – das Betriebsvermögen muss <= 335.000,00 sein

b) 40% der geplanten Ak = 50.000,00; keine Buchung; der Gewinn wird außerhalb der Buchführung um 50.000,00 gekürzt

30.

Buchungssätze	Soll	Haben
a) 0540 (0350) Lkw	125.900,00	
6530 (4530) Kfz-Betriebskosten	100,00	
1405 (1575) VSt	23.940,00	
an 1800 (1200) Bank		149.940,00

b) AfA § 7(2): $16^{2}/_{3}$ % p.r.t. von 75.900,00 = 12.650,00 x 11/12 = 11.595,83

	Soll	Haben
6220 (4830) AfA Sachanlagen	11.595,83	
an 0540 (0350) Lkw		11.595,83

AfA § 7g: 20% von 75.900,00 = 15.180,00

	Soll	Haben
6240 (4850) AfA § 7g	15.180,00	
an 0540 (0350) Lkw		15.180,00
6244 (4854) Steuerliche Ak-Kürzung	50.000,00	
an 0540 (0350) Lkw		50.000,00

31.

a) Berechnung des Rücklagenbetrags

Buchwert 01.01.	24.000,00
– zeitanteilige AfA	7.000,00
Buchwert 31.07.	17.000,00
Entschädigung	30.000,00
Rücklage	13.000,00

Buchungssätze	Soll	Haben
b) 6220 (4830) AfA Sachanlagen 7.000,00		
an 0440 (0210) Maschinen		7.000,00
6230 (4840) Außerplanmäßige AfA auf Sachanlagen	17.000,00	
an 0440 (0210) Maschinen		17.000,00
1800 (1200) Bank	30.000,00	
an 4970 (2790) Versicherungsentschädigung		30.000,00
6925 (2340) Einstellung in SoPo	13.000,00	
an 2980 (0930) SoPo mit Rücklageanteil		13.000,00
c) 0440 (0210) Maschinen	108.000,00	
1405 (1575) VSt	20.520,00	
an 3300 (1600) Verbindlichkeiten aus L&L		128.520,00
3300 (1600) Verbindlichkeiten aus L&L	128.520,00	
an 1800 (1200) Bank		125.949,60
0440 (0210) Maschinen		2.160,00
1405 (1575) VSt		410,40
d) 0440 (0210) Maschinen	11.000,00	
1405 (1575) VSt	2.090,00	
an 1800 (1200) Bank		13.090,00

e) AfA: Anschaffungskosten   108.000,00
 − 2% Skonto   2.160,00
 + Nebenkosten   11.000,00
                   116.840,00
 − Rücklage   13.000,00
 BMG   103.840,00 x 12,5% = 12.980,00

Buchungssätze	Soll	Haben
6220 (4830) AfA Sachanlagen	12.980,00	
an 0440 (0210) Maschinen		12.980,00
2980 (0930) SoPo mit Rücklageanteil	13.000,00	
an 0440 (0210) Maschinen		13.000,00

32.

Ges.	Kapital 01.01.	Entnahmen	5% Verzinsung	Restgewinn	Kapital 31.12.
A	124.000,00	36.000,00	6.200,00	78.500,00	172.700,00
B	96.000,00	44.000,00	4.800,00	78.500,00	135.300,00
			11.000,00		

Gewinn   168.000,00
− Vorabgewinn 11.000,00
             157.000,00 : 2 = 78.500,00

33.

Ges.	Kapital 01.01.	4% Vorweg	Entnahmen	Zinsen	Einlagen	Zinsen	Restgewinn	Kapital 31.12.
P	160.000,00	6.400,00	54.000,00	960,00	9.000,00	30,00	93.065,00	213.535,00
B	140.000,00	5.600,00	60.000,00	1.200,00			93.065,00	177.465,00

Zinsen auf Entnahmen Plüsch   Zinsen auf Einlagen Plüsch:

31.03. z = $\frac{12.000 \times 4 \times 9}{100 \times 12}$ = 360,00   30.11. z = $\frac{9.000 \times 4 \times 1}{100 \times 12}$ = 30,00

LÖSUNGSHINWEISE — REWE 8

30.06. $z = \dfrac{18.000 \times 4 \times 6}{100 \times 12} = 360{,}00$

30.09. $z = \dfrac{24.000 \times 4 \times 3}{100 \times 12} = 240{,}00$

Gesamtgewinn:	196.000,00
– Vorweg	12.000,00
– Zinsen auf Einlagen	30,00
+ Zinsen auf Entnahmen	2.160,00
	186.130,00 : 2 = 93.065,00

Zinsen auf Entnahmen Blum:

30.04. $z = \dfrac{30.000 \times 4 \times 8}{100 \times 12} = 800{,}00$

30.08. $z = \dfrac{30.000 \times 4 \times 4}{100 \times 12} = 400{,}00$

 2.160,00

34.

a+b)

Ges.	Kapital 01.01.	Vorweg	Restgewinn	Kapital 31.12.
H	180.000,00	7.200,00	92.490,00	279.690,00
M	150.000,00	6.000,00	77.075,00	233.075,00
F	60.000,00	2.400,00	30.830,00	60.000,00
		15.600,00		

Gewinn	215.995,00
– Vorweg	15.600,00
	200.395,00 : 13 = 15.415,00 × 6 = 92.490,00
	× 5 = 77.075,00
	× 2 = 30.830,00

c) Der Gewinnanteil der Kommanditistin wird ausgezahlt oder der KG als Darlehen zur Verfügung gestellt, da die Einlage voll geleistet ist.

35.

a)
Gewinn laut Handelsbilanz	198.000,00
+Tätigkeitsvergütung	120.000,00
+ Miete für Überlassung Geb.	60.000,00
steuerlicher Gewinn	378.000,00

b)
Ges.	Kapital 01.01.	Vorwegverzinsung	Vorwegvergütung	Restgewinn	Gesamtgewinn
R	200.000,00	16.000,00	120.000,00	142.400,00	278.400,00
L	50.000,00	4.000,00	60.000,00	35.600,00	99.600,00
		20.000,00			378.000,00

Gewinn laut HB: 198.000,00
– Vorweg 20.000,00
 178.000,00 : 5 = 35.600,00 × 4 = 142.400,00

36.

Im alten Jahr:
31.12.2016:

1800 (1200) Bank	1.200,00	
 an 4830 (2700) Sonstige betriebliche Erträge		1.200,00

4830 (2700) Sonstige betriebliche Erträge	800,00	
 3900 (0990) PRAP		800,00

Im neuen Jahr:
01.01.2017:

3900 (0990) PRAP	800,00	
an 4830 (2700) Sonstige betriebliche Erträge		800,00

37.
Im alten Jahr:
Oktober 2016:

6500 (4500) Kfz-Steuer	720,00	
an 1800 (1200) Bank		720,00

31.12.2016:
1900 (0980) ARAP	600,00	
an 6500 (4500) Kfz-Steuer		600,00

Im neuen Jahr:

01.01.2017:
6500 (4500) Kfz-Steuer	600,00	
an 1900 (0980) ARAP		600,00

38.
Im alten Jahr:
18.12.2016:
6310 (4210) Mieten	1.200,00	
an 1800 (1200) Bank		1.200,00

31.12.2016:
1900 (0980) ARAP	1.200,00	
an 6310 (4210) Mieten		1.200,00

Im neuen Jahr:
01.01.2017:
6310 (4210) Mieten	1.200,00	
an 1900 (0980) ARAP		1.200,00

39.
Im alten Jahr:
September 2016:
6420 (4380) Beiträge und Gebühren	144,00	
an 1800 (1200) Bank		144,00

31.12.2016:
1900 (0980) ARAP	108,00	
an 6420 (4380) Beiträge und Gebühren		108,00

Im neuen Jahr:
01.01.2017:
6420 (4380) Beiträge und Gebühren	108,00	
an 1900 (0980) ARAP		108,00

40.
Im alten Jahr:
31.12.2016:
1300 (1500) Sonstige Vermögensgegenstände	4.500,00	
an 4860 (2750) Grundstückserträge		4.500,00

Januar 2017:
1800 (1200) Bank	4.500,00	
1300 (1500) Sonstige Vermögensgegenstände		4.500,00

LÖSUNGSHINWEISE — REWE 8

41.
Im alten Jahr:
31.12.2016:
6420 (4380) Beiträge und Gebühren	180,00	
an 3500 (1700) Sonstige Verbindlichkeiten		180,00

Januar 2017:
3500 (1700) Sonstige Verbindlichkeiten	180,00	
an 1800 (1200) Bank		180,00

42.
Im alten Jahr:
31.12.2016:
1300 (1500) Sonstige Vermögensgegenstände	700,00	
an 4860 (2750) Grundstückserträge		700,00

Im neuen Jahr:
01.03.2017:
1800 (1200) Bank	2.100,00	
an 1300 (1500) Sonstige Vermögensgegenstände		700,00
4860 (2750) Grundstückserträge		1.400,00

43.
01.03.2017:
7300 (2100) Zinsaufwand	1.500,00	
3500 (1700) Sonstige Verbindlichkeiten	750,00	
an 1800 (1200) Bank		2.250,00

44.
1900 (0980) ARAP	9.000,00	
1406 (1576) VSt	1.710,00	
an 1800 (1200) Bank		10.710,00
6840 (4965) Mietleasing	500,00	
1406 (1576) VSt	95,00	
an 1800 (1200) Bank		595,00

9.000,00 : 36 = 250,00
6840 (4965) Mietleasing	250,00	
an 1900 (0980) ARAP		250,00

45.
6600 (4610) Werbekosten	800,00	
an 3500 (1700) Sonstige Verbindlichkeiten		800,00

REWE 9 LÖSUNGEN BETRIEBSWIRTSCHAFTLICHE AUSWERTUNGEN

Bilanzanalyse	REWE 9
Aufgabe	Lösung
1.	b
2.	c
3.	a
4.	c,e
5.	c
6.	c
7.	a
8.	d
9.	d
10.	a
11.	74.000,00 € Rohgewinn 37,76 % Rohgewinnsatz 60,66 % Rohgewinnaufschlagsatz
12.	146.000,00 € Rohgewinn 46,35 % Rohgewinnsatz 86,39 % Rohgewinnaufschlagsatz 15.000,00 € Reingewinn 4,76 % Reingewinnsatz
13.	a,b
14.	a,c,e
15.	b
16.	c
17.	b
18.	d
19.	e
20.	c
21.	b
22.	e
23.	a,b,e
24.	172.700,00 € Jahresüberschuss
25.	b,c,d
26.	a,c
27.	e
28.	a,e Vermögensstruktur b,c,d Kapitalaufbau /-struktur
29.	b
30.	a,c
31.	a
32.	c,e
33.	c
34.	b
35.	d,e
36.	b Forderungsquote d Anteil flüssige Mittel
37.	b,d
38.	c Finanzierungsverhältnis a Verschuldungsgrad b Eigenkapitalintensität e Fremdkapitalintensität
39.	58,4% Anlagenintensität 140,6% Vermögenskonstitution 85,7% Kapitalstruktur 116,7% Verschuldungsgrad 46,2% Eigenkapitalquote
40.	b,e
41.	a,c,d
42.	b
43.	c Anlagendeckung I b Anlagendeckung II e Anlagendeckung III
44.	80,0% Anlagendeckung I 142,2% Anlagendeckung II 83,1% Anlagendeckung III
45.	d Liquidität 1. Grades c Liquidität 2. Grades b Liquidität 3. Grades
46.	a Flüssige Mittel a,b,c,e Finanzumlaufvermögen a,b,c,d,e Umlaufvermögen
47.	86,4% Liquidität 1. Grades 159,1% Liquidität 2. Grades 198,2% Liquidität 3. Grades
48.	b,c,e
49.	48,0% Umsatz-Cash flow 153,1% Cash flow-Rendite Eigenkap. 61,2% Cash flow-Rendite Gesamtkap.
50.	c
51.	a,c,e
52.	100.000,00 € Effektivverschuldung 2,2 Jahre
53.	e Eigenkapitalrentabilität d Eigenkapitalrentabilität bei EU/PG a Gesamtkapitalrentabilität b Gesamtkapitalrentabilität bei EU/PG c Umsatzrentabilität
54.	a,d,e
55.	17,8% Eigenkapitalrentabilität 11,5% Gesamtkapitalrentabilität 8,5% Umsatzkapitalrentabilität
56.	b,c
57.	c,d
58.	146 Stück / h Arbeitsproduktivität 182 Stück / h Anlagenproduktivität
59.	c Durchschnittlicher Lagerbestand b Lagerumschlagshäufigkeit e Durchschnittliche Lagerdauer
60.	1.221.000,00 € Durchschnittlicher Lagerbestand 3,1 Lagerumschlags-Häufigkeit 116 Tage Durchschnittliche Lagerdauer
61.	a,d,e
62.	e Umschlagshäufigkeit des Kapitals d Umschlagsdauer des Kapitals b Umschlagshäufigkeit des AV a Umschlagshäufigkeit der Forderungen
63.	2,5 Umschlagshäufigkeit des EK 144 Tage Umschlagsdauer des EK 5,9 Umschlagshäufigkeit der Forderungen 61 Tage Durchschnittliche Kreditdauer
64.	e Umsatz je Beschäftigten a Anlagennutzung d Vorratshaltung c Return on Investment (RoI)
65.	b,c,e
66.	24,1% Umsatzrentabilität 1,69 Umschlagshäufigkeit des EK 40,6% Return on Investment
67.	a

LÖSUNGEN BETRIEBSWIRTSCHAFTLICHE AUSWERTUNGEN REWE 9

68.	b	vertikale Bilanzkennziffer
	e	horizontale Bilanzkennziffer
	a	Erfolgskennziffer
	d	Kennziffer aus GuV-Rechnung
	c	Umschlags- und Umsatzkennziffer

Teil 5

Schriftliche Abschlussprüfungen

Wirtschafts- und Sozialkunde

– Prüfungsaufgabe 1   Seiten 445 - 448

– Prüfungsaufgabe 2   Seiten 449 - 452

– Prüfungsaufgabe 3   Seiten 453 - 457

Steuerwesen

– Prüfungsaufgabe 1   Seiten 458 - 466

– Prüfungsaufgabe 2   Seiten 467 - 475

– Prüfungsaufgabe 3   Seiten 476 - 483

Rechnungswesen

– Prüfungsaufgabe 1   Seiten 484 - 489

– Prüfungsaufgabe 2   Seiten 490 - 494

– Prüfungsaufgabe 3   Seiten 495 - 500

Prüfungsfach: Wirtschafts- und Sozialkunde, Prüfungsaufgabe 1

Arbeitszeit: 90 Minuten

Zulässige Hilfsmittel: Gesetzestexte, Durchführungsverordnungen, Richtlinien
Taschenrechner

Teil I: Allgemeines Recht

1. Was versteht man unter   **2,0**
1.1. Rechtsfähigkeit?
1.2. Geschäftsfähigkeit?

2. Nennen Sie die Abstufungen der Geschäftsfähigkeit gemäß BGB und
beschreiben Sie die jeweiligen Konsequenzen für den Abschluss von
Rechtsgeschäften.   **6,0**

3. Prüfen Sie für die folgenden Rechtsgeschäfte, ob sie wirksam, anfechtbar,
schwebend unwirksam oder nichtig sind. Begründen Sie Ihre Entscheidungen
jeweils kurz.   **9,0**
3.1. Herr Junker und Frau Iben besiegeln per Handschlag einen Vertrag über den
Kauf eines Appartements.
3.2. Der Unternehmer Polenz befindet sich in Zahlungsschwierigkeiten und nimmt
in seiner Not einen Kredit auf, der mit 5 % monatlich verzinst wird.
3.3. Der 9jährige Maik kauft sich von seinem Taschengeld Süßigkeiten.
3.4. Frau Ulrich füllt einen Bestellschein aus und schreibt aus Versehen die falsche
Artikelnummer ab, so dass ein paar Tage später ein Kleid geliefert wird, das
sie gar nicht kaufen wollte.
3.5. Herr Dartmann kauft einen PKW, der laut Kaufvertrag unfallfrei sein soll. Bei
der ersten Inspektion stellt sich heraus, dass die Karosserie aufgrund eines
Unfalls verzogen ist.
3.6. Die 16jährige Olga schließt ein Abonnement über monatlich 19,90 € ab,
das sie von ihrem Taschengeld bezahlen will.

4. Der Handwerker Lutz Bamberg hat eine offene Forderung in Höhe von
1.955,00 € gegenüber den Eheleuten Lüttelsbach aus einer Werklieferung.
Die Forderung war bereits am 05. Dez. 2015 fällig.   **10,0**
4.1. Berechnen Sie, wann die Forderung verjährt ist.
4.2. Lutz Bamberg hat den offenen Forderungsbetrag zum ersten Mal am
11. Jan. 2016 schriftlich angemahnt und dann zwei weitere Male jeweils
am 14. März 2016 und am 18. Juli 2016. Erläutern Sie, wie sich die
Mahnungen auf die Verjährungsfrist ausgewirkt haben.
4.3. Am 19. Aug. 2016 schließlich beantragte Lutz Bamberg einen Mahnbescheid, der am 05. Sept. 2016 zugestellt wurde. Welche Wirkung hatte der
Erlass des Mahnbescheides auf die Verjährung?
4.4. Herr Bamberg lässt die Angelegenheit zunächst auf sich beruhen. Am
29. März 2017 ging überraschend eine Teilzahlung in Höhe von 500,00 €
ein. Berechnen Sie daraufhin das neue Ende der Verjährung!

Prüfungsfach: Wirtschafts- und Sozialkunde, Prüfungsaufgabe 1

5. Bestimmen Sie, in welcher Weise in den folgenden Fällen das Eigentum nach BGB übergeht. **5,0**
5.1. Frau Terlitz kauft ein Gesellschaftsspiel im Warenhaus für 39,90 €.
5.2. Die Eheleute Offenbach kaufen ein Einfamilienhaus.
5.3. Der neue PKW von Herrn Gerber ist mittels Bankdarlehen finanziert. Zur Sicherung des Kredits ist mit der Bank eine Sicherungsübereignung vereinbart.
5.4. Olga kauft von ihrer Freundin Marie einen Hometrainer, der noch bei Olgas Freund in der Wohnung steht. Olga vereinbart mit Marie, dass diese sich das Gerät bei dem Freund abholt.
5.5. Frau Friedrich kauft und bezahlt in einer Boutique ein Kleid, das sie bereits vor ein paar Tagen zur Auswahl mit nach Hause genommen hatte.

Teil II: Handels- und Gesellschaftsrecht

6. Bestimmen Sie für die folgenden Fälle jeweils die Art der Kaufmannseigenschaft und entscheiden Sie, ob eine etwaige Handelsregistereintragung deklaratorische oder konstitutive Wirkung hat. **6,0**
6.1. Ein Architekt erzielt einen Jahresumsatz von ca. 500.000 €. Er beschäftigt insgesamt 5 Mitarbeiter.
6.2. Ein Landwirt mit einem nach Art und Umfang in kaufmännischer Weise eingerichteten Geschäftsbetrieb lässt sich in das Handelsregister eintragen.
6.3. Ein Ehepaar gründet eine Steuerberatungs-GmbH.

7. Die Geschwister Carina und Manfred Lampe gründen einen Versandhandel für Elektronikgeräte. Sie beschäftigen zunächst keine Mitarbeiter, der Jahresumsatz liegt zunächst bei ca. 30.000 €. Beide sind gesetzlich zur Geschäftsführung und Vertretung der Gesellschaft berechtigt und verpflichtet. Einen Gesellschaftsvertrag haben sie nicht abgeschlossen. Ins Handelsregister lassen sie sich nicht eintragen. **5,0**
7.1. In welcher Rechtsform führen die Geschwister ihren Versandhandel?
7.2. Die Umsätze steigen, die ersten Mitarbeiter werden eingestellt. Eine kaufmännische Organisation wird erforderlich. Die Geschwister lassen das Unternehmen im Handelsregister eintragen.
7.2.1. In welcher Rechtsform wird die Gesellschaft nun geführt, wenn keine weiteren gesellschaftsrechtlichen Vereinbarungen getroffen werden?
7.2.2. Welche Wirkung hat der Handelsregistereintrag?
7.2.3. Die Geschwister beschließen, mit ihrem Unternehmen unter „CML-Electronics" zu firmieren. Beurteilen Sie die Rechtmäßigkeit dieser Firmierung.
7.2.4. In welche Abteilung des Handelsregisters wird das Unternehmen eingetragen?

8. Der Einzelunternehmer Jürgen Mattscheidt e.K. nimmt als weiteren Gesellschafter Kurt Oppermann auf. Es bleibt bei der Rechtsform der Einzelunternehmung, da es sich um eine „stille Gesellschaft" handelt. Es wird eine Einlage von 10.000 € vereinbart, von der Kurt Oppermann zunächst die Hälfte einzahlt. **4,0**
8.1. Aus welchen Gründen könnte Jürgen Mattscheidt sich für die stille Gesellschaft entschieden haben? Nennen Sie zwei.
8.2. Jürgen Mattscheidt möchte wissen, ob die Gesellschaft in das Handelsregister eingetragen wird.
8.3. Noch bevor Kurt Oppermann die zweite Hälfte seiner Einlage geleistet hat, wird die Einzelunternehmung zahlungsunfähig. Es muss Insolvenz angemeldet werden. In welcher Weise haftet der stille Gesellschafter?

Prüfungsfach: Wirtschafts- und Sozialkunde, Prüfungsaufgabe 1

9. Herr Clausen und sein Kollege Herr Peters sind bei der Bauunternehmung Meringhofen GmbH beschäftigt. Herrn Clausen wurde am 04. März 2017 schriftlich Prokura erteilt, die am 27. April 2017 ins Handelsregister eingetragen wurde. Herrn Peters wurde am 28. April 2017 mündlich allgemeine Handlungsvollmacht erteilt. **12,0**

9.1. Prüfen Sie, ob die Formvorschriften für die Erteilung der Prokura und der Handlungsvollmacht gewahrt wurden.

9.2. Ab wann (Datum) gilt die Prokura des Herrn Clausen?

9.3. Entscheiden Sie durch Ankreuzen, ob Herr Clausen bzw. Herr Peters die folgenden Handlungen im Rahmen ihrer jeweiligen Vollmacht ausführen dürfen, wenn keine Sondervollmachten erteilt wurden:

Rechtshandlung	Herr Clausen		Herr Peters	
	ja	nein	ja	nein
Grundstücke kaufen				
Grundstücke verkaufen				
Grundstücke belasten				
Darlehen aufnehmen				
Mitarbeiter einstellen				
einen Prozess führen				

9.4. Mit Wirkung zum 01. Juni 2017 wird einem weiteren Mitarbeiter, Herrn Bohn, Prokura erteilt. Dieser darf er entweder zusammen mit dem Geschäftsführer der Bauunternehmung oder zusammen mit dem anderen Prokuristen ausüben. Wie heißt diese Art der Prokura?

9.5. Darüber hinaus soll die Prokura von Herrn Bohn weiter eingeschränkt werden und sich nur auf die Rechtshandlungen beziehen, die Bauleitungen betreffen. Erläutern Sie, inwiefern diese Einschränkung der Prokura rechtswirksam ist. Unterscheiden Sie dabei zwischen Innen- und Außenverhältnis.

10. Herr Petzer möchte alleine eine UG (haftungsbeschränkt) gründen und hat folgende Fragen: **6,0**

10.1. Ist hierzu ein notarieller Gesellschaftsvertrag erforderlich?

10.2. Wie hoch wäre das Mindeststammkapital der Gesellschaft?

10.3. Herr Petzer besitzt einen PKW mit einem Wert von 10.000 €, den er als Sachkapital einbringen möchte. Erläutern Sie unter Angabe der Rechtsgrundlage, ob das möglich ist.

10.4. Angenommen, ein Freund von Herrn Petzer würde sich an der UG als Gesellschafter beteiligen und eine Stammeinlage von 10.000 € einzahlen. Weitere 15.000 € Stammeinlage würde Herr Petzer einzahlen. Erläutern Sie, inwiefern unter diesen Bedingungen eine UG gegründet werden kann.

Prüfungsfach: Wirtschafts- und Sozialkunde, Prüfungsaufgabe 1

Teil III: Finanzierung und Investition

11. 8,0
11.1. Grenzen Sie die Begriffe Investition und Finanzierung voneinander ab, indem Sie diese kurz erklären!
11.2. Ordnen Sie die folgenden Finanzierungsarten jeweils zu:

Sachverhalt	Eigen-fin.	Fremd-fin.	Innen-fin.	Außen-fin.
Finanzierung aus Abschreibungen				
Kapitalerhöhung durch Aufnahme eines Gesellschafters				
Verkauf von nicht mehr benötigtem Anlagevermögen				
Unterbewertung von Passiva				
Einstellung in Pensionsrückstellungen				
Finanzierung durch Thesaurierung von Gewinnen				

12. Eine Möglichkeit der Kreditsicherung ist die Zession. 8,0
12.1. Erläutern Sie kurz das Wesen der Zession!
12.2. Erklären Sie den Unterschied zwischen offener und stiller Zession.
12.3. Nennen Sie jeweils einen Nachteil der offenen Zession für den Sicherungsnehmer sowie einen Nachteil der stillen Zession für den Sicherungsgeber.

13. Zur Sicherung von Ansprüchen aus Darlehensverhältnissen werden häufig Sicherungsübereignungen bzw. Pfandkredite vereinbart. 7,0
13.1. Erläutern Sie die Besitz- und Eigentumsverhältnisse für beide Kreditsicherungen!
13.2. Stellen Sie jeweils fest, welche dieser beiden Kreditsicherungen in den folgenden Fällen jeweils geeignet ist:
13.2.1. Sicherung eines kreditfinanzierten Transporters durch den Transporter selbst.
13.2.2. Sicherung eines kreditfinanzierten Warenlagers durch Hinterlegung von Wertpapieren.
13.2.3. Sicherung des kreditfinanzierten Warenlagers durch die Ware selbst.

Teil IV: Arbeitsrecht und soziale Sicherung

14. Ute Dicklau (D) beschäftigt insgesamt 3 Arbeitnehmer. Am 14. März 2017 entschließt sie sich, der seit dem 01. Jan. 2007 bei ihr angestellten Marie Kaiser (geb. am 18.06.1984) zu kündigen.
Besondere vertragliche Regelungen sind nicht zu beachten. 12,0
14.1. In welcher Form muss die Kündigung erfolgen? Geben Sie die Rechtsgrundlage an.
14.2. Welche gesetzlichen Kündigungsfristen sind zu beachten? Geben Sie die Rechtsgrundlage an.
14.3. Für welche Mitarbeiter gibt es besonderen Kündigungsschutz? Nennen Sie zwei Beispiele.
14.4. D stellt für die entlassene Mitarbeiterin zum 02. Mai 2017 Fritz Opelt ein. Dieser ist ledig, evangelisch und am 12. Dez.1994 geboren. Er hat keine Kinder und ist bei der Barmer Ersatzkasse pflichtversichert.
14.4.1. Nennen Sie zwei Arbeitspapiere, die dieser seiner neuen Arbeitgeberin vorzulegen hat.
14.4.2. Wo ist der Arbeitnehmer für Zwecke der Sozialversicherung anzumelden?
14.4.3. Welche Frist ist dabei zu beachten?

Prüfungsfach: Wirtschafts- und Sozialkunde, Prüfungsaufgabe 2

Teil I: Schuld- und Sachenrecht
27 Punkte

1. Die Steuerberatungsgesellschaft Taxcom-GmbH hat gegenüber dem Mandanten Julius Tedermann eine Rechnung in Höhe von 2.680,00 € offen. Die Rechnung war am 14. Juli 2016 fällig. **10,0**
1.1. **Wann beginnt und endet die Verjährungsfrist für den Anspruch? Prüfen und begründen Sie unter Angabe der gesetzlichen Vorschriften.**
1.2. Die Taxcom-GmbH mahnte den Mandanten Redermann am 02. Sept. 2016. Am 26. Sept. 2016 bat der Mandant um Stundung des Rechnungsbetrages.
   Welche Wirkungen haben
   a) **die Mahnung und**
   b) **die Stundung**
   grundsätzlich auf die Verjährungsfrist? Begründen Sie Ihre Lösung.

2. Dem Steuerfachangestellten Christian Klehmann wurde am 21. Dez. 2016 eine neue Küche geliefert und eingebaut. Das Küchenstudio schrieb mit Datum vom 23. Dez. 2016 eine Rechnung mit einem Zahlungsziel von 7 Tagen. Da Christian Klehmann sich in Zahlungsschwierigkeiten befindet, bittet er das Küchenstudio am 07. Jan. 2017 um Stundung des Rechnungsbetrages um 2 Monate. Die Stundung wird ihm noch am gleichen Tag gewährt. **5,0**
2.1. **Welcher Verjährungsfrist unterliegt der Anspruch? Wann beginnt die Frist?**
2.2. **Welche Auswirkung haben**
   a) **die Stundungsbitte und**
   b) **die Gewährung der Stundung**
   auf die Mahnung?
2.3. **Wann verjährt der Anspruch (Datum)?**

3. Der Steuerfachangestellte Christian Klehmann zahlte am 24. März 2017 eine Rechnung und stellte anschließend fest, dass der Anspruch bereits verjährt war. Er möchte wissen, ob er den Betrag gerichtlich zurückfordern kann oder nicht. **3,0**
   Beantworten Sie die Frage und begründen Sie Ihre Lösung.

4. **Beurteilen Sie, inwiefern die folgenden Willenserklärungen rechtlich wirksam sind. Begründen Sie Ihre Antwort jeweils unter Angabe der Fundstelle im Gesetz.** **9,0**
4.1. Der 8-jährige Markus Meier bekommt von seiner Großmutter gegen den Willen seiner Eltern einen Geldbetrag von 2.500 € geschenkt.
4.2. Der 10-jährige David bestellt im Internet ohne das Wissen seiner Eltern ein Smartphone für 400,00 €.
4.3. Carla Tiehme übernimmt für ihren Ehemann Stefan Thieme mündlich eine Bürgschaft in Höhe von 10.000 €.

Teil II: Handels- und Gesellschaftsrecht 39 Punkte

5. **Lösen Sie die folgenden Fragen zum Handelsregister und geben Sie dabei die relevanten Paragraphen an.** 8,0
5.1. Wo wird das Handelsregister geführt?
5.2. Wer darf Einsicht in das Handelsregister nehmen?
5.3. In welcher Form muss eine Anmeldung zum Handelsregister erfolgen?
5.4. In welcher Weise erfolgt die Bekanntmachung von Eintragungen in das Handelsregister?

6. Bärbel Niehaus ist an einer KG als typische stille Gesellschafterin mit einer Einlage von 20.000,00 € beteiligt. 5,0
Beantworten Sie hierzu folgende Fragen:
6.1. Inwiefern besteht gesellschaftsvertraglich die Möglichkeit, Bärbel Niehaus von einem möglichen Verlust der Gesellschaft auszuschließen?
Begründung mit Angabe der gesetzlichen Rechtsgrundlage erforderlich.
6.2. Die Bank wendet sich persönlich an Bärbel Niehaus, weil die KG mit der Tilgung eines Darlehens in Verzug ist. Sie verlangt von ihr die Zahlung von 5.000,00 €. Muss Bärbel Niehaus den Betrag an die Bank zahlen?
Begründungen und Rechtsgrundlagen sind nicht erforderlich.
6.3. Welche Geschäfte darf die typische stille Gesellschafterin im Namen der Gesellschaft abschließen?
Begründungen und Rechtsgrundlagen sind nicht erforderlich.

7. **Prüfen und begründen Sie, inwieweit für die folgenden Fälle Eintragungen in das Handelsregister vorgenommen werden müssen und begründen Sie Ihre Lösungen. Stellen Sie auch fest, ob die mögliche Eintragung konstitutive oder deklaratorische Wirkung hat.** 10,0
7.1. Norbert Fehler e.K. erteilt seinem Angestellten Anton Gustin Prokura.
7.2. Die Geschwister Stefanie und Reiner Malzen erben von ihren Eltern zu gleichen Teilen ein Geschäftsgebäude, das vermietet ist.
7.3. Quentin Hasing ist Gesellschafter der HCG-OHG. Seine Einlage soll von 60.000,00 € auf 100.000,00 € erhöht werden.
7.4. Uwe Starter und Karlheinz Ringert gründen die Staring-KG.

8. Die Studenten Heiner Dierig und René Mager gründen eine GmbH, die sich mit der Entwicklung von Apps beschäftigt. Heiner und René sind jeweils mit 15.000 € an der GmbH beteiligt. 10,0
Der Gesellschaftsvertrag wurde am 24. Febr. 2017 geschlossen; die Eintragung in das Handelsregister erfolgte am 17. März 2017.
8.1. **Wann (Angabe des Datum erforderlich) ist die GmbH rechtsgültig entstanden? Begründen Sie Ihre Lösung.**
8.2. Heiner hat bei Anmeldung zum Handelsregister 5.000,00 € eingezahlt und René 10.000,00 €.
Prüfen und begründen Sie unter Angabe der gesetzlichen Vorschriften, ob diese hinsichtlich des Stammkapitals und der Stammeinlage erfüllt sind.
8.3. Zum Ende des ersten Geschäftsjahres hat die GmbH einen Verlust in Höhe von 12.000,00 € erwirtschaftet.
Wie wird dieser an die Gesellschafter verteilt, wenn der Gesellschaftsvertrag keine von den gesetzlichen Vorschriften abweichende Regelungen vorsieht?

Prüfungsfach: Wirtschafts- und Sozialkunde, Prüfungsaufgabe 2

9. Die langjährige Mitarbeitern Elke Vahrig erhält von der Geschäftsführerin des Copy-Shops „Copy-Me GmbH" allgemeine Handlungsvollmacht erteilt. Elke Vahrig nimmt daraufhin ohne das Wissen ihrer Chefin die folgenden Rechtshandlungen vor, als diese in Urlaub ist. **6,0**
   Prüfen Sie, ob die Mitarbeiterin diese Rechtsgeschäfte vornehmen durfte und geben Sie die gesetzlichen Vorschriften jeweils an.
9.1. Aufnahme eines Darlehens bei einem Lieferanten über 20.000,00 €.
9.2. Einstellung einer Aushilfe auf 450,00 €-Basis ab dem nächsten Monat.
9.3. Die Mitarbeiterin reicht Klage gegen einen zahlungsunwilligen Kunden beim Amtsgericht ein.

Teil III: Arbeitsrecht und soziale Sicherung   19 Punkte

10. Im Ausbildungsvertrag zur Steuerfachangestellten der 19-jährigen Carina Frentzke ist eine Probezeit von 4 Monaten vereinbart. **3,0**
    Ist diese Regelung rechtlich gültig? Begründen Sie Ihre Antwort. In welchem Gesetz ist die Probezeit für Ausbildungsverhältnisse geregelt?

11. Die 34-jährige Steuerfachwirtin Inga Holsten ist seit 12 Jahren beim Steuerberater Claus Mether beschäftigt. Am 10. April 2017 erhält sie von ihrem Arbeitgeber eine ordentliche Kündigung. **5,0**
11.1. **Erläutern Sie unter Angabe der Rechtsgrundlage, welche Kündigungsfrist einzuhalten ist.**
11.2. **Wann (Datum) kann die Kündigung frühestens wirksam werden?**
11.3. Inga Holsten hatte zuvor schon überlegt, ihrerseits die Kündigung einzureichen.
     Welche Kündigungsfrist müsste sie einhalten? Begründen Sie Ihre Lösung und geben Sie die gesetzliche Vorschrift an.

12. Ulrike Operts ist schwanger. Der voraussichtliche Entbindungstermin ist der 04. Mai. 2017. Sie möchte den ihr gesetzlich zustehenden Mutterschutz in Anspruch nehmen. Ihr monatliches Nettogehalt beträgt 2.270,00 €. Ihr Arbeitgeber beschäftigt 14 Mitarbeiter. **11,0**
12.1. **Wie lange dauert der Mutterschutz ganz allgemein? Berechnen Sie Beginn und Ende des Mutterschutzes (Datumsangaben erforderlich).**
12.2. **Auf welche finanziellen Leistungen hat Ulrike Operts während ihres Mutterschutzes rechtlich Anspruch?**
12.3. **Berechnen Sie die Höhe der Leistungen für den Monat Juni. Wer zahlt ihr diese aus?**
12.4. **Erklären Sie, wie ihr Arbeitgeber gegen die finanzielle Belastung durch die Leistungen im Mutterschutzfall abgesichert ist.**

	Februar					März					April			
Mo		6	13	20	27		6	13	20	27		3	10	17	24
Di		7	14	21	28		7	14	21	28		4	11	18	25
Mi	1	8	15	22		1	8	15	22	29		5	12	19	26
Do	2	9	16	23		2	9	16	23	30		6	13	20	27
Fr	3	10	17	24		3	10	17	24	31		7	14	21	28
Sa	4	11	18	25		4	11	18	25		1	8	15	22	29
So	5	12	19	26		5	12	19	26		2	9	16	23	30

Prüfungsfach: Wirtschafts- und Sozialkunde, Prüfungsaufgabe 2

	Mai					Juni					Juli				
Mo	1	8	15	22	29		5	12	19	26		3	10	17	24	31
Di	2	9	16	23	30		6	13	20	27		4	11	18	25	
Mi	3	10	17	24	31		7	14	21	28		5	12	19	26	
Do	4	11	18	25		1	8	15	22	29		6	13	20	27	
Fr	5	12	19	26		2	9	16	23	30		7	14	21	28	
Sa	6	13	20	27		3	10	17	24		1	8	15	22	29	
So	7	14	21	28		4	11	18	25		2	9	16	23	30	

Teil IV: Investition und Finanzierung   **15 Punkte**

13. Der Mandant Rüdiger Weilke möchte sein Warenlager durch einen Kredit bei der Bank finanzieren. Diese verlangt als Sicherheit eine Zession.   **15,0**
    - 13.1. **Wie werden die beiden Vertragspartner bei der Zession genannt? Wo ist dieser Vertrag gesetzlich geregelt?**
    - 13.2. **Erläutern Sie dem Mandanten, was man unter einer Zession versteht.**
    - 13.3. **Bei wem (bei der Bank oder dem Mandanten) werden die Forderungen bilanziert?**
    - 13.4. **Es gibt verschiedene Arten von Zession. Grenzen Sie folgende Arten voneinander ab:**
        - **a) stille und offene Zession**
        - **b) Einzel- und Rahmenzession.**
    - 13.5 **Welche beiden Formen der Rahmenzession gibt es?**
    - 13.6 **Nennen Sie zwei Alternativen zur Zession, um einen Kredit für das Warenlager abzusichern.**

Prüfungsfach: Wirtschafts- und Sozialkunde, Prüfungsaufgabe 3

Teil I: Schuld- und Sachenrecht — 25 Punkte

Aufgabe 1 — 1 Punkt

Was ist unter „Geschäftsfähigkeit" zu verstehen?

Aufgabe 2 — 1 Punkt

Welche Personen sind beschränkt geschäftsfähig?

Aufgabe 3 — 2 Punkte

Stellen Sie jeweils fest, ob ein nichtiges, schwebend unwirksames oder wirksames Rechtsgeschäft vorliegt und begründen Sie Ihre Lösung!

3.1 Der 17-jährige Maik kauft sich von seiner Ausbildungsvergütung ein Rennrad für 2.000 EUR.
3.2 Maik kündigt ohne Absprache mit seinen Eltern innerhalb der Probezeit sein Ausbildungsverhältnis.

Aufgabe 4 — 2 Punkte

Sind die folgenden Rechtsgeschäfte wirksam, nichtig oder anfechtbar?
Begründen Sie Ihre Antwort.

4.1 Wider besseres Wissen verkauft ein Elektrohändler ein gebrauchtes Gerät als „Neuware".
4.2 Ein Vermieter nutzt die Zwangslage eines Mieters bewusst aus und verlangt eine überhöhte Miete.

Aufgabe 5 — 6 Punkte

Welche Vertragsart liegt in den folgenden Fällen jeweils vor?
Geben Sie auch die entsprechende Rechtsgrundlage an.

5.1 Rechtsanwalt Hagermann lässt neue Fenster in seinen Geschäftsräumen einbauen.
5.2 Maria Müller ist als Rechtsanwaltsfachangestellte bei Hagermann beschäftigt.
5.3 Maria Müller erhält von Hagermann einen Vorschuss über 300 EUR, den sie in den nächsten drei Monaten zurück zahlen muss.

Aufgabe 6 — 6 Punkte

Der Mandant Justus Brandt e.K. benötigt Auskünfte über Verjährungsfristen.

Ermitteln Sie für die folgenden Fälle die Dauer der Verjährung sowie das Ende der Verjährungsfrist.
Geben Sie für die Dauer auch die Rechtsgrundlage an.

6.1 Brandt hat eine offene Forderung aus einer Warenlieferung vom 06. Okt. 2014.
6.2 Gerichtlich festgestellter Anspruch aus einem Insolvenzverfahren.
Die Hauptverhandlung fand am 14. Dez. 2012 statt. Das Urteil erlangte am 25. Jan. 2013 Rechtskraft.

Prüfungsfach: Wirtschafts- und Sozialkunde, Prüfungsaufgabe 3

Aufgabe 7 — 3 Punkte

Wie wirken sich die folgenden Sachverhalte auf die Verjährungsfrist aus?

7.1 Zustellung eines Mahnbescheides
7.2 Leistung einer Abschlagszahlung
7.3 Klageerhebung

Aufgabe 8 — 4 Punkte

8.1 Mandantin Neuner GmbH befindet sich in Zahlungsverzug. Welche Rechte hat der Gläubiger ohne dass er eine Nachfrist gesetzt hätte?
8.2 Die Neuner GmbH möchte Rechte aus der Lieferung einer mangelhaften Sache geltend machen. Eine Nacherfüllung ist nicht möglich. Eine Minderung kommt nicht in Betracht. Welche Rechte hat die Neuner GmbH?

Teil II: Investition und Finanzierung — 18 Punkte

Aufgabe 9 — 10 Punkte

Ihnen liegt folgende Bilanz der Neuner GmbH zum 31.12.2016 vor:

Aktiva	Euro	Passiva	Euro
Immaterielle VG	200.000	Gezeichnetes Kapital	800.000
Sachanlagen	1.600.000	Gewinnrücklagen	250.000
Finanzanlagen	100.000	Rückstellungen	150.000
Vorräte	600.000	langfristige Verbindlichkeiten	1.200.000
Forderungen	250.000	kurzfristige Verbindlichkeiten	450.000
Bank, Kasse	100.000		
	2.850.000		2.850.000

9.1 Erläutern Sie die Begriffe „Investition" und „Finanzierung" in Bezug auf die Bilanz.
9.2 Berechnen Sie aus der Bilanz die Beträge für folgende Finanzierungsarten:
 a) Fremdfinanzierung
 b) Innenfinanzierung
 c) Außenfinanzierung
9.3 Die Neuner GmbH möchte ein Darlehen über 100.000 EUR aufnehmen. Die folgenden Vermögensgegenstände stehen für die Kreditsicherung zur Verfügung. Nennen Sie den jeweiligen Fachbegriff für die Kreditsicherung:
 a) Finanzanlagen
 b) Forderungen
 c) Grundstücke
 d) Vorräte

Prüfungsfach: Wirtschafts- und Sozialkunde, Prüfungsaufgabe 3

Aufgabe 10 4 Punkte

Kreuzen Sie jeweils an, welche zwei Finanzierungsarten auf den Sachverhalt zutreffen!

Sachverhalt	Finanzierungsart			
	Innen-finanzierung	Außen-finanzierung	Eigen-finanzierung	Fremd-finanzierung
Max Neuner erhöht sein Stammkapital an der Neuner GmbH.				
Die Grundstücke der Neuner GmbH sind in der Bilanz unterbewertet.				
Die Neuner GmbH erhält Anzahlungen von Kunden.				
Die Neuner GmbH kauft Vorräte auf Ziel.				

Aufgabe 11 2 Punkte

11.1 Was besagt der Leverage-Effekt allgemein?
11.2 Die Gesamtkapitalrentabilität der Neuner GmbH beträgt 5,5 % und die Eigenkapitalrentabilität 4 %.
Begründen Sie, ob ein positiver oder negativer Leverage-Effekt vorliegt.

Aufgabe 12 2 Punkte

Was versteht man unter „Finanzierung aus Abschreibungen"?

Teil III: Arbeitsrecht und soziale Sicherung 16 Punkte

Aufgabe 13 5 Punkte

Melanie Klein ist Auszubildende bei einem Steuerberater. Auf dem Weg zu einem Mandanten verunglückt sie und wird im Krankenhaus behandelt.

13.1 Welche Versicherung ist zuständig?
13.2 Wer ist Träger dieser Versicherung?
13.3 Wer zahlt die Beiträge zu dieser Versicherung?
13.4 Von welchen Faktoren ist die Beitragshöhe abhängig?

Aufgabe 14 5 Punkte

Jutta Hansen ist Bürokauffrau. Am 05. Jan. 2016 erkrankt sie abends. Insgesamt dauert ihre Krankheit 7 Wochen, für die sie arbeitsunfähig geschrieben ist.

14.1 Welche Pflichten ergeben sich für Frau Hansen aus der Erkrankung gegenüber ihrem Arbeitgeber?
14.2 Welche Ansprüche hat Frau Hansen für den Zeitraum ihrer Erkrankung wem gegenüber?

Prüfungsfach: Wirtschafts- und Sozialkunde, Prüfungsaufgabe 3

Aufgabe 15 6 Punkte

Stellen Sie jeweils fest, bis zu welchem Datum die Kündigung spätestens zugegangen sein muss und geben Sie die entsprechende Rechtsgrundlage aus dem BGB an.

15.1 Stefan Lindgrün ist seit dem 01. Aug. 2015 ununterbrochen bei Steuerberater Olften als Bilanzbuchhalter angestellt. Am 31. Dez. 2016 wurde er 32 Jahre alt. Steuerberater Olften möchte Stefan Lindgrün zum 01. April 2017 kündigen

15.2. Da es Stefan Lindgrün bei Olften nicht gefällt, möchte er seinerseits zum 01. April 2017 bei einem anderen Steuerberater eine Stelle antreten.

15.3 Welches Gericht wäre zuständig, wenn es zu Rechtsstreitigkeiten bezüglich der Kündigung von Stefan Lindgrün käme?

Teil IV: Handels- und Gesellschaftsrecht 41 Punkte

Aufgabe 16 4 Punkte

16.1 Was ist handelsrechtlich eine „Firma"?
16.2 In welchem Register muss ein Kaufmann sich eintragen lassen?
16.3 In welcher Form wird dieses Register von den Gerichten geführt?
16.4 Wer darf Einsicht nehmen in dieses Register, um sich über die Eintragungen zu informieren?

Aufgabe 17 8 Punkte

Prüfen und begründen Sie, ob und ggf. welche Kaufmannseigenschaft jeweils vorliegt. Geben Sie auch die Fundstelle im Gesetz an.

17.1 Steuerbüro Volker Grantmann: Herr Grantmann hat neun Angestellte und einen Jahresumsatz von 600.000 EUR.
17.2 Tax-Steuerberatungs-GmbH
17.3 Landwirt Hermann Obstler (Obst- und Gemüseanbau): Er hat sich freiwillig in das Handelsregister eintragen lassen.
17.4 Lisa Ihrig: Sie kauft und verkauft regelmäßig Waren, die sie bei Ebay anbietet. Der Umsatz beträgt ca. 25.000 EUR im Jahr. Angestellte hat sie keine.

Aufgabe 18 10 Punkte

Bertold Meiner möchte einen Gewerbetrieb gründen, evtl. zusammen mit einem Freund. Er überlegt, eine OHG oder GmbH zu gründen. Klären Sie ihn über grundsätzliche Unterschiede hinsichtlich folgender Aspekte auf:

18.1 Haftung
18.2 Mindestkapital
18.3 Formvorschriften bezüglich der Gründung
18.4 Buchführungspflicht
18.5 Geschäftsführung (gesetzliche Regelung)

Aufgabe 19 19 Punkte

Maria Lamberts ist Personalchefin bei einem Großhändler für Raumtextilien (TRaum-Tex-GmbH). Ihr ist von der Geschäftsführerin Liane Post am 12. Febr. 2016 mit sofortiger Wirkung mündlich allgemeine Handlungsvollmacht erteilt worden. Am 19. Febr. 2016 erhält sie hierfür auch noch ein schriftliches Dokument.

Prüfungsfach: Wirtschafts- und Sozialkunde, Prüfungsaufgabe 3

19.1 Ab wann (Datum) gilt die allgemeine Handlungsvollmacht? Begründen Sie Ihre Lösung.

19.2 Am 26. Febr. 2016 kauft Maria Lamberts ohne Wissen der Geschäftsführerin einen größeren Posten Vorhangstoffe für 15.000 EUR auf, weil es sich um eine einmalige Gelegenheit handelt. Den Einkaufsleiter der TRaum-Tex-GmbH erreicht sie leider nicht, weil dieser sich in Urlaub befindet.
Durfte Frau Lamberts das Rechtsgeschäft abschließen? Begründen Sie Ihre Entscheidung und geben Sie die genaue Rechtsgrundlage an.

19.3 Im März 2016 führt sie mit der Bank Verhandlungen über die Eintragung einer Grundschuld für ein Geschäftsgrundstück zur Finanzierung einer neuen Lagerhalle. Dürfte Frau Lamberts eine Grundschuld für das Grundstück eintragen lassen? Begründen Sie Ihre Entscheidung und geben Sie die genaue Rechtsgrundlage an.

19.4 Angesichts der Alleingänge von Frau Lamberts entzieht ihr die Geschäftsführerin die allgemeine Handlungsvollmacht wieder und überträgt dem Vertriebsleiter Werner Claussen Prokura.
Ist Frau Post dazu berechtigt, Herrn Claussen Prokura zu erteilen? Begründen Sie Ihre Antwort unter Angabe der genauen Rechtsgrundlage.
Herr Claussen ist mit Wirkung zum 01. April 2016 Prokurist geworden. Wenige Wochen später reicht er jedoch seine Kündigung ein, weil er zum 1. Juli 2016 die Stelle wechseln möchte. In einem Gespräch vom 28. April 2016 widerruft Frau Post schriftlich die Prokura. Der Eintrag im Handelsregister und die Bekanntmachung über den Entzug der Prokura erfolgten am 30. Juni 2016.

19.5 Welche rechtliche Wirkung hat der Eintrag in das Handelsregister auf den Entzug der Prokura?
Mitte Juni 2016 schließt Her Claussen im Namen der TRaum-Tex-GmbH einen Kaufvertrag über ein Grundstück ab. Als Frau Post Anfang Juli aus ihrem Urlaub zurückkehrt und davon erfährt, möchte sie den Kaufvertrag widerrufen.

19.6 War Herr Claussen dazu berechtigt, den Kaufvertrag abzuschließen? Begründen Sie Ihre Antwort.

19.7 Ist ein rechtsgültiger Kaufvertrag über das Grundstück zustande gekommen? Begründen Sie Ihre Antwort und geben Sie die genauen Rechtsgrundlagen an.

19.9 Welche Möglichkeit besteht nun für die GmbH im Innenverhältnis, um den entstandenen finanziellen Schaden auszugleichen?
Die Geschäftsführerin Frau Post entscheidet sich aufgrund mehrerer Vorstellungsgespräche dafür, Max Clement als neuen Vertriebsleiter einzustellen und schließt mit ihm einen Arbeitsvertrag ab.

19.10 Grenzen Sie anhand dieses Sachverhaltes die „Geschäftsführung" von der „Vertretung" ab.

Aufgabe 20   2 Punkte

20.1 Grenzen Sie die typische (echte) von der atyischen (unechten) stillen Gesellschaft kurz voneinander ab.

20.2 Welche Einkünfte erzielen die Gesellschafter einer typischen bzw. atypischen stillen Gesellschaft jeweils?

Prüfungsfach: Steuerwesen, Prüfungsaufgabe 1

Arbeitszeit: 150 Minuten

**Zulässige Hilfsmittel: Gesetzestexte, Durchführungsverordnungen, Richtlinien
Taschenrechner**

Teil 1: Einkommensteuer 46 Punkte

Sachverhalt 1 20 Punkte

Aufgaben

1. Ermitteln Sie in einer übersichtlichen Darstellung den Gesamtbetrag der Einkünfte der Eheleute Dartmann!

Die unbeschränkt steuerpflichtigen Eheleute Gerd (geb. am 05. Juni 1962) und Birgit Dartmann (geb. am 03. Dez. 1964), Osnabrück, werden im Veranlagungszeitraum 2016 zusammen veranlagt.
Für die Steuererklärung 2016 liegen folgende Daten und Informationen vor:

1. **Gerd Dartmann (G)** ist selbständiger Architekt. Der bereits zutreffend ermittelte Gewinn für das Geschäftsjahr 2016 beträgt 84.596,00 €.

2. Darüber hinaus ist **G** als atypischer stiller Gesellschafter an einer OHG beteiligt. Der ihm zugewiesene Verlustanteil für das Geschäftsjahr 2015/2016 beträgt 5.327,00 €, der Gewinnanteil 2016/2017 beträgt 2.189,00 €. Das Geschäftsjahr der OHG geht vom 01. März bis 28. Febr.

3. **Birgit Dartmann (B)** ist stellvertretende Leiterin eines Seniorenheims. Ihr Bruttolohn für das Kalenderjahr 2016 beträgt 41.484,00 €.
Sie fuhr mit dem eigenen PKW an 200 Tagen zur 13,6 km entfernt gelegenen Arbeitsstätte.
Zu Hause hat sie sich ein kleines Arbeitszimmer eingerichtet, um dort Arbeiten für ihre Tätigkeit im Seniorenheim erledigen zu können. Darüber hinaus steht ihr ein eigenes Büro im Seniorenheim zur Verfügung. Die Kosten für das Arbeitszimmer betragen für den Veranlagungszeitraum insgesamt 1.211,00 €.

4. Die Eheleute haben ein zu Wohnzwecken in Osnabrück vermietetes Appartement (Baujahr 1983) veräußert. Das Appartement hatten die Eheleute mit Kaufvertrag vom 06. März 2006 erworben (Übergang von Nutzen und Lasten am 01. Juli 2006). Die Anschaffungskosten für das Objekt hatten 150.000,00 € betragen, 25 % entfallen davon auf Grund und Boden.
Das Appartement wurde mit Kaufvertrag vom 09. Sept. 2016 für 180.000,00 € veräußert (Übergang von Nutzen und Lasten am 01. Nov. 2016). Bis zu diesem Zeitpunkt war das Appartement durchgängig vermietet. Der zutreffend ermittelte Überschuss aus der Vermietung für 2016 beträgt 1.846,00 €.
Die Abschreibungen für das Objekt sind linear mit 2 % vorgenommen worden.
Im Zuge der Veräußerung fielen Kosten in Höhe von insgesamt 588,00 € an.

Prüfungsfach: Steuerwesen, Prüfungsaufgabe 1

2. Berechnen Sie die abziehbaren außergewöhnlichen Belastungen!

Die Eheleute unterstützen die vermögenslose Mutter von **B** mit 300,00 € monatlich. Die Mutter bezieht seit dem 01. Mai 2004 eine Rente aus der gesetzlichen Rentenversicherung. Der Jahresbetrag der Rente betrug im Veranlagungszeitraum 5.714,40 €, der Zuschuss des Rentenversicherungsträgers zur Krankenversicherung 31,91 € monatlich. Der im Jahr 2005 festgeschriebene steuerfreie Teil der Rente beträgt 2.551,00 €. Darüber hinaus bezog die Mutter monatlich 150,00 € Wohngeld.

Sachverhalt 2   16,5 Punkte

Aufgabe

Ermitteln Sie in einer übersichtlichen Rechnung das Einkommen des Steuerpflichtigen Ulf Volkerts. Alle Berechnungen sind lückenlos durchzuführen.

Eine Günstigerprüfung nach § 10 Abs. 4a EStG ist nicht erforderlich.

Ulf Volkerts (V), geb. am 17. Sept. 1953, seit 2004 geschieden, konfessionslos, ist in Albstadt als selbständiger Arzt tätig. Für den Veranlagungszeitraum 2016 ist ein vorläufiger Gewinn aus der Praxis in Höhe von 55.400,00 € ermittelt worden.

V hat einen PKW dem notwendigen Betriebsvermögen zugeordnet. Noch nicht berücksichtigt sind dabei die Fahrten von der Wohnung zur Betriebsstätte, die **V** an 175 Tagen zurückgelegt hat (einfache Entfernung: 9 km) sowie die Privatfahrten. Der PKW wurde im Jahr 2014 für 48.700,00 € angeschafft. Der Bruttolistenpreis zum Zeitpunkt der Erstzulassung beträgt 54.133,00 €. **V** führt kein Fahrtenbuch.
Die laufenden PKW-Kosten sind in der Gewinnermittlung bereits berücksichtigt.
Es ist keine Kostendeckelung zu beachten.

Aus der gelegentlichen Vermietung seines Wohnmobils erzielte er im Kalenderjahr 2016 einen Überschuss von 245,00 €.

Weiterhin leistete **V** im Veranlagungszeitraum folgende Zahlungen:

- Beiträge in die Versorgungskasse für Ärzte; Jahresbeitrag: 16.508,10 €
- Beiträge zu einer privaten kapitalgedeckten Altersvorsorge; monatlich: 300,00 €
- Beiträge zu einer privaten Krankenversicherung; monatlich: 417,18 €
  (davon entfallen 323,78 € auf die Basisversorgung)
- Beiträge zu einer privaten Pflegeversicherung; monatlich: 35,65 €
- Aus der Pflegeversicherung erhielt er in 2016 eine Beitragsrückerstattung für vorangegangene Kalenderjahre in Höhe von 100,00 €.
- Zahlungen an eine private Rentenversicherung, die er vor 2005 abgeschlossen hatte (Laufzeit länger als 12 Jahre) in Höhe von 1.000,00 € jährlich.

Prüfungsfach: Steuerwesen, Prüfungsaufgabe 1

Sachverhalt 3   **9,5 Punkte**

Aufgabe

Ermitteln Sie in einer übersichtlichen Berechnung die abziehbaren Steuerermäßigungen für die Eheleute Frehrichs. Alle erforderlichen Nachweise liegen vor.

Die Eheleute spendeten an eine politische Partei 3.800,00 €.

Für den Veranlagungszeitraum 2016 liegt ein Gewerbesteuermessbetrag aus der gewerblichen Tätigkeit der Ehefrau vor. Dieser beträgt 665,00 €, die im Veranlagungszeitraum tatsächlich zu zahlende Gewerbesteuer 3.074,00 €.

Der Schornsteinfeger berechnete in 2016 insgesamt 117,34 € (Rechnungsbetrag brutto).

Es liegen Rechnungen des Fensterputzers über insgesamt 322,00 € brutto vor.

Für die Reparatur der Spülmaschine berechnete der Installateur 162,66 € (Rechnungsbetrag brutto). Davon entfallen auf die Anfahrt 15,00 € und auf das Arbeitsmaterial 27,66 €. Der Restbetrag entfällt auf die Arbeitszeit.

Die Eheleute beschäftigen eine Haushaltshilfe im Rahmen einer geringfügigen Beschäftigung („Haushaltsscheckverfahren"). Die Aufwendungen im Veranlagungszeitraum 2016 betrugen insgesamt 2.848,00 €.

Teil 2: Umsatzsteuer   **22,5 Punkte**

Aufgabe

Xaver Claus (C) betreibt in Erfurt ein Elektrofachgeschäft mit angeschlossenem Internethandel. Seine Umsätze versteuert er nach vereinbarten Entgelten. Er gibt monatliche Umsatzsteuervoranmeldungen ab und besitzt eine gültige deutsche USt-IDNr., die er im Geschäftsverkehr auch verwendet.

Die folgenden Sachverhalte sind umsatzsteuerlich aus der Sicht von C zu beurteilen. Die jeweiligen Rechtsnormen sind dabei anzugeben.
Alle notwendigen Nachweise gelten als erbracht, Rechnungen sind ordnungsgemäß ausgestellt. Inländische Unternehmer verwenden stets ihre deutsche USt-IDNr., ausländische die USt-IDNr. ihres jeweiligen Landes.

Verwenden Sie für Ihre Lösung das beigefügte Lösungsschema

1. **C** versendete an einen niederländischen Unternehmer eine professionelle Musikanlage für 11.499,00 €.

2. Die Musikanlage wurde im Auftrag von **C** durch einen deutschen Spediteur mit Sitz in Kassel für 120,00 € netto ausgeliefert.

Prüfungsfach: Steuerwesen, Prüfungsaufgabe 1

3. An einen deutschen Privatkunden versendete **C** eine Waschmaschine für 449,00 € (Rechnungspreis).

4. Der Meister Ingo Bertram reparierte im privaten Einfamilienhaus des **C** in Weimar dessen defekte Waschmaschine. Die Selbstkosten betrugen 90,00 €, einem Fremden hätte **C** 195,00 € berechnet.

5. Aus seiner Filiale in Amsterdam brachte **C** verschiedene Artikel nach Erfurt. Die Waren haben einen Nettowert von 2.874,00 € und soll in der Erfurter Filiale verkauft werden.

6. An einen Freund verkaufte **C** eine Kühlgefrierkombination. Der Freund zahlte 200,00 €. Im Einkauf kostete das Gerät zum Zeitpunkt des Verkaufs 287,50 €, der Ladenverkaufspreis beträgt 599,00 €.

7. **C** baute bei einem Kunden in Eisenach eine Lautsprecheranlage ein. Er berechnete für Lieferung und Einbau insgesamt 3.970,00 € zzgl. 784,30 € USt.

8. **C** erhielt von seiner betrieblichen Gebäudeversicherung eine Entschädigung über 1.000,00 € aufgrund von Graffitischäden ausbezahlt.

Prüfungsfach: Steuerwesen, Prüfungsaufgabe 1

Lösungsschema Umsatzsteuer

Sach-verhalt	Art des Umsatzes §	Ort der Leistung §	steuerbar §	steuerfrei §	steuerpflichtig	Bemessungsgrundlage € §	USt/EUSt € §	VorSt € §
1								
2								
3								
4								

Prüfungsfach: Steuerwesen, Prüfungsaufgabe 1

5	6	7	8

Prüfungsfach: Steuerwesen, Prüfungsaufgabe 1

Teil 3: Körperschaftsteuer   **10 Punkte**

Aufgabe

Ermitteln Sie das zu versteuernde Einkommen der GmbH für das Geschäftsjahr 2016 sowie die festzusetzende Körperschaftsteuer und den Solidaritätszuschlag!

Sachverhalt

Für die Meierling-GmbH ist ein handelsrechtlicher Jahresüberschuss in Höhe von 198.140,00 € ermittelt worden:

Gewinn- und Verlustrechnung der Meierling-GmbH

Umsatzerlöse	2.984.000,00 €	
Sonstige betriebliche Erträge	156.900,00 €	
		3.140.900,00 €
Materialaufwand	1.275.000,00 €	
Personalkosten	1.060.500,00 €	
Abschreibungen	187.300,00 €	
Sonstige betriebliche Aufwendungen	374.100,00 €	
		- 2.896.900,00 €
verbleiben		244.000,00 €
Steuern vom Einkommen und Ertrag		45.860,00 €
vorläufiger handelsrechtlicher Jahresüberschuss		198.140,00 €

In den sonstigen betrieblichen Aufwendungen sind unter anderem enthalten:
- Vergütungen für den Aufsichtsrat   30.000,00 €
- angemessene Bewirtungskosten   2.950,00 €
- Geschenke an Geschäftsfreunde < 35,00 €   2.044,00 €
- Geschenke an Geschäftsfreunde > 35,00 €   595,00 €
- Zuwendung an eine politische Partei   5.000,00 €
- Spende an den Förderverein eines Berufskollegs   1.000,00 €

In den Personalkosten ist auch das Gehalt an den Geschäftsführer Günter Meierling enthalten. Es beträgt 7.500,00 € monatlich. Branchenüblich wäre ein Gehalt von 72.000,00 € jährlich.

Die Position Steuern vom Einkommen und Ertrag enthält folgende Posten:
- Körperschaftsteuervorauszahlung   20.000,00 €
- Solidaritätszuschlagvorauszahlung   1.100,00 €
- Gewerbesteuervorauszahlung   19.800,00 €
- Gewerbesteuerrückstellung   4.800,00 €
- Säumniszuschlag zur Körperschaftsteuer   160,00 €

Teil 4: Gewerbesteuer 9 Punkte

Aufgabe

Ermitteln Sie den Gewerbesteuermessbetrag!

Der Hebesatz beträgt 435 %.

Sachverhalt

Für die Terlitz-OHG ist für das Kalenderjahr 2016 ein Handelsbilanzgewinn in Höhe von 214.850,00 € ermittelt worden. Das Wirtschaftsjahr entspricht dem Kalenderjahr.

1. Olaf Terlitz ist geschäftsführender Gesellschafter. Für seine Tätigkeit erhielt er in 2016 ein Jahresgehalt von 68.400,00 €.

2. Sein Bruder Martin Terlitz ist ebenfalls Gesellschafter der Terlitz-OHG, laut Gesellschaftsvertrag ist er jedoch von der Geschäftsführung ausgeschlossen. Er hat der OHG ein Darlehen zur Verfügung gestellt, für das die OHG in 2016 insgesamt 6.844,00 € Zinsen gezahlt hat.

3. Für weitere Darlehen und Kredite hat die OHG darüber hinaus 19.480,00 € Zinsen gezahlt.

4. Für ein angemietetes Geschäftsgrundstück wurde 24.000,00 € Miete gezahlt.

5. Für ein Geschäftsgrundstück, das sich im Eigentum der OHG befindet, beträgt der Einheitswert basierend auf den Wertverhältnissen vom 01. Jan. 1964 122.000,00 €.

6. Die Leasingraten für den Fuhrpark haben insgesamt 21.000,00 € betragen.

Teil 5: Abgabenordnung 11,5 Punkte

Sachverhalt 1 3 Punkte

Klaus Zirbel (Z) erhielt am 09. Febr. 2017 seinen endgültigen Steuerbescheid 2015. Werbungskosten bei den Einkünften aus Vermietung und Verpachtung wurden fälschlicherweise nicht anerkannt. Bei ordnungsgemäßer Veranlagung würde sich eine um 423,00 € geringere Einkommensteuer ergeben.

Frage
Welche beiden Möglichkeiten gibt es grundsätzlich, eine Korrektur des Einkommensteuerbescheides 2015 zu erreichen? Nennen Sie diese. Geben Sie auch die Rechtsgrundlagen an.

Prüfungsfach: Steuerwesen, Prüfungsaufgabe 1

Sachverhalt 2 4,5 Punkte

Der Steuerbescheid von **Z** trägt das Datum vom 02. Febr. 2015. Aufgrund eines Unfalls auf dem Weg zu seiner Arbeitsstätte am 04. März war **Z** zunächst nicht in der Lage, seine Rechte wahrzunehmen. Erst am 25. März wurde er aus dem Krankenhaus entlassen.

Fragen

Wann endet die Rechtsbehelfsfrist (mit genauer Berechnung)?
Kann **Z** noch rechtswirksam Einspruch einlegen?
Auszug aus dem Kalender 2017:

	Februar					März					April				
Mo		6	13	20	27		6	13	20	27		3	10	17	24
Di		7	14	21	28		7	14	21	28		4	11	18	25
Mi	1	8	15	22		1	8	15	22	29		5	12	19	26
Do	2	9	16	23		2	9	16	23	30		6	13	20	27
Fr	3	10	17	24		3	10	17	24	31		7	14	21	28
Sa	4	11	18	25		4	11	18	25		1	8	15	22	29
So	5	12	19	26		5	12	19	26		2	9	16	23	30

Feiertage: 14. April (Karfreitag); 17. April (Ostermontag)

Sachverhalt 3 4 Punkte

Z überwies die Einkommensteuervorauszahlung für das 4. Quartal 2016 in Höhe von 356,00 € erst am 13. Jan. 2017.

Aufgaben
1. Welche steuerliche Nebenleistung wird das Finanzamt erheben? Nennen Sie die Rechtsgrundlage.
2. Berechnen Sie die Höhe.

Prüfungsfach: Steuerwesen, Prüfungsaufgabe 2

Teil 1: Einkommensteuer   **47 Punkte**

Aufgabe 1   **20 Punkte**

Ermitteln Sie in einer übersichtlichen Darstellung den Gesamtbetrag der Einkünfte der unbeschränkt einkommensteuerpflichtigen Eheleute Horst (H) und Sandra (S) Wegener für den Veranlagungszeitraum 2016! Die Eheleute werden zusammen veranlagt. Einnahmen bzw. Aufwendungen, die dabei nicht berücksichtigt werden, sind mit „0" anzusetzen und kurz zu begründen.

Sachverhalt

H war vom 01. Jan. bis 30. Juni 2016 als technischer Leiter bei der Why-Con-AG in Münster angestellt. Mit Erreichen des 65. Lebensjahres ging er am 01. Juli 2016 in Rente. Seitdem erhält er von der Why-Con-AG eine Betriebspension, die nicht auf eigenen Beitragsleistungen beruht.

Bruttoarbeitslohn vom 01. Jan. bis 30. Juni 2016	50.420,00 €
Betriebspension seit dem 01. Juli 2016 monatlich	280,00 €
Rente aus der gesetzl. Rentenversicherung seit dem 01. Juli 2016 monatlich	1.678,00 €

H fuhr in der Zeit vom 01. Jan. bis 30. Juni 2016 an insgesamt 115 Tagen zu der 24 km entfernt gelegenen Arbeitsstätte. Der Arbeitgeber erstattete H hierfür monatlich 100,00 €, die durch die Why-Con-AG pauschal versteuert wurden.

H bezog im VZ 2016 zwei verschiedene Zeitschriften, die er beruflich nutzt:
    „Wirtschaftswoche"   Jahresabo 90,00 €
    „Technische Sicherheit"   Jahresabo 60,00 €

Die Ehefrau (S) erhält seit dem 01. Dez. 2015 eine Rente aus der gesetzlichen Rentenversicherung. Sie vollendete am 14. Nov 2015 das 63. Lebensjahr. Aus den Rentenbescheiden ergeben sich folgende Daten (Beträge vor Abzug der Kranken- und Pflegeversicherungsbeiträge):
    ab 01. Dez. 2015   1.178,00 €
    ab 01. Juli 2016   1.236,90 €

Für einen Rentenberater zahlte S im Veranlagungszeitraum 2016 insgesamt 90,00 €. Aufgrund eines früheren Arbeitsunfalls erhält sie darüber hinaus seit 2011 eine monatliche Rente von der Berufsgenossenschaft in Höhe von 276,00 €.

Aufgabe 2   **14 Punkte**

Ermitteln Sie für die Eheleute Ingo (I) und Karin (K) Mahler das Einkommen für den Veranlagungszeitraum 2016.

Eine Günstigerprüfung nach § 10 Abs. 4a EStG ist nicht durchzuführen.

Prüfungsfach: Steuerwesen, Prüfungsaufgabe 2

Sachverhalt

Die Eheleute Ingo und Karin Mahler sind unbeschränkt steuerpflichtig und werden zusammen veranlagt.

I ist am 14.Jan.1959 geboren und selbständiger Architekt. Der nach § 4 Abs. 3 EStG ermittelte Gewinn betrug im Veranlagungszeitraum 2016 166.000,00 €.

I zahlte monatlich 2.500,00 € in eine berufsständische Versorgungskasse.
Darüber hinaus bescheinigte ihm die private Krankenversicherung folgende Beiträge für den Veranlagungszeitraum 2016 (jeweils Jahresbeträge):

Krankenversicherung Basisabsicherung	4.768,00 €
gesetzliche private Pflegeversicherung	378,00 €
Krankenversicherung Wahlleistungen	1.128,00 €

Für eine im Jahr 1999 abgeschlossene Kapitallebensversicherung zahlte I einen Beitrag von 3.000,00 € in 2016.

An seine geschiedene Ehefrau zahlt er Ehegattenunterhalt in Höhe von 1.350,00 € monatlich. Die Ehefrau hat die „Anlage U" unterschrieben.

K ist am 25.Okt.1959 geboren und Inhaberin eines Cafés. Der Gewinn für den Veranlagungszeitraum 2016 ist mit 54.600,00 € zutreffend ermittelt worden.

K zahlte im VZ 2016 insgesamt 24.000,00 € in einen kapitalgedeckten Altersvorsorgevertrag („Rürup-Rente").
Die private Krankenversicherung bescheinigte ihr folgende Beiträge für den Veranlagungszeitraum 2016 (jeweils Jahresbeträge):

Krankenversicherung Basisabsicherung	5.112,00 €
gesetzliche private Pflegeversicherung	366,00 €

K's Tochter Emmy aus erster Ehe studiert in Hamburg. Emmy ist 28 Jahre alt und wurde im gesamten Veranlagungszeitraum 2016 von ihrer Mutter mit 500,00 € pro Monat finanziell unterstützt. Emmy übt einen Minijob aus, bei dem sie im gesamten Veranlagungszeitraum 450,00 € monatlich ausgezahlt bekam. Sie besitzt kein nennenswertes Vermögen. Emmy's Vater zahlt keinen Unterhalt.

Aufgabe 3   13 Punkte

Ermitteln Sie die Einkünfte aus Vermietung und Verpachtung für den unbeschränkt einkommensteuerpflichtigen Jens Gottwald (J) für 2016.

Sachverhalt

Jens Gottwald hatte im Veranlagungszeitraum 2015 ein Mehrfamilienhaus für 400.000,00 € (= Anschaffungskosten) erworben. Das Haus war im Jahr 1969 gebaut worden. Von dem Kaufpreis entfallen 20 % auf Grund und Boden. Das Gebäude wird seit dem 01.01.2016 wie folgt genutzt:

Erdgeschoss: Nutzung zu eigenen Wohnzwecken durch J
1. Obergeschoss: Vermietung an eine Familie für monatlich 1.000,00 €
zzgl. 300,00 € Nebenkosten
2. Obergeschoss: Vermietung an ein Ehepaar für monatlich 1.000,00 €
zzgl. 250,00 € Nebenkosten

Die Mieten sind ortsüblich; die Wohnungen sind alle 110 qm groß.

Die Mieter im 1. Obergeschoss überwiesen die Miete einschließlich der Nebenkosten für Dezember 2016 erst am 12. Jan. 2017.

J ließ an dem Haus folgende Renovierungsarbeiten durchführen:
- Renovierung der Wohnung im Erdgeschoss im Jahr 2015
  (Fußboden, Fenster, Badezimmer)   37.500,00 € zzgl. 7.125,00 € USt
- Renovierung der Wohnung im 1. OG im Jahr 2015
  (Fußboden, Fenster)   9.400,00 € zzgl. 1.786,00 € USt
- Renovierung der Wohnung im 2. OG im Jahr 2015
  (Fußboden, Fenster)   9.400,00 € zzgl. 1.786,00 € USt
- Fassadenarbeiten im Jahr 2016   12.650,00 € zzgl. 2.403,50 € USt
- Sanierung des Daches im Jahr 2016   18.800,00 € zzgl. 3.572,00 € USt

Folgende weitere Ausgaben hat J im Jahr 2016 außerdem getätigt:
- Kreditzinsen zur Finanzierung des Hauses   9.000,00 €
- Gebäudeversicherungen   460,00 €
- Abgaben an die Stadt (Grundsteuer, Müllabfuhr etc.)   1.400,00 €
- Strom, Wasser, Gas   10.960,00 €
  von diesem Betrag entfallen auf die Erdgeschosswohnung   3.780,00 €

Teil 2: Umsatzsteuer   **28,0 Punkte**

Aufgaben

**Beurteilen Sie die folgenden Sachverhalte für das Jahr 2016 umsatzsteuerlich, indem Sie das Lösungsblatt unter Angabe sämtlicher Rechtsgrundlagen und ggf. mit genauer Ortsangabe ausfüllen. Nebenrechnungen sind ebenfalls anzugeben. Sollten Umsätze nicht steuerbar sein, so muss dies begründet werden.
Gehen Sie davon aus, dass alle erforderlichen Nachweise erbracht und alle Rechnungen ordnungsgemäß sind. Inländische Unternehmer verwenden ihre deutschen USt-ID-Nr., ausländische Unternehmer die USt-ID-Nr. ihres jeweiligen Landes.
Sollte es umsatzsteuerliche Wahlrechte geben, haben die Unternehmer jeweils auf die Steuerbefreiung verzichtet.**

Sachverhalt 1

Stephan Xaver (X) ist in Beckum als Rechtsanwalt tätig. Seine Umsätze versteuert er nach vereinnahmten Entgelten.

Prüfungsfach: Steuerwesen, Prüfungsaufgabe 2

Im <u>Kalenderjahr 2016</u> erhielt er folgende Einnahmen aus seiner Tätigkeit als Anwalt:

1. 2.100,00 € für die Beratung einer Studentin mit Wohnsitz in der Schweiz in Unterhaltsangelegenheiten.
2. 1.790,00 € für die Beratung eines österreichischen Hoteliers mit Sitz in Kärnten wegen eines Gerichtsverfahrens gegen einen randalierenden deutschen Gast.
3. 3.800,00 € für die Vertretung eines deutschen Unternehmers mit Sitz in Warendorf bei einem Rechtsstreit vor dem Oberlandesgericht in Münster.

Aus der Vermietung eines Mehrfamilienhauses in Dortmund erzielte X folgende Einnahmen:

4. Einnahmen aus der Vermietung an eine Studentin in Höhe von 320,00 € monatlich.
5. Einnahmen aus der Vermietung an einen Einzelhändler in Höhe von 2.800,00 € monatlich.

Darüber hinaus sind noch folgende Sachverhalte zu beurteilen:

6. X nutzt einen Firmen PKW auch für Privatfahrten. Der PKW gehört einkommensteuerlich zum notwendigen Betriebsvermögen. Die Anschaffungskosten betrugen 29.800,00 €. Der Bruttolistenpreis zum Zeitpunkt der Erstzulassung betrug 54.680,00 €. X führt kein Fahrtenbuch.
7. X überwies im März 2016 seinen Beitrag in Höhe von 216,00 € an die Rechtsanwaltskammer.

Sachverhalt 2

Frank Schönfeld (S) betreibt in Gescher (Münsterland) eine Gaststätte mit angeschlossenem Hotel.

1. S bestellte bei einem spanischem Hersteller neues Hotelgeschirr zum Gesamtpreis von 5.800,00 €. Das Geschirr wird durch eine portugiesische Spedition geliefert.
2. S vermietete ein Doppelzimmer an ein Ehepaar aus Heidelberg. Für das Zimmer berechnete er 90,00 € und für das Frühstück insgesamt 30,00 €.
3. S lieferte an eine niederländische Firma in Enschede (Niederlande) ein Buffet zu einer Firmenfeier. Die Leistung von S umfasste neben Speisen und Getränken auch Geschirr und Besteck sowie Kellner-Service. S berechnete insgesamt 5.000,00 €

Sachverhalt 3

Beurteilen Sie den folgenden Sachverhalt umsatzsteuerlich und geben Sie dabei die gesetzlichen Vorschriften an.

Die portugiesische Spedition mit Sitz in Lissabon (vgl. Sachverhalt 2) schickt S für die Anlieferung eine Rechnung in Höhe von 180,00 €.

Prüfungsfach: Steuerwesen, Prüfungsaufgabe 2

Lösung Sachverhalt 1

Sach-verhalt	Art des Umsatzes §	Ort der Leistung §	steuerbar §	steuerfrei §	steuerpflichtig	Bemessungsgrundlage € §	USt/EUSt € §	VorSt € §
1								
2								
3								
4								
5								
6								
7								

Prüfungsfach: Steuerwesen, Prüfungsaufgabe 2

Lösung Sachverhalt 2

Sach-verhalt	Art des Umsatzes §	Ort der Leistung §	steuerbar §	steuerfrei §	steuerpflichtig	Bemessungsgrundlage € §	USt/EUSt € §	VorSt € §
1								
2								
3								

Prüfungsfach: Steuerwesen, Prüfungsaufgabe 2

Teil 3: Körperschaftsteuer 6,5 Punkte

Aufgabe

Ermitteln Sie das zu versteuernde Einkommen der GmbH für das Geschäftsjahr 2016 sowie die festzusetzende Körperschaftsteuer und den Solidaritätszuschlag!

Sachverhalt

Die HaNuKa-GmbH, Düsseldorf, hat einen handelsrechtlichen Jahresüberschuss in Höhe von 64.900,00 € für 2016 ermittelt.

In dem Jahresüberschuss sind folgende Sachverhalte berücksichtigt:

1. Position „Steuern vom Einkommen und Ertrag":
   Körperschaftsteuer-Vorauszahlung 2016   10.400,00 €
   Solidaritätszuschlag-Vorauszahlung 2016   572,00 €
   Gewerbsteuer-Vorauszahlung 2016   4.600,00 €

2. Als Aufwand wurden folgende Beträge erfasst:
   Säumniszuschlag zur Gewerbesteuer   56,00 €
   Verspätungszuschlag für die Abgabe einer Umsatzsteuervoranmeldung 500,00 €

3. Die GmbH gewährte dem zu 50 % beteiligten Gesellschafter-Geschäftsführer Klaus Habermann ein Darlehen in Höhe von 50.000,00 €. Die Zinsen in Höhe von 1,5 % (= 750,00 €) wurden als Ertrag erfasst. Marktüblich ist ein Zinssatz von 3 %.

4. Die HaNuKa unterhält auf dem Rhein eine kleine Jacht, die für betriebliche Zwecke genutzt wird. Die Aufwendungen für den Unterhalt der Jacht und die Bewirtung von Personen betrugen in 2016 insgesamt 15.000,00 €.

Prüfungsfach: Steuerwesen, Prüfungsaufgabe 2

Teil 4: Gewerbesteuer **11 Punkte**

Aufgabe

Ermitteln Sie die Gewerbesteuerrückstellung bzw. den Gewerbesteuererstattungsanspruch für den Erhebungszeitraum 2016!

Der Hebesatz beträgt 440 %.

Sachverhalt

Für die Schmerling GmbH, Bremen, liegt folgende vorläufige Gewinn und Verlustrechnung für das Geschäftsjahr 2016 vor:

Aufwendungen	Vorläufige Gewinn- und Verlustrechnung		Erträge
Materialaufwand	2.924.000 €	Umsatzerlöse	5.890.000 €
Löhne und Gehälter	1.450.000 €	sonstige betriebl. Erträge	65.000 €
soziale Aufwendungen	495.000 €		
Mietaufwand	87.000 €		
Zinsaufwand	87.000 €		
Gewerbesteuer-vorauszahlungen	75.000 €		
Körperschaftsteuer-vorauszahlungen	61.000 €		
Spenden	8.000 €		
sonstige betriebliche Aufwendungen	401.650 €		
vorläufiger Jahresüberschuss	366.350 €		
	5.955.000 €		5.955.000 €

Erläuterungen zur Gewinn- und Verlustrechnung:

In der Position „Mietaufwand" sind folgende Aufwendungen enthalten:
- Miete für eine Telefon-Anlage   6.000,00 €
- Miete für ein Geschäftsgebäude in Höhe von   81.000,00 €

In der Position „Zinsaufwand" sind folgende Aufwendungen enthalten:
- Zinsen für einen Kontokorrentkredit   2.050,00 €
- Zinsen für ein Bankdarlehen   80.900,00 €
- Zinsen für ein Darlehen, dass ein Gesellschafter der GmbH zur Finanzierung eine Grundstücks zur Verfügung gestellt hat (die Höhe ist angemessen)   4.000,00 €

In der Position „Spenden" ist enthalten:
- Spende an den Förderverein eines Berufskollegs in Bremen
  (gemeinnützige Zwecke)   3.000,00 €
- Spende an eine politische Partei   5.000,00 €

Es liegen jeweils ordnungsgemäße Zuwendungsbestätigungen vor.

Im Betriebsvermögen der GmbH befindet sich außerdem seit 2008 ein Betriebsgrundstück. Der Einheitswert nach den Wertverhältnissen vom 01.01.1964 beträgt 45.000,00 €.

Teil 5: Abgabenordnung   7,5 Punkte

Aufgabe 1   3,5 Punkte

Stellen Sie fest, ob der Mandant Volker Baumert Säumniszuschläge zu entrichten hat und berechnen Sie ggf. die Höhe. Begründen Sie Ihre Lösung unter Angabe der Rechtsgrundlagen.

Sachverhalt

Volker Baumert gibt monatlich USt-Voranmeldungen hat. Er hat keine Dauerfristverlängerung beantragt.

Die USt-Voranmeldung für Dezember 2016 geht erst am 11. Jan. 2017 (Mittwoch) beim Finanzamt elektronisch ein. Der Mandant überweist die Zahllast in Höhe von 1.980,00 €. Der Betrag geht am 16. Jan. 2017 (Montag) auf dem Konto des Finanzamtes ein.

Aufgabe 2   4,0 Punkte

Berechnen Sie in übersichtlicher Form die festzusetzenden Nachzahlungszinsen.

Sachverhalt

Der Steuerpflichtige Helmut Tramm erhielt mit Datum vom 08. Dez. 2016 (Donnerstag) den Einkommensteuerbescheid für den Veranlagungszeitraum 2014. Er muss 1.430,00 € ESt und 78,65 € SolZ nachzahlen (Fälligkeit am 12. Jan. 2017).

Prüfungsfach: Steuerwesen, Prüfungsaufgabe 3

Teil 1: Einkommensteuer   **46 Punkte**

Sachverhalt 1   13 Punkte

Die Eheleute Jürgen und Monika Stemmer sind beide 40 Jahre alt, unbeschränkt einkommensteuerpflichtig und gehören keiner Konfession an.

Jürgen Stemmer (JS) ist Angestellter mit einem Bruttoarbeitslohn von 38.642 EUR in 2016. Seine Bezüge wurden ihm auf das gemeinsame Konto der Ehegatten überwiesen.

JS fuhr im Jahr 2016 an 230 Tagen mit öffentlichen Verkehrsmitteln zu seiner ersten Tätigkeitsstätte. Die einfache Entfernung beträgt 101 km. Für Fahrkarten zahlte er in 2016 insgesamt 3.422,00 EUR.

JS benötigte für seine Arbeit einen neuen Anzug (Kosten. 400,00 EUR), den er Anfang 2016 kaufte. Er hat den Anzug ausschließlich für berufliche Zwecke erworben. Im Veranlagungszeitraum 2016 brachte er den Anzug mehrfach zur Reinigung. Kosten: 90,00 EUR.

Monika Stemmer (MS) ist verbeamtete Grundschullehrerin. Ihre Bezüge für den Veranlagungszeitraum 2016 betrugen 29.687,00 EUR. Sie fuhr an 120 Tagen mit ihrem Fahrrad zu der 4 Kilometer entfernt gelegenen Grundschule.
Zu Hause hat MS sich im Wohnzimmer eine Arbeitsecke eingerichtet, weil ihr an der Schule kein Arbeitsplatz zur Verfügung steht. Die monatliche anteilige Miete für die Arbeitsecke beträgt 80 EUR.
Über Arbeitsmittel legt MS Quittungen und Rechnungen über 315,00 EUR vor.
MS ist Mitglied der GEW. Sie zahlte in 2016 einen Jahresbeitrag von 160,00 EUR.
Ihre Bezüge wurden ebenfalls auf das gemeinsame Konto der Ehegatten überwiesen.

Die Ehegatten lassen ihre Steuererklärung von einem Steuerberater erstellen. Im August 2016 erhielten sie die Rechnung für die Steuererklärung 2015. Auszug:

Einkommensteuererklärung ohne Ermittlung der einzelnen Einkünfte	130,00 EUR
Ermittlung des Überschusses der Einnahmen über die Werbungskosten aus nichtselbständiger Arbeit:	
Ehemann	90,00 EUR
Ehefrau	50,00 EUR
Gesamtbetrag netto	270,00 EUR
USt 19 %	51,30 EUR
Gesamtbetrag brutto	321,30 EUR

Prüfungsfach: Steuerwesen, Prüfungsaufgabe 3

Aufgabe

Ermitteln Sie in einer übersichtlichen Darstellung den Gesamtbetrag der Einkünfte der Eheleute Jürgen und Monika Stemmer für den Veranlagungszeitraum 2016. Die Ehegatten werden zusammenveranlagt.

Zu Sachverhalten, die sich steuerlich nicht auswirken, ist ein kurzer Hinweis zu geben.

Sachverhalt 2 — 23,0 Punkte

Martin Nünnig (MN), geboren am 12. Jan. 1941, ist unbeschränkt einkommensteuerpflichtig und seit 2011 verwitwet.

Er bezieht seit dem 01. Febr. 2004 eine Rente aus der gesetzlichen Rentenversicherung. Er erhielt folgende Mitteilung über die Rentenanpassung zum 01. Juli 2016 (Auszug):

Berechnung	bisherige Monatsbeträge	Monatsbeträge ab 01. Juli 2016
Rentenbetrag	1.549,84 EUR	1.627,33 EUR
Beitragsanteil zur gesetzlichen Krankenversicherung Beitragssatz 8,2 %	127,09 EUR	133,44 EUR
individueller Zusatzbeitrag Beitragssatz 0,9 %	13,95 EUR	14,61 EUR
Beitrag zur Pflegeversicherung Beitragssatz 2,35 %	31,77 EUR	38,24 EUR
Auszuzahlender Betrag	1.377,03 EUR	1.441,04 EUR

Die Bruttorente für den Veranlagungszeitraum 2005 betrug 16.468 EUR.

MN ist Eigentümer einer Wohnung, die zu fremden Wohnzwecken vermietet ist. Baujahr der Wohnung: 1921. Die Wohnung erbte er 2012 von seiner verstorbenen Frau. Diese hatte die Wohnung 1972 von ihrer Mutter geerbt. Für die Abschreibungen hatte MN's verstorbene Frau eine Bemessungsgrundlage von umgerechnet 80.000,00 EUR zugrundegelegt.

Die Miete für die Wohnung beträgt monatlich 800,00 EUR zzgl. 200,00 EUR Nebenkosten. Die Miete für Dezember 2016 ging einschl. der Nebenkosten erst am 16. Jan. 2017 aus MN's Konto ein.

Im Februar 2016 hatte MN die Nebenkostenabrechnung für 2015 erstellt und den Mietern eine Erstattung in Höhe von 28,00 EUR überwiesen.

MN zahlte an die Gemeinde quartalsweise Abgaben für die Eigentumswohnung in Höhe von 188,00 EUR.

Für Gebäudeversicherungen für die vermietete Wohnung (Laufzeit 01. Okt. 2016 bis 30. Sept. 2017) buchte die Versicherungsgesellschaft im Oktober 2016 einen Betrag von 114,00 EUR ab. An den Energieversorger zahlte MN in 2016 monatlich 128,00 EUR.

2016 starb die Mutter von MN. Er musste für die Beerdigungskosten aufkommen. Diese überstiegen den Nachlass um 1.312,00 EUR. Außerdem zahlte MN für die Bewirtung der Trauergäste 600,00 EUR.

MN besitzt eine Privathaftpflichtversicherung. Er zahlte dafür in 2016 einen Beitrag von 68,00 EUR.

Prüfungsfach: Steuerwesen, Prüfungsaufgabe 3

Aufgabe

Ermitteln Sie in einer übersichtlichen Darstellung das zu versteuernde Einkommen von Martin Nünnig für den Veranlagungszeitraum 2016.
Eine Günstigerprüfung nach § 10 Abs. 4a EStG ist nicht durchzuführen. Zu Sachverhalten, die sich steuerlich nicht auswirken, ist ein kurzer Hinweis zu geben.
Runden Sie die Beträge zugunsten des Steuerpflichtigen auf volle EUR.

Sachverhalt 3 10,0 Punkte

Die Eheleute Tim (TK) und Margit Karlos (MK) sind unbeschränkt einkommensteuerpflichtig und haben gemeinsam eine 7-jährige Tochter (Luise), die auf eine Waldorfschule geht. Die Waldorfschule ist eine staatlich anerkannte Ersatzschule.

Für Luise zahlen die Eltern monatlich ein Schulgeld von 280,00 EUR sowie ein Essensgeld von 80,00 EUR.

TK zahlt Unterhalt an seine geschiedene Frau Christa in Höhe von monatlich 1.160,00 EUR sowie an seinen Sohn Marco aus erster Ehe, der bei seiner Mutter lebt, in Höhe von 450,00 EUR monatlich. Christa hat die Anlage U unterschrieben.

MK machte in 2016 eine vollzeitschulische Ausbildung als Physiotherapeutin. Es handelt sich hierbei um ihre erste Berufsausbildung.
Die Kosten für den Unterricht werden halbjährlich von ihrem Konto in Höhe von 2.200,00 EUR abgebucht. Darüber hinaus wird von dem Ausbildungsinstitut einmal im Jahr eine Pauschale von 300,00 EUR für Unterrichtsmaterial abgebucht.
MK suchte die Schule im Jahr 2016 an 180 Tagen auf. Sie fuhr dort mit dem eigenen PKW hin. Die einfache Entfernung beträgt 9 km. Die Abwesenheit von zu Hause betrug an den 180 Tagen jeweils mehr als acht Stunden.

Aufgabe

Berechnen Sie die Höhe der abzugsfähigen Sonderausgaben der Eheleute Karlos für den Veranlagungszeitraum 2016.
Vorsorgeaufwendungen sind nicht zu berücksichtigen. Ausgaben, die nicht als Sonderausgaben abgezogen werden können, sind kurz zu erläutern. Runden Sie die Beträge zugunsten der Steuerpflichtigen auf volle EUR.

Teil 2: Umsatzsteuer 26,0 Punkte

1. Aufgabe 18,5 Punkte

Die Unternehmerin Cäcilia Ernst (E) betreibt in Köln einen Groß- und Einzelhandel für Fahrräder und Zubehör mit angeschlossener Werkstatt. Sie besitzt eine gültige deutsche USt-IdNr., die sie im innergemeinschaftlichen Warenverkehr verwendet.

Prüfungsfach: Steuerwesen, Prüfungsaufgabe 3

Sie versteuert ihre Umsätze nach den allgemeinen Vorschriften des UStG und berechnet die Steuer nach vereinbarten Entgelten. Alle Nachweise und Rechnungen entsprechen den gesetzlichen Anforderungen.

Sachverhalt 1
An einen Hotelier in Dresden versendete E 10 Fahrräder. Die Fahrräder wurden von einer Spedition nach Dresden gebracht. E stellt für die Fahrräder insgesamt 8.000,00 EUR und für die Lieferung 75,00 EUR in Rechnung (Nettobeträge).

Sachverhalt 2
Bei einem Fahrradverleih in Bad Godesberg wartete und reparierte sie Fahrräder, wobei sie ein paar Kleinteile austauschte. Sie stellte dem Fahrradverleih insgesamt 560,00 EUR (Rechnungsbetrag) in Rechnung.

Sachverhalt 3
E lieferte an einen Kleinunternehmer im Elsass (Frankreich) Zubehörteile für Mountainbikes. Der Kleinunternehmer hat nicht optiert. Der Rechnungsbetrag beläuft sich auf insgesamt 98,50 EUR.

Sachverhalt 4
E schenkte ihrer Nichte Claudia, die in Münster studieren möchte, zum bestandenen Abitur ein Hollandrad. Der Einkaufspreis für das Fahrrad beträgt 397,00 EUR, im Laden wird das Fahrrad für 899,00 EUR angeboten.

Sachverhalt 5
E verkaufte an einen Bekannten in Istanbul (Türkei), der dort einen Fahrradkurierdienst betreibt, fünf Fahrräder. Der Rechnungsbetrag beläuft sich auf 2.900,00 EUR. Die Fahrräder wurden über eine deutsche Spedition versendet.

Sachverhalt 6
Aus Polen bezog E einen Posten Sattelpolster für 300,00 EUR (Rechnungsbetrag) von einem dort ansässigen Unternehmer. Die Polster wurden durch einen Paketdienst befördert.

Die Sachverhalte 1 bis 6 sind unter Angabe der Rechtsgrundlagen umsatzsteuerlich aus Sicht von E zu beurteilen.
Verwenden Sie für Ihre Lösungen das abgedruckte Lösungsschema.

2. Aufgabe   4 Punkte

Ein polnischer Unternehmer verlegte in den Geschäftsräumen von E im März 2016 neue Bodenfliesen. Es handelt sich um eine Werklieferung. E erhielt im Mai eine Rechnung über 1.200,00 EUR, die sie im Juni per Banküberweisung beglich.

2.1   Nehmen Sie Stellung zur Steuerschuldnerschaft und geben Sie die relevanten Rechtsgrundlagen an.

2.2   Begründen Sie unter Angabe der Rechtsgrundlage, wann die Steuer entsteht.

3. Aufgabe 3,5 Punkte

Die Schwester von E machte sich im November 2016 selbständig und eröffnete eine Modeboutique. Für das Jahr 2016 liegen folgende Zahlen vor:

- geschuldete Umsatzsteuer 18.644,00 EUR
- abziehbare Vorsteuer 17.961,00 EUR
- Steuerzahllast 683,00 EUR
- geleistete Vorauszahlungen 360,00 EUR
- Abschlusszahlung 2016 323,00 EUR

3.1 Berechnen Sie die Höhe der Sondervorauszahlung für das Kalenderjahr 2017.

3.2 Bis wann muss die Schwester von E die Umsatzsteuererklärung 2016 spätestens abgeben? Geben Sie auch die relevante Rechtsgrundlage an.

3.3 Bis wann muss sie die Abschlusszahlung leisten, wenn vom Finanzamt keine abweichende Festsetzung erfolgt? Geben Sie auch die relevante Rechtsgrundlage an.

Prüfungsfach: Steuerwesen, Prüfungsaufgabe 3

Lösung 1. Aufgabe

Sach-ver-halt	Art des Umsatzes §	Ort der Leistung §	steuerbar §	steuerfrei §	steuerpflichtig	Bemessungs-grundlage € §	USt EUR	VorSt EUR §
1								
2								
3								
4								
5								
6								

Prüfungsfach: Steuerwesen, Prüfungsaufgabe 3

Teil 3: Körperschaftsteuer   **8,5 Punkte**

Sachverhalt

Die Olsteiner-GmbH mit Sitz in Lübeck erstellt zum 31. Dez. 2016 den Jahresabschluss für das Wirtschaftsjahr 2016. Der vorläufige Jahresüberschuss beträgt 154.682 EUR. Geschäftsführer ist der Gesellschafter Marc Olstein (MO).

Im Jahresabschluss sind u.a. folgende Ausgaben des Jahres 2016 als Aufwand erfasst worden:

Löhne und Gehälter *	234.600 EUR
Gewerbesteuer	32.100 EUR
Körperschaftsteuer-Vorauszahlungen	20.400 EUR
Solidaritätszuschlags-Vorauszahlungen	1.122 EUR
Grundsteuer	1.800 EUR
Bewirtungsaufwendungen, die angemessen sind und ordnungsgemäß nachgewiesen werden	19.200 EUR 744 EUR
Geschenke an Geschäftspartner bis 35 EUR	1.200 EUR
Säumniszuschlag zur Grundsteuer	36 EUR
Säumniszuschlag zur Umsatzsteuer	980 EUR

* MO erhält laut Gesellschaftsvertrag seit dem 01. Jan. 2016 ein monatliches Geschäftsführergehalt von 10.000 EUR. Angemessen wären lediglich 7.500 EUR.

Aufgaben

1. Ermitteln Sie das zu versteuernde Einkommen der GmbH für das Geschäftsjahr 2016 sowie die festzusetzende Körperschaftsteuer und den Solidaritätszuschlag!
2. Berechnen Sie den endgültigen Jahresüberschuss für 2016.

Teil 4: Gewerbesteuer   **11 Punkte**

Sachverhalt

Die Geschwister Nils Große (NG) und Anne Große-Klein (AGK) betreiben in Schmallenberg ein Hotel in der Rechtsform der OHG. NG und AGK sind an der OHG jeweils zu 50 % beteiligt. Das Wirtschaftsjahr entspricht dem Kalenderjahr.
Der vorläufige handelsrechtliche Jahresüberschuss für das Geschäftsjahr 2016 beträgt 52.188 EUR.
In den Aufwendungen des Jahresabschlusses sind u.a. folgende Beträge enthalten:

Miete für Parkflächen	3.600 EUR
Zinsaufwendungen	18.100 EUR
Leasing EDV-Anlage	1.800 EUR
Gewinnanteil eines typischen stillen Gesellschafters (Maria Große)	4.000 EUR

- Geschäftsführergehalt NG   42.000 EUR
- Geschäftsführergehalt AGK   38.400 EUR
- Gewerbesteuervorauszahlungen 2016   19.200 EUR
- Bußgeld   240 EUR
- Spende an den Förderverein einer örtlichen Grundschule   250 EUR

Das Hotel befindet sich seit 1967 im Betriebsvermögen der OHG. Für Grund und Boden und Gebäude ist ein Einheitswert von 185.000 EUR, basierend auf den Wertverhältnissen von 1964 festgesetzt. 15 % des Gebäudes werden von den Geschwistern privat genutzt.

Aufgabe

Ermitteln Sie die Gewerbesteuerrückstellung bzw. den Gewerbesteuererstattungsanspruch für den Erhebungszeitraum 2016! Der Hebesatz beträgt 411 %.

Teil 5: Abgabenordnung   8,5 Punkte

Sachverhalt 1

Theresa Mayer (TM), Bonn und Meinolf Mayer (MM), Ingolstadt sind jeweils zu 50 % Eigentümer eines in Bonn gelegenen Mehrfamilienhauses, das vollständig vermietet ist. Die Verwaltung hat TM übernommen, da sie in Bonn wohnt.
Das Mehrfamilienhaus haben die Geschwister TM und MM 2007 von ihrer verstorbenen Mutter geerbt.

Aufgaben   7 Punkte

1. **Welche Bescheide erlässt das Finanzamt in Bezug auf das vermietete Mehrfamilienhaus und die Einkünfte hieraus?**

2. **Welches Finanzamt ist jeweils zuständig?**
   Nennen Sie das jeweilige Finanzamt und den zugehörigen Fachbegriff. Geben Sie auch die genauen Rechtsgrundlagen an.

Sachverhalt 2

Die Einkünfte aus dem Mehrfamilienhaus sind für den Veranlagungszeitraum 2016 nicht richtig berechnet. Der Sachbearbeiter hat (vermutlich aus Versehen) die nachgewiesenen Zinsaufwendungen nicht angesetzt.

Aufgaben   1,5 Punkte

1. **Gegen welchen Bescheid müsste sich ein Einspruch richten?**

2. **Angenommen, TM ruft beim Finanzamt an, um den Sachbearbeiter auf das Versehen aufmerksam zu machen: Wie wird dieser Antrag bezeichnet? Geben Sie auch die genaue Fundstelle im Gesetz an.**

Prüfungsfach: Rechnungswesen, Prüfungsaufgabe 1

Arbeitszeit: 120 Minuten

**Zulässige Hilfsmittel: Gesetzestexte, Durchführungsverordnungen, Richtlinien
Taschenrechner**

Teil I: Gewinnermittlung nach § 4 Abs. 3 EStG   17,5 Punkte

Claudia Opitz (O) betreibt eine Tierarztpraxis. Sie ermittelt ihren Gewinn nach § 4 Abs. 3 EStG. Ihre Umsätze versteuert sie nach vereinnahmten Entgelten und gibt vierteljährliche Umsatzsteuer-Voranmeldungen ab. Sie ist zum Vorsteuerabzug berechtigt.
O wendet § 6 Abs. 2a EStG nicht an.
Bisher wurden Betriebseinnahmen von 198.000,00 € und Betriebsausgaben von 126.000,00 € aufgezeichnet.

Für den Veranlagungszeitraum 2016 sind noch folgende Vorgänge zu berücksichtigen bzw. zu korrigieren. Begründen Sie in Stichworten Ihre Lösung, insbesondere, wenn Sie keine Betriebseinnahmen (BE) bzw. Betriebsausgaben (BA) ansetzen.
Ermitteln Sie den steuerlichen Gewinn nach EStG für den Veranlagungszeitraum 2016!
Benutzen Sie dazu das abgedruckte Lösungsschema.

1. O hatte am 12. Dez. 2016 ein Regal zum Preis von 299,00 € (inkl. USt) für betriebliche Zwecke im Internet bestellt. Das Regal (Nutzungsdauer 13 Jahre) wurde am 28. Dez. 2016 geliefert. Eine ordnungsgemäße Rechnung lag der Lieferung bei. O bezahlte das Regal am 12. Jan. 2017 per Überweisung vom betrieblichen Bankkonto. Der Vorgang ist noch nicht erfasst.

2. Zur Finanzierung ihrer Praxiserweiterung nahm O einen Kredit bei ihrer Hausbank auf. Das Darlehen in Höhe von 40.000,00 € wurde ihrem betrieblichen Bankkonto am 30. Nov. 2016 unter Berücksichtigung eines marktüblichen Disagios von 4 % gutgeschrieben. Die Laufzeit des Darlehens beträgt 5 Jahre, der Zinssatz 3,8 % p.a. Zinsen und Tilgung sind jeweils zum Monatsende fällig. Am 31. Dez. 2016 wurde die erste Rate (Zins und Tilgung) in Höhe von 730,00 € abgebucht. O hatte den Auszahlungsbetrag des Darlehens in 2016 als Betriebseinnahme erfasst. Darüber hinaus hat sie noch keine weiteren Buchungen vorgenommen.

3. Am 29. Dez. 2016 räumte O ihren Medikamentenschrank auf. Sie musste Medikamente im Wert von 244,00 €, die sie in den Jahren 2014 und 2015 gekauft hatte, entsorgen, da das Haltbarkeitsdatum abgelaufen war. O erfasste 244,00 € in 2016 als Betriebsausgabe.

4. O spendete dem örtlichen Tierschutzverein am 19. Dez. 2016 einen Betrag von 300,00 €, den sie vom betrieblichen Bankkonto überwies und als Betriebsausgabe erfasste.

5. O hat die Umsatzsteuer-Voranmeldung für das IV. Quartal 2016 dem Finanzamt am 06. Jan. 2017 übermittelt. Dem Finanzamt liegt eine Einzugsermächtigung vor. Die Zahllast in Höhe von 1.280,00 € wurde am 12. Jan. 2017 von ihrem betrieblichen Bankkonto abgebucht. Sie ist im Januar 2017 als Betriebsausgabe erfasst worden.

6. Für die Bewirtung einiger Tierarzt-Kollegen, mit denen sie sich regelmäßig fachlich austauscht, zahlte O am 19. Dez. 2016 mit der betrieblichen EC-Karte 449,23 €. Der Betrag ist als angemessen anzusehen. Der Vorgang ist noch nicht erfasst.

Prüfungsfach: Rechnungswesen, Prüfungsaufgabe 1

Lösungsschema:

	BE +	BE ./.	BA +	BA ./.
	198.000,00		126.000,00	
1.				
2.				
3.				
4.				
5.				
6.				
Summen				
steuerlicher Gewinn				

Prüfungsfach: Rechnungswesen, Prüfungsaufgabe 1

Teil II: Laufende Buchungen und Abschlussbuchungen **72,5 Punkte**

Falls sich aus den gegebenen Geschäftsvorfällen nichts anderes ergibt, gelten für Teil II folgende Voraussetzungen:

- Das Wirtschaftsjahr entspricht dem Kalenderjahr.
- Die Gewinnermittlung erfolgt nach § 5 EStG
- § 6 Abs. 2a EStG ist nicht anzuwenden.
- Die Umsätze werden nach vereinbarten Entgelten versteuert und unterliegen dem Regelsteuersatz.
- Der Mandant ist zum Vorsteuerabzug berechtigt.
- Notwendige Belege liegen vor und erfüllen die gesetzlichen Bestimmungen.
- Alle beteiligen Unternehmer verwenden gültige USt-ID-Nummern.
- Die Lieferschwellen der einzelnen EU-Länder werden im Versandhandelsfall nicht überschritten. Es wird auch nicht optiert.
- § 7g EStG ist nur dann anzuwenden, wenn in der Aufgabenstellung darauf hingewiesen wird.
- Die einzelnen Fallgruppen sind unabhängig voneinander zu lösen.
- Sollte im Einzelfall keine Buchung erforderlich sein, ist dies kurz zu vermerken.
- Der steuerliche Gewinn soll jeweils so gering wie möglich sein. Sollten abweichende handelsrechtliche und steuerliche Buchungen durchgeführt werden, wird in der Aufgabe ausdrücklich darauf hingewiesen.

Entscheiden Sie, welchen Prüfungskontenplan (siehe Seite 556 ff.) Sie Ihrer Lösung zugrunde legen wollen.

Bitte ankreuzen: ☐ SKR 03   ☐ SKR 04

Sie führen die Buchhaltung des Mandanten Ferdinand Gerster e.K. (**G**), Spielwarenhandel, Grevenbroich. Bei Ihrem Mandanten fallen folgende Geschäftsvorfälle an:

7 Punkte

1. **G** kaufte Spielwaren von einem Hersteller aus Saarbrücken für insgesamt 3.240,00 € zzgl. 615,60 € auf Ziel. Lieferung und Rechnung trafen am 28. Nov. 2016 ein. Aufgrund geringfügiger Mängel erhielt **G** am 05. Dez. 2016 eine Gutschriftsanzeige in Höhe von 500,00 € zzgl. 95,00 € USt. Den Restbetrag überwies er unter Abzug von 2 % Skonto am 12. Dez. 2016.

1.1. Buchen Sie den Rechnungseingang zum 28. Nov. 2016.
1.2. Buchen Sie die Gutschriftsanzeige vom 05. Dez. 2016.
1.3. Buchen Sie die Banküberweisung vom 12. Dez. 2016.

5 Punkte

2. Aus Fernost bezog Gerster am 05. Dez. 2016 Spielzeug im Wert von 1.980,00 € auf Ziel. Zoll in Höhe von 198,00 € sowie die Einfuhrumsatzsteuer in Höhe von 19 % überwies er am 07. Dez. 2016.
2.1. Buchen Sie die Eingangsrechnung vom 05. Dez. 2016.
2.2. Buchen Sie die Banküberweisung von Zoll und Einfuhrumsatzsteuer.

2,5 Punkte

3. An einen Kleinunternehmer in den Niederlanden versendete **G** am 19. Dez. 2016 Spielwaren im Warenwert von 248,00 €.
Buchen Sie die Ausgangsrechnung vom 19. Dez. 2016.

Prüfungsfach: Rechnungswesen, Prüfungsaufgabe 1

21,5 Punkte

4. G hatte am 02. Dez. 2016 einen Neuwagen gekauft.

Neufahrzeug PKW, Listenpreis	58.460,00 €
./. 10 % Rabatt	5.846,00 €
verbleiben	52.614,00 €
+ Sonderausstattung	2.417,00 €
+ Überführung	550,00 €
Rechnungsbetrag (netto)	55.581,00 €
+ 19 % USt	10.560,39 €
Rechnungsbetrag brutto	66.141,39 €

4.1. Buchen Sie den Rechnungseingang vom 02. Dez. 2016.
4.2. Vereinbarungsgemäß zahlte **G** den Rechnungsbetrag innerhalb von 10 Tagen abzüglich 3 % Skonto durch Überweisung vom betrieblichen Bankkonto. Buchen Sie die Überweisung.
4.3. Im Zusammenhang mit dem Kauf des PKW müssen außerdem noch folgende drei Kassenbelege gebucht werden:
4.3.1. Gebühren für die Zulassung des PKW: 62,50 €
4.3.2. Quittung für Nummernschilder über 28,80 €
4.3.3. Tankquittung für die erste Tankfüllung: 98,65 €
4.4. **G** nutzt den Firmenwagen auch für private Fahrten, führt jedoch kein Fahrtenbuch. Da er über seiner Firma wohnt, sind keine Fahrten von der Wohnung zur Betriebsstätte zu berücksichtigen. Berechnen und buchen Sie die Privatnutzung des PKW für Dezember 2016.
4.5. Der PKW hat eine betriebsgewöhnliche Nutzungsdauer von 6 Jahren. Berechnen und buchen Sie die Absetzung für Abnutzung (AfA) für 2016.

5,5 Punkte

5. Es liegen folgende Beträge aus der Gehaltsabrechnung für den Monat Dezember 2016 für den Arbeitnehmer Ulrich Wendtler vor:

Bruttogehalt	3.690,00 €
Sachbezugswert Nutzungsüberlassung Firmen-PKW	343,00 €
Arbeitgeberanteil zu vermögenswirksamen Leistungen	20,00 €
Vermögenswirksame Leistung gesamt	40,00 €
Lohnsteuer, Kirchensteuer und Solidaritätszuschlag	866,87 €
Arbeitnehmeranteil zur Sozialversicherung	825,81 €
Arbeitgeberanteil zur Sozialversicherung	783,25 €

Die Auszahlung erfolgt durch Banküberweisung.

5.1. Buchen Sie die Gehaltsabrechnung.
5.2. Buchen Sie den Arbeitgeberanteil zur Sozialversicherung.

21 Punkte

6. Für den Jahresabschluss 2016 sind außerdem folgende Sachverhalte zu beurteilen. Nehmen Sie die ggf. erforderlichen Buchungen zum 31. Dez. vor.

6.1. Betriebliche Versicherungsbeiträge in Höhe von 788,00 € für die Zeit vom 01. Okt. 2016 bis 30. Sept. 2017 wurden wie folgt gebucht:

Versicherungen	788,00 €
an Bank	788,00 €

6.2. Im Anlagevermögen des **G** befinden sich unter den Finanzanlagen Wertpapiere mit einem Nennwert von 5.000,00 €, die zu 3,5 % verzinst werden. Die Zinsen werden jährlich gezahlt. Nächster Zinstermin ist der 01. Febr. 2017.

6.3. Zehn besonders gute Kunden erhielten zu Weihnachten jeweils genau die gleichen Präsente von **G**. Außer diesen Weihnachtsgeschenken haben die Kunden in 2016

Prüfungsfach: Rechnungswesen, Prüfungsaufgabe 1

keine weiteren Geschenke von **G** erhalten. Der Gesamtrechnungsbetrag belief sich auf 379,00 € einschl. USt. Die Rechnung für die Präsente war am 31. Dez. 2016 noch nicht bezahlt. Gebucht worden ist wie folgt:

Geschenke nicht abzugsfähig 379,00 €
an Verbindlichkeiten aus LL 379,00 €

6.4. Die Januarmiete für eine vermietete Parkfläche ist in Höhe von 300,00 € zzgl. 57,00 € USt bereits am 28. Dez. 2016 auf dem Bankkonto eingegangen und in 2016 als Grundstücksertrag gebucht worden. Die Umsatzsteuer wurde ebenfalls in 2016 erfasst.

6.5. Ein Bußgeld wegen einer Geschwindigkeitsüberschreitung von **G** während einer betrieblichen Fahrt ist wie folgt auf dem Konto sonstige betriebliche Aufwendungen erfasst worden:

Sonstige betriebliche Aufwendungen 50,00 €
an Bank 50,00 €

6.6. Seit dem 19. Dez. 2016 ist ein Prozess anhängig. Die Kosten werden auf 6.000,00 € geschätzt. Eine Buchung ist noch nicht erfolgt.

6.7. Die Forderungskonten des **G** weisen zum 31. Dez. 2016 folgende Bestände auf:

Konto „Forderungen aus Lieferungen und Leistungen" 156.855,00 €
Konto „Einzelwertberichtigungen" 1.000,00 €
Konto „Zweifelhafte Forderungen" 2.975,00 €
Konto „Pauschalwertberichtigungen" 1.412,00 €

Unter den „Forderungen aus Lieferungen und Leistungen" befindet sich eine Forderung gegenüber der Stadt Grevenbroich in Höhe von 299,00 €.

6.7.1. Für die zweifelhafte Forderung in Höhe von 2.975,00 € ist endgültig keine Zahlung mehr zu erwarten. Für diese Forderung war die Einzelwertberichtigung in Höhe von 1.000,00 € gebildet worden.

6.7.2. Die Pauschalwertberichtigung soll 1% der einwandfreien Forderungen betragen.

4 Punkte

7. Im Anlagevermögen des **G** befindet sich ein unbebautes Grundstück, dessen Anschaffungskosten zum 01. Juli 2008 25.000,00 € betragen hatten. Der letzte Bilanzansatz betrug 50.00,00 €. Aufgrund einer Änderung des Bebauungsplanes sinkt der Wert des Grundstückes nachhaltig auf 30.000,00 €.

Mit welchem Wert ist das Grundstück in der Handelsbilanz bzw. in der Steuerbilanz zu bewerten?

Geben Sie außerdem an, ob jeweils ein Abschreibungswahlrecht, eine Abschreibungspflicht oder ein Abschreibungsverbot besteht.

7.1. Handelsbilanz
7.2. Steuerbilanz

6 Punkte

8. **G** hatte zum 01. Okt. 2016 einen Spielwarenladen in Erkelenz erworben. Der Kaufpreis betrug 65.000,00 €. Er wurde bereits gezahlt und ordnungsgemäß verbucht.

Die Buchwerte der übernommenen Vermögensgegenstände und Schulden betrugen:

Anlagevermögen 49.600,00 €
Umlaufvermögen 65.950,00 €
Schulden 80.480,00 €

8.1. Wie hoch ist der derivative Firmenwert beim Kauf gewesen?
8.2. Berechnen und buchen Sie die Abschreibung des Firmenwerts zum 31. Dez. 2016 nach <u>handelsrechtlichen</u> Vorschriften. Gehen Sie dabei von einer Nutzungsdauer von 5 Jahren aus.
8.3. Berechnen Sie die Abschreibung des Firmenwerts zum 31. Dez. 2016 nach <u>steuerrechtlichen</u> Vorschriften.

Teil III: Warenkonten   10 Punkte

Aus der Buchführung eines Mandanten entnehmen Sie folgende Werte:

Warenbestand 01. Jan. 2016	87.400,00 €
Wareneingang 2016	4.294.600,00 €
Warenbestand 31.Dez. 2016	68.100,00 €
Rücksendungen an Lieferer	13.200,00 €
Erlöse aus Warenverkäufen	6.984.900,00 €
Kundenskonti	74.200,00 €
Handlungskosten	988.400,00 €

Berechnen Sie
1. den Wareneinsatz,
2. den Rohgewinn,
3. den Kalkulationszuschlag/Rohgewinnaufschlagsatz (2 Nachkommastellen),
4. die Handelsspanne/Rohgewinnsatz (2 Nachkommastellen),
5. den Reingewinn.

Prüfungsfach: Rechnungswesen, Prüfungsaufgabe 2

Teil I: Gewinnermittlung nach § 4 Abs. 3 EStG   **20 Punkte**

Peter Häuser ist selbständiger Rechtsanwalt. Er ermittelt seinen Gewinn nach § 4 Abs. 3 EStG.

Seine Umsätze versteuert er nach vereinnahmten Entgelten und gibt monatlich Umsatzsteuer-Voranmeldungen ab. Die Voraussetzungen des § 7g EStG sind erfüllt. § 6 Abs. 2a EStG ist nicht anzuwenden.

Der Gewinn 2016 soll so gering wie möglich ermittelt werden.

Bisher wurden Betriebseinnahmen von 165.000,00 EUR und Betriebsausgaben von 102.000,00 EUR aufgezeichnet.

Für den Veranlagungszeitraum 2016 sind noch folgende Vorgänge zu berücksichtigen bzw. zu korrigieren. Begründen Sie in Stichworten Ihre Lösung, insbesondere, wenn Sie keine Betriebseinnahmen (BE) bzw. Betriebsausgaben (BA) ansetzen.
Ermitteln Sie den steuerlichen Gewinn nach EStG für den Veranlagungszeitraum 2016!
Benutzen Sie dazu das abgedruckte Lösungsschema.

1. Häuser vertrat im Dezember 2016 seine Mutter vor Gericht. Er hat jedoch keine Rechnung gestellt und von seiner Mutter auch kein Honorar erhalten und aus diesem Grund keine Betriebseinnahmen angesetzt. Gemäß der Gebührenverordnung für Rechtsanwälte wäre für seine Anwaltstätigkeit 980,00 € zzgl. 19 % USt in Rechnung zu stellen.

2. Honorarforderungen aus dem Jahr 2016 wurden Anfang 2017 in Höhe von 1.987,50 € uneinbringlich. Häuser hat sie in 2015 als Betriebsausgaben erfasst.

3. Der Auszubildenden schenkte Häuser im Juni 2016 einen Blumenstrauß zur bestandenen Prüfung. Er zahlte hierfür 30,00 € einschl. 7 % USt aus der Geschäftskasse bar. Der Vorgang ist noch nicht erfasst.

4. Häuser nutzt einen überwiegend für betriebliche Zwecke eingesetzten PKW auch für Privatfahrten. Ein Fahrtenbuch führt er nicht. Der Bruttolistenpreis zum Zeitpunkt der Erstzulassung betrug 51.870,00 €. Die private PKW-Nutzung für 2016 ist noch nicht erfasst. Da Häuser neben seiner Kanzlei wohnt, sind Fahrten von der Wohnung zur Betriebsstätte nicht zu berücksichtigen.

5. Für den PKW hat Häuser einen Stellplatz gemietet. Die Miete für Dezember 2016 bis Febr. 2017 in Höhe von 300,00 € zzgl. 57,00 € USt zahlte er am 15. Dez. 2016 vom betrieblichen Bankkonto und erfasste 100,00 € USt als Betriebsausgabe.

6. Während eines auswärtigen Mandantentermins erhielt Häuser im Dezember 2016 eine Verwarnung wegen Falschparkens in Höhe von 30,00 € und überwies den Betrag am 18. Dez. 2016 vom betrieblichen Bankkonto. Dieser Betrag ist als Betriebsausgabe erfasst worden.

7. Häuser hat am 29. Dez. 2016 von einem Mandanten einen Scheck für eine offene Forderung in Höhe von 1.800,00 € inkl. 19 % USt erhalten. Der Vorgang ist in 2015 nicht erfasst worden, weil Häuser den Scheck erst am 16. Jan. 2017 bei der Bank einlöste.

8. Häuser schenkte seiner Frau zu Weihnachten einen Brillantring. Er überwies dem Juwelier am 20. Dez. 2016 eine Betrag von 1.600,00 € inkl. 19 % USt vom betrieblichen Bankkonto. Der Betrag ist in den Betriebsausgaben enthalten.

Prüfungsfach: Rechnungswesen, Prüfungsaufgabe 2

Lösungsschema:

		BE +	BE ./.	BA +	BA ./.
		165.000,00		102.000,00	
1.					
2.					
3.					
4.					
5.					
6.					
7.					
8.					
	Summen				
	steuerlicher Gewinn				

Prüfungsfach: Rechnungswesen, Prüfungsaufgabe 2

Teil II: Laufende Buchungen und Abschlussbuchungen **70 Punkte**

Falls sich aus den gegebenen Geschäftsvorfällen nichts anderes ergibt, gelten für Teil II folgende Voraussetzungen:

- Das Wirtschaftsjahr entspricht dem Kalenderjahr.
- Die Gewinnermittlung erfolgt nach § 5 EStG.
- § 6 Abs. 2a EStG ist nicht anzuwenden.
- Wenn in der Aufgabe nichts anderes angegeben ist, gilt der Regelsteuersatz von 19 %.
- Die Umsätze werden nach vereinbarten Entgelten versteuert und unterliegen dem Regelsteuersatz. Es wurde keine Dauerfristverlängerung beantragt.
- Der Mandant ist zum Vorsteuerabzug berechtigt.
- Notwendige Belege liegen vor und erfüllen die gesetzlichen Bestimmungen.
- Alle beteiligen Unternehmer aus EU-Ländern verwenden gültige USt-ID-Nummern.
- Die Lieferschwellen der einzelnen EU-Länder werden im Versandhandelsfall nicht überschritten. Es wird auch nicht optiert.
- § 7g EStG ist nur dann anzuwenden, wenn in der Aufgabenstellung darauf hingewiesen wird.
- Die einzelnen Fallgruppen sind unabhängig voneinander zu lösen.
- Sollte im Einzelfall keine Buchung erforderlich sein, ist dies kurz zu vermerken.
- Der steuerliche Gewinn soll jeweils so gering wie möglich sein. Sollten abweichende handelsrechtliche und steuerliche Buchungen durchgeführt werden, wird in der Aufgabe ausdrücklich darauf hingewiesen.

Entscheiden Sie, welchen Prüfungskontenplan (siehe Seiten 556 ff.) Sie Ihrer Lösung zugrunde legen wollen:

Bitte ankreuzen: ☐ SKR 03   ☐ SKR 04

14 Punkte

1. Der Unternehmer Ulrich Böhneke e.K. betreibt in Karlsruhe ein Computerfachgeschäft.

1.1. Von einem inländischen Großhändler kaufte er 50 Laptoptaschen auf Ziel. Die Eingangsrechnung beläuft sich auf 925,00 € Warenwert und 11,00 € Versandkosten zzgl. 177,84 € USt. Buchen Sie die Eingangsrechnung.

1.2. Böhneke zahlt die Rechnung vereinbarungsgemäß nach 10 Tagen unter Abzug von 3 % Skonto vom Warenwert. Buchen Sie die Banküberweisung.

1.3. Von einem portugiesischen Lieferanten ließ Böhneke sich Computerzubehör im Gesamtwert von 1.430,00 € liefern. Buchen Sie die Eingangsrechnung.

1.4. Böhneke bestellte bei einem Hersteller in Taiwan Festplatten und Soundkarten zu einem Gesamtpreis von umgerechnet 4.890,00 € zzgl. 150,00 € für Transport und Verpackung. Die Waren werden auf Ziel geliefert. Den Zoll in Höhe von 587,50 € sowie die Einfuhrumsatzsteuer von 19 % zahlt Böhneke sofort per Banküberweisung.
   1.4.1. Buchen Sie die Eingangsrechnung.
   1.4.2. Buchen Sie die Banküberweisung von Zoll und EUSt.

1.5. Böhneke liefert an ein Architekturbüro in den Niederlanden sechs Monitore auf Ziel. Der Warenwert beträgt 1.920,00 €. Buchen Sie den Vorgang. Der Umsatzsteuersatz in den Niederlanden beträgt 21 %.

11 Punkte

2. Folgende Geschäftsfälle des Unternehmers Ulrich Böhneke e.K. sind noch zu buchen:

2.1. Gutschrift von Tagesgeldzinsen auf dem betrieblichen Bankkonto in Höhe von 88,35 € nach Abzug von 30,00 € KapSt und 1,65 € SolZ.

Prüfungsfach: Rechnungswesen, Prüfungsaufgabe 2

2.2. Seiner Tochter schenkt Böhneke einen PC, den er dem Warenlager entnahm. Der frühere Einstandspreis lag bei 225,00 €, der aktuelle Einstandspreis bei 180,00 €. Im Verkauf bietet Böhneke den PC für 449,00 € brutto an.

2.3. Einem guten Kunden schenkt Böhneke eine Kiste Wein für 75,00 € einschl. 19 % USt. Das Geschenk ist bar aus der Geschäftskasse bezahlt worden.

2.4. Böhneke trifft sich mit einem Kunden zu einem Geschäftsessen. Die ordnungsgemäße Rechnung lautet über 94,50 € inkl. 19 % USt; die Höhe der Bewirtungskosten ist angemessen. Böhneke zahlt mit der betrieblichen Scheckkarte 100,00 €. Das Trinkgeld in Höhe von 5,50 € lässt er sich quittieren.

10 Punkte

3. Der Forderungsbestand von Böhneke zum 31. Dez. 2016 beträgt 62.190,00 € inkl. 19 % USt (Konto 1210 (1400) Forderungen aus LuL). Folgende Geschäftsfälle sind dabei noch nicht berücksichtigt:

3.1. In den Forderungen aus LuL ist ein Rechnungsbetrag gegenüber einem Kunden in Höhe von 2.000,00 € enthalten. Trotz mehrfacher Mahnungen ist zum Jahresabschluss noch keine Zahlung eingegangen. Böhneke rechnet damit, dass er höchstens noch 60 % des Rechnungsbetrages erhalten wird. Nehmen Sie sämtliche erforderlichen Buchungen vor.

3.2. Eine weitere Forderung gegenüber einer Kundin in Höhe von 5.400,00 € ist uneinbringlich, da noch im November 2016 das Insolvenzverfahren mangels Masse abgelehnt wurde.

3.3. Für die restlichen Forderungen soll eine Pauschalwertberichtigung von 1 % vorgenommen werden. Der Stand der Pauschalwertberichtigungen zum 01. Jan. 2016 betrug 384,00 €.

7 Punkte

4. Für einen Arbeitnehmer ist die Lohnbuchung noch vorzunehmen. Der Arbeitnehmer ist 29 Jahre alt, verheiratet, kinderlos und konfessionslos. Es liegen folgende Zahlen vor:

Monatlicher Bruttolohn	2.680,00 €
vL-Zuschuss des Arbeitgebers	12,00 €
vL-Sparrate des Arbeitnehmers	40,00 €
geldwerter Vorteil aus PKW-Nutzung, brutto	287,60 €
LSt, SolZ zusammen	15,98 %
Arbeitnehmeranteil zur Sozialversicherung	20,125 %
Arbeitgeberanteil zur Sozialversicherung	19,325 %

Nehmen Sie alle erforderlichen Buchungen vor. Der Auszahlungsbetrag des Lohnes wird sofort per Bank überwiesen.

18 Punkte

5. Für die Erstellung des Jahresabschlusses 2016 sind bei dem Mandanten Ulrich Böhneke e.K. noch folgende Sachverhalte zu berücksichtigen. Nehmen Sie die erforderlichen Buchungen vor.

5.1. Böhneke hat am 20. Okt. 2016 einen Firmenwagen für 2.000,00 € bar verkauft. Der Restbuchwert des PKW betrug zum 01. Jan. 2016 noch 2.400,00 €. Die jährliche lineare AfA beträgt 2.600,00 €.

5.2. Am 20. Dez. 2016 kaufte der Mandant einen neuen Schreibtisch für sein Büro. Er bekam auf den Verkaufspreis von 549,00 € zunächst 10 % Sofortrabatt und auf den Restbetrag noch 2 % Skonto. Er zahlte sofort bar aus der Geschäftskasse.

5.3. Am 29. Dez. 2016 wurde ein Betrag von 200,00 € zzgl. 38,00 € USt vom betrieblichen Bankkonto für die Wartung der Heizungsanlage (Zeitraum: 01. Jan. 2017 bis 31. Dez. 2017) abgebucht. Es liegt ein ordnungsgemäßer Wartungsvertrag vor.

Prüfungsfach: Rechnungswesen, Prüfungsaufgabe 2

5.4. Für das Geschäftsjahr 2015 ist eine Gewerbesteuerrückstellung in Höhe von 1.450,00 € gebildet worden. Der Gewerbesteuerbescheid für 2015 geht im November 2016 ein. Die Gewerbesteuer wird mit 28.600,00 € festgesetzt. An Vorauszahlungen hatte Böhneke 27.500,00 € geleistet. Die Nachzahlung wird durch Banküberweisung beglichen. Buchen Sie die Nachzahlung.

5.5. Auswirkungen auf den Gewinn

5.5.1. Stellen Sie fest, wie sich die Buchung von 5.4 auf den handelsrechtlichen Gewinn des Jahres 2016 auswirkt und geben Sie den Betrag in € an.

5.5.2. Darf sich die Gewerbesteuerrückstellung auf den steuerlichen Gewinn auswirken? Begründen Sie Ihre Lösung unter Angabe der genauen Rechtsgrundlage.

10 Punkte

6. Böhneke hatte am 14. März 2016 eine neue Ladeneinrichtung für 34.000,00 € zzgl. 19 % USt angeschafft und ordnungsgemäß in der Buchhaltung erfasst.
Im Vorjahr hatte er hierfür einen Investitionsabzugsbetrag in Höhe von 13.600,00 € gewinnmindernd gebildet. Auch im VZ 2016 sind die Voraussetzungen für die Anwendung des § 7g EStG erfüllt.

6.1. Nehmen Sie sämtliche erforderlichen steuerlichen Jahresabschlussbuchungen für 2016 vor sowie ggf. notwendige steuerliche Gewinnkorrektur(en). Es soll der niedrigstmögliche steuerliche Gewinn ermittelt werden. Die Nutzungsdauer lt. amtlicher AfA-Tabelle beträgt 13 Jahre.

6.2. Mit welchem Wert ist die Ladeneinrichtung in der Handelsbilanz zum 31. Dez. 2016 anzusetzen? Die betriebsgewöhnliche Nutzungsdauer beträgt 15 Jahre.
Begründen Sie den Wertansatz unter Angabe einer nachvollziehbaren Rechnung.
Eine Buchung ist nicht erforderlich.

Teil III: Auswertung Warenkonten; Gewinnverteilung usw.   10 Punkte

1. Sabine Högerth hat eine Eigentumswohnung als Anlageobjekt gekauft. Die Wohnung soll vermietet werden. Die Anschaffungskosten für die Wohnung betrugen 140.000,00 €. Högerth hat den Kaufpreis wie folgt finanziert: 100.000,00 € Eigenkapital, 40.000,00 € Hypothekendarlehen (Zinssatz 3,2 %). Der Bodenwertanteil in den Anschaffungskosten beträgt 15 %. Högerth kalkuliert mit 3 % Abschreibungen für den Gebäudeanteil.

    Die laufenden, nicht umlagefähigen Aufwendungen betragen 280,00 € pro Jahr. Högerths Ziel ist es, eine Eigenkapitalrendite von mindestens 3,8 % zu erzielen.

    4 Punkte

    Wie hoch müsste die monatliche Miete mindestens sein?

2. Ein Produktionsbetrieb stellt ein Produkt her, das mit 10.580 € Gesamtkosten kalkuliert wird. Der Anteil der Personalkosten an den Gesamtkosten beträgt 30 %. Aufgrund von Tarifverhandlungen steigen die Personalkosten für die Fertigung um 4,2 %.

    2 Punkte

    Um wieviel Prozent steigen die Gesamtkosten?

3. Der wirtschaftliche Umsatz eines Einzelhändlers beträgt 590.00,00 € ohne Umsatzsteuer, der wirtschaftliche Wareneinsatz 295.000,00 €.

    4 Punkte

    3.1 Wie hoch ist der Rohgewinnaufschlagsatz (Kalkulationszuschlag) in Prozent?
    (Ergebnis mit 2 Nachkommastellen)

    3.2 Wie hoch ist der Rohgewinnsatz (Handelsspanne) in Prozent?
    (Ergebnis mit 2 Nachkommastellen)

Prüfungsfach: Rechnungswesen, Prüfungsaufgabe 3

Teil I: Gewinnermittlung nach § 4 Abs. 3 EStG 18,5 Punkte

Monika Fitzer (MF) ist Inhaberin einer kleinen Modeboutique. Sie ermittelt ihren Gewinn nach § 4 Abs. 3 EStG und ist voll vorsteuerabzugsberechtigt.
Die Voraussetzungen des § 7g EStG erfüllt sie. § 6 Abs. 2a EStG nimmt sie nicht in Anspruch.
Überprüfen Sie die folgenden Sachverhalte und korrigieren Sie ggf. die bereits ermittelten Betriebseinnahmen bzw. Betriebsausgaben. Begründen Sie Ihre Lösung. Auch Nichtansätze sind zu begründen.
Sämtliche Rechnungen entsprechen den gesetzlichen Vorschriften.

Ermitteln Sie den niedrigst möglichen steuerlichen Gewinn nach EStG für den Veranlagungszeitraum 2016!
Benutzen Sie dazu das abgedruckte Lösungsschema.

1. Im Dezember 2016 erwarb MF Hosen für 4.600,00 EUR zzgl. 19 % USt auf Ziel. Die Rechnung traf im Dezember zusammen mit den Hosen ein. MF zahlte die Rechnung am 05. Jan. 2017 per Banküberweisung.

2. Die Umsatzsteuerzahllast für Dezember 2016 in Höhe von 2.050,00 EUR überwies MF ebenfalls am 05. Jan. 2017.

3. Durch ein Unwetter drang im März 2016 Wasser in den Lagerraum ein. Waren im Wert von 6.340,00 EUR wurden dadurch unbrauchbar. Ein Teil der Waren war noch nicht bezahlt (Rechnungsbetrag: 1.465,00 EUR).

4. Die Versicherung zahlte noch im März 2016 eine Entschädigung in Höhe von 7.000,00 EUR für die aus 3. unbrauchbar gewordenen Waren.

5. Im April 2016 buchte die Versicherungsgesellschaft den Beitrag für MT's Warenversicherung für den Zeitraum Mai 2016 bis April 2017 in Höhe von 255,00 EUR vom Geschäftskonto ab.

6. Im Dezember 2016 verkaufte MT einer guten Kundin mehrere Kleider. Die Kundin zahlte im Dezember 600,00 EUR bar. Über den Restbetrag von 586,00 EUR erhielt sie eine Rechnung, die sie am 05. Jan. 2017 per Banküberweisung beglich. MT hat im Dezember 2016 für diesen Vorgang Betriebseinnahmen in Höhe von 1.186,00 EUR erfasst.

7. MT erwarb Ende Dezember 2016 eine neue Registrierkasse für 1.980,00 EUR zzgl. 19 % USt, betriebsgewöhnliche Nutzungsdauer 6 Jahre. Für die Registrierkasse hatte sie 2015 einen Investitionsabzugsbetrag in Höhe von 700,00 EUR gebildet. Den Rechnungsbetrag beglich MT am 05. Jan. 2017 unter Abzug von 2 % Skonto per Banküberweisung. Zu diesem Vorgang ist bislang noch nichts in der Buchhaltung erfasst worden.

Prüfungsfach: Rechnungswesen, Prüfungsaufgabe 3

Lösungsschema:

Sachverhalt	BE + 103.000,00 EUR	BE ./. EUR	BA + 64.700,00 EUR	BA ./. EUR
1.				
2.				
3.				
4.				
5.				
6.				
7.				
Summen				
steuerlicher Gewinn				

Prüfungsfach: Rechnungswesen, Prüfungsaufgabe 3

Teil II: Laufende Buchungen und Abschlussbuchungen 66,5 Punkte

Falls sich aus den gegebenen Geschäftsvorfällen nichts anderes ergibt, gelten für Teil II folgende Voraussetzungen:

- Das Wirtschaftsjahr entspricht dem Kalenderjahr.
- Die Gewinnermittlung erfolgt nach § 5 EStG.
- § 6 Abs. 2a EStG ist nicht anzuwenden.
- Die Umsätze werden nach vereinbarten Entgelten versteuert und unterliegen dem Regelsteuersatz. Es wurde keine Dauerfristverlängerung beantragt.
- Der Mandant ist zum Vorsteuerabzug berechtigt. USt-Voranmeldungen werden monatlich abgegeben.
- Notwendige Belege liegen vor und erfüllen die gesetzlichen Bestimmungen.
- Alle beteiligen Unternehmer aus EU-Ländern verwenden gültige USt-ID-Nummern.
- Die Lieferschwellen der einzelnen EU-Länder werden im Versandhandelsfall nicht überschritten. Es wird auch nicht optiert.
- § 7g EStG ist nur dann anzuwenden, wenn in der Aufgabenstellung darauf hingewiesen wird.
- Die einzelnen Fallgruppen sind unabhängig voneinander zu lösen.
- Sollte im Einzelfall keine Buchung erforderlich sein, ist dies kurz zu vermerken.
- Der steuerliche Gewinn soll jeweils so gering wie möglich sein. Sollten abweichende handelsrechtliche und steuerliche Buchungen durchgeführt werden, wird in der Aufgabe ausdrücklich darauf hingewiesen.

Entscheiden Sie, welchen Prüfungskontenplan (siehe Seite 556 ff.) Sie Ihrer Lösung zugrunde legen wollen:

Bitte ankreuzen: ☐ SKR 03   ☐ SKR 04

5,0 Punkte

1. Der Unternehmer Karl-Heinz Hilbich e.K. (KHH) betreibt in Erfurt einen Eisenwarenhandel mit mehreren Filialen und jeweils angeschlossener Werkstatt.

1.1. Bei einem Großhändler mit Sitz in Magdeburg bestellte KHH am 18. Febr. 2016 Werkzeuge für 2.480,00 EUR zzgl. 15,00 EUR für Verpackung und Versand und zzgl. 19 % USt. Die Lieferung traf zusammen mit der Rechnung am 25. Febr. 2016 ein.
Buchen Sie zum 25. Febr. 2016.

1.2. Den Rechnungsbetrag überwies KHH am 26. Febr. 2016 unter Abzug von 3 % Skonto vom Warenwert.
Buchen Sie zum 26. Febr. 2016.

5,0 Punkte

2. Aus Frankreich bezog KHH am 14. März 2016 einen Posten Warnwesten.
2.1. Die Rechnung traf gleichzeitig mit der Lieferung ein. Rechnungsbetrag: 118,00 EUR.
Buchen Sie den Rechnungseingang vom 14. März 2016.
2.2. Beim Überprüfen der Warnwesten stellte KHH fest, dass sie teilweise fehlerhaft sind. Er erhielt 1 Woche später vom Lieferanten eine Stornorechnung mit einer Gutschrift über 30 % des Rechnungsbetrages.
Buchen Sie den Vorgang.

5,0 Punkte

3. Bei einem Kunden montierte ein Mitarbeiter von KHH ein Edelstahltreppengeländer, das in der Werkstatt von KHH vorgefertigt worden war.

Prüfungsfach: Rechnungswesen, Prüfungsaufgabe 3

Für den Auftrag hatte KHH am 16. März 2016 eine Anzahlung in Höhe von 500,00 EUR verlangt und noch am selben Tag per Lastschrift erhalten.
Nach Beendigung der Montage (24. März 2016) schrieb KHH noch an demselben Tag die Abschlussrechnung über insgesamt 2.080,00 EUR abzgl. der bereits geleisteten 500,00 EUR.

3.1 Buchen Sie zum 16. März 2016.

3.2 Buchen Sie zum 24. März 2016.

5,5 Punkte

4 **Folgende Sachverhalte aus September 2016 wurden bislang noch nicht erfasst und sind zu buchen:**

4.1. KHH schenkte einem guten Kunden einen Lötkolben aus dem Lagerbestand. Der Ladenpreis beträgt 39,90 EUR, der Einkaufspreis 18,50 EUR.

4.2. Seinem Bruder schenkte KHH eine Kreissäge. Diese wird im Laden für 198,00 EUR verkauft, der Einkaufspreis beträgt 90,00 EUR.

4.3. Seiner Sekretärin schenkte KHH einen Blumenstrauß über 35,00 EUR einschl. 7 % USt zur Silberhochzeit. Den Blumenstrauß besorgte er selbst und bezahlte ihn bar aus privaten Mitteln.

8,0 Punkte

5 KHH hatte bei einer Schreinerei ein neues Regal für seine Filiale in Erfurt in Auftrag gegeben. Dieses wurde am 16. Sept. 2016 geliefert und montiert. Am 22. Sept. 2016 erhielt KHH folgende Rechnung (Auszug):

Regalkombination 800 x 250 x 60 Eiche	12.500,00 EUR
Anlieferung	30,00 EUR
Montage (3 Std. á 40,00 EUR)	120,00 EUR
Rechnungsbetrag netto	12.650,00 EUR
19 % USt	2.403,50 EUR
Rechnungsbetrag brutto	15.053,50 EUR

Bei Zahlung innerhalb von 10 Tagen 2 % Skonto auf den Warenwert.

5.1 Buchen Sie den Rechnungseingang vom 22. Sept. 2016.

5.2 Buchung Sie die Zahlung der Rechnung per Banküberweisung unter Abzug von Skonto.

5.3 Berechnen und buchen Sie die höchstmögliche steuerliche Abschreibung. Die betriebsgewöhnliche Nutzungsdauer beträgt 13 Jahre.

6,0 Punkte

6. KHH leaste ab November 2016 einen neuen Kundendienstwagen. Die Leasingsonderzahlung von 7.000,00 EUR beglich er per Banküberweisung am 02. Nov. 2016. Der Leasingvertrag läuft über 3 Jahre und beginnt am 02. Nov. 2016. Die monatlichen Raten werden jeweils zum Ersten des Monats abgebucht (aufgrund des Wochenendes beginnend am 02. Nov. 2016) und betragen 385,00 EUR.
Der Kundendienstwagen ist der Leasinggesellschaft zuzurechnen.
Führen Sie die zum 02. Nov. 2016 und zum 31. Dez. 2016 erforderlichen Buchungen durch.

Prüfungsfach: Rechnungswesen, Prüfungsaufgabe 3

25,0 Punkte

7. Zur Erstellung des Jahresabschlusses 2016 sind für KHH (e.K.) noch verschiedene Sachverhalte zu bewerten und in der Buchhaltung zu erfassen.
Die Summen- und Saldenliste weist vorläufig die folgenden Werte zum 31. Dez. 2016 aus (Auszug):

	Soll	Haben
Warenbestand	87.688,00 EUR	
Forderungen aus Lieferungen und Leistungen	62.480,00 EUR	
Pauschalwertberichtigung zu Forderungen		1.053,00 EUR
Aktive Rechnungsabgrenzung	5.412,00 EUR	
Gewerbesteuerrückstellung 2015		4.954,00 EUR
Gewerbesteuervorauszahlungen	8.930,00 EUR	

7.1 Durch Inventur wurde zum 31. Dez. 2016 ein Warenbestand von 84.151,00 EUR festgestellt (bewertet zu Einstandspreisen). Der Teilwert für die Waren zum 31. Dez. 2016 beträgt 79.066,00 EUR. Es handelt sich um eine dauerhafte Wertminderung.

7.2 Im Forderungsbestand ist eine Forderung an die Firma Netterbrock GmbH enthalten. Der Insolvenzverwalter teilte Ende Dezember 2016 mit, dass das Insolvenzverfahren mangels Masse nicht eröffnet wird. Die Forderung betrug 4.150,00 EUR.

7.3 Das allgemeine Ausfallrisiko für Forderungen ist mit 1,5 % anzusetzen. Dieser Wert wird vom Finanzamt nicht beanstandet.

7.4 Die Gebäudehaftpflicht für die Betriebsgebäude wurde am 01. Okt. 2016 für den Zeitraum vom 01. Okt. 2016 bis 30. Sept. 2017 vom betrieblichen Bankkonto in Höhe von 524,00 EUR abgebucht.

7.5 KHH nutzt einen PKW, der dem Betriebsvermögen zugeordnet ist, auch für private Zwecke. Der Bruttolistenpreis des Fahrzeuges zum Zeitpunkt der Erstzulassung beträgt 38.465,00 EUR, die Anschaffungskosten haben 32.400,00 EUR betragen. KHH führt kein Fahrtenbuch. Fahrten zwischen Wohnung und Betriebsstätte sind nicht zu berücksichtigen. Die private Nutzung für Dezember 2016 ist noch nicht gebucht worden.

7.6 Ein Unternehmer aus Bulgarien (EU), hat Ende Dezember an sämtlichen Betriebsgebäuden von KHH die Fenster gereinigt. Die Rechnung über 1.450,00 EUR erhielt KHH am 29. Dez. 2016. Sie ist noch nicht gebucht worden.

7.7 Die Kosten für den Jahresabschluss 2016 werden voraussichtlich 2.000,00 EUR netto betragen.

7.8 Die Gewerbesteuer 2015 wurde mit Bescheid vom 21. Dez. 2016 in Höhe von 15.140,00 EUR festgesetzt. KHH überwies die Nachzahlung im Januar 2017. Buchen Sie die Zahlung.

7.9 KHH hatte im Oktober 2016 einen Vertrag über die Herstellung und Montage eines Gartenzaunes geschlossen, der im Frühjahr 2017 geliefert werden soll. Aufgrund gestiegener Rohstoffpreise stellte sich noch im Jahr 2016 bei der Fertigung heraus, dass dieser Vertrag zu einem Verlust von geschätzten 1.800,00 EUR führen wird.

7.9.1 Buchen Sie diesen Sachverhalt im Jahr 2016 für die Steuerbilanz und begründen Sie Ihre Lösung unter Angabe der genauen Rechtsgrundlage.

7.9.2 Buchen Sie diesen Sachverhalt im Jahr 2016 für die Handelsbilanz und begründen Sie Ihre Lösung unter Angabe der genauen Rechtsgrundlage.

Prüfungsfach: Rechnungswesen, Prüfungsaufgabe 3

4,5 Punkte

8. Die Gehaltsabrechnung für den Meister Christian Matthes ist noch zu buchen:

Bruttolohn	3.120,000 EUR
Lohnsteuer, Kirchensteuer, Solidaritätszuschlag	245,50 EUR
Arbeitgeberanteil zu Sozialversicherung	606,80 EUR
Arbeitnehmeranteil zur Sozialversicherung	639,78 EUR
Vermögenswirksame Leistungen Arbeitnehmer	40,00 EUR
Vermögenswirksame Leistungen Zuschuss Arbeitgeber	20,00 EUR

Buchen Sie die Gehaltsabrechnung für November 2016. Der Auszahlungsbetrag wird sofort auf das Konto des Arbeitnehmers überwiesen.

2,5 Punkte

9. KHH'S Sohn ist bei ihm angestellt und fährt einen Firmenwagen, den er auch für Privatfahrten und Fahrten von seiner Wohnung zur Tätigkeitsstäte nutzen darf. Der inländische Bruttolistenpreis im Zeitpunkt der Erstzulassung beträgt 29.465,00 EUR. Die einfache Entfernung Wohnung – Tätigkeitsstätte beträgt 18 km.

Berechnen Sie den gesamten monatlichen geldwerten Vorteil aus der Kfz-Gestellung.

Teil III: Gewinnverteilung und Auswertung Warenkonten.   15 Punkte

1   Justus Friedrichs (JF) und seine Mutter Olga Friedrichs (OF) betreiben gemeinsam einen Naturkostladen in der Rechtsform einer OHG. Sie sind wie folgt an der OHG beteiligt:

Justus Friedrichs	80.000,00 EUR
Olga Friedrichs	140.000,00 EUR

Der handelsrechtliche Gewinn des Geschäftsjahres 2016 beträgt 42.800,00 EUR und wird nach den gesetzlichen Vorschriften verteilt. Das Geschäftsjahr entspricht dem Kalenderjahr.
JF erhält ein Geschäftsführergehalt in Höhe von monatlich 3.600,00 EUR als Vorabvergütung, OF in Höhe von 2.000,00 EUR.
Darüber hinaus hat OF der Gesellschaft ein Darlehen zur Verfügung gestellt. Die hierfür an sie ausbezahlten Zinsen in Höhe von 8.500,00 EUR sind gewinnmindernd erfasst worden.
OF tätigte Ende Dezember eine Privatentnahme in Höhe von 15.000,00 EUR.

1.1 **Berechnen Sie in einer übersichtlichen Darstellung die handelsrechtlichen Kapitalanteile für JF und OF für das Ende des Geschäftsjahres.**

1.2 **Ermitteln Sie den steuerlichen Gewinn für die OHG.**

1.3 **Berechnen Sie in einer übersichtlichen Darstellung die Einkünfte aus Gewerbebetrieb für JF und OF.**

2   JF und OF haben einen Kaufvertrag über 500 Naturseifen zu einem Listeneinkaufspreis von insgesamt 850,00 EUR abgeschlossen. Sie erhalten 5 % Rabatt. Die Versandkosten betragen 18,00 EUR. Kalkuliert wird mit einem Handlungskostenzuschlag von 82 % und 19 % Umsatzsteuer.

2.1 **Wie hoch ist der Bezugspreis für die 500 Seifen?**

2.2 **Zu welchem Ladenverkaufspreis könnte ein Stück Seife angeboten werden?**

Lösungen zum Teil 6

Schriftliche Abschlussprüfungen

Wirtschafts- und Sozialkunde
- Prüfungsaufgabe 1 — Seiten 502 - 506
- Prüfungsaufgabe 2 — Seiten 507 - 510
- Prüfungsaufgabe 3 — Seiten 511 - 514

Steuerwesen
- Prüfungsaufgabe 1 — Seiten 515 - 521
- Prüfungsaufgabe 2 — Seiten 522 - 529
- Prüfungsaufgabe 3 — Seiten 530 - 537

Rechnungswesen
- Prüfungsaufgabe 1 — Seiten 538 - 543
- Prüfungsaufgabe 2 — Seiten 544 - 549
- Prüfungsaufgabe 3 — Seiten 550 - 555

Lösungen: Wirtschafts- und Sozialkunde, Prüfungsaufgabe 1

Die volle Punktzahl ist nur dann zu erreichen, wenn die jeweiligen Anweisungen in den Prüfungsaufgaben befolgt werden. Zu Sachverhalten, die sich in der Lösung nicht auswirken, ist ein kurzer Hinweis zu geben.

Teil I: Allgemeines Recht **Punkte**

1.

1.1 Rechtsfähigkeit

= Fähigkeit, Träger von Rechten und Pflichten zu sein **1,0**

1.2 Geschäftsfähigkeit

= Fähigkeit, wirksam Rechtsgeschäfte abzuschließen **1,0**

2. Geschäftsunfähigkeit

Geschäftsunfähige können keine wirksamen Willenserklärungen abgeben; diese sind nichtig. Sie können keine Rechtsgeschäfte tätigen. **2,0**

beschränkte Geschäftsfähigkeit:

Die Willenserklärungen von beschränkt Geschäftsfähigen sind grundsätzlich schwebend unwirksam (es gibt aber Ausnahmen). Die Wirksamkeit des Rechtsgeschäftes hängt von der Einwilligung des gesetzlichen Vertreters ab. **2,0**

Geschäftsfähigkeit:

Die Willenserklärungen sind wirksam. Geschäftsfähige können unbeschränkt Rechtsgeschäfte abschließen. **2,0**

3.

3.1 Nichtig wegen Formmangel (notarieller Vertrag erforderlich). **1,5**

3.2 Nichtig wegen Sittenwidrigkeit (Wucher). **1,5**

3.3 Wirksam. Maik ist beschränkt geschäftsfähig. Der „Taschengeldparagraph" gilt; es ist keine Einwilligung des gesetzlichen Vertreters notwendig. **1,5**

3.4 Anfechtbar wegen Irrtum (Versehen = Erklärungsirrtum). **1,5**

3.5 Anfechtbar wegen arglistiger Täuschung. **1,5**

3.6 Schwebend unwirksam. Olga ist beschränkt geschäftsfähig. Zwar will sie die Leistung von ihrem Taschengeld bezahlen, jedoch handelt es sich um ein „Zukunftsgeschäft", für das die Einwilligung der Eltern erforderlich ist. **1,5**

Lösungen: Wirtschafts- und Sozialkunde, Prüfungsaufgabe 1

4.

4.1 Verjährung ermitteln

Fälligkeit des Anspruchs	05. Dez. 2015	*1,0*
Beginn der Verjährungsfrist	31. Dez. 2015 24.00 Uhr (01. Jan. 2016 0.00 Uhr)	*1,0*
Dauer	3 Jahre	*1,0*
Ende der Verjährungsfrist	31. Dez. 2018 24.00 Uhr	*1,0*
Die Forderung ist am 01. Jan. 2019 verjährt.		*0,5*

4.2 Kaufmännische Mahnungen wirken sich nicht auf die Frist aus. *1,0*

4.3 Wirkung des Mahnbescheides: Hemmung *1,0*

4.4 Teilzahlung = Schuldanerkenntnis
führt zu einem Neubeginn der Verjährungsfrist *1,0*

Zahlungseingang	29. März 2017	
neuer Beginn der Verjährungsfrist	29. März 2017 24.00 Uhr (30. März 2017 0.00 Uhr)	*1,0*
Dauer	3 Jahre	
Ende der Verjährungsfrist	29. März 2020 24.00 Uhr	*1,0*
Die Forderung ist am 30. März 2020 verjährt.		*0,5*

5. Eigentumsübertragung

5.1 Einigung und Übergabe *1,0*

5.2 Einigung (Auflassung) und Eintragung ins Grundbuch *1,0*

5.3 Einigung und Besitzkonstitut *1,0*

5.4 Einigung und Abtretung des Herausgabeanspruchs *1,0*

5.5 Einigung *1,0*

Teil II: Handels- und Gesellschaftsrecht

6. Kaufmannseigenschaft

6.1 Keine Kaufmannseigenschaft (Freiberufler)
Kein Handelsregistereintrag *2,0*

6.2 Kannkaufmann
Eintrag hat konstitutive Wirkung *2,0*

6.3 Formkaufmann
Eintrag hat konstitutive Wirkung *2,0*

7. Unternehmensgründung

7.1 Gesellschaft bürgerlichen Rechts (BGB-Gesellschaft) *1,0*

7.2.1 OHG *1,0*

7.2.2 deklaratorisch *1,0*

7.2.3 Es fehlt der Zusatz, der auf die Rechtsform hindeutet. Somit nicht rechtsmäßig. *1,0*

7.2.4 Abteilung A *1,0*

Lösungen: Wirtschafts- und Sozialkunde, Prüfungsaufgabe 1

8. stille Gesellschaft

8.1 Möglichkeit der Kapitalbeschaffung, ohne ein Darlehen aufnehmen zu müssen.
Ihm steht weiter die alleinige Geschäftsführung zu. **2,0**

8.2 Nein **1,0**

8.3 Grundsätzlich haftet nur Jürgen Mattscheidt für die Verbindlichkeiten der Unternehmung. Soweit die Einlage aber nicht vollständig eingezahlt ist, haftet der stille Gesellschafter ebenfalls. **1,0**

9. Vollmachten

9.1 Prokura: ja (schriftlich) **1,0**
Handlungsvollmacht: ja (formfrei) **1,0**

9.2 Ab Erteilung: 04. März 2017 **1,0**
Hinweis: Handelsregistereintrag hat deklaratorische Wirkung

9.3

Rechtshandlung	Herr Clausen ja	Herr Clausen nein	Herr Peters ja	Herr Peters nein	
Grundstücke kaufen	X		X		**1,0**
Grundstücke verkaufen		X		X	**1,0**
Grundstücke belasten		X		X	**1,0**
Darlehen aufnehmen	X			X	**1,0**
Mitarbeiter einstellen	X		X		**1,0**
einen Prozess führen	X			X	**1,0**

9.4 Gesamtprokura **1,0**

9.5 Innenverhältnis: die Einschränkung ist wirksam **1,0**
Außenverhältnis: die Einschränkung ist nicht wirksam **1,0**

10. Gründung einer UG

10.1 Ja **1,0**

10.2 1 EUR **1,0**

10.3 Nein, nur Bargründungen möglich (§ 5a Abs. 2 GmbHG) **2,0**

10.4 Das Stammkapital beträgt zusammen 25.000 € und übersteigt damit den Höchstbetrag von 24.999 €. Es kann nur eine „klassische" GmbH gegründet werden. **2,0**

Teil III: Finanzierung und Investition

11.

11.1 Investition
= Mittelverwendung **1,0**
Finanzierung
= Mittelherkunft **1,0**

Lösungen: Wirtschafts- und Sozialkunde, Prüfungsaufgabe 1

11.2 Finanzierungsarten

Sachverhalt	Finanzierungsart		
Finanzierung aus Abschreibungen	Eigenfin.	Innenfin.	1,0
Kapitalerhöhung durch Aufnahme eines Gesellschafters	Eigenfin.	Außenf.	1,0
Verkauf von nicht mehr benötigtem Anlagevermögen	Eigenfin.	Innenfin.	1,0
Unterbewertung von Passiva	Eigenfin.	Innenfin.	1,0
Einstellung in Pensionsrückstellungen	Fremdfin.	Innenfin.	1,0
Finanzierung durch Thesaurierung von Gewinnen	Eigenfin.	Innenfin.	1,0

12.

12.1 Wesen der Zession

Der Schuldner (Zedent) tritt zur Sicherung von Krediten eigene Forderungen an seinen Gläubiger (Zessionar) ab. **2,0**

12.2 offene Zession:

Die Zession wird dem Drittschuldner mitgeteilt; eine Zahlung mit schuldbefreiender Wirkung kann nur an den Zessionar geleistet werden. **2,0**

verdeckte/stille Zession:

Die Zession wird dem Drittschuldner nicht mitgeteilt; der Drittschuldner zahlt mit schuldbefreiender Wirkung an den Zedenten. **2,0**

12.3 Nachteil der offenen Zession für den Sicherungsnehmer:

Das Bekanntwerden der Zession könnte zu Imageverlusten führen. **1,0**

Nachteil der stillen Zession für den Sicherungsgeber:

Der Zedent leitet die erhaltene Forderung möglicherweise nicht weiter. **1,0**

13.

13.1 Besitz- und Eigentumsverhälttnisse

Sicherungsübereignung:

Kreditnehmer =	Besitzer	**1,0**
Kreditgeber =	Eigentümer	**1,0**

Pfandkredit:

Kreditnehmer =	Eigentümer	**1,0**
Kreditgeber =	Besitzer	**1,0**

13.2

13.2.1 Transporter

Sicherungsübereignung **1,0**

13.2.2 Wertpapiere

Pfandkredit **1,0**

13.2.3 Warenlager

Sicherungsübereignung **1,0**

Lösungen: Wirtschafts- und Sozialkunde, Prüfungsaufgabe 1

Teil IV: Arbeitrecht und soziale Sicherung

14.

14.1	Kündigung		
	schriftlich		*1,0*
	§ 623 BGB		*1,0*
14.2	Die Kündigungsfrist beträgt 2 Monate zum Ende des Kalendermonats,		*1,0*
	da das Arbeitsverhältnis nach Vollendung des 25. Lebensjahres		*0,5*
	7 Jahre bestanden hat.		*0,5*
	§ 622 Abs. 2 BGB		*1,0*
14.3	Besonderer Kündigungsschutz		
	Schwerbehinderte		*1,0*
	Schwangere		*1,0*
14.4			
14.4.1	Arbeitspapiere		
	Nachweis über die Krankenversicherung		*1,0*
	Sozialversicherungsausweis		*1,0*
14.4.2	Anmeldung		
	Bei der Krankenkasse des Arbeitnehmers (BEK).		*1,0*
14.4.3	Frist		
	Mit der ersten Lohn- und Gehaltsabrechnung,		*1,0*
	spätestes innerhalb von 6 Wochen nach Beschäftigungsbeginn.		*1,0*

Lösungen: Wirtschafts- und Sozialkunde, Prüfungsaufgabe 2

Teil I: Schuld- und Sachenrecht   *Punkte 27,0*

1. **Verjährung**

1.1 Beginn der Verjährungsfrist: 31.12.2016   *1,0*
Nach § 199 Abs. 1 BGB mit dem Schluss des Jahres, in dem der Anspruch entstanden ist,   *2,0*
Ende der Verjährungsfrist: 31.12.2019   *1,0*
Nach § 195 GBG beträgt die regelmäßige Verjährungsfrist 3 Jahre.   *2,0*

1.2 a) Wirkung der Mahnung auf die Verjährung: keine   *2,0*
b) Wirkung der Stundung auf die Verjährung: Hemmung   *2,0*

Summe 10,0

2. **Verjährung**

2.1 Verjährungsfsrist: 3 Jahre (§ 195 BGB)   *0,5*
Beginn der Frist: 31.12.2016   *0,5*

2.2 Auswirkungen
a) Stundungsbitte: Neubeginn der Verjährung   *1,0*
b) Gewährung der Stundung: Hemmung der Verjährung   *1,0*

2.3 Verjährung des Anspruchs:
Neubeginn der Frist durch Stundungsbitte   07.01.2017   *1,0*
neues Ende wäre am   07.01.2020   *1,0*
Hemmung durch Gewährung der Stundung um 2 Monate
Ende der Verjährung am   07.03.2020 (24.00 Uhr)   *1,0*

Summe 5,0

3. Christian Klehmann kann die Rückforderung des Rechnungsbetrages nicht gerichtlich durchsetzen.   *1,0*
Er hat zwar ein Leistungsverweigerungsrecht und kann die „Einrede der Verjährung" geltend machen, der Anspruch gegen ihn erlischt dadurch aber nicht.   *1,0*
   1,0

Summe 3,0

4. **Wirksamkeit von Willenserklärungen**

4.1 Markus ist beschränkt geschäftsfähig. Das Geschenk bringt ihm lediglich rechtliche Vorteile, daher ist die Annahme des Geschenks eine gültige Willenserklärung; § 107 Abs. 1 BGB.   *1,0 / 1,0 / 1,0*

4.2 David ist beschränkt geschäftsfähig. Da der Kauf nicht unter den Taschengeldparagraphen fällt, ist die Willenserklärung schwebend unwirksam und von der Genehmigung der Eltern abhängig; § 108 Abs. 1 BGB.   *1,0 / 1,0 / 1,0*

4.3 Privatpersonen können Bürgschaftserklärungen nur schriftlich wirksam abgeben (§ 766 BGB).   *1,0*
Die Willenserklärung ist nichtig, weil sie gegen eine Formvorschrift verstößt (§ 125 BGB).   *1,0 / 1,0*

Summe 9,0

Lösungen: Wirtschafts- und Sozialkunde, Prüfungsaufgabe 2

Teil II: Handels- und Gesellschaftsrecht *Punkte 39,0*

5. Handelsregister
- 5.1 zuständiges Amtsgericht; § 8 HGB — *2,0*
- 5.2 Jeder; § 9 Abs. 1 HGB — *2,0*
- 5.3 elektronisch in öffentlich beglaubigter Form (notarielle Beglaubigung); § 12 Abs. 1 HGB — *2,0*
- 5.4 in elektronischer Form über das Internet; § 10 HGB — *2,0*

Summe 8,0

6. typische stille Gesellschaft
- 6.1 Der stille Gesellschafter kann von der Beteiligung am Verlust ausgeschlossen werden; dies muss im Gesellschaftsvertrag geregelt werden; § 231 Abs. 2 HGB — *1,0 / 2,0*
- 6.2 Nein. — *1,0*
- 6.3 Keine; die stille Gesellschafterin ist nicht zur Vertretung befugt. — *1,0*

Summe 5,0

7. Eintragungen in das Handelsregister
- 7.1 Eintragung erforderlich; § 53 Abs. 1 HGB; Wirkung: deklaratorisch — *3,0*
- 7.2 Keine Eintragung in das Handelsregister, da es sich um eine GbR handelt. — *2,0*
- 7.3 Keine Eintragung in das Handelsregister; gemäß § 106 HGB nur die Gesellschafter, nicht aber die Höhe der Einlage. — *2,0*
- 7.4 Eintragung erforderlich; Istkaufmann nach § 1 HGB; Wirkung: deklaratorisch — *3,0*

Summe 10,0

8. GmbH
- 8.1 Die GmbH ist am 17. März 2017 entstanden (mit Eintragung in das Handelsregister; der Eintrag ist konstitutiv). — *2,0*
- 8.2 Das Mindeststammkapital beträgt 25.000,00 €; § 5 Abs. 1 GmbHG.
  Die Vorschrift ist erfüllt. — *2,0*

  Die Mindesteinzahlung bei Eintrag in das Handelsregister muss
  - bei jedem Gesellschafter mind. 1/4 der Stammeinlage betragen — *1,0*
    Heiner: 5.000,00 € von 15.000,00 €
    Renè: 10.000,00 € von 15.000,00 €
    Die Vorschrift ist erfüllt. — *1,5*
  - mindestens die Hälfte des Stammkapitals betragen
    Stammkapital: 30.000,00 €
    Einzahlung gesamt: 15.000,00 €
    Die Vorschrift ist erfüllt. — *1,5*
- 8.3 Ein Verlust wird nach Kapitalanteilen verteilt; d.h. jeder Gesellschafter hat die Hälfte zu tragen. — *1,0*

Summe 10,0

Lösungen: Wirtschafts- und Sozialkunde, Prüfungsaufgabe 2

9.	allgemeine Handlungsvollmacht	
9.1	Nein, weil für die Aufnahme von Darlehen eine besondere Ermächtigung erforderlich ist; § 54 Abs. 2 HGB.	*1,0* *1,0*
9.2	Ja, weil die Handlung zu den gewöhnlichen Geschäften gehört; § 54 Abs. 1 HGB.	*2,0*
9.3	Nein, weil es sich um ein gerichtliches Rechtsgeschäft handelt; diese Rechtsgeschäfte sind nach § 54 Abs. 1 ausgeschlossen.	*1,0* *1,0*
	Summe	*6,0*

Teil III: Arbeitsrecht und soziale Sicherung — **Punkte 19,0**

10.	Probezeit	
10.1	Die Regelung ist gültig, weil die Probezeit mindestens 1 Monat und höchstens 4 Monate betragen darf.	*2,0*
	Geregelt ist dies im Berufsbildungsgesetz.	*1,0*
	Summe	*3,0*

11.	Kündigung	
11.1	Rechtsgrundlage: § 622 Abs. 2 BGB	*1,0*
	Seit Vollendung des 25. Lebensjahres ist die Fachwirtin mehr als 8 Jahre und weniger als 10 Jahre beim Steuerberater Mether beschäftigt.	*1,0*
	Die Kündigungsfrist beträgt 3 Monate zum Ende des Kalendermonats.	*1,0*
11.2	Die Kündigung wird frühestens zum 31. Juli 2017 wirksam.	*1,0*
11.3	Arbeitnehmer können mit einer Frist von 4 Wochen zum 15. oder zum Ende des Kalendermonats kündigen; § 622 Abs. 1 BGB.	*1,0* *1,0*
	Summe	*5,0*

12.	Mutterschutz		
12.1	Dauer: 6 Wochen vor und 8 Wochen nach der Entbindung.		*1,0*
	Beginn: 23. März 2017		*1,0*
	Ende: 29. Juni 2017		*1,0*
12.2	Leistung: Mutterschaftsgeld		*1,0*
12.3	Höhe des Mutterschaftsgeldes für Juni:		
	Monatliches Nettogehalt	2.270,00 €	*1,0*
	Zahlung durch die Krankenkasse:		
	13,00 € je Tag 30 Tage	390,00 €	*1,0*
	Zuschuss des Arbeitgebers	1.880,00 €	*1,0*
	Der Zuschuss wird vom Arbeitgeber gezahlt.		*1,0*
12.4	Der Arbeitgeber ist durch die Umlage U2 bei der Krankenkasse abgesichert.		*2,0*
		Summe	*11,0*

Lösungen: Wirtschafts- und Sozialkunde, Prüfungsaufgabe 2

Teil IV: Investition und Finanzierung *Punkte 15,0*

13.	Zession	
13.1	Kreditnehmer = Zedent	1,0
	Kreditgeber = Zessionar	1,0
	Geregelt ist die Zession in §§ 398 ff. BGB	1,0
13.2	Der Schuldner tritt Forderungen, die er Dritten gegenüber hat, an den Gläubiger (hier: die Bank) ab.	1,0
13.3	Beim Mandanten.	1,0
13.4	Arten der Zession	
	a) stille Zession: Die Zession wird dem Drittschuldner nicht mitgeteilt. Er zahlt mit schuldbefreiender Wirkung weiterhin an den Zedenten.	2,0
	offene Zession: Die Zession wird dem Drittschuldner mitgeteilt. Er kann mit schuldbefreiender Wirkung nur noch an den Zessionar zahlen.	2,0
	b) Einzelzession: Es wird eine einzige Forderung an den Zessionar abgetreten.	1,0
	Rahmenzession: Es werden mehrere Forderungen an den Zessionar abgetreten.	1,0
13.5	Formen der Rahmenzession:	
	Globalzession	1,0
	Mantelzession	1,0
13.6	Sicherungsübereignung von Anlagevermögen oder des Warenlagers	1,0
	Bürgschaft	1,0
	Summe	**150**

Lösungen: Wirtschafts- und Sozialkunde, Prüfungsaufgabe 3

	Punkte
Teil I: Allgemeines Recht	**25,0**

Aufgabe 1

Geschäftsfähigkeit
= Fähigkeit, wirksam Rechtsgeschäfte abzuschließen — *1,0*

Aufgabe 2

Beschränkt geschäftsfähig ist, wer das 7. Lebensjahr, aber noch nicht das 18. Lebensjahr vollendet hat. — *1,0*

Aufgabe 3

3.1 Schwebend unwirksam, da die Ausbildungsvergütung nicht unter den Taschengeldparagraphen fällt. — *1,0*

3.2 Schwebend unwirksam, da für die Kündigung von Ausbildungsverhältnissen die Zustimmung der Eltern erforderlich ist. — *1,0*

Aufgabe 4

4.1 Anfechtbar wegen arglistiger Täuschung. — *1,0*

4.2 Nichtig, da sittenwidrig. — *1,0*

Aufgabe 5

5.1 Werkvertrag — *1,0*
§ 631 BGB — *1,0*

5.2 Dienstvertrag — *1,0*
§ 611 BGB — *1,0*

5.3 Darlehensvertrag — *1,0*
§ 488 BGB — *1,0*

Aufgabe 6

6.1 Dauer der Verjährung: 3 Jahre — *1,0*
§ 195 BGB — *1,0*
Ende der Verjährung: 31. Dez. 2017 — *1,0*

6.2 Dauer der Verjährung: 30 Jahre — *1,0*
§ 197 BGB — *1,0*
Ende der Verjährung: 25. Jan. 2043 — *1,0*

Aufgabe 7

7.1 Hemmung der Verjährung — *1,0*

7.2 Unterbrechung der Verjährung — *1,0*

7.3 Unterbrechung der Verjährung — *1,0*

Aufgabe 8

8.1 Recht auf Zahlung — *1,0*
Recht auf Zahlung und Ersatz des Verzugsschadens — *1,0*

8.2 Rücktritt von Kaufvertrag — *1,0*
Schadensersatz statt Leistung — *1,0*

Lösungen: Wirtschafts- und Sozialkunde, Prüfungsaufgabe 3

Teil II: Investition und Finanzierung   **18,0**

Aufgabe 9

9.1 Investition:
Mittelverwendung; entspricht der Aktivseite der Bilanz   *1,0*
Finanzierung:
Mittelherkunft; entspricht der Passivseite der Bilanz   *1,0*

9.2 a) Rückstellungen   150.000   *0,5*
       langfristige Verbindlichkeiten   1.200.000   *0,5*
       kurzfristige Verbindlichkeiten   450.000   *0,5*
       Fremdfinanzierung   1.800.000

     b) Gewinnrücklagen   250.000   *0,5*

     c) Gezeichnetes Kapital   800.000   *0,5*
       Rückstellungen   150.000   *0,5*
       langfristige Verbindlichkeiten   1.200.000   *0,5*
       kurzfristige Verbindlichkeiten   450.000   *0,5*
       Außenfinanzierung   2.600.000

9.3 a) Finanzanlagen:
       Lombard   *1,0*
     Forderungen:
       Zession   *1,0*
     Grundstücke:
       Grundschuld; Hypothek   *1,0*
     Vorräte:
       Sicherungsübereignung   *1,0*

Aufgabe 10

Sachverhalt	Finanzierungsart			
	Innen-Fin.	Außen-Fin.	Eigen-Fin.	Fremd-Fin.
Max Neuner erhöht sein Stammkapital an der Neuner GmbH.		X	X	
Die Grundstücke der Neuner GmbH sind in der Bilanz unterbewertet.	X		X	
Die Neuner GmbH erhält Anzahlungen von Kunden		X		X
Die Neuner GmbH kauft Vorräte auf Ziel.		X		X

1,0 (je Zeile)

Aufgabe 11

11.1 Leverage-Effekt:
= Wirkung der Fremdkapitalkosten auf die Eigenkapitalrentabilität.   *1,0*

11.2 Der Leverage-Effekt ist negativ, weil die Eigenkapitalrentabilität unter der Gesamtkapitalrentabilität liegt.   *1,0*

Aufgabe 12

Abschreibungen werden in die Verkaufspreise einkalkuliert und fließen als Umsatzerlöse in das Unternehmen zurück.   *1,0*
Die Rückflüsse dienen der Finanzierung des Anlagevermögens.   *1,0*

Lösungen: Wirtschafts- und Sozialkunde, Prüfungsaufgabe 3

Teil III: Arbeitsrecht und soziale Sicherung — **16,0**

Aufgabe 13

13.1	Unfallversicherung	1,0
13.2	Berufsgenossenschaft (BG)	1,0
13.3	Der Arbeitgeber	1,0
13.4	Gefahrklasse (Unfallrisiko)	1,0
	Beitragsfuß der BG (Finanzbedarf)	1,0

Aufgabe 14

14.1 Sie muss ihrem Arbeitgeber unverzüglich ihre Arbeitsunfähigkeit — 1,0
und deren voraussichtliche Dauer mitteilen. — 1,0
Sie muss ihrem Arbeitgeber außerdem spätestens am vierten Werktag, der auf die Erkrankung folgt, eine Arbeitsunfähigkeitsbescheinigung vorlegen. — 1,0

14.2 In den ersten 6 Wochen der Krankheit hat sie einen Anspruch auf Lohnfortzahlung durch ihren Arbeitgeber. — 1,0
In der siebten Woche erhält sie Krankengeld von der Krankenkasse. — 1,0

Aufgabe 15

15.1 § 622 Abs. 1 BGB: — 1,0
Das Arbeitsverhältnis hat weniger als 2 Jahre bestanden, daher kann es mit einer Frist von vier Wochen zum 15. oder zum Ende eines Kalendermonats gekündigt werden. — 1,0
Datum für den spätesten Zugang der Kündigung: 04. März 2017 — 1,0

15.2 § 622 Abs. 1 BGB: — 1,0
Für Stefan Lindgrün gilt dieselbe Frist. — 1,0

15.3 Zuständig wäre das Arbeitsgericht. — 1,0

Teil IV: Handels- und Gesellschaftsrecht — **41,0**

Aufgabe 16

16.1	Die Firma ist der Name des Kaufmanns.	1,0
16.2	Er muss sich im Handelsregister eintragen lassen.	1,0
16.3	Das Handelsregister wird in elektronischer Form geführt.	1,0
16.4	Jeder darf in das Handelsregister Einsicht nehmen.	1,0

Aufgabe 17

17.1 Keine Kaufmannseigenschaft, da Grantman Freiberufler ist und somit kein Handelsgewerbe betreibt. — 1,5
§ 1 HGB — 0,5

17.2 Eine GmbH ist eine Handelsgesellschaft und somit Formkaufmann. — 1,5
§ 6 HGB — 0,5

17.3 Landwirte sind grundsätzlich keine Kaufleute. Da Obstler sich aber freiwillig hat eintragen lassen, ist er Kannkaufmann. — 1,5
§ 3 HGB — 0,5

17.4 Lisa Ihrig betreibt zwar ein Gewerbe. Da es jedoch keinen in Art und Umfang kaufmännisch eingerichteten Geschäftsbetrieb erfordert, handelt es sich nicht um ein Handelsgewerbe. Sie ist nicht Kaufmann. — 1,5
§ 1 HGB — 0,5

Lösungen: Wirtschafts- und Sozialkunde, Prüfungsaufgabe 3

Aufgabe 18

		OHG	GmbH	
18.1	Haftung	mit Privat- und Geschäftsvermögen	Nur mit der Einlage	2,0
18.2	Mindestkapital	kein Mindestkapital	Mindestkapital 25.000 €	2,0
18.3	Formvorschriften bei Gründung	keine	notarielle Beurkundung des Gesellschaftsvertrages	2,0
18.4	Buchführungspflicht	ja	ja	
18.5	Geschäftsführung	Recht und Pflicht eines jeden Gesellschafters	Organ der GmbH (Gesellschafter oder fremder Dritter)	2,0

Aufgabe 19

19.1	Die allgemeine Handlungsvollmacht gilt ab dem 12. Febr. 2017, da sie formfrei erteilt werden kann.	1,0
19.2	Frau Lamberts durfte das Rechtgeschäft abschließen, da sie alle gewöhnlichen Rechtsgeschäfte des Handelsgewerbes tätigen darf.	1,0
	§ 54 Abs. 1 HGB	1,0
19.3	Die Belastung von Grundstücken ist nur dann erlaubt, wenn hierfür ausdrücklich eine solche Befugnis erteilt wurde. Dies ist nicht der Fall.	1,0
	§ 54 Abs. 2 HGB	1,0
19.4	Frau Post durfte Prokura erteilen, da sie als Geschäftsführerin die gesetzliche Vertreterin der GmbH ist.	1,0
	§ 48 Abs. 1 HGB	1,0
19.5	Wirkung der Eintragung: deklaratorisch (rechtsbekundend)	1,0
19.6	Da der Entzug der Prokura ab dem 28. April gilt, durfte Herr Claussen das Rechtsgeschäft nicht mehr abschließen.	1,0
19.7	Das Rechtsgeschäft ist wirksam.	1,0
	Gemäß § 15 Abs. 1 HGB konnte der Verkäufer des Grundstücks davon ausgehen, dass die Prokura noch gültig war, da sie Mitte Juni noch nicht eingetragen und bekannt gemacht war.	2,0
	Gemäß § 49 HGB ist ein Prokurist zu allen Arten von gerichtlichen und außergerichtlichen Rechtsgeschäften ermächtigt, auch zum Kauf von Grundstücken.	2,0
19.9	Die TRaum-Tex-GmbH kann von Herrn Claussen Schadensersatz verlangen.	1,0
19.10	Geschäftsführung:	
	Betrifft das Innenverhältis = Entscheidung, Max Clement einzustellen	1,0
	Vertretung:	
	Betrifft das Außenverhältnis = Abschluss des Arbeitsvertrages	1,0

Aufgabe 20

20.1	Bei der atypischen stillen Gesellschaft ist der Gesellschafter an den stillen Reserven/Gechäftswert beteiligt, bei der typischen stillen Gesellschaft nicht.	1,0
20.2	typischer stiller Gesellschafter:	
	Einkünfte aus Kapitalvermögen	0,5
	atypischer stiller Gesellschafter:	
	Einkünfte aus Gewerbebetrieb	0,5

Lösungen: Steuerwesen, Prüfungsaufgabe 1

Die volle Punktzahl ist nur dann zu erreichen, wenn die jeweiligen Anweisungen in den Prüfungsaufgaben befolgt werden. Zu Sachverhalten, die sich in der Lösung nicht auswirken, ist ein kurzer Hinweis zu geben.

Lösungen Prüfung Steuerwesen   100,0   Punkte

Teil 1: Einkommensteuer   *Punkte gesamt*   *46,0*

Sachverhalt 1

                           Punkte

1. Gesamtbetrag der Einkünfte ermitteln

	€	€	€	Punkte
Einkünfte aus Gewerbebetrieb (Ehemann)				**0,5**
Verlustanteil OHG			− 5.327,00	**1,0**
Einkünfte aus selbständiger Arbeit (Ehemann)				**0,5**
Gewinn			84.596,00	**0,5**
Einkünfte aus nichtselbständiger Arbeit (Ehefrau)				**0,5**
Bruttoarbeitslohn		41.484,00		**0,5**
- Werbungskosten				
Fahrten W-T: 13 km x 0,30 € x 200 T	780,00			**1,5**
Das Arbeitszimmer ist nicht abzugsfähig,				
da ihr im Betrieb ein Arbeitsplatz zur				
Verfügung steht	0,00			**1,0**
Summe WK	780,00			
Ansatz des höheren WK-Pauschbetrages		1.000,00	40.484,00	**1,0**
Einkünfte aus Vermietung und Verpachtung (Eheleute)				**0,5**
Überschuss je zur Hälfte	923,00	923,00	1.846,00	**1,0**
Sonstige Einkünfte (privates Veräußerungsgeschäft)				**0,5**
Veräußerungsgewinn:				
Veräußerungserlös		180.000,00		**0,5**
- Anschaffungskosten Grund und Boden		37.500,00		**0,5**
Anschaffungskosten Gebäude	112.500,00			**1,0**
- AfA 2 % für 9 Jahre, 4 Mon.	21.000,00	91.500,00		**1,0**
verbleiben		51.000,00		**1,0**
- Veräußerungskosten		588,00		**0,5**
Veräußerungsgewinn			50.412,00	
Summe der Einkünfte/GdE			172.011,00	**0,5**
			Summe	*13,5*

Lösungen: Steuerwesen, Prüfungsaufgabe 1

2. Abziehbare außergewöhnliche Belastungen berechnen

Hinweis: Der Unterhalt ist nach § 33a Abs.1 abzugsfähig

Unterhaltsleistungen			3.600,00	*0,5*
Höchstbetrag			8.652,00	*0,5*
Einkünfte und Bezüge der Mutter				
sonstige Einkünfte				
Rente	5.714,00			*0,5*
- steuerfreier Teil der Rente	2.551,00			*0,5*
- WK-Pauschbetrag	102,00			*0,5*
Einkünfte		3.061,00		
Bezüge				
steuerfreier Teil der Rente	2.551,00			*0,5*
Zuschuss zur Krankenversicherung	382,00			*0,5*
Wohngeld	1.800,00			*0,5*
- Kostenpauschale	180,00			*0,5*
Summe Bezüge		4.553,00		
Einkünfte und Bezüge gesamt		7.614,00		*0,5*
Karenzbetrag		624,00	6.990,00	*0,5*
gekürzter Höchstbetrag			1.662,00	*0,5*
abzugsfähig sind			1.662,00	*0,5*
			Summe	**6,5**

Sachverhalt 2

Berechnung des Einkommens

Einkünfte aus selbständiger Arbeit				*0,5*
vorläufiger Gewinn		55.400,00		*0,5*
PKW-Nutzung:				
abgerundeter BLP	54.100,00			*0,5*
Privatfahrten:				
1 % für 12 Monate		6.492,00		*1,0*
Fahrten W-B:				
0,03% für 12 Monate, 9 km	1.752,84			*1,5*
abzgl. Fahrtkostenpauschale				
175 T x 0,30 € x 9 km	472,50	1.280,34		*1,5*
endgültiger Gewinn			63.172,34	*0,5*
Sonstige Einkünfte				*0,5*
Vermietung Wohnmobil				
nicht steuerpflichtig, Freigrenze von 256,00 € wird nicht überschritten			0,00	*1,0*
Summe der Einkünfte/Gesamtbetrag der Einkünfte			63.172,34	*0,5*
Sonderausgaben				
Vorsorgeaufwendungen				*0,5*
Altersvorsorge				
Versorgungwerk		16.509,00		*0,5*
private kapitalgedeckte Altersvorsorge		3.600,00		*0,5*
Summe		20.109,00		
Höchstbetrag		20.000,00		*0,5*
abzugsfähig 82% vom Höchstbetrag			16.400,00	*1,0*

Lösungen: Steuerwesen, Prüfungsaufgabe 1

übrige Vorsorge				
Krankenversicherung Basisabsicherung	3.886,00			*0,5*
Pflegeversicherung	428,00			*0,5*
abzgl. Beitragsrückerstattung	<u>100,00</u>			*0,5*
Summe Basisabsicherung		4.214,00		*0,5*
Krankenversicherung Wahlleistungen	1.121,00			*0,5*
private Rentenversicherung 88 %	<u>880,00</u>			*1,0*
Summe sonstige Vorsorge		2.001,00		
Summe übrige Vorsorge		6.215,00		
Höchstbetrag übrige Vorsorge		2.800,00		*0,5*
mindestens aber Aufwendungen für Basisabsicherung			4.214,00	*0,5*
Sonderausgabenpauschbetrag			36,00	*0,5*
Einkommen			42.522,34	*0,5*
			Summe	**16,5**

Sachverhalt 3

Steuerermäßigungen berechnen

Zuwendung an politsche Partei			
Spende	3.800,00		*0,5*
davon 50%	1.900,00		*0,5*
höchstens	1.650,00	1.650,00	*0,5*
Steuermessbetrag	665,00		*0,5*
x 3,8	2.527,00		*0,5*
höchstens die tatsächlich zu zahlende GewSt	3.074,00	2.527,00	*0,5*
haushaltsnahe Beschäftigungsverhältnisse			
Haushaltshilfe	2.848,00		*0,5*
davon 20%	569,60		*0,5*
höchstens	510,00	510,00	*0,5*
haushaltsnahe Dienstleistungen			
Fensterputzer	322,00		*0,5*
davon 20%	65,00		*0,5*
höchstens	4.000,00	65,00	*0,5*
Handwerkerleistungen			
Schornsteinfeger	118,00		*0,5*
Reparatur Spülmaschine			
Anfahrt	15,00		*0,5*
Arbeitslohn	120,00		*0,5*
Das Material darf nicht angesetzt werden	<u>0,00</u>		*0,5*
Summe	253,00		
davon 20%	51,00		*0,5*
höchstens	1.200,00	51,00	*0,5*
Steuerermäßigungen gesamt		4.752,00	*0,5*
		Summe	**8,5**

Lösungen: Steuerwesen, Prüfungsaufgabe 1

Teil 2: Umsatzsteuer

Punkte gesamt: 22,5

Sach-verhalt	Art des Umsatzes §	Ort der Leistung §	steuerbar §	steuerfrei §	steuer-pflichtig	Bemessungs-grundlage € §	USt €	VSt € §	Punkte
1	i.g. Lieferung § 6a Abs. 1	Erfurt § 3 Abs. 6	ja § 1 Abs. 1 Nr. 1	ja § 4 Nr. 1b)	nein	entfällt	entfällt	entfällt	2,5
2								22,80 € § 15 Abs. 1 Nr. 1 Satz 1	1
3	Lieferung § 3 Abs. 1	Erfurt § 3 Abs. 6	ja § 1 Abs. 1 Nr. 1	nein	ja	377,31 € § 10 Abs. 1 Sätze 1 und 2	71,69 €	- €	3,5
4	unentgeltl. sonst. Leist. § 3 Abs. 9a Nr. 2	Erfurt § 3f	ja § 1 Abs. 1 Nr. 1	nein	ja	90,00 € § 10 Abs. 4 Nr. 3	17,10 €	- €	3,5
5	i.g. Verbringen § 1a Abs. 2	Erfurt § 3d	ja § 1 Abs. 1 Nr. 5	nein	ja	2.874,00 € § 10 Abs. 1 Sätze 1 und 2	546,06 €	546,06 €	4
6	Lieferung § 3 Abs. 1	Erfurt § 3 Abs. 6	ja § 1 Abs. 1 Nr. 1	nein	ja	287,50 € § 10 Abs. 5 Nr. 1 i.V.m. Abs. 4 Nr. 1	54,63 €	- €	4
7	Werklieferung § 3 Abs. 4	Eisenach § 3 Abs. 7	ja § 1 Abs. 1 Nr. 1	nein	ja	3.970,00 € § 10 Abs. 1 Sätze 1 und 2	754,30 €	- €	3
8	kein Umsatz, da echter Schadensersatz	entfällt	nein	entfällt	entfällt	entfällt	entfällt	entfällt	1

Teil 3: Körperschaftsteuer

Punkte gesamt 10,5

Ermittlung des zu versteuernden Einkommens *Punkte*

	€	€	
vorläufiger handelsrechtlicher JÜ		198.140,00	*0,5*
+ 30 % der angemessenen Bewirtungskosten		885,00	*1*
+ Geschenke > 35 €		595,00	*1*
+ GewSt-Vorauszahlung		19.800,00	*0,5*
+ GewSt-Rückstellung		4.800,00	*0,5*
+ verdeckte Gewinnausschüttung			
Jahresgehalt Meierling	90.000,00		
angemessen wären	72.000,00	18.000,00	*1*
+ alle Zuwendungen			
an politische Partei		5.000,00	*0,5*
an Förderverein		1.000,00	*0,5*
+ KSt-Vorauszahlungen		20.000,00	*0,5*
+ SolZ-Vorauszahlungen		1.100,00	*0,5*
+ Säumniszuschlag zur KSt		160,00	*0,5*
+ 50 % der Vergütungen an den Aufsichtsrat		15.000,00	*1*
Summe der Einkünfte		284.480,00	*0,5*
- Spende an Förderverein		1.000,00	*0,5*
zu versteuerndes Einkommen		283.480,00	*0,5*
x 15 % = festzusetzende KSt		42.522,00	*0,5*
x 5,5 % = festzusetzender SolZ		2.338,71	*0,5*

Lösungen: Steuerwesen, Prüfungsaufgabe 1

Teil 4: Gewerbesteuer *Punkte gesamt* **9,0**

Gewerbesteuermessbetrag ermitteln

	€	€	*Punkte*
Handelsbilanzgewinn		214.850,00	**0,5**
+ Geschäftsführergehalt Olaf Terlitz		68.400,00	**0,5**
+ Zinsen für die Hingabe von Darlehen Martin Terlitz		6.844,00	**0,5**
steuerlicher Gewinn		290.094,00	**0,5**
Hinzurechnungen			
§ 8 Abs. 1 Nr. 1			
Entgelte für Schulden			
Zinsen Martin Terlitz	0,00		**0,5**
weitere Zinsen	19.480,00		**0,5**
Leasingraten zu 1/5	4.200,00		**1,0**
Miete unbewegliche WG zur Hälfte	12.000,00		**1,0**
Summe	35.680,00		
keine Auswirkung, da der Freibetrag von	100.000,00		
nicht überschritten ist		0,00	**1,0**
Kürzungen			
§ 9 Nr. 1			
für Grundbesitz			
1,2 % von 140 % des Einheitswertes		2.049,00	**1,0**
Gewerbeertrag		288.045,00	**0,5**
abgerundet		288.000,00	**0,5**
- Freibetrag		24.500,00	**0,5**
verbleibender Gewerbeertrag		263.500,00	**0,5**
x Steuermesszahl 3,5% = Steuermessbetrag		9.222,50	**0,5**

Teil 5: Abgabenordnung

Punkte gesamt: 11,5

Sachverhalt 1
Korrekturmöglichkeiten:
1. Antrag auf schlichte Änderung (§ 172 Abs. 1 Nr. 2a AO) — **1,5**
2. Einspruch (§ 347 AO) — **1,5**

Sachverhalt 2

			Punkte
Poststempel	Do	02. Febr.	**0,5**
+ 3 Tage Postweg			**0,5**
Zugangsvermutung	So	05. Febr.	**0,5**
Verschiebung auf den nächsten Wertag	Mo	06. Febr.	
Beginn der Frist	Di	07. Febr. 0.00 Uhr	**0,5**
+ 1 Monat Einspruchsfrist			
Ende der Frist wäre	Mo	07. März 24.00 Uhr	**0,5**
Unfall innerhalb der Einspruchsfrist:			
Antrag auf Wiedereinsetzung in den vorigen Stand möglich			**0,5**
Wegfall des Hindernisses	Sa	25. März	**0,5**
Fristbeginn für die Wiedereinsetzung	So	26. März 0.00 Uhr	**0,5**
+ 1 Monat Frist			
Ende der Wiedereinsetzungsfrist	Di	25. April 24.00 Uhr	**0,5**

4,5

Z kann bis einschließlich 25. April noch rechtswirksam Einspruch einlegen.

Sachverhalt 3

1. steuerliche Nebenleistung:
   Säumniszuschlag nach § 240 AO — **1**
2. Berechnung der Höhe:

			Punkte
Fälligkeit der Steuer eigentlich	Mo	12. Dez. 2016	**0,5**
Zahlung am	Fr	13. Jan. 2017	**0,5**
d.h. 2 angefangene Monate der Säumnis			**0,5**
Höhe der Steuer		356,00 €	**0,5**
abrunden auf volle 50,00 €		350,00 €	**0,5**
Säumniszuschlag 2 %		7,00 €	**0,5**

Lösungen: Steuerwesen, Prüfungsaufgabe 2

Aufgabe 1 *Punkte gesamt 47,0*

		€	€	€	
1. Gesamtbetrag der Einkünfte ermitteln					
Einkünfte aus nichtselbständiger Arbeit (Ehemann)					*0,5*
Bruttoarbeitslohn			50.420,00		*0,5*
- Werbungskosten					
Fahrten W-T: 24 km x 0,30 € x 115 T		828,00			*1,0*
- pauschal versteuerte ArbG-Leistungen		600,00			*1,0*
verbleiben		228,00			*0,5*
„Wirtschaftswoche" ist private Lebensführung		0,00			*0,5*
„Technische Sicherheit"		60,00			*0,5*
Summe WK		288,00			
Ansatz des höheren WK-Pauschbetrages			1.000,00	49.420,00	*1,0*
Betriebspension (Ehemann)			1.680,00		*0,5*
- Versorgungs-Freibetrag	22,4 %	377,00			*1,0*
max.		1.680,00			
anteilig für 6 Monate		840,00			*0,5*
abzugsfähig sind			377,00		*0,5*
- Zuschlag zum Versorgungsfreibetrag		504,00			*0,5*
anteilig für 6 Monate			525,00		*0,5*
Werbungskosten-Pauschbetrag			102,00	949,00	*0,5*
Sonstige Einkünfte					*0,5*
Rente Ehemann (Rentenbeginn 2016)			10.068,00		*0,5*
Besteuerungsanteil	72%		7.248,00		*1,0*
- Werbungskostenpauschbetrag			102,00	7.146,00	*0,5*
Rente Ehefrau (Rentenbeginn 2015)			14.284,00		*0,5*
- steuerfreier Teil der Rente	30%		4.283,00		*1,0*
= steuerpflichtiger Teil der Rente			9.998,00		*0,5*
- Werbungskosten			90,00		*0,5*
Ansatz der höheren Pauschbetrages			102,00	9.896,00	*0,5*
Die Rente der Berufsgenossenschaft ist steuerfrei				0,00	*1,0*
Summe der Einkünfte				67.411,00	*0,5*
Altersentlastungsbetrag					
Der Ehemann hat vor dem VZ das 64. LJ vollendet					
Arbeitslohn ohne Versorgungsbezüge			50.420,00		*1,0*
davon	22,40%		11.295,00		*0,5*
max.				1.064,00	*0,5*
Die Ehefrau hat vor dem VZ das 64. LJ nicht vollendet				0,00	*1,0*
GdE				66.347,00	*0,5*
				Summe	***20,0***

Aufgabe 2

Berechnung des Einkommens

Einkünfte aus Gewerbebetrieb (Ehefrau)		54.600,00	*0,5*
Einkünfte aus selbständiger Arbeit (Ehemann)		166.000,00	*0,5*
Summe der Einkünfte/GdE		220.600,00	*0,5*
Sonderausgaben			
Vorsorgeaufwendungen			*0,5*
Altersvorsorge			
Versorgungwerk		30.000,00	*0,5*
private kapitalgedeckte Altersvorsorge		24.000,00	*0,5*
Summe		54.000,00	
Höchstbetrag		40.000,00	*0,5*
abzugsfähig 82 % vom Höchstbetrag		32.800,00	*1,0*
übrige Vorsorge			
Krankenversicherung Basisabsicherung EM	4.768,00		*0,5*
Krankenversicherung Basisabsicherung EF	5.112,00		*0,5*
Pflegeversicherung EM	378,00		*0,5*
Pflegeversicherung EF	366,00		*0,5*
Summe Basisabsicherung		10.624,00	*0,5*
Krankenversicherung Wahlleistungen	1.128,00		*0,5*
private Kapitallebensversicherung 88 %	2.640,00		*1,0*
Summe sonstige Vorsorge		3.768,00	
Summe übrige Vorsorge		14.392,00	
Höchstbetrag übrige Vorsorge		5.600,00	*0,5*
mindestens aber Aufwendungen für Basisabsicherung		10.624,00	*0,5*
Unterhalt an die geschiedene Ehefrau		16.200,00	*0,5*
max. abzugsfähig		13.805,00	*0,5*
außergewöhnliche Belastungen			
Unterhalt nach § 33a Abs. 1 EStG an die Tochter	Höchstbetrag 8.652,00		*0,5*
gezahlte Beträge	6.000,00		
Bezüge der Tochter	5.400,00		*0,5*
- Kostenpauschale	180,00		*0,5*
verbleiben	5.220,00		
anrechnungsfreier Betrag	624,00		*1,0*
anzurechnen sind	4.596,00	1.404,00	*0,5*
Einkommen		161.997,00	*0,5*
		Summe	**14,0**

Aufgabe 3

Einkünfte aus Vermietung und Verpachtung berechnen

Einnahmen					
EG				0,00	**0,5**
1. OG	Miete		12.000,00		**0,5**
	Nebenkosten		3.600,00	15.600,00	**0,5**
2. OG	Miete		11.000,00		**1,0**
	Nebenkosten		2.750,00	13.750,00	**0,5**
	Die Dezembermiete gehört in das Jahr 2016				
	(Zahlung nicht innerhalb von 10 Tagen)				
Summe der Einnahmen				29.350,00	**0,5**
Werbungskosten					
Abschreibungen					
Anschaffungskosten gesamt		400.000,00			
davon entfallen 80 % auf das Gebäude		320.000,00			**1,0**
§ 6 Abs. 1 Nr. 1a EStG prüfen:					
Renovierung EG		37.500,00			**0,5**
Renovierung 1. OG		9.400,00			**0,5**
Renovierung 2. OG		9.400,00			**0,5**
Fassadenarbeiten		12.650,00			**0,5**
Sanierung des Daches		18.800,00			**0,5**
Summe netto		87.750,00			**0,5**
in Prozent der AK		27,42%			**0,5**
(mehr als 15 %; es liegen anschaffungsnahe					
Herstellungskosten vor)		87.750,00			**0,5**
BMG für AfA		407.750,00			**0,5**
2 % AfA			8.155,00		**0,5**
Finanzierungskosten			9.000,00		**0,5**
Gebäudeversicherung			460,00		**0,5**
Abgaben an die Stadt			1.400,00		**0,5**
Summe anteilig zu ermittelnder Werbungskosten			19.015,00		
auf die vermieteten Wohnungen entfallen		66,67%		12.676,67	**1,0**
Strom, Wasser, Gas für das 1. und 2. OG				7.180,00	**0,5**
Einkünfte				9.493,33	**0,5**
				Summe	**13,0**

Lösungen: Steuerwesen, Prüfungsaufgabe 2

Teil 2: Umsatzsteuer
Lösung Sachverhalt 1

Punkte gesamt 28,0

Sach-ver-halt	Art des Umsatzes §	Ort der Leistung §	steuerbar §	steuerfrei §	steuer-pflichtig	Bemessungs-grundlage € §	USt €	VSt € §	Punkte
1	sonstige Leistung § 3 Abs. 9	Schweiz § 3a Abs. 4 Nr. 4	nein	entfällt	entfällt	entfällt	entfällt	entfällt	1,5
2	sonstige Leistung § 3 Abs. 9	Österreich § 3a Abs. 2 S. 1	nein	entfällt	entfällt	entfällt	entfällt	entfällt	1,0
3	sonstige Leistung § 3 Abs. 9	Warendorf § 3a Abs. 2 S. 1	ja § 1 Abs. 1 Nr. 1	nein	ja	3.193,28 € § 10 Abs. 1	606,72 €	keine	3,0
4	sonstige Leistung § 3 Abs. 9	Dortmund § 3a Abs. 3 Nr. 3a)	ja § 1 Abs. 1 Nr. 1	ja § 4 Nr. 12	nein	entfällt	entfällt	entfällt	2,5
5	sonstige Leistung § 3 Abs. 9	Dortmund § 3a Abs. 3 Nr. 3a)	ja § 1 Abs. 1 Nr. 1	ja aber: § 9 Option	ja	2.352,94 € § 10 Abs. 1	5.364,72 €	keine	3,0
6	unentgeltliche Verwendung für private Zwecke	Beckum § 3f	ja § 1 Abs. 1 Nr. 1 i.V.m. § 3 Abs. 9a Nr.1	nein	ja	436,80 € (1 % von 54.600,00 € abzgl. 20 %)	995,90 €	keine	4,0
7	kein Umsatz echter Mitgliedsbei-trag	entfällt	nein	entfällt	entfällt	entfällt	entfällt	entfällt	1,0

Lösungen: Steuerwesen, Prüfungsaufgabe 2

Lösung Sachverhalt 2   *Punkte gesamt*   28,0   *Punkte*

Sach-ver-halt	Art des Umsatzes §	Ort der Leistung §	steuerbar §	steuerfrei §	steuer-pflichtig	Bemessungs-grundlage € §	USt €	VSt € §	
1	i.g. Erwerb § 1a Abs. 1	Gescher § 3d	ja § 1 Abs. 1 Nr. 5	nein	ja	5.800,00 € § 10 Abs. 1	1.102,00 €	1.102,00 € § 15 Abs. 1 Nr. 3	4,0
2	sonstige Leistung § 3 Abs. 9	Gescher § 3a Abs. 3 Nr. 3a)	ja § 1 Abs. 1 Nr. 1	nein	ja	Zimmer 84,11 € Frühstück 25,21 €	5,89 € 4,79 €	keine	3,5
3	i.g. Lieferung § 3 Abs. 1 § 6a	Gescher § 3 Abs. 6	ja § 1 Abs. 1 Nr. 1	ja § 4 Nr. 1b)	nein	entfällt	entfällt	entfällt	2,5

Lösung Sachverhalt 3   *Punkte 2,0*

Es handelt sich um eine sonstige Leistung (Beförderungsleistung).
Ort der Leistung nach § 3a Abs. 2 beim Leistungsempfänger, also in Gescher.
Steuerbar und steuerpflichtig im Inland.
Die BMG für die USt beträgt 180,00 €, die USt 34,20 € (die Rechnung ist ohne USt).
Steuerschuldner ist nach § 13b Abs. 5 i.V.m. Abs. 1 der Leistungsempfänger (S).
Gleichzeitig steht S nach § 15 Abs. 1 Nr. 4 der VorSt-Abzug hieraus zu.

Teil 3: Körperschaftsteuer

Punkte gesamt: 6

Ermittlung des zu versteuernden Einkommens

	€	€	Punkte
handelsrechtlicher Jahresüberschuss		64.900,00	**0,5**
+ GewSt-Vorauszahlung		4.600,00	**0,5**
+ verdeckte Gewinnausschüttung			
gezahlte Darlehenszinsen durch den Gesellschafter	750,00		
angemessen wären	1.500,00	750,00	**1,0**
+ KSt-Vorauszahlungen		10.400,00	**0,5**
+ SolZ-Vorauszahlungen		572,00	**0,5**
+ Säumniszuschlag zur GewSt		56,00	**0,5**
Verspätungszuschlag zur USt ist abzugsfähig		0,00	**0,5**
+ nicht abzugsfähige Betriebsausgabe (Jacht)		15.000,00	**0,5**
zu versteuerndes Einkommen		96.278,00	**0,5**

Ermittlung der festzusetzenden Körperschaftsteuer und des Solidaritätszuschlages

		Punkte
x 15 % = festzusetzende KSt	14.441,70	**0,5**
x 5,5 % = festzusetzender SolZ	794,29	**0,5**
Summe		**6**

Lösungen: Steuerwesen, Prüfungsaufgabe 2

Teil 4: Gewerbesteuer   *Punkte gesamt*   **11,5**

Gewerbesteuermessbetrag ermitteln

	€	€	Punkte
Handelsbilanzgewinn		366.350,00	*0,5*
+ Spende an die politische Partei		5.000,00	*0,5*
+ Gewerbesteuervorauszahlungen		75.000,00	*0,5*
+ Körperschaftsteuervorauszahlungen		61.000,00	*0,5*
zu versteuerndes Einkommen		507.350,00	*0,5*
Hinzurechnungen			
§ 8 Abs. 1 Nr. 1			
Entgelte für Schulden			
Zinsen Kontokorrentkredit	2.050,00		*0,5*
Zinsen Bankdarlehen	80.900,00		*0,5*
Zinsen an den Gesellschafter	4.000,00		*0,5*
Miete Telefonanlage zu 1/5	1.200,00		*0,5*
Miete Geschäftsgebäude zur Hälfte	40.500,00		*0,5*
Summe	128.650,00		
Karenzbetrag	100.000,00		*0,5*
übersteigender Betrag	28.650,00		*0,5*
davon 1/4			
§ 8 Nr. 9		7.162,50	*0,5*
Spende Berufskolleg		3.000,00	*0,5*
Gewinn + Hinzurechnungen		517.512,50	
Kürzungen			
§ 9 Nr. 1			
für Grundbesitz			
1,2 % von 140 % des Einheitwertes			
§ 9 Nr. 5		756,00	*0,5*
Spende Berufskolleg		3.000,00	*0,5*
vorläufiger Gewerbeetrag		513.756,50	*0,5*
abgerundet		513.700,00	*0,5*
endgültiger Gewerbeetrag		513.700,00	*0,5*
x Steuermesszahl 3,5% = Steuermessbetrag		17.979,50	*0,5*
x Hebesatz 440,0% = festzusetzende GewSt		79.109,80	*0,5*
− Gewerbesteuervorauszahlungen		75.000,00	*0,5*
= Gewerbesteuerrückstellung		4.109,80	*0,5*
		Summe	***11,5***

Teil 5: Abgabenordnung

Punkte gesamt 7,5

Punkte

Aufgabe 1

Säumniszuschläge fallen an, wenn Steuern bei Fälligkeit nicht gezahlt werden.
Rechtsgrundlage: § 240 AO **1,0**

Fälligkeit der Zahllast am 11. Jan. 2017, jedoch nicht vor Eingang der Voranmeldung am 13. Jan. 2017 (§ 240 Abs. 1 Satz 4 AO). **1,0**

Bei Überweisung ist nach § 240 Abs. 3 AO außerdem eine Schonfrist von 3 Tagen zu beachten = 16. Jan. 2016. **1,0**

Da die Zahllast am 16. Jan. 2017 eingeht, wird kein Säumniszuschlag festgesetzt. **0,5**

		Summe	*3,5*

Aufgabe 2

nachzuzahlende ESt		1.430,00	*0,5*
(keine Nachzahlungszinsen für Zuschlagsteuern)			*0,5*
abrunden auf volle 50 €		1.400,00	*0,5*
Zinslauf			
Beginn	1. April 2016		*0,5*
Ende mit Wirksamwerden der Festsetzung			
d.h. mit Bekanntgabe	12. Dez. 2016		*0,5*
Berechnung der Zinsen			
volle Monate, die zu verzinsen sind		8	*0,5*
Zinssatz		4,0%	*0,5*
festzusetzende Zinsen		56,00	*0,5*
		Summe	*4,0*

Lösungen: Steuerwesen, Prüfungsaufgabe 3

Teil 1: Einkommensteuer *Punkte gesamt 46,0*

Sachverhalt 1 *13,0*

1. **Gesamtbetrag der Einkünfte ermitteln** € € €

Einkünfte aus nichtselbständiger Arbeit (Ehemann)

	€	€	€	
Bruttoarbeitslohn		38.642,00		0,5
- Werbungskosten				
Fahrten Wohnung - Tätigkeitsstätte				
230 T x 101 km x 0,30 EUR	6.969,00			1,5
Höchstbetrag	4.500,00			0,5
Die tatsächlichen Kosten spielen keine Rolle.				0,5
Kontoführungsgebühr	16,00			0,5
Anzug				
Keine typische Berufskleidung. Weder der Anzug noch die Reinigungskosten können angesetzt werden.				1,0
Steuerberatungskosten für n.s.A. brutto	107,10			1,0
Kosten für Ermittlung ohne Einkünfte können nicht angesetzt werden.				0,5
Summe WK		4.623,10	34.018,90	0,5

Einkünfte aus nichtselbständiger Arbeit (Ehefrau)

	€	€	€	
Bruttoarbeitslohn		29.687,00		0,5
- Werbungskosten				
Fahrten Wohnung - Tätigkeitsstätte				
120 T x 4 km x 0,30 EUR	144,00			1,5
Arbeitsecke:				
Wird nicht als Arbeitszimmer anerkannt				
Miete kann nicht angesetzt werden				0,5
Arbeitsmittel	315,00			0,5
Beitrag GEW	160,00			0,5
Kontoführungsgebühr	16,00			0,5
Steuerberatungskosten für n.s.A.	59,50			0,5
Summe WK	694,50			
Ansatz des höheren WK-Pauschbetrages		1.000,00	28.687,00	1,0
Summe der Einkünfte			62.705,90	0,5
GdE			62.705,90	0,5

Lösungen: Steuerwesen, Prüfungsaufgabe 3

Sachverhalt 2 — 23,0

Berechnung des zu versteuernden Einkommens

Einkünfte aus Vermietung und Verpachtung

Einnahmen			
11 x 800 EUR	8.800,00		*0,5*
11 x 200 EUR	2.200,00		*0,5*
Die Dezembermiete wird im Folgejahr angesetzt (Zuflussprinzip).			*0,5*
- Erstattung der Nebenkosten	28,00		*1,0*
Summe der Einnahmen		10.972,00	*0,5*
Werbungskosten			
Abschreibungen			
Abschreibungen können nicht mehr angesetzt werden, weil die ND 40 Jahre beträgt (§ 7 Abs. 4 Nr. 2b)) und das Gebäude bereits abgeschrieben ist.			*2,0*
Abgaben an die Gemeinde			
4 x 188 EUR	752,00		*1,0*
Gebäudeversicherung	114,00		*0,5*
Energieversorger			
12 x 128 EUR	1.536,00		*1,0*
Summe Werbungskosten		2.402,00	*0,5*
Einkünfte		8.570,00	*0,5*

sonstige Einkünfte

Einnahmen			
6 x 1.549,84 EUR	9.299,00		*0,5*
6 x 1.627,33 EUR	9.763,00		*0,5*
Summe der Einnahmen		19.062,00	*0,5*
steuerfreier Teil der Rente (festgeschrieben)			
50 % von 16.468 € (Rentenbeginn vor 2005)	8.234,00		*1,0*
steuerpflichtiger Teil der Rente		10.828,00	*0,5*
Werbungskosten-Pauschbetrag		102,00	*0,5*
Einkünfte		10.726,00	*0,5*
Summe der Einkünfte		19.296,00	*0,5*
- Altersentlastungsbetrag (64. Lebensjahr in 2005 vollendet)			
Bemessungsgrundlage:	8.570,00		*0,5*
davon 40 %	3.428,00		*0,5*
Höchstbetrag		1.900,00	*0,5*
Gesamtbetrag der Einkünfte		17.396,00	*0,5*

Lösungen: Steuerwesen, Prüfungsaufgabe 3

- Sonderausgaben
  Vorsorgeaufwendungen
    Basisabsicherung
      Krankenversicherung

6 x 127,09 EUR + 6 x 13,95 EUR	846,24		*0,5*
6 x 129,76 EUR + 6 x 14,24 EUR	864,34		*0,5*

    Pflegeversicherung

6 x 31,77 EUR	190,62		*0,5*
6 x 37,19 EUR	223,14		*0,5*
Summe Basisabsicherung gerundet	2.124,00		*0,5*
Höchstbetrag	1.900,00		*0,5*
Die Haftpflichtversicherung kann nicht mehr angesetzt werden.			*0,5*
Abzugsfähig sind mindestens die Beträge zur Basisabsicherung	2.124,00		*0,5*
Sonderausgabenpauschbetrag	36,00		*0,5*
Summe Sonderausgaben		2.160,00	

- außergewöhnliche Belastungen
  Beerdigung

Kosten der Beerdigung	1.312,00		*0,5*
Bewirtung der Trauergäste nicht abzugsfähig.			*0,5*
Summe	1.312,00		
- zumutbare Belastung			
6 % von 17.396,00 EUR	1.043,00		*1,0*
verbleiben		269,00	*0,5*
Einkommen		14.967,00	*0,5*
zu versteuerndes Einkommen		14.967,00	*0,5*

Sachverhalt 3 *10,0*

Berechnung der abzugsfähigen Sonderausgaben

Unterhaltsleistungen			*0,5*
an die geschiedene Frau			
12 x 1.160,00 EUR	13.920,00		*0,5*
höchstens		13.805,00	*0,5*
an das Kind Marco			
nicht abzugsfähige Kosten der privaten Lebensführung			*0,5*
Kosten der eigenen Berufsausbildung (Ehefrau)			*0,5*
Schulgeld			
2 x 2.200,00 EUR	4.400,00		*0,5*
Unterrichtsmaterial	300,00		*0,5*

Lösungen: Steuerwesen, Prüfungsaufgabe 3

Fahrten zur Schule			
180 T x 9 km x 2 x 0,30 EUR	1.166,40		**2,0**
Verpflegungsmehraufwand			
180 T x 12,00 EUR	2.160,00		**1,0**
Summe		8.026,40	**0,5**
Höchstbetrag		6.000,00	**0,5**
Schulgeld			**0,5**
Waldorfschule			
12 x 280 EUR	3.360,00		**0,5**
davon 30 %		1.008,00	**0,5**
(der Höchstbetrag von 5.000 EUR ist nicht überschritten)			
Essengeld ist nicht abzugsfähig			
(Kosten der privaten Lebensführung)			**0,5**
Sonderausgaben gesamt		20.813,00	**0,5**

Lösungen: Steuerwesen, Prüfungsaufgabe 3

Teil 2: Umsatzsteuer

1. Aufgabe

Punkte gesamt 26,0

Sach-ver-halt	Art des Umsatzes §	Ort der Leistung §	steuerbar §	steuerfrei §	steuer-pflichtig	Bemessungs-grundlage €	USt €	VorSt € §	Punkte
1	Lieferung § 3 Abs. 1	Köln § 3 Abs. 6	ja § 1 Abs. 1 Nr. 1	-	ja	8.075,00 § 10 Abs. 1 Sätze 1 und 2	1.534,25	-	3,0
2	Werkleistung § 3 Abs. 9	Bad Godesberg § 3a Abs. 2	ja § 1 Abs. 1 Nr. 1	-	ja	470,59 § 10 Abs. 1 Sätze 1 und 2	89,41	-	3,0
3	Lieferung § 3 Abs. 1	Köln § 3 Abs. 6	ja § 1 Abs. 1 Nr. 1	-	ja	82,77 § 10 Abs. 1 Sätze 1 und 2	15,73	-	3,0
4	unentgeltl. Wertabgabe § 3 Abs. 1b Nr. 1	Köln § 3f	ja § 1 Abs. 1 Nr. 1	-	ja	397,00 § 10 Abs. 4 Nr. 1	75,43	-	3,0
5	Ausfuhrlief. § 6	Köln § 3 Abs. 6	ja § 1 Abs. 1 Nr. 1	ja § 4 Nr. 1a	-	entfällt	entfällt	-	3,0
6	i.g. Erwerb § 1a Abs. 1	Köln § 3d	ja § 1 Abs. 1 Nr. 5	-	ja	300,00 § 10 Abs. 1 Sätze 1 und 2	57,00	57,00	3,5
								Summe	**18,5**

Lösungen: Steuerwesen, Prüfungsaufgabe 3

2. Aufgabe
Punkte 4,0

2.1 Die Steuerschuldnerschaft liegt beim Leistungsempfänger E, weil es sich um eine Werklieferung eines im Ausland ansässigen Unternehmers handelt. — *0,5 / 0,5*
§ 13b Abs. 5 i.V.m. § 13b Abs. 2 Nr. 1 UStG — *1,0*

2.2 Die Steuer entsteht im April. — *0,5*
§ 13b Abs. 1 UStG — *0,5*
Mit Ausstellung der Rechnung, spätestens jedoch mit Ablauf des der Ausführung der Leistung folgenden Monats. — *1,0*

3. Aufgabe
Punkte 3,5

3.1 Sondervorauszahlung:

Steuerzahllast für Juli bis Dezember	683,00 EUR	*1,0*
hochgerechnet auf ein Jahr (Jahressumme)	4.098,00 EUR	*0,5*
davon 1/11	372,55 EUR	*0,5*

3.2 Abgabe der Steuererklärung spätestens bis zum 31. Mai 2017. — *0,5*
§ 149 Abs. 2 AO — *1,0*

3.3 Die Abschlusszahlung muss spätes einen Monat nach Eingang der Steuererklärung geleistet werden — *0,5*
§ 18 Abs. 4 UStG — *1,0*

Teil 3: Körperschaftsteuer
Punkte gesamt 8,5

1. Aufgabe
Ermittlung des zu versteuernden Einkommens

	EUR	EUR	Punkte
handelsrechtlicher Jahresüberschuss		154.682,00	*0,5*
+ GewSt-Vorauszahlung		32.100,00	*0,5*
+ verdeckte Gewinnausschüttung			
gezahltes Geschäftsführergehalt =12*10.000,00	120.000,00		
angemessen wären	90.000,00	30.000,00	*1,0*
+ KSt-Vorauszahlungen		20.400,00	*0,5*
+ SolZ-Vorauszahlungen		1.122,00	*0,5*
Säumniszuschlag zur Grundsteuer ist abzugsfähig		0,00	*0,5*
Säumniszuschlag zur USt ist abzugsfähig		0,00	*0,5*
zu versteuerndes Einkommen		238.304,00	*0,5*

Die Bewirtungskosten und die Geschenke sind abzugsfähig. — *1,0*

Ermittlung der festzusetzenden Körperschaftsteuer und des Solidaritätszuschlages

x 15 % = festzusetzende Körperschaftsteuer	35.745,60	*0,5*
x 5,5 % = festzusetzender Solidaritätszuschlag	1.966,01	*0,5*
	Summe	**6,5**

Lösungen: Steuerwesen, Prüfungsaufgabe 3

2. Aufgabe
Berechnung des endgültigen Jahresüberschusses

		EUR	
	vorläufiger Jahresüberschuss	154.682,00	**0,5**
-	festzusetzende Körperschaftsteuer	35.745,60	**0,5**
-	festzusetzender Solidaritätszuschlag	1.966,01	**0,5**
=	endgültiger Jahresüberschuss	116.970,39	**0,5**
		Summe	**2,0**

Teil 4: Gewerbesteuer   Punkte gesamt   11,0

Sachverhalt 1

	EUR	EUR	**Punkte**
Handelsbilanzgewinn		52.188,00	**0,5**
+ Vergütung für Geschäftsführung NG		42.000,00	**0,5**
+ vergütung für Geschäftsführung AGK		38.400,00	**0,5**
+ Gewerbesteuervorauszahlungen		19.200,00	**0,5**
+ Bußgeld		240,00	**0,5**
+ Spende		250,00	**0,5**
= Gewinn aus Gewerbebetrieb		152.278,00	
Hinzurechnungen			
§ 8 Abs. 1 Nr. 1			
Entgelte für Schulden	18.100,00		**0,5**
Gewinnanteil des typischen stillen Gesellschafters	4.000,00		**0,5**
Leasing EDV-Anlage zu 1/5	360,00		**0,5**
Miete Parkplätze zur Hälfte	1.800,00		**0,5**
Summe	24.260,00		
Karenzbetrag	100.000,00		**0,5**
nicht überschritten			**0,5**
Hinzurechnungen		0,00	
Kürzungen			**0,5**
für Grundbesitz			
1,2 % von 140 % des Einheitwertes zu 85 %		2.641,80	**1,5**
vorläufiger Gewerbeetrag		149.636,20	**0,5**
abgerundet		149.600,00	**0,5**
endgültiger Gewerbeetrag		149.600,00	
x Steuermesszahl 3,5% = Steuermessbetrag		5.236,00	**0,5**
x Hebesatz 411,0% = festzusetzende GewSt		23.038,40	**0,5**
- Gewerbesteuervorauszahlungen		19.200,00	**0,5**
= Gewerbesteuerrückstellung		3.838,40	**0,5**

Teil 5: Abgabenordnung

Punkte gesamt **8,5**
Punkte

Sachverhalt 1

1. Bescheide:
   gesonderte und einheitliche Feststellung der Einkünfte aus dem Mehrfamilienhaus — 0,5
   Einheitswert für das bebaute Grundstück — 0,5
   Einkommensteuerbescheide für TM und MM — 1,0
2. Zuständige Finanzämter
   gesonderte und einheitliche Feststellung der Einkünfte:
   - Finanzamt Bonn — 0,5
   - Verwaltungsfinanzamt — 0,5
   - § 18 Abs. 1 Nr. 4 AO — 0,5

   Einheitswert für das bebaute Grundstück:
   - Finanzamt Bonn — 0,5
   - Lagefinanzamt — 0,5
   - § 18 Abs. 1 Nr. 1 AO — 0,5

   Einkommensteuerbescheide für TM und MM
   - TM: Finanzamt Bonn — 0,5
   - MM: Finanzamt Ingolstadt — 0,5
   - Wohnsitzfinanzamt — 0,5
   - § 19 Abs. 1 AO — 0,5

Summe **7,0**

Sachverhalt 2

1. Der Einspruch muss sich gegen die gesonderte und einheitliche Feststellung der Einkünfte richten. — 0,5
2. Antrag auf schlichte Änderung — 0,5
   § 172 Abs. 1 Nr. 2a AO — 0,5

Summe **1,5**

Lösungen: Rechnungswesen, Prüfungsaufgabe 1

Die volle Punktzahl ist nur dann zu erreichen, wenn die jeweiligen Anweisungen in den Prüfungsaufgaben befolgt werden. Zu Sachverhalten, die sich in der Lösung nicht auswirken, ist ein kurzer Hinweis zu geben.

Lösungen Prüfung Rechnungswesen   **100,00 Punkte**

Teil I: Gewinnermittlung nach § 4 Abs. 3 EStG   **17,5 Punkte**

		BE + 198.000,00	BE ./.	BA + 126.000,00	BA ./.	Punkte
1.	VSt ist BA erst bei Zahlung 2017 47,74					1,0
	Abschreibung ist BA 2016					0,5
	Anschaffungskosten (netto) 251,26					
	AK < 410,00 €, d.h. GWG				251,26	1,0
2.	Darlehensauszahlung ist keine BE		38.400,00			1,0
	einbehaltenes Disagio ist BA 4,0%			1.600,00		1,0
	Zinsen für Dez. sind BA in 2016					0,5
	Rate gesamt 730,00					
	Darlehensbetrag 40.000,00					
	Zinssatz 3,8%					
	Zinsen für Dez. 2016 126,67			126,67		1,5
	Tilgungsanteil hat keine Auswirkung					0,5
3.	keine Auswirkung, da zum Zeitpunkt des Kaufs bereits BA				244,00	1,0
4.	Spende ist privat, bzw. n.a. BA				300,00	1,0
5.	Zahllast ist BA in 2017, da nicht innerhalb von 10 Tagen					1,5
6.	VSt ist BA 71,73			71,73		1,0
	angemessene Bewirtungskosten 377,50					
	sind zu 70 % BA 264,25			264,25		1,5
	zu 30 % nicht abzugsfähige BA 113,25					1,0
	Summen	198.000,00	38.400,00	128.313,91	544,00	0,5
			159.600,00	127.769,91		1,0
	steuerlicher Gewinn		31.830,09			0,5
					Summe	**20,0**

Lösungen: Rechnungswesen, Prüfungsaufgabe 1

Teil II: Laufende Buchungen und Abschlussbuchungen   **72,5 Punkte**

1.

Punkte

1.1 Buchen Sie den Rechnungseingang zum 28. Nov. 2016.

5200	(3200)	Wareneingang		3.240,00	*0,5*
1400	(1570)	VSt		615,60	*0,5*
	an 3310	(1600)	Verb.aLuL	3.855,60	*1,0*

1.2 Buchen Sie die Gutschriftsanzeigen vom 05. Dez. 2016.

3310	(1600)	Verb.aLL		595,00	*1,0*
	an 5700	(3700)	Nachlässe	500,00	*1,0*
	1400	(1570)	VSt	95,00	*0,5*

1.3 Buchen Sie die Banküberweisung vom 12. Dez. 2016.

3310	(1600)	Verb.aLL		3.260,60	*1,0*
	an 1800	(1200)	Bank	3.195,39	*1,0*
	5700	(3700)	Nachlässe	54,80	*1,0*
	1400	(1570)	VSt	10,41	*0,5*

2.

2.1 Buchen Sie die Eingangsrechnung vom 05. Dez. 2016.

5200	(3200)	Wareneingang		1.980,00	*1,0*
	an 3310	(1600)	Verb.aLL	1.980,00	*1,0*

2.2 Buchen Sie die Banküberweisung von Zoll und Einfuhrumsatzsteuer.

5800	(3800)	Bezugsnebenkosten		198,00	*1,0*
1433	(1588)	bezahlte ESt (BMG: Warenwert + Zoll)		413,82	*1,0*
	an 1800	(1200)	Bank	611,82 €	*1,0*

3. Buchen Sie die Ausgangsrechnung vom 19. Dez. 2016.

1210	(1400)	Ford. aLuL		295,12	*0,5*
	an 4315	(8338)	Erlöse aus im Inland stpfl. EU-Lieferungen	248,00	*1,0*
	3807	(1777)	USt aus im Inland stpfl. EU-Lieferungen	47,12	*1,0*

4.

4.1 Buchen Sie den Rechnungseingang vom 02. Dez. 2016.

0520	(0320)	Fuhrpark		55.581,00	*1,0*
1400	(1570)	VSt		10.560,39	*0,5*
	an 3310	(1600)	Verb.aLL	66.141,39	*0,5*

4.2 Buchen Sie die Überweisung.

3310	(1600)	Verb.aLL		66.141,39	*0,5*
	an 0520	(0320)	Fuhrpark	1.667,43	*1,0*
	1400	(1570)	VSt	316,81	*0,5*
	1800	(1200)	Bank	64.157,15	*0,5*

4.3.1 Zulassung:

0520	(0320)	Fuhrpark		62,50	*1,0*
	an 1600	(1000)	Kasse	62,50	*0,5*

4.3.2 Nummernschilder:

0520	(0320)	Fuhrpark		24,20	*1,0*
1400	(1570)	VSt		4,60	*0,5*
	an 1600	(1000)	Kasse	28,80 €	

4.3.3 erste Tankfüllung:

6500	(4500)	KfZ-Kosten		82,90	*1,0*

Lösungen: Rechnungswesen, Prüfungsaufgabe 1

		1400	(1570)	VSt		15,75		**0,5**
			an 1600	(1000)	Kasse		98,65	**0,5**

4.4 Berechnen der privaten PKW-Nutzung:

Listenpreis lt. Rechnung		58.460,00	
+ Sonderausstattung		2.417,00	
		60.877,00	
+ USt		11.566,63	
= Bruttolistenpreis		72.443,63	**1,0**
abgerundet		72.400,00	**0,5**
davon 1 % für Dezember		724,00	**0,5**
./. 20 % für Kosten ohne VorSt-Abzug		144,80	**0,5**
= Bemessungsgrundlage für die USt		579,20	
+ USt		110,05	**0,5**
+ 20 % für Kosten ohne VorSt-Abzug		144,80	
= Privatentnahme		834,05	**0,5**

Buchen der privaten PKW-Nutzung:

2100	(1800)	Privatentnahme			834,05		**0,5**
	4639	(8921)	Verwendung von Gegenständen für Zwecke
			außerhalb des Untern. ohne USt		144,80	**0,5**
	4640	(8924)	Verwendung von Gegenständen für Zwecke
			außerhalb des Untern. mit USt		579,20	**0,5**
	3800	(1770)	USt			110,05	**0,5**

4.5 Berechnen der AfA:

Anschaffungskosten des PKW

Listenpreis	58.460,00	**0,5**
- Rabatt	5.846,00	**0,5**
+ Sonderausstattung	2.417,00	**0,5**
+ Überführung	550,00	**0,5**
+ Zulassung	62,50	**0,5**
+ Nummernschilder	24,20	**0,5**
- Skonto	1.667,43	**0,5**
= Anschaffungskosten	54.000,27	
16,67 % AfA für 1 Monat	750,00	**1,0**

Buchen der AfA:

6220	(4830)	Abschreibungen auf Sachanlagen	750,00		**0,5**
	an 0520	(0320)	Fuhrpark		750,00	**0,5**

5.

5.1 Buchen Sie die Gehaltsabrechnung.

6000	(4100)	Löhne und Gehälter		4.033,00		**1,0**
6080	(4170)	vermögenswirksame Leistungen		20,00		**0,5**
	an 3720	(1740)	Verb. aus Lohn und Gehalt		1.977,32	**0,5**
	3730	(1741)	Verb. aus Lohn- und Kirchensteuer		866,87	**0,5**
	3740	(1742)	Verb. im Rahmen der sozialen Sicherheit		825,81	**0,5**
	3770	(1750)	Verb. aus Vermögensbildung		40,00	**0,5**
	4947	(8590)	verrechnete sonstige Sachbezüge mit USt		288,24	**0,5**
	3800	(1770)	USt			54,76	**0,5**

5.2 Buchen Sie den Arbeitgeberanteil zur Sozialversicherung.

6110	(4130)	gesetzliche soziale Aufwendungen		783,25		**0,5**
	an 3740	(1742)	Verb. im Rahmen der sozialen Sicherheit		783,25	**0,5**

Lösungen: Rechnungswesen, Prüfungsaufgabe 1

6.

6.1 Versicherungsbeiträge

Für die Beiträge ist ein aktiver Rechnungsabgrenzungsposten zu bilden, weil die Beiträge für Januar bis September (9 Monate) wirtschaftlich in das Jahr 2017 gehören. **1,0**

Korrekturbuchung:

1900	(0980)	ARAP		591,00	**0,5**
	an 6400	(4360)	Versicherungen	591,00	**0,5**

6.2 Zinsen für Wertpapiere

Für die Zinsen ist eine sonstige Forderung für die Monate Februar bis Dezember (11 Monate) zu bilden, weil der Zinsertrag wirtschaftlich dem Jahr 2016 zuzurechnen ist, in 2017 aber erst zufließt. **1,0**

Höhe der Zinsen: 5.000,00 EUR x 3,5 % : 12 Monate x 11 Monate 160,42 **0,5**

Buchung:

1300	(1500)	sonstige Vermögensgegenstände		160,42	**0,5**
	an 7100	(2650)	Zinsen und ähnliche Erträge	160,42	**1,0**

6.3 Kundenpräsente

Die Buchung ist falsch, weil die Geschenke abzugsfähig sind. Der Nettobetrag je Geschenk beträgt 31,85 EUR und liegt unter der Grenze von 35,00 EUR netto. **1,0**

Die VSt in Höhe von 60,51 ist ebenfalls abzugsfähig. **0,5**

Korrekturbuchung:

6610	(4635)	Geschenke abzugsfähig		318,49	**0,5**
1400	(1570)	VSt		60,51	**0,5**
	an 6620	(4636)	Geschenke nicht abzugsfähig	379,00	**0,5**

6.4 Miete für Parkfläche

Für die Miete ist ein passiver Rechnungsabgrenzungsposten zu bilden, weil sie wirtschaftlich in das Jahr 2017 gehört. **1,0**

Die Umsatzsteuer ist bereits mit ihrer Vereinnahmung zu erfassen. **0,5**

Insofern ist dieser Teil der Buchung korrekt. **0,5**

Korrekturbuchung:

4860	(2750)	Grundstückserträge		300,00	**0,5**
	an 3900	(0990)	PRAP	300,00	**0,5**

6.5 Bußgeld

Bußgelder sind nicht abzugsfähige Betriebsausgaben. **0,5**

Korrekturbuchung:

6645	(4655)	nicht abzugsfähige Betriebsausgaben		50,00	**0,5**
	an 6300	(4920)	Sonstige betriebliche Aufwendungen	50,00	**0,5**

6.6 Prozesskosten

Für den anhängigen Prozess ist eine Rückstellung für ungewisse Verbindlichkeiten in Höhe der geschätzten Kosten zu bilden. **0,5**

Buchung:

6825	(4950)	Rechs- und Beratungskosten		6.000,00	**0,5**
	an 3070	(0970)	sonstige Rückstellungen	6.000,00	**0,5**

6.7.1 zweifelhafte Forderung

Die zweifelhaft Forderung wird abgeschrieben, da keine Zahlung mehr zu erwarten ist. Die EWB (netto) wird aufgelöst, die USt korrigiert. **1,0**

6930	(2400)	Forderungsverluste		1.500,00	**0,5**
3800	(1770)	USt		475,00	**0,5**
1246	(0998)	EWB		1.000,00	**0,5**
	an 1240	(1460)	zweifelhafte Forderungen	2.975,00	**0,5**

Lösungen: Rechnungswesen, Prüfungsaufgabe 1

6.7.2 PWB

Ermittlung der einwandfreien Forderungen:

	Forderungen aus LL	156.855,00	**0,5**
./.	Forderungen gegenüber der Stadt Grevenbroich	299,00	**0,5**
=	einwandfreie Forderungen aus LL (brutto)	156.556,00	
./.	USt	24.996,34	**0,5**
=	einwandfreie Forderungen aus LL (netto)	131.559,66	**0,5**

PWB neu (1 %)	1.315,60	**0,5**
PWB alt	1.412,00	
Herabsetzung der PWB um	96,40	**0,5**

Buchung:

1248	(0996)	PWB	96,40	**0,5**
	an 4920	(2730) Erträge aus der Herabsetzung von PWB	96,40	**0,5**

7.

7.1 Bewertung in der Handelsbilanz
Die Wertminderung ist voraussichtlich nicht vorübergehend, daher ist das Grundstück auf 30.000,00 EUR abzuschreiben (Abschreibungspflicht). **2,0**

7.2 Bewertung in der Steuerbilanz
Die Wertminderung ist voraussichtlich nicht vorübergehend, daher kann das Grundstück auf 30.000,00 EUR abgeschrieben werden, der Wertansatz von 50.000,00 EUR kann aber auch beibehalten werden (Abschreibungswahlrecht). **2,0**

8.

8.1 Berechnung des derivativen Firmenwertes

Kaufpreis			65.000,00	**0,5**
./.	Reinvermögen			
	Anlagevermögen	49.600,00		
	Umlaufvermögen	65.950,00	115.550,00	**1,0**
	./. Schulden		80.480,00 35.070,00	**0,5**
Firmenwert			29.930,00	**0,5**

8.2 Abschreibung des Firmenwertes nach HGB

Firmenwert zum 01. Okt. 2016	29.930,00	
Nutzungsdauer lt. Aufgabe 5 Jahre		
Abschreibungen 2016 anteilig für 3 Monate	1.496,50	**1,0**

6205	(4824)	Abschr. auf Geschäfts- und Firmenwert	1.496,50	**0,5**
	an 0150	(0035) Geschäfts- oder Firmenwert	1.496,50	**0,5**

8.3 Abschreibung des Firmenwertes nach StR

Firmenwert zum 01. Okt. 2016	29.930,00	
Nutzungsdauer lt. § 7 Abs. 1 Satz 3 EStG 15 Jahre		
Abschreibungen 2016 anteilig für 3 Monate	498,83	**1,5**
(siehe Aufg. – keine Buchung)		

Lösungen: Rechnungswesen, Prüfungsaufgabe 1

Teil III: Warenkonten   **10,00 Punkte**

Punkte

1. **Wareneinsatz berechnen**

Wareneingang		4.294.600,00	*0,5*
./. Rücksendungen an Lieferer		13.200,00	*0,5*
Bestandsveränderung:			
Warenbestand zum 31. Dez. 2016	68.100,00		*0,5*
Warenbestand zum 01. Jan. 2016	87.400,00		*0,5*
+ Bestandsminderung		19.300,00	*0,5*
= Wareneinsatz		4.300.700,00	*0,5*

2. **Rohgewinn berechnen**

Erlöse aus Warenverkäufen	6.684.900,00	*0,5*
./. Kundenskonti	74.200,00	*0,5*
= endgültige Erlöse	6.610.700,00	
./. Wareneinsatz	4.300.700,00	*0,5*
= Rohgewinn	2.310.000,00	*0,5*

3. **Kalkulationszuschlag berechnen**

$$\text{Kalkulationszuschlag} = \frac{\text{Rohgewinn} \times 100}{\text{Wareneinsatz}}$$

$$= \frac{2.310.000,00}{4.300.700,00} = 53,71\%$$ *1,5*

4. **Handelsspanne berechnen**

$$\text{Handelsspanne} = \frac{\text{Rohgewinn} \times 100}{\text{endgültige Erlöse}}$$

$$= \frac{2.310.000,00}{6.610.700,00} = 34,94\%$$ *1,5*

5. **Reingewinn berechnen**

endgültige Erlöse	6.610.700,00	*0,5*
./. Wareneinsatz	4.300.700,00	*0,5*
./. Handlungskosten	988.400,00	*0,5*
= Reingewinn	1.321.600,00	*0,5*

Lösungen: Rechnungswesen, Prüfungsaufgabe 2

Teil I: Gewinnermittlung nach § 4 Abs. 3 EStG 20,00 Punkte

		BE + 165.000,00	BE ./.	BA + 102.000,00	BA ./.	Punkte
1	Es liegt keine BE vor, weil dem RA kein Honorar zugeflossen ist.					*1,0*
2	Uneinbringliche Forderungen sind nicht als BA zu erfassen Korrektur der BA				1.987,50	*1,0* *0,5*
3	Es handelt sich um eine abzugsfähige BA. Die VorSt ist ebenfalls als BA zu erfassen.			30,00		*1,0* *1,0*
4	Private Nutzungsentnahme ist BE darauf entfallende USt ist BE 1 % von 51.800,00 € für 12 Monate Private Nutzungsentnahme = 6.216,00 € 20 % Abschlag = 1.243,20 € BMG für USt = 4.972,80 € darauf entfallende USt = 944,83 €	6.216,00 944,83				*1,0* *1,0* *1,5* *1,0* *0,5*
5	BA in 2016 ist die Miete für Dez. 2016 bis Febr. 2017 (Abflussprinzip § 11 EStG) Erhöhung der BA um 2 x 100,00 € die gezahlte USt für Dez. bis Febr. ist BA bei Abfluss in 2016 Erhöhung der BA um 3 x 57,00 €			200,00 171,00		*1,0* *1,0* *0,5* *1,0*
6	Verwarnung ist nicht abzugsfähige BA. Korrektur der BA				30,00	*1,0* *0,5*
7	Die BE ensteht mit Entgegennahme des Schecks. BE in 2016 (einschl. USt)	1.800,00				*1,0* *1,0*
8	Private Lebensführung; keine BA Korrektur der BA				1.600,00	*1,0* *0,5*
	Summen	173.960,83	0,00	102.401,00	3.617,50	*1,0*
		173.960,83		98.783,50		*0,5*
	steuerlicher Gewinn		75.177,33			*0,5*
					Summe	**20,0**

Lösungen: Rechnungswesen, Prüfungsaufgabe 2

Teil II: Laufende Buchungen und Abschlussbuchungen   **70,0 Punkte**

1.   *Punkte*

1.1 Buchen Sie die Eingangsrechnung.
5200 (3200)	Wareneingang	925,00		*0,5*
5800 (3800)	Bezugsnebenkosten	11,00		*0,5*
1400 (1570)	VorSt	177,84		*0,5*
an 3310 (1600)	Verb.aLuL		1.113,84	*0,5*

1.2 Buchen Sie die Banküberweisung.
3310 (1600)	Verb.aLL	1.113,84		*0,5*
an 5700 (3700)	Nachlässe		27,75	*1,0*
1400 (1570)	VorSt		5,27	*1,0*
1800 (1200)	Bank		1.080,82	*1,0*

1.3 Buchen Sie die Eingangsrechnung.
5425 (3420)	i.g. Erwerb	1.430,00		*1,0*
1402 (1572)	VorSt aus i.g. Erwerb	271,70		*1,0*
an 3310 (1600)	Verb.aLuL		1.430,00	*0,5*
3802 (1772)	USt aus i.g. Erwerb		271,70	*1,0*

1.4

1.4.1 Buchen Sie die Eingangsrechnung.
5200 (3200)	Wareneingang	4.890,00		*0,5*
5800 (3800)	Bezugsnebenkosten	150,00		*0,5*
an 3310 (1600)	Verb.aLL		5.040,00	*0,5*

1.4.2 Buchen Sie die Banküberweisung von Zoll und EUSt.
5800 (3800)	Bezugsnebenkosten	587,50		*0,5*
1433 (1588)	bezahlte EUSt	1.069,23		*1,0*
an 1800 (1200)	Bank		1.656,73	*0,5*

1.5

1.5.1 Buchen Sie den Vorgang.
1210 (1400)	Ford. aLuL	1.920,00 €		*0,5*
an 4125 (8125)	steuerfreie i.g. Lieferungen		1.920,00	*1,0*
			Summe	**14,0**

2.

2.1 Tagesgeldzinsen
1800 (1200)	Bank	88,35		*0,5*
2100 (1800)	Privatsteuern	31,65		*1,0*
an 7100 (2650)	Zinsen und ähnl. Erträge		120,00	*1,0*

2.2 Geschenk an die Tochter
2100 (1800)	Privatentnahme	214,20		*1,0*
an 4620 (8910)	Entnahmen für pr. Zwecke		180,00	*1,0*
3800 (1770)	USt		34,20	*0,5*

2.3 Geschenk an den Kunden
6620 (4636)	Geschenke nicht abzugsfähig	75,00		*1,0*
an 1600 (1000)	Kasse		75,00	*0,5*

Lösungen: Rechnungswesen, Prüfungsaufgabe 2

2.4 Bewirtung des Kunden

6640	(6454)	Bewirtungskosten abzugsfähig	55,59	*1,0*
6640	(6454)	Bewirtungskosten abzugsfähig	3,85	*1,0*
6644	(6455)	Bewirtungskosten nicht abzugsfähig	25,47	*1,0*
1400	(1570)	VorSt	15,09	*1,0*
	an 1800 (1200)	Bank	100,00	*0,5*
			Summe	***11,0***

3.

3.1 zweifelhafte Forderung

1240	(1460)	zweifelhafte Forderungen	2.000,00	*0,5*
	an 1210 (1400)	Ford. aLuL	2.000,00	*0,5*
6930	(2400)	Forderungsverluste	672,27	*1,0*
	an 1240 (1460)	zweifelhafte Forderungen	672,27	*0,5*

3.2 uneinbringliche Forderung

6930	(2400)	Forderungsverluste	4.537,82	*0,5*
3800	(1770)	USt	862,18	*1,0*
	an 1210 (1400)	Ford. aLuL	5.400,00	*0,5*

PWB

Ermittlung der einwandfreien Forderungen:

Forderungen aus LuL	62.190,00	*0,5*
./. zweifelhafte Forderung	2.000,00	*0,5*
./. uneinbringliche Forderung	5.400,00	*0,5*
= einwandfreie Forderungen aus LuL (brutto)	54.790,00	
./. USt	8.747,98	*1,0*
= einwandfreie Forderungen aus LuL (netto)	46.042,02	*0,5*
PWB neu (1 %)	460,42	*0,5*
PWB alt	384,00	
Erhöhung der PWB um	76,42	*1,0*

Buchung:

6920	(2450)	Einstellung in die PWB	76,42	*0,5*
	an 1248 (0996)	PWB	76,42	*0,5*
			Summe	***10,0***

4. Gehaltsabrechnung buchen

6000	(4100)	Löhne und Gehälter	2.967,60	*1,0*
6080	(4170)	vermögenswirksame Leistungen	12,00	*0,5*
	an 1800 (1200)	Bank	2.006,22	*1,0*
	3730 (1741)	Verb. aus Lohn- und Kirchensteuer	476,14	*1,0*
	3740 (1742)	Verb. im Rahmen der sozialen Sicherheit	599,64	*1,0*
	3770 (1750)	Verb. aus Vermögensbildung	40,00	*0,5*
	4947 (8590)	verrechnete sonstige Sachbezüge m. USt	241,68	*0,5*
	3800 (1770)	USt	45,92	*0,5*
6110	(4130)	gesetzliche soziale Aufwendungen	575,81	*0,5*
	an 3740 (1742)	Verb. im Rahmen der sozialen Sicherheit	575,81	*0,5*
			Summe	***7,0***

Lösungen: Rechnungswesen, Prüfungsaufgabe 2

5.

5.1 Rest-AfA buchen (10 Monate)

6220 (4830)	Abschreibungen auf Sachanlagen	2.166,67		*1,0*
an 0520 (0320)	Fuhrpark		2.166,67	*0,5*

Restbuchwert ausbuchen

6895 (2315)	Anlagenabgänge bei Buchgewinn	233,33		*1,0*
an 0520 (0320)	Fuhrpark		233,33	*0,5*

Verkaufserlös buchen

1600 (1000)	Kasse	2.000,00		*0,5*
an 4845 (8820)	Erlöse aus Anlagenverkäufen		1.680,67	*1,0*
3800 (1770)	USt		319,33	*0,5*

5.2

Verkaufspreis brutto	549,00	
- 10 % Rabatt	54,90	
Zieleinkaufspreis brutto	494,10	*1,0*
- 2 % Skonto	9,88	
Bareinkaufspreis brutto	484,22	*1,0*
- 19 % USt	77,31	
Bareinkaufspreis netto	406,91	*1,0*

Es handelt sich um ein GWG (< 410 €)

0670 (0480)	Geringwertige Wirtschaftsgüter	406,91		*0,5*
1400 (1570)	VorSt	77,31		*0,5*
an 1600 (1000)	Kasse		484,22	*0,5*

5.3 Wartungsvertrag

1900 (0980)	ARAP	200,00 €		*1,0*
1400 (1570)	VorSt	38,00 €		*1,0*
an 1800 (1200)	Bank		238,00	*0,5*

5.4

festgesetzte Gewerbesteuer	28.600,00 €	
- Gewerbesteuervorauszahlungen	27.500,00 €	
= Gewerbesteuernachzahlung	1.100,00 €	*1,0*
gebildete Rückstellung	1.450,00 €	
Ertrag aus der Auflösung der Rückstellung	- 350,00 €	*1,0*

3035 (0956)	GewSt-Rückstellung	1.450,00		*0,5*
an 1800 (1200)	Bank		1.100,00	*0,5*
7643 (2735)	Erträge Auflösung GewSt-RSt		350,00	*0,5*

5.5.1 Gewinnauswirkung Handelsrecht zu 5.4
gewinnerhöhend   350,00   *1,0*

5.5.2 Gewinnauswirkung Gewerbesteuerrückstellung Steuerrecht
Die Rückstellung ist eine nichtabzugsfähige BA und darf
den Gewinn nicht mindern (§ 4 Abs. 5b EStG)   *1,5*

                                                                    Summe   **18,0**

6.

6.1 Buchungen Ladeneinrichtung zum 31. Dez. 2016
1. Minderung der AK um 40 %

6243 (4853)	AK-Kürzung nach § 7g	13.600,00		*1,5*
an 0670 (0410)	BGA		13.600,00	*0,5*

Lösungen: Rechnungswesen, Prüfungsaufgabe 2

    2. Sonder-AfA § 7g (20 %)

Anschaffungskosten	34.000,00	
- AK-Kürzung	13.600,00	
= BMG für AfA	20.400,00	*1,0*
Sonder-AfA 20 %	4.080,00	*0,5*
6241 (4851) Sonder-AfA nach § 7g	4.080,00	*0,5*
an 0670 (0410) BGA	4.080,00	*0,5*

    3. planmäßige AfA

BMG für AfA	20.400,00	*0,5*
ND 13 Jahre, zeitanteilig für 10 Monate	1.307,69	*1,0*
6220 (4830) Abschreibungen auf Sachanlagen	1.307,69	*0,5*
an 0670 (0410) BGA	1.307,69	*0,5*

Gewinnkorrektur außerbilanziell

Hinzurechnung von 40 % der AK	13.600,00	*1,0*

6.2 Wertansatz Handelsbilanz

Anschaffungskosten	34.000,00	*0,5*
- Abschreibungen:		
ND 15 Jahre, zeitanteilig für 10 Monate	1.888,89	*1,0*
= Restbuchwert zum 31. Dez. 2016	32.111,11	*0,5*
	Summe	***10,0***

Lösungen: Rechnungswesen, Prüfungsaufgabe 2

Teil III: Warenkonten — 10,0 Punkte

Punkte

1. Berechnung der Mieteinnahmen

Abschreibungen			
Anschaffungskosten Gebäude	119.000,00		
Abschreibungen 3 % jährlich		3.570,00	**1,0**
Zinsen für Hypothekendarlehen			
Darlehen	40.000,00		
Zinssatz 3,2 % p.a.		1.280,00	**1,0**
nicht umlagefähige Aufwendungen jährlich		280,00	**0,5**
Summe aller Aufwendungen pro Jahr		5.130,00	
geforderte Eigenkapitalrendite			
Eigenkapital	100.000,00		
Mindestverzinsung 3,8 % p.a.		3.800,00	**1,0**
jährliche Einnahmen mindestens		8.930,00	
monatliche Mindestmiete		744,17	**0,5**
		Summe	**4,0**

2. Steigerung der Gesamtkosten

Gesamtkosten alt		10.580,00	
Anteil Personalkosten 30 %	3.174,00		**0,5**
Erhöhung Personalkosten um 4,2 %		133,31	**0,5**
Gesamtkosten neu		10.713,31	**0,5**
Erhöhung der Gesamtkosten um		1,26%	**0,5**
		Summe	**2,0**

3.

3.1 Rohgewinnaufschlagssatz

Umsatz		590.000,00		
− Wareneinsatz		295.000,00		
= Rohgewinn			295.000,00	**1,0**
Rohgewinnaufschlagssatz	(Kalkulationszuschlag)		100,00%	**1,5**
3.2 Rohgewinnsatz	(Handelsspanne)		50,00%	**1,5**
			Summe	**4,0**

Lösungen: Rechnungswesen, Prüfungsaufgabe 3

Teil I: Gewinnermittlung nach § 4 Abs. 3 EStG 18,5 Punkte

	Sachverhalt	BE + 103.000,00 EUR	BE ./. EUR	BA + 64.700,00 EUR	BA ./. EUR	Punkte
1.	Keine Auswirkung in 2016. Abflussprinzip.					0,5 / 0,5
2.	BA in 2016, da regelmäßig wiederkehrend und innerhalb von 10 Tagen nach Beendigung des Kalenderjahres.			2.050,00		0,5 / 0,5 / 0,5
3.	Wert der bereits bezahlen Waren: keine Auswirkung, da bereits BA bei Zahlung					1,0
	Noch nicht bezahlte Ware = BA			1.465,00		1,0
4.	Entschädigung = BE	7.000,00				1,0
5.	BA in voller Höhe. Abflussprinzip.			255,00		0,5 / 0,5
6.	Barzahlung im Dezember = BE Zuflussprinzip. Überweisung im Januar 2017 hat keine Auswirkung in 2016, da nicht regelmäßig.					0,5 / 0,5 / 1,0
	Korrektur der Einnahmen		586,00			0,5
7.	gezahlte USt = BA in 2017 Abflussprinzip.					0,5 / 0,5
	IAB aus 2015: Hinzurechnung = BE	700,00				1,0
	Registrierkasse: Abschreibungen = BA					0,5
	Kaufpreis netto 1.980,00 − Skonto 2 % 39,60 = AK 1.940,40					1,0
	− IAB 2015 = BA 40 % der AK, max. 700,00			700,00		1,0
	= BMG für AfA 1.240,40					0,5
	20 % Sonder-AfA (niedrigstmöglicher Gewinn) = BA			248,08		1,0
	16,67 % planmäßige AfA, für 1 Monat					1,0
	= BA			17,22		0,5
		110.700,00	586,00	69.435,30	0,00	1,0
		110.114,00		69.435,30		0,5
	steuerlicher Gewinn		40.678,70			0,5

Lösungen: Rechnungswesen, Prüfungsaufgabe 3

Teil II: Laufende Buchungen und Abschlussbuchungen   66,5 Punkte

1.   *Punkte*

1.1 Buchen Sie zum 25. Febr. 2016

5200	(3200)	Wareneingang	2.480,00	*0,5*
5800	(3800)	Bezugsnebenkosten	15,00	*0,5*
1400	(1570)	VorSt	474,05	*0,5*
an 3310	(1600)	Verb.aLuL	2.969,05	*0,5*

1.2 Buchen Sie zum 26. Febr. 2016

3310	(1600)	Verb.aLL		2.969,05	*0,5*
an 5700	(3700)	Nachlässe		74,40	*1,0*
1400	(1570)	VorSt		14,14	*1,0*
1800	(1200)	Bank		2.880,51	*0,5*

2.

2.1 Buchen Sie den Recnungseingang vom 14. März 2016

5425	(3420)	i.g. Erwerb	118,00	*1,0*
1402	(1572)	VorSt aus i.g. Erwerb	22,42	*1,0*
an 3310	(1600)	Verb.aLuL	118,00	*0,5*
3802	(1772)	USt aus i.g. Erwerb	22,42	*1,0*

2.2 Buchen Sie den Vorgang

3310	(1600)	Verb.aLuL	35,40	*0,5*
3802	(1772)	USt aus i.g. Erwerb	6,73	*0,5*
an 5425	(3420)	i.g. Erwerb	35,40	*0,5*
an 1402	(1572)	VorSt aus i.g. Erwerb	6,73	

3.

3.1 Buchen Sie zum 16. März 2016

1800	(1200)	Bank	500,00	*0,5*
an 3250	(1710)	erhaltene Anzahlungen	420,17	*1,0*
an 3800	(1770)	USt	79,83	*0,5*

3.2 Buchen Sie zum 24. März 2016

1210	(1400)	Ford. aLuL	1.580,00	*0,5*
3250	(1710	erhaltene Anzahlungen	420,17	*0,5*
an 4000	(8000)	Umsatzerlöse	1.747,90	*1,0*
an 3800	(1770)	USt	252,27	*1,0*

4.

4.1 Geschenk an den Kunden

6610	(4635)	Geschenke abzugsfähig	18,50	*1,0*
an 5200	(3200)	Wareneingang	18,50	*0,5*

4.2 Geschenk an den Bruder

2100	(1800)	Privatentnahme	107,10	*0,5*
an 4620	(8910)	Entnahmen für pr. Zwecke	90,00	*1,0*
3800	(1770)	USt	17,10	*0,5*

4.3 Geschenk an die Sekretärin

6130	(4140)	freiw. soz. Aufw., lohnst.-frei	32,71	*1,0*
1400	(1570)	VorSt	2,29	*0,5*
an 2180	(1890)	Privateinlagen	35,00	*0,5*

5.

5.1 Buchen Sie den Rechnungseingang vom 22. Sept 2016

0650	(0410)	BGA	12.650,00	*1,0*
1400	(1570)	VorSt	2.403,50	*0,5*

Lösungen: Rechnungswesen, Prüfungsaufgabe 3

		an 3310 (1600) Verb.aLuL		15.053,50	**0,5**
5.2	Buchen Sie die Zahlung der Rechnung				
	3310 (1600) Verb.aLuL		15.053,50		**0,5**
		an 1800 (1200) Bank		14.756,00	**0,5**
		an 0650 (0410) BGA		250,00	**1,0**
		an 1400 (1570) VorSt		47,50	**1,0**
5.3	Abschreibung berechnen				
	Anschaffungskosten		12.400,00		**1,0**
	7,69 % AfA für 4 Monate			317,85	**1,0**
	Buchung der Abschreibung				
	6220 (4830) Abschreibungen auf Sachanlagen		317,95		**0,5**
		an 0650 (0410) BGA		317,95	**0,5**
6.	Buchungen zum 2. Nov. 2016 und zum 31. Dez. 2016				
	Leasingsonderzahlung vom 02. Nov.				
	1900 (0980) aRAP		5.882,35		**1,0**
	1400 (1570) VorSt		1.117,65		**0,5**
		an 1800 (1200) Bank		7.000,00	**0,5**
	Leasingrate vom 02. Nov.				
	6500 (4500) Kfz-Kosten		323,53		**1,0**
	1400 (1570) VorSt		61,47		**0,5**
		an 1800 (1200) Bank		385,00	**0,5**
	Auflösung des aRAP zum 31. Dez.				
	Aufteilung des aRAP auf die Grundmietzeit für 2015: 2 Monate von 36 Monaten				
	6500 (4500) Kfz-Kosten		326,80		**0,5**
		an 1900 (0980) aRAP		326,80	**1,5**
7.					
7.1	Warenbestand				
	Der Teilwert liegt nicht nur vorübergehend unter den Anschaffungskosten und darf daher angesetzt werden.				
	Da der niedrigstmögliche Gewinn ermittelt werden soll, ist eine Teilwertabschreibung durchzuführen.				
	Höhe der Bestandsveränderung:				
	Warenbestand lt. SuSa		87.688,00		
	Teilwert		79.066,00		
	Bestandsminderung			8.622,00	**1,0**
	Buchung:				
	5200 (3200) Wareneingang		8.622,00		**0,5**
		an 1140 (3980) Warenbestand		8.622,00	**0,5**
7.2	Forderung bewerten				
	Da das Insolvenzverfahren mangels Masse nicht durchgeführt wird, ist die Forderung vollständig abzuschreiben und eine USt-Korrektur durchzuführen.				
	6930 (2400) Forderungsverluste		3.487,39		**1,0**
	3800 (1770) USt		662,61		**1,0**
		an 1210 (1400) Ford. aLuL		4.150,00	**0,5**

Lösungen: Rechnungswesen, Prüfungsaufgabe 3

7.3 Pauschalwertberichtung

Forderungen aus Lieferungen und Leistungen lt. SuSa	62.480,00	
- abgeschriebene Forderung aus 7.2	4.150,00	
= einwandfreie Forderungen (brutto)	58.330,00	**1,0**
- USt	9.313,19	
= einwandfreie Forderungen (netto)	49.016,81	**1,0**
PWB neu (1,5 %)	735,25	**0,5**
PWP alt lt. SuSa	1.053,00	
Herabsetzung der PWB um	-317,75	**1,0**

Buchung:

1248 (0996)	PWB		317,75	**0,5**
an 4920 (2730)	Erträge Herabsetzung PWB		317,75	**0,5**

7.4 Gebäudehaftpflicht

6350 (4290)	sonst. Grundstücksaufwendungen		131,00	**0,5**
1900 (0980)	aRAP		393,00	**1,0**
an 1800 (1200)	Bank		524,00	**0,5**

7.5 Berechnung der privaten PKW-Nutzung

BLP	38.465,00	
abgerundet	38.400,00	
davon 1 %	384,00	**1,0**
abzgl. 20 % = BMG für USt	307,20	**0,5**
USt	58,37	**0,5**

Buchen der privaten PKW-Nutzung:

2100 (1800)	Privatentnahme		442,37	**1,0**
4639 (8921)	Verwendung von Gegenständen für Zwecke außerhalb des Untern. ohne USt		76,80	**0,5**
4640 (8924)	Verwendung von Gegenständen für Zwecke außerhalb des Untern. mit USt		307,20	**0,5**
3800 (1770)	USt		58,37	**0,5**

7.6 Fensterreinigung

6350 (4290)	sonst. Grundstücksaufwendungen		1.450,00	**1,0**
1408 (1578)	abziehbare VorSt nach § 13b UStG		275,50	**1,0**
an 3310 (1600)	Verb.aLuL		1.450,00	**1,0**
3835 (1785)	USt nach § 13b		275,50	**1,0**

7.7 Jahresabschlusskosten

6825 (4950)	Rechts- und Beratungskosten		2.000,00	
an 3070 (0970)	sonstige Rückstellungen		2.000,00	

7.8

festgesetzte Gewerbesteuer	15.140,00	
- Gewerbesteuervorauszahlungen	8.930,00	
= Gewerbesteuernachzahlung	6.210,00	**0,5**
gebildete Rückstellung	4.954,00	
zusätzlicher Gewerbesteueraufwand	1.256,00	**0,5**

3035 (0956)	GewSt-Rückstellung		4.954,00	**0,5**
7641 (4320)	Gewerbesteuer Nachzahlung		1.256,00	**0,5**
an 1800 (1200)	Bank		6.210,00	**0,5**

Lösungen: Rechnungswesen, Prüfungsaufgabe 3

7.9.1 Steuerrechtlich dürfen keine Drohverlustrückstellungen
gebildet werden. **0,5**
Daher keine Buchung. **0,5**
§ 5 Abs. 4a EStG **0,5**

7.9.2 Handelsrechtlich sind Drohverlustrückstellungen zu bilden.
§ 249 Abs. 1 Satz 1 HGB **0,5**

6300	(4920)	sonstige betriebliche Auswendungen	1.800,00		**0,5**
	an 3070	(0970) sonstige Rückstellungen		1.800,00	**0,5**

8. Gehaltsabrechnung buchen

6000	(4100)	Löhne und Gehälter	3.120,00		**0,5**
6080	(4170)	vermögenswirksame Leistungen	20,00		**0,5**
	an 1800	(1200) Bank		2.214,72	**1,0**
	3730	(1741) Verb. aus Lohn- und Kirchensteuer		245,50	**0,5**
	3740	(1742) Verb. im Rahmen der sozialen Sicherheit		639,78	**0,5**
	3770	(1750) Verb. aus Vermögensbildung		40,00	**0,5**
6110	(4130)	gesetzliche soziale Aufwendungen	606,80		**0,5**
	an 3740	(1742) Verb. im Rahmen der sozialen Sicherheit		606,80	**0,5**

9. Geldwerter Vorteil

Bruttolistenpreis	29.465,00	
abgerundet	29.400,00	**0,5**
private PKW-Nutzung 1 %	294,00	**0,5**
Fahrten Wohnung - Tätigkeitsstätte		
0,03 % x 18 km x 29.400,00 EUR	158,76	**1,0**
geldwerter Vorteil gesamt	452,76	**0,5**

Teil III: Warenkonten   15,0 Punkte

Punkte

1.

1.1 Handelsrechtliche Kapitalanteile

	Kapital zum 01.01.	4 % auf das Kapital	Rest nach Köpfen	Entnahmen	Kapital zum 31.12.	
JF	80.000,00	3.200,00	17.000,00		100.200,00	**2,0**
OF	140.000,00	5.600,00	17.000,00	15.000,00	147.600,00	**2,5**
	220.000,00	8.800,00	34.000,00	15.000,00	247.800,00	

1.2 steuerlicher Gewinn der OHG

handelsrechtlicher Gewinn	42.800,00	**0,5**
+ Geschäftsführervergütung JF	43.200,00	**0,5**
+ Geschäftsführervergütung OF	24.000,00	**0,5**
+ Zinsen für die Hingabe von Darlehen OF	8.500,00	**0,5**
= steuerlicher Gewinn	118.500,00	

Lösungen: Rechnungswesen, Prüfungsaufgabe 3

1.3 Einkünfte aus Gewerbebetrieb berechnen

	Gewinn nach Handelsrecht	GF-Vergütung	Zinsen für Darlehen	Einkünfte aus Gew.-Betrieb	
JF	20.200,00	43.200,00		63.400,00	**1,5**
OF	22.600,00	24.000,00	8.500,00	55.100,00	**2,0**
	42.800,00	67.200,00	8.500,00	118.500,00	

2.

2.1 Bezugspreis berechnen

		EUR	EUR	
Listeneinkaufspreis		850,00		**0,5**
- Rabatt	5%	42,50		**0,5**
= Zieleinkaufspreis/Bareinkaufspreis		807,50		**0,5**
+ Bezugskosten		18,00		**0,5**
= Bezugspreis			825,50	**0,5**

2.2 Ladenverkaufspreis berechnen

		EUR	
= Bezugspreis		825,50	**0,5**
+ Handlungskosten	82%	676,91	**0,5**
= Listenverkaufspreis netto		1.502,41	**0,5**
+ USt	19%	285,46	**0,5**
= Ladenverkaufspreis		1.787,87	**0,5**
für ein Stück		3,58	**0,5**

Prüfungskontenplan SKR03

Konto	Kontenbezeichnung Kontenklasse 0	Konto	Kontenbezeichnung Kontenklasse 1	Konto	Kontenbezeichnung Kontenklasse 2
	Immaterielle Vermögensgegenstände		**Kassenbestand, Guthaben bei Kreditinstituten**		**Privatkonten**
0010	Konzessionen, Schutzrechte, Lizenzen	1000	Kasse	1800	Privatentnahmen
0027	EDV-Software	1200	Bank	1890	Privateinlagen
0035	Geschäfts- oder Firmenwert		**Forderungen und sonst. Vermögensgegenstände**		**Kontenklasse 2**
	Sachanlagen	1348	sonstige Wertpapiere		**Außerordentliche Aufwendungen**
0065	Unbebaute Grundstücke	1360	Geldtransit	2000	Außerordentliche Aufwendungen
0085	Grundstücke eigener bebauter Grundstücke	1400	Forderungen aus Lieferungen und Leistungen		**Zinsen und ähnliche Aufwendungen**
0090	Gebäude	1460	Zweifelhafte Forderungen	2100	Zinsen und ähnliche Aufwendungen
	Technische Anlagen und Maschinen	1500	Sonstige Vermögensgegenstände	2102	Steuerl. nicht abzugsf. andere Nebenleist. zu Steuern
0240	Maschinen	15510	Geleistete Anzahlungen auf Vorräte	2103	steuerlich abzugsf. andere Nebenleistungen zu Steuern
0290	Geleistete Anzahlungen und Anlagen im Bau	1530	Forderungen gegen Personal	2150	Aufwendungen aus Währungsumrechnungen
	Andere Anlagen, Betriebs- und Geschäftsausstattung	1578	Abziehbare VorSt nach § 13b UStG		**Steueraufwendungen/-erträge**
0320	Fuhrpark	1548	Vorsteuer im Folgejahr abziehbar	2281	GewSt-Nachzahlung und -Erstattung § 4 Abs. 5b EStG
0410	Betriebs- und Geschäftsausstattung		**Vorsteuern**	2283	GewSt-Nachzahlung/-erstattung
0480	Geringwertige Wirtschaftsgüter	1570	Abziehbare Vorsteuer		**Sonstige Aufwendungen**
	Finanzanlagen	1572	Abziehbare Vorsteuer aus innergemeinschftl. Erwerb	2310	Anlagenabgänge (Restbuchwert) bei Buchverlust
0510	Beteiligungen	1588	Bezahlte Einfuhrumsatzsteuer	2315	Anlagenabgänge (Restbuchwert) bei Buchgewinn
0525	Wertpapiere		**Verbindlichkeiten**	2320	Verluste aus dem Abgang von Gegenständen des AV
0550	Darlehen	1600	Verbindlichkeiten aus Lieferungen und Leistungen	2375	Grundsteuer
0570	Genossenschaftsanteile	1700	Sonstige Verbindlichkeiten	2400	Forderungsverluste
	Verbindlichkeiten	1705	Darlehen	2430	Einstellung in die Einzelwertberichtigung zu Forderungen
0650	Verbindlichkeiten gegenüber Kreditinstituten	1710	Erhaltene Anzahlungen	2450	Einstellung in die PWB zu Forderungen
	Kapital Personengesellsch./Einzelunternehmer	1736	Verbindlichkeiten aus Steuern und Abgaben		**Außerordentliche Erträge**
0880	Eigenkapital	1740	Verbindlichkeiten aus Lohn und Gehalt	2500	Außerordentliche Erträge
	Rückstellungen	1741	Verbindlichkeiten aus Lohn- und Kirchensteuer		**Zinserträge**
0956	GewSt-Rückstellung, § 4 Abs. 5b EStG	1742	Verbindlichkeiten im Rahmen der sozialen Sicherheit	2600	Erträge aus Beteiligungen
0970	Sonstige Rückstellungen	1750	Verbindlichkeiten aus Vermögensbildung	2650	Zinsen und ähnliche Erträge
	Rechnungsabgrenzungsposten	1755	Lohn- und Gehaltsverrechnungskonto	2660	Erträge aus Währungsumrechnungen
0980	Aktive Rechnungsabgrenzung		**Umsatzsteuer**		**Sonstige Erträge**
0986	Damnum/Disagio	1768	Umsatzsteuer aus im anderen EU-Land stpfl. Leistungen	2700	sonstige betriebliche Erträge
0990	Passive Rechnungsabgrenzung	1770	Umsatzsteuer	2715	Erträge aus der Zuschreibung des Anlagevermögens
	Wertberichtigungen	1772	Umsatzsteuer aus innergemeinschaftlichem Erwerb	2720	Erträge aus dem Abgang von Gegenständen des AV
0996	Pauschalwertberichtigungen zu Forderungen (PWB)	1777	Umsatzsteuer aus im Inland stpfl. EU-Lieferungen	2725	Erträge aus dem Abgang von Gegenständen des UV
0998	Einzelwertberichtigungen zu Forderungen (EWB)	1780	Umsatzsteuervorauszahlungen	2730	Erträge aus der Herabsetzung der PWB
		1785	Umsatzsteuer nach § 13b UStG	2731	Erträge aus abgeschriebenen Forderungen

Kontenrahmen SKR 03

Konto	Kontenbezeichnung
2735	Erträge aus der Auflösung von Rückstellungen
2750	Grundstückserträge

Kontenklasse 3

Konto	Kontenbezeichnung
	Materialeinkauf
3000	Einkauf von Roh-, Hilfs- und Betriebsstoffen
3100	Fremdleistungen
3125	Leistungen von ausländischen Unternehmern
	Einkauf von Handelswaren
3200	Wareneingang
3420	innergemeinschaftlicher Erwerb
	Minderungen
3700	Nachlässe
3725	Nachlässe aus innergemeinschaftlichem Erwerb
3800	Bezugskosten
3980	Bestand an Waren
3970	Bestand an Roh-, Hilfs- und Betriebsstoffen

Kontenklasse 4

Konto	Kontenbezeichnung
	Personalaufwendungen
4100	Löhne und Gehälter
4125	Freiwillige soziale Aufwendungen, lohnsteuerpflichtig
4130	Gesetzliche soziale Aufwendungen
4140	Freiwillige soziale Aufwendungen, lohnsteuerfrei
4149	Pauschale Lohnsteuer auf sonstige Bezüge
4170	Vermögenswirksame Leistungen
4175	Fahrtkostenerstattung Whg.-Arbeitsstätte, lohnst.pflichtig
4190	Aushilfslöhne
4199	Pauschale Lohnsteuer für Aushilfen
	Raumkosten
4210	Miete (unbewegliche Wirtschaftsgüter)
4260	Instandhaltung betrieblicher Räume
4280	Sonstige Raumkosten
4290	Sonstige Grundstücksaufwendungen
	Betriebl. Steuern, Beiträge, Gebühren, Versicherungen
4300	Nicht abziehbare VorSt
4320	Gewerbesteuer
4360	Versicherungen
4380	Beiträge, Gebühren und sonstige Abgaben
4396	Steuerlich abzugsf. Verspätungszuschläge u. Zwangsgelder
4397	Stl. nicht abzugsf. Verspätungszuschläge u. Zwangsgelder
	Kraftfahrzeugkosten
4500	Fahrzeugkosten
4510	KfZ-Steuer
	Werbe- und Bewirtungskosten
4610	Werbekosten
4635	Geschenke abzugsfähig
4636	Geschenke nicht abzugsfähig
4650	Bewirtungskosten
4654	Bewirtungskosten nicht abzugsfähig
4655	Nicht abzugsfähige Betriebsausgaben
	Reisekosten
4660	Reisekosten Arbeitnehmer
4670	Reisekosten Unternehmer
4672	Reisekosten Unternehmer nicht abziehbarer Anteil
	Kosten für Warenabgabe und Zustellung
4700	Kosten der Warenabgabe
4790	Aufwand für Gewährleistung
4809	Reparaturen und Instandhaltung
	Abschreibungen
4822	Abschreibungen auf immaterielle Vermögensgegenstände
4824	Abschreibungen auf Geschäfts- und Firmenwert
4830	Abschreibungen auf Sachanlagen
4840	Außerplanmäßige Abschreibungen auf Sachanlagen
4851	Sonderabschreibungen nach § 7g Abs. 5 EStG
4853	AK-Kürzung nach § 7g Abs. 2 EStG
4855	Sofortabschreibungen GWG
4870	Abschreibungen auf Finanzanlagen
4875	Abschreibungen auf Wertpapiere des Umlaufvermögens
	Sonstige betriebliche Aufwendungen
4920	Sonstige betriebliche Aufwendungen
4920	Telefon
4930	Bürobedarf
4950	Rechts- und Beratungskosten
4965	Mietleasing
4970	Nebenkosten des Geldverkehrs
4985	Werkzeuge und Kleingeräte

Kontenklasse 7

Konto	Kontenbezeichnung
	Bestände
7050	Bestand an unfertigen Erzeugnissen
7110	Bestand an fertigen Erzeugnissen

Kontenklasse 8

Konto	Kontenbezeichnung
	Umsatzerlöse
8000	Umsatzerlöse
8120	Steuerfreie Umsätze nach § 4 Nr. 1a) UStG
8125	Steuerfreie ig-Lieferungen
8315	Erlöse aus im Inland steuerpflichtigen EU-Leistungen
8336	Erlöse aus im anderen EU-Land steuerpfl. sonstigen Leistungen, für die der Leistungsempf. die USt schuldet
8338	Erlöse aus im Drittland steuerbaren Leistungen
8339	Erlöse aus im anderen EU-Land steuerbaren Leistungen
8510	Provisionserlöse
8590	Verrechnete sonstige Sachbezüge ohne USt
8595	Verrechnete sonstige Sachbezüge mit USt
8700	Erlösschmälerungen
	Erlöse aus Anlagenverkäufen
8800	Erlöse aus Anlagenverkäufen bei Buchverlust
8820	Erlöse aus Anlagenverkäufen bei Buchgewinn
	unentgeltliche Wertabgaben
8910	für Zwecke außerhalb Entnahmen durch Unternehmer des Unternehmens mit USt
8921	Verwendung von Gegenständen für Zwecke außerhalb des Unternehmens mit USt
8924	Verwendung von Gegenständen für Zwecke außerhalb des Unternehmens ohne USt
8925	Unentgeltl. Erbringung einer sonstigen Leistung mit USt
8929	Unentgeltl. Erbringung einer sonstigen Leistung ohne USt
8940	Unentgeltliche Zuwendung von Waren mit USt
	Bestandveränderungen
8960	Bestandsveränderungen - fertige Erzeugnisse
8980	Bestandsveränderungen - unfertige Erzeugnisse
8990	Andere aktivierte Eigenleistungen

Prüfungskontenplan SKR04

Konto	Kontenbezeichnung
	Kontenklasse 0
	Anlagevermögen
	Immaterielle Vermögensgegenstände
0100	Konzessionen, Schutzrechte, Lizenzen
0135	EDV-Software
0150	Geschäfts- oder Firmenwert
	Sachanlagen
0215	Unbebaute Grundstücke
0235	Grundstücke eigener bebauter Grundstücke
0240	Gebäude
0440	Maschinen
0520	Fuhrpark
0650	Betriebs- und Geschäftsausstattung
0670	Geringwertige Wirtschaftsgüter
0520	Geleistete Anzahlungen und Anlagen im Bau
	Finanzanlagen
0820	Beteiligungen
0900	Wertpapiere
0940	Darlehen
0980	Genossenschaftsanteile
	Kontenklasse 1
	Umlaufvermögen
	Vorräte
1000	Bestand an Roh-, Hilfs- und Betriebsstoffen
1040	Bestand an unfertigen Erzeugnissen
1100	Bestand an fertigen Erzeugnissen
1140	Bestand an Waren
1180	Geleistete Anzahlungen auf Vorräte
	Forderungen und sonst. Vermögensgegenstände
1210	Forderungen aus Lieferungen und Leistungen
1240	Zweifelhafte Forderungen
1246	Einzelwertberichtigungen zu Forderungen (EWB)
1248	Pauschalwertberichtigungen zu Forderungen (PWB)

Konto	Kontenbezeichnung
1300	Sonstige Vermögensgegenstände
1340	Forderungen gegen Personal
1400	Abziehbare Vorsteuer
1402	Abziehbare Vorsteuer aus innergemeinschaftl. Erwerb
1408	Abziehbare VorSt nach § 13b UStG
1433	Bezahlte Einfuhrumsatzsteuer
1434	Vorsteuer im Folgejahr abziehbar
1460	Geldtransit
	Kassenbestand, Guthaben bei Kreditinstituten
1600	Kasse
1800	Bank
	Rechnungsabgrenzungsposten
1900	Aktive Rechnungsabgrenzung
1940	Damnum/Disagio
	Kontenklasse 2
	Eigenkapital
2000	Eigenkapital
2100	Privatentnahmen
2180	Privateinlagen
	Kontenklasse 3
	Rückstellungen
3035	GewSt-Rückstellung § 4 Abs. 5b EStG
3070	Sonstige Rückstellungen
	Verbindlichkeiten
3450	Verbindlichkeiten gegenüber Kreditinstituten
3250	Erhaltene Anzahlungen
3310	Verbindlichkeiten aus Lieferungen und Leistungen
3500	Sonstige Verbindlichkeiten
3560	Darlehen
3700	Verbindlichkeiten aus Steuern und Abgaben
3720	Verbindlichkeiten aus Lohn und Gehalt
3730	Verbindlichkeiten aus Lohn- und Kirchensteuer
3740	Verbindlichkeiten im Rahmen der sozialen Sicherheit
3770	Verbindlichkeiten aus Vermögensbildung

Konto	Kontenbezeichnung
3790	Lohn- und Gehaltsverrechnungskonto
3800	Umsatzsteuer
3802	Umsatzsteuer aus innergemeinschaftlichem Erwerb
3807	Umsatzsteuer aus im Inland stpfl. EU-Lieferungen
3818	Umsatzsteuer aus im anderen EU-Land stpfl. Leistungen
3820	Umsatzsteuervorauszahlungen
3835	Umsatzsteuer nach § 13b UStG
	Rechnungsabgrenzungsposten
3900	Passive Rechnungsabgrenzung
	Kontenklasse 4
	Umsatzerlöse
4000	Umsatzerlöse
4120	Steuerfreie Umsätze nach § 4 Nr. 1a) UStG
4125	Steuerfreie innergemeinschaftl. Lieferungen § 4 Nr. 1b) UStG
4315	Erlöse aus im Inland steuerpflichtigen EU-Leistungen
4336	Erlöse aus im anderen EU-Land steuerpfl. sonstigen Leistungen, für die der Leistungsempf. die USt schuldet
4338	Erlöse aus im Drittland steuerbaren Leistungen
4339	Erlöse aus im anderen EU-Land steuerbaren Leistungen
4500	Provisionserlöse
4620	Entnahmen durch den Unternehmer für Zwecke außerhalb des Unternehmens mit USt
	sonstige betriebliche Erträge
4639	Verwendung von Gegenständen für Zwecke außerhalb des Unternehmens ohne USt
4640	Verwendung von Gegenständen für Zwecke außerhalb des Unternehmens mit USt
4659	Unentgeltliche Erbringung einer sonstigen Leistung ohne USt
4660	Unentgeltliche Erbringung einer sonstigen Leistung mit USt
	Umsatzerlöse
4680	Unentgeltliche Zuwendung von Waren mit USt
4700	Erlösschmälerungen
	Bestandsveränderungen
4800	Bestandsveränderungen - fertige Erzeugnisse
4810	Bestandsveränderungen - unfertige Erzeugnisse

Kontenrahmen SKR 04

Konto	Kontenbezeichnung
	Andere aktivierte Eigenleistungen
4820	Andere aktivierte Eigenleistungen
	Sonstige betriebliche Erträge
4830	Sonstige betriebliche Erträge
4840	Erträge aus Währungsumrechnungen
4845	Erlöse aus Anlagenverkäufen bei Buchgewinn
4855	Anlagenabgänge (Restbuchwert) bei Buchgewinn
4860	Grundstückserträge
4900	Erträge aus dem Abgang von Gegenständen des AV
4905	Erträge aus dem Abgang von Gegenständen des UV
4910	Erträge aus Zuschreibungen des Anlagevermögens
4920	Erträge aus der Herabsetzung der PWB
4923	Erträge aus der Auflösung von EWB
4925	Erträge aus abgeschriebenen Forderungen
4930	Erträge aus der Auflösung von Rückstellungen
4947	verrechnete sonstige Sachbezüge mit USt
4949	verrechnete sonstige Sachbezüge ohne USt
	Kontenklasse 5
	Materialaufwand
5100	Einkauf von Roh-, Hilfs- und Betriebsstoffen
5200	Wareneingang
5425	Innergemeinschaftlicher Erwerb
5700	Nachlässe
5725	Nachlässe aus innergemeinschaftlichem Erwerb
5800	Bezugskosten
5900	Fremdleistungen
5925	Leistungen von ausländischen Unternehmern
	Kontenklasse 6
	Personalaufwand
6000	Löhne und Gehälter
6030	Aushilfslöhne
6040	Pauschale Lohnsteuer für Aushilfen
6060	Freiwillige soziale Aufwendungen, lohnsteuerpflichtig
6069	Pauschale Lohnsteuer auf sonstige Bezüge
6080	Vermögenswirksame Leistungen
6090	Fahrtkostenerstattung Whg.-Arbeitsstätte, lohnst.pflichtig

Konto	Kontenbezeichnung
6110	Gesetzliche soziale Aufwendungen
6130	Freiwillige soziale Aufwendungen, lohnsteuerfrei
	Abschreibungen
6200	Abschreibungen auf immaterielle Vermögensgegenstände
6205	Abschreibungen auf Geschäfts- und Firmenwert
6220	Abschreibungen auf Sachanlagen
6230	Außerplanmäßige Abschreibungen auf Sachanlagen
6241	Sonderabschreibungen nach § 7g Abs. 5 EStG
6243	AK-Kürzung nach § 7g Abs. 2 EStG
6260	Sofortabschreibungen GWG
	Sonstige betriebliche Aufwendungen
6300	Sonstige betriebliche Aufwendungen
6310	Miete (unbewegliche Wirtschaftsgüter)
6345	Sonstige Raumkosten
6350	Sonstige Grundstücksaufwendungen
6400	Versicherungen
3420	Beiträge, Gebühren und sonstige Abgaben
6436	Steuerlich abzugsf. Verspätungszuschläge u. Zwangsgelder
6437	Stl. nicht abzugsf. Verspätungszuschläge u. Zwangsgelder
6490	Reparaturen und Instandhaltung
6500	Fahrzeugkosten
6600	Werbekosten
6610	Geschenke abzugsfähig
6620	Geschenke nicht abzugsfähig
6640	Bewirtungskosten
6644	Bewirtungskosten nicht abzugsfähig
6645	Nicht abzugsfähige Betriebsausgaben
6650	Reisekosten Arbeitnehmer
6670	Reisekosten Unternehmer
6672	Reisekosten Unternehmer nicht abziehbarer Anteil
6700	Kosten der Warenabgabe
6790	Aufwand für Gewährleistung
6805	Telefon
6815	Bürobedarf
6825	Rechts- und Beratungskosten
6840	Mietleasing
6845	Werkzeuge und Kleingeräte
6855	Nebenkosten des Geldverkehrs

Konto	Kontenbezeichnung
6860	Nicht abziehbare VorSt
6880	Aufwendungen aus Währungsumrechnungen
6885	Erlöse aus Anlagenverkäufen bei Buchverlust
6895	Anlagenabgänge (Restbuchwert) bei Buchverlust
6900	Verluste aus dem Abgang von Gegenständen des AV
6920	Einstellung in die Pauschalwertberichtigung zu Forderungen
6923	Einstellung in die Einzelwertberichtigung zu Forderungen
6930	Forderungsverluste
	Kontenklasse 7
	Erträge aus Beteiligungen
7000	Erträge aus Beteiligungen
	Zinsen und ähnliche Erträge
7100	Zinsen und ähnliche Erträge
	Abschreibungen auf Finanzanlagen und auf Wertpapiere des Umlaufvermögens
7200	Abschreibungen auf Finanzanlagen
7210	Abschreibungen auf Wertpapiere des Umlaufvermögens
	Zinsen und ähnliche Aufwendungen
7300	Zinsen und ähnliche Aufwendungen
7303	steuerl. abzugsf. andere Nebenleistungen zu Steuern
7304	Steuerl. nicht abzugsf. andere Nebenleist. zu Steuern
	Außerordentliche Erträge
7400	Außerordentliche Erträge
	Außerordentliche Aufwendungen
7500	Außerordentliche Aufwendungen
	Steuern vom Einkommen und Ertrag
7610	Gewerbesteuer
7641	GewSt-Nachzahlung und -Erstattung § 4 Abs. 5b EStG
7643	Erträge aus d. Auflösung v. GewSt-Rückst. § 4 Abs. 5b EStG
	Sonstige Steuern
7680	Grundsteuer
7685	KfZ-Steuer